DICTIONNAIRE
DES
NOMS, SURNOMS
ET
PSEUDONYMES LATINS
DE
L'HISTOIRE LITTÉRAIRE DU MOYEN AGE

TYPOGRAPHIE FIRMIN-DIDOT. — MESNIL (EURE).

DICTIONNAIRE

DES

NOMS, SURNOMS

ET

PSEUDONYMES LATINS

DE

L'HISTOIRE LITTÉRAIRE DU MOYEN AGE

[1100 A 1530]

PAR Alfred FRANKLIN

BIBLIOTHÉCAIRE A LA BIBLIOTHÈQUE MAZARINE

PARIS

LIBRAIRIE DE FIRMIN-DIDOT ET Cie

IMPRIMEURS DE L'INSTITUT, RUE JACOB, 56

1875

Tous droits réservés

PRÉFACE.

Je ne me suis point proposé de donner ici une nomenclature complète des écrivains du moyen âge. Fabricius et plus récemment Jöcher et Adelung ont entrepris cette œuvre, restée après eux fort défectueuse. Les biographies spéciales de Quétif et Échard, de Villiers, d'Antonio, de Manget, etc., ont une valeur incontestable, mais elles datent de plus d'un siècle, et les histoires littéraires publiées depuis lors en Allemagne, en Italie, en Angleterre et en Espagne se bornent toutes à mentionner les écrivains de quelque importance. Je n'ai rencontré nulle part un ouvrage de ce genre qui puisse être comparé à l'admirable histoire littéraire que publie notre Académie des inscriptions, et un sérieux travail d'ensemble sur ce point ne saurait être entrepris que le jour où chaque nation aura ainsi étudié à fond les origines de sa littérature.

Bien qu'un tiers au moins des personnages qui figurent dans ce petit volume n'aient été recueillis encore dans aucun recueil biographique français, on doit y chercher seulement les auteurs qui ont adopté un nom, un surnom ou un pseudonyme latin; et parmi eux, ceux-là seulement dont le nom réel a pu être retrouvé, ou dont le nom d'emprunt a pu être traduit.

On comprend, dès lors, pourquoi nous nous sommes borné à enregistrer les écrivains morts entre les années 1100 et 1530.

Jusqu'au dixième siècle, les noms conservent en général des désinences latines qu'on ne peut songer à traduire : Comenius, Aëtius, Metellus n'ont d'équivalents exacts dans aucun idiome. A dater du seizième siècle, au contraire, le latin a été partout détrôné par les langues vulgaires. Les savants revêtent encore leur nom d'une forme latine. C'est une mode, et on la suit ; mais ceux qui l'adoptent ont bien soin de ne pas trop dénaturer leur nom véritable : Érasme devient Erasmus, Maichel devient Maichelius ; puis le moment arrive où J. Fronteau publie très-sérieusement un traité de nomine suo latine vertendo.

Sans doute, il y a eu des exceptions : Landmann, par exemple, s'est fait appeler Agricola ; Schwarzerde s'est changé en Melanchtho ; Egasse du Boulay s'est plu à signer Egassius Bulæus ; mais ce sont là des singularités que tout le monde connaît, car elles sont exposées partout.

Il n'en est pas de même des noms et des pseudonymes employés pendant les XIe, XIIe, XIIIe, XIVe et XVe siècles.

Dans un volume que j'ai publié il y a une quinzaine d'années, il m'est arrivé de prendre Jean Algrin et Jean d'Abbeville pour deux personnages différents. L'erreur a été signalée, très-courtoisement d'ailleurs, par M. B. Hauréau, dans un savant article, où il signalait comme une des causes de l'obscurité qui a si longtemps enveloppé l'histoire littéraire du moyen âge la multiplicité des noms portés par le même écrivain. C'est là l'origine de ce petit dictionnaire. Commencé pour mon propre usage, les services qu'il m'a rendus m'ont décidé à le publier, après l'avoir complété non sans peine et y avoir prodigué les renvois.

En effet, certains théologiens de cette période littéraire ont adopté alternativement jusqu'à dix noms différents, et rien n'était plus facile et plus légitime à cette époque.

Chaque individu recevait lors de sa naissance un nom (nomen), qui représente ce que nous appelons aujourd'hui le prénom. La nécessité de distinguer entre eux, dans la même localité, tous les Jean, les Pierre, les Jacques, etc., créa le cognomen, le surnom (Jean le Petit, Jean le Blanc, Jean Tardif, Jean de l'Orme, Jean du Chêne, Jean de la Mare, Jean de la Haie, etc.), qui, avec le temps, est devenu le nom propre de chaque famille. Mais ces surnoms pouvaient naturel-

lement varier sans cesse, et rien n'obligeait un individu à conserver le sien hors du lieu où il avait été ainsi désigné[1]. *Aussi voyons-nous certains personnages ajouter successivement à leur cognomen : le nom de l'endroit où ils étaient nés, celui de la ville où ils avaient été élevés, puis de celle où ils avaient fait profession religieuse, le nom de leur ordre*[2], *des fonctions auxquelles ils étaient appelés*[3], *des évêchés et des archevêchés dont ils étaient pourvus, etc., etc.; et porter ainsi, d'années en années, dans l'histoire dix dénominations différentes.* ALBERT LE GRAND *est nommé dans les manuscrits :* A. Grotus, A. Magnus, A. Bolstadius, A. de Colonia, A. Ratisbonensis, A. Lavingensis *et* A. Teutonicus. *Un théologien du quinzième siècle, qui fut d'abord moine de Cîteaux au couvent de Paradis en Pologne, puis chartreux à Erfurt, porta successivement les noms suivants :* Jacobus Cisterciensis, J. de Paradiso, J. de Polonia, J. Carthusianus, J. Erfordiensis, J. de Clusa *et* J. Gruytrodius. *Parfois le nom, tout en restant le même, se modifiait, suivant les lieux et les circonstances, par l'emploi de synonymes; les* LE BLANC, *par exemple, se faisaient appeler indifféremment* Candidus, Albus, Albinus, *les* LE PETIT, Parvus, Exiguus, Petitus, *etc. Et ce n'est pas tout: Chacune de ces dénominations, altérée par les copistes, variait à l'infini; j'ai trouvé pour un seul nom,* Jacobus de Cessolis, *vingt-sept formes diverses, sous lesquelles on était autorisé à chercher vingt-sept personnages tout à fait étrangers les uns aux autres.*

A tous ces surnoms venaient encore s'ajouter ceux que les professeurs éminents recevaient de leur auditoire. Quelques écrivains n'ont laissé d'autre trace de leur individualité que ces cognomina, *qui*

---

[1] *Le fils qui signait du même nom que son père le mettait souvent au génitif :* Fabri, Magistri, Gemelli, Pulchripatris, *en sous-entendant le mot* filius. *Je n'ai enregistré cette forme que dans les cas assez rares où je ne rencontrais point le nom au nominatif.*

[2] Joannes Camaldulensis, Joannes Carmelita, Joannes Præmonstratensis, Joannes Clarævallensis, *etc., etc.*

[3] Joannes cancellarius, Joannes diaconus, Joannes scriba, Joannes cantor, Joannes cardinalis, Joannes armarius, *etc., etc.*

rappelaient l'ouvrage le plus célèbre du maître[1], ou définissaient d'un mot les qualités les plus saillantes de son esprit, de son caractère ou de son enseignement. Aujourd'hui encore, saint BONAVENTURE, saint THOMAS D'AQUIN, DUNS SCOTT, sont souvent désignés par ces mots : le Docteur séraphique, l'Ange de l'École et le Docteur subtil ; mais les surnoms Tuba veritatis, Doctor mellifluus, Doctor dulcifluus, Anchora juris, Mens legum, Doctor auctoratus, Thomistarum princeps, Magister abstractionum, Lux decretorum, Doctor refulgens, Lucerna juris, Stupor mundi, etc., etc., désignations si fréquentes dans les ouvrages de cette époque, sont moins connues, et n'ont jamais été, que je sache, recueillies nulle part.

On ne se bornait pas, d'ailleurs, à un seul surnom pour le même personnage. Saint THOMAS D'AQUIN en a porté au moins six : Angelus scholæ, Aquila theologorum, Doctor angelicus, Doctor cherubinus, Doctor communis et Doctor evangelicus; j'en ai trouvé cinq pour GUILLAUME D'OCKAM, quatre pour PIERRE D'AILLY, etc., etc. Et ce qui augmente encore singulièrement la confusion, c'est que le même surnom fut donné parfois à plusieurs écrivains différents; j'ai rencontré quatre Doctor subtilis, quatre Doctor illuminatus, deux Doctor invincibilis, deux Monarcha juris, deux Doctor scolasticus, cinq Lucerna juris, etc., etc. Il faut mentionner aussi les surnoms d'une autre nature, Sapiens idiota, Albus miles, Bonus presbyter, Bonus episcopus, Bonus cocus, G. Bona anima, Cæcus burgensis, etc., etc. dont l'origine n'est pas toujours facile à déterminer, et dont je ne connais aucune nomenclature.

On s'est bien moins préoccupé encore jusqu'ici de donner des noms latins du moyen âge une traduction exacte. Montucla nomme toujours le célèbre JEAN DE KOENIGSBERG (Joannes Regiomontanus) JEAN DE MONTROYAL, et pendant plus de deux siècles, JEAN DE TORQUEMADA, qui s'était appelé en latin Joannes de Turre cremata, a été nommé JEAN DE LA TOUR BRÛLÉE. On a fini par s'apercevoir que

---

[1] Paulus de Abaco, Jacobus Aggregator, Joannes Archithrenius, Petrus Conciliator, Thomas Apiarius, Bartholomæus Florarius, Petrus Bibliotheca, Gabriel Collector, Plusquam Commentator, Evrardus Græcista, etc., etc.

cette forme n'avait rien d'espagnol. Mais Franciscus Aretinus, Simon Sudberius et mille autres sont encore appelés FR. ARÉTIN, S. SUDBER, quoiqu'ils aient tout simplement adopté le nom de leur lieu de naissance; l'un étant originaire d'Arezzo (Aretium), l'autre de Sudbury, dans le Suffolk. Les recueils biographiques, même les plus importants et les plus récents, sont remplis d'erreurs de ce genre, et je suis bien convaincu que j'en ai moi-même dans ce volume commis ou conservé plus d'une.

Les difficultés de la traduction sont, en effet, plus grandes qu'elles ne le paraissent au premier abord, et elles restent souvent insurmontables, quand on ne se trouve en présence ni d'un nom de lieu encore connu, ni d'un homme éminent qui a été l'objet de recherches spéciales. A défaut de documents contemporains, il serait impossible de savoir aujourd'hui si Petrus de Vallibus s'appelait PIERRE DES VAUX ou PIERRE DES VALLÉES. Comment oserait-on affirmer que J. Clarus se nommait JEAN CLÉRÉE; N. Dionysii, NICOLAS DE NYSE; P. ad Boves, PIERRE AUXBOEUFS; J. ad Ensem, JEAN ALESPÉE; J. Pungensasinum, JEAN POINLANÉ; H. Citharœdus, HENRY DE ERP; J. de Brevicoxa, JEAN DE COURTECUISSE; H. Aquilonipolensis, HENRY DE NORTHEIM, etc., etc.? De Rivo, qui remplace ordinairement en français le nom DE LA RIVE, devient DE RIU s'il s'agit d'un Espagnol; les Niger indiquent, suivant les contrées, des LE NOIR, des BLACK, des NEGRI ou des SCHWARTZ; les Balbus, des LE BÈGUE, des BALBI ou des BEGGH; les Burgensis, des BOROUGH, des DE PETERBOROUG ou des DE BURGOS; les de Castro novo, des DE CHATEAUNEUF, des DE NEWCASTLE ou des DE CASTEL NUOVO. Certains pseudonymes sont de véritables rébus dont je n'ai pas trouvé l'explication, et je conserve dans mes desiderata bien des noms que j'ai dû renoncer à traduire. Cependant, faute de mieux, je donne souvent la traduction, évidemment inexacte, sous laquelle certains personnages sont aujourd'hui désignés dans les recueils biographiques les plus estimés : l'Histoire littéraire de la France, le grand dictionnaire de Jöcher et Adelung, la Nouvelle Biographie générale, la Biographie universelle, etc.

Les surnoms donnés par les élèves à leurs maîtres présentent toujours, au contraire, un sens clair et complet, même lorsqu'ils sont intraduisibles. Je les ai donc tous admis, sans me croire forcé de chercher un équivalent aux expressions Doctor cherubinus, Doctor fundamentarius, Doctor planus, Doctor Marianus, etc., etc. Mais quelques-uns de ces surnoms exigent, pour être compris, une explication historique que je n'ai eu garde d'oublier.

J'ai enfin donné place dans ce volume, non-seulement aux écrivains, mais encore à tous les personnages qui ont, à un titre quelconque, bien mérité des lettres : fondateurs d'écoles, de colléges ou de bibliothèques, souverains protecteurs des savants, bibliophiles, imprimeurs, libraires, etc.

Je suis bien loin de me dissimuler, cependant, les nombreuses imperfections que présente ce dictionnaire, et mon plus grand désir est de le voir complété et amélioré. La voie est ouverte; je souhaite que d'autres la suivent, même si leur œuvre doit faire à jamais oublier ce premier essai.

DICTIONNAIRE

DES

NOMS, SURNOMS

ET

PSEUDONYMES LATINS

DE

L'HISTOIRE LITTÉRAIRE DU MOYEN AGE

DICTIONNAIRE

DES

NOMS, SURNOMS

ET

PSEUDONYMES LATINS

DE

L'HISTOIRE LITTÉRAIRE DU MOYEN AGE

ABACO (Paulus de), Paul de l'Abaque, nom sous lequel est connu en français Paolo Dagomari, mathématicien italien, auteur d'un *Liber de Abaco*, né à Prato, dans la Toscane, mort en 1365. — On le trouve encore nommé *P. Geometra* et *P. Geometres*.

ABÆLARDUS (Petrus), Pierre Abélard, Abailard, Abeilard, etc., célèbre théologien et philosophe scolastique français, né au Palet (*Palatium*), près de Nantes, mort en 1142. — Ce nom, qui n'est qu'un sobriquet (voy. Rémusat), a été écrit *Abailardus, Abaillardus, Abalardus, Abeillardus, Abelardus, Bailardus, Baliardus, Baylardus*. — On trouve Abélard aussi nommé *Peripateticus Palatinus, Petrus Palatinus, Petrus Peripateticus*. — Enfin il a été surnommé *Apis de Francia* et *Doctor invincibilis*.

ABAIFIUS (Guido). Voy. *Baisius* (G.).

ABAILARDUS, ABAILLARDUS et ABALARDUS (Petrus). Voy. *Abælardus* (P.).

ABBÆVILLANUS (Joannes). Voy. *Algrinus* (J.).

ABBAS (Alexander), Alexandre de Canterbury, dit aussi A. l'Abbé. Voy. *Cantuariensis* (A.).

ABBAS (Benedictus), Benoit l'Anglais, dit aussi B. l'Abbé. Voy. *Anglicus* (B.).

ABBAS ANTIQUUS, l'Abbé ancien, seul nom sous lequel soit désigné un jurisconsulte, théologien et canoniste italien, mort vers 1300.

ABBATIBUS (Franciscus de), FRANCESCO ABBATE, théologien et sermonnaire italien, Frère mineur, né à Asti (États Sardes), mort?

ABBATISVILLA (Geraldus, Gerardus, Geraudus, Gerhardus, Gerondus, Girardus ou Guerondus de), GÉRARD ou GÉRAUD D'ABBEVILLE, théologien et polémiste français, docteur de Sorbonne, né à Abbeville, mort vers 1272. — Eg. Duboulay l'appelle *G. Sagarellus*.

ABBATISVILLA (Joannes de), JEAN ALGRIN, dit aussi J. D'ABBEVILLE. Voy. *Algrinus* (J.).

ABBATISVILLA (Stephanus de), ÉTIENNE D'ABBEVILLE, théologien français, dominicain, chanoine d'Amiens (*canon. Ambianensis*), né sans doute à Abbeville, mort en 1288.

ABBAUDUS, ABBAUD, théologien français, adversaire d'Abélard, mort vers 1150.

ABBEVILLA (Joannes de). Voy. *Algrinus* (J.).

ABEILLARDUS et ABELARDUS (Petrus). Voy. *Abælardus* (P.).

ABELLINENSIS (Rogerius), ROGER D'AVELLINO, historien ecclésiastique italien, évêque d'Avellino (royaume de Naples), mort vers 1220.

ABINDONENSIS (Robertus), ROBERT RICH, dit aussi R. D'ABINGDON. Voy. *Richius* (R.).

ABIOSUS (Joannes), GIOVANNI ABIOSI, médecin et mathématicien italien, né à Bagnuolo (royaume de Naples), mort vers 1500.

ABLUSIIS (Gaufridus de), GEOFFROI D'ABLIS, théologien français, dominicain, né à Ablis (Seine-et-Oise), mort en 1316. — On le trouve aussi nommé *G. de Abluviis*.

ABLUVIIS (Gaufridus de). Voy. *Ablusiis* (G. de).

ABONO (Petrus de). Voy. *Aponensis* (P.).

A BRINCENSIS (Achardus), ACHARD DE BRIDLINGTON, dit aussi A. D'AVRANCHES. Voy. *Bridlingtonensis* (A.).

ABRINCENSIS (Henricus), HENRI D'AVRANCHES, poète latin, né sans doute à Avranches, mort après 1250.

ABSELIUS (Guilelmus), WILLEM ABSEL (dit Jöcher), théologien et poète hollandais, chartreux, prieur du couvent de Bruges, né à Bréda, mort en 1471.

ABSTEMIUS (Laurentius), nom grécisé de LORENZO BEVILACQUA, en français LAURENT BOILEAU, plus connu sous son nom latin, érudit et fabuliste italien, né à Macerata (États de l'Église), mort à la fin du XVe siècle.

ABULFARAGIUS (Gregorius), GRÉGOIRE ABOULFARADJE, historien et médecin arabe, primat des Jacobites d'Orient, mais fils d'un médecin juif; né à Malatia, près de Samosate (Syrie), mort en 1286. — On le trouve encore nommé : *G. Abulfarajius, G. Abulpharagius, G. Abulpharaus, G. Barhebræus, G. Malatiensis*.

ABULFARAJIUS (Gregorius). Voy. *Abulfaragius* (G.).

ABULFEDA (Ismael), ISMAËL ABOULFEDA, historien et géographe arabe, né à Damas, mort en 1331.

ABULPHARAGIUS et ABULPHARAUS (Gregorius). Voy. *Abulfaragius* (G.).

ACARDUS. Voy. *Achardus*.

ACCIAJOLUS (Angelus), ANGELO ACCIAJUOLI, théologien italien, archevêque de Florence, cardinal, évêque d'Ostie, né à Florence, mort en 1409.

ACCIAJOLUS (Donatus), DONATO ACCIAJUOLI, orateur, philosophe et mathématicien italien, né et gonfalonier à Florence, mort en 1478. — On le trouve aussi nommé *D. Accievolus*.

ACCIAJOLUS (Zenobius), ZENOBIO ACCIAJUOLI, helléniste italien, bibliothécaire du Vatican, dominicain, né à Florence, mort en 1519.

ACCIEVOLUS (Donatus). Voy. *Acciajolus* (D.).

ACCOLDUS. Voy. *Montecrucis* (A. de).

ACCOLTIS (Franciscus de), FRANCESCO ACCOLTI, plus connu sous le nom de FRANÇOIS ARÉTIN ou FR. D'AREZZO, savant jurisconsulte italien, né à Arezzo (Toscane), mort en 1483. — On l'appelle aussi *F. Accoltus, F. de Aretio, F. Aretinus*, et il est parfois désigné sous le nom de *Princeps subtilitatum*.

ACCOLTUS (Benedictus), BENEDETTO ACCOLTI, jurisconsulte italien, secrétaire de la république de Venise, né à Arezzo, mort en 1466.

ACCOLTUS. Voy. *Accoltis* (de).

ACCONENSIS (Jacobus), JACQUES DE VITRY, dit aussi J. DE SAINT-JEAN D'ACRE. Voy. *Vitriaco* (J. de).

ACCURSIUS (Bonus), BUONO ACCORSO, en français ACCURSE, plus connu sous le nom de BUONACCORSO, philologue italien, né à Pise, mort à la fin du XVe siècle.

ACCURSIUS (Cervottus ou Cervetus), CERVOTTO ACCORSO, savant jurisconsulte italien, auteur de gloses appelées *Glossæ Cervettinæ*, né à Bologne, mort vers 1315.

ACCURSIUS (Franciscus), FRANCESCO ACCORSO, en français FRANÇOIS ACCURSE, célèbre jurisconsulte italien, né et professeur à Florence, mort en 1260. — Sa grande glose sur le droit (*Glossa ordinaria*) le fit surnommer *Advocatorum idolum* et *Glossator*, en même temps que son admiration pour Portius Azon le faisait appeler *Accursius Azonius*. — On le nomme aussi *A. Florentinus*, pour le distinguer de son fils.

ACCURSIUS (Franciscus), FRANCESCO ACCORSO, en français FRANÇOIS ACCURSE, fils du précédent, jurisconsulte italien, conseiller d'Edouard Ier, roi d'Angleterre, né et professeur à Bologne, mort en 1293.

ACHARDUS, ACHARD, théologien français, second abbé de Saint-Victor à Paris, puis évêque d'Avranches, mort en 1171. — On écrit aussi *Acardus, Archardus*, etc.

ACHARDUS, ACHARD, sermonnaire français, moine de Cîteaux, mort en 1200.

ACHEDUNUS. Voy. *Actonus*.

ACHILLINUS (Alexander), ALESSANDRO ACHILLINI, philosophe et médecin italien, surnommé *le second Aristote*, né à Bologne, mort en 1512.

ACHIRENSIS (Petrus), PIERRE D'ACHERIS, nom sous lequel est parfois désigné P. L'HERMITE. Voy. *Eremita* (P.).

ACHONENSIS (Jacobus). Voy. *Acconensis* (J.).

ACHRIDENUS (Basilius), Βασίλειος ὁ Ἀχριδηνός, théologien byzantin, archevêque de Thessalonique, mort vers 1160.

ACINDYNUS (Gregorius), Γρηγόριος ὁ Ἀκίνδυνος, théologien polémiste, poëte et moine grec, mort vers le milieu du XIVe siècle.

ACOMINATUS (Michael), Μιχαὴλ ὁ Ἀκωμίνατος, dit en français MICHEL ACOMINAT, frère aîné de Nicétas, théologien et littérateur grec, archevêque d'Athènes, né dans la Phrygie, mort vers 1215.

ACOMINATUS (Nicetas), Νικήτας ὁ Ἀκωμίνατος, dit en français NICÉTAS ACOMINAT, historien byzantin, logothète et sénateur, né à Chonès (anc. Colosse), en Phrygie, mort vers 1215. — On le nomme aussi *N. Choniata* et *N. Choniates*.

ACQUINO (de). Voy. *Aquensis* (J.).

ACROPOLITA (Constantinus), Κωνσταντῖνος ὁ Ἀκροπολίτης, dit en français CONSTANTIN ACROPOLITE, fils du suivant, littérateur et sermonnaire grec, établi à Constantinople, mort à la fin du XIIIe siècle. — On le trouve aussi nommé *Metaphrastes junior*.

ACROPOLITA (Georgius), Γεώργιος ὁ Ἀκροπολίτης, en français GEORGE ACROPOLITE, chroniqueur byzantin, logothète (contrôleur des finances) à la cour de Michel Paléologue, né à Constantinople, mort en 1282. — On le nomme souvent *G. Logotheta*.

ACTIUS SYNCERUS, pseudonyme de JACQUES DE SAN-NAZZARO. Voy. *Sannazarius* (J.).

ACTONA (de). Voy. *Actonus*.

ACTONUS (Joannes), JEAN D'ACTON, théologien et jurisconsulte anglais, docteur d'Oxford, chanoine de Lincoln, né à Acton, près de Londres, mort vers 1290. — On le nomme encore *J. Achedunus, J. Aschedunus, J. de Actona* et *J. de Actono*.

ACTONUS (Joannes), JEAN D'ACTON, théologien anglais, dominicain, né à Acton, mort vers 1410. — On le nomme encore *J. Achedunus* et *J de Actona*.

ACTONUS (Radulphus), RAOUL D'ACTON, théologien anglais, professeur à Oxford, né à Acton, près de Londres, mort vers 1320. — On le nomme aussi *R. Achedunus*.

ACTUARIUS (Joannes), Ἰωάννης ὁ Ἀκτουάριος, fils de Zacharie, médecin grec, mort entre le XIe et le XIVe siècle. — Le titre d'Ἀκτουάριος désignait en général les médecins titulaires de la cour de Constantinople.

ACUTISSIMUS (doctor). Voy. *Jandunensis* (J.).

ACUTUS (Doctor). Voy. *Maironis* (F. de).

ADALGISUS, ADALGISE, écrivain ecclésiastique français, bénédictin, moine de Saint-Thierry, près de Reims, mort après 1123.

ADALHAIS. Voy. *Adelais*.

ADBOVES (Petrus), PIERRE AUXBŒUFS, théologien et prédicateur français, confesseur d'Isabeau de Bavière, mort après 1430.

ADELA, ADÈLE, fille de Guillaume le Conquérant et mère d'Etienne de Blois, roi d'Angleterre, bénédictine, morte en 1137.

ADELAIS, ADÉLAÏDE, savante bénédictine du couvent de l'île Roland, près de Bonn, née dans le pays de Siegen (Prusse), morte en 1507. — On trouve aussi *Adalhais*, *Adelhais*, *Aleydis*.

ADELARDIS (Cataneus de). Voy. *Adelardus* (C.).

ADELARDUS (Cataneus), CATANEO ADELARDI, théologien italien, évêque de Vérone, légat, cardinal, né à Lendinaria dans le Véronais, mort après 1211. — On le nomme encore *C. de Adelardis* et *C. de Lendenaria*.

ADELGERUS et ADELHERUS. Voy. *Algerus*.

ADELHAIS. Voy. *Adelais*.

ADELPHUS (Joannes), en français JEAN ADELPHE (Moréri), médecin et littérateur allemand, né à Muhlingen près de Strasbourg (*Mulingo-Argentinensis*), mort vers 1530.

AD ENSEM (Joannes), JEAN ALESPÉE, chanoine d'Évreux, de Bayeux, puis de Rouen, l'un des juges de Jeanne d'Arc, mort au XVe siècle.

ADILREDUS, ADILRED. Voy. *Ailredus*.

ADMIRABILIS (Doctor). Voy. *Baconus* (R.).

ADMONTENSIS (Engelbertus), ENGELBERT D'ADMONT, historien et théologien allemand, bénédictin, abbé d'Admont, en Styrie, mort en 1331.

ADMONTENSIS (Irimbertus), IRIMBERT D'ADMONT, théologien et sermonnaire allemand, bénédictin, abbé d'Admont en Styrie, puis de Saint-Michel de Bamberg, mort en 1162.

ADOLLATIPHUS, ABDALLATIF, philosophe, géographe et médecin arabe, né à Bagdad, mort en 1231.

ADRIANUS, ADRIEN IV et VI, papes. Voy. *Hastifragus* (N.), et *Florentii* (A.).

ADRIANUS (F.). Voy. *Finus* (A.).

ADRIANUS (Matthæus), MATEO ADRIANI, médecin et hébraïsant espagnol, juif converti, professeur d'hébreu à Louvain, mort vers 1525. — Paquot le nomme *M. Adrian*.

ADRIENSIS (Jacobus), JACQUES D'ADRIA, médecin et naturaliste italien, né à Adria (royaume de Naples), mort vers 1400.

ADRIENSIS (F.). Voy. *Finus* (A.).

ADVOCATIS (de). Voy. *Advocatus*.

ADVOCATORUM IDOLUM, L'IDOLE DES AVOCATS, surnom donné à FRANCESCO ACCORSO. Voy. *Accursius* (Fr.).

ADVOCATUS (Hieronymus), GERONIMO AVOGADRO, jurisconsulte et philologue italien, né à Brescia, mort à la fin du XVe siècle. — On le trouve aussi nommé *H. Avogadrus* et *H. de Advocatis*.

ADVOCATUS (Nestor-Dionysius), NESTORE-DIONIGI AVOGADRO, lexicographe italien, franciscain, établi à Novare, mort à la fin du XVe siècle. — On le trouve souvent nommé *N.-D. Novariensis* et *N.-D. de Advocatis*.

ÆDUENSIS (cardinalis), LE CARDINAL D'AUTUN, surnom donné à JEAN ROLIN. Voy. *Rolinus* (J.).

ÆDUENSIS (Quintinus), QUENTIN D'AUTUN (?), jurisconsulte français, professeur à Paris, mort ? — On le nomme aussi *Q. Æduus*.

ÆDUENSIS (Stephanus), ÉTIENNE DE BEAUGÉ, dit aussi ET. D'AUTUN. Voy. *Balgiaco* (St. de).

ÆDUUS. Voy. *Æduensis*.

ÆGER. Voy. *Eger*.

ÆGIDIUS (Joannes), JUAN GIL, théologien espagnol, dominicain, professeur à Tortosa, né à Xativa, dans l'Aragon, mort en 1465. — On le trouve aussi nommé *J. Aragonus*.

ÆGIDIUS (Joannes). Voy. *Corboliensis* (Æ.) et *Sancto Albano* (J. de).

ÆLNOTHUS, ÆLNOTH, biographe anglais, moine de Saint-Augustin de Canterbury, mort vers 1110.

ÆLREDUS. Voy. *Ailredus*.

ÆMILIANUS (Petrus), PIERRE DE MILHAU. Voy. *Amilianus* (P.).

ÆMILIUS (Paulus), PAOLO EMILIO, historien italien, chanoine de Notre-Dame de Paris, né à Vérone, mort à Paris en 1529.

ÆNOBARBUS (Fridericus), FRÉDÉRIC Ier, dit BARBEROUSSE, à cause de la couleur de sa barbe, empereur d'Allemagne, protecteur des lettres, mort en 1190. — On trouve aussi *F. Ahenobarbus* et *F. Barbarossa.*

ÆSCHENDENUS. Voy. *Æschendus* (J.).

ÆSCHENDUS (Joannes), JOHN ESTWOOD, médecin et astronome anglais, mort après 1350. — Son nom s'écrit encore *J. Æschendenus*, *J. Eschwidi*, *J. Ostrovodus*, et il fut surnommé *J. Anglicus.*

ÆSCULANUS. Voy. *Asculo* (de).

ÆSTICAMPIANUS (Joannes), JEAN DE SOMMERFELDT. Voy. *Rhagius* (J.).

ÆTHELREDUS. Voy. *Ailredus.*

ÆTHERIANUS (Hugo). Voy. *Etherianus* (H.).

ÆTHIOPS (Nicomedus); Νικομήδης ὁ Αἰθίοψ, en français NICOMÈDE D'ÉTHIOPIE, théologien grec, abbé du Saint-Sépulcre de Jérusalem, né en Éthiopie, mort vers 1450.

AFFLICTIS (Matthæus de), MATTEO AFFLITTO, jurisconsulte italien, né et professeur à Naples, mort en 1524. — On le nomme aussi *M. Afflictus.*

AFFLICTUS (Matthæus). Voy. *Afflictis* (M. de).

AFFLIGEMENSIS et AFFLIGEMIENSIS. Voy. *Afflighemensis.*

AFFLIGHEMENSIS (Franco), FRANCON D'AEFLIGHEM, théologien belge, poëte latin, bénédictin, abbé d'Afflighem, mort en 1135.

AFFLIGHEMENSIS (Gerardus), GÉRARD D'AFFLIGHEM, théologien belge, bénédictin, moine à Afflighem (Brabant), mort vers 1300. — On écrit aussi *G. Affligemensis.*

AFFLIGHEMENSIS (Guilelmus), GUILLAUME D'AFFLIGHEM, hagiographe et sermonnaire belge, bénédictin, prieur du couvent d'Afflighem, mort vers 1300.

AFFLIGHEMENSIS (Henricus), HENRI DE BRUXELLES, dit aussi H. D'AFFLIGHEM. Voy. *Bruxellis* (H. de).

AFFLIGHEMENSIS (Simon), SIMON D'AFFLIGHEM, théologien et sermonnaire belge, bénédictin, moine à Afflighem, mort vers 1300. — On écrit aussi *S. Affligemensis*, *S. Affligemiensis*, et *S. Haffliginensis.*

AFGUILLO (Galterus de), GAUTIER D'AGILES. Voy. *Agilis* (G. de).

AFRICANUS (Leo), LÉON L'AFRICAIN, voyageur et historien espagnol, juif converti, né à Grenade, mort vers 1525. — On le nomme aussi *L. Granatensis.*

AGERIUS (Bertrandus). Voy. *Lagerius* (B.).

AGGREGATOR (Jacobus), JACQUES LE COMPILATEUR (?), surnom donné à GIACOMO DONDI. Voy. *Dondis* (J. de).

AGILÆUS (Raimundus), RAIMOND D'AGILES, théologien français, chapelain de l'évêque et chanoine du Puy, mort vers 1120. — On le trouve aussi nommé *R. Agiles* et *R. de Podio.*

AGILES (Raimundus). Voy. *Agilæus* (R.).

AGILIS (Galterus de), GAUTIER D'AGILES, médecin et commentateur, né ou ayant étudié à Salerne; mort après 1250. — On le trouve encore nommé : *G. de Afguillo*, *G. Agilus*, *G. Agulum.*

AGILUS (Galterus). Voy. *Agilis* (G. de).

AGNANIA. Voy. *Anania.*

AGNELLUS (Joannes). Voy. *Agnus* (J.).

AGNUS (Joannes), JEAN LAMMENS, dit JEAN L'AGNEAU, théologien et sermonnaire belge, dominicain, docteur de Paris, né à Gand, mort en 1296. — On l'appelle aussi *J. Agnellus.*

AGONIS FILIUS (Sueno), SVEND AAGESON, chroniqueur danois, mort vers le milieu du XIIIe siècle.

AGRICOLA (Rodolphus), RUDOLPH HUESMANN, plus connu sous son nom latin, helléniste et hébraïsant hollandais, poëte latin et traducteur, né à Bafloos près de Groningue, mort en 1486.

AGRIFOLIO (Guilelmus de), GUILLAUME D'AIGREFEUILLE, dit l'ancien (*major*), théologien français, archevêque de Saragosse, cardinal, évêque de Sabine, né à Fontaines, dans le Limousin, mort en 1369.

AGRIFOLIO (Guilelmus de), GUILLAUME D'AIGREFEUILLE, dit le jeune (*junior*), théologien et sermonnaire français, cardinal, né à Fontaines, dans le Limousin, mort en 1401.

AGULUM (Galterus), GAUTIER D'AGILES. Voy. *Agilis* (G. de).

AHENOBARBUS (Fridericus). Voy. *Ænobarbus* (F.).

AIMERICUS. On trouve ce nom écrit : *Aymericus*, *Eimericus*, *Emericus*, *Eymericus*, *Haimericus*, *Haymericus*, *Heimericus*, *Hemericus*, etc.

AIGLERIUS (Bernardus). Voy. *Ayglerius* (B.).

AIGNANUS (Michael). Voy. *Ayguanis* (M. de).

AILINUS (Joannes), GIOVANNI AILINO ou AYLINI, historien italien, né dans un château du Frioul nommé Maniaco, mort après 1388. — On le trouve aussi désigné sous les noms suivants : *J. Aylinus*, *J. Forojuliensis*, *J. Maniacus*, *J. de Maniaco*.

AILLIACUS (Petrus), PIERRE D'AILLY. Voy. *Alliacensis* (P.).

AILREDUS, AILRED, ADILRED, ÆLRED, ÆTHELRED, ALURED, EALRED, EDILRED, ELERED ou ETHILRED, théologien, sermonnaire et biographe anglais, moine de Rievaux dans le comté d'Yorck, abbé de Revesby, dans le comté de Lincoln, mort en 1166. — On trouve son nom écrit : *Adilredus*, *Ælredus*, *Æthelredus*, *Aluredus*, *Ealredus*, *Edilredus*, *Eleredus*, *Athelredus*, et *Ethilredus*, et on y joint souvent l'épithète *Rievallensis*.

AIMERICUS, AIMERIC, doyen, puis troisième patriarche latin d'Antioche, né à Salamiac dans le Limousin, mort vers 1187.

AISCHSTADIANUS (Philippus), PHILIPPE D'EICHSTADT, théologien et hagiographe allemand, docteur de Paris, moine de Cîteaux, évêque d'Eichstadt en Bavière, mort en 1322. — On le nomme encore *P. Aischstadiensis*, *P. Eichstetensis*, *P. Eystetensis*, et *P. Rodhamsusanus*.

AISCHTADIANUS. Voy. *Eystetensis*.

AISCHTADIENSIS. Voy. *Aischstadianus*.

AITHONUS. Voy. *Haytonus*.

AKETIUS et AKETUS. Voy. *Brugensis* (A.).

ALAUNOVICANUS (Martinus), MARTIN D'ALNWICK, théologien et chroniqueur anglais, Frère mineur, né à Alnwick (Northumberland), mort en 1336. — Jöcher le nomme *M. Alvevicus*.

ALBANENSIS (Henricus), HENRI D'ALBANO, théologien et sermonnaire français, abbé de Haute-Combe, puis de Clairvaux, cardinal, évêque d'Albano, né au château de Marcy, près de l'abbaye de Cluni, mort en 1189. — On le trouve encore nommé *H. de Altacumba*, *H. de Castro Marsiaco*, *H. Clarævallensis*.

ALBANENSIS (Matthæus), MATHIEU D'ALBANO, théologien français, cardinal, évêque d'Albano (États-romains), né à Reims, mort en 1134.

ALBANENSIS (Richardus), RICHARD D'ALBANO, doyen de Saint-Étienne de Mètz, légat en France, cardinal, évêque d'Albano, mort vers 1114.

ALBANUS (Henricus), HENRY BLANCFORD, dit H. DE SAINT-ALBANS. Voy. *Blancfordus* (H.).

ALBANUS (Radulfus), RAOUL DE SAINT-ALBANS, historien italien, bénédictin, abbé de Saint-Albans (Hertfort), mort en 1150. — On le nomme aussi *R. de Sancto Albano*.

ALBANUS (Rogerus), ROGER DE SAINT-ALBANS, historien anglais, carme à Londres, né à Saint-Albans (Hertfort), mort vers 1450.

ALBANUS. Voy. *Sancto Albano* (de).

ALBA RIPA (Guilelmus de), GUILLAUME D'AUBERIVE, théologien français, moine de Cîteaux, abbé d'Auberive, au diocèse de Langres, mort vers 1180.

ALBAS MANUS (Joannes ad), JEAN AUX BLANCHES MAINS, surnom donné à J. DE BELMEIS. Voy. *Belesmeius* (J.).

ALBENATIO (Petrus de), PIERRE D'AUBENAS, médecin français, dominicain, né à Aubenas (Ardèche), mort en 1250. — On le trouve aussi nommé *P. de Albingano*.

ALBERGATIS (Nicolaus de). Voy. *Albergatus* (N.).

ALBERGATUS (Nicolaus), NICCOLO ALBERGATI, évêque de Bologne, grand pénitencier et trésorier apostolique, cardinal, chartreux, né à Bologne, mort en 1443. — On le trouve aussi nommé *N. de Albergatis*.

ALBERICUS, ALBÉRIC. Voy. *Albricus*.

ALBERNACO (Pastor de), PASTOR D'AUBENAS, historien français, frère mineur au couvent d'Aubenas (Ardèche), évêque d'Assise, archevêque d'Embrun, cardinal, né à Sarrats, dans le Dauphiné, mort en 1354. — On le trouve aussi nommé *P. Gallus.*

ALBERTINIS (Nicolaus de), NICCOLO ALBERTINI, théologien italien, dominicain, docteur de Paris, évêque de Spolète, cardinal, évêque d'Ostie, né à Prato (Toscane), mort en 1321. — On le trouve encore nommé *Nic. Martini* (nom de sa mère), *Nic. Tuscus, Nic. de Prato* et *N. de Albertis.*

ALBERTIS (Leo-Baptista de), LEONE-BATTISTA ALBERTI, littérateur, théologien, peintre, architecte et mathématicien italien, né et chanoine à Florence, mort en 1484.

ALBERTIS (de). Voy. *Albertinis* (de).

ALBERTUCCIUS. Voy. *Borsellis* (H.-A. de).

ALBERTUS. On trouve ce nom écrit : *Alepertus, Alibertus, Edelbertus, Obbertus, Odelbertus, Odelpertus, Odilbertus, Odobertus, Olbertus, Oldibertus, Oldolbertus, Olibertus,* etc.

ALBERTUS. Voy. *Bononia* (A. de).

ALBERTUS (Alanus), ALAIN DE TEWKESBURY. Voy. *Teukesburiensis* (A.).

ALBERTUS (Raimundus), RAIMUNDO ALBERTO (?), théologien espagnol, général de l'ordre de la Merci, cardinal, né à Barcelone, mort en 1330.

ALBICIUS (Bartholomæus), BARTOLOMEO ALBIZZI, théologien et prédicateur italien, cordelier, né à Rivano, dans la Toscane, mort à Pise en 1401. — On le trouve encore nommé : *B. Albisius, B. de Albizis, B. Pisanus, B. de Pisis.*

ALBICIUS et ALBICUS (Sigismondus). Voy. *Pragensis* (S.).

ALBIENSIS (Gerardus), GÉRARD D'ALBY, théologien français, évêque d'Alby, mort vers 1185.

ALBINGANO (Petrus de), PIERRE D'AUBENAS. Voy. *Albenatio* (P. de).

ALBINIACO (Joannes de), JEAN D'AUBIGNÉ, sermonnaire français, dominicain, inquisiteur à Paris, mort vers 1300.

ALBINUS (Petrus), PETER WEISS, historien allemand, professeur à Wittenberg, né à Schneeberg, mort vers 1530.

ALBIS (Jacobus de). Voy. *Alexandrinus* (J.).

ALBISIUS (Bartholomæus) et ALBIZIS (B. de). Voy. *Albicius* (B.).

ALBIZZIIS (Thomas de), TOMMASO ALBIZZI, théologien italien, dominicain, évêque de Cagli (*episc. Calliensis*), dans les États de l'Église, né et professeur à Cesena, mort vers 1524.

ALBORNOTIUS (Ægidius-Alvarus), GIL-ALVARES CARILLO ALBORNOZ, théologien et guerrier espagnol, archevêque de Tolède, cardinal, auteur des *Constitutiones Ægidianæ*, né à Cuenca, mort en 1367.

ALBRETO, COMES DROCENSIS (Alanus de), ALAIN D'ALBRET, COMTE DE DREUX, fondateur du collége de la Merci (*collegium B. M. de Mercede*), à Paris vers 1515.

ALBRETUS (Alanus), ALAIN DE TEWKESBURY. Voy. *Teukesburiensis* (A.).

ALBRICIUS. Voy. *Albricus*.

ALBRICUS, en français ALBRIC, ALBÉRIC ou ALFRIC, médecin et philosophe anglais, établi à Londres, mort vers 1220. — Son nom s'écrit encore : *Albericus, Albricius* et *Alfricus.*

ALBUCASSA, ABOUL-KACIM, plus connu sous les noms de ABULCASIS, ALBUCASIS, BUCHASIS, BULCHASIM, célèbre médecin arabe, né à Azzara près de Cordoue, mort vers 1107. — Son nom a été écrit de cent manières ; les formes les plus usitées sont les suivantes : *Asaharavius, Alzharavius, Azaravius, Azavarius,* etc.

ALBUCIO (Petrus de), PIERRE D'AUBUSSON, grand-maître de Saint-Jean de Jérusalem, cardinal, lé en Asie, mort en 1503.

ALBUS (cardinalis), LE CARDINAL BLANC, surnom donné au pape BENOIT XII. Voy. *Novellis* (J. de).

ALBUS (cardinalis), LE CARDINAL BLANC, surnom donné à GUILLAUME CURTI, religieux de Cîteaux, cardinal, né à Toulouse, mort vers 1350.

ALBUS (Guilelmus), WILLIAM WHITE, théologien anglais, prêtre dans le comté de Kent, puis disciple de Wiclef, brûlé à Norwich en 1428.

ALBUS (Hugo), HUGH WYTHE, chroniqueur anglais, bénédictin, né et moine à Peterborough, dans le Northampton, mort vers 1230. — On le nomme aussi *H. Candidus* et *H. Petroburgensis.*

ALBUS MILES, LE BLANC GENDARME,

surnom donné à GILLES DE LÈWES. Voy. Lewis (Æ. de).

ALBUS. Voy. Candidus.

ALCHONIENSIS (Guilelmus). Voy. Alenconiensis (G.).

ALCIATUS (Arialdus), ARIALDO ALCIATI, plus connu sous son prénom seulement, théologien italien, archidiacre de Milan, chef de la secte des *Arialdistæ*, adversaires des Nicolaïtes, né à Milan, mort en 1066.

ALCOCCUS (Joannes), JOHN ALCOCK, théologien, poëte, homme d'État et architecte anglais, évêque de Rochester, de Worcester, puis d'Ely, grand chancelier, fondateur du collége de Jésus à Cambridge, né à Beverley, mort en 1500. — On le trouve souvent nommé *J. Eliensis*.

ALCOCCUS et ALCOXIUS (Simon). Voy. *Aldococcius* (S.).

ALDEMBURGENSIS et ALDEMBURGO (de). Voy. *Ardemburgensis*.

ALDENDORPIUS (Conradus), CONRAD ALDENDORP (Jöcher), historien allemand, carme, évêque d'Arolsen, mort en 1413. — On écrit aussi *C. Alpendorpius*.

ALDERSPACENSIS (Adamus), ADAM D'ALDERSBACH, théologien et poëte allemand, moine de Cîteaux, né à Aldersbach en Bavière, mort vers 1260. — On le nomme aussi *A. Bavarus*.

ALDOCOCCIUS (Simon), SIMON ALCOCK, théologien anglais, né à Oxford, mort après 1436. — Fabricius écrit *S. Alcoccus* et Jöcher *S. Alcoxius*.

ALDUS. Voy. *Manutius* (A.).

ALECTENSIS (Petrus), PIERRE AMEIL, dit aussi P. D'ALETH. Voy. *Amelii* (P.).

ALEGRINUS (Joannes). Voy. *Algrinus* (J.).

ALEMANDUS (Ludovicus), LOUIS ALEMAN. Voy. *Alemannus* (L.).

ALEMANIA (Bertramus de), BERTRAM D'ALLEMAGNE, théologien allemand, dominicain, suffragant de l'évêque de Metz, mort en 1387.

ALEMANIA (Conradus de), CONRAD D'HALBERSTADT, dit aussi C. D'ALLEMAGNE. Voy. *Halberstadiensis* (C.).

ALEMANIA (Hildegardis de), SAINTE HILDEGARDE D'ALLEMAGNE, illuminée, abbesse du couvent de Saint-Robert de Binghem, morte en 1180. — On la nomme encore *H. de Binga*; nous avons trouvé même *H. de Pinguia*.

ALEMANICUS (Alexander), ALEXANDRE L'ALLEMAND, théologien allemand, Frère mineur, mort au XVe siècle. — Suivant Wadding, il fut surnommé *Doctor illibatus*.

ALEMANNUS (Conradus). Voy. *Montepuellarum* (C. de).

ALEMANNUS (Ludovicus), LOUIS ALEMAN, plus connu sous le nom de CARDINAL D'ARLES (card. *Arelatensis*), théologien français, évêque de Maguelonne (episc. *Magalonensis*), abbé de Tournus, archevêque d'Arles, cardinal, né au château d'Arbent dans le Bugey, mort en 1459. — On le nomme aussi *L. Alemandus*.

ALENCONIENSIS (Guilelmus), GUILLAUME D'ALENÇON, théologien français, carme, professeur à Paris, né à Alençon, mort après 1306. — On le trouve aussi nommé *G. Alentionensis* et *G. Alchoniensis*.

ALENTIONENSIS (Guilelmus). Voy. *Alenconiensis* (G.).

ALERANO (Otho ou Odo de), OTTONE D'ALERAN, de la famille des marquis de MONTFERRAT, astrologue italien, légat en Allemagne et en Angleterre, cardinal, né à Casal (États-Sardes), mort en 1251. — On le trouve souvent nommé *O. Candidus*.

ALERIO (Joannes de). Voy. *Alerius* (J.).

ALERIUS (Joannes), JEAN ALÈRE (dit Moréri), théologien français, professeur à Paris, général des Carmes, né à Toulouse, mort en 1342. — On trouve aussi *J. de Alerio*.

ALESIUS (Alexander), ALEXANDRE DE HALES. Voy. *Halensis* (A.).

ALETRINUS (Pandulphus), PANDULFO DE PISE, dit aussi P. D'ALATRI. Voy. *Pisanus* (P.).

ALEXANDER, ALEXANDRE III, IV et V, papes. Voy. *Bandinellus* (R.-R.), *Segninus* (R.) et *Philargus* (P.).

ALEXANDRIA (Alexander de), ALEXANDRE D'ALEXANDRIE, théologien italien, général des Frères mineurs, né sans doute à Alexandrie (Piémont), mort en 1314.

ALEXANDRINUS (Georgius), GIORGIO MERLANI, dit aussi G. D'ALEXANDRIE. Voy. *Merula* (G.).

ALEXANDRINUS (Gilbertus). GILBERT D'ALEXANDRIE, théologien italien, dominicain, disciple de saint Thomas d'Aquin, né à Alexandrie, mort vers 1285.

ALEXANDRINUS (Jacobus), JACQUES D'ALEXANDRIE, théologien et philosophe italien, Frère mineur, né à Alexandrie de la Paille (Piémont), mort vers 1350. — On le trouve encore nommé *J. de Albis* et *J. de Blanchis*.

ALEXANDRINUS (Nicolaus), NICOLAS MYREPSE, dit aussi N. D'ALEXANDRIE. Voy. *Myrepsus* (N.).

ALEXANDRO (Alexander ab ou de), ALESSANDRO ALESSANDRO, jurisconsulte et philologue italien, né à Naples, mort en 1523. — On le nomme aussi *Al. Neapolitanus*.

ALEYDIS. Voy. *Adelais*.

ALFAMA (Alphonsus de). Voy. *Almada* (A. de).

ALFENUS (Guilelmus), GUILLAUME D'ALFEN, historien et poëte belge, né soit à Alfen, près de Leyde, soit à Heda, dans le comté d'Egmond, mort en 1526. — On le nomme aussi *G. Heda*.

ALFERIUS (Ogerius), OGERIO ALFIERI, chroniqueur italien, né à Asti, mort après 1294.

ALFONSUS. Voy. *Alphonsus*.

ALFREDUS. On trouve ce nom écrit *Alfredus, Alphredus, Alvredus, Ealfridus*, etc.

ALFRICUS. Voy. *Albricus*.

ALGAZELUS, ALGAZZALI, célèbre philosophe arabe, professeur à Bagdad et à Nissabour, né à Tous, en Perse, mort en 1111.

ALGERUS, ALGER, théologien belge, diacre à Liége, puis moine de Cluni, mort en 1131. — On le trouve encore nommé *Adelgerus, Adelherus*, etc.

ALGRINUS (Joannes), JEAN ALGRIN, ALEGRIN, HALGRIN ou MALGRIN, plus connu sous le nom de JEAN D'ABBEVILLE, théologien et sermonnaire français, prieur à Abbeville, doyen d'Amiens (*decanus Ambianensis*), archevêque de Besançon (*archiep. Bisuntinus*), cardinal, né sans doute à Abbeville, mort en 1237. — On le trouve encore appelé : *J. Abbævillanus, J. de Abbatisvilla, J. de Abbevilla, J. Alegrinus, J. Haigrinus* et *J. Malgrinus*.

ALIGER (Dantes). Voy. *Aligerius* (D.)

ALIGERIUS (Dantes), DANTE ALIGHIERI, célèbre poëte italien, né à Florence, mort en 1321. — On le trouve encore nommé *D. Aliger, D. Aligherius, D. Florentinus*.

ALIGHERIUS. Voy. *Aligerius*.

ALINGTONUS (Robertus), ROBERT ALINGTON, théologien anglais, professeur et chancelier de l'université d'Oxford, mort après 1400.

ALIONUS. Voy. *Astensis* (A.).

ALIPRANDUS (Bonamens), BUONAMENTE ALIPRANDI, poëte et historien italien, né à Mantoue, mort après 1414.

ALLANFRANCUS. Voy. *Lanfrancus*.

ALLIACENSIS (Petrus), PIERRE D'AILLY, célèbre théologien français, chancelier de l'université de Paris, grand-maître du collége de Navarre, évêque de Cambrai, cardinal, né à Compiègne, mort en 1420. — Son nom s'écrit encore : *P. Ailliacus, P. de Alliaco* et *P. de Allyaco*. — Il a été surnommé : *Aquila Franciæ, Doctor evangelicus, Doctor resolutissimus* et *Malleus hæreticorum*.

ALLIACO (Petrus de). Voy. *Alliacensis* (P.).

ALLODIIS (Joannes de), JEAN DES ALLEUX, théologien et sermonnaire français, dominicain, chanoine de Notre-Dame, puis chancelier de l'université de Paris, né à Orléans, mort en 1306. — On le trouve aussi nommé *J. de Allodio* et *J. Aurelianensis*.

ALLODIO (Joannes de). Voy. *Allodiis* (J. de).

ALLYACO Petrus de). Voy. *Alliacensis* (P.).

ALMADA (Alphonsus de), sans doute le même que ALFONSO DE ALFAMA, théologien portugais, carme, provincial de l'ordre en Espagne, né soit à Moura (Alemtejo), soit à Almada près de Lisbonne, mort en 1435.

ALMAINUS (Jacobus), JACQUES ALMAIN, théologien et moraliste français, professeur au collége de Navarre à Paris, né à Sens, mort en 1515.

ALMARICUS. Voy. *Amalricus*.

ALNA (Reginaldus de). Voy. *Alnensis* (R.).

ALNENSIS (Reginaldus), REGINALD

D'ALNE, théologien belge, moine à Alne (Hainaut), mort? — On le nomme aussi *R. de Alna*.

ALNETO (Joannes de), JEAN D'AULNAY, théologien français, orateur au concile de Bâle, moine de Cîteaux, abbé d'Ourscamps, dans le diocèse de Noyon, mort vers 1435.

ALPAGUS (Andreas), ANDREA ALPAGO, médecin et philologue italien, professeur à Padoue, né à Bellune, mort vers le milieu du XVIe siècle.— On le trouve aussi nommé *A. Bellunensis, A. Bongaius* et *A. Mongaius*.

ALPENDORPIUS (Conradus). Voy. *Aldendorpius* (C.).

ALPHONSI (Martinus), MARTIN ALFONSO, théologien espagnol, vicaire général des Augustins d'Espagne, né à Cordoue, mort vers 1480.

ALPHONSUS. On trouve ce nom écrit : *Adifonsus, Alifonsus, Alonfus, Eldefonsus, Hildefonsus, Ilefonsus, Olfus*, etc.

ALPHONSUS, ALPHONSE X, roi d'Espagne. Voy. *Sapiens* (A.).

ALPHONSUS (Petrus), PEDRO ALFONSO, médecin et théologien espagnol, juif converti, filleul d'Alphonse Ier, roi d'Aragon, mort vers 1140.

ALSAHARAVIUS. Voy. *Albucassa*.

ALTACUMBA (Amedeus de), AMÉDÉE DE HAUTE-RIVE, dit aussi A. de HAUTE-COMBE. Voy. *Lausannensis* (A.).

ALTACUMBA (Gaufridus de), GEOFFROI D'AUXERRE, dit aussi G. DE HAUTE-COMBE. Voy. *Autissiodorensis* (G.).

ALTACUMBA (Henricus de), HENRI D'ALBANO, dit aussi H. de HAUTE-COMBE. Voy. *Albanensis* (H.).

ALTAHENSIS (Eberhardus), EBERHARD D'ALTHAEN, chroniqueur allemand, bénédictin, moine d'Althaën en Bavière, archidiacre de Ratisbonne, mort après 1310. — On le nomme aussi *E. Ratisbonensis*.

ALTAHENSIS (Hermannus), HERMANN D'ALTHAEN, chroniqueur allemand, bénédictin, abbé d'Althaën en Bavière, auteur du *Chronicon Altaichiense*, mort en 1273.

ALTARIBUS (Balduinus de), BAUDOUIN DES AUTEUS, OU DES AUTHEUX, poëte français, originaire des Auteus ou des Autheux, domaine situé près de Doullens en Picardie, mort au XIIIe siècle.

ALTATUMBA (de). Voy. *Altacumba* (de).

ALTAVILLA (Jacobus de), JACQUES D'ELFELD, théologien et sermonnaire allemand, moine de Cîteaux, puis abbé d'Eberbach, né à Ringau, au diocèse de Mayence, mort en 1393.

ALTAVILLA (Joannes de), JEAN DE HAUTEVILLE. Voy. *Annævillanus* (J.).

ALTECUMBENSIS. Voy. *Altacumba* (de).

ALTEIA (Simon de), SIMON D'AUTHIE, poëte français, chanoine d'Authie près de Doullens (Somme), mort au XIIIe siècle.

ALTILIUS (Gabriel), GABRIELE ALTILIO, ou D'ALTILIA, poëte italien, évêque de Palicastro, né dans le royaume de Naples, peut-être à Altilia (Calabre), mort vers 1500.

ALTISSIODORENSIS. Voy. *Autissiodorensis*.

ALTO LAPIDE (Tilmannus de). Voy. *Aquisgrano* (T. de).

ALTONO (Guilelmus de). Voy. *Antona* (G. de).

ALTOPONTE (Raimundus de), RAIMOND DE HAUTPONT, théologien français, augustin, professeur à Paris, mort après 1425.

ALULFUS, ALULFE, théologien français, bénédictin, moine de Saint-Martin de Tournai, mort en 1144.

ALUREDUS. Voy. *Ailredus*.

ALVAROTUS (Aicardus ou Aycardinus), AICARDO ALVAROTTO, jurisconsulte italien, né et professeur à Padoue, mort vers 1350.

ALVAROTUS (Jacobus), GIACOMO ALVAROTTO, jurisconsulte italien, juge à Florence et à Sienne, né et professeur à Padoue, mort en 1453. — On le trouve aussi nommé *Alvarotus de Alvarotis*.

ALVARUS. Voy. *Pelagius* (A.).

ALVERGNIA et ALVERNIA. Voy. *Arvernia*.

ALVILLA (Joannes de). Voy. *Annævillanus* (J.).

ALVEVICUS (Martinus). Voy. *Alaunovicanus* (M.).

ALZHARAVIUS. Voy. *Albucassa*.

AMALRICUS. Voy. *Augerius*.

AMALRICUS, ALMARIC ou ARNAUD, abbé de Grandselve, puis de Cîteaux, archevêque de Narbonne, chef de la croisade contre les Albigeois, mort en 1225. — On le nomme aussi *Arnaldus*.

AMALRICUS (Raimundus), RAIMOND AMAURY, théologien et prélat français, évêque de Nîmes (*episc. Nemausensis*), mort en 1272.

AMANDAVILLA et AMANDI VILLA (Henricus de). Voy. *Mondavilla* (H. de).

AMANDUS (Frater), HENRI DE BERG, dit FRÈRE AMAND. Voy. *Suso* (H.).

AMATOR VERITATIS, surnom sous lequel est parfois désigné BENEDETTO CAPRA. Voy. *Perusinus* (B.).

AMATUS, AMAT, chroniqueur et théologien français, légat du Saint-Siége, moine du Mont-Cassin, évêque d'Oléron, né dans le Béarn, mort en 1101.

AMBACIA (Bernardus de), BERNARD D'AMBOISE, théologien et sermonnaire français, carme, professeur à Paris et à Toulouse, cardinal, né à Amboise, mort vers 1380. — On le nomme aussi *B. Aureoli*.

AMBACIA (Francisca de), FRANÇOISE D'AMBOISE, duchesse de Bretagne, théologienne ascétique, carmélite, prieure à Notre-Dame de Schoëtz (*B. M. de Scotiis*) près de Nantes, morte en 1485. — On la trouve aussi nommée *F. de Ambasia*.

AMBACIA (Georgius de), GEORGES D'AMBOISE, premier ministre de Louis XII, archevêque de Narbonne, puis de Rouen, mort en 1510. — On écrit encore *G. de Ambacia* ou *de Ambasia*, *G. Ambosius* et *G. Ambacianus*.

AMBACIANUS. Voy. *Ambacia* (de).

AMBASIA (de) et AMBASIANUS. Voy. *Ambacia* (de).

AMBIANENSIS (Goffridus), GEOFFROI D'EU, dit aussi G. D'AMIENS. Voy. *Augo* (G. de).

AMBIANENSIS (Hugo), HUGUES DE BOVES, descendant des COMTES D'AMIENS, célèbre théologien français, moine de Cluni, prieur de Saint-Martial de Limoges, puis de Saint-Pancrace de Leuves, abbé de Reading (*abbas Readingensis*) au diocèse de Salisbury, enfin archevêque de Rouen, né aux environs de Laon, mort en 1164. — On le trouve nommé encore : *H. Radingensis*, *H. Readingensis*, *H. Rheadingensis*, *H. Rheadingenensis*, et *H. Rothomagensis*.

AMBIANENSIS (Nicolaus), NICOLAS D'AMIENS, théologien et chroniqueur français, chanoine d'Amiens, mort vers 1204.

AMBIANENSIS (Petrus), PIERRE D'AMIENS, un des surnoms DE P. L'HERMITE. Voy. *Eremita* (P).

AMBOSIUS. Voy. *Ambacia* (de).

AMBROGINUS (Angelus), ANGELO POLIZIANO, dit aussi A. DE AMBROGINIS. Voy. *Politianus* (A.).

AMELGARDUS, AMELGARD, historien et jurisconsulte belge, établi à Liége, mort à la fin du XVe siècle.

AMELIANO (Petrus de), PIERRE DE MILHAU. Voy. *Amilianus* (P.).

AMELII (Petrus), PIERRE AMEIL, théologien français, augustin à Brenac dans le diocèse d'Aleth (Aude), pénitencier et bibliothécaire de Grégoire XI, évêque de Sinigaglia (*episc. Senogalliensis*), archevêque de Tarente, cardinal, mort après 1398. — On le trouve aussi nommé *P. Alectensis* et *P. de Brenaco*.

AMELIUS (Petrus), PIERRE DE NARBONNE, dit aussi P. AMEIL. Voy. *Narbonensis* (P.).

AMERBACHIUS (Joannes), JOHANN AMERBACH, célèbre imprimeur allemand, établi à Bâle, mort en 1528. — On trouve aussi *Amerpachius*.

AMERGINUS, AMERGIN, archidruide des anciens Scots-Irlandais, fondateur de la colonie Scytho-Milésienne en Irlande, mort vers le milieu du XIIe siècle.

AMERPACHIUS (Joannes). Voy. *Amerbachius* (J.).

AMICI DULCIS (Guilelmus), GUILLAUME AMIDOUS, théologien français, docteur de Sorbonne, né en Normandie, mort vers 1300.

AMIDANUS (Sigismundus), SIGISMONDO AMIDANO, philosophe scolastique italien, né à Crémone, mort après 1423.

AMILIANUS (Petrus), PIERRE DE MILHAU, théologien français, général de l'ordre des Carmes, né à Milhau dans le Rouergue, mort en 1296. — On l'appelle encore *P. Æmilianus* et *P. de Ameliano*.

AMMANATUS (Jacobus), GIACOMO AMMANATI, devenu par adoption G. PICCOLOMINI, nom sous lequel il est plus connu, historien italien, évêque de Pavie, de Frascati, puis de Lucques, cardinal, né à Lucques, mort en 1479. — On le nomme aussi *J. Piccolomineus.*

AMMONIUS (Andreas), ANDREA AMMONIO, poëte latin, ami d'Erasme, nonce de Léon X, né à Lucques, mort en 1517. — On le nomme aussi *A.-A. Lucensis.*

AMOENUS (Doctor). Voy. *Doctor Amœnus.*

AMONDAVILLA (Henricus de). Voy: *Mondavilla* (H. de).

AMORRICUS. Voy. *Amalricus.*

AMPIGOLIUS (Antonius). Voy. *Rampelogis* (A. de).

AMPUDIA (Paschalis ou Paschasius de). Voy. *Fontepudico* (P. de).

AMUNDISHAMUS (Joannes), JOHN AMUNDISHAM (dit Moréri), théologien et biographe anglais, bénédictin, moine de Saint-Albans, professeur à Oxford, mort vers 1450.

AMYRUTZA, AMYRUTZÈS et AMYRUTZIUS (Georgius), Γεώργιος Ἀμυρούτζης, théologien byzantin, logothète et protovestiaire à Trébizonde, né dans cette ville, mort vers 1465. — Il fut surnommé *G. Philosophus.*

ANACLETUS, ANACLET, antipape. Voy. *Leonis* (Petrus).

ANAGNIA. Voy. *Anania.*

ANAGNINUS (Hugolinus), HUGOLINO DE SEGNI, dit aussi H. D'ANAGNI. Voy. *Segninus* (H.).

ANAGNOSTA et ANAGNOSTES (Joannes), Ἰωάννης ὁ Ἀναγνώστης, chroniqueur byzantin, né à Thessalonique, mort après 1530.

ANANIA (Adenulfus de), ADENULFE D'ANAGNI, neveu de Grégoire IX, prévôt de l'Église de Saint-Omer (*præpositus Sancti Audomari*), chanoine de Notre-Dame, puis de Saint-Victor de Paris, né sans doute à Anagni (États de l'Église), mort en 1289. — On le trouve aussi nommé *A. de Agnania* et *A. de Anagnia.*

ANANIA (Joannes de), GIOVANNI CATTANI, plus connu sous le nom de G. D'ANAGNI, jurisconsulte italien, professeur et archidiacre à Bologne, né à Anagni, mort en 1457. — On le nomme encore *J. de Agnania, J. de Anagnia,* et *J. Archidiaconus.*

ANAPIIS et ANAPIS (Nicolaus de), et ANAPUS (N.), NICOLAS DE HANAPES. Voy. *Hanapis* (N. de).

ANCHARANO (Jacobus de). GIACOMO PALLADINO. Voy. *Theramo* (J. de).

ANCHARANO (Petrus de). Voy: *Ancharanus* (P.).

ANCHARANUS (Petrus), PIETRO DE FARNETO, en français PIERRE FARNÈSE, dit aussi P. D'ANCHARANO, du nom d'un château qu'il possédait près d'Orvieto, célèbre jurisconsulte italien, né à Bologne, mort vers 1415. — On l'appelle encore *P. de Ancharano,* et il avait été surnommé *Anchora juris* et *Speculum juris.*

ANCHIALUS (Michael), Μιχαὴλ Ἀγχίαλος, théologien et prédicateur grec, patriarche de Constantinople, mort vers 1175.

ANCHORA JURIS, L'ANCRE DU DROIT, surnom donné à PIETRO DE FARNETO. Voy. *Ancharanus* (P.).

ANCINIS (Gerardus de). Voy. *Hanchiis* (G. de).

ANCONA (Joannes de), JEAN D'ANCONE, jurisconsulte italien, mort avant 1485.

ANCONA (de). Voy. *Anconitanus.*

ANCONITANUS (Augustinus), AGOSTINO TRIONFO, dit aussi A. D'ANCONE. Voy. *Triumphus* (A.).

ANCONITANUS (Cyriacus ou Kyriacus), CIRIACO PIZZICOLLI, plus connu en France sous le nom de CYRIAQUE D'ANCONE, voyageur et archéologue italien, né à Ancône, mort vers 1450.

ANCONITANUS (Monaldus), MONALDI D'ANCONE, théologien italien, frère mineur, né à Ancône, martyr en 1288. — On trouve aussi *M. de Ancona.*

ANCRIANUS (Michael). Voyez *Ayguanis* (M. de).

ANCYRANUS (Macarius), Μακάριος ὁ Ἀγκυρανός, dit en français MACAIRE D'ANCYRE, théologien byzantin, archevêque d'Ancyre (Angora), mort vers 1450.

ANDAGINENSIS (Theodericus), THIERRY DE SAINT-HUBERT, théologien français, prieur, puis abbé de Saint-Hubert (*Andagium*), dans les Ardennes, mort en 1109.

ANDEGAVENSIS (Guilelmus), GUILLAUME DE BEAUMONT, dit aussi G. D'ANGERS. Voy. *Bellimontensis* (G.).

ANDEGAVENSIS (Joannes), JEAN DE RELY, dit J. D'ANGERS, théologien et traducteur français, chancelier de Notre-Dame de Paris, évêque d'Angers, né à Arras, mort en 1499.

ANDEGAVENSIS (Reginaldus), REGNAUD D'ANGERS, chroniqueur français, archidiacre d'Angers, continuateur de Frodoard, mort après 1277.

ANDEGAVENSIS (Ulgerus), ULGER D'ANGERS, poëte, théologien et hagiographe français, évêque d'Angers, mort en 1148.

ANDEGAVINUS (Radulfus), RAOUL D'ANGERS, écrivain ecclésiastique français, chanoine de Bayeux, mort après 1269.

ANDEGAVINUS. Voy. *Andegavensis*.

ANDERNACO (Joannes de), JEAN D'ANDERNACH, théologien et sermonnaire allemand, carme à Paris, puis professeur à Cologne, né à Andernach (Prusse), mort vers 1390.

ANDERNACO (Mathias de), MATHIAS EMICH, dit M. D'ANDERNACH, théologien et hagiographe allemand, carme, né à Andernach, mort en 1480.

ANDEVERUS (Joannes). Voy. *Andoverus* (J.).

ANDLO (Petrus de), PIERRE D'ANDLAU, historien et jurisconsulte allemand, descendant d'une famille qui possédait le château d'Andlau en Alsace, mort après 1460.

ANDOVERUS (Joannes), JEAN D'ANDOVER, théologien anglais, professeur à Oxford, abbé de Malmesbury, né à Andover dans le Southampton, mort vers 1460. — Fabricius et Tanner écrivent *Andeverus*.

ANDRÆAS. Voy. *Andreas*.

ANDREA (Antonius), ANTONIO ANDRÈS, théologien espagnol, franciscain, disciple de J. Duns Scot, né à Tauste dans l'Aragon, mort en 1308. — Son éloquence insinuante le fit surnommer *Doctor dulcifluus*.

ANDREAS, ANDRÉ, théologien, poëte latin et jurisconsulte suédois, archevêque de Lund, mort en 1228.

ANDREAS (Joannes), GIOVANNI ANDREA, en français JEAN ANDRÉ, célèbre canoniste italien, professeur à Padoue, à Pise et à Bologne, né soit à Mugello près de Florence, soit à Bologne, mort en 1347. — Il fut surnommé : *Fons canonum*, *Lux morum*, *Rabbi doctorum* et *Norma legum*.

ANDREAS (Joannes), GIOVANNI-ANDREA BOSSI, dit JEAN ANDRÉ. Voy. *Buxiis* (J.-A. de).

ANDREAS (Joannes), JEAN-ANDRÉ LE MAURE, dit JEAN ANDRÉ. Voy. *Maurus* (J.-A.).

ANDRELINUS (Publius-Faustus), PUBLIO-FAUSTO ANDRELINI, célèbre poëte latin, professeur à Paris, né à Forli dans la Romagne, mort en 1518.

ANDRENSIS (Guilelmus), GUILLAUME D'ANDRES ou D'ANDERNES, chroniqueur français, bénédictin, moine puis abbé d'Andres ou d'Andernes près d'Ardres, né aux environs de Boulogne-sur-Mer, mort en 1234.

ANDRIA (Petrus de), PIERRE DE ANDRIA, théologien italien, dominicain, évêque de Vico-Equense (*episc. Æquensis, Viconquensis* ou *Viloaquensis*), près de Sorrente, né à Andria, mort en 1316.

ANESIACO (Nicolaus de), NICOLAS D'ENNEZAT, théologien français, dominicain, né à Ennezat (*Anesiacum*), en Auvergne, mort vers 1320.

ANETO (Joannes de), JEAN D'ANET, sermonnaire français, dominicain, né à Anet (Eure-et-Loir), mort vers 1400.

ANGELERIUS (Petrus), PIERRE ANGELERIER, surnommé DE MURRONE, en français DE MORON, (*P. Moronæus, Moronus, Murrho*, ou *de Murrhone*), à cause de l'ermitage qu'il habita pendant 60 ans dans la campagne de ce nom, théologien ascétique italien, célestin, pape sous le nom de CÉLESTIN V, né à Isernia (royaume de Naples), mort en 1296.

ANGELICUS (doctor). Voy. *Aquinas* (T.).

ANGELIS (Sebastianus de). Voy. *Perusinus* (S.).

ANGELUS, ANGELO, jurisconsulte italien, professeur à Padoue, mort à la fin du XVe siècle.

ANGELUS, L'ANGE, surnom donné à GUIGUES II. Voy. *Guigo*.

ANGELUS (Jacobus), JACQUES D'ANGELO, savant helléniste italien, secrétaire apostolique à Rome, né à Scarperia dans la Toscane, mort au commencement du XVe siècle.

ANGELUS (Joannes), JOHANN ENGEL, astronome et mathématicien allemand, professeur à Vienne, né à Aich, dans la Bavière, mort en 1512.

ANGELUS SCHOLÆ, L'ANGE DE L'ÉCOLE, surnom donné à SAINT THOMAS D'AQUINO. Voy. *Aquinas* (T.).

ANGLEBERMEUS (Joannes-Pyrrhus), JEAN-PYRRHUS D'ANGLEBERME, savant jurisconsulte français, professeur à Orléans, né dans cette ville, mort en 1521. — Jöcher écrit *Anglebermæus*.

ANGLERIA (P.-M. ab.). Voy. *Anglerius* (P.-M.).

ANGLERIUS (Petrus-Martyr), PIETRO MARTIRE D'ANGHIERA, historien et géographe italien, prieur à Grenade, protonotaire apostolique, né à Arona, sur le lac Majeur, mort en 1526. — Fabricius le nomme *P.-M. ab Angleria*, et plusieurs de ses ouvrages portent seulement les noms *Petrus Martyr*.

ANGLIA (de). Voy. *Anglicus*.

ANGLICUS (Adamus), ADAM WODDHEAM, dit aussi A. L'ANGLAIS. Voy. *Wodheamensis* (A).

ANGLICUS (Aldricus), ALDRIC L'ANGLAIS. jurisconsulte anglais, souvent cité par Accurse, et dont les ouvrages sont perdus (*incerto sæculo*).

ANGLICUS (Alexander), ALEXANDRE LE CHARPENTIER, dit aussi A. L'ANGLAIS. Voy. *Carpentarius* (A.).

ANGLICUS (Alexander), ALEXANDRE DE HALES, dit aussi A. L'ANGLAIS. Voy. *Halensis* (A.).

ANGLICUS (Alfredus), ALFRED L'ANGLAIS, médecin, philosophe et traducteur anglais, chapelain du cardinal Ottoboni, mort vers la fin du XIIIe siècle. — On le nomme aussi A. *Philosophus*.

ANGLICUS (Bartholomæus), BARTHÉLEMY L'ANGLAIS, surnommé *B. Florarius*, théologien anglais, auteur d'un ouvrage intitulé *Florarium*, mort vers 1420.

ANGLICUS (Bartholomæus), BARTHÉLEMY DE GLANVILLE, dit aussi B. L'ANGLAIS. Voy. *Glannovillanus* (B.).

ANGLICUS (Benedictus), BENOIT L'ANGLAIS, théologien et biographe, prieur de Canterbury, puis abbé de Peterborough, né en Angleterre, mort entre 1193 et 1200. — On le nomme encore *B. Abbas* et *B. Petroburgensis*.

ANGLICUS (Benedictus), BENOIT DE NORFOLK, dit aussi B. L'ANGLAIS. Voy. *Nordofolcensis* (B.).

ANGLICUS (Eduardus, Eadwardus ou Eadveardus), EDOUARD L'ANGLAIS, chroniqueur anglais, continuateur de Raoul de Suffolk, mort après 1302.

ANGLICUS (Galfredus ou Gualterus), G. DE VINESAUF, dit aussi G. L'ANGLAIS. Voy. *Vinosalvo* (G. de).

ANGLICUS (Gilbertus), GILBERT L'ANGLAIS, médecin anglais, chancelier de Montpellier (*cancellarius Montispessulanus*), né sans doute à Oxford, mort vers 1250. — On l'appelle aussi *G. Medicus* et il fut surnommé *Doctor desideratissimus*. — On le désigne quelquefois, par erreur, sous le nom de *Gilbertus Leglæus*, qu'on traduit par *G. de l'Aigle* ou *de Lègle*; mais ce nom appartient à un autre personnage avec lequel G. L'ANGLAIS ne doit pas être confondu.

ANGLICUS (Gregorius), GRÉGOIRE LANGLOIS, évêque de Séez, fondateur du collége de Séez (*collegium Sagiense*) à Paris, mort en 1403.

ANGLICUS (Gualterus), GAUTIER L'ANGLAIS, grammairien anglais, précepteur d'un prince de Sicile, archevêque de Palerme (*archiep. Panormitanus*), mort en 1194.

ANGLICUS (Gualterus), GAUTIER L'ANGLAIS. Voy. JORSIUS (Th.).

ANGLICUS (Gualterus), GAUTIER DE WINTERBORNE, dit aussi G. L'ANGLAIS. Voy. *Winterbornus* (G.).

ANGLICUS (Guilelmus), GUILLAUME L'ANGLAIS, sermonnaire anglais, Frère servite, professeur à Paris, mort vers 1360. — On le trouve aussi nommé *G. Dandus*.

ANGLICUS (Guilelmus), WILLIAM GRISAUNT, dit aussi G. L'ANGLAIS. Voy. *Grisauntus* (G.).

ANGLICUS (Guilelmus), WILLIAM MACKELELFIELD, dit aussi G. L'ANGLAIS. Voy. *Machelesfeldus* (G.).

ANGLICUS (Guilelmus), GUILLAUME DE WARE, dit aussi G. L'ANGLAIS. Voy. *Wara* (G. de).

ANGLICUS (Hugo), HUGUES DE CHAMP-FLEURY, dit aussi H. L'ANGLAIS. Voy. *Campo florido* (H. de).

ANGLICUS (Jacobus), JACQUES L'ANGLAIS, théologien anglais, docteur de l'université de Paris, moine de Cîteaux, adversaire de l'immaculée conception, mort après 1270. — Tanner le nomme *J. Cisterciensis.*

ANGLICUS (Joannes), JEAN L'ANGLAIS, théologien et sermonnaire anglais, franciscain, docteur de Paris, auteur du *Summa Joannina*, mort ?

ANGLICUS (JOANNES), JEAN L'ANGLAIS, théologien anglais, disciple de Duns Scot, mort après 1390.

ANGLICUS (Joannes), JOHN ESTWOOD, dit aussi J. l'ANGLAIS. Voy. *Æschendus* (J.).

ANGLICUS (Joannes), JEAN DE GADDISDEN, dit aussi J. L'ANGLAIS. Voy. *Gadesdenus* (J.).

ANGLICUS (Joannes), JEAN DE SAINT-ALBANS, dit aussi J. L'ANGLAIS. Voy. *Sancto Albano* (J. de).

ANGLICUS (Laurentius), LAURENT L'ANGLAIS, théologien anglais, l'un des premiers docteurs dominicains, mort vers 1220.

ANGLICUS (Laurentius), LAURENT L'ANGLAIS, théologien anglais, adversaire des dominicains, mort vers 1260.

ANGLICUS (Mauricius), MAURICE L'ANGLAIS. Voy. *Hibernicus* (M.).

ANGLICUS (Michael), MICHEL LANGLOIS, jurisconsulte et poëte latin, professeur à Paris, né à Beaumont dans le Hainaut, mort après 1507.

ANGLICUS (Nicolaus), NICOLAS DE SAINT-ALBANS, dit aussi N. L'ANGLAIS. Voy. *Sancto Albano* (N. de).

ANGLICUS (Oswaldus), OSWALD L'ANGLAIS, théologien et traducteur anglais, chartreux, ami de Jean Gerson, mort vers 1450.

ANGLICUS (Paulus), PAUL L'ANGLAIS, théologien anglais, auteur du *Speculum aureum*, mort vers 1410.

ANGLICUS (Petrus), PIERRE L'ANGLAIS, théologien anglais, dominicain, mort vers 1350.

ANGLICUS (Richardus), RICHARD L'ANGLAIS, théologien, poëte et historien anglais, chanoine régulier de Saint-Augustin à Londres, mort vers 1200. — Il est souvent nommé *R. Canonicus.*

ANGLICUS (Richardus), RICHARD L'ANGLAIS, médecin anglais, dont la vie est peu connue, étudiant à Oxford et à Paris, mort vers 1300. — On le trouve aussi nommé *R. Medicus.*

ANGLICUS (Richardus), RICHARD LE SACRISTAIN, dit aussi R. L'ANGLAIS. Voy. *Sacrista* (R.).

ANGLICUS (Robertus), ROBERT DE RÉTINES, dit aussi R. L'ANGLAIS. Voy. *Retenensis* (R.).

ANGLICUS (Rogerus), ROGER BACON, dit aussi R. L'ANGLAIS. Voy. *Baconus* (R.).

ANGLICUS (Simon), SIMON L'ANGLAIS, théologien anglais, dominicain, mort vers 1391.

ANGLICUS (Simon), SIMON STOCK, dit aussi S. L'ANGLAIS. Voy. *Stockius* (J.).

ANGLICUS (Stephanus), STEPHEN LANGTON, dit aussi E. L'ANGLAIS. Voy. *Linguatona* (St. de).

ANGLICUS (Theobaldus), THIBAUD L'ANGLAIS, théologien anglais, chartreux, mort en 1320.

ANGLICUS (Thomas), THOMAS L'ANGLAIS. Voy. *Jorsius* (Th.).

ANGLUS. Voy. *Anglicus.*

ANGRAVILLA (Richardus de), RICHARD D'ANGERVILLE, plus connu sous le nom de R. DE BURY, célèbre bibliophile anglais, évêque de Durham (*episc. Dunelmensis*), chancelier et trésorier d'Angleterre, né à Bury-Saint-Edmond dans le comté de Suffolk, mort en 1345. — On le trouve encore nommé *R. Aungervillus* et *R. Dunelmensis.*

ANGRIANUS (Bernardus et Michael). Voy. *Ayguanis* (B. et M.).

ANGULO (Petrus de), PIERRE DE LANGLE, théologien français, dominicain, né à Évreux, mort en 1520.

ANGUSSOLA (Valerianus de). Voy. *Cremonensis* (V.).

ANIENSIS (Samuel), SAMUEL YERETZ, dit S. D'ANI, historien arménien, né à Ani (Turquie d'Asie), mort après 1179.

ANIMA LEGIS, surnom donné à HUGUES DE PRETI. Voy. *Porta Ravennate* (H. de).

ANNÆVILLANUS (Joannes), JEAN DE HANTVILLE, DE HAUTEVILLE, DE HANWILL ou DE HAUVITEVILLE, poëte latin, auteur d'un poëme intitulé *Archithrenius*, né dans la Normandie, mort vers 1200. — On le trouve encore nommé *J. de Altavilla*, *J. Annævillensis*, *J. Annævislanus*, *J. de Alvilla*, *J. de Annavilla*, *J. Archithrenius*, *J. Hantvillensis*, *J. Hantwillensis*, *J. Hautivillensis* et *J. Nantvillensis*.

ANNÆVILLENSIS et ANNÆVISLANUS (Joannes). Voy. *Annævillanus* (J.).

ANNALIBUS (Petrus de). Voy. *Vallibus* (P. de).

ANNAVILLA (Joannes de). Voy. *Annævillanus* (J.).

ANNIBALDUS. Voy. *Hannibaldis* (H. de).

ANNIUS (Joannes). Voy. *Viterbiensis* (J.-A.).

ANSBERGIUS (Conradus), CONRAD D'ANSBERG, théologien et sermonnaire allemand, carme, professeur à Cologne et à Vienne, mort en 1433.

ANSBERTUS, ANSBERT, chroniqueur allemand, mort au XIIe siècle.

ANSELMUS. Voy. *Franciscanus* (A.).

ANSELMUS (Georgius), GIORGIO ANSELMO, mathématicien et astronome italien, né à Parme, mort en 1440. — On le nomme souvent *G. A. Avus* pour le distinguer de son petit-fils, dont l'article suit.

ANSELMUS (Georgius), GIORGIO ANSELMO, médecin et poëte italien, né à Parme, mort en 1525. — On le nomme souvent *G. A. Nepos* pour le distinguer de son aïeul, dont l'article précède celui-ci.

ANSICARO (Joannes). Voy. *Gutenbergius* (J.).

ANTIOCHENUS (Fretellus), FRETELLUS D'ANTIOCHE, géographe syrien, archidiacre d'Antioche, mort vers 1130.

ANTIOCHENUS (Joannes), 'Ιωάννης ὁ 'Αντιοχεύς, théologien byzantin, patriarche d'Antioche, mort vers 1450.

ANTIQUARIUS (Félix), FELICE FELICIANO, dit aussi F. ANTIQUARIO. Voy. *Felicianus* (F.).

ANTIQUARIUS (Jacobus), GIACOMO ANTIQUARIO, littérateur italien, secrétaire de J. Galeazzo Sforza, né à Pérouse, mort en 1512.

ANTONA (Guilelmus de), GUILLAUME DE SOUTHAMPTON, théologien anglais, dominicain, né à Southampton, mort vers 1265. — Echard le nomme aussi *G. de Altono*, et on l'a confondu parfois avec *G. de Southamptonia*.

ANTONII (Matthæus). Voy. *Pisis* (Ant. de).

ANTONII (Petrus), PIETRO ANTONIO, théologien et poëte italien, né et dominicain à Viterbe, mort en 1501.

ANTONII (Thomas), TOMMASO ANTONIO, hagiographe italien, dominicain à Venise, né à Sienne, mort après 1430.

ANTVERPIA (Gerardus de), GÉRARD D'ANVERS, théologien belge, établi en France, mort après 1270.

APIARIUS, QUI A SOIN DES ABEILLES, nom sous lequel THOMAS DE CANTIMPRÉ (*Th. Cantimpratensis*) a publié un traité mystique intitulé *Bonum universale de Apibus*, etc.

APIS DE FRANCIA, L'ABEILLE DE FRANCE, surnom donné à PIERRE ABÉLARD. Voy. *Abælardus*.

APOLDIA (Theodoricus de), THIERRY DE THURINGE, dit aussi TH. DE APOLDA. Voy. *Thuringus* (Th.).

APONENSIS (Petrus), PIERRE D'ABANO, médecin, astrologue et traducteur italien, docteur de Paris, né à Abano, près de Padoue, mort vers 1320. — On a traduit ce nom en français, par *P. d'Apone*, *P. d'Avane*, etc. — On le trouve encore appelé en latin : *P. de Apono*, *P. de Ebano*, *P. Padubanensis*, *P. de Abono*, *P. de Padua*, *P. Paduanus*, et il a été surnommé *P. Conciliator*, nom tiré du titre de son principal ouvrage (*Conciliator differentiarum*, etc).

APOSTOLIUS (Michael), Μιχαὴλ ὁ Ἀποστόλιος, en français MICHEL APOSTOLE, théologien et rhéteur grec, né à Constantinople, mort vers 1480. — Il passa la fin de sa vie en Crète dans la misère, et se surnomma lui-même *le roi des pauvres*, titre qu'il prend à la fin d'un manuscrit de Philostrate copié par lui.

APPROBATUS (doctor). Voy. *Burlæus* (G.).

APTIS (Franciscus de). Voy. *Tuderto* (F. de).

APULIENSIS (Guilelmus), GUILLAUME DE LA POUILLE, chroniqueur italien, né sans doute dans la Pouille, mort au milieu du XIIe siècle. — On le nomme aussi *G. Apulus.*

APULUS (Guilelmus). Voy. APULIENSIS (G.).

AQUÆDUNUS (Joannes), JEAN D'HAYTON, théologien et hébraïsant anglais, docteur d'Oxford, carme à Lincoln, mort en 1428. — Tanner le nomme *J. Hadunus,* C. de Villiers *J. Haytonus*, et l'on trouve encore *J. Haintonus, J. Hainctonus* et *J. Heinodunus.*

AQUÆDUNUS (Stephanus), STEPHEN ÆDON ou EDON (dit Jöcher), historien anglais, chanoine régulier de Saint-Augustin au monastère de Warotten (diocèse d'York), mort après 1320. — On le nomme aussi *St. Eitonus.*

AQUÆ PUTEO (Thomas de), THOMAS WATYRPITT, théologien et sermonnaire anglais, carme à Norwich, mort en 1508.

AQUAM BIBENS (Stephanus), ÉTIENNE BOILEAU, BOILESVE, BOILYEAUE, BOYLEAUX, BOILEUE ou BOILOSVE, célèbre prévôt de Paris, né dans cette ville, mort en 1269. — On le trouve aussi nommé *St. Bibens Aquam.*

AQUA SPARTA (Matthæus de), MATHIEU D'ACQUA-SPARTA, théologien et jurisconsulte italien, frère mineur à Todi, légat en Toscane, évêque de Porto, cardinal, né à Acqua Sparta (États de l'Église), mort en 1302. — On le nomme aussi *M. Tudertinus.*

AQUA VETERI (Joannes de), JEAN DE OUDEWATER. Voy. *Palæonydorus* (J.).

AQUAVIVIUS (Andreas-Matthæus), ANDREA-MATTEO ACQUAVIVA, duc d'Atri et de Teramo, littérateur italien, né à Naples, mort vers 1525.

AQUENSIS (Albericus ou Albertus), ALBÉRIC ou ALBERT D'AIX, chroniqueur français, chanoine de l'église d'Aix en Provence, mort après 1120.

AQUENSIS (Jacobus), JACQUES D'ACQUI, chroniqueur italien, dominicain, né à Acqui en Piémont, mort vers le milieu du XIVe siècle. — On le trouve encore nommé *J. de Acquino, J. Aquinas, J. de Aquino* et *J. de Aquis.*

UE NSIS(Juvenalis), JUVÉNAL D'ACQUI, chroniqueur italien, né à Acqui en Piémont, mort après 1515. — On le nomme aussi *J. de Acquino.*

AQUENSIS. Voy. *Aquisgranensis* et *Aquisgrano* (de).

AQUICINCTENSIS (Alexander), ALEXANDRE D'ANCHIN, biographe français, bénédictin, prieur du couvent d'Anchin, près de Douai, mort en 1174. — On le nomme aussi *A. Atrebas.*

AQUILA (Gilbertus de), GILBERT DE L'AIGLE. Voy. *Leglæus* (G.).

AQUILA (Henricus), HEINRICH ADLER, théologien allemand, docteur de Paris, carme, mort après 1330.

AQUILA FRANCIÆ, L'AIGLE DE FRANCE, surnom donné à PIERRE D'AILLY. Voy. *Alliacensis* (P.).

AQUILA THEOLOGORUM, L'AIGLE DES THÉOLOGIENS, surnom donné à saint THOMAS D'AQUINO. Voy. *Aquinas* (T.).

AQUILA (de). Voy. *Aquilanus.*

AQUILANUS (Bernardinus), BERNARDIN D'AQUILA, dit aussi BERNARDINO AQUILANO, théologien, sermonnaire et historien italien, frère mineur, né sans doute à Aquila (royaume de Naples), mort en 1503.

AQUILANUS (Joannes), JEAN D'AQUILA, dit aussi GIOVANNI AQUILANO, théologien italien, dominicain, né à Aquila, mort en 1479.

AQUILANUS (Joannes), JEAN D'AQUILA, dit aussi GIOVANNI AQUILANO, médecin italien, professeur à Pise et à Padoue, né à Lamiano (royaume de Naples), mort en 1510. — Il est souvent nommé *J. Patavinus.*

AQUILANUS (Petrus), PIERRE D'AQUILA, dit aussi PIETRO AQUILANO, théologien italien, franciscain, disciple de Duns Scot, né à Aquila, mort vers 1350. — Il fut surnommé *Scotellus* et *Doctor sufficiens.*

AQUILANUS (Sebastianus), SÉBASTIEN D'AQUILA, dit aussi SEBASTIANO AQUILANO, médecin italien, professeur à Ferrare, né à Aquila, mort en 1513. — On trouve encore *S. Aquileiensis.*

AQUILANUS (Seraphinus), SÉRAPHIN D'AQUILA, dit aussi SERAFINO AQUILANO, poète et improvisateur italien, né à Aquila, mort en 1500.

AQUILEIENSIS. Voy. *Aquilanus.*

AQUILONIPOLENSIS (Henricus), HENRI DE NORTHEIM, poète latin, professeur à Wittemberg, né à Northeim, près de

2

Gœttingue, mort vers 1520. — On trouve aussi *H. Northeimensis*, et Tritheim écrit *H. Northaymensis*.

AQUINAS (Jacobus), JACQUES D'ACQUI. Voy. *Aquensis* (J.).

AQUINAS (Thomas), saint THOMAS D'AQUINO, en français D'AQUIN, célèbre théologien italien, dominicain, né à Rocca-Secca, près d'Aquino (Terre de Labour), mort en 1274. — On l'appelle aussi *Th. de Aquino*. — Il a été surnommé : *Angelus scholæ, Aquila theologorum, Doctor angelicus, Doctor cherubinus, Doctor communis* et *Doctor evangelicus*.

AQUINO (Jacobus de). Voy. *Aquensis* (J.).

AQUINO (de). Voy. *Aquinas*.

AQUIS ou AQUIS SABAUDIENSIS (Claudius de), CLAUDE D'AIX ou D'AIX EN SAVOIE. Voy. *Seysselius* (Cl.).

AQUIS (Jacobus de). Voy. *Aquensis* (J.).

AQUISGRANENSIS (Guilelmus), WILHELM ZWERS, dit G. D'AIX-LA-CHAPELLE, théologien et géographe allemand, professeur à Erfurt, chanoine d'Aix-la-Chapelle, mort vers 1495. — On le trouve encore nommé *G. de Aquisgrano* et *G. Textor*.

AQUISGRANENSIS (Joannes), JOHANN GLUEL, dit en français JEAN D'AIX-LA-CHAPELLE, historien et sermonnaire allemand, carme, prieur à Cologne, né à Aix-la-Chapelle, mort en 1399. — Oudin l'a confondu avec *J. Hildesheimensis*.

AQUISGRANENSIS. Voy. *Aquensis* et *Aquisgrano* (de).

AQUISGRANO (Tilmannus de), TILMANN D'AIX-LA-CHAPELLE, théologien allemand, professeur à Paris et à Cologne, carme à Aix-la-Chapelle, mort après 1360. — On le trouve encore nommé *T. de Alto lapide* et *T. Aquensis*.

AQUISGRANO (de). Voy. *Aquensis* et *Aquisgranensis*.

AQUITANUS (Guilelmus), GUILLAUME D'AQUITAINE, théologien français, auteur du *Dieta salutis*, né dans l'Aquitaine, mort vers 1300. — On le trouve encore nommé *G. de Canitia, G. de Janicea, G. de Janicia, G. de Lancea, G. de Laneca, G. de Lanicia* et *G. de Lavicea*, noms que les auteurs de l'*Histoire littéraire de la France* ont renoncé à traduire. Voy. *Lancea* (G. de.).

ARABSIADA (Ahmedus), AHMED-IBN-ARABSHAH, historien arabe, mort en 1450. — Jöcher écrit *A. Arabschia*.

ARÆMONTANUS (magister). Voy. *Houcarius* (E.).

ARAGONIENSIS (Nicolaus), NICOLAS ROSELL, dit aussi N. D'ARAGON. Voy. *Rosseli* (N.).

ARAGONIENSIS. Voy. *Aragonus*.

ARAGONUS (Joanhes). Voy. *Ægidius* (J.).

ARAGONUS (Valerius), VALERIO D'ARAGON, sermonnaire espagnol, dominicain à Valence, né dans le royaume d'Aragon, mort vers 1500.

ARBILLA (Publius). Voy. *Vigilantius* (P.).

ARBOR VITÆ, L'ARBRE DE LA VIE, surnom donné à JEAN DE GALLES. Voy. *Wallia* (J. de).

ARBOREUS (Mercurinus), MERCURINO ARBORIO DE GATTINARA, jurisconsulte italien, chancelier de Charles-Quint, cardinal, né à Verceil (États-Sardes), mort en 1530.

ARBRESSELLENSIS et DE ARBRESSELLO (Robertus). Voy. *Arbrissellensis* (R.).

ARBRISSELLENSIS (Robertus), ROBERT D'ARBRISSEL, fondateur de l'ordre de Fontevrault *(fund. ord. Fontebraldensis)*, né à Arbrissel, dans le diocèse de Rennes, mort en 1117. — On l'appelle encore *R. de Arbrisselo, R. de Arbrissello, R. de Arbressello* et *R. Arbressellensis*.

ARBRISSELLO et ARBRISSELO (Robertus de). Voy. *Arbrissellensis* (R.).

ARCHARDUS. Voy. *Achardus*.

ARCHIDIACONUS, L'ARCHIDIACRE, nom sous lequel on désigne souvent GUILLAUME DE CHAMPEAUX. Voy. *Campellensis* (G.).

ARCHIDIACONUS (Galbertus ou Gualterus), GAUTIER L'ARCHIDIACRE, nom sous lequel est souvent désigné G. DE TÉROUANE. Voy. *Tervanensis* (G.).

ARCHIDIACONUS (Guido), GUI L'ARCHIDIACRE, nom sous lequel est souvent désigné GUIDO DA BAISIO. Voy. *Baisius* (G.).

ARCHIDIACONUS (Henricus), HENRI

L'ARCHIDIACRE, nom sous lequel on désigne HENRI DE HUNTINGDON. Voy. *Huntingtonensis* (H.).

ARCHIDIACONUS (Joannes), JEAN L'ARCHIDIACRE, surnom donné à G. CATTANI. Voy. *Anania* (J. de).

ARCHIDIACONUS (Joannes), JEAN L'ARCHIDIACRE, nom sous lequel est souvent désigné J. DE KIKELLO. Voy. *Kikuleo* (J. de).

ARCHIPOETA, L'ARCHIPOËTE, nom sous lequel a été désigné CAMILLO QUERNO. Voy. *Quernus* (C.).

ARCHIPRESBYTER (Julianus), JULIEN DE TOLÈDE, dit aussi J. L'ARCHIPRÊTRE. Voy. *Toletanus* (J.).

ARCHIPRESBYTER (Justus), JUSTE L'ARCHIPRÊTRE, hagiographe français, archiprêtre au diocèse de Clermont, mort vers 1130.

ARCHITHRENIUS (Joannes), JEAN ARCHI-PLEURARD (?), surnom donné à JEAN DE HANTVILLE. Voy. *Annævillanus* (J.).

ARCILIUS (Franciscus). Voy. *Arsillus* (F.).

ARCIMBOLDUS (Guido-Antonius), GUIDO-ANTONIO ARCIMBOLDI, diplomate italien, archevêque de Milan, mort en 1497.

ARCIMBOLDUS (Joannes), GIOVANNI ARCIMBOLDI, théologien et jurisconsulte italien, archevêque de Milan, cardinal, mort en 1491.

ARCIMBOLDUS (Octavius), OTTAVIO ARCIMBOLDI, philologue et poëte italien, né et archevêque à Milan, mort vers 1503.

ARCU (Joanna de), JEANNE D'ARC. Voy. *Darcia* (J.).

ARCULANUS (Joannes). Voy. *Herculanus* (J.).

ARDEMBURGENSIS (Hariulfus), HARIULFE D'ARDEMBOURG, chroniqueur ecclésiastique français, moine de l'abbaye de Centule ou de Saint-Riquier (*Sancti-Richarii*), puis abbé d'Ardembourg près de Bruges, né dans le Ponthieu, mort en 1143. — On le nomme aussi *H. Centulensis*. Il est aussi parfois désigné sous les différentes formes indiquées à l'article suivant.

ARDEMBURGENSIS (Joannes), JOHANN UYT-TEN-HOVE, en français DE LA COUR, dit J. UTENHOVE et J. D'ARDEMBOURG, célèbre théologien belge, dominicain, professeur à Paris, né à Ardembourg, près de Bruges, mort en 1296. — On le trouve encore désigné sous les noms suivants : *J. de Aldemburgo*, *J. Aldemburgensis*, *J. de Ardemburgo*, *J. Ecdebergensis*, *J. Ecdenbergius*, *J. Eckendenbergius*, *J. de Erdemburgo*. Voy. *Curia* (J. ex).

ARDEMBURGO (de). Voy. *Ardemburgensis*.

ARDENS (Radulphus), RAOUL ARDENT, théologien, historien et chroniqueur français, né à Beaulieu, dans le diocèse de Poitiers, mort en 1101.

ARDENSIS (Lambertus), LAMBERT D'ARDRES, chroniqueur français, curé d'Ardres près de Calais, mort vers 1220.

ARDERWICENSIS (Gerardus). Voy. *Harderwicensis* (G.).

ARDIZONE (Jacobus de), GIACOMO ARDIZZONI, jurisconsulte italien, né à Vérone, mort vers le milieu du XIVe siècle.

ARDOYNIS (DE) et ARDOYNUS (Sanctes). Voy. *Arduinis* (S. de).

ARDUINIS (Sanctes de), SANTES ARDOINI, médecin italien, établi à Venise, né à Pesaro, mort vers le milieu du XVe siècle. — On le nomme aussi *S. Ardoynus*, *S. de Ardoynis* et *S. de Ardynis*.

ARDYNIS (Sanctes de). Voy. *Arduinis* (S. de).

ARELATENSIS (Andreas), ANDRÉ DU BOIS, dit par erreur A. D'ARLES. Voy. *Sylvius* (A.).

ARELATENSIS (cardinalis), LOUIS ALEMAN, archevêque d'Arles. Voy. *Alemannus* (L.).

AREMORICUS. Voy. *Armoricus*.

ARENA (Jacobus de), JACQUES DE REVIGNY. Voy. *Ravano* (J. de).

ARENGRINUS (Guilelmus), GUILLAUME ARENGRIN, connu sous le nom de G. DE MARMOUTIERS (*G. Majoris Monasterii*), archidiacre de Nantes, puis abbé de Marmoutiers, né dans la Bretagne, mort en 1124.

ARETINUS (Angelus), ANGELO GAMBIGLIONI, dit aussi A. D'AREZZO. Voy. *Gambiglionibus* (A. de).

ARETINUS (Betricus), BETRICO D'AREZZO, poëte italien, né soit à Reggio, soit à

2.

Arezzo, mort vers le milieu du XIVe siècle.

ARETINUS (Bonaguida), BONAGUIDA D'AREZZO, dit en français B. ARÉTIN, avocat et jurisconsulte italien, né sans doute à Arezzo dans la Toscane, mort vers la fin du XIIIe siècle. — On le nomme aussi *B. de Aretio.*

ARETINUS (Carolus), CARLO MARSUPPINI, dit aussi C. D'AREZZO. Voy. *Marsuppinus* (C.).

ARETINUS (Franciscus), FRANCESCO ALBERGOTTI, connu aussi sous le nom de Fr. D'AREZZO ou Fr. ARÉTIN, célèbre jurisconsulte italien, né à Arezzo, mort en 1376. — Il fut surnommé *Doctor solidæ veritatis.*

ARETINUS (Franciscus), FRANCESCO ACCOLTI, dit aussi F. D'AREZZO. Voy. *Accoltis* (Fr. de).

ARETINUS (Franciscus), FRANCESCO GRIFFOLINI, plus connu sous le nom de FR. ARÉTIN ou Fr. D'AREZZO, poëte italien, né à Arezzo, mort vers la fin du XVe siècle.

ARETINUS (Gorellus), GORELLO (diminutif de GREGORIO) DE SINIGARDI, dit G. D'AREZZO, poëte et chroniqueur italien, né et notaire à Arezzo (Toscane), mort après 1448.

ARETINUS (Guido), GUITTONE D'AREZZO, célèbre poëte italien, né à Arezzo, mort en 1294.

ARETINUS (Joannes), GIOVANNI TORTELLI, dit aussi J. D'AREZZO. Voy. *Tortellius* (J.).

ARETINUS (Leonardus), LEONARDO BRUNI, dit aussi L. D'AREZZO. Voy. *Brunus* (L.).

ARETIO (de). Voy. *Aretinus.*

ARGELATA (Petrus de). Voy. *Argellata* (P. de).

ARGELLATA (Petrus de), PIETRO DELLA CERLATA, chirurgien italien, né et professeur à Bologne, mort en 1423. — On le trouve encore nommé *P. de Argelata,* et *P. de Argillata.*

ARGENTINA (Thomas de), THOMAS DE STRASBOURG, théologien et sermonnaire allemand, augustin, docteur de Paris, né à Strasbourg, mort en 1357.

ARGENTINA (Thomas de), THOMAS DE STRASBOURG, théologien et sermonnaire allemand, né et dominicain à Strasbourg, mort vers 1500.

ARGENTINA (de). Voy. *Argentinensis* et *Argentoratensis.*

ARGENTINENSIS (Albertus), ALBERT DE STRASBOURG, chroniqueur allemand, prêtre à Strasbourg, mort après 1378.

ARGENTINENSIS (Guido), GUI DE STRASBOURG, philosophe scolastique allemand, commentateur d'Aristote, dominicain, mort vers 1400.

ARGENTINENSIS (Jordanus), JORDAN DE STRASBOURG, sermonnaire allemand, augustin, mort vers 1410.

ARGENTINENSIS. Voy. *Argentoratensis* et *Argentina* (de).

ARGENTORATENSIS (Bruno), BRUNO DE STRASBOURG, théologien allemand, chanoine de Bamberg, puis évêque de Strasbourg, mort après 1131.

ARGENTORATENSIS (Hugo), HUGUES DE STRASBOURG, théologien et sermonnaire allemand, dominicain, prieur du couvent de Strasbourg, né dans cette ville, mort vers 1300.

ARGENTORATENSIS (Nicolaus), NICOLAUS KEMPF, dit NICOLAS DE STRASBOURG, théologien allemand, chartreux, prieur de Chemnitz (Saxe), né à Strasbourg, mort en 1497. — On trouve aussi *N. de Argentina.*

ARGENTORATENSIS (Petrus), PIERRE DE STRASBOURG, historien, prédicateur et théologien allemand, né à Strasbourg, mort vers 1270.

ARGENTORATENSIS (Udalricus ou Udalricus Engelberti), ULRIC DE STRASBOURG, philosophe scolastique allemand, disciple d'Albert le Grand, né et dominicain à Strasbourg, mort vers 1280. — On le trouve encore nommé *U. Argentinensis, U. de Argentina* et *U. Teutonicus.*

ARGENTORATENSIS. Voy. *Argentina* (de) et *Argentinensis.*

ARGILLATA (Petrus de). Voy. *Argellata* (P. de).

ARGYROPILUS et ARGYROPYLUS (Joannes). Voy. *Argyropulus* (J.).

ARGYROPULUS (Joannes), Ἰωάννης ὁ Ἀργυρόπουλος, dit en français JEAN ARGYROPULO, helléniste et philosophe grec, professeur à Florence et à Rome, né à Constantinople, mort en 1473. — On le nomme encore *J. Argyropilus, J. Argyropylus,* etc.

ARGYRUS (Isaacus), Ἰσαάκης Ἄργυρος, en français ISAAC ARGYRE, astronome et moine grec, auteur du Πασχάλιος κανών (canon paschal), mort après 1373.

ARDUINUS (Stephanus). Voy. *Hardingus* (St.).

ARIALDUS. Voy. *Alciatus* (A.).

ARIDA VILLA (Joannes de), JOHN DRITON, dit aussi J. DE SÉCHEVILLE. Voy. *Dritonus* (J.).

ARIENTIS (Joannes de). Voy. *Sabadinus* (J.).

ARIENTUS (Thomas), TOMMASO ARIENTI, médecin et chirurgien italien, professeur à Bologne, assassiné à la fin du XIVe siècle.

ARIGONIUS (Jacobus). Voy. *Laudensis* (J.).

ARIMINENSIS (Gregorius), GRÉGOIRE DE RIMINI, célèbre philosophe scolastique italien, général des Augustins, professeur au couvent de Rimini, mort en 1388. — On l'appelle encore *G. de Arimino*, et il fut surnommé *Doctor authenticus*.

ARIMINENSIS (Henricus), HENRI DE RIMINI, théologien italien, dominicain, né à Rimini (États de l'Église), mort vers 1314. — On le nomme aussi *H. Riminensis* et *H. de Arimino*.

ARIMINENSIS (Hugolinus), UGOLIN DE RIMINI, théologien et sermonnaire italien, dominicain, né à Rimini, mort en 1249.

ARIMINENSIS (Nicolaus), NICOLAS DE RIMINI, biographe italien, frère mineur, né sans doute à Rimini, mort vers 1413. — On écrit souvent *N. de Arimino*.

ARIMINENSIS (Robertus), ROBERTO VALTURIO, dit aussi R. DE RIMINI. Voy. *Valturius* (R.).

ARIMINO (de). Voy. *Ariminensis*.

ARIOSTUS (Alexander), ALESSANDRO ARIOSTO, théologien et géographe italien, franciscain, né à Bologne, mort vers 1500.

ARIOSTUS (Franciscus), FRANCESCO ARIOSTO, jurisconsulte, philosophe et naturaliste italien, né et professeur à Ferrare, mort en 1492.

ARISTENUS (Alexius), Ἀλέξιος ὁ Ἀριστηνός, en français ALEXIS ARISTÈNE, jurisconsulte grec, diacre de l'Église de Constantinople, mort vers 1150.

ARISTOTELES. Voy. *Bononiensis* (A.).

ARLOTUS DE PRATO, ARLOTTO DE PRATO, théologien italien, professeur à Paris, général des Frères Mineurs, né à Prato, dans la Toscane, mort en 1286.

ARLUNO (Nicolaus de), NICOLAS D'ARLON, théologien belge, carme, né à Arlon, mort en 1392.

ARMACHANUS (Celsus), CELSE D'ARMAGH, théologien irlandais, archevêque d'Armagh, mort vers 1130.

ARMACHANUS (Richardus), RICHARD FITZ-RALPH, dit R. D'ARMAGH, théologien anglais, archidiacre de Chester, archevêque d'Armagh (Irlande), né dans le Devonshire, mort en 1360. — Leland le nomme R. *Filoradulphus*.

ARMANNIUS (Jacobus), GIACOMO ARMANNI, théologien italien, dominicain, né à Gubbio (États de l'Église), mort en 1312.

ARMEGANDUS. Voy. *Blasius*.

ARMELLINUS (Hieronymus), GERONIMO ARMELLINI, théologien et astronome italien, dominicain, inquisiteur à Mantoue, né à Faënza (États de l'Église), mort vers 1530. — Échard le nomme encore *H. Armeninus* et *H. Faventinus*.

ARMENINUS (Hieronymus). Voy. *Armellinus* (H.).

ARMENIUS (Gregorius), Γρηγόριος ὁ Ἀρμένιος, en français GRÉGOIRE D'ARMÉNIE, théologien grec, patriarche d'Arménie, né à Sisides, en Cilicie, mort vers 1305. — On le trouve aussi nommé *G. Sisensis*.

ARMINGANDUS. Voy. *Blasius*.

ARMORICANUS. Voy. *Armoricus*.

ARMORICUS (Guilelmus), GUILLAUME LE BRETON. Voy. *Brito* (G.).

ARMORICUS (Oliverius), OLIVIER DE TRÉGUIER, dit aussi O. D'ARMORIQUE. Voy. *Trecorensis* (O.).

ARMORICUS (Yvo). YVES BRETON. Voy. *Brito* (Y.), et *Helorii* (Y.).

ARNALDUS, Arnauld. Voy. *Amalricus*.

ARNALDUS BERNARDI. Voy. *Cadurcensis* (A.-B.).

ARNHEMIUS (Albertus), ALBERT KIVET, dit A. DE ARNHEIM, théologien hollandais, chartreux, né sans doute à Arnheim (Gueldre), mort en 1449. — On le nomme aussi *A. Carthusianus*.

ARNOLDI (Bartholomæus), BARTHÉLEMY D'USINGEN, dit aussi B. FILS D'ARNOLD. Voy. *Usingensis* (B.).

ARNOLDI (Henricus), HEINRICH ARNOLD, théologien et historien allemand, chartreux, prieur à Bâle, mort vers 1480.

ARNPECKIUS (Vitalis ou Vitus), VEIT D'ARNSPECK, chroniqueur allemand, docteur de Vienne, chapelain de l'évêque de Freysingen, né à Arnspeck (Holstein), mort vers 1500.

AROASIENSIS (Gualterus), GAUTIER D'ARROUAISE, historien et biographe français, abbé d'Arrouaise, près de Bapaume (Pas-de-Calais), né à Cambrai, mort en 1193.

ARRETINUS. Voy. *Aretinus*.

ARSENIUS, Ἀρσένιος, en français ARSÈNE, surnommé *Autorianus* (ὁ Αὐτωρειανός), théologien et canoniste grec, patriarche de Constantinople, né dans cette ville, mort en 1264.

ARSILLUS (Franciscus), FRANCESCO ARSILLI, poëte, traducteur et médecin italien, professeur à Rome, né à Sinigaglia (États de l'Église), mort vers le milieu du XVIᵉ siècle. — On le nomme aussi *F. Arcilius*.

ARTHURUS (Galfredus), GODEFROY ARTHUR, surnom donné à G. DE MONMOUTH. Voy. *Monemuthensis* (G.).

ARTURUS. Voy. *Arthurus*.

ARUNDELIUS. Voy. *Aruntinensis*.

ARUNDINE (Joannes ab), JEAN VAN RIEDT, théologien et sermonnaire belge, religieux carme, né à Bruges, mort en 1497.

ARUNTINENSIS (Robertus), ROBERT D'ARUNDEL, hébraïsant et traducteur anglais, né à Arundel (Sussex), mort en 1246. — On trouve aussi *R. Arundelius* et *R. Aruntinus*.

ARUNTINENSIS (Thomas), THOMAS D'ARUNDEL, théologien et sermonnaire anglais, évêque d'Ely, archevêque d'York, chancelier d'Angleterre, archevêque de Canterbury, né sans doute à Arundel, mort en 1415. — On trouve aussi *Th. Arundelius*.

ARUNTINUS. Voy. *Aruntinensis*.

ARVERNENSIS. Voy. *Arvernia* (de).

ARVERNIA (Bernardus de), BERNARD DE GANNAT, dit B. D'AUVERGNE. Voy. *Gannato* (B. de).

ARVERNIA (Durandus de), GUILLAUME DURAND, dit aussi D. D'AUVERGNE. Voy. *Sancto Porciano* (G. de).

ARVERNIA (Durandus de), DURAND D'AUVERGNE, traducteur français, né sans doute en Auvergne, mort vers 1300.

ARVERNIA (Gerardus de), GÉRARD D'AUVERGNE, chroniqueur français, chanoine de l'Église du Mans, mort après 1274.

ARVERNIA (Guilelmus de), GUILLAUME D'AUVERGNE, célèbre théologien, philosophe et sermonnaire français, docteur de Sorbonne, évêque de Paris, né à Aurillac, mort en 1248 ou 1249. — On le nomme très-fréquemment *G. Parisiensis*.

ARVERNIA (Petrus de), PIERRE D'AUVERGNE, théologien français, recteur de l'Université de Paris, dominicain, né en Auvergne, mort après 1301.

ARVERNIA (Petrus de), PIERRE DE CROS, plus connu sous le nom de P. D'AUVERGNE, théologien français, commentateur d'Aristote, docteur de Sorbonne, né sans doute à Cros (Puy-de-Dôme), mort vers 1307.

ARVERNIA (Pontius de), PONCE D'AUVERGNE, théologien français, abbé de Grandselve (*abbas Grandis-Silvæ*), puis de Clairvaux, évêque de Clermont, mort vers 1189. — On le nomme aussi *P. Claromontanus*.

ARVERNUS. Voy. *Arvernia* (de).

ASCELINUS (Nicolaus), NICOLAS ASCELIN, voyageur français, frère mineur, mort après 1247.

ASCHEDUNUS (Joannes). Voy. *Actonus* (J.).

ASCULANUS (Cecchus, Chicus, Cicchus ou Cichus), FRANCESCO STABILI, plus connu sous le nom de CECCO D'ASCOLI, célèbre encyclopédiste italien, né à Ascoli (États de l'Église), brûlé en 1327. — On le trouve aussi nommé : *C. de Esculo*, et *C. Esculanus*.

ASCULANUS (Franciscus), FRANÇOIS D'ASCOLI, théologien italien, franciscain, né à Ascoli, mort vers 1340. — Il fut surnommé *Doctor succinctus*.

ASCULANUS (Jacobus), JACQUES D'ASCOLI, philosophe scolastique italien, frère mineur, mort vers 1465.

ASCULANUS (Maximus), MAXIME D'ASCOLI, dit aussi M. PACIFICUS, littérateur et poëte latin, né à Ascoli, mort vers 1500.

ASCULANUS (Saladinus), SALADIN D'AS-COLI, médecin du prince de Tarente, né sans doute à Ascoli, mort vers 1165. — Fabricius le nomme *S. de Esculo*.

ASCULANUS. Voy. *Asculo* (de).

ASCULO (Augustinus de), AUGUSTIN D'ASCOLI, théologien italien, augustin, né à Ascoli, mort vers 1385.

ASCULO (Conradus de), CONRAD D'AS-COLI, théologien italien, commentateur d'Aristote, dominicain ou franciscain, mort après 1330.

ASCULO (Hieronymus de), JÉROME D'AS-COLI, théologien italien, évêque de Palestrina (États de l'Église), frère mineur, pape sous le nom de NICOLAS IV, né à Ascoli, mort en 1292. — On le nomme aussi *H. Asculanus*.

ASCULO (Joannes de), JEAN D'ASCOLI, théologien et sermonnaire italien, frère mineur, mort vers 1280. — On le trouve encore nommé *J. Asculanus, J. Æsculanus, J. Esculanus* et *J. de Esculo*, et il a souvent été confondu avec Jérôme d'Ascoli.

ASCULO (de). Voy. *Asculanus*.

ASHEBURNUS (Thomas), THOMAS DE ASHBURN, poëte anglais et polémiste religieux, né à Ashburn, dans le Derbyshire, mort vers la fin du XIVe siècle.

ASHERUS, BEN-JECHIEL ASHER, rabbin et écrivain juif, né à Rothenburg (Allemagne), mort en 1321.

ASHWARBIUS (Joannes), JEAN DE AS-WARDBY, théologien et sermonnaire anglais, docteur d'Oxford et vicaire de Sainte-Marie à Oxford, né à Aswardby (Lincoln), mort vers 1400. — Fabricius écrit par erreur *Asbwarbius*.

ASSISIAS (Agnes), AGNÈS D'ASSISE, théologienne ascétique, franciscaine, disciple de sainte Claire, morte en 1254.

ASSISIAS (Antonius), ANTOINE D'ASSISE, théologien italien, frère mineur, mort vers 1500.

ASSISIAS (Clara), sainte CLAIRE D'ASSISE, fondatrice de l'ordre des Clarisses, née à Assise (États de l'Église), morte en 1253.

ASSISIAS (Lucas), LUC D'ASSISE, théologien italien, frère mineur, professeur à Paris, né à Assise, mort vers 1450.

ASSISIAS et ASSISIATES. Voy. *Assisio* (de).

ASSISIO (Franciscus de), GIOVANNI MARI-CONI, plus connu sous le nom de saint FRANÇOIS D'ASSISE, fondateur des ordres mendiants, né à Assise dans l'Ombrie, mort en 1226. — On l'appelle encore *F. Assisias, F. Assisiates*, et on l'a surnommé *Doctor seraphicus*.

ASSISIO (de). Voy. *Assisias*.

ASTENSIS (Alionus), ALIONE D'ASTI, poëte latin et français, né à Asti (États Sardes), mort après 1520.

ASTENSIS (Bruno), saint BRUNO D'ASTI, théologien italien, bénédictin, évêque de Segni, abbé du mont Cassin, né à Soleria, dans le diocèse d'Asti, mort en 1123. — On le trouve aussi nommé *B. Cassinensis*.

ASTENSIS (Conradus), CONRAD D'ASTI, théologien, général des dominicains, mort à Asti en 1470.

ASTENSIS (Georgius), GIORGIO NATTA, dit GEORGES D'ASTI, jurisconsulte italien, longtemps établi à Asti, professeur à Pavie et à Pise, né à Casal (États Sardes), mort vers 1500.

ASTENSIS (Jacobus), JACQUES D'ASTI, théologien italien, bénédictin, prieur à Mantoue, mort vers 1520.

ASTENSIS. Voy. *Astesanus*.

ASTESANUS, ASTESANO ou en français D'ASTI, théologien italien, auteur d'un ouvrage célèbre sous le nom de *Summa Astesana*, né à Asti, mort en 1330. — Il est souvent nommé *Astexanus*.

ASTESANUS (Antonius), ANTONIO ASTE-SANO ou ANTOINE D'ASTI, poëte et chroniqueur italien, né près d'Asti, mort vers la fin du XVe siècle. — On le nomme aussi *A. Astensis*.

ASTESANUS (Odo), ODONE ASTESANO ou O. D'ASTI, théologien italien, bénédictin, né à Asti, mort au XIIe siècle. — On écrit aussi *O. Astensis*.

ASTESANUS. Voy. *Astensis*.

ASTEXANUS. Voy. *Astesanus* et *Astensis*.

ASTONUS (Joannes), JOHN ASHTON, théologien anglais, mort vers 1385.

ASTRUVALDINUS (Donatus), DONATO D'ASTRUALDO, surnom donné au célèbre peintre D. L. BRAMANTE, né à Monte-Astrualdo, près d'Urbin, mort en 1514.

ASULANUS (Andreas), ANDREA TORRE-

SANO ou TORRIGIANO, dit ANDRÉ D'ASOLA, célèbre imprimeur italien, beau-père et successeur d'Alde Manuce, né à Asola (Vénétie), mort vers 1530.

ATHENIENSIS (Ægidius). Voy. *Corboliensis* (Æ.).

ATHENSIS (Joannes), JEAN BRIARD, dit J. D'ATH. Voy. *Briardus* (J.).

ATRATUS (Hugo), HUGUES D'EVESHAM, dit aussi en français H. LE NOIR, médecin et mathématicien anglais, né à Evesham (comté de Worcester), mort en 1287. — On le trouve aussi nommé *H. Eveshamensis*.

ATREBAS (Adamus), ADAM D'ARRAS, historien flamand, moine de Citeaux, archidiacre de Paris, évêque de Thérouane, né à Arras, mort après 1230.

ATREBAS (Alexander), ALEXANDRE D'ANCHIN, dit aussi A. D'ARRAS. Voy. *Aquicinctensis* (A.).

ATREBAS (Jacobus), JACQUES D'ARRAS, théologien flamand, archidiacre de Cambrai, prémontré, abbé du Mont-Saint-Martin, mort vers 1225.

ATREBAS. Voy. *Atrebatensis*.

ATREBATENSIS (Andreas), ANDRÉ DU BOIS, dit aussi A. D'ARRAS. Voy. *Sylvius* (A.).

ATREBATENSIS (Lambertus), LAMBERT D'ARRAS, historien et théologien français, chanoine de Lille (*canonicus Insulanus*), puis évêque d'Arras, né à Guines, près de Calais, mort en 1115.

ATREBATENSIS (Robertus), ROBERT D'ARRAS, hagiographe flamand, chanoine d'Arras, archidiacre d'Ostrevant (Hainaut), mort après 1140.

ATREBATENSIS. Voy. *Atrebas*.

ATTALEIATES (Michael), Μιχαὴλ Ἀτταλειάτης, dit en français MICHEL ATTALIATE, jurisconsulte grec, proconsul et juge sous l'empereur Michel Ducas, mort vers 1100.

ATTAVANTIUS (Paulus), PAOLO ATTAVANTI ou ATAVANTIO (Moréri), théologien, historien, prédicateur et jurisconsulte italien, frère servite, né à Florence, mort en 1499. — On le trouve nommé encore *P. Atavantius* et *P. Florentinus*.

AUCEPS et AUCUPIS (Nicolaus), NICOLAS LOISELEUR, chanoine de Rouen, l'un des juges de Jeanne Darc, mort après 1431.

AUCTORATUS (doctor). Voy. *Mediavilla* (R. de).

AUCUPIS. Voy. *Auceps*.

AUGERIUS (Amalricus), AMALRIC D'AUGIER, historien ecclésiastique français, docteur de Montpellier, chapelain d'Urbain V, augustin, né à Béziers, mort à la fin du XIVe siècle. — On trouve souvent *A. Augerii*.

AUGIENSIS (Petrus), PIERRE D'AUGE, poète et biographe français, moine de Saint-Pierre-sur-Dive, dans le pays d'Auge, mort après 1149.

AUGO (Geoffridus de), GEOFFROI D'EU, médecin français, chanoine, puis évêque d'Amiens, né à Eu (Seine-Inférieure), mort en 1236. — On le nomme aussi *G. Ambianensis*.

AUGUILBERTUS (Theobaldus), THEOBALD AUGUILBERT (dit la *Nouvelle Biographie générale*), médecin irlandais, mort au commencement du XVIe siècle.

AUGUSTA (David de), DAVID D'AUGSBOURG, théologien allemand, cordelier, né à Augsbourg, mort en 1272. — On le nomme aussi *D. Teutonicus*.

AUGUSTANUS (Hermannus), HERMANN D'AUGSBOURG, philosophe scolastique allemand, né et dominicain à Augsbourg, mort vers 1355.

AUGUSTINIS (Ægidius de), EGIDIO COLONNA, général de l'ordre des Augustins. Voy. *Columna* (Æ. de).

AUGUSTINUS (Jordanus), JORDAN L'AUGUSTIN, théologien allemand, chanoine régulier de Saint-Augustin, mort à Vienne en 1372 ou 1380.

AUGUSTODUNENSIS (Honorius), HONORÉ D'AUTUN, théologien, sermonnaire et biographe français, prêtre et scolastique de l'église d'Autun, mort après 1130. — On le trouve aussi nommé *H. Scolasticus*, et même *H. Solitarius*, mais peut-être ce dernier surnom n'est-il qu'une corruption du premier.

AUGUSTODUNENSIS (Stephanus), ÉTIENNE DE BAUGÉ, dit aussi É. D'AUTUN. Voy. *Balgiaco* (St. de).

AULA REGIA (Gallus de), GALLUS DE KÖNIGSSAAL, théologien allemand, moine de Citeaux, puis abbé de Königssaal, près de Prague, en Bohême, mort vers 1380.

AULA REGIA (Matthæus de), MATHIEU DE KÖNIGSSAAL, théologien et sermonnaire allemand, moine de Cîteaux, né à Königssaal en Bohême, mort après 1400.

AUNGERVILLUS (Richardus). Voy. *Angravilla* (R. de).

AUREA CAPRA (Simon), SIMON CHÈVRE-D'OR, poëte latin, moine de Saint-Victor à Paris, mort vers 1160.

AUREÆ VALLIS (Ægidius, monachus), GILLES, moine de Sainte-Marie d'Orval. Voy. *Leodiensis* (Æ.).

AUREÆ VALLIS (Gilbertus, abbas), GILBERT, abbé D'ORVAL, nom sous lequel Fabricius désigne par erreur GILBERT, théologien et poëte latin, augustin, abbé d'Airvau, au diocèse de la Rochelle, mort vers 1150.

AURELIACENSIS (Guilelmus), GUILLAUME DE BAUFET, dit aussi G. d'AURILLAC. Voy. *Baufeti* (G.).

AURELIACO (Durandus de), DURAND DURANDELLO, dit aussi D. D'AURILLAC. Voy. *Durandellus* (D.).

AURELIANENSIS (Baldericus), BAUDRI D'ORLÉANS, chroniqueur, théologien et hagiographe français, abbé de Bourgueil (*abbas Burgoliensis*) en Anjou, puis archevêque de Dol (*archiep. Dolensis*), né à Meun, près d'Orléans, mort en 1130. — On le trouve aussi nommé B. *Dolensis*.

AURELIANENSIS (Guilelmus), GUILLAUME DE RENNES, dit aussi G. D'ORLÉANS. Voy. *Rhedonensis* (G.).

AURELIANENSIS (Joannes), JEAN D'ORLÉANS, chancelier de l'église Notre-Dame de Paris, mort à la fin du XIIIe siècle.

AURELIANENSIS (Joannes), JEAN DES ALLEUX, dit aussi J. D'ORLÉANS. Voy. *Allodiis* (J. de).

AURELIANENSIS (Odo ou Odoardus), EUDES ou OUDARD D'ORLÉANS, grammairien, rhéteur, dialecticien, poëte, abbé de Saint-Martin de Tournai, puis évêque de Cambrai, né à Orléans, mort en 1113. — On le trouve aussi nommé O. *Cameracensis*.

AURELIANENSIS (Puella), LA PUCELLE D'ORLÉANS, surnom donné à JEANNE DARC. Voy. *Darcia* (J.).

AURELIANENSIS (Stephanus), ÉTIENNE TEMPIER, dit aussi É. D'ORLÉANS. Voy. *Parisinus* (St.).

AURELIANIS (de). Voy. *Aurelianensis*.

AUREUS (doctor). Voy. *Tartaginus* (A.).

AURELIUS (Anselmus), ANSELMO AURELIO, médecin italien, né à Mantoue, mort vers le milieu du XVIe siècle.

AURELIUS (Cornelius). Voy. *Gaudanus* (C.-A.).

AURELIUS (Joannes-Mutius), GIOVANNI MUZIO AURELIO, AURELLI ou ARELLI, poëte latin et italien, né à Mantoue, mort au commencement du XVIe siècle.

AUREOLI (Bernardus). Voy. *Ambacia* (B. de).

AUREOLUS (Petrus). Voy. *Auriolus* (P.).

AURIFABER (Ægidius), GILLES GOUDSMIT, théologien et sermonnaire hollandais, chartreux au Mont-Sion (Zélande), mort en 1466.

AURIFABER (Ægidius), GILLES DE SMEDT. Voy. *Faber* (Æ.).

AURIGA (Alanus), ALAIN CHARTIER, poëte et historien français, né à Bayeux, mort avant 1463. — On le trouve aussi nommé *A. Aurigarius* et *A. Quadrigarius*.

AURIGA JURIS. Voy. *Bartholus*.

AURIGARIUS (Alanus). Voy. *Auriga* (A.).

AURIOLUS (Petrus), PIERRE D'AURIOL, théologien français, cordelier, archevêque d'Aix, professeur à Paris, né soit à Toulouse, soit à Verberie sur l'Oise (Oise), mort vers 1350. — On le nomme aussi *P. Aureolus*, *P. de Verberia*, et il a été surnommé *Doctor facundus* et *Doctor insignis*.

AURISPA (Joannes), seul nom sous lequel soit connu un érudit italien, né à Noto en Sicile, mort en 1459.

AUSTREVANDIÆ (Robertus, archidiaconus). Voy. *Ostrevandiæ*.

AUSTRIA (Arnoldus de), ARNOLD D'AUTRICHE, théologien et prédicateur allemand, carme au couvent de Vienne, en Autriche, mort vers 1400.

AUTHENTICUS (doctor). Voy. *Ariminensis* (G.).

AUTHORATUS (doctor). Voy. *Mediavilla* (R. de).

AUTISSIODORENSIS (Alanus), ALAIN DE FLANDRE, dit aussi A. D'AUXERRE. Voy. *Flandrensis* (A).

AUTISSIODORENSIS (Alexander), ALEXANDRE D'AUXERRE, philosophe scolastique français, établi en Angleterre, né sans doute à Auxerre, mort vers 1290.

AUTISSIODORENSIS (Aubertus, Hebertus ou Herbertus), AUBERT, HÉBERT ou HERBERT D'AUXERRE, théologien français, archidiacre, puis doyen de l'Église d'Auxerre, mort après 1252.

AUTISSIODORENSIS (Cardinalis), LE CARDINAL D'AUXERRE, nom sous lequel est souvent désigné PIERRE DE CROS. Voy. *Croso* (Petrus de).

AUTISSIODORENSIS (Gaufridus), GEOFFROI D'AUXERRE, théologien et hagiographe français, abbé d'Igni, de Clairvaux, de Fosse-Neuve, puis de Haute-Combe, né à Auxerre, mort vers 1190. — On le trouve encore nommé *G. de Altacumba*, *G. de Altatumba* et *G. Clarævallensis*.

AUTISSIODORENSIS (Gilbertus), GILBERT D'AUXERRE, théologien français, doyen de l'Église d'Auxerre, puis évêque de Londres, né dans la Bretagne, mort en 1134. — On le trouve nommé aussi *G. Londinensis* et *Sillebertus* sans prénom. — Il avait été surnommé *Universalis*, forme sous laquelle il est très-souvent désigné.

AUTISSIODORENSIS (Guilelmus), GUILLAUME D'AUXERRE, théologien français, archidiacre de Beauvais, né à Auxerre, mort en 1230.

AUTISSIODORENSIS (Guilelmus), GUILLAUME D'AUXERRE, sermonnaire français, dominicain, professeur à Paris, mort en 1294.

AUTISSIODORENSIS (Guilelmus), GUILLAUME DE SEIGNELAY, dit aussi G. D'AUXERRE. Voy. *Seilliniaco* (G. de).

AUTISSIODORENSIS (Hugo), HUGUES DE MACON, dit aussi H. D'AUXERRE. Voy. *Matisconensis* (H.).

AUTISSIODORENSIS (Lambertus), LAMBERT D'AUXERRE, théologien français, dominicain à Auxerre, mort vers la fin du XIII° siècle.

AUTISSIODORENSIS (Petrus), PIERRE D'AUXERRE, liturgiste français, né sans doute à Auxerre, mort après 1200.

AUTISSIODORENSIS (Robertus), ROBERT ABOLANT, chroniqueur français, moine de Saint-Marien d'Auxerre, prémontré, né sans doute à Auxerre, mort en 1212. — Il fut surnommé *Malcholius*, mais on ne sait ni en quelle circonstance, ni ce que ce nom signifie. — Il est parfois aussi désigné en ces termes : *Anonymus cœnobii S. Mariani apud Altissiodorum*.

AUTISSIODORENSIS (Stephanus), ÉTIENNE D'AUXERRE, théologien français, dominicain, né près d'Auxerre, dans un village (*Varnesia* sans doute) dont on ne peut déterminer le nom actuel, mort après 1250. — On l'appelle aussi *St. de Varnesia*.

AUTISSIODORO (de). Voy. *Autissiodorensis*.

AUTORIANUS. Voy. *Arsenius*.

AUTRICULA (Nicolaus de), NICOLAS D'AUTRICOURT, théologien français, docteur de Paris, né sans doute à Autricourt (Côte-d'Or), mort vers 1360.

AUXIMANUS (Nicolaus), NICOLAS DE OSIMO, casuiste et sermonnaire italien, frère mineur, né à Osimo (États de l'Église), mort vers 1430.

AUXITANA (Vitalis de), VITAL D'AUCH, biographe français, notaire du Saint-Siége, né sur le territoire d'Auch, mort vers 1125.

AVELBURGENSIS (Anselmus). Voy. *Havelbergensis* (A.).

AVENANTIUS, AVENANZI, médecin italien, né à Camerino, mort vers la fin du XV° siècle.

AVENIONENSIS (Robertus), ROBERT D'UZÈS, dit aussi R. D'AVIGNON. Voy. *Uselia* (R. de).

AVENIS et AVENNIS (Balduinus de). Voy. *Avesnensis* (B.).

AVERARIA (Antonius de). Voy. *Averarius* (A.).

AVERARIUS (Antonius), ANTONIO AVERARI, théologien et célèbre prédicateur italien, né soit à Milan, soit à Bergame, mort vers la fin du XV° siècle. — On le nomme aussi *A. de Averaria*.

AVERRHOES, ABEN-ROSCHD, dit AVERROËS, AVERRHOËS, AVERROYS et AVEROÏS, surnommé EL-HAJID (le Neveu), célèbre médecin et philosophe arabe, né à Cordoue, mort en 1198. — Il fut surnommé *Commentator*.

AVERRHOISTA (Urbanus), URBAIN l'AVERRROÏSTE, surnom donné à U. DE BOLOGNE. Voy. *Bononia* (U. de).

AVERSPERGENSIS (Conradus). Voy. *Urspergensis* (C.).

AVESNENSIS (Balduinus), BAUDOUIN D'AVESNES, seigneur de Beaumont, chroniqueur flamand, né sans doute à Avesnes (Nord), mort en 1289. — On le trouve aussi nommé *B. de Avenis* et *B. de Avennis.*

AVIS (Joannes), JEAN LOISEAU, médecin français, doyen de la faculté de Paris, mort après 1473.

AVIS (Thomas), THOMAS LOISEL ou LOISEAU, théologien français, carme, né à Beauvais, mort après 1440.

AVOGADRUS. Voy. *Advocatus.*

AVONIUS (Joannes). Voy. *Northamptoniensis* (J).

AVUS (Georgius-Anselmus), GEORGIO ANSELMO L'AIEUL. Voy. *Anselmus* (G.).

AXUNGIA (Publius). Voy. *Vigilantius* (P.).

AXPACENSIS (Vincentius), VINCENT D'AGSBACH (?), théologien allemand, chartreux, prieur à Agsbach en Autriche, mort vers 1460.

AYCELINUS (HUGO), HUGUES DE BILLOM, dit aussi H. AICELIN. Voy. *Bilhomensis* (H.).

AYCELINUS. Voy. *Monteacuto* (Æ.-A. de).

AYGLERIUS (Bernardus), BERNARD AYGLER, AYGLIER, ou AIGLIER, théologien français, chapelain du pape Innocent IV, abbé de Lérins (*abbas Lerinensis*), puis du Mont-Cassin, légat en France, cardinal, né à Lyon, mort en 1282. — On le trouve aussi nommé *B. Aiglerius* et *B. Cassinensis.*

AYGONNIS (Michael de). Voy *Ayguanis* (M. de).

AYGUANIS (Bernardus de), BERNARDO AYGUANI ou ANGRIANI, théologien et sermonnaire italien, carme, né à Bologne, mort vers 1390. — On le nomme encore *B. Angrianus*, *B. Ayguanus* et *B. de Bononia.*

AYGUANIS (Michael de), MICHELE AYGUANI ou ANGRIANI, théologien et philosophe italien, carme, né à Bologne, mort en 1400. — Son nom s'écrit encore *M. Aignanus, M. Ancrianus, M. Angrianus, M. de Aygonnis*, et *M. de Bononia.* — Son commentaire sur les psaumes, dont on ignora longtemps l'auteur, fut publié sous le titre *Incognitus* et *Doctor ignotus in psalmos.*

AYGUANUS (Bernardus). Voy. *Ayguanis* (B. de).

AYLINUS (Joannes). Voy. *Ailinus* (J.).

AYMO (Thomas). Voy. *Bonjoannes* (Th.).

AYTHONUS et AYTONIUS. Voy. *Haytonus.*

AZARAVIUS. Voy. *Albucassa.*

AZARIUS (Petrus), PIETRO AZARIO, historien italien, podestat de Tortone, né à Novare, mort vers la fin du XIVe siècle.

AZAVARIUS. Voy. *Albucassa.*

AZO (Portius), PORTIUS AZO, AZZO ou AZZOLINO, en français P. AZON, célèbre jurisconsulte italien, professeur à Bologne, mort en 1200. — On l'appelle aussi *Azzo*, et *Azzolinus.* Il a été surnommé : *Fons legum, Lumen jurisconsultorum, Tuba veritatis* et *Vas electionis.*

AZONIUS (Accursius), ACCORSO L'AZONIEN, surnom donné à FRANCESCO ACCORSO. Voy. *Accursius* (F.).

AZZO et AZZOLINUS (Portius). Voy. *Azo* (P.).

AZZOGUIDIS (Thomas de), TOMMASO AZZOGUIDI, jurisconsulte italien, né à Bologne, mort après 1340.

BABENBERGA (Joannes de), JEAN DE BABENBERG ou DE BAMBERG (dit Fabricius), théologien allemand, frère mineur, gardien du couvent de Zeitz (*monast. Cizense*), en Prusse, mort vers 1500. — On le nomme aussi *J. de Bamberga*.

BABENBERGIUS (Leopoldus), LÉOPOLD DE BEBENBURG. Voy. *Bebenbergius* (L.).

BABIO (Galfredus), GEOFFROI BABION, sermonnaire et écrivain politique, écolâtre d'Angers, évêque de Rennes, mort vers 1110. — On le nomme aussi *G. Babuinus*.

BABUINUS (Galfredus). Voy. *Babio* (G.).

BACANELLUS et BACCANELCIUS (Joannes). Voy. *Baccanellus* (J.).

BACCANELLUS (Joannes), GIOVANNI BACCHANELLI, médecin italien, né à Reggio (Modène), mort vers le milieu du seizième siècle. — On le trouve aussi nommé *Bacchanellus, Baccanelcius, Bacanellus*, etc.

BACCILLERIUS. Voy. *Bacilierius*.

BACCO, BACHO et BACHONUS (Rogerus). Voy. *Baconus* (R.).

BACHO, DE BACHONE et DE BACHONO (Franciscus). Voy. *Gerundensis* (F.).

BACILIERIUS (Thomas), TOMMASO BACCILLERIO, philosophe italien, professeur à Padoue et à Pavie, né à Bologne, mort en 1521. — On écrit aussi *T. Bacillerius, T. Baccillerius*, etc.

BACILIERIUS et BACILLERIUS (Tiberius), TIBERIO BACCILLERIO, médecin et philosophe italien, professeur à Bologne et à Pavie, né à Crémone, mort en 1511. — On écrit aussi *T. Bacillerius, T. Baccillerius*, etc.

BACO (Joannes). Voy. *Baconthorpius* (J.).

BACO (Robertus), ROBERT BACON, théologien et biographe anglais, dominicain, professeur à Oxford, mort en 1248.

BACO (Rogerus). Voy. *Baconus* (R.).

BACONDORPIUS, DE BACONE et DE BACONTHORPA (Joannes). Voy. *Baconthorpius* (J.).

BACONE (Franciscus de). Voy. *Gerundensis* (F.).

BACONTHORPIUS et BACONTHORPUS (Joannes), JEAN DE BACONTHROP, dit aussi J. DE BACON, théologien anglais, carme, né à Baconthrop, dans le Norfolkshire, mort vers 1346. — On l'appelle aussi: *J. de Bacone, J. Baco, J. Bacondorpius, J. de Bacanthorpa, J. Baconthorpus*, et il fut surnommé *Doctor resolutus*.

BACONUS (Rogerius ou Rogerus), ROGER BACON, célèbre philosophe anglais, cordelier, né à Ilchester, dans le comté de Sommerset, mort en 1294. — On l'appelle encore: *R. Anglicus, R. Bacco, R. Baco, R. Bacho, R. Bachonus*, et il a été surnommé *Doctor mirabilis* et *Doctor admirabilis*.

BADBIUS (Guilelmus), WILLIAM BADBY, théologien anglais, carme, professeur à Oxford, évêque de Worcester (*episc. Wigorniensis*), mort après 1380.

BADECOMIUS et BADECONIUS (Guilelmus). Voy. *Batecumbus* (G.).

BADENSIS (Thomas), THOMAS ANSHELMI, dit aussi TH. DE BADEN, imprimeur et libraire allemand, né à Baden, mort au début du seizième siècle.

BADETUS (Arnaldus), ARNAUD BADET, théologien français, dominicain, prieur à Bordeaux, puis inquisiteur général à Toulouse, mort après 1500.

BADUARIUS (B.), BADUARIO DE PERAGA. Voy. *Peraginus* (B.).

BADUNICUS et BADUNIENSIS (Adelardus), ADÉLARD DE BATH. Voy. *Bathoniensis* (A.).

BAGAROTUS (Bertuccius), BERTUCCIO BAGAROTTO, jurisconsulte italien, professeur à Padoue, mort vers 1530.

BAGAROTUS (Dominicus), DOMENICO BAGAROTTO, jurisconsulte italien, consul et professeur à Bologne, mort vers 1242.

BAGAROTUS (Petrus) PIETRO BAGAROTTO, frère de Bertuccio, jurisconsulte italien, mort en 1482.

BAGNATORIUS (Nicolaus), NICCOLO BAGNATORE, biographe italien, dominicain, né à Brescia, mort en 1516.

BAIARDUS (Nicolaus). Voy. *Byarto* (N. de).

BAIFO (Guido de). Voy. *Baisius* (G.).

BAILARDUS (Petrus), PIERRE ABÉLARD. Voy. *Abælardus* (P.).

BAIOCENSIS. Voy. *Bajocensis*.

BAIONA ou BAJONA (Bertrandus de), BERTRAND DE BAYONNE, controversiste espagnol, franciscain, né sans doute à Bayonne, mort après 1260. — On trouve aussi la forme fautive *B. de Barnona*.

BAISIUS (Guido), GUIDO DE BAISIO, théologien italien, archidiacre de Bologne, né à Reggio, mort après 1300. — On le trouve encore nommé *G. Archidiaconus, G. de Baiso, G. de Baifo, G. de Bayfo, G. Abaifius*, même *G. de Paisio* (Jöcher), et en français *G. DE BAIPHE* et *G. BAIF*.

BAISIUS (Guido), GUIDO DE BAISIO, frère du précédent, jurisconsulte italien, professeur à Bologne, évêque de Concordia, mort en 1347. — On le nomme aussi *G. Concordiensis*.

BAISO (Guido de). Voy. *Baisius* (G.).

BAJOCENSIS (Petrus), PIERRE DE BAYEUX, chroniqueur français, dominicain à Caen, né à Bayeux, mort vers 1392.

BAJOCENSIS (Thomas), THOMAS DE BAYEUX, théologien et canoniste français, archevêque d'York (*archiep. Eboracensis*), né à Bayeux, mort en 1114. — On le nomme aussi *Th. Junior*, pour le distinguer d'un autre Thomas, son oncle paternel, qui fut, comme lui, archevêque d'York.

BAJOCENSIS (Turstanus), TURSTAIN DE BAYEUX. Voy. *Turstanus*.

BALÆUS et BALEUS (Robertus), ROBERT BALE, théologien et bibliophile anglais, prieur des Carmes de Norwich, mort en 1503.

BALARDIS (Jacobus de). Voy. *Laudensis* (J.).

BALBIS (Joannes de). Voy. *Balbus* (J.).

BALBUS (Augustinus), AUGUSTIN LE BÈGUE, sermon donné à A. DATI. Voy. *Datus* (A.).

BALBUS (Bernardus), BERNARDO BALBO, jurisconsulte italien, évêque de Pavie (*episcop. Papiensis*), né à Faënza, mort en 1213.

BALBUS (Hieronymus), GERONIMO BALBO, littérateur et jurisconsulte italien, professeur à Vienne et à Paris, évêque de Goritz (*episcop. Goritianus*) dans l'Illyrie, né à Venise, mort en 1535.

BALBUS (Joannes), GIOVANNI BALBI, théologien et compilateur italien, dominicain, né à Gênes, mort à la fin du treizième siècle. — On le nomme encore *J. de Balbis, J. de Janua, J. Januensis*.

BALBUS (Lambertus), LAMMERT BEGGH ou LE BÈGUE, théologien belge, prêtre à Liége, instituteur des Béguines, mort en 1187. — On le trouve aussi nommé *L. Beggius*.

BALBUS (Petrus), PIETRO BALBO, théologien et philologue italien, évêque de Tropea (Calabre), né à Venise, mort en 1479.

BALBUS (Robertus), ROBERT POULAIN, dit LE BAUBE ou LE BÈGUE. Voy. *Pullus* (R.).

BALDACHINUS (Philippus), FILIPPO BALDACCHINI, poëte italien, protonotaire apostolique, né à Cortone (royaume de Naples), mort vers le milieu du quinzième siècle.

BALDERICUS, BALDÉRIC ou BAUDRY, chroniqueur français, abbé de Bourgueil en Anjou, puis évêque de Dol, né à Meung-sur-Loire, mort en 1130.

BALDEWINUS, Baudoin, hagiographe français, moine de St-Remi de Reims, mort vers 1150.

BALDOCHIUS (Hugo), Hugues de Baldock, théologien et prédicateur anglais, frère mineur, né sans doute à Baldock (comté d'Herford), mort vers 1300. — On écrit aussi *H. Baldochus.*

BALDOCHIUS (Radulphus), Ralph de Baldock, théologien et historien anglais, archidiacre de Middlesex, doyen de Saint-Paul, puis évêque de Londres, mort en 1313. — On écrit aussi *R. Baldochus.*

BALDOCHUS. Voy. *Baldochius.*

BALDUINUS (Henricus). Voy. *Ziericzea* (H.-B. de).

BALDUINUS (Jacobus), dans les biographies françaises Jacques Baudouin, jurisconsulte italien, préteur de Gênes, né à Bologne, mort vers 1270.

BALDUINUS (Magister), Maitre Baudouin, nom sous lequel est souvent désigné Baudouin de Boussu, religieux de Cîteaux, abbé de Cambron près Mons, mort vers 1293.

BALDUNGIUS (Hieronymus), Jérôme Baldung, médecin suisse, mort vers la fin du quinzième siècle.

BALDUS. Voy. *Ubaldis* (de).

BALERNENSIS (Burchardus), Burchard de Bellevaux, dit aussi B. de Balerne. Voy. *Bellæ vallis* (B.).

BALGIACO (Stephanus de), Étienne de Baugé, théologien français, évêque d'Autun, puis moine de Cluni, né à Baugé dans l'Anjou, mort vers 1136. — On le nomme encore *St. Æduensis* et *St. Augustodunensis.*

BALGIACO (Stephanus de), Étienne de Baugé, archidiacre, puis évêque de Mâcon, né sans doute à Baugé (Maine-et-Loire), mort vers 1185.

BALIARDUS (Petrus), Pierre Abélard. Voy. *Abælardus* (P.).

BALISTARIUS (Joannes), Jean Balétrier, théologien et sermonnaire français, dominicain, moine à Limoges, mort en 1260.

BALLISTA (Christophorus), Christophe Arbaleste, médecin français, longtemps établi à Zurich, né à Paris, mort au milieu du seizième siècle.

BALLISTARIUS (Joannes), Juan Balester, théologien et sermonnaire espagnol, carme, né dans les Baléares, mort en 1374.

BALMA (Henricus de), Henri de Balme, théologien mystique français, franciscain, né à la Balme dans l'Isère, mort en 1439. — Il est souvent nommé *H. de Palma.*

BALMA (Joannes de), Jean de Baume, théologien français, dominicain, professeur à Paris, né à Baume (Doubs), mort vers 1312. — Echard le nomme *J. de Palma.*

BALMA (Petrus de), Pierre de Baume, théologien français, général des Dominicains, né à Baume, dans le comté de Bourgogne, mort en 1345. — On le trouve très-souvent nommé *P. de Palma.*

BALMETO (Pontius de), Ponce de Balmei, théologien français, chanoine de Lyon, fondateur de la Chartreuse de Meira (*Carthusia Majorevi*), né à Balmei, dans le Bugey, mort en 1140.

BALMIS (Abraham de), en français Abraham de Baulme (dit Éloy), rabbin, médecin et grammairien italien, né à Lecce, dans le royaume de Naples, mort en 1523.

BALNEO REGIO (Silvester de), Sylvestre de Bagnarea, théologien italien, augustin, professeur à Sienne, né à Bagnarea (États de l'Église), mort en 1485.

BALSAMO et **BALSAMON** (Michael), Μιχαὴλ ὁ Βαλσαμών, dit en français Michel Balsamon, théologien byzantin, chartophylax et archidiacre de Constantinople, mort vers 1450.

BALSAMO et **BALSAMON** (Theodorus), Θεόδωρος ὁ Βαλσαμών, dit en français Théodore Balsamon, théologien grec, patriarche d'Antioche, chancelier et bibliothécaire de Sainte-Sophie, né à Constantinople, mort en 1204.

BAMBERGA (Joannes de). Voy. *Babenberga* (J. de).

BAMBERGENSIS (Andreas), André de Bamberg, chroniqueur et biographe allemand, bénédictin, moine au couvent de Saint-Michel à Bamberg (Bavière), mort en 1502. — On le nomme aussi *A. Sancti Michaelis.*

BAMBERGENSIS (Joannes), Johann Aurbach, dit Jean de Bamberg, jurisconsulte allemand, établi à Bamberg, mort vers 1500.

BAMBERGENSIS (Leopoldus), Léopold de Bebenburg, dit aussi L. de Bamberg. Voy. *Bebenbergius* (L.).

BAMPTONIUS (Joannes). Voy. *Bamptonus* (J.).

BAMPTONUS (Joannes), Jean de Bampton, théologien anglais, carme, né à Bampton, dans le comté de Devon, mort vers 1340. — On trouve aussi *Bamptonius*.

BANCHELLUS (Seraphinus), Serafino Banchelli, philosophe scolastique italien, dominicain, né à Florence, mort en 1488.

BANCHINUS, Banchin (disent les biographies françaises), théologien anglais, augustin, mort à la fin du quatorzième siècle. — Jöcher le nomme *Bankinus*.

BANDELLUS (Vincentius), Vincent de Bandello, théologien italien, dominicain, adversaire de l'immaculée conception, né à Castel-Nuovo, mort en 1506. — On le nomme aussi *V. de Castro novo*.

BANDINELLUS (Rolandus-Ranucius), Rolando - Rainuccio Bandinelli, théologien italien, professeur à Bologne, pape sous le nom d'Alexandre III, né à Sienne, mort en 1181.

BANDINUS (Dominicus), Domenico Bandino, encyclopédiste italien, professeur à Bologne et à Padoue, né à Arezzo (Toscane), mort vers 1415.

BANGORENSIS (Caducanus), C. de Bangor, théologien et sermonnaire anglais, évêque de Bangor, dans le pays de Galles, mort en 1225. — On écrit aussi *C. Banochorensis*.

BANKINUS. Voy. *Banchinus*.

BANOCHORENSIS (C.). Voy. *Bangorensis*.

BAPALMENSIS (Matthæus), Mathieu de Bapaume, biographe français, confesseur de Charles VII, évêque de Boulogne-sur-Mer, né à Bapaume (Pas-de-Calais), mort en 1414.

BAPTISTA (Spagnolus), Spagnuoli Battista, poète latin, général des Carmes, né à Mantoue, mort en 1516. — On le nomme aussi *Sp. Baptista Mantuanus*.

BARATERIIS (Bartholomæus de). Voy. *Baraterius* (B.).

BARATERIUS (Bartholomæus), Bartolommeo Barattieri, jurisconsulte italien, professeur à Ferrare et à Pavie, né à Plaisance, mort vers 1450. — On le nomme aussi *B. de Barateriis*.

BARATERIUS (Vincentius), Vincenzo Barattieri, littérateur et philologue italien, dominicain, né à Plaisance, mort en 1530. — On le nomme souvent *V. Placentinus*.

BARBANELLA (Isaac), Isaac Abarbanel, Abravanel, Abirbinel, Abrabaniel, Abrabanel ou Arabanel, célèbre homme d'État et théologien portugais, chef de la seconde école rabbinique, né à Lisbonne, mort en 1508.

BARBAROSSA (Fridericus). Voy. *Ænobarbus* (F.).

BARBARUS (Franciscus), Francesco Barbaro, érudit et littérateur italien, podestat de Trévise, de Vicence et de Vérone, né à Venise, mort en 1454.

BARBARUS (Hermolaus), Ermolao Barbaro, érudit italien, protonotaire apostolique, évêque de Trévise, légat en France, né à Venise, mort en 1471.

BARBARUS (Hermolaus), Ermolao Barbaro, diplomate et philologue italien, professeur à Padoue, patriarche d'Aquilée (*Pontifex Aquilensis*), né à Venise, mort en 1495.

BARBARUS (Josephus ou Josephas), Giuseppe Barbaro, voyageur italien, sénateur de Venise, agent consulaire en Tartarie, mort en 1494.

BARBATIA (Andreas). Voy. *Barbatius* (A.).

BARBATIUS (Andreas), Andrea Barbazzi, célèbre jurisconsulte sicilien, professeur à Bologne et à Ferrare, né à Messine, mort en 1482. — On le trouve encore nommé *A. Siculus*, *A. Barbatia*, *A. de Bartholomæo*.

BARBATUS (Eberardus), Eberhard dit le Barbu, premier duc de Wurtemberg, protecteur des lettres, né à Stuttgard, mort en 1497.

BARBATUS (Marcus). Voy. *Sulmonensis* (M.-B.).

BARBAZANIS (Michael de), Michele Barbazza ou Barbazano, plus connu sous le nom de M. Madi (*M. Madius*), historien illyrien, né à Spalatro, mort après 1330.

BARBEDAURUS, Barbedor, doyen de l'église Notre-Dame de Paris, mort en 1182.

BARBERII (Robertus), ROBERT BARBIER, licencié en droit, chanoine de Rouen, l'un des juges de Jeanne d'Arc, mort au quinzième siècle.

BARBERIIS (Philippus de), PHILIPPE DE BARBERI, théologien et chroniqueur italien, dominicain, inquisiteur en Sicile et à Malte, né à Syracuse, mort vers 1490.

BARBERINUS (Franciscus), FRANCESCO DI RINUCCIO, dit en français FRANÇOIS DE BARBERINO, poëte et jurisconsulte italien, né à Barberino, dans la Toscane, mort en 1348.

BARBUS (Ludovicus), LUIGI BARBO, historien italien, augustin, évêque de Trévise, mort en 1443.

BARBUS (Paulus), PAOLO BARBO, philosophe italien, dominicain, né à Soncino (Milanais), mort en 1494. — On le nomme encore *P. Soncinas*.

BARBUS (Petrus), PIETRO BARBO, jurisconsulte italien, évêque de Cervia, pape sous le nom de PAUL II, né à Venise, mort en 1471.

BARCHINGENSIS (Adamus), ADAM DE BARKING, poëte et théologien anglais, moine bénédictin à Sherburn (*monach. Sherburnensis* ou *Clarofontanus*), dans le comté d'York, né à Barking, dans le comté d'Essex, mort après 1217. — Jöcher le nomme A. BARCHING.

BARDENEIENSIS (Richardus), RICHARD DE BARDNEY, poëte latin, bénédictin, moine au couvent de Bardney (comté de Lincoln), mort vers la fin du treizième siècle.

BARDUS (Henricus), HENRI L'ÉCOSSAIS, dit aussi H. LE MÉNESTREL. Voy. *Scotus* (H.).

BARENSIS (Bartholomæus), BARTHÉLEMY DE BARI, théologien italien, dominicain, évêque de Bisceglia (royaume de Naples), né sans doute à Bari, mort vers 1327.

BARHEBRÆUS (Gregorius), GRÉGOIRE FILS D'HÉBREU, surnom donné à G. ABOULFARADJE. Voy. *Abulfaragius*.

BARLAAMUS, Βαρλαάμ, dit en français BARLAAM, célèbre théologien, helléniste et mathématicien italien, moine de Saint-Basile, évêque de Gieraci (royaume de Naples), né à Seminara, dans la Calabre, mort vers 1350.

BARLETIUS (Marinus), MARINO BARLEZIO ou BARLESIO, historien italien, professeur à Brescia, né à Scutari, mort vers la fin du quinzième siècle. — Jöcher le nomme M. BARLETTE, et il a été souvent confondu avec son compatriote *Marino Becichemi*.

BARNINGAMUS (Joannes). Voy. *Barninghamus* (J.).

BARNINGHAMUS (Joannes), JEAN DE BARNINGHAM, théologien anglais, carme, professeur à Oxford, né à Barningham, dans le comté de Suffolk, mort en 1448. — On trouve aussi J. *Barningamus*, J. *de Bernegamo* et J. *Bernegamus*.

BARNONA (Bertrandus de). Voy. *Baiona* (B. de).

BAROCIUS (Franciscus), FRANCESCO BAROZZI, jurisconsulte italien, professeur à Padoue, chanoine de Bergame, évêque de Trévise, mort en 1471.

BAROLO (Gabriel de). Voy. *Barulo* (G. de).

BARONE (Rogerus de), ROGER DE BARON ou de VARON, médecin français, chancelier de l'Université de Montpellier, né dans la Provence, mort vers 1280. — On le nomme aussi R. *de Varone*.

BARRA (Lucas de), LUC DE LA BARRE (dit l'*Histoire littéraire de la France*), poëte anglo-normand, mort vers le milieu du douzième siècle.

BARRERIA (Petrus de), PIERRE DE BARRIÈRE, théologien français, évêque d'Autun, cardinal, né à Rodez, mort à la fin du quatorzième siècle.

BARRIENTUS (Lupus), LOPEZ DE BARRIENTOS, théologien espagnol, dominicain, professeur à Salamanque, évêque de Ségovie, d'Avila, puis de Cuenca, né à Medina del Campo (*Methymnensis*), mort en 1469.

BARRIO (Salvius ou Saulus de), SALVIO DE BARI, sermonnaire italien, dominicain, évêque de Salpe, dans la Pouille, né à Bari (royaume de Naples), mort vers 1375.

BARRIUS (Giraldus), GERALD BARRY, historien et érudit anglais, chapelain de Henri II, évêque de Saint-David (*episc. Menevensis*), dans le pays de Galles (*Cambria*), né dans le comté de Pembroke, mort vers 1290. — Il est plus connu sous le nom de *G. Cambrensis*.

BARRO DUCIS (Nicolaus de), NICOLAS DE BAR-LE-DUC, théologien français, docteur de Sorbonne, mort en 1310.

BARRO SUPER ALBAM (Petrus de), PIERRE DE BAR-SUR-AUBE, théologien et sermonnaire français, né sans doute à Bar-sur-Aube, mort vers 1300.

BARTHOLINUS (Laurentius), LAURENT BARTHOLIN, médecin français, mort après 1500.

BARTHOLINUS (Richardus), RICHARDO BARTOLINI, littérateur italien, chanoine de Spolète, né à Pérouse, mort vers 1530.

BARTHOLOMÆIS et BARTHOLOMEIS (Henricus de). Voy. *Segusia* (H. de).

BARTHOLOMÆO (Andreas de). Voy. *Barbatius* (A.).

BARTHOLUS ou BARTOLUS, BARTOLO BONNACURSI, en français BARTHOLE ou BARTOLE, célèbre jurisconsulte italien, professeur à Pise et à Pérouse, né à Sasso-Ferrato, dans l'Ombrie, mort en 1356. — On l'appelle souvent *B. de Saxoferrato*, et il a été surnommé : *Dux et Auriga juris, Lucerna juris, Monarcha juris, Speculum juris*.

BARTOLINUS. Voy. *Bartholinus*.

BARTOLUS. Voy. *Bartholus*.

BARTREMIUS. Voy. *Fizalanus* (B.).

BARULO (Gabriel de), GABRIEL DE BARLETTA, célèbre prédicateur italien, dominicain, né à Barletta, dans le royaume de Naples, mort après 1480. — On le nomme aussi *G. de Barolo*.

BARWICANUS (Joannes), JEAN DE BARWICK, théologien anglais, docteur d'Oxford, frère mineur, mort vers 1350. — On le trouve encore nommé *J. Bervicanus, J. Brenlanlius* et *J. Breulanlius*.

BARZIZIUS et BARZIZUS (Gasparinus), GASPARINO DE BARZIZZA, philologue, restaurateur des lettres latines en Italie, professeur à Milan, à Pavie, à Venise et à Padoue, né à Barzizza, près de Bergame, mort en 1431. — On le nomme encore : *G. Barzizus; G. Bergamas, G. Bergamensis, G. Bergomensis* et même *G. Pergamensis*.

BARZIZIUS et BARZIZUS (Guinifortus ou Guinifortius), GUINIFORTE DE BARZIZZA, fils du précédent, orateur, philologue et diplomate italien, né à Pavie, mort vers 1460.

BASACOMATRIUS (Borromæus), BORROMEO BASCIACOMARI, philosophe et érudit italien, dominicain, né à Bologne, mort vers 1330.

BASAINVILLA (Guido de), GUI DE BASAINVILLE, théologien français, supérieur de l'ordre des Templiers (*domorum militiæ Templi præceptor*), mort en 1195.

BASIGNANAS (Joannes-Stephanus), JEAN-ÉTIENNE DE BASSIGNANA, théologien italien, carme, né à Bassignana, dans la Lombardie, mort vers 1520.

BASILACES (Nicephorus), Νικηφόρος ὁ Βασιλάκης, fabuliste et philologue grec, professeur à Constantinople, mort vers 1200.

BASILEENSIS (Joannes), JEAN DE BALE, théologien et sermonnaire allemand, dominicain, évêque de Lombez (Gers), né à Bâle, mort vers 1400. — Fabricius le nomme *J. Lomberiensis*.

BASILIUS (Joannes). Voy. *Wesselus* (J.).

BASILIUS-VALENTINUS, dans les biographies françaises BASILE VALENTIN, pseudonyme d'un savant alchimiste allemand, dont on n'a point retrouvé le nom, et qui vivait à la fin du quinzième siècle.

BASINGTOCHIUS (Joannes), JEAN DE BASINGSTOKE, connu sous le nom de J. BASINGE, philologue et sermonnaire anglais, archidiacre de Londres et de Leicester, né à Basingstoke, dans le Hampshire, mort en 1252. — On l'appelle aussi *J. Basingus*, et Jöcher le nomme *J. BASINGESTOCKES*.

BASINGUS (Joannes). Voy. *Basingtochius* (J.).

BASINIUS, BASINIO DE BASANII, poëte italien et latin, professeur à Ferrare, né aux environs de Parme, mort en 1457.

BASINUS (Bernardus), BERNARD BASIN (dit Moréri), théologien espagnol, chanoine de Saragosse (*canon. Cæsaraugustanus*), mort vers 1510.

BASINUS (Thomas), THOMAS BASIN, chroniqueur et moraliste français, évêque de Lisieux, archevêque de Césarée (*archiep. Cæsariensis*) en Palestine, né à Caudebec (Seine-Inférieure), mort en 1491. — On écrit aussi *Bazinus*, et on le trouve parfois nommé *Th. Lexoviensis*.

BASOCHIIS (Aimo, Aymo, Haimo, Hay

mo, Heimo ou Hemmo de), AYMON DE BASOCHES, théologien et jurisconsulte français, évêque de Châlons (*episc. Catalaunensis*), mort à la fin du XIIe siècle.

BASOCHIIS ou BASOCHIS (Guido de), GUI DE BASOCHES, chroniqueur français, chantre de l'église Saint-Étienne à Châlons-sur-Marne, mort en 1203. — Fabricius le nomme *G. de Basochis;* mais il est le plus souvent désigné sous le nom de *G. Cantor.*

BASSANENSIS (Castellanus), CASTELLANO DE BASSANO, historien et poëte italien, né à Bassano, près de Padoue, mort vers 1350.

BASSANUS (Alexander), ALESSANDRO BASSANI, BASSIANO ou MAGGI, jurisconsulte italien, professeur à Padoue, mort en 1495. — On le nomme aussi *A. Magius.*

BASSEIA (A. DE). Voy. *Basseya* (A. de).

BASSETUS (Joannes), JEAN BASSET, théologien français, chanoine et official de Rouen, l'un des juges de Jeanne d'Arc, mort au XVe siècle.

BASSETUS (Petrus), PETER BASSETT, biographe anglais, chambellan de Henri V, mort après 1422.

BASSEYA (Adamus de), ADAM DE LA BASSÉE, théologien, poëte et commentateur français, chanoine de Saint-Pierre à Lille, né à la Bassée (Nord), mort à la fin du XIVe siècle. — On écrit aussi *A. de Basseia.*

BASSIANUS (Joannes). Voy. *Bossianus* (J.).

BASSOLIS (Joannes de). Voy. *Bassolius* (J.).

BASSOLIUS (Joannes) JEAN BASSOL ou DE BASSOLES (dit l'*Histoire littéraire de la France*), médecin et philosophe scolastique écossais, minorite, mort en 1347. — On l'appelle encore *J. de Bassolis*, et il fut surnommé *Doctor ordinatissimus.*

BASTONUS (Joannes), JOHN BASTON ou BESTON, théologien anglais, carme, né à Norfolk, mort en 1428. — On le nomme encore *J. Besodunus* et *J. Bestonus.*

BASTONUS (Philippus), PHILIP BASTON ou BESTON, frère de Robert, théologien anglais, carme à Nottingham, mort après 1320. — On le trouve aussi nommé *Ph. Bostonus.*

BASTONUS (Robertus), ROBERT BASTON ou BESTON, poëte et historien anglais, carme, prieur du couvent de Scarborough (comté d'York), né aux environs de Nottingham, mort vers 1310.

BATECOMBUS et BATECUMBUS (Guilelmus), WILLIAM BATECUMBE ou BADECOMBE, mathématicien et astronome anglais, mort après 1420. — On le nomme encore *G. Badecomius* et *G. Badeconius.*

BATENUS (Henricus), HENDRIK BATE, astronome belge, prémontré, professeur à Paris, né à Malines, mort vers 1309. — On le trouve aussi nommé *H. Mechlinensis.*

BATHONIENSIS (Adelardus ou Athelardus), ADÉLARD ou ATHÉLARD DE BATH, célèbre philosophe, voyageur et mathématicien anglais, bénédictin, né à Bath (comté de Somerset), mort après 1130. — On le nomme aussi *A. Badunicus* et *A. Baduniensis*, et il reçut le surnom de *Philosophus Anglorum.*

BATILARDI (Joannes), JEAN BATALLIER ou BATHALIER, hagiographe français, dominicain, né à Lyon, mort après 1476.

BATUS (Joannes), JOHN BATE, théologien anglais, carme, prieur du couvent d'York, né dans le Northumberland, mort en 1429.

BAUCHERIUS (Petrus). Voy. *Gaucherius* (P.).

BAUCIANUS (Joannes), JEAN DE BAUX, archidiacre de Marseille, évêque de Toulon, puis d'Arles, mort en 1258. — On l'appelle aussi *J. de Baucio.*

BAUCIO (Joannes de). Voy. *Baucianus* (J.).

BAUDETUS (Guido), GUI BAUDET, chanoine de Paris, évêque de Langres (*episc. Lingonensis*), chancelier de France, né à Beaune, mort en 1337.

BAUDRIBOSCO (Guilelmus de), GUILLAUME DE BAUDREBOIS, théologien français, chanoine de Rouen, l'un des assesseurs au procès de Jeanne d'Arc, mort au XVe siècle.

BAUDRICURIA (Robertus de), ROBERT DE BAUDRICOURT, bailli de Chaumont et capitaine de Vaucouleurs (*capitaneus de*

Vallecoloris), conseiller et chambellan de Charles VII, mort en 1499.

BAUFETI (Guilelmus), GUILLAUME DE BAUFET, théologien français, médecin de Philippe V, évêque de Paris, né à Aurillac, mort en 1320. — On le trouve encore nommé *G. Aureliacensis* et *G. Parisiensis.*

BAVARUS (Adamus), ADAM D'ALDERSBACH, dit aussi A. LE BAVAROIS. Voy. *Alderspacensis* (A.).

BAVERIUS et BAVIERUS (Joannes), GIOVANNI BAVERIO, médecin du pape Nicolas V, professeur à Bologne, né à Imola (États de l'Église), mort en 1480.

BAYFO (Guido de). Voy. *Baisius* (G.).

BAYLARDUS (Petrus), PIERRE ABÉLARD. Voy. *Abælardus* (P.).

BAZINUS. Voy. *Basinus.*

BEAGLERIUS (Gaufridus). Voy. *Bello loco* (G. de).

BEATUS (Doctor). Voy. *Columna* (A. de).

BEBELIUS (Henricus), HEINRICH BEBEL, littérateur et historien allemand,[1] professeur à Tubingue, né à Justingen, dans la Souabe, mort au commencement du XVIe siècle.

BEBENBERGIUS (Leopoldus), LÉOPOLD DE BEBENBURG, jurisconsulte allemand, évêque de Bamberg, mort en 1363. — On l'a encore appelé *L. Babenbergius, L. Bambergensis,* et il a été surnommé *Doctor decretorum.*

BECANUS (Goswinus), GOSWIN DE BEKA, théologien et jurisconsulte hollandais, chartreux, prieur du monastère de Gouda, mort après 1420.

BECANUS (Joannes), JEAN DE BEKA, chroniqueur hollandais, chanoine d'Utrecht (*canon. Trajectensis*), mort à la fin du XIVe siècle.

BECANUS (Sibertus), SIBERT DE BEKA, ou mieux SIBERT VAN BEECK, VAN DER BEEKEN, ou VERBECK (Paquot), historien et philosophe hollandais, provincial des Carmes, né à Gueldre, mort en 1333. — On le nomme aussi, mais *corrupte,* dit le *Bibliotheca Carmelitarum, S. Belteus.*

BECARDI (Stephanus), ÉTIENNE BÉCARD, descendant de l'ancienne famille des DE PENOUL, canoniste français, doyen, puis archevêque de Sens, mort en 1309. — On le trouve aussi nommé *St. de Penulo.*

BECCADELLUS (Antonius), ANTONIO BECCADELLI, dit A. DE PALERME. Voy. *Panormitanus* (A.).

BECCARIA (Jacobus G. de). Voy. *Bichieris* (J.-G. de).

BECCATELLUS (Antonius). Voy. *Panormitanus* (A.).

BECCENSIS (Boso), BOSON DU BEC, théologien français, abbé du Bec (Eure), né à Montivilliers, dans le pays de Caux, mort en 1136. — On le nomme quelquefois *B. Sapiens.*

BECCENSIS (Michael), MICHEL DU BEC, théologien français, cardinal, mort en 1318.

BECCHIUS (Guilelmus), GUGLIELMO BECCHIO, théologien italien, évêque de Fiesole (Toscane), né à Florence, mort en 1480.

BECHICHEMIUS (Marinus). Voy. *Becichemius* (M.).

BECHINUS (Petrus), PIERRE BÉCHIN, chroniqueur français, chanoine de Saint-Martin-de-Tours, mort après 1137.

BECICHEMIUS (Marinus), MARINO BECICHEMI, philologue italien, professeur à Raguse, à Venise, à Brescia et à Padoue, né à Scutari, mort à Padoue en 1526. — On le trouve aussi nommé *M. Bechichemius.*

BECKETUS (Thomas), THOMAS BECKET, chancelier d'Angleterre, archevêque de Canterbury, né à Londres, mort en 1170. — On le nomme plus souvent *T. Cantuariensis.*

BECKLEIUS (Guilelmus). Voy. *Becolegus* (G.).

BECOLEGUS (Guilelmus), WILLIAM BECKLEY, théologien anglais, carme, mort en 1438. — On trouve aussi *G. Beckleius* et *G. Becoleius.*

BECOLEIUS (Guilelmus). Voy. *Becolegus* (G.).

BEDERICHWORTUS (Gualterus), WALTER BEDERICHWORT, philosophe scolastique anglais, bénédictin à Bury, mort vers 1360.

BEDERICUS (Henricus), HENRY DE BURY, dit aussi H. BEDERIC, théologien et prédicateur anglais, augustin, né à

3.

Saint-Edmondsbury (comté de Suffolk), mort vers 1400.

BEETZIUS (Joannes), JEAN DE BEETZ, dit aussi J. DE BETHZ, DE BEITHZ et DE BERIZ, théologien belge, carme, prieur du couvent de Tirlemont, professeur à Louvain, né à Beetz, près de Tirlemont, mort en 1470.

BEGGIUS (Lambertus), LAMBERT BEGGH. Voy. *Balbus* (L.).

BEIDAWÆUS (ABDALLA), ABDALLAH-BEN-OMAR BEIDHAWY, historien et commentateur persan, né à Beda, dans le Farsistan, mort à la fin du XIIIe siècle.

BEIGHUS (Ulugh), OULOUGH BEYG, célèbre astronome, roi de la Transoxane, né à Sultanieh, tué en 1459.

BEISSELUS (Jodocus). Voy. *Beysselus* (J.).

BEKA. Voy. *Becanus*.

BELCHAMUS. Voy. *Belcharius*.

BELCHARIUS (Febus, Feus, Pheus ou Maffeus), MAFFEO (et par abbréviation FEO) BELCARI, poëte et biographe italien, né à Florence, mort en 1454. — On le trouve aussi nommé *F.* ou *P. Belchamus*.

BELDEMANDO et BELDIMENDO (Prodocismus de), PRODOCISMO BELDOMANDI, musicographe italien, né à Padoue, mort vers 1420.

BELESMEIUS (Joannes), JEAN DE BELMEIS, théologien, trésorier de l'église d'York (*thesaurar. Eboracensis*), évêque de Poitiers, archevêque de Narbonne, puis de Lyon, mort après 1202. — Il était surnommé *J. ad albas manus*, *J. Bellemanus*, et Jöcher le nomme *J. de Bellis manibus*.

BELETHUS (Joannes), JEAN BELETH, théologien, liturgiste et sermonnaire français, professeur à Paris, mort vers 1185. — On le nomme aussi *J. Bilethus*.

BELFORDIENSIS (Rainerius), RAINIER DE BELFORTE, médecin et biographe italien, moine de Cîteaux, abbé de Saint-Galgan en Toscane, né sans doute à Belforte (royaume de Naples), mort en 1272.

BELGA (Pupperus), JEAN GOCCH, dit PUPPER LE BELGE. Voy. *Goccius* (J.).

BELIUS (Joannes), JEAN LE BEL, chroniqueur belge, chanoine de Saint-Lambert de Liége, conseiller du comte de Hainaut, mort vers 1390. — Fabricius le nomme *J. Bellus*.

BELLÆ VALLIS (Burchardus), BURCHARD DE BELLEVAUX, théologien ascétique français, abbé de Balerne (Bourgogne), puis de Bellevaux, près de Besançon, mort en 1162. — On le nomme aussi *B. Balernensis*.

BELLAMERA (Ægidius de), GILLES DE BELLEMÈRE, jurisconsulte et théologien français, évêque de Lavaur, du Puy en Velay (*episc. Vaurensis et Aniciensis*), et d'Avignon, mort en 1409.

BELLAMINUS, BELLAMINO, architecte et sculpteur italien, auteur de la *fonte Branda*, célébrée par le Dante, mort vers 1200.

BELLA PERTICA (Petrus de), PIERRE DE BELLEPERCHE, jurisconsulte et diplomate français, évêque d'Auxerre, chancelier de France, né à Lucenay, au diocèse de Nevers, mort en 1308.

BELLAVILLA (Stephanus de), ÉTIENNE DE BELLEVILLE ou DE BOURBON, théologien français, dominicain, né à Belleville, dans le Beaujolais, mort vers 1261. — On le nomme aussi *St. de Borbone* ou *de Borbonio*.

BELLEMANUS (Joannes), JEAN-BELLESMAINS, surnom donné à J. DE BELMEIS. Voy. *Belesmeius* (J.).

BELLENCINUS (Bartholomæus), BARTOLOMMEO BELLINCINI, jurisconsulte italien, professeur à Ferrare et à Bologne, né à Modène, mort en 1478.

BELLIMONTENSIS (Guilelmus), GUILLAUME DE BEAUMONT, théologien français, évêque d'Angers, mort en 1240. — On le nomme aussi *G. Andegavensis*.

BELLIS MANIBUS (Joannes de). Voy. *Belesmeius* (J.).

BELLO CLERICUS (Henricus), HENRY I, dit BEAU-CLERC, roi d'Angleterre, protecteur des lettres, mort en 1135.

BELLOCLIVUS (Alanus), ALAIN DE BECKLE, dit en français A. BEUCLIF, théologien anglais, carme, professeur à Paris, né à Beckle, dans le comté de Suffolk, mort après 1230. — Villiers le nomme *A. Beucliffus*.

BELLO FAGO (Robertus de), ROBERT DE BEAUFEY, géographe anglais, docteur d'Oxford, chanoine de Salisbury, mort vers 1200. — On le trouve souvent nommé *B. de Bello foco.*

BELLO FOCO (Robertus de). Voy. *Bello fago* (R. de).

BELLO FORTE (Petrus-Rogerius de), PIERRE-ROGER DE MONTROUX, comte DE BEAUFORT, jurisconsulte français, pape sous le nom de GRÉGOIRE XI, né au château de Maumont, dans le bas Limousin, mort en 1378.

BELLOJOCO (Simon de). Voy. *Belloloco* (S. de).

BELLO LOCO (Gaufridus de), GEOFFROI DE BEAULIEU, chroniqueur français, dominicain, aumônier et conseiller de Louis IX, mort vers 1274. — On le nomme encore *G. Beaglerius* et *G. de Pulchro loco.*

BELLO LOCO (Simon de), SIMON DE BEAULIEU, théologien, jurisconsulte et sermonnaire français, archevêque de Bourges, cardinal, né à Beaulieu, dans la Brie, mort en 1296. — On le trouve aussi nommé, mais par erreur, *S. de Bellojoco.*

BELLOMANERE (Thomas de). Voy. *Bello meso* (Th. de).

BELLOMANERIO (Philippus de), PHILIPPE DE BEAUMANOIR, jurisconsulte et poëte français, bailli de Clermont, de Tours et de Sens, né dans le Beauvaisis, mort en 1296.

BELLO MANSO (Thomas de). Voy. *Bello meso* (Th. de).

BELLO MESO (Thomas de), THOMAS DE BEAUMETS, DE BEAUMEIX, DE BEAUMAIS ou DE BEAUMANOIR, théologien français, chanoine d'Arras, prévôt, puis archevêque de Reims, mort en 1263. — On le trouve encore nommé *Th. de Bello manso* et *Th. de Bellomanere.*

BELLOMONTE (Ludovicus de), LOUIS DE BEAUMONT, évêque de Paris, bibliophile, mort en 1492.

BELLOVACENSIS (Guilelmus), GUILLAUME DE SAINT-AMOUR; dit aussi G. DE BEAUVAIS. Voy. *Sancto amore* (G. de).

BELLOVACENSIS (Vincentius), VINCENT DE BEAUVAIS, savant encyclopédiste français, longtemps dominicain à Beauvais, né dans la Bourgogne, mort vers 1264. — On le nomme encore *V. Belvacensis* et *V. Burgundus.*

BELLOVISU (Armandus de), ARMAND DE BELLEVUE, théologien français, dominicain, né dans la Provence, mort vers le milieu du XIV° siècle.

BELLOVISU (Jacobus de). Voy. *Belvisius* (J.)

BELLUNENSIS (Andreas), ANDREA ALPAGO, dit A. DE BELLUNE. Voy. *Alpagus* (A.).

BELLUNO (Franciscus de), FRANÇOIS DE BELLUNE, théologien italien, dominicain, né à Trévise, mort après 1352.

BELLUS (Joannes). Voy. *Belius* (J.).

BELNA (Joannes de), JEAN DE BEAUNE, écrivain ecclésiastique français, dominicain, inquisiteur à Carcassonne, né à Beaune, mort après 1333.

BELO (Joannes), JEAN BELON, imprimeur français, établi à Agde et à Valence, né dans le Dauphiné, mort vers 1520.

BELTEUS (Sibertus). Voy. *Becanus* (S.).

BELVACENSIS (Vincentius). Voy. *Bellovacensis* (V.).

BELVISIO (Jacobus de). Voy. *Belvisius* (J.).

BELVISIUS (Jacobus), JACQUES DE BEAUVOIR (disent toutes les biographies françaises), jurisconsulte italien, établi à Bologne, mort vers 1300. — On le trouve nommé encore *J. de Bellovisu* et *J. de Belvisio.*

BEMBUS (Bernardus), BERNARDO BEMBO, littérateur italien, né à Venise, mort en 1519.

BEMBUS (Bonifacius), BONIFACIO BEMBO, littérateur et biographe italien, professeur à Pavie et à Rome, mort vers la fin du XV° siècle.

BEMBUS (Joannes), GIOVANNI BEMBO, chroniqueur vénitien, mort à la fin du XV° siècle.

BENCIIS (DE) et BENCIUS (Hugo). Voy. *Bentius* (H.).

BENE (Sennuccius del), nommé dans les biographies françaises SENUCCIO DEL BENE, poëte italien, ami de Pétrarque, né à Florence, mort vers 1500.

BENEDICTIS (Jacobus, dit Jacoponus de), JACOPO, dit JACOPONE BENEDETTI, poëte ascétique italien, franciscain, né à Todi (États de l'Eglise), mort en 1306.

BENEDICTUS, BENOIT XI et XII, papes. Voy. *Bocasinus* (N.) et *Novellis* (J. de).

BENEDICTUS (Alexander), ALESSANDRO BENEDETTI, médecin italien, professeur à Padoue et à Venise, né à Liguano (Lombardie), mort après 1511.

BENEDICTUS (Cyprianus). Voy. *Benetus* (C.).

BENEDICTUS (Sanctus ou Joannes), SAINT BENEZET OU BENEDET, architecte du pont d'Avignon, d'abord berger (*pastor et pontifex*), né à Hermillion, mort vers 1180.

BENEDICTUS (Zacharias), ZACCARIA BENEDETTI, poëte et théologien italien, chartreux, mort vers le milieu du XVIe siècle.

BENETUS (Cyprianus), CYPRIEN BENET (dit Moréri), théologien et jurisconsulte espagnol, docteur de Paris, dominicain, né dans l'Aragon, mort en 1522. — Il est souvent nommé *C. Benedictus*.

BENEVENTANUS (Falco ou Folcardus), FALCONE DE BÉNÉVENT, historien italien, secrétaire du pape Innocent II, né à Bénévent, mort après 1140. — On le trouve parfois nommé *Benedictus de Falcone*.

BENEVENTANUS (Marcus), MARC DE BÉNÉVENT, astronome italien, né à Bénévent, mort à la fin du XVe siècle.

BENEVENTANUS (O. ou R.). Voy. *Odofredus*.

BENEVENTANUS (Petrus), PIERRE DE BÉNÉVENT, théologien italien, sous-diacre à Rome, né à Bénévent, mort vers 1210. — On le trouve aussi nommé *P. Subdiaconus*.

BENEVENTANUS (Petrus), PIETRO DE MORA, dit PIERRE DE BÉNÉVENT, littérateur et sermonnaire italien, légat en France, cardinal, né à Bénévent, mort en 1216.

BENEVENTO (Jacobus de), JACQUES DE BÉNÉVENT, théologien et sermonnaire italien, dominicain, né à Bénévent, mort vers 1360.

BENIVENIUS (Antonius), ANTONIO BENIVIENI, médecin et littérateur italien, établi à Florence, mort en 1502. — On le nomme aussi *A. Benivienius*.

BENIVENIUS (Dominicus), DOMENICO BENIVIENI, théologien italien, professeur à Pise, chanoine de Florence, mort en 1507. — Sa subtilité le fit surnommer *Scottinus*, et on le trouve aussi appelé *D. Benivienius*.

BENIVIENIUS. Voy. *Benivenius*.

BENTIUS (Hugo), UGO BENCI ou BENZO, célèbre médecin et commentateur italien, professeur à Ferrare, né à Sienne, mort en 1448. — On le nomme encore *H. de Benciis*, *H. Bencius* et *H. Senensis*.

BENTIVOLUS (Joannes), GIOVANNI BENTIVOGLIO, seigneur de Bologne, protecteur des arts et des lettres, mort en 1508.

BENZONIUS (Franciscus), FRANCESCO BENZONI, jurisconsulte italien, né à Crémone, mort en 1523.

BEQUINUS (Raimundus), RAIMOND BÉQUIN, théologien français, dominicain, professeur à Paris, né à Toulouse, mort en 1368.

BERARDUS (Joannes), GIOVANNI BERARDI, historien italien; moine et prévôt de l'abbaye de Saint-Clément de Casorio ou de Pescaria (*monach. et præposit. abbat. S. Clementis Casauriensis sive Piscariensis*), mort à la fin du XIIe siècle.

BERCHOLTSGADENSIS (Henricus), HENRI DE BERCHTESGADEN, chroniqueur allemand, archidiacre de Salzburg, prévôt de Berchtesgaden en Bavière, chanoine régulier de Saint-Augustin, mort vers 1200. — On le trouve aussi nommé *H. Saltzburgensis*.

BERCHORIUS (Petrus), PIERRE DE BRESSUIRE, plus connu sous le nom de P. BERCHEURE ou BERCHOIRE, érudit et traducteur français, bénédictin, né à Saint-Pierre du Chemin, près de Bressuire (*Bercorium*), mort en 1362. — On le nomme encore : *P. Bercorius*, *P. Berchorii*, *P. Berctorius*, *P. Bertorius* et *P. Pictavensis*.

BERCORIUS (Petrus). Voy. *Berchorius* (P.).

BERCHEMIUS (Guilelmus), WILHELM BERCHEM, chroniqueur allemand, chanoine de Nimègue (*canonic. Noviomagensis*), mort à la fin du XVe siècle.

BERCTORIUS (Petrus). Voy. *Berchorius* (P.).

BERENGARIUS, en français BÉRENGER, théologien espagnol, archevêque de

Compostelle, mort vers le milieu du XVI° siècle.

BERENGARIUS (Jacobus), GIACOMO BERENGARIO, anatomiste et chirurgien italien, né à Carpi, près de Modène, professeur à Pavie, à Bologne et à Ferrare, mort vers 1530. — On le trouve nommé aussi *J. Carpus* et *J.-Carpensis*.

BERGAMAS. Voy. *Bergamensis*, *Bergomensis*, *Bergamo* (de) et *Bergomo* (de).

BERGAMENSIS (Franciscus), FRANCESCO CARRARA, dit FRANÇOIS DE BERGAME, frère de Guido, médecin italien, né à Bergame, mort vers la fin du XV° siècle.

BERGAMENSIS (Gasparinus), GASPARINO DE BARZIZZA, dit aussi G. DE BERGAME. Voy. *Barzizius* (G.).

BERGAMENSIS (Guido), GUIDO CARRARA, dit GUI DE BERGAME, historien et littérateur italien, né à Bergame, mort en 1281.

BERGAMENSIS (Guido), GUIDO CARRARA, dit GUI DE BERGAME, médecin et philosophe italien, né à Bergame, mort en 1457.

BERGAMENSIS (Henricus), HENRI DE BERGAME, poëte, théologien et hagiographe italien, carme, né à Bergame, mort vers 1500. — On le trouve aussi nommé *H. de Bergamo* et *H. Bergomensis*.

BERGAMENSIS (Jacobus-Philippus), J.-P. FORESTI, dit J.-P. DE BERGAME. Voy. *Forestus*.

BERGAMENSIS (Joannes-Michael). Voy. *Carrariensis*.

BERGAMENSIS (Joannes), JEAN DE BERGAME, théologien et hérésiarque, chef de la secte vaudoise, né soit à Bergame, soit à Lyon, mort à la fin du XII° siècle. — On le nomme aussi *J. de Lugduno*.

BERGAMENSIS. Voy. *Bergomensis*.

BERGAMO (Paganus de), PAGANO DE BERGAME, théologien italien, dominicain, mort après 1323.

BERGAMO (Philippus de), PHILIPPE DE BERGAME, philosophe scolastique italien, prieur à Padoue, mort vers 1400. — On le trouve aussi nommé *Ph. de Pergamo*.

BERGAMO (DE). Voy. *Bergamensis*, *Bergamas* et *Bergomo* (de).

BERGIS (Antonius de), ANTOINE DE BERGHES, historien flamand, bénédictin, abbé de Saint-Trond de Liége, puis de Saint-Bertin, mort en 1531.

BERGOMAS. Voy. *Bergamas*.

BERGOMENSIS (ALBERICUS), ALBERICO ROXIATI, dit aussi A. DE BERGAME. Voy. *Rosate* (A. de).

BERGOMENSIS. Voy. *Bergamensis*, *Bergamo* (de), *Bergamas* et *Bergomensis*.

BERGOMO (Venturinus de), VENTURINO DE BERGAME, théologien et sermonnaire italien, dominicain, né à Bergame, mort vers 1346.

BERLINGHIERIUS (Franciscus), FRANCESCO BERLINGHIERI, dit en français FRANÇOIS BERLINGER, géographe et poëte italien, mort vers 1500.

BERNALDUS, BERNOLDUS ou BERTHOLDUS, BERNALD, BERNOUL ou BERTHOLD, théologien et historien allemand, prêtre de Constance (*presbit. Constantiensis*), mort après 1100.

BERNALDUS (Andreas), ANDRÈS BERNALDEZ, historien espagnol, chapelain de l'archevêque de Séville, né à Fuentes, mort vers 1515.

BERNARDI (Raimundus) RAIMOND BERNARD, jurisconsulte français, conseiller du roi de France, ambassadeur près l'empereur, mort vers 1400.

BERNARDUS, BERNARDI ou BERNHARDI, médecin et astrologue italien, né près de Bergame, mort en 1401.

BERNARDUS ARNOLDI. Voy. *Cadurcensis* (A.-B.).

BERNARDUS (Petrus), BERNARD DU COUDRAY, dit PIERRE BERNARDI. Voy. *Corilo* (Bernardus de).

BERNARDUS (Petrus), PIETRO BERNARDO, jurisconsulte italien, moine de Clairvaux, pape sous le nom D'EUGÈNE III, né à Pise, mort en 1153.

BERNEGAMO (DE) et BERNEGAMUS (Joannes). Voy. *Barninghamus* (J.).

BERNENSIS (Boverus), BOVER DE BERNE, théologien scolastique suisse, dominicain, né à Berne, mort au commencement du XIV° siècle.

BERNENSIS (Theodoricus), THIERRI DE BERN, sermonnaire hollandais, prémontré au couvent de Bern (Brabant septentrional), mort vers 1160.

BERNFRIEDENSIS (Paulus). Voy: *Bernriedensis* (P.).

BERNIUS. Voy. *Guernerius.*

BERNOLDUS. Voy. *Bernaldus.*

BERNRIEDENSIS (Paulus), PAUL DE BERNRIED, biographe allemand, augustin, chanoine à Ratisbonne, puis à Bernried (Haute-Bavière), mort vers 1120. — On trouve souvent *P. Bernfriedensis.*

BEROALDUS (Philippus), FILIPPO BEROALDO, célèbre philologue et littérateur italien, né à Bologne, professeur à Bologne, à Parme, à Milan et à Paris, mort en 1505.

BEROALDUS (Philippus), FILIPPO BEROALDO, poète latin, bibliothécaire du Vatican, né à Bologne, mort en 1518. — Il est souvent appelé *P.-B. Junior*, pour le distinguer de son oncle, qui portait le même nom et le même prénom.

BEROLIS (Joannes). Voy. *Heroldus* (J.).

BERQUINUS (Ludovicus), LOUIS DE BERQUIN, traducteur et hérésiarque français, né sans doute à Vieux-Berquin, près d'Hazebrouck, brûlé vif en 1529.

BERSEIO (Stephanus de). Voy. *Berziaco* (St. de).

BERSELIUS (Paschasius), PASQUIER DE BIERSET, peintre et poëte latin, bénédictin, moine à Saint-Laurent de Liége, né à Bierset (province de Liége), mort vers 1530.

BERTACHINUS (Joannes), GIOVANNI BERTACHINI, jurisconsulte italien, professeur et magistrat à Sienne et à Florence, né à Fermo (États de l'Église), mort vers 1500.

BERTALDUS (Jacobus), GIACOMO BERTALDI, historien italien, chancelier à Venise, évêque de Veglia en Dalmatie, mort au milieu du XIIIe siècle.

BERTAPAGLIA, BERTAPALIA et BERTEPAGLIA (Leonardus de). Voy. *Prædapalia* (L. de).

BERTHOLDUS. Voy. *Bernaldus.*

BERTINIANUS (Joannes), JEAN DE SAINT-BERTIN, hagiographe français, abbé de Saint-Bertin, mort en 1182.

BERTINIANUS (Joannes), JEAN LELONG, dit aussi J. DE SAINT-BERTIN. Voy. *Longus* (J.).

BERTINIANUS (Lambertus), LAMBERT DE SAINT-BERTIN, théologien et sermonnaire français, abbé de Saint-Bertin, mort en 1125.

BERTIS (Simon de). Voy. *Bertius* (S.).

BERTIUS (Simon), SIMONE BERTI ou BERZI, théologien italien, dominicain, prieur du couvent de la Minerve à Rome, né à Florence, mort vers 1500. — On écrit aussi *S. de Bertis.*

BERTONUS (Guilelmus), WILLIAM BERTON (dit Jöcher), théologien polémiste anglais, chancelier de l'université d'Oxford, mort après 1381.

BERTOPALEA (Leonardus de). Voy. *Prædapalia* (L. de).

BERTORIUS (Petrus). Voy. *Berchorius* (P.).

BERTRAMUS (Joannes), JOHANN BERTRAM, théologien et sermonnaire allemand, professeur à Erfurt, puis à Mayence, né à Naumburg, mort vers 1500.

BERTRANDUS (Nicolaus), NICOLAS BERTRAND, historien et jurisconsulte français, professeur à Toulouse, mort en 1527.

BERTRANDUS (Petrus), PIERRE BERTRAND, théologien et jurisconsulte français, évêque de Nevers, puis d'Autun, fondateur du collége d'Autun (*collegium Æduense*) à Paris, né à Annonay, mort en 1349.

BERTRANDUS (Petrus). Voy. *Coumbario* (P.-B. de).

BERTRATIUS (Nicolaus). Voy. *Bertruccius* (N.).

BERTRUCCIUS (Nicolaus), NICCOLO BERTUCCIO, VERTUZZO, ou BERTRUCCIO, médecin italien, né et professeur à Bologne, mort en 1347. — On le nomme encore : *N. Bertratius*, *N. Bertrusius* et *N. Bertuccius.*

BERTRUSIUS et BERTUCCIUS (Nicolaus). Voy. *Bertruccius* (N.).

BERTULPHUS (Hilarius), HILAIRE BERTHOLF ou BERTOUL (Paquot), poëte latin, né à Gand, mort après 1529.

BERUTAPALEA (Leonardus de). Voy. *Prædapalia* (L. de).

BERVICANUS (Joannes). Voy. *Barwicanus* (J.).

BERZIACO (Stephanus de), ÉTIENNE

DE BRANCION ou de BERZÉ, théologien et sermonnaire français, abbé de Cluni, mort en 1236. — On l'appelle aussi *St. de Berseio.*

BESIANIS (Joannes de). Voy. *Bossianus* (J.).

BESIGNANUS (Augustinus), AUGUSTIN DE BISIGNANO, théologien italien, frère mineur, né à Bisignano, dans le royaume de Naples, mort vers 1460.

BESODUNUS (Joannes). Voy. *Bastonus* (J.).

BESSA (Bernardus de), BERNARD DE BESSE, théologien français, né dans la province d'Aquitaine, mort après 1279. — On lui donne quelquefois, par erreur, le prénom de *Bernardinus.*

BESSARIO (Joannes), 'Ιωάννης Βησσαρίων, Βησαρίων ou Βισσαρίων, en français JEAN BESSARION, théologien et philologue grec, moine de Saint-Basile, évêque de Nicée, archevêque de Siponto, cardinal, patriarche de Constantinople, né à Trébizonde, mort en 1472.

BESTONUS (Joannes). Voy. *Bastonus* (J.).

BESUENSIS (Joannes), JEAN DE BÈZE, chroniqueur français, moine de l'abbaye de Bèze, au diocèse de Dijon, mort avant 1125.

BESUENSIS (Theobaldus), THIBAUD DE BÈZE, écrivain ecclésiastique français, moine de l'abbaye de Bèze, au diocèse de Dijon, mort après 1124. — On trouve aussi *Th. Bezensis.*

BETHUNIA (de). Voy. *Bethuniensis.*

BETHUNIENSIS (Ebrardus), ÉVRARD DE BÉTHUNE, grammairien et controversiste français, né à Béthune en Artois, mort vers la fin du XIIe siècle. — On le trouve nommé encore : *E. de Bethunia, de Betunia, Betuniensis, de Bithunia, Bithuniensis, de Bitunia* et *Bituniensis.* — Il a été surnommé *E. Græcismus* et *E. Græcista,* du titre de son principal ouvrage. — Rabelais (*Gargantua,* I, 15) le cite sous le nom d'*Hébrard Grécisme.*

BETHUNIENSIS (Joannes), JEAN DE BÉTHUNE, biographe français, archidiacre de Cambrai (*archidiac. Cameracensis*), doyen de l'Église d'Arras (*decanus Atrebatensis*), puis archevêque de Cambrai, mort en 1196.

BETHUNIENSIS (Robertus), ROBERT DE BÉTHUNE, seigneur de Béthune, de Tenremonde, de Richebourg et de Warneston, avoué à Arras, mort en 1248.

BETHUS (Guilelmus), WILLIAM BEETH, théologien anglais, dominicain, mort après 1498.

BETUNIA (DE) et BETUNIENSIS. Voy. *Bethuniensis.*

BETTINUS (Antonius), ANTONIO BETTINI, théologien ascétique italien, évêque de Foligno (*episcop. Fulginiensis*), né à Sienne, mort en 1487.

BEUCLIFFUS (Alanus). Voy. *Belloclivus* (A.).

BEUVIUS. Voy. *Winvilla* (B. de).

BEVAGNAS (Juncta), JUNTE DE BEVAGNA, hagiographe italien, frère mineur, né à Bevagna (duché de Spolète), mort vers 1300.

BEVERLACENSIS (Alfredus, Alredus ou Aluredus), ALFRED, ALRED ou ALURED DE BEVERLEY, chroniqueur anglais, trésorier de l'église Saint-Jean à Beverley, né dans le Yorkshire, mort en 1136. — On le trouve nommé aussi *A. Thesaurarius.*

BEVERLACENSIS (Joannes), JEAN DE BEVERLEY, théologien anglais, carme, professeur à Oxford, né à Beverley, mort vers 1400. — On le trouve nommé aussi *J. Beverlacius, J. Beverlaius* et *J. Beverleius.*

BEVERLACENSIS (Thomas), THOMAS DE BEVERLEY, théologien, poëte et biographe anglais, moine de Froimont au diocèse de Beauvais, né à Beverley (comté d'York), mort vers 1192. — On le trouve nommé aussi *Th. de Frigido monte.*

BEVERLACIUS, BEVERLAIUS et BEVERLEIUS (Joannes). Voy. *Beverlacensis* (J.).

BEVEROVICENSIS (Vincentius), VINCENT DE BEVERWYCK, théologien hollandais, dominicain, professeur à Louvain, né à Harlem, mort en 1526. — On le nomme aussi *V. Harlemius* et *V. Theodorici.*

BEYSSELIUS (Jodocus), JOSSE BEYSSEL, théologien, jurisconsulte, poëte et philosophe allemand, mort vers la fin du XVe siècle. — On écrit aussi *Beisselus.*

BEZENSIS. Voy. *Besuensis.*

BIARDO et BIARTO (Nicolaus de). Voy. *Byarto* (N. de).

BIBENS AQUAM (Stephanus). Voy. *Aquam bibens* (St.).

BIBERA (Nicolaus de), NICOLAS DE BIBRA, philosophe allemand, professeur à Erfurt, né à Bibra, en Saxe (anc. Thuringe), mort vers 1300.

BIBIANENSIS (Cardinalis), BERNARDO DIVIZIO, dit LE CARDINAL DE BIBBIENA. Voy. *Divitius* (B.).

BIBLIOTHECA, LA BIBLE OU LA BIBLIOTHÈQUE, surnom donné à PIERRE DE RIGA, théologien et poëte latin, chanoine de Reims, puis de Saint-Denis, né sans doute à Vendôme, mort en 1209. — Il dut ce surnom, soit à l'étendue de ses connaissances, soit au sujet (la Bible) de son célèbre poëme intitulé *Aurora*.

BIBLIOTHECARIUS (Guilelmus), GUILLAUME LE BIBLIOTHÉCAIRE, surnom donné à G. DE MALMESBURY. Voy. *Malmesburiensis* (G.).

BIBLIOTHECARIUS (Petrus), PIERRE LE BIBLIOTHÉCAIRE, dit aussi P. LE DIACRE, chroniqueur, théologien et hagiographe italien, bénédictin, diacre et bibliothécaire du Mont-Cassin, né à Rome, mort après 1159. — On le nomme aussi *P. Diaconus* et *P. Cassinensis*.

BICHERIIS (Jacobus G. de). Voy. *Bichieris* (J.G. de).

BICHIERIS (Jacobus Guala, Gualla, Guallo, Gualo ou Wallo de), GIACOMO GUALO BICHIERI, théologien italien, chanoine à Paris, évêque de Verceil, cardinal, né à Verceil, mort en 1227. — On le nomme aussi *J.-G. de Beccaria* et *J.-G. de Bicheriis*.

BIELUS (Gabriel), GABRIEL BIEL, sermonnaire et philosophe scolastique allemand, professeur à Tubingen, prévôt de l'Église d'Urach, dans le Wurtemberg, né à Spire, mort en 1495.

BIENTIUS (Gerardus). Voy. *Bituricensis* (G.).

BIFFUS (Joannes), GIOVANNI BIFFI, poëte latin, né à Mezago, dans le Milanais, mort en 1464.

BIGORRÆ (Bernardus, comes), BERNARD DE BIGORRE, comte de Béarn et de Bigorre, jurisconsulte français, mort vers 1115.

BIGOTHERIUS (Claudius), CLAUDE BIGOTIER, poëte latin et humaniste, professeur à Lyon, né à Treffort, en Bresse, mort au début du XVIe siècle.

BIGUS (Ludovicus), LUIGI PITTORI, dit aussi L. BIGI. Voy. *Pictorius* (L.).

BILBILITANUS (Bernardus), BERNARD DE CATALAYUD, dit aussi B. DE MONTESA (au diocèse de Valence), théologien et jurisconsulte espagnol, carme, né à Catalayud, dans l'Aragon, mort vers 1480.

BILETHUS (Joannes). Voy. *Belethus* (J.).

BILHOMENSIS (Hugo), HUGUES AICELIN, dit H. DE BILLOM, H. SÉGUIN, H. SÉVIN, etc., théologien français, dominicain, évêque d'Ostie, cardinal, né à Billom dans l'Auvergne, mort en 1298. — On le trouve encore nommé *H. Aycelinus, H. de Bilhonio, H. Biliomensis, H. de Billomo, H. de Billiomo, H. Billonius, H. de Billonio, H. de Bilomio, H. Bulliomius, H. Seguinus, H. Sevinus* et *H. Vitonius*.

BILHONIO (Hugo de). Voy. *Bilhomensis* (H.).

BILIIS (Andreas de). Voy. *Bilius* (A.).

BILIOMENSIS (Hugo). Voy. *Bilhomensis* (H.).

BILIUS (Andreas), ANDREA BIGLIA, historien italien, augustin, mort à Sienne en 1435. — On le nomme aussi *A. de Biliis*.

BILLIOMO, BILLOMO, BILLONIO, BILLONIUS et **BILOMIO** (Hugo de). Voy. *Bilhomensis* (H.).

BINDERUS (Udalricus), UDALRIC BINDER (Jöcher), médecin allemand, établi en Saxe, mort vers 1520.

BINGA (Hildegardis de), HILDEGARDE D'ALLEMAGNE, dite aussi H. DE BINGHEM. Voy. *Alemania* (H. de).

BINHAMUS (Guilelmus), GUILLAUME DE BINHAM, théologien anglais, carme, adversaire de Wiclef, né à Binham, dans le comté de Norfolk, mort vers 1370.

BINTRÆUS (Guilelmus), GUILLAUME DE BINTREE, théologien anglais, carme, professeur à Cambridge, né à Bintree, dans le comté de Norfolk, mort en 1493.

BIRAGUS (Joannes-Lapus), GIOVANNI-LAPO BIRAGO, érudit et philologue italien, professeur à Bologne, né en Toscane, mort vers 1500.

BIRGITTA ou BRIGITTA, en français sainte BRIGITTE ou BIRGITTE, fille de Birger, prince de Suède, fondatrice d'Ordres religieux, morte en 1373.

BIRKINGTONUS (Stephanus), ÉTIENNE DE BIRCHINGTON, théologien, biographe et hagiographe écossais, bénédictin à Canterbury, né à Birchington (Kent), mort vers 1380. — On trouve aussi *S. Brikingtonus*.

BIRLEIUS (Hugo). Voy. *Verolegus* (H.).

BISATIS (Anselmus de), ANSELME DE BESATE, surnommé A. LE PÉRIPATÉTICIEN (*A. Peripateticus*), philosophe italien, né à Besate, dans le Milanais, mort au commencement du XIIe siècle.

BISDOMINUS. Voy. *Visdominus*.

BISSUNCIO, BISSUNTIO et BISUNCIO (DE). Voy. *Bisuntinus*.

BISUNTINUS (Stephanus), ÉTIENNE DE BESANÇON, célèbre théologien français, général des dominicains, né à Besançon, mort en 1294. — On le trouve encore nommé : *St. de Bissuntio*, *St. de Bisuntio*, *St. de Byssuntio* et *St. de Gebennis*.

BISUNTINUS (Zacharias). Voy. *Chrysopolitanus* (Z.).

BISUNTIO (DE). Voy. *Bisuntinus*.

BITERRENSIS (Gerardus). Voy. *Bituricensis* (G.).

BITHUNIA (DE) et BITHUNIENSIS. Voy. *Bethuniensis*.

BITONTINUS (Antonius), ANTOINE DE BITONTO, théologien et sermonnaire italien, frère mineur, né à Bitonto (royaume de Naples), mort vers 1500.

BITUNIA (DE) et BITUNIENSIS. Voy. *Bethuniensis*.

BITUNTINUS (Nicolaus). Voy. *Botrontinensis* (N.).

BITURICENSIS (Bernardus), BERNARD DORNA, dit B. DE BOURGES, jurisconsulte français, archidiacre de Bourges, professeur à Bologne, né en Provence; mort vers 1240. — On le trouve aussi nommé *B. Bononiensis*.

BITURICENSIS (Gerardus, Geraudus, Giraldus ou Girardus), GÉRAUD DE BOURGES, médecin et commentateur, né ou établi dans le Berri, mort vers 1250. — Astruc le nomme *G. Biterrensis* et *G. de Solo*; Gesner l'appelle *G. Bututus*, et Tiraqueau *G. Bientius*.

BITURICENSIS (Guilelmus), GUILLAUME DE BOURGES, théologien français, juif converti, diacre de l'église de Bourges, mort vers 1210. — On le trouve encore nommé *G. Diaconus* et parfois *G. ex Judæis*.

BITURICENSIS (Leodegarius), LÉGER DE BOURGES, sermonnaire français, archevêque de Bourges, mort en 1120.

BITURICENSIS (Philippus), PHILIPPE BERRUIER, dit PH. DE BOURGES, évêque d'Orléans, puis archevêque de Bourges, né à Tours, mort en 1260.

BITURICENSIS (Rogerius), ROGER LE FORT, dit aussi R. DE BOURGES. Voy. *Fortis* (R.).

BITURICENSIS (Stephanus), ÉTIENNE DE BOURGES, théologien français, chanoine de Sens et de Paris, évêque de Meaux, archevêque de Bourges, né à Paris, mort en 1174.

BIVORDANUS (Ludovicus), LOUIS VAN BIVOORD, théologien et moraliste belge, chanoine régulier de Saint-Augustin à Val-Vert ou Grœnendael, né à Rhode-Saint-Pierre, près de Louvain, mort après 1430.

BLACHENEGUS (Guilelmus). Voy. *Niger* (G.).

BLACHENEGUS (Joannes), JEAN DE BLAKENEY, philologue et grammairien anglais, mathurin, né à Blakeney (Norfolk), mort vers 1450.

BLÆRUS (Joannes), JEAN DE BLAER, théologien et hagiographe belge, bénédictin, prieur du couvent de Saint-Jacques, à Liége, né à Diest, mort vers 1500. — On le trouve aussi nommé *J. Blæsus* et *J. Diesthemius*.

BLÆSENSIS. Voy. *Blesensis*.

BLÆSUS (Joannes). Voy. *Blærus* (J.).

BLANASCO (Joannes de), JEAN DE BLANASQUE ou DE BLANAY, jurisconsulte français, archidiacre de Bologne, né dans la Bourgogne, mort vers le milieu du XIIIe siècle. — On l'appelle encore : *J. de Blanesco*, *J. de Blano*, *J. de Blanosco* et *J. de Blanvasco*.

BLANCFORDUS (Henricus), HENRY BLANCFORD, chroniqueur anglais, bénédictin, moine à Saint-Albans, mort vers 1450. — On le trouve encore nommé *H. Albanus* et *H. Blaufordus*.

BLANCHETTUS (Theodorus ou Theodosius), Teodoro ou Teodosio Bianchetti, chroniqueur italien, né à Bologne, mort vers la fin du XIVᵉ siècle.

BLANCHIS (Jacobus de). Voy. *Alexandrinus* (J.).

BLANCONIBUS (Jacobus de). Voy. *Mevania* (J. de).

BLANCUS (Gerardus), Gerardo Bianchi, théologien et sermonnaire italien, chanoine de Parme, cardinal, évêque de Sabine, né dans le diocèse de Parme, mort en 1302.

BLANCUS (Joannes), Jean Blanc ou Blanqui, jurisconsulte français, né et avocat à Marseille (*advocatus et civis Massiliensis*), mort après 1266.

BLANCUS (Hugo), Hugues le Blanc. Voy. *Candidus* (H.).

BLANDRATA. Voy. *Sancto Georgio* (de).

BLANESCO, BLANO, BLANOSCO et BLANVASCO (Joannes de). Voy. *Blanasco* (J. de).

BLARRORIVO (Petrus de), Pierre de Blarru, poète latin, chanoine de Saint-Dié, né à Pairis, abbaye de l'ordre de Citeaux, dans la vallée d'Orbay, mort en 1505.

BLASIUS (Armegandus, Armingandus ou Ermengardus), Ermengaud, médecin et philologue français, né à Montpellier, mort après 1314.

BLASIUS (Joannes-Baptista). Voy. *Sancto Blasio* (J.-B. a).

BLASTARES et BLASTARIUS (Matthæus), Ματθαῖος ὁ Βλαστάρης, théologien et jurisconsulte grec, moine de Saint-Basile, mort à la fin du XIVᵉ siècle. — Freher l'appelle M. ὁ Μοναχός (*Monachus*), et on le trouve souvent nommé M! *Hieromonachus* (Μ. ὁ Ἱερομόναχος).

BLAUFORDUS (Henricus). Voy. *Blancfordus* (H.).

BLAVELLO (Gaufridus de). Voy. *Blavemo* (G. de).

BLAVEMO (Gaufridus de), Geoffroi de Blèves, de Blevéx ou de Blaviaux, théologien français, dominicain, professeur à Paris, mort en 1250. — On le trouve nommé encore : *G. de Blavello, G. de Blevello, G. de Bravello* et *G. Blevex.*

BLAVIA (Gerardus de). Voy. *Engolismensis* (G.).

BLAZONIO (Theobaldus de), Thibaut de Blason, poète français, né à Blason, près de Saumur, mort avant 1229.

BLEMMIDES et BLEMMYDA (Nicephorus), Νικηφόρος ὁ Βλεμμύδας, fécond théologien grec, abbé du mont Athos, mort au XIIIᵉ siècle.

BLESENSIS (Henricus), Henri de Sully, dit aussi H. de Blois. Voy. *Solliaco* (H. de).

BLESENSIS (Petrus), Pierre de Blois, homme d'État, théologien et historien français, archidiacre de Bath (*archidiac. Bathoniensis*), puis de Londres, né à Blois, mort entre 1198 et 1203.

BLESENSIS (Petrus), Pierre de Blois, théologien, poète latin, chanoine, puis chancelier de l'Église de Chartres, né à Blois, mort vers 1210.

BLESENSIS (Vitalis), Vital de Blois, poète latin, né à Blois, mort à la fin du XIIᵉ siècle. — On le trouve aussi nommé *V. Gallicus* et *V. Gallus.*

BLEVELLO (de) et BLEVEX (Gaufridus). Voy. *Blavemo* (G. de).

BLEZENSIS. Voy. *Blesensis.*

BLOEMARDUS (Michel), Michel Bloemaert, théologien et sermonnaire belge, carme, né à Bruges, mort vers 1500.

BLONDELÆUS, Blondel dit de Nesle, troubadour français, favori de Richard Cœur-de-Lion, né à Nesle en Picardie, mort à la fin du XIIᵉ siècle. — On trouve aussi *Blondius.*

BLONDIUS. Voy. *Blondelæus.*

BLONDUS (Flavius), Flavio Biondo, archéologue et historien italien, né à Forli, mort en 1463. — On le nomme aussi *F. Blundius.*

BLONDUS (Joannes), John Blount, théologien anglais, professeur à Oxford, archevêque nommé de Canterbury (*archiepisc. Cantuariensis*), mort en 1248. — On le nomme aussi *J. Blundus.*

BLOXAMUS (Joannes). Voy. *Bloxhamus* (J.).

BLOXHAMUS (Joannes), Jean de Bloxham, dit *Senior*, théologien et sermonnaire anglais, carme, professeur à Oxford, né à Bloxham, dans le comté d'Oxford, mort en 1334. — On trouve aussi *J. Bloxamus.*

BLOXHAMUS (Joannes), JEAN DE BLOXHAM, dit *Junior*, philologue anglais, docteur d'Oxford et recteur de Merton-College, mort vers 1400.

BLUNDIUS et BLUNDUS. Voy. *Blondus*.

BOBIO (Hubertus de), HUBERT DE BOBBIO, jurisconsulte italien, professeur à Parme et à Verceil, né à Parme, mort vers 1230. — On trouve aussi *H. de Bovio*.

BOCASINUS (Nicolaus), NICCOLO BOCCASINI, théologien et sermonnaire italien, évêque d'Ostie, puis de Viterbe, pape sous le nom de BENOIT XI, né à Trévise, mort en 1304. — On écrit aussi *Bucasenus*.

BOCCACCIUS et BOCCACIUS (Joannes), GIOVANNI BOCCACIO, en français JEAN BOCCACE, érudit et poëte italien, né à Paris ou à Florence, mort à Certaldo en 1375.

BOCCARDUS (Joannes-Franciscus). Voy. *Buccardus* (J.-F.).

BOCFELDIUS (Adamus). Voy. *Buccenfeldus* (A.).

BOCKINGHAMUS (Joannes), JEAN DE BUCKINGHAM, théologien et philosophe scolastique anglais, docteur d'Oxford, évêque de Lincoln, puis moine à Canterbury, né sans doute à Buckingham, mort vers 1400.

BODMATICUS (Adamus), ADAM DE BODMANN, théologien allemand, carme, né à Bodmann, sur le lac de Constance, mort vers 1350. — On le nomme aussi *A. de Bodromo*.

BODROMO (Adamus de). Voy. *Bodmaticus* (A.).

BOEIS (Hector de). Voy. *Boschus* (H.).

BOETHIUS (David). Voy. *Boschus* (D.).

BOETIANUS (Guilelmus), surnom donné à W. WHETLEY. Voy. *Wethleius* (G.).

BOETIUS (Hector). Voy. *Boscus* (H.).

BOGARDUS (Adamus), ADAM BOGAERT, médecin flamand, professeur à Louvain, né à Dordrecht, mort en 1483.

BOGARDUS (Jacobus), JACQUES BOGAERT, médecin flamand, fils du précédent, né et professeur à Louvain, mort en 1520.

BOGUPHALUS, BOGUPHAL, chroniqueur polonais, évêque de Posnanie (*episcop. Posnaniensis*), mort en 1253.

BOHADINUS, BOHA-EDDIN, surnommé IBN-SCHEDDAD, historien arabe, né à Mossoul, mort en 1232.

BOHEMUS (Martinus), MARTIN LE POLONAIS, dit aussi M. DE BOHÊME. Voy. *Polonus* (M.).

BOHICUS (Henricus ou Hervæus), HENRI BOHIC, BOYCH, BOICH ou BOUHIC, jurisconsulte français, professeur à Paris, né à Saint-Mathieu (Finistère), mort vers 1490. — On le trouve aussi nommé *H. de Bouenco*.

BOIARDUS (Matthæus-Maria), MATTEO-MARIA BOIARDO, poëte italien, né à Sandiano, près de Reggio, mort en 1494.

BOLANDUS (Petrus), PIERRE DE BOLANT, poëte latin, né à Bolant, dans le duché de Limbourg, mort vers 1500. — On écrit aussi *P. Bollandus*.

BOLDENSLEVE (Guilelmus de), GUILLAUME DE BALDINSEL, voyageur français, mort après 1336.

BOLLANDUS (P.). Voy. *Bolandus*.

BOLOGNINUS (Angelus), ANGELO BOLOGNINI, en français ANGE DE BOLOGNE, médecin et chirurgien italien, professeur à Bologne, né aux environs de Padoue, mort vers 1530.

BOLOGNINUS (Ludovicus), LUIGI BOLOGNINI, en français LOUIS DE BOLOGNE, jurisconsulte et négociateur italien, né à Bologne, mort en 1508. — On l'appelle encore *L. Bolognus* et *L. de Bononia*.

BOLOGNUS (Ludovicus). Voy. *Bologninus* (L.).

BOLSTADIUS (Albertus), ALBERT DE BOLLSTADT, dit aussi A. GROOT, et en français A. LE GRAND, célèbre théologien et philosophe allemand, général des dominicains, professeur à Cologne, évêque de Ratisbonne, né à Lawingen, dans la Souabe, mort en 1280. — On le trouve nommé encore *A. de Colonia, A. Grotus, A. Magnus, A. Ratisbonensis, A. Teutonicus* et *A. Lavingensis*.

BOLTONUS (Utredus), UTREDUS BOLTON, controversiste anglais, bénédictin, moine à Durham, mort après 1380.

BOMALIA (Joannes de). Voy. *Bomelia* (J. de).

BOMDOMITINUS (Nicolaus). Voy. *Botrontinensis* (N.).

BOMELIA (Joannes de), JEAN DE BOMMELS, dit aussi J. DE BOMALE et J. BOUMAL, théologien hollandais, dominicain, professeur à Louvain, inquisiteur général en Belgique, né à Bommels (Flandre-orientale), mort en 1477. — On trouve aussi *J. de Bomalia* et *J. de Bommalia*.

BOMMALIA (Joannes de). Voy. *Bomelia* (J. de).

BONA ANIMA (Guilelmus), GUILLAUME RADBOD, dit G. BONNE-AME. Voy. *Radbodus* (G.).

BONACIOLUS (Ludovicus), LUIGI BONACCIOLI, médecin italien, né et professeur à Ferrare, mort vers le milieu du XVI° siècle.

BONACURSIUS, BUONACORSO, théologien italien, professeur à Milan, adversaire des Albigeois, mort vers 1200.

BONACURSIUS et DE BONACURSO (Hubertus), UBERTO BUONACORSO, jurisconsulte italien, professeur à Parme et à Verceil, né à Parme, mort vers 1240.

BONACURSIUS (Philippus), FILIPPO BUONACORSO, connu sous le nom de CALLIMACHUS EXPERIENS (il choisit lui-même le nom de CALLIMACO, et son expérience des affaires le fit surnommer EXPERIENTE), diplomate et historien italien, né à Florence, mort en 1496.

BONÆ SPEI (Philippus), PHILIPPE DE HARVENG, dit aussi PH. DE BONNE-ESPÉRANCE. Voy. *Harvengius* (Ph.).

BONA FONTE (Stephanus de), ÉTIENNE DE BONNE-FONTAINE, théologien français, abbé de Bonne-Fontaine, au diocèse de Reims, mort vers 1200.

BONAGRATIA, BUONAGRAZIA, controversiste italien, franciscain, mort vers 1350.

BONAVENTURA (Dominicus). Voy. *Fabrianensis* (D.-B.).

BONAVENTURA (Joannes), GIOVANNI FIDENZA, connu en France sous le nom de saint BONAVENTURE, célèbre théologien italien, général des Franciscains, cardinal, né à Bagnarea (*Balneum regis*) dans les États de l'Église, mort en 1274. — Il fut surnommé *Doctor Seraphicus*.

BONAVILLARENSIS (Arnoldus), ARNOLD DE BONNEVAL, théologien français, moine de Marmoûtiers, abbé de Bonneval au diocèse de Chartres, mort après 1156. — On le nomme aussi *A. Carnotensis*.

BONCOMPAGNIUS (Cataldinus). Voy. *Bonis compagnis* (C. de).

BONDELMONTIBUS (Christophorus de), CRISTOFORO BONDELMONTE, dit aussi C. BANDELMONTE, voyageur et écrivain italien, né à Florence, mort vers 1450.

BONDINENSIS (Nicolaus). Voy. *Botrontinensis* (N.).

BONERIUS (Ulricus). Voy. *Bonerus* (U.).

BONERUS (Ulricus), ULRIC BONER, fabuliste allemand, dominicain à Vienne, mort au commencement du XIV° siècle. — On trouve aussi *Bonerius*.

BONETTUS (Nicolaus). Voy. *Bonetus* (N.).

BONETUS, BONET, astronome et mathématicien français, mort vers la fin du XV° siècle.

BONETUS (Guilelmus), GUILLAUME BONNET, évêque de Bayeux, fondateur du collége de Bayeux (*Collegium Bajocense*) à Paris, mort vers 1314.

BONETUS (Honoratus), HONORÉ BONNET, BONET ou BONNOR, théologien français, auteur de l'*Arbre des batailles*, prieur de la Chartreuse de Gaillon (*prior carthusiæ Gallionensis, in Rothomagensi archiepiscopatu*), mort vers la fin du XIV° siècle.

BONETUS (Nicolaus), NICOLAS BONET, théologien, franciscain, évêque de Malte, mort en 1360. — Il fut surnommé *Doctor proficuus*, et on trouve parfois son nom écrit *Bonettus*.

BONETUS (Paulus), PAUL BONET, théologien français, carme, né à Narbonne, mort après 1410.

BONFINIUS (Antonius), ANTONIO BONFINI, historien et philologue italien, professeur à Recanati (États de l'Église), puis à la cour de Mathias Corvin, né à Ascoli, mort en 1502.

BONGAIUS (Andreas). Voy. *Alpagus* (A.).

BONGIORNUS (Ferdinandus), FERDINANDO BUONGIORNO, jurisconsulte et canoniste italien, né à Palerme, mort vers 1530.

BONICOLLIUS (Henricus). Voy. *Goethalis* (H.).

BONIFACIUS, BONIFACE VIII et IX, papes. Voy. *Cajetanus* (B.) et *Thomacellinus* (P.).

BONIHOMINIS (Alphonsus), ALFONSO BUENHOMBRE, dit en français ALPHONSE BONHOMME, orientaliste et traducteur espagnol, dominicain, établi à Paris, né sans doute à Tolède, mort en 1339.

BONIMONTIS (Joannes). Voy. *Gutenbergius* (J.).

BONINCONTRIUS (Laurentius), LORENZO BUONINCONTRO, historien, poëte et mathématicien italien, professeur à Naples et à Florence, né San-Miniato, mort vers 1502.

BONIS COMPAGNIS (Cataldinus de), CATALDINI BUONCOMPAGNO, jurisconsulte et théologien italien, né à Foligno (États de l'Église), mort vers 1430. — On le nomme aussi *C. Boncompagnius*.

BONJOANNES (Thomas), TOMMASO BONGIOVANNI, théologien et philosophe sicilien, dominicain, né à Palerme, mort vers 1350.

BONJOANNES (Thomas), TOMMASO BONGIOVANNI, hagiographe italien, dominicain, né dans le Milanais, mort vers 1470. — On le trouve nommé aussi *Th. Aymo*.

BONOMINUS, BONOMI, médecin italien, établi à Pergame, né à Chiusi (Toscane), mort vers la fin du XIVe siècle.

BONONIA (Albertus, Kambertus, Lambertus, Rambertus ou Rampertus de), RAMBERTO PRIMATICE, dit aussi RAMBERT DE BOLOGNE, théologien italien, dominicain, professeur à Paris, évêque de Castiglione, né à Bologne, mort en 1308.

BONONIA (Antonius de), ANTONIO Beccadelli, dit A. DE BOLOGNE. Voy. *Panormitanus* (A.).

BONONIA (Bernardus et Michael de), BERNARDO et MICHELE AYGUANI, dits DE BOLOGNE. Voy. *Ayguanis* (B. et M. de).

BONONIA (Bartholomæus de), BARTHÉLEMY DE BOLOGNE, théologien italien, dominicain, mort vers 1340.

BONONIA (Carolus de), CHARLES DE BOLOGNE, théologien italien, carme, professeur à Bologne, mort vers 1420.

BONONIA (Gerardus de), GÉRARD DE BOLOGNE, théologien, sermonnaire et hagiographe italien, carme, professeur à Paris, né à Bologne, mort en 1317.

BONONIA (Joannes de), JEAN DE BOULOGNE, célèbre calligraphe français, né à Boulogne-sur-Mer (Pas-de-Calais), mort au milieu du XIIIe siècle. — Il avait été surnommé *J. Felis*.

BONONIA (Ludovicus de). Voy. *Bologninus* (L.).

BONONIA (Urbanus de), URBAIN DE BOLOGNE, philosophe scolastique italien, frère servite, professeur à Paris, à Padoue et à Bologne, né à Bologne, mort en 1503. — On l'appelle encore *U. Servita*, et ses contemporains le surnommèrent *Averrhoista* et *Philosophiæ parens*.

BONONIA (de). Voy. *Bononiensis*.

BONONIENSIS (Ægidius), GILLE FOSCARARI, dit G. DE BOLOGNE. Voy. *Fuscararius* (Æ.).

BONONIENSIS (Albertuccius), ALBERTUCCI BORSELLI, dit aussi A. DE BOLOGNE. Voy. *Borsellis* (H.-A. de).

BONONIENSIS (Antonius) ANTOINE DE BOLOGNE, théologien et sermonnaire italien, né et dominicain à Bologne, mort en 1403. — On le nomme aussi *A. Parvus*.

BONONIENSIS (Antonius), ANTOINE DE BOLOGNE, dit aussi A. DE BUTRIO, jurisconsulte italien, professeur à Ferrare et à Bologne, né à Bologne, mort en 1408.

BONONIENSIS (Aristoteles), ARISTOTILE DE BOLOGNE, surnommé FIORAVANTI, célèbre architecte italien, né à Bologne, mort à la fin du XVe siècle.

BONONIENSIS (Balduinus), BAUDOUIN DE BOLOGNE, jurisconsulte italien, élève d'Azon, professeur à Gênes, mort vers 1250.

BONONIENSIS (Bartholomæus), BARTHÉLEMY DE BOLOGNE, théologien italien, dominicain, né à Bologne, mort avant 1400.

BONONIENSIS (Bernardus), BERNARDO DORNA, dit B. DE BOLOGNE. Voy. *Bituricensis* (B.).

BONONIENSIS (Catharina), CATHERINE DE BOLOGNE, théologienne mystique, abbesse des Clarisses de Ferrare, née à Bologne, morte en 1463.

BONONIENSIS (Laurentius), LAURENT DE BOLOGNE, théologien italien, frère servite, docteur de Paris, mort vers 1390.

BONONIENSIS (Matthæus), MATHIEU DE

Bologne, théologien italien, général des frères mineurs, mort après 1405.

BONONIENSIS (Matthæus), MATHIEU DE BOLOGNE, théologien italien, carme, professeur à Paris, né à Bologne, mort après 1411.

BONONIENSIS (Odoffredus ou Roffredus). Voy. *Odofredus*.

BONONIENSIS (Peregrinus), PÉRÉGRIN DE BOLOGNE, historien italien, frère mineur, auteur d'une chronique de son ordre, dite *Chronica Peregrini*, né à Bologne, mort vers 1320.

BONONIENSIS (Robertus), ROBERT LE LOMBARD, dit aussi R. DE BOLOGNE. Voy. *Longobardus* (R.).

BONONIENSIS (Salvianus), SALVIANO GALVANI, dit aussi S. DE BOLOGNE. Voy. *Galvanus* (S.).

BONONIENSIS (Simon), SIMON DE BOLOGNE, théologien italien, augustin, né à Bologne, mort en 1333.

BONONIENSIS (Tancredus), TANCRÈDE DE BOLOGNE, théologien et sermonnaire italien, dominicain à Bologne, mort vers 1225. — On le trouve aussi nommé *T. de Tancredis*.

BONONIENSIS. Voy. *Bononia* (de).

BONONIUS (Hieronymus), GERONIMO BOLOGNI, antiquaire et philologue italien, poëte latin, né à Trévise, mort en 1517. — On le nomme aussi *B. Tarvisinus*.

BONUS (Humfridus), HUMPHREY, DUC DE GLOCESTER, dit H. LE BON. Voy. *Claudiocestriensis* (H.).

BONUS (Philippus), PHILIPPE LE BON, duc de Bourgogne, protecteur des lettres et bibliophile, né à Dijon, mort en 1467.

BONUS COCUS, LE BON CUISINIER, surnom donné à JEAN DE LEEUWIS. Voy. *Leonius* (J.).

BONUS EPISCOPUS, LE BON ÉVÊQUE, surnom donné à GODEFROI DE CONDÉ, dit G. DES FONTAINES. Voy. *Condatensis* (G.).

BONUS HOMO, BONHOMME, surnommé LE BRETON (*Brito*), théologien français, dominicain, professeur à Paris, né en Bretagne, mort vers 1269.

BONUS PRESBYTER, LE BON PRÊTRE, surnom donné à THOMAS DE CHEBHAM. Voy. *Chebhamius* (Th.).

BONUS VICINUS (Raso), RASO GŒTGEBUER, biographe belge, docteur de Paris, moine à Steinfeld (Bavière), mort en 1509.

BORASTONA (Simon de). Voy. *Burnestona* (S. de).

BORBONE (de). Voy. *Borbonio* (de).

BORBONIO (Stephanus de), ÉTIENNE DE BELLEVILLE, dit aussi E. DE BOURBON. Voy. *Bellavilla* (St. de).

BORBONIUS. Voy. *Borbonio* (de).

BORCARDUS et BORCHARDUS. Voy. *Brocardus*.

BORDEILLA (Helias de), HÉLIE DE BOURDEILLE, théologien français, franciscain, évêque de Périgueux, puis archevêque de Tours, cardinal, né au château de Bourdeille, dans le Périgord, mort en 1484. — Fabricius le nomme *Elias de Boidiel*.

BORELLUS (Joannes). Voy. *Burallus* (J.).

BORGARDUS. Voy. *Brocardus*.

BORGHESIUS (Nicolaus), NICCOLO BORGHESI, biographe italien, sénateur à Sienne, mort vers 1500. — On écrit aussi *N. Burgensius*.

BORGIANUS (Alphonsus), ALFONSO BORGIA, théologien espagnol, pape sous le nom de CALIXTE III, né près de Valence, mort en 1458.

BORGO (Lucas de), LUCA PACCIOLI, dit aussi L. DE BORGO. Voy. *Paciolus* (L.).

BORHONEDDINUS, BORHAN-EDDYN, surnommé ALZERNOUCHI ou ZERNOUDJY, humaniste et traducteur arabe, mort vers la fin du XIII° siècle.

BORNATUS (Conradinus), CONRADIN DE BORNADA, prédicateur italien, dominicain, né près de Brescia, mort en 1429.

BORRESCARIUS (Guilelmus), GUILLAUME BORRESQUIER, diplomate français, maître des requêtes, docteur en droit civil et en droit canon, mort après 1406.

BORRUS (Gasparinus), GASPARINO BORRO, poëte, philosophe et théologien italien, frère servite, professeur à Ferrare, à Pérouse et à Venise, né à Venise, mort vers 1500.

BORSALUS (Joannes), JEAN BORSSELEN, grammairien hollandais, professeur à

Louvain, né à Middelburg, mort vers 1530.

BORSANUS (Simon), SIMON DE BROSSANO, jurisconsulte italien, archevêque de Milan, cardinal (ce fait est contesté), né à Milan, mort en 1381.

BORSELLIS (Hieronymus Albertuccius de), GIROLAMO ALBERTUCCI BORSELLI, fécond historien italien, né et dominicain à Bologne, mort en 1497. — On le trouve encore nommé *A. Bononiensis* et *A. Bursellus*.

BORSTALLUS (Thomas), THOMAS BORSTAL, théologien anglais, ermite de Saint-Augustin, professeur à la Sorbonne à Paris, né à Norfolk, mort en 1290.

BORTELLUS (Joannes). Voy. *Botrellus* (J.).

BORUBIUS (Joannes). Voy. *Hornebius* (J.).

BOSCHUS (David), DAVID BOYS, théologien anglais, carme à Glocester, professeur à Oxford, mort vers 1450. — On le trouve encore nommé *D. Boscus*, *D. Boethius*, *D. Boysius* et *D. Boysus*.

BOSCHUS (Hector), HECTOR BOYS, historien écossais, ami d'Érasme, docteur de Paris, professeur à Aberdeen, mort vers 1530. — On le trouve encore nommé *H. Boethius*, *H. de Boeis* et *H. de Bosco*.

BOSCO (Arnoldus ou Joannes a). Voy. *Buschius*.

BOSCO (Guilelmus de). Voy. *Bosco Landonis* (G. de).

BOSCO (Hector de). Voy. *Boschus* (H.).

BOSCO (Petrus de), PIERRE DUBOIS, jurisconsulte et écrivain politique français, avocat des causes royales au bailliage de Coutances (*advocatus causarum regalium ballivæ Constantiensis*), né sans doute dans cette ville, mort vers 1320.

BOSCO DUCIS (Henricus de), HENRI DE BOIS-LE-DUC, théologien belge, professeur et chanoine régulier de Sainte-Croix à Cologne, né aux environs de Bois-le-Duc, mort après 1464.

BOSCO GUALTERI (Martinus de), MARTIN DE BOIS-GAUTIER, hagiographe français, frère mineur à Tours, mort vers 1420.

BOSCO LANDONIS (Guilelmus de), GUILLAUME DE BOISLANDON, sermonnaire français, frère mineur, mort après 1272. — On le trouve aussi nommé *G. de Bosco*.

BOSCUS (David). Voy. *Boschus* (D.).

BOSDENUS (Lucas), LUC DE BOSDEN, philosophe scolastique anglais, carme, docteur d'Oxford, né sans doute à Bosden (Chester), mort vers 1340.

BOSIANENSIS (Herbertus). Voy. *Bossanhamensis* (H.).

BOSIANUS (Joannes). Voy. *Bossianus* (J.).

BOSNENUS (Joannes), JEAN DE WILDESHUSEN, dit aussi J. DE BOSNIE. Voy. *Bossinensis* (J.).

BOSO. Voy. *Beccensis* (B.).

BOSSANHAMENSIS (Herbertus), HERBERT DE BOSHAM, théologien et biographe anglais, docteur d'Oxford; archevêque de Bénévent, cardinal, né à Bosham (Chichester), mort en 1182. — On trouve aussi *H. Bosianensis*.

BOSSIANUS (Joannes), GIOVANNI BOSSIANI ou BASSIANI, jurisconsulte italien, maître d'Azon, né à Crémone, mort en 1197. — On l'appelle aussi *J. Bassianus*, *J. de Besianis*, *J. Bozianus* et *J. Bosianus*, et il fut surnommé *Lucerna juris* et *Speculum mundi*.

BOSSINENSIS (Joannes), JEAN DE WILDESHUSEN, théologien allemand, évêque de Bosnie, général de l'ordre des dominicains, mort en 1241. — On le trouve aussi nommé *J. Bosnenus* et *J. Teutonicus*.

BOSSIUS. Voy. *Bossus*.

BOSSUS (Donatus), DONATO BOSSO (*Nouvelle Biographie générale*) ou BOSSI (Jöcher), historien et jurisconsulte italien, né à Milan, mort vers la fin du XVe siècle. — On trouve aussi *D. Bossius*.

BOSSUS (Matthæus), MATTEO BOSSO, littérateur et moraliste italien, augustin, abbé de Fiesole (Toscane), né à Vérone, mort en 1502.

BOSSUS (Robertus). Voy. *Wittingtonus* (R.).

BOSSUTUS (Goswinus), GOSWIN DE BOSSUT, hagiographe belge, moine de Cîteaux, chantre du couvent de Villers, près de Gembloux dans le Brabant, mort en 1228.

BOSTONUS. Voy. *Bastonus*.

BOTELESHAMENSIS et BOTELESHAMUS. Voy. *Botleshamensis*.

BOTLESHAMENSIS (Joannes ou Guilelmus), JEAN ou GUILLAUME DE BOTTISHAM, théologien et sermonnaire anglais, dominicain, docteur de Cambridge, évêque de Rochester, né à Bottisham (Cambridge), mort en 1399. — On trouve aussi *J.* ou *G. Boteleshamensis* et *Boteleshamus*.

BOTLESHAMENSIS (Nicolaus), NICOLAS DE BOTTISHAM, théologien anglais, carme, docteur de Sorbonne, professeur à Paris et à Cambridge, mort en 1435.

BOTONERUS (Guilelmus). Voy. *Buttonerus* (G.).

BOTRELLUS (Joannes), JOHN BOTRELL, philosophe scolastique anglais, carme, mort vers 1400. — On trouve aussi *J. Bortellus*.

BOTRONTINENSIS (Nicolaus), NICOLAS DE BUTRINTO, historien allemand, dominicain, évêque de Butrinto, dans l'Albanie, mort après 1313. — On le trouve encore nommé *N. Bituntinus*, *N. Bomdomitinus*, *N. Bondinensis* et *N. Botudinensis*.

BOTTONUS (Bernardus), BERNARDO BOTTONI, jurisconsulte italien, professeur et chanoine à Bologne, né à Parme, mort vers 1250. — On le nomme aussi *B. Parmensis*.

BOTUDINENSIS (Nicolaus). Voy. *Botrontinensis* (N.).

BOUCHARDUS (Alanus), ALAIN BOUCHARD ou BOUCHART, chroniqueur breton, avocat à Rennes, né sans doute au manoir de Kerbouchart, près du Croisic, mort après 1513.

BOUCHERII (Guilelmus). Voy. *Carnifex* (G.).

BOUENCO (Henricus ou Hervæus de). Voy. *Bohicus* (H.).

BOUHERIUS (Petrus), PIERRE DE BOUHÈRE, philologue français, né sans doute à Sablé (Anjou), mort après 1513. — On le nomme aussi *P. Sabulensis*.

BOUSSARDUS (Gaufridus), GEOFFROI BOUSSARD, théologien français, recteur de l'université et chancelier de l'Église de Paris, député au concile de Milan, né au Mans, mort vers 1522.

BOVIO (Hubertus de). Voy. *Bobio* (H. de).

BOWERUS (Walterus), WALTER BOWER ou BOWYER, chroniqueur écossais, abbé du monastère de Saint-Columban, mort vers 1430.

BOYSIUS et BOYSUS (David). Voy. *Boschus* (D.).

BOZIANUS (Joannes). Voy. *Bossianus* (J.).

BOZOLASTRO (Thomas de), THOMAS DE BOZZOLO (?), hagiographe italien, dominicain à Pavie, né dans le Milanais, mort vers 1370. — Jöcher le nomme *Th. de Bozolasto*.

BRABANCIA (de). Voy. *Brabantia* (de).

BRABANTIA (Hubertus de), HUBERT DE BRABANT, hagiographe belge, mort vers 1100.

BBABANTIA (Michael de), MICHEL DE ROUBAIX, dit aussi M. DE BRABANT. Voy. *Robasio* (M. de).

BRABANTIA (Segerus, Sigerus, Syguerius ou Sygerus de), SIGER DE BRABANT, dit aussi S. DE COURTRAI, philosophe scolastique, professeur à Paris, doyen de Notre-Dame de Courtrai, né peut-être dans cette ville, mort vers 1237. — On le trouve nommé encore *S. de Curtraco*.

BRABANTINUS (Guilelmus), GUILLAUME DE MEERBEKE, dit aussi G. DE BRABANT. Voy. *Mœrbeka* (G. de).

BRABANTINUS (Henricus), HENRI III, DUC DE BRABANT, surnommé *le Débonnaire*, poëte français, mort en 1261.

BRABANTINUS (Henricus), HENDRIK KOSBEIN, dit HENRI DE BRABANT, théologien et traducteur belge, dominicain, mort vers 1300.

BRACCIOLINUS. Voy. *Poggius* (J.).

BRACCIUS (Alexander), ALESSANDRO BRACCIO, poëte et littérateur italien, ambassadeur auprès d'Alexandre VI, né à Florence, mort en 1503.

BRACELLIUS (Jacobus), GIACOMO BRACELLI, historien italien, chancelier de la république de Gênes, né à Sarzane, dans la Toscane, mort en 1460. — On trouve aussi *Bracellus*.

BRACELLUS (Jacobus). Voyez *Bracellius* (J.).

BRACHEDUNUS (Henricus), HENRY DE BRACTON, jurisconsulte anglais, docteur d'Oxford, né dans le comté de Devon, mort après 1244. — On le nomme aussi *H. de Bryctona*.

BRACLANDUS (Jocelinus ou Josselinus), JOCELYN ou JOSCELIN DE BRAKELONDE OU DE BRACKELUNDE, chroniqueur anglais, né et moine à Bury Saint-Edmond (*monachus Buriensis*), dans le Suffolk, mort après 1214.

BRACO (Petrus de). Voy. *Placentinus* (P.).

BRADWARDINA (Thomas de). Voy. *Bradwardinus* (Th.).

BRADWARDINUS (Thomas), THOMAS DE BRADWARDINE, théologien et mathématicien anglais, confesseur du roi Édouard III, archevêque de Canterbury, né à Hartfield (comté de Sussex), mais d'une famille originaire de Bradwardine, dans le comté d'Hereford, mort en 1348. — On l'appelle encore *Th. de Bradwardina*, *Th. Bredowardinus*, et il a été surnommé *Doctor profundus*.

BRAGANTIIS (Bartholomæus de), BARTHÉLEMY DE BRAGANZA, en français DE BRAGANCE, théologien italien, dominicain, évêque de Némésie, puis de Vicence, né à Vicence, mort en 1270. — On le trouve aussi nommé *B. Vicentinus*.

BRAGERIACO (Elias de), ÉLIE DE PÉRIGORD, dit aussi E. DE BERGERAC. Voy. *Petrocoriensis* (E.-B.).

BRAIA (Nicolaus de), NICOLAS DE BRAI, poëte latin moderne et historien, doyen du chapitre de Brai en Champagne, mort vers 1230. — On le nomme aussi *N. Braiacensis*.

BRAIACENSIS (Nicolaus). Voy. *Braia* (N. de).

BRAMMARTIUS (Joannes), JOHANN BRAMMAERT, théologien et sermonnaire allemand, carme, docteur de Paris, né à Aix-la-Chapelle, mort à Cologne en 1407. — On écrit aussi *J. Brammartus*, et Jöcher le nomme J. BRAMMART.

BRAMMARTUS (Joannes). Voy. *Brammartius* (J.).

BRANCATIUS (Landolphus), LANDOLFO BRANCACCIO, diplomate italien, cardinal, né à Naples, mort en 1322.

BRANCATIUS (Ludovicus), LUIGI BRANCACCIO, théologien et jurisconsulte italien, archevêque de Tarente, cardinal, mort en 1411.

BRANCFORDIUS et BRANCHOFORDIUS (Laurentius). Voy. *Brancofordius* (L.).

BRANCOFORDIUS (Laurentius), LORENZO BRACIFORTE, théologien et sermonnaire italien, dominicain, né et professeur à Plaisance, mort vers 1350. — On le trouve encore nommé *L. Brancfordius* et *L. Branchofordius*.

BRANDO (Joannes), JEAN BRANDS, BRANT ou BRANDK, chroniqueur flamand, religieux de Cîteaux à l'abbaye des Dunes, né à Hortenesse, mort en 1428.

BRANDOLINUS (Aurelius), AURELIO BRANDOLINI, poëte, littérateur et prédicateur italien, professeur à Bude, à Gran, etc., augustin, né à Florence, mort en 1497. — Une maladie des yeux le fit surnommer *A. Lippus*.

BRANDOLINUS (Raphaël), RAFAELE BRANDOLINI, poëte et littérateur italien, né à Florence, mort vers 1500. — Il fut surnommé *Brandolinus Junior* pour le distinguer de son frère Aurelio, et *Raphael Lippus*, parcequ'il était, comme lui, presque aveugle.

BRAVELLO (Gaufridus de). Voy. *Blavemo* (G. de).

BRAVONIUS (Florentius), FLORENT DE WORCESTER. Voy. *Wigorniensis* (F.).

BREDANUS (Gerardus), GÉRARD DE BRÉDA, théologien et poëte latin, chartreux, né à Bréda, mort en 1474. — On le trouve aussi nommé *G. Carthusianus*.

BREDENBACHIUS (Bernard), BERNARD BREDENBACH ou DE BREYDENBACH, voyageur en Terre-Sainte, doyen de l'Église de Mayence, mort vers 1500. — On le nomme encore *B. Breitenbachius* et *B. Breydenbachius*.

BREDENBACHIUS (Mathias), MATHIAS BREDENBACH, commentateur et controversiste allemand, professeur à Emmerich (Prusse), né à Kersp, dans le duché de Berg, mort en 1529.

BREDERODIUS (Joannes), JEAN VAN BREDERODE, traducteur belge, chartreux à Zeelhem, dans la principauté de Liége, tué en 1415.

BREDONUS (Simon). Voy. *Breodunus.*

BREDOWARDINUS (Thomas). Voy. *Bradwardinus* (Th.).

BREEDYCKIUS (Ægidius), GILLE BREEDEYCK, théologien belge, chanoine régulier de Saint-Augustin, né à Anderlech, près de Bruxelles, mort en 1424.

BREHALLI (Joannes), JEAN BRÉHAL, dominicain, inquisiteur général de France, l'un des principaux agents de la réhabilitation de Jeanne d'Arc, mort après 1457.

BREITENBACHIUS (Bernardus). Voy. *Bredenbachius* (B.).

BREMENSIS (Adamus), ADAM DE BRÊME, chroniqueur et géographe allemand, chanoine de Brême, né dans la Haute-Saxe, mort vers 1100.

BREMENSIS (Anonymus), L'ANONYME DE BRÊME, continuateur de la Chronique d'Helmold, mort après 1448.

BRENACO (Petrus de), PIERRE AMEIL, dit aussi P. DE BRENAC. Voy. *Amelii* (P.).

BRENLANLIUS (Joannes). Voy. *Barwicanus* (J.).

BRENNENSIS. Voy. *Briennensis.*

BRENTIUS (Andreas), ANDREA BRENTA, médecin et littérateur italien, secrétaire du cardinal Olivier Caraffa, né à Padoue, mort en 1483.

BRENTIUS (Nicolaus). Voy. *Brontius* (N.).

BREODUNUS (Simon), SIMON BREDON (dit Tanner), médecin et astrologue anglais, docteur d'Oxford, né à Winchcomb, dans le comté de Glocester, mort après 1386. — On le trouve aussi nommé *S. Biridanus* et *S. Bredonus.*

BRESSIA (Guilelmus de), GUILLAUME CORVI, dit aussi G. DE BRESSE. Voy. *Corvis* (G. de).

BRETOLIO (Georgius de). Voy. *Brituliensis* (G.).

BREULANLIUS (Joannes). Voy. *Barwicanus* (J.).

BREVICOXA (Joannes de) ou J. BREVISCOXÆ, JEAN DE COURTE-CUISSE, théologien français, chancelier de l'université de Paris, évêque de Genève, né à Hallaines, dans la Normandie, mort en 1422. — On le trouve encore nommé

J. de Cortahosa et *J. de Curtacoxa.*

BREYDENBACHIUS (Bernardus). Voy. *Bredenbachius* (B.).

BRIA (Simon de), SIMON DE BRION ou DE BRIE, franciscain, trésorier de Saint-Martin de Tours, légat apostolique, pape sous le nom de MARTIN IV, né dans la Brie, dans la Touraine ou dans la Beauce, mort en 1285.

BRIACHO (Nicolaus de). Voy. *Byarto* (N. de).

BRIANSONE (de) et BRIANSONIUS (Guillelmus). Voy. *Brigantio* (G. de).

BRIARDUS (Joannes), JEAN BRIARD, théologien et jurisconsulte flamand, docteur et vice-chancelier de l'Université de Louvain, né à Bailleul, près d'Ath, dans le Hainaut, mort en 1520. — On le nomme aussi *J. Athensis.*

BRIATHO (Nicolaus de). Voy. *Byarto* (N. de).

BRICIUS (Joannes). Voy. *Brissus* (J.).

BRIDLINGTONA (de). Voy. *Bridlingtonensis* et *Bridlingtonus.*

BRIDLINGTONENSIS (Acardus, Achardus ou Archardus), ACHARD DE BRIDLINGTON, théologien anglais, abbé de Saint-Victor de Paris, évêque d'Avranches (*episcop. Abrincensis*), né à Bridlington, dans le diocèse d'York, mort en 1171. — On le trouve aussi nommé : *A. Abrincensis* et *A. Sancti Victoris.*

BRIDLINGTONENSIS (Gregorius) GRÉGOIRE DE BRIDLINGTON, théologien et musicographe anglais, chanoine régulier de Saint-Augustin à Bridlington (York), né dans le Northumberland, mort vers 1220. — On le trouve aussi nommé *G. de Bridlingtona.*

BRIDLINGTONENSIS (Joannes), JEAN DE BRIDLINGTON, poète, théologien et sermonnaire anglais, chanoine régulier de Saint-Augustin à Bridlington, docteur d'Oxford, né à York, mort en 1379.

BRIDLINGTONUS (Robertus), ROBERT DE BRIDLINGTON, théologien anglais, moine de Cîteaux, né à Bridlington, mort vers 1200. — On l'a souvent confondu avec *R. Scriba.*

BRIDLINGTONUS. Voy. *Bridlingtonensis.*

BRIENNENSIS (Henricus), HENRI DE

DREUX, dit aussi H. DE BRIENNE. Voy. *Drocensis* (H.).

BRIGANTINUS (Jacobus), JACQUES DE BREGENZ, chroniqueur et biographe allemand, né à Bregenz, dans la Souabe, mort vers 1530. — On le trouve aussi nommé *J. Manlius*.

BRIGANTIO (Guido, Guilelmus ou Gerardus de), GUI, GUILLAUME ou GÉRARD DE BRIANÇON, théologien français, disciple de Duns Scot, docteur de Paris, lecteur à Toulouse, mort après 1450. — On le nomme aussi *G. de Briansone* et *G. Briansonius*.

BRIGITTA. Voy. *Birgitta*.

BRIKINGTONUS (Stephanus). Voy. *Birkingtonus* (St.).

BRINKELIUS (Gualterus), WALTER BRINKLEY (?), philosophe scolastique anglais, frère mineur, mort vers 1315. — On trouve encore *G. Brinklæus* et *G. Brinkleus*.

BRINKLÆUS et BRINKLEUS (Gualterus). Voy. *Brinkelius* (G.).

BRIOCENSIS (Guilelmus), GUILLAUME PINCHON ou PICHON, dit G. DE SAINT-BRIEUC, hagiographe français, évêque de Saint-Brieuc, mort vers 1235.

BRIPPIUS (Josephus), GIUSEPPE BRIVIO, poète latin, né et chanoine à Milan, mort en 1450.

BRISELOTUS (Joannes). Voy. *Brisselottus* (J.).

BRISSELOTTUS (Joannes), JEAN BRISELOT, fécond théologien et sermonnaire français, carme, né à Valenciennes, mort en 1520. — On le trouve encore nommé *J. Briselotus*, *J. Brixilitus*, *J. Brixillotus*.

BRISSOTUS (Petrus), PIERRE BRISSOT, médecin et philosophe français, professeur à Paris, né à Fontenay-le-Comte (Vendée), mort en 1522.

BRISSUS (Joannes), JEAN BRICY, théologien français, dominicain, docteur de Paris, professeur à Montpellier, né dans la Provence, mort vers 1390. — On le trouve encore nommé *J. Bricius* et *J. Brizius*.

BRISTOLIUS (Radulphus), RAOUL DE BRISTOL, biographe anglais, trésorier de Saint-Patrice à Dublin, évêque de Londonderry (*episcop. Darensis*), né à Bristol, mort en 1232.

BRISTOLIUS. Voy. *Bristollensis*.

BRISTOLLENSIS (Guilelmus), GUILLAUME DE SOMERSET, dit aussi G. DE BRISTOL. Voy. *Somersetensis* (G.).

BRISTOLLENSIS. Voy. *Bristolius*.

BRITANNIÆ (Cardinalis), LE CARDINAL DE BRETAGNE, nom sous lequel on désigne HUGUES DE MONTRELAIS, évêque de Nantes, de Tréguier, puis de Saint-Brieuc (*episcopus Nannetensis, Trecorensis et Briocensis*), cardinal, né à Montrelais, près d'Ancenis, mort en 1384.

BRITANNICUS (Joannes), GIOVANNI BRITANNICO, savant philologue italien, né à Palazzolo, près de Brescia, mort en 1510.

BRITANNICUS (R.). Voy. *Roscelinus*.

BRITHO. Voy. *Brithus* et *Brito*.

BRITHUS (Gualterus) WALTER BRITTE (dit Jöcher), mathématicien et astronome anglais, mort vers 1390. — On le nomme aussi *G. Britho*.

BRITO (Galfredus), GEOFFROI LE BRETON, théologien français, frère mineur, mort en 1316.

BRITO (Galfredus), GEOFFROI DE ROUEN, dit aussi G. LE BRETON. Voy. *Rothomagensis* (G.).

BRITO (Guilelmus), GUILLAUME LE BRETON, chroniqueur et poète français, chapelain de Philippe-Auguste, né à Saint-Pol-de-Léon, dans la Bretagne, mort en 1226. — On le trouve aussi nommé *G. Armoricus* et *Brito Armoricus*.

BRITO (Guilelmus), GUILLAUME LE BRETON, grammairien et théologien anglais, frère mineur, mort en 1356.

BRITO (Hervæus), HERVÉ DE NEDELLEC, dit aussi H. LE BRETON. Voy. *Natalis* (H.).

BRITO (Oliverius), OLIVIER DE TRÉGUIER, dit aussi O. LE BRETON. Voy. *Trecorensis* (O.).

BRITO (Radulphus), RAOUL LE BRETON, philosophe scolastique français, auteur d'un traité *de Anima*, mort sans doute au XIIIe siècle.

BRITO (Yvo), YVES LE BRETON ou BRETON, historien français, dominicain, né dans la Bretagne, mort vers 1255. — On l'appelle aussi *Y. Armoricus*.

BRITO (Yvo), YVES HEELOR, dit aussi Y. LE BRETON. Voy. *Helorii* (Y.).

BRITO. Voy. *Bonus Homo*.

BRITONUS. Voy. *Brito*.

BRITULIENSIS (Georgius), GEORGES DE BRETEUIL, théologien français, moine de l'abbaye de Breteuil, au diocèse de Beauvais, mort vers 1160. — On le nomme aussi *G. de Bretolio* et *G. de Britulio*.

BRITULIENSIS (Georgius), GEORGES DE BRETEUIL, théologien mystique, moine à l'abbaye de Breteuil, mort vers 1286. — On le nomme aussi *G. de Bretolio* et *G. de Britulio*.

BRITULIO (de). Voy. *Britulensis*.

BRIXIA (de). Voy. *Brixianus* et *Brixiensis*.

BRIXIANUS (Jacobus), JACQUES DE BRESCIA, théologien et sermonnaire italien, né et dominicain à Brescia, mort vers 1470.

BRIXIANUS (Thomas), THOMAS DE CALVISANO, dit aussi TH. DE BRESCIA. Voy. *Calvisanus* (Th.).

BRIXIANUS. Voy. *Brixia* (de) et *Brixiensis*.

BRIXIENSIS (Albertanus), ALBERTANO DE BRESCIA, littérateur italien, avocat à Brescia, mort vers 1250.

BRIXIENSIS (Albertus), ALBERTO MANDUGASINO, dit ALBERT DE BRESCIA, théologien italien, dominicain, professeur à Paris, né à Brescia, mort en 1314.

BRIXIENSIS (Arnaldus), ARNAULD DE BRESCIA, célèbre théologien et philosophe italien, disciple d'Abélard, né à Brescia, brûlé vif en 1155. — On le trouve aussi nommé *A. de Brixia* et *A. Brixianus*.

BRIXIENSIS (Bartholomæus), BARTHÉLEMY DE BRESCIA, chroniqueur et jurisconsulte italien, mort en 1250.

BRIXIENSIS (Guilelmus), GUGLIELMO CORVI, dit aussi G. DE BRESCIA. Voy. *Corvis* (G. de).

BRIXIENSIS (Joannes), JEAN DE BRESCIA, sermonnaire italien, dominicain, né à Brescia, mort vers 1250.

BRIXIENSIS (Petrus), PIETRO DAL MONTE, dit aussi P. DE BRESCIA. Voy. *Montius* (P.).

BRIXIENSIS (Theophilus), OTTAVIO BONA, dit THÉOPHILE DE BRESCIA, théologien mystique italien, bénédictin, né à Brescia, mort en 1512.

BRIXIENSIS (Vitalis), VITAL DE BRESCIA, historien italien, né à Brescia, mort vers 1120.

BRIXIENSIS. Voy. *Brixia* (de) et *Brixianus*.

BRIXILITUS et BRIXILLOTUS (Joannes). Voy. *Brisselottus* (J.).

BRIZIUS (Joannes). Voy. *Brissus* (J.).

BROA (Guilelmus de), GUILLAUME DE BROUE OU DE LA BROUE, administrateur français, archevêque de Narbonne, né à Puycélicon (*Podium Celiquenum*), dans le diocèse de Béziers, mort en 1257.

BROCARDUS, BROCARD, BURCKHARD ou BURKARD, voyageur allemand, dominicain, religieux du monastère de Mont-Sion en Palestine, né sans doute à Strasbourg, mort vers 1300. — On le trouve encore nommé : *Borchardus, Borgardus, Brochardus, Borcardus, Buchardus, Burchardus, B. de Monte Sion*, etc.

BROCCARDUS (Joannes-Franciscus). Voy. *Buccardus* (J.-F.).

BROCHARDUS. Voy. *Brocardus*.

BROCIA (Petrus de), PIERRE DE LA BROSSE, chirurgien français, chambellan et favori de Philippe le Hardi, né dans la Touraine, pendu en 1276. — On le nomme aussi *P. Brossius*.

BROGLIO (Guilelmus de). Voy. *Brolio* (G. de).

BROIDO (Nicolaus de). Voy. *Byarto* (N. de).

BROLIO (Gerardus de), GÉRARD DU BREUIL, théologien français, docteur de Sorbonne, chanoine de Clermont, né en Auvergne, mort au XIV° siècle.

BROLIO (Guilelmus de), GUILLAUME DU BRUEIL, dit aussi G. DUBREUIL, jurisconsulte français, avocat au parlement de Paris, né à Figeac, dans le Quercy, mort après 1344. — On le trouve parfois nommé *G. de Broglio*.

BROMEARDUS (Joannes ou Philippus), JEAN OU PHILIPPE DE BROMYERDE, théologien anglais, professeur à Oxford, dominicain, né à Bromyerde, dans le comté d'Hertford, mort vers 1400. —

On le nomme encore *J. Bromiardus*, *J. Cromiardus*, etc.

BROMIARDUS (Joannes). Voy. *Bromeardus* (J. ou P.).

BROMIUS (Thomas), THOMAS BROME, théologien anglais, carme, prieur du couvent de Londres, puis provincial de son ordre, mort en 1380.

BROMPTONUS (Joannes), JEAN DE BROMPTON, chroniqueur anglais, moine de Cîteaux, abbé de Jorevall, dans le comté d'York, né à Brompton (Middlesex), mort après 1198.

BRONTIUS (Nicolaus), NICOLAS DE BRON, (dit la *Nouvelle Biographie générale*), poëte et philosophe flamand, né à Douai, mort vers 1530. — Simler et Jöcher le nomment *A. Brentius*.

BROSSIUS (Petrus). Voy. *Brocia* (P. de).

BRUGENSIS (Aketus, Aketius ou Hacketus), AKET DE BRUGES, prédicateur flamand, doyen de Saint-Donatien à Bruges, puis abbé des Dunes, mort vers 1185. — On l'appelle aussi *A. de Brugis*, et on le désigne fréquemment par son prénom seul.

BRUGENSIS (Gualterus), GAUTHIER DE BRUGES, théologien et historien flamand, évêque de Poitiers, né sans doute à Bruges, mort en 1307. — On le trouve nommé aussi *G. Pictaviensis* et *G. de Brugis*.

BRUGENSIS (Rodulphus), RAOUL DE BRUGES, mathématicien, astronome et traducteur flamand, étudiant à Toulouse, né à Bruges, mort vers 1150. — On trouve aussi *R. de Brugis*.

BRUGENSIS. Voy. *Brugis* (de).

BRUGIS (Jacobus de), JACQUES DE BRUGES, théologien et philosophe flamand, carme, professeur à Paris, né à Bruges, mort après 1310. — On le nomme aussi *J. Masius*.

BRUGIS (Josephus de), JOSEPH DE BRUGES, théologien flamand, chanoine de Tournai, né sans doute à Bruges, mort vers 1275.

BRUGIS (Robertus de), ROBERT DE LA GRUTHUYSE, dit R. de BRUGES, sermonnaire flamand, moine de Cîteaux, abbé des Dunes, né à Bruges, mort en 1157.

BRUGIS (de). Voy. *Brugensis*.

BRUGMANNUS (Joannes), JEAN BRUGMANS, célèbre prédicateur flamand, franciscain à Cologne, professeur à Saint-Omer et à Nimègue, mort en 1473.

BRULIFERUS (Stephanus), ÉTIENNE BRULEFER ou BRULIFER, théologien et sermonnaire français, docteur de Paris, frère mineur, né à Saint-Malo, mort en 1483. — Mansi le nomme ET. BRENNEISEN, et l'on trouve parfois *St. Macloviensis*.

BRUNERII (Jacobus), JACQUES BRUNIER ou BRUNYER, jurisconsulte français, chancelier de Humbert II, dauphin Viennois, né dans le Dauphiné, mort en 1348.

BRUNETI (Elias). Voy. *Petrocoriensis* (E.-B.).

BRUNEUS (Stephanus), STEPHAN BROWNE, théologien écossais, professeur à Aberdeen, puis à Oxford, évêque de Rochester (*episcopus Roffensis*), mort après 1340.

BRUNEUS (Thomas), THOMAS BROWN, biographe irlandais, chapelain de l'évêque de Laghlyn, mort vers 1515.

BRUNICHELLUS (Petrus). Voy. *Bruniquellus* (P.).

BRUNIQUELLUS (Petrus), PIERRE DE BRUNIQUEL, théologien français ou anglais, augustin, évêque de Citta-Nuova, né sans doute à Bruniquel (Tarn-et-Garonne), mort vers 1400. — On le trouve aussi nommé *P. de Bruniquello* et *P. Brunichellus*.

BRUNIUS (Joannes), JEAN DE BRUYN, théologien belge, carme, professeur à Bruxelles, mort en 1450.

BRUNO. Voy. *Astensis* et *Remensis*.

BRUNONIS (Henricus), HENRI, FILS DE BRUNO. Voy. *Colonia* (H. de).

BRUNSVICO (Angelus de), A. DE EIMBECK, dit aussi A. DE BRUNSWICK. Voy. *Engelus*.

BRUNUS (Leonardus), LEONARDO BRUNI, surnommé LÉONARD ARÉTIN ou L. D'AREZZO (*L. Aretinus*), littérateur italien, chancelier de Florence, né à Arezzo (Toscane), mort en 1444.

BRUNWILLARENSIS (Wolfhelmus), WOLFHELM DE BRUNNWEILER, théologien, poëte et sermonnaire allemand, bénédictin, troisième abbé du couvent de Brunnweiler, près de Cologne, mort vers 1130.

BRUNYARDUS (Guilelmus), le même sans doute que *Joannes Bromeardus*.

BRUSIUS (Petrus), PIERRE DE BRUYS, hérésiarque français, chef de la secte des *Brusiani*, né dans le Dauphiné, brûlé en 1147. — On lui a très-longtemps attribué un ouvrage sur l'Antechrist.

BRUSSERIUS (Philippus), FILIPPO BRUSSERI, chroniqueur italien, franciscain, né à Savone, dans les Etats-Sardes, mort vers 1350.

BRUSSIUS (Guilelmus), WILLIAM BRUCE, voyageur écossais, mort à la fin du XVe siècle.

BRUTUS (Petrus), PIETRO BRUTO (Tiraboschi), controversiste italien, évêque de Cattaro, dans la Dalmatie, né à Venise, mort vers 1500.

BRUXELLA (Joannes de), JEAN DE BRUXELLES, sermonnaire et théologien mystique belge, moine de Cîteaux, né à Bruxelles, mort en 1452.

BRUXELLA (Joannes de), JEAN DE VILLERS, dit aussi J. de BRUXELLES. Voy. *Villario* (S. de).

BRUXELLA (Petrus de), PIERRE CROCKAERT, dit aussi P. DE BRUXELLES. Voy. *Crocartius* (P.).

BRUXELLA (de). Voy. *Bruxellis* (de) et *Bruxellensis*.

BRUXELLENSIS (Georgius), GEORGES DE BRUXELLES, philosophe scolastique belge, commentateur d'Aristote, professeur à Paris, mort vers 1500.

BRUXELLENSIS. Voy. *Bruxella* (de) et *Bruxellis* (de).

BRUXELLIS (Henricus de), HENRI DE BRUXELLES, astronome belge, bénédictin, moine d'Afflighem, dans le Brabant, né sans doute à Bruxelles, mort vers 1300. — On le nomme aussi *H. Afflighemensis*.

BRUXELLIS (Joannes de), JEAN MOMBOIR, dit aussi J. DE BRUXELLES. Voy. *Mauburnus* (J.).

BRUXELLIS (de). Voy. *Bruxella* (de) et *Bruxellensis*.

BRYCTONA (Henricus de). Voy. *Brachedunus* (H.).

BRYENNIUS (Josephus), Ἰωσήφ Βρυέννιος, en français JOSEPH BRYENNE, théologien et prédicateur grec, patriarche de Constantinople, mort vers 1450.

BRYENNIUS (Manuel), Μανουήλ Βρυέννιος, en français MANUEL BRYENNE, musicographe grec, mort vers 1325.

BRYENNIUS (Nicephorus), Νικηφόρος Βρυέννιος, en français Nicéphore Bryenne, historien et négociateur byzantin, né à Orestias en Macédoine, mort vers 1140.

BUBOICUS (Joannes-Nicolaus), GIOVANNI-NICCOLO BUBOICI, historien italien, évêque de Sagone en Corse, mort à la fin du XVe siècle. — On le trouve encore nommé: *J.-N. Euboicus*, *J.-N. Euripontinus*, *J.-N. Sagundinus*, *J.-N. Saguntinus*, *J.-N. Secundinus*, *J.-N. Segudineus* et *J.-N. Segundinus*.

BUCASENUS (Nicolaus). Voy. *Bocasinus* (N.).

BUCCARDUS (Joannes-Franciscus), GIOVANNI FRANCESCO BOCCARDO, connu sous le nom de JEAN-FRANÇOIS-PILADE, poëte et philologue italien, professeur à Salo, sur le lac de Garde, né à Brescia, mort après 1506. — On le trouve nommé encore *J.-F. Boccardus*, *J.-F. Broccardus*, *B. Pylada* et *B. Pylades*.

BUCCENFELDUS (Adamus), ADAM DE BUCKFIELD, philosophe anglais, commentateur d'Aristote, cordelier, né à Buckfield, mort au XIVe siècle. — On trouve aussi *A. Bocfeldius* et *A. Bucfeldus*.

BUCCHARDUS (Joannes). Voy. *Burchardus* (J.).

BUCCIUS (Dominicus), DOMENICO BUCCI, médecin piémontais, né à Carmagnola, mort vers le milieu du XVe siècle. — Jöcher écrit *D. Bucius*.

BUCFELDUS (Adamus). Voy. *Buccenfeldus* (A.).

BUCHARDUS. Voy. *Brocardus*.

BUCHIACO (Anselmus de), ANSELME DE BOISSI, sermonnaire français, maître en théologie à Paris, mort après 1273.

BUCIACO (Simon de), SIMON MATIPHAS, dit DE BUCI, évêque de Soissons, puis de Paris, mort en 1304.

BUCIUS (Dominicus). Voy. *Buccius* (D.).

BUCOLDIANUS (Gerardus), GERHARD BUCHOLDS ou BUCOLDS, philologue et médecin allemand, établi à Spire, né dans l'électorat de Cologne, mort vers le milieu du XVI⁰ siècle.

BUDERICUS (Arnoldus), ARNOLD DE BUDERICH, théologien allemand, augustin, né à Büderich dans le Bas-Rhin, mort vers 1500.

BUEVINUS. Voy. *Winvilla* (B. de).

BULGARIIS (B. de). Voy. *Bulgarus.*

BULGARINIS (Bulgarinus de), BULGARINO DE BULGARINI, jurisconsulte italien, professeur à Pise et à Sienne, né à Pise, mort en 1494. — On le nomme souvent *B. de Senis.*

BULGARUS, BULGARI, savant jurisconsulte italien, né à Bologne, mort en 1167. — Ses contemporains le surnommèrent *Os aureum.* — Moréri l'appelle *Bulgarus de Bulgariis.*

BULLENUS (Robertus). Voy. *Pullus* (R.).

BULLIOMIUS (Hugo). Voy. *Bilhomensis* (H.).

BUNGEIUS (Nicolaus), NICOLAS DE BUNGAY, chroniqueur anglais, aumônier de l'évêque de Londres, né à Bungay (Suffolk), mort après 1440.

BUNGEIUS (Thomas), THOMAS DE BUNGAY, théologien et philosophe scolastique anglais, franciscain, professeur à Oxford, né à Bungay (Suffolk), mort vers 1300.

BURALLUS (Joannes), GIOVANNI BURALLI, connu sous le nom de JEAN DE PARME, célèbre théologien italien, professeur à Naples, à Bologne et à Paris, général des frères mineurs, né à Parme, mort en 1289. — On le trouve encore nommé : *J. Borellus, J. Genesius, J. de Parma, J. Parmensis, J. de Quaja, J. de Qualea* et *J. Qualeus.*

BURCHARDUS (Joannes), JOHANN BURCHARD, théologien et chroniqueur allemand, évêque de Citta-di-Castello, protonotaire apostolique, né à Strasbourg, mort en 1505. — On écrit aussi *Bucchardus.*

BURCHARDUS. Voy. *Brocardus* et *Bellæ vallis.*

BURDIGALENSIS (Galfredus), GEOFFROI DU LOROUX, dit aussi G. DE BORDEAUX. Voy. *Oratorio* (G. de).

BURELLI (Michael), MICHEL BUREAU, théologien français, bénédictin, évêque d'Hiérapolis, mort en 1508.

BURELLUS (Guilelmus), Guillaume BURELL, appelé aussi G. D'OSTILLY (*G. de Ostilleio*), théologien français, évêque d'Avranches (*episc. Abrincensis*), mort en 1236.

BURELLUS (Laurentius), LAURENT BUREAU, poëte latin et prédicateur, provincial des carmes de Narbonne, évêque de Sistéron, confesseur de Louis XII, né à Dijon, mort en 1504. — On le trouve nommé aussi *L. Segestricensis* et *L. Sistaricensis.*

BURGENSIS (Alphonsus), ALPHONSE DE BURGOS, fils de Paul, historien espagnol, évêque de Burgos, mort vers 1450. — On écrit aussi *A. de Burgo.*

BURGENSIS (Antonius), ANTOINE DE BURGOS, jurisconsulte espagnol, professeur à Bologne, secrétaire du pape Léon X, né à Salamanque, mort en 1525.

BURGENSIS (Joannes), JEAN DE PETERBOROUGH, théologien et sermonnaire anglais, chancelier de l'université de Cambridge, mort vers 1380. — On le trouve aussi nommé *J. de Burgo.*

BURGENSIS (Joannes), JEAN DE PETERBOROUGH, chroniqueur et sermonnaire anglais, moine de Cluni, abbé de Peterborough (Northampton), mort vers 1400. — On le nomme aussi *J. de Burgo* et *J. Petroburgensis.*

BURGENSIS (Paulus), PAUL DE BURGOS, théologien espagnol, juif converti, évêque de Carthagène, puis de Burgos, né dans cette ville, mort en 1435. — Il prit après sa conversion le nom de *P. de Sancta Maria.* — Il est aussi appelé *P. de Carthagena.*

BURGENSIS (Walter), WALTER BOROUGH, poëte latin, moine cistercien de Revesby, dans le Lincolnshire, né en Angleterre, mort après 1366.

BURGENSIS. Voy. *Petroburgensis.*

BURGENSIUS (Nicolaus). Voy. *Borghesius* (N.).

BURGIDOLENSIS (Hervæus), HERVÉ DU MANS, dit aussi H. DU BOURG-DIEU. Voy. *Cenomanensis* (H.).

BURGO (de). Voy. *Burgensis.*

BURGOLIO (Stephanus de), ÉTIENNE DE BOURGUEIL, archevêque de Tours, fondateur du collège de Tours (*collegium Turonense*) à Paris, né dans le diocèse d'Angers, mort en 1336.

BURGO SANCTI SEPULCHRI (Dionysius de), DENIS DE BORGO DI SANTO SEPOLCRO, théologien et philologue italien, augustin, né à Borgo di Santo Sepolcro (Toscane), mort après 1380.

BURGSDORFIUS (Theodericus), DIETRICH BUXDORF, BUCHSDORF, BURGSDORF ou BOCKSDORF, jurisconsulte allemand, professeur et recteur à Leipsig, évêque de Naumburg (Saxe), né dans la Silésie, mort en 1466.

BURGUNDIUS (Ægidius), GILLES BOURGOINGNE (dit Paquot), jurisconsulte belge, avocat fiscal à Gand, mort vers 1500.

BURGUNDIUS (Joannes), GIOVANNI BURGUNDIO, érudit et philologue italien, né à Pise, mort en 1194. — On le nomme aussi *J. Pisanus*.

BURGUNDUS (cardinalis ou Guido), GUI ou LE CARDINAL DE BOURGOGNE, abbé de Cîteaux, cardinal, président du concile de Vienne, né dans la Bourgogne, mort en 1274. — On le trouve aussi nommé *Cardinalis Gallus*.

BURGUNDUS (Guido), GUI DE BOURGOGNE, fils de Guillaume, comte de Bourgogne, théologien français, moine de Cîteaux, archevêque de Vienne, pape sous le nom de CALIXTE II, né à Quingey, près de Besançon, mort en 1124. — On le trouve aussi nommé *G. Viennensis*.

BURGUNDUS (Hugo), HUGUES DE BOURGOGNE, moine de la grande Chartreuse, chanoine en Bourgogne, évêque de Lincoln, né près de Grenoble, mort en 1200.

BURGUNDUS (Vincentius). Voy. *Bellovacensis* (V.).

BURGUS (Sigismondus), SIGISMONDO BORGO, jurisconsulte et orateur italien, né à Crémone, mort en 1529.

BURGUS (Sinibaldus), SINIBALDO BORGO, médecin et philosophe italien, né à Crémone, mort vers 1400.

BURIDANUS (Joannes), JEAN BURIDAN, philosophe scolastique français, recteur de l'université de Paris, né à Béthune, en Artois, mort vers 1358.

BURIENSIS (Joannes), JEAN DE BURY, théologien anglais, docteur de Cambridge, augustin au couvent de Clarence, né à Bury (Suffolk), mort vers 1460.

BURIUS (Petrus). Voy. *Burrus* (P.).

BURLÆUS (Gualterus ou Walterus), WALTER DE BURLEY, dit WALTER BURLEIGH, théologien et philosophe scolastique anglais, docteur d'Oxford, précepteur du roi Édouard III, mort en 1357. — Il fut surnommé : *Doctor conspicuus, Doctor perspicuus* et *Doctor planus*.

BURLÆUS (Joannes), JEAN DE BURLEY, dit JOHN BURLEIGH, philosophe scolastique anglais, carme à Stamford (Lincoln), né à Burley, mort en 1333.

BURNESTONA (Simon de), SIMON DE BURNESTON, théologien et sermonnaire anglais, dominicain, docteur de Cambridge, né à Burneston (comté d'York), mort en 1338. — On écrit souvent *S. de Borastona*, et Fabricius le nomme *S. Boraston sive de Burnestone*.

BURRUS (Petrus), PIERRE DE BUR (Paquot), DE BURCH ou BURRY, poëte latin, professeur à Paris, curé à Arras, chanoine d'Amiens, né soit à Bruges, soit à Burch, dans le duché de Gueldre, mort en 1506. — On le trouve nommé aussi *P. Burius* et *P. Buryus*.

BURSELLUS (Albertuccius). Voy. *Borsellis* (H.-A. de).

BURTIUS (Nicolaus), NICCOLO BURSI, poëte et musicien italien, maître de chapelle à Parme, né dans cette ville, mort vers 1530.

BURTONENSIS (Galfredus), GEOFFROI DE BURTON, hagiographe anglais, né à Burton (Strafford), mort vers 1216.

BURYUS (Petrus). Voy. *Burrus* (P.).

BUSCHIUS (Arnoldus ou Joannes), ARNOLD ou JEAN BUSCH, historien hollandais, prieur de Sulten, près d'Hildesheim, né à Zwoll, dans l'Over-Yssel, mort en 1477. — On le trouve nommé encore *J. Busschius*, *J. Buschus* et *J. a Bosco*.

BUSCO (Lubertus Berneri de), LUBERT BERNIERS VAN DEN BUSCHE, théologien hollandais, clerc de la vie commune à Deventer, né à Zwoll, dans l'Over-Yssel, mort en 1398.

BUSCUS (Joannes). Voy. *Buschius* (J.).

BUSLIDIUS (Hieronymus), JÉRÔME DE BOUSCHLEIDEN, dit en français J. BUSLEYDEN et J. de BOUSLEIDE, poëte et diplomate néerlandais, fondateur du collége des Trois-langues à Louvain, né à

Bouschleiden dans le Luxembourg, mort à Bordeaux en 1517.

BUSSCHIUS (Joannes). Voy. *Buschius* (J.).

BUSSIIS (Guilelmus de), GUILLAUME DE BUSSI, conseiller de saint Louis, évêque d'Orléans, mort en 1258.

BUSTAMANTINUS (Joannes), JUAN BUSTAMANTE DE LA CAMARA, médecin, naturaliste et théologien espagnol, né à Alcala de Hénarez, mort vers le milieu du XVIe siècle. — On le nomme aussi *J. Camærensis.*

BUSTIS (Bernardinus de). Voy. *Bustius* (B.).

BUSTIUS (Bernardinus), BERNARDINO BUSTO, théologien et prédicateur italien, capucin, mort vers 1480. — On le trouve aussi nommé *B. de Bustis.*

BUSTUS (Alexis-Vanegas), ALEJO-VANEGAS BUSTO, savant philologue espagnol, né et professeur à Tolède, mort vers 1530.

BUSTUS (Barnabas), BERNABE BUSTO, grammairien espagnol, précepteur des enfants de Charles-Quint, mort vers 1530.

BUTIUS (Adrianus), ADRIEN DE BUDT, théologien et chroniqueur flamand, moine de l'abbaye des Dunes (*Sancta Maria de Dunis*), né à Hulst, près de Gand, mort en 1488. — On le trouve aussi nommé *A. Butsius.*

BUTRIGARIUS (Jacobus). Voy. *Buttrigariis* (de).

BUTSIUS (Adrianus). Voy. *Butius* (A.).

BUTTONERUS (Guilelmus), WILLIAM BOTONER, théologien, astronome et historien anglais, né à Worcester, mort vers 1470. — On trouve aussi *G. Botonerus.*

BUTTRIGARIIS (Jacobus de), GIACOMO BOTTRIGARI, jurisconsulte italien, maître de Baldi et de Bartolo Bonnacursi, né et professeur à Bologne, mort en 1347. — Il fut surnommé *Lumen juris,* et on trouve aussi son nom écrit *J. Butrigarius.*

BUTUTUS (Geraldus). Voy. *Bituricensis* (Geraudus).

BUTZBACO (Wendelinus de), VINDELIN STEINBACH, dit V. DE BUTZBACH, théologien allemand, professeur à Tubingue, né à Butzbach (Hesse-Darmstadt), mort vers 1520.

BUXIIS (Joannes-Andreas de), GIOVANNI-ANDREA BUSSI ou BOSSI; plus connu en France sous les noms de JEAN-ANDRÉ seulement, célèbre philologue italien, évêque d'Aléria (*episcopus Aleriensis*), né à Vigevano (États-Sardes), mort vers 1480.

BYARTHO (Nicolaus de). Voy. *Byarto* (N. de).

BYARTO (Nicolaus de), NICOLAS DE BYART, théologien et sermonaire français, religieux dominicain, mort vers 1250. — On le trouve encore nommé: *N. Baiardus, N. de Biardo, N. de Biarto, N. de Briacho, N. de Briatho, N. de Broido, N. de Byartho,* et même *N. de Viardo.*

BYSSUNTIO (de). Voy. *Bisuntinus.*

BYZINIUS (Laurentius), LAURENT DE BREZOWA, historien allemand, chancelier à Prague, né sans doute à Brezowa (en français Brisau), dans la Moravie, mort après 1423.

CABASILAS (Nicolaus), Νικόλαος Καβασίλας, théologien et négociateur grec, archevêque de Thessalonique, mort vers la fin du XIVe siècle.

CABASILAS (Nilus), Νεῖλος Καβασίλας, oncle du précédent, théologien grec, archevêque de Thessalonique, mort vers le milieu du XIVe siècle.

CABASSOLA (Philippus de). Voy. *Cabassolus* (Ph.).

CABASSOLUS (Philippus), PHILIPPE DE CABASSOLE (disent toutes les biographies), et peut-être P. DE CAVAILLON, bibliophile français, chancelier de Sicile, patriarche de Constantinople, évêque de Cavaillon (*episcop. Caballicensis*), cardinal, ami de Pétrarque, né à Cavaillon (Vaucluse), mort en 1371. — Sur son épitaphe, il est nommé *Ph. de Cabassola*.

CABHAMUS (Thomas). Voy. *Chebhamius* (Th.).

CABILONENSIS (Gualterus), GAUTIER DE CHALON, théologien français, moine de Cîteaux, archidiacre, puis évêque de Chalon-sur-Saône, mort vers 1120.

CABILONENSIS (Petrus), PIERRE DE CHALON, théologien français, évêque de Chalon-sur-Saône, mort après 1173.

CABILONENSIS (Theobaldus), THIBAUD DE CHALON, sermonnaire français, chanoine de Troyes, évêque de Chalon-sur-Saône, mort en 1264.

CACAPISTUS (Gerardus), GERARDO CACAPISTI, dit aussi GÉRARD DE NIGRÈS, célèbre jurisconsulte italien, né et podestat à Milan, mort après 1177.

CACCIALUPUS (Joannes-Baptista), GIOVANNI-BATTISTA CACCIALUPI, jurisconsulte et littérateur italien, professeur à Sienne, né à San-Severino, dans la Marche d'Ancône, mort vers 1470.

CACHENGDA (Joannes). Voy. *Cochingerus* (J.)

CADAMUSTUS (Aloysius), LUIGI CADA-MOSTO, célèbre voyageur italien, né à Venise, mort en 1480.

CADAMUSTUS (Marcus), MARCO CADA-MOSTO, poëte et conteur italien, né à Lodi, mort vers 1530.

CADAMUSTUS (Marcus-Antonius), MARCO-ANTONIO CADA-MOSTO, astronome et mathématicien italien, né à Lodi, mort après 1507.

CADLUBKUS et CADLUCUS (Vincentius). Voy. *Kadlubko* (V. de).

CADOMENSIS (Radulfus), RAOUL DE CAEN, chroniqueur français, né à Caen, mort après 1131. — L'*Histoire littéraire de la France* se trompe en indiquant sa mort vers 1115.

CADURCENSIS (Arnaldus Bernardi), ARNALD BERNARD DE CAHORS, théologien et sermonnaire français, dominicain, professeur à Toulouse, né à Cahors, mort en 1334. — On le trouve encore nommé *Bernardus Arnoldi* et *Arnaldus Bernardi* seulement.

CADURCENSIS (Gerardus), GÉRARD DE CAHORS, théologien français, évêque de Cahors, mort en 1199.

CADURCENSIS (Jacobus), JACQUES D'EU-

SE, dit aussi J. DE CAHORS. Voy. *Deusa* (J.).

CÆCUS (Henricus), HENRI L'ÉCOSSAIS, dit aussi H. L'AVEUGLE. Voy. *Scotus* (H.).

CÆCUS BRUGENSIS, L'AVEUGLE DE BRUGES, nom sous lequel on désigne fréquemment PIERRE DE PONTE. Voy. *Pontanus* (P.).

CÆMENTARIUS (Alexander), ALEXANDRE LE MAÇON, surnom fréquemment donné à A. DE CANTERBURY. Voy. *Cantuariensis* (A.).

CAERLIONENSIS (Ludovicus), LOUIS DE CAERLEON, théologien, philosophe et mathématicien anglais, né à Caerleon, dans le comté de Monmouth, mort en 1369.

CÆSAR (Franciscus), FRANZ DE KEYSERE, biographe et philosophe scolastique flamand, cistercien, moine à l'abbaye des Dunes (*religiosus Sanctæ Mariæ de Dunis*), né à Dixmude en Flandre, mort vers 1294.

CÆSARINUS (Julianus), JULIANO CESARINI, dit *senior*, théologien italien, professeur à Padoue, évêque de Frascati, cardinal, né à Rome, mort en 1444. — On le trouve encore nommé *J. de Cæsarinis* et *J. Cardinalis*. — JULIANUS CÆSARINUS *junior* mourut cardinal en 1510; il n'a rien écrit.

CÆSARIS (Arnoldus), ARNOLD KAISER, KEYSERE ou DE KEISER, imprimeur allemand, établi d'abord à Oudenarde, puis à Gand, mort vers 1500.

CÆSARIS (Petrus), PETER KAISER, KEYSERE ou DE KEISER, imprimeur allemand, associé de Jean Stoll, établi à Paris, mort vers 1500.

CÆSARIUS (Innocentius), INNOCENTE CESARI, historien italien, né à Brescia, mort en 1512.

CÆSENAS (Michael), MICHEL DE CESENA, théologien italien, général des Franciscains, né sans doute à Cesena (États de l'Église), mort en 1343.

CÆSIS (Petrus de). Voy. *Casis* (P. de).

CÆSOLIS (Jacobus de). Voy. *Cessolis* (J. de).

CAFFARUS. Voy. *Taschifellione* (C. de).

CAGNATIUS (Joannes), GIOVANNI CAGNAZZO, théologien italien, dominicain, inquisiteur à Bologne, auteur d'un *Summa summarum*, dit aussi *Summa Tabiena* ou *Summa Tabiensis*, né à Taggia (États Sardes), mort en 1521. — On le nomme aussi *J. Tabiensis, J. de Cagnatiis* et *J. Cognatius*.

CAIADUS et CAJADUS (Henricus), ENRICO CAJADO, poëte latin établi en Italie, ami de Béroalde, né dans le Portugal, mort en 1508.

CAIOCO (Guilelmus de). Voy. *Kaioco* (G. de).

CAJETANUS (Benedictus), BENEDETTO GAETANO, dit aussi BENOÎT DE GAETE, théologien et jurisconsulte italien, pape sous le nom de BONIFACE VIII, né à Anagni, mort en 1303.

CAJETANUS (Jacobus), GIACOMO STEFANESI, dit aussi J. DE GAETE. Voy. *Stephanescis* (J. de).

CAJETANUS (Joannes), GIOVANNI GAETANO, dit aussi JEAN DE GAETE, théologien italien, bénédictin, pape sous le nom de GÉLASE II, né à Gaëte, mort en 1119.

CAJETANUS (Stephanus), STEFANO GAETANO, dit aussi ÉTIENNE DE GAETE, théologien italien, dominicain, vicaire de l'archevêque de Naples, né à Gaëte, mort vers 1480.

CALAMENTANUS (Rainaldus). Voy. *Colimentanus* (R.).

CALCAGNINUS (Rogerius), RUGIERO CALCAGNI, théologien et traducteur italien, dominicain, évêque de Castro, inquisiteur en Toscane, né à Florence, mort en 1290.

CALCANEUS (Laurentius), LORENZO CALCAGNO, jurisconsulte, théologien et historien italien, né à Brescia, mort en 1478.

CALCARIENSIS (Henricus). Voy. *Kalkariensis* (H.).

CALCEATUS (Joannes), GIOVANNI CALCEATI, poëte latin, bénédictin, né en Italie, mort vers 1530.

CALCHUS (Severinus), SEVERINO CALCHI, historien ecclésiastique italien, chanoine régulier à Plaisance, né à Milan, mort en 1496.

CALCHUS (Tristanus), TRISTANO CALCHI, savant historien italien, né à Milan, mort vers 1515.

CALCULATOR (Rogerius), surnom donné

à ROGER DE SWINSHED. Voy. *Suinsetus* (R.).

CALCULUS (Guilelmus), surnom donné à G. DE JUMIÉGES. Voy. *Gemeticensis* (G.).

CALDERIIS (Domitius de). Voy. *Calderinus* (D.).

CALDERINUS (Domitius), DOMIZIO DE CALDERIO, érudit et philologue italien, professeur à Rome, né à Torri, près de Calderio, mort en 1478. — On le nomme aussi *D. de Calderiis*.

CALDERINUS (Gaspar), GASPARE CALDERINO, fils du suivant, théologien et jurisconsulte italien, mort vers 1400.

CALDERINUS (Joannes), GIOVANNI CALDERINO, jurisconsulte italien, né à Bologne, mort en 1348. — On écrit souvent *Caldrinus*.

CALDRINUS. Voy. *Calderinus*.

CALECA (Manuel), Μανουὴλ Καλήκας, en français MANUEL CALECAS, théologien grec, dominicain, mort vers 1400.

CALEMENTANUS (Rainaldus). Voy. *Colimentanus* (R.).

CALENTIUS (Elysius), ELYSIO CALENZIO, poëte latin, précepteur de Frédéric, roi de Naples, né à Amphratta, dans la Pouille, mort en 1503.

CALEPINUS (Ambrosius), AMBROGIO CALEPINO, lexicographe, helléniste et hébraïsant italien, augustin, né à Bergame, mort en 1511.

CALETO (Henricus de), HENRI DE CALAIS, théologien français, frère mineur, évêque de Lucques, né à Calais, mort en 1330. — Plusieurs biographes le croient italien; nous adoptons ici l'opinion de du Cange. — On le trouve encore nommé *H. Caretus*, *H. de Carreto* et *H. de Careto*.

CALIFORDIUS (Guilelmus). Voy. *Colkisfordius* (G.).

CALIGATOR (Joannes), JEAN SCHOEMAKER ou CAUSSEMAEKER (Paquot), jurisconsulte hollandais, poëte latin, né à Louvain, mort en 1383.

CALISFORDIENSIS (Guilelmus). Voy. *Colkisfordius* (G.).

CALIXTUS, CALIXTE II et III, papes. Voy. *Burgundus* (G.) et *Borgianus* (A.).

CALLIACO (Guido de). Voy. *Cauliaco* (G. de).

CALLIERGUS (Zacharias), Ζαχαρίας ὁ Καλλίεργος, dit en français ZACHARIE CALLIERGI ou CALLOERGI, savant philologue grec, né en Crète, mort vers 1530.

CALLIMACHUS (Angelus), ANGELO CALLIMACO BARBOGLITA, poëte latin, né à Messine, mort vers 1500.

CALLIMACHUS (Dominicus), DOMENICO CALLIMACO, historien et antiquaire italien, né et gouverneur à Sienne, mort vers 1470.

CALLIMACHUS EXPERIENS, PHILIPPE DE BUONACORSO, dit CALLIMACO EXPERIENTE. Voy. *Bonacursius* (Ph.).

CALLISTUS (Joannes Andronicus), Ἰωάννης Ἀνδρόνικος ὁ Κάλλιστος, en français ANDRONIC CALLISTE, moraliste grec, professeur à Rome, à Florence, à Ferrare et à Paris, né à Thessalonique, mort en 1478.

CALLISTUS (Nicephorus), Νικηφόρος ὁ Κάλλιστος, dit en français NICÉPHORE CALLISTE, fils de *Nicephorus Xanthopulus* (τοῦ Ξανθόπολου) et souvent appelé du nom de son père, fécond historien ecclésiastique grec, mort vers 1350. — Des écrivains latins l'ont surnommé *Thucydides ecclesiasticus*.

CALLIXTUS. Voy. *Calixtus*.

CALO et CALOTIUS (Petrus). Voy. *Claudiensis* (P.).

CALSTRIS (Henricus de), HENRI VAN DER CALSTEREN, théologien belge, dominicain, professeur à Cologne, prieur du couvent de Louvain, mort vers 1300.

CALTÆSEMIUS, CALTEISENIUS et CALTEIZENIUS (Henricus). Voy. *Caltysenius* (H.).

CALTYSENIUS (Henricus), HEINRICH KALTEYSEN, théologien et sermonnaire allemand, dominicain, inquisiteur à Mayence, archevêque de Drontheim (*archiepisc. Nidroniensis*), en Norwége, né à Coblentz, mort en 1433. — On le trouve encore nommé *H. Caltæsemius*, *H. Kalthuserus*, *H. Calteisenius*, *H. Calteizenius*, etc.

CALVE (Jodocus de), JOST EICHMANN, théologien et sermonnaire allemand, professeur à Heidelberg, né en Souabe dans un bourg qui lui fournit son pseudonyme, mort en 1491.

CALVISANUS (Joannes), JEAN DE CALVISANO, théologien italien, dominicain, né à Calvisano, près de Brescia, mort vers 1480.

CALVISANUS (Thomas), THOMAS DE CALVISANO, théologien et sermonnaire italien, dominicain, né à Calvisano, près de Brescia, mort vers 1515. — On le nomme aussi *Th. Brixianus*.

CALVOMONTE (Sanson de), SANSON DE CHAUMONT, théologien et canoniste français, professeur à Langres, né à Chaumont (*Calvimontium*) en Bassigni (*in Bassineyo*), mort vers 1300.

CALVOMONTE (Stephanus de), ÉTIENNE DE CHAUMONT, théologien français, docteur et sous-proviseur de la Sorbonne, mort en 1399.

CALVUS (Marcus-Fabius), MARCO-FABIO CALVO, médecin et traducteur italien, né à Ravenne, mort en 1527.

CAMÆRENSIS (Joannes). Voy. *Bustamantinus* (J.).

CAMALDULENSIS (Ambrosius), AMBROGIO TRAVERSARI, dit A. LE CAMALDULE. Voy. *Traversarius* (A.).

CAMARIOTA (Matthæus), Ματθαῖος ὁ Καμαριώτα, historien et rhéteur grec, professeur à Constantinople, né à Thessalonique, mort vers 1450.

CAMATERUS (Andronicus), Ἀνδρόνικος Καμάτηρος, en français ANDRONIC CAMATÈRE, fécond écrivain grec, préfet de Constantinople, mort à la fin du XIIe siècle.

CAMATERUS (Joannes), Ἰωάννης Καμάτηρος, en français JEAN CAMATÈRE, théologien grec, patriarche de Constantinople, mort vers 1200.

CAMBELLANUS (David), DAVID CHAMBELLAN, théologien français, évêque et doyen de Paris, mort après 1486.

CAMBELLANUS (Petrus), PIERRE CHAMBELLAN, dit aussi P. DE NEMOURS, théologien français, évêque de Paris, né sans doute à Nemours, mort en 1220. — On le trouve nommé encore *P. Cambius* et *P. de Nemosio*.

CAMBELLUS (Joannes). Voy. *Campus bellus* (J.).

CAMBIA (Joannes a), JEAN DE LE CAMBE, dit J. GANTOIS, théologien français, cordelier, professeur à Lyon, né à Lille, mort en ?.... — On écrit aussi *J. a Gandia*.

CAMBICO (Joannes de). Voy. *Tambacho* (J. de).

CAMBINUS (Andreas), ANDREA CAMBINI, historien et traducteur italien, né à Florence, mort vers 1530.

CAMBIUS (Petrus). Voy. *Cambellanus* (P.).

CAMBRENSIS (Giraldus), GERALD BARRY, dit G. DE GALLES. Voy. *Barrius* (G.).

CAMBRENSIS (Sertorius), SERTORIUS DE GALLES, théologien et sermonnaire anglais, franciscain, archevêque de Ravenne, né dans le pays de Galles, mort en 1362. — On le trouve encore nommé *S. Fortanerius* et *S. Gualensis*. — Quelques auteurs le croient français.

CAMERACENSIS (Odo), EUDES D'ORLÉANS, dit aussi E. DE CAMBRAI. Voy. *Aurelianensis* (O.).

CAMERS (Angelus), ANGELO DE CAMERINO, théologien et sermonnaire italien, augustin à Camerino (États de l'Église), évêque de Larino, mort vers 1350. — On le trouve aussi nommé *A. Camertinus*.

CAMERS (Simon ou Simonetus), SIMON DE CAMERINO, sermonnaire et orateur italien, augustin à Camerino, dit sur son épitaphe *Corona prædicatorum*, mort en 1478.

CAMERS (Valentinus), VALENTIN DE CAMERINO, philosophe scolastique italien, dominicain, professeur à Pérouse, né à Camerino (États de l'Église), mort vers 1515.

CAMERTINUS. Voy. *Camers*.

CAMPANUS. Voy. *Campensis*.

CAMPANUS (Durandus), DURAND DE CHAMPAGNE, théologien français, confesseur de Jeanne de Bourgogne, femme de Philippe-Auguste, frère mineur, mort après 1340.

CAMPANUS (Joannes), GIOVANNI CAMPANI. Voy. *Novariensis* (J.-C.).

CAMPANUS (Joannes), GIOVANNI CAMPANI ou CAMPANO, mathématicien italien, traducteur d'Euclide, né à Novare, mort vers 1300. — On le trouve encore nommé *J. Novariensis* et *J. de Novaria*.

CAMPANUS (Joannes-Antonius), GIO-

VANNI-ANTONIO CAMPANI, philologue italien, évêque de Crotone, puis de Terámo dans l'Abruzze, protecteur de l'imprimerie, né à Carelli (Terre-de-Labour), mort en 1477.

CAMPANUS (Theobaldus), THIBAUT IV, COMTE DE CHAMPAGNE, poëte français, né à Troyes, mort en 1253.

CAMPEGIUS (Bartholomæus), BARTOLOMMEO CAMPEGGI, jurisconsulte italien, né à Bologne, mort vers 1500.

CAMPEGIUS (Joannes), GIOVANNI CAMPEGGI, jurisconsulte italien, professeur à Padoue, né à Mantoue, mort en 1511. — On le trouve aussi nommé *J. Campezius.*

CAMPELLENSIS (Guilelmus), GUILLAUME DE CHAMPEAUX, célèbre philosophe scolastique français, archidiacre de Notre-Dame de Paris, maître d'Abélard, évêque de Châlons-sur-Marne (*episcop. Catalaunensis*), né à Champeaux, près de Melun, mort vers 1121. — On l'appelle encore *G. de Campellis*. — Il fut surnommé *Columna doctorum*, et on le trouve désigné souvent par le seul titre *Archidiaconus*.

CAMPELLIS (Guilelmus de). Voy. *Campellensis* (G.).

CAMPENSIS. Voy. *Campanus.*

CAMPENSIS (Joannes), JEAN VAN CAMPEN, philosophe scolastique hollandais, carme, né à Campen, dans la Frise, mort après 1404. — On trouve aussi *J. Campanus.*

CAMPEZIUS (Joannes). Voy. *Campegius* (J.).

CAMPIS (Ægidius de), GILLES DESCHAMPS, chanoine, chancelier, puis doyen de la cathédrale de Rouen, aumônier de Charles VI, l'un des juges de Jeanne Darc, mort en 1438.

CAMPO (Hemericus de), HEIMERIC DE CAMPEN, théologien hollandais, professeur à Cologne, puis à Louvain, né à Campen, dans l'Ower-Yssel, mort en 1460.

CAMPO (Joannes de), JEAN DE CAMPEN, théologien hollandais, carme, mort après 1405.

CAMPO FLORIDO (Hugo de), HUGUES DE CHAMPFLEURI, chancelier de France, évêque de Soissons, né soit en Angleterre, soit à Champfleuri au diocèse de Reims, mort en 1175. — On le nomme aussi *H. Anglicus.*

CAMPOFULGOSUS. Voy. *Fregosus.*

CAMPOLONGUS (Alexander), ALEXANDRE DE CAMPO LONGO, jurisconsulte italien, né et établi à Padoue, mort en 1405.

CAMPORA (Jacobus), GIACOMO CAMPHARO, théologien italien, licencié à Oxford, dominicain, né à Gênes, mort vers 1500.

CAMPO VETERI (Hermannus de), HERMANN DE KEMPTEN, théologien et jurisconsulte allemand, moine de Citeaux à Kempten, né dans la Westphalie, mort vers 1450. — On le trouve aussi nommé *H. Cisterciensis.*

CAMPSCENUS, CAMPSCONENSIS et CAMPSENUS (Joannes). Voy. *Tomsonus* (J.).

CAMPUS BELLUS (Joannes), JOHN CAMPBELL, de la famille des comtes d'Argyle (*Argathelia*), chroniqueur écossais, mort vers 1270. — Tanner le nomme *J. Cambellus.*

CANANUS (Joannes), Ἰωάννης Κανανός, historien byzantin, mort après 1422.

CANANUS (Joannes-Baptista), GIOVANNI-BATTISTA CANANI, médecin italien, attaché à la personne de Mathias Corvin, roi de Hongrie, et du pape Alexandre VI, mort vers 1500.

CANCELLARIUS (Gualterus), GAUTIER LE CHANCELIER, chroniqueur français, chancelier de Roger, prince d'Antioche, mort après 1119.

CANCELLARIUS (Obertus), OBERTO LE CHANCELIER, historien génois dont on ignore la vie, mort après 1173.

CANCELLARIUS (Philippus), PHILIPPE LE CHANCELIER, nom sous lequel est souvent désigné PH. DE GRÈVE. Voy. *Grevius* (P.).

CANDELARIUS (Joannes), JOHN CHANDLER, littérateur anglais, mort vers 1470.

CANDELARIUS (Thomas), THOMAS CHANDLER ou CHAUNDELER, théologien et biographe anglais, chancelier de l'université d'Oxford, puis de celle d'York, mort en 1489.

CANDELIS ou CANDELO (Joannes de), JEAN DE CANDEL ou DE CHANDELLES, célèbre théologien français, chancelier de l'Université de Paris, sans doute à Chandelles (*Candelæ*), près de Paris, mort vers 1220.

CANDELO (Joannes de). Voy. *Candelis* (J. de).

CANDIA (Franciscus de), FRANÇOIS DE CANDIE, théologien hollandais, commentateur de Pierre Lombard, cordelier, mort en ?. — Il a été surnommé *Doctor fertilis*.

CANDIA (Petrus de), PIERRE FILARGO, dit aussi P. DE CANDIE. Voy. *Philargus* (P.).

CANDIANUS (Angelus), ANGELO CANDIANI, médecin et astrologue italien, né ou établi à Milan, mort en 1509.

CANDIDUS BACULARIS, LE BLANC BACHELIER, surnom donné à HÉLIE, comte du Maine, mort en 1110, après qu'il eut été dépouillé de son comté.

CANDIDUS (Hugo), UGO IL BIANCO, dit HUGUES LE BLANC, ainsi nommé de la blancheur de son teint (*candidus facie*, dit Baronius), théologien italien, cardinal, évêque de Preneste, né à Trente, mort en 1103. — On le trouve aussi appelé *H. Blancus*.

CANDIDUS (Hugo), UGO IL BIANCO, dit HUGUES LE BLANC, poëte latin, moine de Cîteaux, cardinal, évêque d'Ostie, mort après 1258.

CANDIDUS (Odo), OTTONE D'ALERAN, dit aussi EUDES LE BLANC. Voy. *Alerano* (O. de).

CANDIDUS. Voy. *Albus*.

CANE SUSPENSO (Bernardus de), BERNARD DE CAPENDU, prélat français, évêque de Carcassonne, né sans doute à Capendu (Aude), mort en 1278.

CANENSIS et CANENSIUS (Michaël), MICHELE CANENSIO, historien et humaniste italien, évêque de Castro, né à Viterbe, mort vers 1480.

CANIGIANUS (Joannes-Maria), GIOVANNI-MARIA CANIGIANO, poëte italien, dominicain, né à Florence, mort en 1515.

CANILHACUS (Joannes-Raimundi), JEAN FILS DE RAIMOND DE CANILHAC, théologien et sermonnaire français, augustin, prévôt de Maguelonne, archevêque de Toulouse, cardinal, né à Canilhac (Lozère), mort en 1373. — Il est presque toujours nommé seulement *Joannes Raimundi*.

CANIS (Magnus), MAGNUS HUND, médecin et naturaliste allemand, professeur à Leipzig, né à Magdebourg, mort en 1519.

CANISIUS (Ægidius), EGIDIO CANISIO, poëte latin et italien, né à Viterbe, mort vers la fin du XVᵉ siècle.

CANITIA (Guilelmus de). Voy. *Aquitanus* (G.).

CANNACO (Guilelmus de). Voy. *Gannato* (G. de).

CANNO (Guilelmus de). Voy. *Peregrinus* (G.).

CANNYFIUS (Gerardus), GÉRARD CANNYF, grammairien flamand, recteur du collége de Bois-le-Duc, mort après 1512.

CANOBIUS (Antonius), ANTONIO CANOBIO, littérateur italien, né à Milan, mort vers 1500.

CANOERSINUS (Guilelmus). Voy. *Caorsinus* (G.).

CANONICUS (Joannes), JEAN LE CHANOINE, historien anglais, mort en 1257.

CANONICUS (Joannes), JEAN CANONGE (dit l'*Histoire littéraire de la France*), théologien anglais, frère mineur, disciple de Duns Scot, mort après 1320.

CANONICUS (Lambertus), LAMBERT LE CHANOINE, savant compilateur français, chanoine de Saint-Omer, abbé de Saint-Bertin, mort en 1125.

CANONICUS (Petrus), PIERRE LE CHANOINE, théologien et sermonnaire anglais, chanoine et archidiacre à Londres, mort vers 1230. — On le trouve auss nommé *P. Londinensis*.

CANONICUS (Petrus), PIERRE LE CHANTRE, dit aussi P. LE CHANOINE. Voy. *Cantor* (P.).

CANONICUS (Richardus), RICHARD LE CHANOINE, nom sous lequel est souvent désigné RICHARD L'ANGLAIS. Voy. *Anglicus* (R.).

CANTACUZENUS (Joannes), Ἰωάννης ὁ Καντακουζηνός, en français JEAN CANTACUZÈNE, chroniqueur et théologien byzantin, empereur de Constantinople, mort vers 1380.

CANTACUZENUS (Matthæus), Ματθαῖος ὁ Καντακουζηνός, en français MATTHIEU CANTACUZÈNE, théologien grec, associé par Jean son père au trône de Constantinople, mort vers 1400.

CANTALICIUS (Joannes-Baptista), JEAN-BAPTISTE DE CANTALICE, dit VALENTINO (*Valentinus*), poëte latin, évêque de Penna, puis d'Altrie, cardinal, né à Cantalice (Abruzzes), mort en 1514.

CANTELLIS (Ægidiolus, Gelliolus ou Ziliolus de), GILLIO CANTELLI (?), jurisconsulte italien, professeur à Pérouse et à Padoue, né à Crémone, mort après 1384.

CANTERUS (Andreas), ANDRÉ CANTER, érudit hollandais, enfant célèbre, mort après 1440.

CANTIANUS (Joannes), JEAN DE KENT, théologien et jurisconsulte anglais, frère mineur, chanoine d'Angers, né dans le Kent, mort vers 1250.

CANTIANUS (Joannes), JEAN DE CAYLEG, dit aussi J. DE KENT. Voy. *Caylegio* (J. de).

CANTIANUS (Odo), ODON WOOD, dit O. DE KENT. Voy. *Sylva* (O.).

CANTILEPUS, CANTILOWINUS et CANTILUPUS (Nicolaus). Voy. *Cantolupus* (N.).

CANTIMPRATANUS (Thomas). Voy. *Cantimpratensis* (Th.).

CANTIMPRATENSIS (Thomas), THOMAS DE CANTIMPRÉ, hagiographe belge, chanoine régulier de Saint-Augustin à l'abbaye de Cantimpré près de Cambrai, puis dominicain à Louvain, né à Leuw-Saint-Pierre, près de Bruxelles, mort vers 1263. — On le nomme encore *Th. Cantimpratanus, Th. de Cantimprato, Th. Cantipratanus, Th. Cantipratensis.* Enfin, il a signé *Apiarius*, un traité mystique intitulé *Bonum universale de Apibus*, etc.

CANTIMPRATO (de), CANTIPRATANUS et CANTIPRATENSIS (Thomas). Voy. *Cantimpratensis* (Th.).

CANTIUS. Voy. *Cantianus*.

CANTOLUPUS (Nicolaus), NICHOLAS CANTLOWE ou CANTILOWE, historien et théologien anglais, carme, né à Bristol, mort en 1441. — On le trouve nommé aussi *N. Cantilepus, N. Cantilowinus* et *N. Cantilupus.*

CANTOR (Guido), GUI LE CHANTRE, nom sous lequel est souvent désigné GUI DE BASOCHES. Voy. *Basochiis* (G. de).

CANTOR (Joannes), JEAN LE CHANTRE, nom sous lequel est parfois désigné J. DE CHAMPLAY. Voy. *Chanlaio* (J. de).

CANTOR (Petrus), PIERRE LE CHANTRE, célèbre théologien français, chanoine de Saint-Victor et grand chantre de Notre-Dame de Paris, évêque de Tournai, né dans le Beauvaisis, mort en 1197. — On le trouve aussi nommé *P. Canonicus.*

CANTUARIENSIS (Alexander), ALEXANDRE DE CANTERBURY, théologien anglais, bénédictin, moine de Christ-Church (*monachus ecclesiæ Christi*) à Canterbury, mort vers 1120.

CANTUARIENSIS (Alexander), ALEXANDRE DE CANTERBURY, théologien anglais, bénédictin, abbé de Saint-Augustin à Canterbury, mort vers 1217. — On l'appelle souvent *Alex. Abbas*, et il a été surnommé *Al. Cæmentarius* (en anglais *Pargeter*).

CANTUARIENSIS (Anselmus), ANSELME DE CANTERBURY, célèbre théologien italien, bénédictin, abbé du Bec (*abbas Beccensis*), puis archevêque de Canterbury, né à Aoste (Piémont), mort en 1109.

CANTUARIENSIS (Eduardus), ÉDOUARD DE CANTERBURY, hagiographe anglais, bénédictin, secrétaire de saint Thomas de Canterbury, mort après 1170.

CANTUARIENSIS (Gervasius), GERVAIS DE CANTERBURY, célèbre chroniqueur anglais, bénédictin, moine de Canterbury, mort vers 1200. — Il est plus souvent appelé *G. Dorobernensis* ou *Durovernensis*, de *Dorobernum* et *Durovernum*, noms primitifs de Canterbury.

CANTUARIENSIS (Haimo), HAIMON DE CANTERBURY, théologien anglais, professeur à Paris, moine de Saint-Denis, chanoine et archidiacre de Canterbury, mort en 1054.

CANTUARIENSIS (Henricus), HENRY CHICHLEY, dit aussi H. DE CANTERBURY, théologien anglais, docteur d'Oxford, archidiacre de Salisbury, évêque de Saint-David (*episcop. Menevensis*), archevêque de Canterbury, né dans le Northampton, mort en 1443.

CANTUARIENSIS (Radulfus), RAOUL DE CANTERBURY, sermonnaire anglais, abbé de Saint-Martin de Séez (*Abbas Sagiensis*), évêque de Rochester (*episcop. Roffensis*), puis archevêque de Canterbury, né dans la Normandie, mort en 1122. — On le nomme parfois *R. Roffensis.*

CANTUARIENSIS (Simon), SIMON DE CANTERBURY, dit aussi S. DE MEPHAM et S. DE MEPEHAM, théologien anglais, chanoine de Cirencester (*canonic. Cicestriensis*), puis archevêque de Canterbury, né à Mepeham, dans le Sussex, mort en 1313.

CANTUARIENSIS (Stephanus), STEPHEN LANGTON, dit aussi E. DE CANTERBURY. Voy. *Linguatona* (St. de).

CANTUARIENSIS (Theobaldus), THIBAUD DE CANTERBURY, prieur, puis abbé du Bec, archevêque de Canterbury, né dans la Normandie, mort en 1161. — Adrien IV l'avait surnommé *Turbaldus* (turbulent, brouillon), à cause de la chaleur qu'il montra dans un procès entre les moines augustins et l'abbaye du Bec.

CANTUARIENSIS (Thomas), THOMAS BECKET, dit TH. DE CANTERBURY. Voy. *Becketus* (T.).

CANTUARIENSIS (Thomas-Balduinus), T.-B. DE DEVON, dit aussi T.-B. DE CANTERBURY. Voy. *Devonius* (T.-B.).

CANTUARIENSIS. Voy. *Dorobernensis*.

CANUSINUS (Domnizo, Donizo, Donnizo ou Dinozo), D. DE CANOSSA, poète et historien italien, bénédictin à Canossa (duché de Modène), mort vers le milieu du XII° siècle. — On écrit aussi *D. Canussinus*.

CANUSINUS (Nicolaus), NICOLAS DE CANOSSA, historien italien, né soit à Canossa (duché de Modène), soit à Cividale del Friuli (Lombard-Vénitien), mort vers 1520. — On trouve aussi *N. Canussinus*.

CANUSSINUS. Voy. *Canusinus*.

CANUTUS (Robertus), ROBERT CANUT, dit R. DE CRICKLADE. Voy. *Crickeladensis* (R.).

CAORSINUS (Guilelmus), GUILLAUME CAOURSIN, historien français, vice-chancelier de l'ordre de Saint-Jean de Jérusalem, né à Douai, mort en 1501. — On le trouve encore nommé *G. Canoersinus, G. Coanersinus, G. Coasinus, G. Conversinus, G. Coursinus* et *G. Covrinus*.

CAPELLA (Petrus de), PIERRE DE LA CHAPELLE, théologien français, inquisiteur des templiers, chanoine de Paris, évêque de Carcassonne, puis de Toulouse, né à la Chapelle-Taillefer, près de Guéret, mort en 1312.

CAPELLA (Richardus a), RICHARD DE LA CHAPELLE, jurisconsulte flamand, prévôt de Sainte-Marie de Bruges, né à la Chapelle (Pas-de-Calais), mort en 1447.

CAPELLANUS (Andreas), ANDRÉ LE CHAPELAIN, auteur du *De arte amatoria*, chapelain d'un roi ou d'une reine de France (*aule regie capellanus*), mort vers le milieu du XIII° siècle.

CAPELLUS (Carolus), CARLO CAPELLO, philosophe et poëte italien, né à Venise, mort vers 1530. — On écrit aussi *C. Cappellus*.

CAPELLUS (Guarinus), GUARINO CAPELLA, poëte macaronique italien, qui vivait sans doute à Rimini, et mourut vers 1530.

CAPELLUTIUS (Rolandus), ROLANDO CAPELLUTI (Tiraboschi), médecin et chirurgien italien, établi à Parme, mort après 1468.

CAPESTRANO (Joannes de). Voy. *Capistranus* (J.).

CAPGRAVIUS (Joannes), JOHN CAPGRAVE, théologien et hagiographe anglais, religieux augustin, mort en 1474 ou en 1484. — On écrit aussi *J. Capogrevus*.

CAPIDURUS (Hieronymus), pseudonyme de GEORGES VALLA. Voy. *Vallensis* (G.).

CAPIONE (Adalbertus de), ADALBERT DE TOURNEL, dit A. DE CAPION, chanoine, prévôt, puis évêque de Mende (*episcop. Mimatensis*), possesseur du château de Capion, né dans le Gévaudan, mort en 1187. — On le nomme aussi *Ad. Venerabilis*.

CAPISTRANUS (Joannes), saint JEAN DE CAPISTRANO, théologien et prédicateur italien, franciscain, né à Capistrano, dans l'Abruzze, mort en 1456. — On le trouve aussi nommé *J. de Capestrano* et *J. de Capistro*.

CAPISTRO (Joannes de). Voy. *Capistranus* (J.).

CAPITANEIS (Joannes de), GIOVANNI CATTANEO, médecin italien, professeur à Plaisance, né à Milan, mort vers 1400.

CAPITO (Robertus), ROBERT GROSTHEAD. Voy. *Grossum caput* (R.).

CAPIVACEUS (Bartholomeus), BARTOLOMMEO CAPIVACCIO, dit aussi CAPO DI

VACCA, jurisconsulte italien, né et professeur à Padoue, mort vers 1360. — On le trouve nommé encore B. *Capovacensis*.

CAPNIO (Joannes), JOHANN CAPNION. Voy. *Reuchlinus* (J.).

CAPOCCIUS. Voy. *Capocius* et *Capocienus*.

CAPOCIENUS (Nicolaus), NICCOLO CAPOCCHI ou CAPOCCI, littérateur et jurisconsulte italien, évêque d'Urgel (Catalogne), cardinal, évêque de Frascati, fondateur du collége de la Sapience, né à Rome, mort en 1378. — On écrit aussi *N. Capoccius*.

CAPOCIUS (Priamus), PRIAMO CAPOCCHI ou CAPOCCI, historien et jurisconsulte italien, né à Lilybée dans la Sicile, mort en 1517.

CAPOCIUS (Reinerius), REINERIO CAPOCCHI ou CAPOCCI, bénédictin, poëte et théologien italien, cardinal, né à Viterbe, mort en 1258. — On écrit aussi *Capoccius*.

CAPOGREVUS (Joannes). Voy. *Capgravius* (J.).

CAPPELLUS (Carolus). Voy. *Capellus* (C.).

CAPPONIUS (Ginus), GINO CAPPONI, chroniqueur italien, gouverneur de Pise, né à Florence, mort en 1420.

CAPPONIUS (Nerius), NERIO CAPPONI, fils du précédent, chroniqueur et diplomate italien, né à Florence, mort en 1457.

CAPRA (Benedictus). Voy. *Perusinus* (B.).

CAPRANICENSIS (Dominicus), DOMINIQUE DE CAPRANICA, théologien et écrivain politique italien, gouverneur d'Imola, puis de Pérouse, cardinal, né à Capranica, près de Palestrine, mort en 1458.

CAPREOLUS (Helias), ELIA CAVRIOLO, dit en français ELIE CAPRÉOLE, jurisconsulte et historien italien, né à Brescia, mort en 1519.

CAPREOLUS (Joannes), JEAN CAPRÉOLE, théologien et sermonnaire français, dominicain, professeur à Paris et à Toulouse, né aux environs de Rodez, mort en 1444. — Il fut surnommé *Thomistarum princeps*.

CAPRIACO (Joannes de), JEAN DE CHEVRY, théologien français, sous-chantre de Chartres, archidiacre de Rouen, évêque de Carcassonne, mort en 1300.

CAPRIACO (Radulphus de), RAOUL DE CHEVRY, chanoine et archidiacre de l'Église de Paris, évêque d'Evreux (*episcop. Ebroicensis*), né à Chevry, près de Brie-Comte-Robert, mort en 1269. — On trouve aussi *R. de Chevriaco*, et Fr. Duchesne le nomme en français R. DE CHEVRIERS.

CAPUA (Bartholomæus de), BARTHÉLEMY DE CAPOUE, jurisconsulte italien, professeur à Naples, né sans doute à Capoue, mort en 1316.

CAPUA (Joannes de), JEAN DE CAPOUE, hébraïsant et traducteur italien, né à Capoue, mort à la fin du XIII° siècle.

CAPUA (Raimundus de), RAIMOND DE CAPOUE, théologien et hagiographe italien, dominicain, provincial de Lombardie, né à Capoue, mort en 1380. — On le nomme aussi *R. de Vineis*.

CAPUA (Thomas de), THOMAS DE CAPOUE, théologien et poëte italien, nonce apostolique, patriarche de Jérusalem, cardinal, né à Capoue, mort en 1243. — On trouve souvent *Th. Capuanus*.

CAPUA (de). Voy. *Capuanus*.

CAPUANUS (Petrus), PIERRE DE CAPOUE, jurisconsulte et orateur italien, professeur à Paris, diacre d'Amalfi, nonce apostolique, cardinal, né à Amalfi, mort en 1209.

CAPUANUS. Voy. *Capua* (de).

CARACCIOLUS (Landenulphus), LANDENULFO CARACCIOLI, philosophe scolastique italien, frère mineur, évêque de Stabia, puis archevêque d'Amalfi, mort en 1351. — On trouve aussi *L. Caracholus*.

CARACCIOLUS (Lucas-Matthæus), LUCCA-MATTEO CARACCIOLI, théologien italien, carme, évêque de Lecce (royaume de Naples), né aux environs de Naples, mort en 1526.

CARACCIOLUS (Nicolaus), NICOLAS MOSCHIN (dit Aubery) DE CARACCIOLI, théologien italien, dominicain, inquisiteur à Naples, archevêque de Messine, cardinal, né à Naples, mort en 1389. — On le trouve aussi nommé *N. Moschinus*, *N. Miscinus* et *N. Misquinus*.

CARACCIOLUS (Robertus), ROBERTO CARACCIOLI, théologien italien, franciscain, prédicateur apostolique à Ferrare, évêque d'Aquino, puis de Lecce, né à Lecce, dans le royaume de Naples, mort en 1475. — On le nomme souvent *R. de Licio* et *R. de Litio.*

CARACCIOLUS (Tristanus), TRISTANO CARACCIOLI, littérateur et biographe italien, mort après 1517.

CARACHOLUS. Voy. *Caracciolus.*

CARADOCUS. Voy. *Lancarvanensis* (C.).

CARBONELLUS (Pontius), PONCE CARBONELLI (dit Jöcher), théologien espagnol, frère mineur, né à Bottingata, dans la Catalogne, mort vers 1300.

CARBONUS (Hieronymus), GERONIMO CARBONE, poëte italien, né à Naples, mort en 1527.

CARBONUS (Ludovicus), LUIGI CARBONE, orateur et poëte latin, professeur à Ferrare et à Bologne, né à Ferrare, mort en 1482.

CARCANUS (Ambrosius), AMBROGIO CARCANO, littérateur italien, chanoine de la cathédrale de Milan, mort en 1398.

CARCANUS (Michael), MICHELE CARCANO, sermonnaire italien, général des Frères mineurs, né dans le duché de Milan, mort vers 1490. — On le trouve souvent nommé *M. Mediolanensis* et *M. de Mediolano.*

CARCASSONA (Joannes c), JEAN DE CARCASSONNE, théologien et prédicateur français, augustin, né à Narbonne, mort vers 1350.

CARCETUS (Martinus). Voy. *Laudensis* (M.).

CARDAILHACO (Joannes de), JEAN DE CARDAILLAC, théologien et jurisconsulte français, évêque d'Orense (Galice), de Braga (Portugal) et de Rodez, archevêque de Toulouse, patriarche d'Alexandrie, mort en 1390. — On écrit aussi *J. de Cardalhaco.*

CARDALHACO (Joannes de). Voy. *Cardailhaco* (J. de).

CARDANUS (Facius), FACIO CARDANO, médecin et jurisconsulte italien, père du célèbre Geronimo Cardano, né à Milan, mort en 1524.

CARDINALIS. Voy. *Æduensis. Albus. Arelatensis. Autissiodorensis. Bibianensis. Britanniæ. Burgundus. Constantiensis. Cornetanus. Florentinus. Gallus. Neapolitanus. Ostiensis. Pictaviensis.* — Les cardinaux étaient très-fréquemment désignés par le nom de l'évêché ou de l'archevêché qu'ils occupaient à l'époque de leur promotion au cardinalat. Voy. ces noms.

CARDINALIS (Galfredus), LE CARDINAL GEOFFROI, nom sous lequel on a désigné G. DE MONMOUTH. Voy. *Monumethensis* (G.).

CARDINALIS (Gualterus), GAUTIER DE WINTERBORNE, dit aussi G. LE CARDINAL. Voy. *Winterbornus* (G.).

CARDINALIS (Julianus). Voy. *Cæsarinus* (J.).

CARDINALIS (Leo). Voy. *Marsicanus* (L.).

CARESINUS (Raphainus ou Raphael), RAPHAELE CARESINI, chroniqueur italien, chancelier de la république de Venise, mort après 1380.

CARETO (Henricus de) et CARETUS (H.). Voy. *Caleto* (H. de).

CAREWALII (Robertus). Voy. *Cervinus* (R.).

CARITATE (Petrus de), PIERRE DE LA CHARITÉ, chroniqueur et sermonnaire français, dominicain, professeur à Paris, né à La Charité-sur-Loire, mort vers 1350.

CARLERIUS (Ægidius), GILLES CHARLIER, théologien français, doyen de l'église de Cambrai, puis de la faculté de théologie de Paris, né à Cambrai, mort en 1473.

CARLERIUS (Joannes), JEAN CHARLIER, dit J. DE GERSON, célèbre théologien français, chancelier de l'Université de Paris, évêque du Puy et de Cambrai, né à Gerson, près de Réthel, mort en 1429. — On le trouve encore nommé *J. Charlerius, J. Gerso, J. de Gersonio, J. de Gersono, J. Gersonius*; et il fut surnommé *Doctor christianissimus* et *Doctor venerabilis.*

CARLERIUS (Joannes), JEAN CHARLIER, dit JEAN DE GERSON, frère du précédent, théologien français, célestin, prieur du couvent de Lyon, né à Gerson, mort en 1434.

CARLETUS (Angelus). Voy. *Clavasio* (A. de).

CARMELITA (Hugo), HUGUES L'ÉCOSSAIS, dit aussi H. LE CARME. Voy. *Scotus* (H.).

CARMONENSIS (Gerardus), GÉRARD DE CARMONA. Voy. *Cremonensis* (G.).

CARNERIUS (Augustinus), AGOSTINO CARNERIO, imprimeur italien, établi à Ferrare, mort à la fin du XVᵉ siècle. — On écrit aussi *A. Carnerus*.

ARNERUS (Augustinus). Voy. *Carnerius* (A.).

CARNIFEX (Adamus), ADAM BOUCHER, théologien français, docteur de Sorbonne, recteur de l'Université de Paris, mort à la fin du XIVᵉ siècle.

CARNIFEX (Guilelmus), GUILLAUME BOUCHER, médecin de Philippe de Bourgogne et de Charles VI, mort au milieu du XVᵉ siècle. — On le nomme parfois *G. Carnificis* et *G. Boucherii*.

CARNIFEX. Voy. *Carnificis*.

CARNIFICIS (Andreas), ANDRÉ BOUCHER, théologien français, dominicain à Douai, né en Artois ou en Flandre, mort vers 1483.

CARNIFICIS (Guilelmus), WILLEM VLEESCH HOUWER, bibliographe flamand, dominicain, né et professeur à Gand, mort vers 1525.

CARNIFICIS (Joannes), JEAN BEENHAKER, théologien belge, dominicain à Gand, mort en 1490.

CARNIFICIS. Voy. *Carnifex*.

CARNOTENSIS (Amalricus ou Elmericus), AMAURY DE CHARTRES, célèbre théologien et philosophe français, professeur à Paris, né à Bène, dans le pays Chartrain, mort vers 1205.

CARNOTENSIS (Arnoldus), ARNOLD DE BONNEVAL, dit aussi A. DE CHARTRES. Voy. *Bonavillarensis* (A.).

CARNOTENSIS (Bernardus), BERNARD DE CHARTRES, célèbre théologien et philosophe français, écolâtre à Chartres, mort avant 1156.

CARNOTENSIS (Fulcherius), FOUCHER DE CHARTRES, chroniqueur français, né et prêtre à Chartres, mort à Jérusalem en 1125.

CARNOTENSIS (Gaufridus), GEOFFROI DE LÈVES, dit aussi G. DE CHARTRES. Voy. *Leugis* (G. de).

CARNOTENSIS (Guala, Gualla, Guallo, Gualo ou Wallo), GALON DE CHARTRES, disciple d'Yves de Chartres, évêque de Beauvais, puis de Paris, mort en 1116. — On le trouve nommé aussi *G. Parisiensis*.

CARNOTENSIS (Guilelmus), GUILLAUME DE CHARTRES, chroniqueur français, chapelain de Louis IX, né sans doute à Chartres, mort vers 1280. — On le trouve aussi, mais par erreur, nommé *G. Cordubiensis*.

CARNOTENSIS (Ivo ou Yvo), YVES DE CHARTRES, célèbre théologien français, chanoine de Nesle en Picardie, abbé de Saint-Quentin de Beauvais, puis évêque de Chartres, mort vers 1115.

CARNOTENSIS (Joannes), JEAN DE SALISBURY, dit aussi J. DE CHARTRES. Voy. *Sarisberiensis* (J.).

CARNOTENSIS (Petrus), PIERRE DE CHARTRES, théologien français, chantre et chancelier de l'église de Chartres, mort vers 1300.

CARNOTENSIS (Reginaldus), REGNAUD DE CHARTRES, chancelier de France, archevêque de Reims, cardinal, mort en 1444.

CARNOTENSIS (Thomas), THOMAS DE CHARTRES, sermonnaire français, dominicain, né à Chartres, mort après 1273. — On le trouve nommé aussi *Th. de Carnoto*.

CARNOTO (de). Voy. *Carnotensis*.

CAROLILOCO (Adamus de), ADAM DE CHAALIS, théologien français, moine de Citeaux, puis abbé de Chaalis, près de Senlis, évêque de Senlis, mort vers 1258. — Oudin et Fabricius le nomment AD. DE CHAMILLI.

CAROLILOCO (Dionysius de), DENIS DE CHAALIS, hagiographe français, moine de Citeaux à Chaalis (Oise), mort vers 1250.

CAROLILOCO (Guilelmus de), GUILLAUME DE GUILLEVILLE, dit aussi G. DE CHAALIS. Voy. *Guivilla* (G. de).

CAROLILOCO (Radulphus de), RAOUL DE CHAALIS, biographe français, moine de Citeaux à Chaalis (Oise), mort vers 1210.

CAROLOCO (Andreas de), ANDRÉ DE CHARLIEU, sermonnaire français, dominicain, né à Charlieu, soit près de Sens, soit près de Mâcon, mort après 1273.

CAROLUS V, roi de France. Voy. *Sapiens* (C.).

CAROLUS (Joannes), GIOVANNI CARLI, théologien et biographe italien, dominicain, né à Florence, mort en 1505.

CARPENSIS (Jacobus). Voy. *Berengarius* (J.).

CARPENTARIUS (Alexander), ALEXANDRE LE CHARPENTIER (dit E. Dupin), théologien anglais, ainsi nommé parce qu'il était fils *cujusdam fabri lignarii* (John Bale), mort vers 1430. — On le trouve encore nommé *A. Anglicus* et *A. Fabricius*.

CARPESANUS (Franciscus), FRANCESCO CARPESANO, chroniqueur italien, prêtre à Parme et secrétaire de l'évêque, mort après 1526.

CARPINETANUS (Alexander), ALEXANDRE DE CARPINETO, moine de Cîteaux, auteur d'une chronique du couvent de Santa-Maria di Casa Nuova, dans les Abruzzes, né sans doute à Carpineto, près d'Anagni, mort après 1300. — On le trouve nommé encore *A. de Casa Nova*.

CARPUS (Jacobus). Voy. *Berengarius* (J.).

CARRARIENSIS (Damianus), DAMIANO DE CARRARA, théologien italien, frère mineur, né à Padoue, mort en 1401. — On le trouve aussi nommé *D. de Padua*.

CARRARIENSIS (Joannes-Michael-Albertus), GIOVANNI-MICHELE-ALBERTO DE CARRARA, historien, médecin, poëte et philosophe italien, né à Bergame, mort en 1490.

CARRARIENSIS. Voy. *Bergamensis*.

CARRETO (Henricus de). Voy. *Caleto* (H. de).

CASSINENSIS (Nicolaus), NICOLAS DU MONT-CASSIN, théologien italien, bénédictin, abbé du Mont-Cassin, puis de Saint-Vincent de Volturno, mort en 1299. — On le nomme souvent *N. de Fractura*.

CARTEROMACHUS (Scipio), pseudonyme de SCIPIONE FORTIGUERRI, célèbre érudit et helléniste italien, né à Pistoie (Toscane), mort en 1515.

CARTHAGENA (Alphonsus de), ALPHONSE DE CARTHAGÈNE, dit aussi A. DE SAINTE-MARIE (*A. de Sancta Maria*), célèbre historien espagnol, chanoine de Ségovie, évêque de Burgos, né à Carthagène, mort en 1456.

CARTHAGENA (Antonius de), ANTOINE DE CARTHAGÈNE, médecin espagnol, attaché à la personne de Henri II, roi de France, pendant sa captivité, mort vers 1530. — On trouve aussi *A. Carthagenensis*.

CARTHAGENA (Paulus de), PAUL DE BURGOS, dit aussi P. DE CARTHAGÈNE. Voy. *Burgensis* (P.).

CARTHAGENENSIS. Voy. *Carthagena* (de).

CARTHUSIANUS (Adamus), ADAM LE CHARTREUX, théologien et hagiographe anglais, chartreux, mort à la fin du XIVe siècle.

CARTHUSIANUS (Adrianus), ADRIEN LE CHARTREUX, théologien et moraliste hollandais, chartreux à Gertruidenberg, mort après 1410.

CARTHUSIANUS (Albertus), ALBERT KIVET, dit A. LE CHARTREUX. Voy. *Arnhemius* (A.).

CARTHUSIANUS (Bartholomæus), BARTHÉLEMY DE MAËSTRICHT, dit aussi B. LE CHARTREUX. Voy. *Mosæ Trajecto* (B. de).

CARTHUSIANUS (Dionysius), DENIS DE RYCKEL, dit aussi D. LE CHARTREUX. Voy. *Ryckelius* (D.).

CARTHUSIANUS (Dominicus), DOMINIQUE LE CHARTREUX, poëte latin et théologien, chartreux, né en Prusse, mort vers 1460.

CARTHUSIANUS (Gerardus), GÉRARD DE BREDA, dit aussi G. LE CHARTREUX. Voy. *Bredanus* (G.).

CARTHUSIANUS (Jacobus), JACQUES D'INSTERSBURG, dit aussi J. LE CHARTREUX, J. DE CLUSA, J. JUNTERBUCK, J. DE PARADIS, etc., théologien allemand, moine de Cîteaux dans le couvent de Paradis, au diocèse de Posen, en Pologne, puis chartreux à Erfurt, né à Instersburg, en Prusse, mort en 1465. — On le trouve encore nommé *J. Carthusiensis, J. Cisterciensis, J. de Clusa, J. Erfordiensis, J. Gruytrodius, J. de Paradiso, J. de Polonia*.

CARTHUSIANUS (Joannes), JEAN LE CHARTREUX, théologien et sermonnaire italien, chartreux, mort après 1480. — On le nomme aussi *J. Venetus*.

CARTHUSIANUS (Joannes), JEAN DE MONTMÉDI, dit aussi J. LE CHARTREUX. Voy. *Montemedio* (J. de).

CARTHUSIENSIS. Voy. *Carthusianus*.

CARVINIO (Joannes de), JEAN LEFÈVRE, dit aussi J. DE CARVIN. Voy. *Faber* (J.).

CARZOLIS (Jacobus de). Voy. *Cessolis* (J. de).

CASA (Petrus de). Voy. *Casis* (P. de).

CASA DEI (Bernardus ou Bertrandus de), BERNARD OU BERTRAND DE LA CHAISE-DIEU, biographe français, moine au couvent de la Chaise-Dieu, puis prieur de Saint-Gemme, en Saintonge, mort vers 1160.

CASALENSIS (Gerardus), GÉRARD DE CHEZAL, biographe français, abbé du monastère de Chezal-Benoît (*Casale Benedicti*) au diocèse de Bourges, mort après 1119.

CASALENSIS (Sighardus), SIGHARD DE CASAL, chroniqueur et théologien italien, nonce apostolique, évêque de Crémone, né à Casal (Etats sardes), mort vers 1220. — On le trouve aussi nommé *S. Casellanus*.

CASALI (Gregorius de), GRÉGOIRE DE CASAL, littérateur italien, longtemps établi en Angleterre, mort vers 1520.

CASALI (Hubertinus de), HUBERT DE CASAL, théologien ascétique italien, frère mineur, né à Casal, mort à la fin du XIVe siècle.

CASALI (Vincentius de), VINCENT DE CASAL, théologien italien, dominicain, né à Casal (États-Sardes), mort vers 1220.

CASALIS et CASALLIS (Jacobus de). Voy. *Cessolis* (J. de).

CASA NOVA (Alexander de), ALEXANDRE DE CARPINETO, dit aussi A. DE CASA NUOVA. Voy. *Carpinetanus* (A.).

CASA NOVA (Joannes de). Voy. *Helenensis* (J.).

CASELLANUS (Sighardus). Voy. *Casalensis* (S.).

CASIS (Petrus de), PIERRE DESMAISONS, plus connu sous le nom de P. DE CASE, théologien et sermonnaire français, général des Carmes, évêque de Vaison, né à Limoges, mort en 1348. — On le trouve nommé aussi *P. de Casa*, *P. de Cæsis* et *P. de Cassia*.

CASOLIS et CASSALIS (Jacobus de). Voy. *Cessolis* (J. de).

CASSANENSIS (Thomas), THOMAS DE CASSANO, sermonnaire italien, dominicain, né à Cassano (royaume de Naples), mort vers 1410.

CASSANHIS (Gaucelinus, Genselinus ou Zenzelinus de), GAUCELIN DE CASSAGNES (dit D. Vaissette), et plutôt DE CASSAIGNES, jurisconsulte français, chanoine de Béziers, professeur à Toulouse et à Montpellier, mort vers 1330. — Fabricius le nomme *Z. Cassanus*.

CASSANUS (Zenzelinus). Voy. *Cassanhis* (G. de).

CASSATO (Thomas de). Voy. *Clarasco* (Th. de).

CASSIA (Petrus de). Voy. *Casis* (P. de).

CASSIANUS (Andreas), ANDRÉ DE CASCIA, théologien italien, augustin, né à Cascia (États romains), mort vers 1440. — On le trouve nommé aussi *A. de Cassia*.

CASSIANUS (Simon), SIMON DE CASCIA, théologien italien, augustin à Florence, né à Cascia (États de l'Église), mort en 1348.

CASSINENSIS (Bernardus), BERNARD AYGLER, dit aussi B. DU MONT-CASSIN. Voy. *Aygleríus* (B.).

CASSINENSIS (Bernardus), BERNARD DU MONT-CASSIN, hagiographe italien, bénédictin, moine du Mont-Cassin, mort vers 1120.

CASSINENSIS (Bruno), BRUNO D'ASTI, dit aussi B. DU MONT-CASSIN. Voy. *Astensis* (B.).

CASSINENSIS (Dionysius), DENIS DU MONT-CASSIN, hagiographe italien, bénédictin, moine du Mont-Cassin, mort en 1118.

CASSINENSIS (Gregorius), GRÉGOIRE DU MONT-CASSIN, théologien et poëte italien, moine du Mont-Cassin, évêque de Terracina (États de l'Église), mort vers 1125.

CASSINENSIS (Leo), LÉON DE MARSICO, dit aussi L. DU MONT-CASSIN. Voy. *Marsicanus* (L.).

CASSINENSIS (Pandulfus), PANDULFE DU MONT-CASSIN, sermonnaire italien, moine du Mont-Cassin, évêque d'Ostie, cardinal, mort en 1131.

CASSINENSIS (Petrus), PIERRE LE BIBLIOTHÉCAIRE, dit aussi P. DU MONT-CASSIN. Voy. *Bibliothecarius* (P.).

CASSINIS (Samuel de), SAMUELE CASSINI ou CASCINI (Jöcher), philosophe italien, frère mineur à Gênes, mort vers 1500.

CASSOLIS (Jacobus de). Voy. *Cessolis*. (J. de).

CASTANETO (Bernardus de), BERNARD CHATENIER, théologien français, chapelain du pape, archidiacre de Narbonne, évêque d'Alby, puis du Puy-en-Velay, cardinal, né à Montpellier, mort en 1317.

CASTELFORDUS (Thomas), TOMMASO CASTELFORTE, historien ecclésiastique italien, bénédictin à Pomfret (*Pons fractus*) dans le comté d'York, né à York, mort après 1320.

CASTELLANUS (Georgius), GEORGES CHATELAIN, dit l'*Adventureux*, chroniqueur et littérateur flamand, historiographe de la maison de Bourgogne, né à Alost, mort en 1475.

CASTELLANUS (Guilelmus), GUILLAUME DUCHATEL, chambellan du duc d'Orléans, frère de Charles VI, mort vers 1400.

CASTELLARIIS (Anonymus de), l'ANONYME DES CHÂTELLIERS, seul nom sous lequel soit connu un hagiographe, moine de l'abbaye de Notre-Dame des Châtelliers, entre Poitiers et Maillezais, mort vers 1280.

CASTELLENSIS (Adrianus), ADRIANO CASTELLESI ou CASTELLI, littérateur italien, évêque d'Hereford, puis de Bath en Angleterre, cardinal, né à Corneto, dans la Toscane, mort en 1518. — On le nomme aussi *A. Castellus*, et P. Valerianus l'appelle *Cardinalis Cornetanus*.

CASTELLIONE (de). Voy. *Castillionæus*.

CASTELLIONE (Joannes de), JEAN HULOT DE CHATILLON, chanoine et archidiacre d'Evreux, l'un des juges de Jeanne d'Arc, mort au XVe siècle.

CASTELLIONE (Lapus de), LAPO (diminutif de JACOPO) CASTIGLIONE ou CASTIGLIONCHO, théologien, jurisconsulte et philologue italien, mort à Rome en 1381. — Taisand le nomme *L. Castinionclius* et Poccianti *L. Castilonchius*.

CASTELLIONE (Philippus-Gualterus de). Voy. *Insulanus* (P.-G.).

CASTELLO (Amandus de), AMAND DUCHATEL, hagiographe belge, chanoine de Notre-Dame de Tournai (*canonic. Tornacensis*), prieur d'Anchin (*prior Aquicinctinus*), puis abbé de Marchiennes (*abbas Marchionis*), en Flandre, mort vers 1133.

CASTELLO (Castellus de), CASTELLO DA CASTELLO, chroniqueur italien, né à Bergame, mort après 1407.

CASTELLO (Joannes de), JEAN DE CASTEL, chroniqueur et poëte français, bénédictin, abbé de Saint-Maur, secrétaire de Louis XI, mort vers 1476.

CASTELLO (Lambertus de), LAMBERT DE CHASTEL, jurisconsulte français, professeur à Paris, né à Chastel (devenu Châteauneuf), dans le Thymerais, mort vers 1300.

CASTELLO (Stephanus de). Voy. *Castro* (St. de).

CASTELLO (Ugo de), HUGUES DE CASTELLO, mathématicien italien, dominicain à Florence, né à Citta di Castello, mort vers 1340.

CASTELLUS (Adrianus). Voy. *Castellensis* (A.).

CASTILIO (Balthasar). Voy. *Castilionus* (B.).

CASTILIONUS (Balthasar), BALTASSARE CASTIGLIONE, homme d'État et littérateur italien, né à Casatico, près de Mantoue, mort en 1529. — On le nomme aussi *B. Castilio*. — Il a signé quelques pièces *Hippolyta Taurella*, du nom de sa femme Ippolita Torelli.

CASTILLIANO (Christophorus de). Voy. *Castillioneus* (C.).

CASTILLIONÆUS (Branda), BRANDA CASTIGLIONE, théologien et jurisconsulte italien, professeur à Paris, auditeur de rote, légat en Allemagne, évêque de Plaisance et de Porto, cardinal, mort en 1443.

CASTILLIONÆUS (Petrus), PIETRO CASTIGLIONE, théologien italien, frère mineur, professeur à Coimbre en Portugal, né à Milan, mort vers 1500. — On le nomme aussi *P. de Castellione*.

CASTILLIONE (Joannes de), JEAN DE CHATILLON, sermonnaire français, frère mineur à Paris, mort après 1273.

CASTILLIONEUS (Christophorus), CRISTOFORO CASTELLIONE, jurisconsulte italien, professeur à Pavie, à Parme, à

Turin et à Sienne, né à Milan, mort en 1425. — On l'appelle encore *C. de Castilliano*, et il fut surnommé *Subtilitatis princeps*.

CASTILLIONEUS (Odo ou Otho). Voy. *Castro Radulphi* (O. de).

CASTILLIONEUS (Odo). Voy. *Suessionensis* (O.).

CASTILLIONIUS (P.-G.), P.-G. DE LILLE, dit aussi P.-G. DE CHATILLON. Voy. *Insulanus* (P.-G.).

CASTILONCHIUS et CASTINIONELIUS (Lapus). Voy. *Castellione* (L. de).

CASTOR (Joannes). Voy. *Castorius* (J.).

CASTORIUS (Joannes), JOHN BEAVER, BEVER ou BIEVER, chroniqueur anglais, bénédictin, moine à l'abbaye de Westminster, mort vers 1350. — On le trouve nommé encore *J. Castor*, *J. Fiber* et *J. Fiberius*.

CASTRA (Petrus de), PIERRE DE LA CHATRE, théologien français, archevêque de Bourges, né sans doute dans le Berri, mort en 1171.

CASTRENSIS. Voy. *Cestriensis*.

CASTRI LUCII (Guido), GUI DE CHATELUS OU DE MALSEC (*G. de Malessico*), négociateur français, cardinal, évêque de Poitiers, né à Tulle, mort en 1411.

CASTRIS (Guido de), GUI DE CHATRES, hagiographe français, bénédictin, abbé de Saint-Denis, né à Châtres, aujourd'hui Arpajon (Seine-et-Oise), mort en 1333.

CASTRIUS. Voy. *Cestriensis*.

CASTRO (Guigo ou Wigo de), GUIGUES DU PIN, dit aussi G. DU CHATEL. Voy. *Pinu* (G. de).

CASTRO (Stephanus de), ÉTIENNE DU CASTEL, sermonnaire français, religieux à Paris, mort après 1273. — On le nomme aussi *St. de Castello*.

CASTRO MARSIACO (Henricus de), HENRI D'ALBANO, dit aussi H. DE MARCY. Voy. *Albanensis* (H.).

CASTRO NOVO (Hugo de), HUGUES DE CHATEAUNEUF, historien français, évêque de Grenoble, né à Châteauneuf, près de Valence, mort en 1132.

CASTRO NOVO (Hugo de), HUGUES DE NEWCASTLE. Voy. *Novo Castro* (H. de).

CASTRO NOVO (Vincentius de), VINCENZO DE BANDELLO, dit aussi V. DE CASTEL NUOVO. Voy. *Bandellus* (V.).

CASTRO RADULPHI (Gerardus Odonis de), GÉRARD FILS D'EUDES DE CHATEAUROUX, philosophe scolastique français, frère mineur, patriarche d'Antioche, né dans le Rouergue, mort en 1329. — On le trouve souvent appelé *G. Odonis*, et il fut surnommé *Doctor moralis*.

CASTRO RADULPHI (Odo ou Otho de), EUDES DE CHATEAUROUX, théologien français, chanoine et chancelier de l'Eglise de Paris, évêque de Tusculum (*episcop. Tusculanus*), cardinal, né à Châteauroux, mort en 1273. — On le trouve nommé aussi *O. Castillioneus*.

CASTRO RADULPHI (Odo de). Voy. *Suessionensis* (O.).

CASTRO RADULPHI (Radulphus de), RAOUL DE CHATEAUROUX, théologien français, docteur de Sorbonne, curé d'Ormesnil en Brai, mort après 1285. — On trouve aussi *R. de Castro*.

CASTULIS (Jacobus de). Voy. *Cessolis* (J. de).

CASULIS (Guilelmus de), GUILLAUME DE CASOULS, évêque de Lodève (*episcop. Lutevensis*), né à Béziers (Hérault), mort en 1259.

CASULIS (Jacobus de). Voy. *Cessolis* (J. de).

CATALANUS (Arnaldus), ARNAUD DE VILLENEUVE, dit aussi A. DE CATALOGNE. Voy. *Villanovanus* (A.).

CATALANUS (Theodericus), THIERRI DE CATALOGNE, chirurgien espagnol, dominicain, évêque de Cervera en Catalogne, mort vers 1278.

CATANÆUS. Voy. *Cataneus*.

CATANEUS (Andreas) ANDREA CATANEO, philosophe italien, professeur à Florence, né à Tavola, mort vers 1500.

CATANEUS (Franciscus), FRANCESCO CATANEO, littérateur et philosophe italien, né à Florence, mort en 1521. — On écrit aussi *Catanæus*.

CATANEUS (Henricus), ENRICO CATANEO, humaniste et jurisconsulte italien, né à Milan, mort vers 1500. — On écrit aussi *H. Cattaneus*.

CATANEUS (Jacobus), GIACOMO CATANEO, médecin italien, né à Gênes, mort vers 1530.

CATANEUS (Jacobus-Maria), GIACOMO-MARIA CATANEO, poëte et philosophe italien, secrétaire du cardinal Bandinelli de Sauli, né à Novare, mort en 1529. — On écrit aussi *Catanæus*.

CATANEUS (Mauricius), MAURICE DE CATANE, théologien italien, évêque de Catane, mort vers 1143.

CATANEUS. Voy. *Adelardus* (C.).

CATCHEPOLLUS (Gualterus), WALTER CATCHEPOL (dit Tanner), jurisconsulte anglais, mort vers 1300.

CATENA (Joannes de), JEAN DE LA CHAINE, doyen de l'église Sainte-Croix d'Orléans, assassiné en 1168.

CATHENESIUS (Adamus), ADAM DE CAITHNESS, théologien écossais, moine de Cîteaux, évêque de Caithness, mort en 1222.

CATHI (Aymericus), AYMERIC DE CHAPT DE RASTIGNAC, protecteur et chancelier de l'Université de Bologne, évêque de Volterra, de Bologne, puis de Limoges, né au château de Rastignac (Dordogne), mort en 1390.

CATHONUS (Gualterus). Voy. *Chattodunus* (G.).

CATO (Angelus), ANGELO CATTHO, médecin, mathématicien, astrologue et théologien italien, archevêque de Vienne, aumônier de Louis XI, né à Tarente, mort en 1494.

CATTANEUS. Voy. *Cataneus*.

CATTONUS (Gualterus). Voy. *Chattodunus* (G.).

CATTUS (Lydius), BERNARDINO CATTI, poëte italien qui célébra dans ses vers une jeune fille nommée Lydie, dont il était épris, né à Ravenne, mort vers 1515.

CAUDA (Dionysius de), DENIS DE LA QUEUE, théologien français, chanoine de la Sainte-Chapelle de Paris, né à La Queue ou seigneur de La Queue, en Brie, mort en 1331.

CAUDA (Hervæus de), HERVÉ DE LA QUEUE, théologien et compilateur français, dominicain, professeur à Paris, né à La Queue (Seine-et-Oise), mort vers 1370.

CAUDA (Joannes de). Voy. *Cova* (J. de).

CAULIACO (Guido de), GUI DE CHAULIAC, dit aussi GUI DE CAULIAC et G. DE CHAULIEU, chirurgien et médecin des papes Clément VI, Innocent VI et Urbain V, né à Chauliac, dans le Gévaudan, mort à la fin du XIVe siècle. — On le nomme aussi *G. de Calliaco*.

CAUPO (Wigandus), WIGAND WIRTH, théologien allemand, dominicain, professeur à Francfort, mort vers 1507.

CAVALCANTES (Aldobrandus), ALDOBRANDINO CAVALCANTI, sermonnaire italien, dominicain, évêque d'Orvieto, mort vers 1280.

CAVALCANTES. Voy. *Cavalcantibus* (de) et *Cavalcantius*.

CAVALCANTIBUS (Guido de), GUIDO CAVALCANTI, poëte et philosophe italien, ami de Dante, né à Florence, mort en 1300. — On le nomme aussi *G. Cavalcantes*.

CAVALCANTIUS (Joannes), GIOVANNI CAVALCANTI, chroniqueur italien, né à Florence, mort vers 1490.

CAVICEUS (Jacobus), GIACOMO CAVICEO, littérateur italien, professeur à Pordenone, chapelain de l'archevêque de Ferrare, auteur du *Peregrino*, né à Parme, mort en 1511.

CAVITELLUS (Raimundus), RAIMUNDO CAVITELLI (dit Jöcher), jurisconsulte italien, professeur à Pérouse et à Ferrare, né à Crémone, mort après 1362.

CAXTONTUS (Joannes). Voy. *Caxtonus* (J.).

CAXTONUS (Guilelmus), WILLIAM CAXTON, célèbre imprimeur anglais, établi à Londres, mort en 1491.

CAXTONUS (Joannes) JOHN CAXTON, théologien anglais, franciscain, mort sans doute au XIIIe siècle. — Wadding écrit *J. Caxtontus*.

CAYLEGIO (Joannes de), JEAN DE CAYLEG, philosophe, médecin et mathématicien anglais, né à Cayleg, bourg situé dans le sud-ouest du comté de Kent, mort vers 1490. — On le trouve encore nommé *J. Cantianus*, *J. Cantius*. et *J. Kentius*.

CECCANO (Hannibaldus Gaytani de), ANNIBAUD GAETAN DE CECCAN, hagiographe italien, archevêque de Naples, légat en France, cardinal, évêque de Tusculum, né à Ceccan (terre de Labour), mort en 1350.

CECCHUS. Voy. *Asculanus* (C.).

CEDRENUS (Georgius), Γεώργιος ὁ Κεδρηνός, dit en français GEORGE CÉDRÈNE, chroniqueur byzantin, mort vers 1100.

CEIUS (Franciscus), FRANCESCO CEI, poëte italien, né à Florence, mort vers 1500.

CELDONENSIS (Guilelmus). Voy. *Rhedonensis* (G.).

CELESINUS (Alexander), ALEXANDRE DE CEGLIO, dit aussi A. DE TELESA, historien italien, abbé du couvent de Saint-Sauveur à Ceglio (royaume de Naples), mort vers 1200. — On le nomme encore *A. Telesinus*.

CELESTINUS V, pape. Voy. *Angelerius* (P.).

CELIDONIO (Hugo de). Voy. *Sancto Caro* (H. de).

CELLA (Magister de). Voy. *Wallingfordus* (J.).

CELLENSIS (Joannes), JEAN DE CHELLES, architecte français, l'un des constructeurs de Notre-Dame de Paris, né sans doute à Chelles (Seine-et-Marne), mort vers la fin du XIIIe siècle. — On trouve aussi *J. Kallensis*.

CELLENSIS (Ludigerus), LUDIGER DE ZELL, sermonnaire allemand, moine de Cîteaux, puis abbé d'Alte-Zell (*abbas Cellæ veteris*), dans la Misnie, mort vers 1220.

CELLENSIS (Petrus), PIERRE DE CELLE, théologien et sermonnaire français, abbé de Moutier-la-Celle près de Troyes, puis de Saint-Remi de Reims, évêque de Chartres, mort vers 1187.

CELTES PROTUCIUS (Conrad), CONRAD MEISSEL, poëte latin moderne, premier éditeur des Fables de Phèdre, né à Wipfelt, près de Wurtzbourg, mort en 1508.

CENNINUS (Bernardus), BERNARDO CENNINI, orfévre et imprimeur italien, introducteur de la typographie à Florence, mort vers 1500. — On le trouve aussi nommé *B. Cennius*. — Trois de ses fils : PIETRO, DOMENICO et GIOVANNI-FRANCESCO furent également imprimeurs à Florence.

CENNIUS (Bernardus). Voy. *Cenninus* (B.).

CENOMANENSIS (Hervæus), HERVÉ DU MANS, théologien français, bénédictin, moine du Bourg-Dieu (Cher), né au Mans, mort vers 1150. — On le trouve aussi nommé *H. Burgidolensis* et *H. Dolensis*.

CENOMANENSIS (Hildebertus), HILDEBERT DE TOURS, dit aussi H. DU MANS. Voy. *Turonensis* (H.).

CENOMANENSIS (Nicolaus), NICOLAS DE GORRAN, dit aussi N. DU MANS. Voy. *Gorranus* (N.).

CENOMANENSIS. Voy. *Cenomanis* (de).

CENOMANIS (Joannes de), JEAN DU MANS, sermonnaire français, frère mineur, mort après 1273.

CENOMANIS (Joannes de), JEAN DE CHAMPLAY, dit aussi J. DU MANS. Voy. *Chanlaio* (J. de).

CENOMANIS (de). Voy. *Cenomanensis*.

CENTULENSIS (Anscherus), ANSCHER DE CENTULE, hagiographe français, abbé de Centule ou de Saint-Riquier (*Sancti Richarii*), en Picardie, né à La Ferté, dans le Ponthieu, mort en 1136.

CENTULENSIS (Hariulfus), HARIULFE D'ARDEMBOURG, dit aussi H. DE CENTULE. Voy. *Ardemburgensis* (H.).

CEPARANUS (Thomas), THOMAS DE CEPERANO, théologien et hagiographe italien, frère mineur, né sans doute à Ceperano, près de Rome, mort vers 1260.

CEPIO (Coriolanus), CORIOLANO CIPPICO, plus connu sous son nom latin; biographe et historien dalmate; né à Trau, mort en 1493.

CEPORINUS (Jacobus), JACQUES WIESENDANGER, connu sous le nom de J. CÉPORIN, philologue suisse, professeur à Zurich, né à Dynhart près de Zurich, mort en 1525.

CERAMEUS (Theophanes), Θεοφάνης Κεραμεύς, théologien byzantin, évêque de Taormina (*episc. Tauromenius*) en Sicile, mort vers 1100.

CERATINUS (Jacobus), JACQUES TENYC, plus connu sous le nom de J. CÉRATIN, savant helléniste hollandais, professeur à Tournai, à Louvain et à Leipzig, né à Hoorn, mort en 1530. — Il s'est nommé aussi *J. Hornanus* et *J. Hornensis*.

CERDONENSIS (Guilelmus). Voy. *Rhedonensis* (G.).

CERETUS (Daniel), DANIELE CERETI,

médecin et historien italien, né à Brescia, mort après 1470.

CERITONA (Odo de) et CERITONENSIS (O). Voy. *Schirodunensis* (O.).

CERMENATE (Joannes de), JEAN DE CERMENATI, historien italien, né et notaire à Milan, mort après 1336.

CERMISONUS (Antonius), ANTONIO CERMISONE, médecin italien professeur à Pavie et à Padoue, précepteur de Savonarole, né à Padoue, mort en 1441. — On le trouve aussi nommé *A. Cernesonus*.

CERNESONUS (Antonius). Voy. *Cermisonus* (A.).

CERUTUS (Blancus), BIANCO CERUTO, littérateur italien, secrétaire du cardinal Foscari, né à Vérone, mort vers 1500.

CERVETUS et CERVOTTUS. Voy. *Accursius* (C.).

CERVINUS (Robertus), ROBERT KAREVUE, philosophe scolastique anglais, docteur d'Oxford, mort vers 1330. — On le trouve nommé aussi *R. Carewalii*.

CESOL (Jacobus), CESOLIS (J. de) et CESOLUS (J.). Voy. *Cessolis* (J. de).

CESSOLIS (Jacobus de), JACQUES DE CESSOLES, théologien et moraliste, dominicain, auteur d'un ouvrage célèbre sur les échecs (*liber de scacchis*), né soit à Cessoles dans la Thiérache, soit à Casal dans le Montferrat, soit même à Thessalonique dans la Macédoine, mort vers 1300. — Aucun nom peut-être n'a été plus maltraité par les copistes, les traducteurs et les éditeurs; nous en avons trouvé jusqu'à vingt-sept formes différentes : *J. de Cæsolis, J. de Carzolis, J. de Casalis, J. de Casallis, J. de Casolis, J. de Cassalis, J. de Cassolis, J. de Castulis, J. de Casulis, J. Cesol, J. de Cesolis, J. Cesolus, J. de Cessulis, J. de Cesulis, J. de Cezolis, J. de Ciesole, J. de Cossolis, J. de Sesselis, J. de Teriace, J. de Thessalis, J. de Thessalonia, J. de Thessalonica, J. de Thessolonia, J. Thessolus, J. de Tessalis, J. de Tesselis.*

CESSULIS (Jacobus de). Voy. *Cessolis* (J. de).

CESTRIENSIS (Guilelmus), GUILLAUME DE CHESTER, poëte latin, bénédictin, moine du Bec, puis de Chester, né en Angleterre, mort vers 1110. — Leland le nomme *G. Castrensis*.

CESTRIENSIS (Henricus), HENRY BRADSHAW, dit H. DE CHESTER, poëte et historien anglais, bénédictin dans le comté de Chester, mort en 1513.

CESTRIENSIS (Ranulphus), RANULPH HIGDEN, dit aussi H. de CHESTER. Voy. *Higdenus* (R.).

CESTRIENSIS (Robertus), ROBERT DE CHESTER, mathématicien anglais, né à Chester, mort vers 1400. — On le trouve nommé encore *R. Castrensis* et *R. Castrius*.

CESULIS et CEZOLIS (Jacobus de). Voy. *Cessolis* (J. de).

CHALANCONIO (Guilelmus de), GUILLAUME DE CHALANCON, théologien français, évêque du Puy (*episcop. Aniciensis*), né sans doute à Chalançon (Haute-Loire), mort en 1443.

CHALCOCONDYLES. Voy. *Chalcondyles*.

CHALCONDYLES (Demetrius), Δημήτριος Χαλκονδύλης ou Χαλκοκονδύλης, en français DÉMÉTRIUS CHALCONDYLE, sans doute fils du suivant, savant grammairien grec, professeur à Pérouse et à Florence, né à Athènes, mort en 1510.

CHALCONDYLES (Leonicus ou Nicolaus), Λαόνικος ou Νικόλαος Χαλκονδύλης ou Χαλκοκονδύλης), dit en français LAONIC CHALCONDYLE, célèbre historien grec, né à Athènes, mort vers 1464. — On écrit aussi *Chalcocondyles*.

CHALCUS (Bartholomæus), BARTOLOMMEO CALCHI, littérateur et philologue italien, protecteur des lettres, né à Milan, mort en 1508.

CHALCUS (Tristanus), TRISTANO CALCHI, historien italien, né à Milan, mort vers 1515.

CHALLEIO (Joannes de). Voy. *Chanlaio* (J. de).

CHALMETO (Stephanus de), ÉTIENNE DE CHALMET, théologien français, religieux de la Chartreuse des Portes (*Carthusiæ Portarum monachus*), près de Lyon, mort vers 1150.

CHAMPAGNIACO (Petrus de), PIERRE DE CHAMPAGNI, théologien italien, professeur à Paris, dominicain, pape sous le nom d'INNOCENT V, né à Moustier, dans la Tarentaise, mort en 1270. — On le trouve nommé aussi *P. de Tarentasia*, et il fut surnommé *Doctor famosissimus*.

CHANACO (Guilelmus de); GUILLAUME DE CHANAC, évêque de Paris, fondateur du collége dit de Chanac ou de Saint-Michel, né sans doute à Chanac, dans la Lozère, mort vers 1350.

CHANACO (Guilelmus de), GUILLAUME DE CHANAC, neveu du précédent, évêque de Mende, cardinal, bienfaiteur du collége de Saint-Michel à Paris, mort vers 1385.

CHANLAIO (Joannes de), JEAN DE CHAMPLAY, moraliste français, évêque du Mans, né à Champlay, près de Joigny, mort vers 1292. — On le trouve encore désigné sous les noms suivants : *J. Cantor* (du titre d'un ms. *Liber cantoris*, qui lui a été attribué), *J. de Cenomanis*, *J. de Challeio*, *J. de Chanliaco*, *J. de Tanlaio* et *J. de Tanlayo*.

CHANLIACO (Joannes de). Voy. *Chanlaio* (J. de).

CHARCANO (Michael de), MICHELE CARCANO (dit: Moréri), théologien et sermonnaire italien, frère mineur, né à Milan, mort vers 1500. — On le nomme plus souvent *M. Mediolanensis*.

CHARITONUS, Χαρίτων, en français CHARITON, théologien et moine grec, patriarche de Constantinople, mort vers 1200.

CHARITONYMUS (Georgius, Gregorius ou Hermonymus), Γεώργιος, Γρηγόριος ου Ἑρμώνυμός ὁ Χαριτώνυμος, théologien grec, professeur à Paris, mort vers 1480. — On le trouve souvent désigné par son troisième prénom seulement.

CHARITOPULUS (Manuel), Μανουὴλ ὁ Χαριτόπουλος, théologien byzantin, patriarche de Constantinople, mort vers 1250. — Il fut surnommé *Philosophus* (ὁ Φιλόσοφος) et *Sarantenus* (ὁ Σαραντήνος).

CHARLERIUS. Voy. *Carlerius*.

CHARNIACO (Petrus de), PIERRE DE CHARNY, théologien français, chanoine de Paris, archevêque de Sens, né à Charny (Yonne), mort en 1274.

CHATTODUNUS (Gualterus), WALTER CATTON ou GATHON (Jöcher), théologien anglais, frère mineur, pénitencier du pape Clément IV, mort en 1343. — On le trouve encore nommé *G. Cathonus* et *G. Cattonus*.

CHAUCERUS (Galfridus ou Gallofridus), GODFROY CHAUCER, célèbre poëte anglais, né à Londres, mort en 1400.

CHAVALCHA DE VICO (Dominicus), DOMENICO CAVALCA, théologien ascétique et prédicateur italien, dominicain, né à Vico-Pisano, en Toscane, mort vers 1370.

CHEBHAMIUS (Thomas), THOMAS DE CHEBHAM, casuiste et sermonnaire anglais, docteur d'Oxford, chanoine de Salisbury, évêque de Canterbury, mort après 1313. — Il fut surnommé *Bonus presbyter*, et on l'appelle parfois *Th. Cabhamus*.

CHELIDONIO (Hugo de). Voy. *Sancto Caro* (H. de).

CHELLAVUS (Gualterus). Voy. *Kellavus* (G.).

CHELMESTONUS (Joannes), JEAN DE CHELMESTON ou DE CHELMERTON, théologien et philosophe scolastique anglais, carme, professeur à Oxford, né à York, mort vers 1300.

CHENNINGAULUS (Joannes). Voy. *Keningalus* (J.).

CHERCHEMONDUS (Joannes), JEAN DE CHERCHEMONT, trésorier de l'église de Laon, chancelier de France, exécuteur testamentaire de Charles le Bel, mort en 1320.

CHERCHEMONDUS (Joannes), JEAN DE CHERCHEMONT, neveu du précédent, évêque de Troyes, puis d'Amiens, Chancelier de France, mort en 1373.

CHERISIACO (Nevelo ou Nivelo de), NÉVELON ou NIVELON DE CHÉRISY, évêque de Soissons, puis archevêque de Thessalonique, mort en 1207.

CHERUBINUS (Doctor). Voy. *Aquinas* (T.).

CHEVRIACO (Radulphus de). Voy. *Capriaco* (R. de).

CHICUS. Voy. *Asculanus* (C.).

CHIEMENSIS (Joannes), JEAN DE CHIEM, théologien italien, évêque de Chiem en Bavière, mort vers 1530.

CHIENSIS (Leonardus), LEONARDO GIUSTINIANI, dit aussi L. DE CHIO. Voy. *Justinianus* (L.).

CHIFAMO et CHIFANO (Leonardus de). Voy. *Jovis fano* (L. de).

CHILLINGWORTHUS (Joannes), JEAN DE KILLINGWORTH, mathématicien et astronome anglais, né à Caermarthen, mort vers 1370.

CHILWARDEBIUS (Robertus). Voy. *Kilwardbius* (R.).

CHINASIUS (Daniel), DANIELE CHINARRO, chroniqueur italien, né à Trévise, mort au milieu du XV.ᵉ siècle.

CHIRBURIUS et CHIROBURGUS (David). Voy. *Kirburrius* (D.).

CHOLETUS (Joannes), JEAN CHOLET ou COLET, dit aussi J. DE NOINTEL, négociateur et cardinal français, fondateur du collége dit des Cholets (*collegium Choletorum*) à Paris, né à Nointel, dans le Beauvaisis, mort en 1291. — On le trouve nommé encore *J. Coletus, J. Colletus* et *J. de Noyentello*.

CHOMATENUS et CHOMATIANUS (Demetrius), Δημήτριος ὁ Χωματηνὸς ἢ Χωματιανός, théologien et jurisconsulte grec, chartophylax (χαρτοφύλαξ), archevêque de Bulgarie, mort vers 1220.

CHONIATA et CHONIATES. (Nicetas), NICETAS DE CHONÈS. Voy. *Acominatus* (N.).

CHORCEONE (Robertus de). Voy. *Curtonus* (R.).

CHRESTONUS (Joannes). Voy. *Crastonius* (J.).

CHRISTIANISSIMUS (Doctor). Voy. *Carlerius* (J.) et *Cusanus* (N.).

CHRISTOPHORUS, CRISTOFORO, poëte et improvisateur italien, né à Florence, mort après 1514. — Ses contemporains lui décernèrent le surnom d'*Altissimo*.

CHRISTOPHORUS (Joannes), JOHANN CHRISTOPHE, théologien allemand ou belge, dominicain, prieur du couvent de Minden, mort en 1335, suivant Échard, après 1335, suivant Jöcher, en 1260 suivant Du Cange et Foppens.

CHRYSHÆDUS (Petrus). Voy. *Hædus* (P.).

CHRYSOBERGES (Lucas), Λουκᾶς ὁ Χρυσοβέργης, théologien et poëte grec, patriarche de Constantinople, mort en 1167.

CHRYSOBERGES (Maximus), Μάξιμος ὁ Χρυσοβέργης, écrivain ecclésiastique grec, mort vers 1420.

CHRYSOCEPHALUS (Macarius), Μακάριος Χρυσοκέφαλος, en français MACAIRE CHRYSOCÉPHALE, écrivain ecclésiastique grec, archevêque de Philadelphie, mort au XIVᵉ siècle. — Il dut ce nom à son habitude de diviser par chapitres, qu'il appelait des *chapitres d'or* (Χρυσᾶ κεφάλαια), les extraits qu'il fit des ouvrages des Pères.

CHRYSOCOCCES (Georgius), Γεώργιος ὁ Χρυσοκόκκης, médecin, astronome et mathématicien grec, peut-être bibliothécaire du Vatican, mort vers la fin du XIVᵉ siècle.

CHRYSOLITHUS (Joannes), nom grécisé de JOHN GOLDESTON. Voy. *Goldestonus* (J.).

CHRYSOLORAS (Demetrius), Δημήτριος ὁ Χρυσολωρᾶς, en français DÉMÉTRIUS CHRYSOLORAS, négociateur et théologien grec, né à Thessalonique, mort à la fin du XIVᵉ siècle.

CHRYSOLORAS (Manuel), Μανουὴλ ὁ Χρυσολωρᾶς, en français MANUEL CHRYSOLORAS, philologue et érudit grec, professeur à Venise, à Florence, à Pavie et à Rome, né à Constantinople, mort en 1415.

CHRYSOLORAS (Joannes), Ἰωάννης ὁ Χρυσολωρᾶς, en français JEAN CHRYSOLORAS, neveu de Manuel, théologien grec, mort vers 1462.

CHRYSOPOLITANUS (Zacharias), ZACHARIE DE BESANÇON, théologien et sermonnaire français, prémontré, moine de Saint-Martin de Laon, né à Besançon, mort vers 1160. — Quelques biographes le font naître en Angleterre et le nomment Z. DE GOLDSBOROUGH. — On trouve aussi Z. *Bisuntinus*.

CHUMNUS (Michael), Μιχαὴλ ὁ Χοῦμνος, jurisconsulte et théologien byzantin, nomophylax, évêque de Thessalonique, patriarche de Constantinople, mort vers le milieu du XIIIᵉ siècle.

CHUMNUS (Nicephorus), Νικηφόρος ὁ Χοῦμνος, jurisconsulte, théologien et rhéteur byzantin, garde des sceaux, puis grand stratopédarque, né à Constantinople, mort après 1330.

CHURRERUS (Gasparus), GASPARD CHURRER, érudit et historien allemand, mort vers 1530.

CIBOLIUS (Robertus). Voy. *Cibollius* (R.).

CIBOLLIUS (Robertus), ROBERT CIBOULE, théologien et moraliste français, chancelier de l'Église de Paris, doyen d'Évreux, né à Breteuil, dans la Normandie, mort en 1458. — On écrit aussi R. *Cibolius*.

CICCHUS. Voy. *Asculanus* (C.).

CICESTRIENSIS (Gervasius), GERVAIS DE CIRENCESTER, théologien anglais, abbé de Prémontré, évêque de Séez (*episcop. Sagiensis*), né sans doute à Cirencester (comté de Glocester), mort en 1228.

CICESTRIENSIS (Ricardus), RICHARD DE CIRENCESTER, chroniqueur anglais, bénédictin, moine au couvent de Saint-Pierre à Westminster, né à Cirencester, mort en 1402. — On le nomme encore R. *Cicestrius*, R. *de Cirencestria*, R. *Corinensis* (de *Corinium*, ancien nom de Cirencester), et *monachus Westmonasteriensis*.

CICESTRIENSIS (Rogerus), ROGER DE CHICHESTER, historien anglais, bénédictin, moine à Westminster, mort après 1339.

CICESTRIUS (Radulphus), RADULFE DE CHICHESTER, biographe anglais, dominicain, mort après 1270.

CICESTRIUS (Ricardus). Voy. *Cicestriensis* (R.).

CICHUS. Voy. *Asculanus* (C.).

CIESOLE (Jacobus de). Voy. *Cessolis* (J. de).

CIGALINUS (Franciscus), FRANCESCO CIGALINI, médecin et astrologue italien, né à Côme, mort en 1530.

CINGULO (Angelus de), ANGELO DE CINGOLI, théologien et traducteur italien, frère mineur, né à Cingoli, dans le Picenum, mort après 1317.

CINNAMUS (Joannes), Ἰωάννης Κίνναμος, Κίναμος ou Σίνναμος, en français JEAN CINNAME, CINAME ou SINNAME, historien byzantin, secrétaire impérial, mort à la fin du XIIe siècle.

CINUS (Angelus): Voy. *Politianus* (A.).

CINUS (Jacobus), GIACOMO CINO, théologien et philologue italien, dominicain, né à Colle, près de Sienne, mort en 1380. — On le trouve encore nommé J. *Senensis* et J. *de Sancto Andrea*.

CINUS. Voy. *Pistoriensis* (C.).

CIPELLUS (Vincentius), VINCENZO CIPELLI (?) théologien italien, moine du Mont-Cassin, puis abbé de Saint-Thomas à Crémone, né à Crémone, mort après 1442.

CIRCA (Bernardus). Voy. *Papiensis* (B.).

CIRENCESTRIA (de). Voy. *Cicestriensis*.

CIREYA (Joannes de). Voy. *Cireyo* (J. de).

CIREYO (Joannes de), JEAN DE CIREY théologien et jurisconsulte français, moine, puis général de l'ordre de Cîteaux, né à Cirey, près de Dijon, mort en 1503. — On trouve aussi J. *de Cireya*.

CISTERCIENSIS (Adamus), ADAM DE KINLOSS, dit aussi A. DE CITEAUX. Voy. *Killosensis* (A.).

CISTERCIENSIS (Christianus), CHRÉTIEN DE CITEAUX, théologien et sermonnaire français, abbé de Cîteaux, mort vers 1200.

CISTERCIENSIS (Engelbertus), ENGELBERT DE CITEAUX, théologien et hagiographe français, abbé de Cîteaux, mort après 1250.

CISTERCIENSIS (Gilbertus), GILBERT DE CITEAUX, dit aussi G. LE GRAND (G. *Magnus*), célèbre théologien anglais, abbé d'Ourscamp, puis de Cîteaux, mort après 1167.

CISTERCIENSIS (Guido), GUI PARÉ, dit aussi G. DE CITEAUX. Voy. *Pareto* (G. de).

CISTERCIENSIS (Guilelmus), GUILLAUME DE CITEAUX, théologien français, abbé de la Prée (*abbas Prateæ*) dans le Berri, puis de Cîteaux, né à Caen, mort en 1181. — Baluze le nomme G. *de Tolosa*.

CISTERCIENSIS (Guilelmus), GUILLAUME DE CITEAUX, théologien mystique et sermonnaire, 21e abbé de Cîteaux, fondateur de l'abbaye de la Pitié (*de Pietate Dei*) au diocèse du Mans, mort vers 1237.

CISTERCIENSIS (Hermannus), HERMANN DE KEMPTEN, dit aussi H. DE CITEAUX. Voy. *Campo veteri* (H. de).

CISTERCIENSIS (Jacobus), JACQUES L'ANGLAIS, dit aussi J. DE CITEAUX. Voy. *Anglicus* (J.).

CISTERCIENSIS (Jacobus), JACQUES D'INSTERSBURG, dit aussi J. DE CITEAUX. Voy. *Carthusianus* (J.).

CISTERCIENSIS (Justus), JUSTE DE CITEAUX, sermonnaire français, abbé de Cîteaux, mort vers 1300.

CISTERCIENSIS (Nicolaus), NICOLAS VISCHEL, dit N. DE CITEAUX, sermonnaire allemand, moine de Cîteaux au couvent de Sainte-Croix en Autriche, mort après 1410.

CISTERCIENSIS (Odo), EUDES DE MO-RIMOND, dit aussi E. DE CITEAUX. Voy. *Morimundensis* (O.).

CISTERCIENSIS (Rainaldus, Rainerus ou Regnaldus), RAINALD, RAINER ou RE-GNAULD DE CITEAUX, abbé de Cîteaux, rédacteur des statuts de l'Ordre, mort en 1151.

CISTERCIENSIS (Robertus), ROBERT DE MOLÈMES, dit aussi R. DE CITEAUX. Voy. *Molismensis* (R.).

CISTERCIENSIS (Rogerius), ROGER DE CITEAUX, hagiographe anglais, historien des onze mille vierges, moine de Cîteaux à Ford (Sussex), mort vers 1200.

CISTERCIENSIS (Stephanus), ÉTIENNE HARDINGUE, dit aussi E. DE CITEAUX. Voy. *Hardingus* (St.).

CISTERCIENSIS (Thomas), THOMAS DE PERSEIGNE, dit aussi TH. DE CITEAUX. Voy. *Persenia* (Th. de).

CISTERTIENSIS. Voy. *Cisterciensis*.

CITHAROEDUS (Henricus), HENRI DE LA HARPE. Voy. *Harphius* (H.).

CITTADINUS (Hieronymus), GERONIMO CITTADINI, poëte italien, né à Milan, mort vers 1450.

CITTADINUS (Paulus), PAOLO CITTA-DINI, poëte et jurisconsulte italien, professeur à Milan et à Fribourg, mort en 1525.

CLAMANGIIS (Nicolaus de), CLAMAN-GIUS (N.), CLAMENGIIS (N. de) et CLAMENGIUS (N.). Voy. *Clemangius* (N.).

CLAPOLUS et CLAPWELLUS (Richardus). Voy. *Knapwellus* (R.).

CLARÆVALLENSIS (Achardus), ACHARD DE CLAIRVAUX, théologien et sermonnaire français, maître des novices à Clairvaux (Aube), mort vers 1170.

CLARÆVALLENSIS (Bernardus), BER-NARD DE CLAIRVAUX, célèbre théologien français, fondateur de l'abbaye de Clairvaux, né à Fontaine, près de Dijon, mort en 1153. — Il fut surnommé *Doctor mellifluus*.

CLARÆVALLENSIS (Fastredus ou Fastradus). Voy. *Fastredus*.

CLARÆVALLENSIS (Gaufridus), GEOF-FROI D'AUXERRE, dit aussi G. DE CLAIR-VAUX. Voy. *Autissiodorensis* (G.).

CLARÆVALLENSIS (Gerardus), GÉRARD DE CLAIRVAUX, théologien italien, abbé de Fossencuve, puis de Clairvaux, né dans la Lombardie, assassiné en 1177.

CLARÆVALLENSIS (Guido), GUI DE CLAIRVAUX, biographe français, abbé de Clairvaux, puis archevêque nommé de Reims, né dans la Picardie, mort en 1214.

CLARÆVALLENSIS (Guilelmus), GUIL-LAUME DE DONGELBERG, dit aussi G. DE CLAIRVAUX. Voy. *Dongelbergius* (G.).

CLARÆVALLENSIS (Henricus), HENRI D'ALBANO, dit aussi H. DE CLAIRVAUX. Voy. *Albanensis* (H.).

CLARÆVALLENSIS (Nicolaus), NI-COLAS DE CLAIRVAUX, sermonnaire français, secrétaire de saint Bernard, moine de Moutier-Ramey (*monachus monasterii Aremarensis*), puis de Clairvaux, né dans la Champagne, mort après 1176.

CLARÆVALLENSIS (Petrus), PIERRE DE CLAIRVAUX, théologien français ou italien, abbé de Clairvaux (Aube), mort après 1353. — On le trouve souvent nommé *P. de Ceffona*.

CLARÆVALLENSIS (Philippus), PHI-LIPPE DE L'AUMÔNE, dit aussi PH. DE CLAIRVAUX. Voy. *Eleemosyna* (Ph. de).

CLARANUS (Osbertus). Voy. *Clarentius* (O.).

CLARASCO (Thomas de), THOMAS DE CHERASCO, casuiste et sermonnaire piémontais, dominicain, inquisiteur en Lombardie, cardinal, né à Cherasco, au nord de Mondovi (Etats-Sardes), mort en 1390. — On le trouve aussi nommé *Th. de Cassato*.

CLARAVALLE (de). Voy. *Clarævallensis*.

CLAREMBALDUS, CLAREMBAUD, théologien français, adversaire d'Abélard, archidiacre de l'église d'Arras, mort vers 1160.

CLARENTINUS (Osbertus). Voy. *Clarentius* (O.).

CLARENTIUS (Osbertus), OSBERT DE CLARENCE, biographe anglais, bénédictin, prieur de Saint-Pierre de Londres, né à Clarence (Suffolk), mort vers 1150. — On le trouve encore nommé *O. Clarentinus* et *O. Claranus*. — Du Cange l'appelle O. DE STOC CARE.

CLARIS (Antonius de), ANTOINE DE CHIARI, sermonnaire italien, dominicain à Brescia, né à Chiari, près de Brescia, mort vers 1527.

CLAROFONTANUS (Adamus), ADAM DE BARKING, dit aussi A. DE SHERBURN. Voy. *Barchingensis* (A.).

CLAROMONTANUS (Pontius), PONCE D'AUVERGNE, dit aussi P. de CLERMONT. Voy. *Arvernia* (P. de).

CLAROMONTE (Joannes de), JEAN DE CLERMONT, théologien français, docteur de Sorbonne, chanoine de Loudun, mort vers 1380.

CLAROMONTE (Bernardus de) et CLAROMONTENSIS (B.). Voy. *Gannato* (B. de).

CLARUS (Joannes), JEAN CLÉRÉE, théologien et sermonnaire français, dominicain, professeur à Paris, né à Coutances (Manche), mort vers 1507. — On le trouve aussi nommé *J. Clereus.*

CLARUS (Remigius), REMIGIO CLARI théologien et sermonnaire italien, dominicain à Paris, né à Florence, mort en 1309. — On le trouve souvent nommé *R. Florentinus* et parfois *Hieronymus Clarus.*

CLAUDIANUS (Osburnus). Voy. *Claudiocestriensis* (O.).

CLAUDIENSIS (Petrus), PIETRO CALO, dit aussi PIERRE DE CHIOGGIA, théologien et hagiographe italien, dominicain, né à Chioggia (Vénétie), mort en 1310. — On le nomme encore *P. Clodiensis, P. Calo* et *P. Calotius.*

CLAUDIOCESTRIENSIS (Clemens), CLÉMENT DE GLOCESTER, théologien anglais, chanoine régulier de Saint-Augustin, né sans doute à Glocester, mort avant 1170. — On le nomme aussi *C. Glocestriensis.*

CLAUDIOCESTRIENSIS (Humfredus ou Humfridus), HUMPHREY, DUC DE GLOCESTER, fils du roi Henri IV d'Angleterre, astronome anglais, protecteur des lettres, fondateur de la bibliothèque d'Oxford, mort en 1447. — Il fut surnommé *H. Bonus.*

CLAUDIOCESTRIENSIS (Osbernus ou Osburnus), OSBURN DE GLOCESTER, théologien anglais, bénédictin, moine à l'abbaye de Glocester, mort vers 1150. — On le trouve aussi nommé *O. Claudianus.*

CLAUDIOCESTRIENSIS (Robertus), ROBERT, DUC DE GLOCESTER, frère de Henri Ier, roi d'Angleterre, littérateur anglais, mort vers 1140.

CLAUDIOCESTRIENSIS (Robertus), ROBERT DE GLOCESTER, chroniqueur et poëte anglais, moine de l'abbaye de Glocester, mort vers 1265. — On le trouve aussi nommé *R. Glocestriensis.*

CLAVARO (Jacobus de). Voy. *Claverio* (J. de).

CLAVASIO (Angelus de), ANGELO DE CHIAVASCO, théologien italien, frère mineur, auteur du *Summa Angelica*, « sic « nuncupata, dit Wadding, ab authoris « nomine, » né à Chiavasco (Piémont), mort en 1485. — On le nomme aussi *A. Carletus.*

CLAVERIO (Jacobus de), JACQUES DE CHIAVARI, théologien italien, dominicain, professeur à Vienne en Autriche, né à Chiavari, dans la province de Gênes, mort vers 1425. — On le nomme aussi *J. de Clavaro.*

CLEERIIS (Hugo de), HUGUES DE CLEERS ou DE CLÈRES, chroniqueur et négociateur français, sénéchal de la Flèche et de Beaugé (*dapifer Fissæ et Balgiaci*), né dans l'Anjou, mort après 1164. — On trouve aussi *H. de Cleriis* et *H. de Cleris.*

CLERIIS et CLERIS (Hugo de). Voy. *Cleeriis* (H. de).

CLEMANGIÆ (Nicolaus), CLEMANGIIS et CLEMANGIS (N. de). Voy. *Clemangius* (N.).

CLEMANGIUS (Nicolaus), NICOLAS DE CLAMANGES, célèbre théologien et moraliste français, recteur de l'Université de Paris, chantre et archidiacre de Bayeux, né à Clamanges (*Clemangia*), près de Châlons en Champagne, mort vers 1440. — Nous avons rencontré encore son nom ainsi orthographié : *N. de Clamangiis, N. Clamangius, N. de Clamengiis, N. Clamengius, N. Clemangiæ, N. de Clemangiis, N. de Clemangis, N. de Clemengiis* et *N. Clemengius.*

CLEMENGIIS (Nicolaus de) et CLEMENGIUS (N.). Voy. *Clemangius* (N.).

CLEMENS, CLÉMENT III, IV, V et VI, papes. Voy. *Scholaris* (P.), *Fulcodius* (G.), *Gothus* (B.) et *Rogerius* (P.).

CLEMENS (Mathurinus), MATHURIN COURTOIS, dit M. CLÉMENT, théologien français, doyen de la Faculté de Paris, carme, né près de Bourges (Cher), mort en 1509.

CLEMENS (Odo), ODON CLÉMENT, dit aussi O. COUTIER, bénédictin anglais ou français, abbé de Saint-Denis près de Paris, archevêque de Rouen, mort en 1247.

CLEOPHILUS (Franciscus-Octavius). Voy. *Fanensis* (O.).

CLEREUS (Joannes). Voy. *Clarus* (J.).

CLERICUS CLAROMONTANI EPISCOPI (Adamus), ADAM, CLERC DE L'ÉVÊQUE DE CLERMONT, seul nom sous lequel nous ayons trouvé désigné un chroniqueur français, abréviateur du *Speculum historiale* de Vincent de Beauvais, et mort après 1276.

CLERICUS (Jacobus), JACQUES DU CLERCQ, seigneur de Beauvoir, chroniqueur français, attaché à la cour de Philippe le Bon, duc de Bourgogne, né dans l'Artois, mort en 1462.

CLERICUS (Nicolaus ou Joannes), JEAN DE KLERK, poëte et chroniqueur flamand, secrétaire de la cité d'Anvers, né dans cette ville, mort en 1351. — On le trouve aussi nommé NICOLAS DE CLERC, DE CLERCQ et DE CLERCK.

CLERICUS (Ubertinus). Voy. *Crescentinas* (U.).

CLIPIDO (Alexander de). Voy. *Sancto Elpidio* (A. de).

CLIVENSIS (Norbertus), SAINT NORBERT DE CLÈVES, théologien et sermonnaire allemand, fondateur de l'ordre de Prémontré, archevêque de Magdebourg, né à Santen, dans le duché de Clèves, mort en 1134.

CLODIENSIS (Petrus). Voy. *Claudiensis* (P.).

CLOPINELLUS (Joannes), JEAN CLOPINEL OU LE BOITEUX, surnom donné à JEAN DE MEUN. Voy. *Magduno* (J. de).

CLOSNERUS (Fridericus), FRIEDERICH CLOSENER, chroniqueur allemand, vicaire de la cathédrale, puis prébendier à Sainte-Catherine de Strasbourg, né dans cette ville, mort après 1384.

CLUNIACENSIS (Bartholomæus), BARTHÉLEMY DE CLUNI, théologien et sermonnaire français, archidiacre, puis abbé de Cluni, mort en 1230.

CLUNIACENSIS (Bernardus), BERNARD DE CLUNI, chroniqueur français, moine de Cluni, mort vers 1130.

CLUNIACENSIS (Federicus, Ferricus ou Fridericus), FEDERIC, FERRI, ou FRÉDÉRIC DE CLUNI, théologien et homme d'État français, chanoine de Cambrai et de Liége, évêque de Tournai, cardinal, originaire de Cluni, mort en 1483.

CLUNIACENSIS (Gualterus), GAUTIER DE CLUNI, théologien français, religieux de Cluni, moine de Marmoutiers, prieur de Saint-Martin en Vallée, à Chartres, né à Compiègne, mort vers 1160.

CLUNIACENSIS (Hugo), HUGUES DE CLUNI, hagiographe français, abbé de Cluni, mort en 1163.

CLUNIACENSIS (Hugo), HUGUES DALMACE, dit aussi H. DE CLUNI. Voy. *Dalmatius* (H.).

CLUNIACENSIS (Petrus), PIERRE DE MONTBOISSIER, dit aussi P. DE CLUNI. Voy. *Montebuxero* (P. de).

CLUNIACENSIS (Radulfus), RAOUL DE CLUNI, théologien français, abbé de Cluni, prieur de la Charité-sur-Loire (Nièvre), mort en 1177.

CLUNIACENSIS (Rainaldus), RAINALD DE SEMUR, dit aussi R. DE CLUNI. Voy. *Senemurio* (R. de).

CLUNIACENSIS (Richardus), RICHARD DE POITIERS, dit aussi R. DE CLUNI. Voy. *Pictaviensis* (R.).

CLUSA (Jacobus de). Voy. *Carthusianus* (J.).

CLUSO (Gratianus de), GRATIEN DE CHIUSI. Voy. *Gratianus*.

CNITIODUNUS (Henricus). Voy. *Knightodunus* (H.).

COANERSINUS et COASINUS (Guilelmus). Voy. *Caorsinus* (G.).

COCCINUS (Philotheus), Φιλόθεος ὁ Κόκκινος, théologien grec, moine du Sinaï, puis du mont Athos, archevêque d'Héraclée, patriarche de Constantinople, mort vers 1380.

COCCIUS (Marcus-Antonius), MARCANTONIO COCCIO, plus souvent nommé M.-A. SABELLICUS, historien et érudit italien, né à Vicovaro, mort en 1508. — Un de ses ouvrages a paru sous le nom de *Angelus Sabinus*.

COCCOFORDUS (Guilelmus). Voy. *Colkisfordius* (G.).

6.

COCHINGERUS (Joannes), JOHANN COCHINGER, théologien allemand, né et dominicain à Fribourg en Brisgau, mort vers 1350. — Du Cange le nomme J. CACHENG, et Altamura J. CACHENGDA.

COCIACO (Thomas de), THOMAS DE MARLE, seigneur DE COUCI. Voy. *Marla* (Th. de).

COCKISFORDUS (Guilelmus). Voy. *Colkisfordius* (G.).

COCLES. Voy. *Corvus* (A.).

COCLÈS (Bartholomæus), BARTOLOMMEO DELLA ROCCA, plus connu sous son nom latin, médecin et astrologue italien, né à Bologne, mort en 1504. — Un de ses ouvrages est signé *Andreas Corvus*.

CODINUS (Georgius), Γεώργιος Κώδινος, en français GEORGE CODIN, surnommé ὁ Κυροπαλάτης (*Curopalates* et *Curopalata*), en français le CUROPALATE, compilateur grec, mort après 1434.

CODRUS (Antonius). Voy. *Urceus* (A.).

COEPOLLA (Bartholomæus), BARTOLOMMEO CEPOLLA, jurisconsulte italien, mort à Padoue en 1474.

COESFELDIUS (Henricus), HENRI DE KÖSFELD, théologien allemand, chartreux à Gertruydenberg en Hollande, né à Kösfeld, dans la Westphalie, mort en 1410. — On trouve encore *H. de Cœsveldia*, *H. de Consveldia*, *H. de Cosweldia*.

COESVELDIA (Henricus de). Voy. *Cœsfeldius* (H.).

COGGESHALENSIS (Radulphus), RALPH DE COGGESHALL, chroniqueur et théologien anglais, moine de Cîteaux à Coggeshall (comté d'Essex), mort vers 1228.

COGNATIUS (Joannes). Voy. *Cagnatius* (J.).

COLBIUS (Thomas), THOMAS COLBE, théologien anglais, carme à Norwich, évêque de Waterford (Irlande), mort après 1400.

COLEBURGUS (Radulphus), RAOUL DE COLEBROOK (?), théologien et littérateur anglais, professeur à Oxford et à Paris, né sans doute à Colebrook (comté de Shrops), mort...?

COLEDUNUS (Joannes). Voy. *Coltonus* (J.).

COLETUS (Joannes), JEAN COLET, grammairien et théologien anglais, chanoine et doyen de Saint-Paul, et fondateur de l'école de ce nom, né à Londres, mort en 1519.

COLETUS (Joannes.) Voy. *Choletus* (J.).

COLIMENTANUS (Rainaldus) et COLIMENTO (R. de), RAINALDI DE COLLE DEL MONTE, hagiographe italien, bénédictin, moine du Mont-Cassin, cardinal, né à Colle del Monte, dans l'Abruzze, mort en 1165. — On le trouve encore nommé *R. Calamentanus*, *R. Calementanus* et *R. de Colimento*.

COLINÆUS (Simo), SIMON DE COLINES, imprimeur, graveur et libraire français, associé de Henri Étienne, établi à Paris, né soit à Pont-de-Colines en Picardie, soit à Gentilly près de Paris, mort en 1546.

COLINIUS (Nicolaus), KLAAS ou NICOLAS KOLYN, bénédictin hollandais, longtemps regardé comme l'auteur d'une célèbre chronique flamande, dite *Rym-Kronyk*, mort vers 1170.

COLKISFORDIUS (Guilelmus), GUILLAUME DE COLKIRK (?), théologien et sermonnaire anglais, carme, professeur à Cambridge, né sans doute à Colkirk (Norfolk), mort après 1380. — On le trouve encore nommé *G. Califordius*, *G. Calisfordiensis*, *G. Coccofordus*, *G. Cockisfordus* et *G. Talifordus*. — Tanner le nomme G. CALIFORD ou TALIFORD, et C. de Villiers G. COCKFORDE ou COCKISFORDE.

COLLÆUS (Joannes), JEAN DE COLLEY, théologien anglais, carme à Doncaster, né sans doute à Colley (comté de Hangs), mort vers 1440. — On trouve aussi *J. Colleius*.

COLLECTOR, surnom donné à GABRIEL BIEL, théologien et philosophe allemand, professeur à l'université de Tubingue, auteur d'un *Collectorium circa Lombardi sententiarum libros*, né à Spire, mort en 1495.

COLLEIUS (Joannes). Voy. *Collæus* (J.).

COLLEMEDIO (Guido de), GUIDO DE COLLE DI MEZZO (suivant l'*Histoire littéraire de la France*), plus souvent nommé G. DE COLMIEU, théologien et sermonnaire italien ou flamand, évêque de Cambrai, puis archevêque de Salerne, né sans doute à Colle di Mezzo (royaume de Naples), mort en 1306.

COLLEMEDIO (Joannes de), JEAN DE

COLMIEU, hagiographe français; chanoine de Saint-Martin d'Ipres, archidiacre de Térouane, mort après 1130.

COLLEMEDIO (Petrus de), PIERRE DE COLLE DI MEZZO, dit en français PIERRE DE COLMIEU, légat du Saint-Siége, archevêque de Rouen, cardinal, né à Colle di Mezzo, dans la Campanie, mort en 1253.

COLLENSIS (Dionysius), DENIS DE COLLE, théologien et orateur italien, augustin, né à Colle, en Toscane, mort après 1470.

COLLENUCIUS (Landulphus, Pandulphus ou Radulphus), LANDOLFO, PANDOLFO ou RODOLFO COLLENUCCIO, historien, jurisconsulte et littérateur italien, né à Pesaro, mort en 1504.

COLLETUS (Joannes). Voy. *Choletus* (J.).

COLLONE (Gaufridus de). Voy. *Corlone* (G. de).

COLLUM CERVI (Gaufridus), GEOFFROI COL DE CERF, théologien et sermonnaire français, abbé de Saint-Thierry de Reims, puis de Saint-Médard de Soissons, évêque de Châlons-sur-Marne, mort en 1143.

COLLUTIUS. Voy. *Salutatus* (L.-C.).

COLMANNUS (Robertus), ROBERT COLMAN, sermonnaire anglais, frère mineur à Norwich, chancelier de l'Université d'Oxford, mort apres 1418.

COLOMBINUS (Joannes), GIOVANNI COLOMBINI, fondateur de l'ordre des Jésuates, né à Sienne, mort en 1367.

COLONIA (Albertus de), ALBERT DE BOLLSTADT, dit aussi A. DE COLOGNE. Voy. *Bolstadius* (A.).

COLONIA (Henricus de), HENRI VON DEM BIRBAUM, dit en français H. DE COLOGNE, théologien, sermonnaire et jurisconsulte allemand, chartreux, prieur à Zeelhem, près de Diest, chanoine de Saint-Paul de Liége, professeur à Louvain et à Cologne, né dans cette ville, mort en 1473. — On le trouve nommé encore *H. Brunonis* et *H. Piro*.

COLONIA (Laurentius de), LAURENT DE COLOGNE, théologien allemand, augustin, professeur à Paris, mort en 1493.

OLONIA (de). Voy. *Coloniensis*.

COLONIENSIS (Bartholomæus), BAR-

THÉLEMY DE COLOGNE, littérateur, érudit et poëte allemand, né à Cologne, mort en 1514.

COLONIENSIS (Engelbertus), ENGELBERT DE BERG, dit E. DE COLOGNE, archevêque de Cologne, assassiné en 1225.

COLONIENSIS (Gerardus), GÉRARD DE COLOGNE, théologien mystique allemand, dominicain, mort vers 1314.

COLONIENSIS (Godescalcus), GODESCALC DE COLOGNE, philosophe scolastique allemand, carme, professeur à Paris, né à Cologne, mort en 1373.

COLONIENSIS (Godofridus), GODEFROID DE COLOGNE, chroniqueur hollandais, bénédictin, moine à Cologne, mort après 1237.

COLONIENSIS (Hermannus), HERMANN LE JUIF, dit aussi H. DE COLOGNE. Voy. *Judæus* (H.).

COLONIENSIS (Oliverius), OLIVIER DE WESTPHALIE, dit aussi O. DE COLOGNE. Voy. *Westphalus* (O.).

COLONIENSIS (Ricolphus), RICOLPHE DE COLOGNE, philosophe scolastique allemand, dominicain, mort vers 1355.

COLONIENSIS (Victor), VICTOR DE CARBEN, dit V. DE COLOGNE, théologien, rabbin juif qui apostasia à Cologne, mort en 1515.

COLONIENSIS. Voy. *Colonia* (de).

COLTONUS (Joannes), JEAN DE COLTON, théologien anglais, docteur d'Oxford, évêque d'Armagh, mort en 1404. — On le nomme aussi *J. Coledunus*.

COLUCCIUS. Voy. *Salutatus* (L.-C.).

COLUMBARIENSIS (Joannes), JEAN DE COLMAR, chroniqueur allemand, dominicain, né à Colmar (Haut-Rhin), mort vers 1303.

COLUMBARIO (Petrus-Bertrandus de), PIERRE BERTRAND DE COLOMBIER, neveu du cardinal Pierre Bertrand, et souvent confondu avec lui, évêque de Nevers, d'Arras, puis d'Ostie, cardinal, né à Annonay, mort en 1361.

COLUMBUS (Christophorus), CRISTOFORO COLOMBO, en français, CHRISTOPHE COLOMB, célèbre navigateur italien, né près de Gênes, mort en 1506. — On le nomme aussi *C. Genuensis*.

COLUMNA (Ægidius de), EGIDIO COLON-

NA, plus connu sous le nom de GILLES DE ROME, célèbre théologien et philosophe italien, disciple de saint Thomas d'Aquin, professeur à Paris, précepteur de Philippe le Bel, archevêque de Bourges, général de l'ordre des Augustins, né à Rome, mort en 1316. — On l'appelle encore *Æ. de Augustinis* et *Æ. Romanus*. — Il a été surnommé *Doctor beatus, Doctor fundamentarius* et *Doctor fundatissimus*.

COLUMNA (Franciscus de), FRANCESCO COLONNA, littérateur italien, dominicain, né à Venise, mort en 1527. — Il a publié un ouvrage sous le nom de *Poliphilus*.

COLUMNA (Guido de), GUIDO COLONNA, historien et poëte sicilien, né sans doute à Messine, mort vers 1300.

COLUMNA (Jacobus de), GIACOMO COLONNA, littérateur italien, protecteur de Pétrarque, évêque de Lombez, mort après 1341.

COLUMNA (Joannes de), GIOVANNI COLONNA, chef de l'illustre famille de ce nom, historien italien, légat et cardinal, mort en 1255.

COLUMNA (Joannes de), GIOVANNI COLONNA, neveu du précédent, historien italien, dominicain, archevêque de Messine, mort vers 1285.

COLUMNA (Landulfus de), LANDULFE DE COLOUMELLE, neveu de Raoul, théologien, moraliste et chroniqueur français, chanoine de Chartres, mort vers 1350. — On le nomme aussi *L. Sagax*.

COLUMNA (Pompeius de), POMPEO COLONNA, poëte latin et protecteur des lettres, évêque de Rieti et d'Aversa, archevêque de Montréal, cardinal, vice-roi de Naples, mort en 1532.

COLUMNA (Radulphus de), RAOUL DE COLOUMELLE, jurisconsulte et historien français, chanoine de Chartres, né à Coloumelle, dans le pays Chartrain, mort vers 1300.

COLUMNA DOCTORUM, LA COLONNE DES DOCTEURS, nom sous lequel est parfois désigné GUILLAUME DE CHAMPEAUX. Voy. *Campellensis* (G.).

COLUMNIS (de). Voy. *Columna* (de).

COMENSIS (Bernardus), BERNARD DE COMO, théologien italien, dominicain, né à Como (Lombard-Vénitien), mort en 1510.

COMES (Lotharius), LOTHARIO CONTI, théologien italien, pape sous le nom d'INNOCENT III, né à Rome, mort en 1216.

COMES (Prosdoscimus), PROSDOCIMO CONTI, jurisconsulte italien, né à Padoue, mort vers 1448. — On le nomme aussi *P. de Comitibus*.

COMES. Voy. *Comitibus* (de).

COMESTOR (Petrus), PIERRE LE MANGEUR, ainsi nommé, dit Trithème, « quia scripturarum auctoritates in suis « sermonibus et opusculis crebrius allegando, quasi in ventrem memoriæ « manducarit, » historien et philosophe français, plus connu sous son nom latin, doyen de l'église de Troyes, puis chancelier de celle de Paris, né à Troyes, mort en 1198. — On le nomme aussi *P. Manducator*.

COMINÆUS (Philippus), PHILIPPE DE COMINES, sire d'Argenton, célèbre chroniqueur français, conseiller de Louis XI, né au château de Comines, près de Lille, mort en 1509.

COMINUS (Joannes), JOHN COMYN, théologien anglais, archevêque de Dublin, mort vers 1215. — On trouve aussi *J. Cuminus*.

COMITIBUS (Justus de), GIUSTO CONTI, jurisconsulte et poëte italien, conseiller de Pandolfo Malatesta, seigneur de Rimini, né à Rome, mort en 1449.

COMITIBUS (Nicolaus de), NICCOLO CONTI, philologue et voyageur italien, mort après 1444.

COMMENTATOR, LE COMMENTATEUR (par excellence), surnom donné à ABEN-ROSCHD. Voy. *Averrhoes*.

COMMENTATOR. Voy. *Plus quam commentator*.

COMMUNIS (doctor). Voy. *Aquinas* (T.).

COMNENA (Anna), Ἄννα Κομνηνά, en français ANNE COMNÈNE, fille de l'empereur Alexis Ier, savante grecque, protectrice des lettres, auteur de l'*Alexiade* (Ἀλεξιάς), morte en 1148.

COMNENUS (Andronicus), Ἀνδρόνικος ὁ Κομνηνός, en français ANDRONIC COMNÈNE, empereur grec de Constantinople, et auteur d'un Dialogue contre les Juifs, mort en 1185.

COMNENUS (Manuel), Μανουὴλ ὁ Κομνηνός, en français MANUEL COMNÈNE, théologien grec, empereur de Constantinople, mort en 1180.

COMODALIACENSIS (Stephanus), ÉTIENNE MALEU, dit ET. DE SAINT-JUNIEN, chroniqueur français, chanoine de Saint-Junien, dans le Limousin, mort en 1322. — On le trouve aussi, mais plus rarement, nommé *St. de Sancto Juniano*.

COMPAGNUS (Dinus), DINO COMPAGNI, historien florentin, gonfalonier, mort en 1323.

COMPENDIENSIS (Galterius ou Walterius), GAUTIER DE COMPIÈGNE, hagiographe français, moine de Marmoutiers (*monachus Majoris monasterii*), puis prieur de Saint-Martin en Vallée à Chartres, mort après 1155.

COMPENDIENSIS (R.), COMPENDIO et COMPENDIS (R. de). Voy. *Roscelinus*.

COMPLUTENSIS (Alphonsus), ALPHONSE D'ALCALA, orientaliste espagnol, rabbin converti, né à Alcala de Hénarès (*Complutum*), mort au début du XVIe siècle.

COMPOSTELLANUS (Bernardus), BERNARD DE COMPOSTELLE, historien et théologien espagnol, trésorier de l'église de Compostelle, mort vers 1250. — On le nomme souvent *B. Thesaurarius*.

COMPOSTELLANUS (Giraldus ou Girardus), GIRALD ou GIRARD DE COMPOSTELLE, historien ecclésiastique espagnol, chanoine de Compostelle, mort vers 1130.

COMPOSTELLANUS (Hugo), HUGUES DE COMPOSTELLE, chroniqueur et hagiographe français, archidiacre de Compostelle, puis évêque de Porto, mort au milieu du XIIe siècle.

COMPUTISTA (Rogerius), surnom donné à ROGER DE SWINSHED. Voy. *Suinsetus* (R.).

CONCHIS (Guilelmus de), GUILLAUME DE CONCHES, célèbre philosophe scolastique français; professeur à Paris, né à Conches, près d'Évreux, mort entre 1150 et 1154.

CONCILIATOR (Petrus), PIERRE LE CONCILIATEUR, surnom donné à P. D'ABANO. Voy. *Aponensis* (P.).

CONCIONATOR (Joannes), surnom donné à JOHN FELTON. Voy. *Feltonus* (J.).

CONCORDIENSIS (Guido), GUI DE BAISIO, dit aussi G. DE CONCORDIA. Voy. *Baisius* (G.).

CONCOREGIUS (Conradus), CORRADO CONCORREGIO, jurisconsulte italien, né et professeur à Milan, mort vers 1270.

CONCOREGIUS (Joannes), GIOVANNI CONCOREGIO ou CONCORREGIO, médecin italien, professeur à Bologne, à Pavie, à Florence et à Milan, né dans cette ville, mort vers 1440.

CONDATENSIS (Godefridus), GODEFROI DE CONDÉ, connu sous le nom de G. DE FONTAINE ou DES FONTAINES, fils de Roger, seigneur de Condé dans le Hainaut, théologien scolastique belge, chancelier de l'Université de Paris, évêque de Cambrai, chanoine de Liége, mort vers 1235. — On le trouve encore appelé : *G. de Fontanis, G. de Fontano, G. Fontanus, G. de Fontibus, G. Leodiensis* et *G. de Leodio*. — Il a été surnommé *Bonus episcopus* et *Doctor venerandus*.

CONDATO (Joannes a), JEAN DE CONDÉ, philosophe scolastique belge, carme à Valenciennes, né à Condé, dans le Hainaut, mort vers 1390. — Fabricius écrit *J. e Condeto*.

CONDETO (Petrus de), PIERRE DE CONDÉ, théologien français, chanoine au couvent de Notre-Dame de Chage (*B. M. de Cagia, de Cavea* ou *de Chagia*), au diocèse de Meaux, mort après 1250.

CONDETO (Petrus de), PIERRE DE CONDÉ, chanoine de Notre-Dame, puis de Saint-Victor de Paris, archidiacre de Soissons et de Laon, clerc du roi et maître de la chambre des comptes, mort en 1329.

CONDETO (Turstanus de). Voy. *Turstanus*.

CONDETO. Voy. *Condato*.

CONDOLMERIUS (Gabriel), GABRIEL CONDOLMERE, théologien italien, célestin, évêque de Sienne, pape sous le nom d'EUGÈNE IV, né à Venise, mort en 1447.

CONFALONERIUS (Antonius), ANTONIO CONFALONIERI, historien ecclésiastique italien, chanoine de la cathédrale de Milan, mort vers 1500. — Argelati le nomme aussi *A. Confanonerius*.

CONFANONERIUS (Antonius). Voy. *Confalonerius* (A.).

CONFLUENTIA (Andreas de), ANDRÉ DE COBLENTZ, théologien allemand, carme, prieur à Cologne, né à Coblentz, mort en 1476.

CONFLUENTIA (Pantaleo de), PANTALEONE DE CONFIENZA, médecin italien, professeur à Verceil, né à Confienza (Lombard-Vénitien), mort à la fin du XVe siècle.

CONGANUS, CONGAN, hagiographe irlandais, moine de Cîteaux, abbé de Surry, mort après 1120.

CONGELSHOVIUS (Jacobus). Voy. *Regiovillanus* (J.).

CONNECTA (Thomas), THOMAS CONNECTE, théologien et sermonnaire français, réformateur religieux, carme, né à Rennes, brûlé vif en 1434.

CONNEO (Guilelmus de) et CONNEUS (G.). Voy. *Gannato* (G. de).

CONON (Joannes), JOHANN CONO, théologien et helléniste allemand, dominicain, né à Nuremberg, mort en 1513.

CONODUNUS (Nicolaus). Voy. *Kentonus* (N.).

CONOWÆUS (Rogerus), ROGER CONOWAY (disent Jöcher et Fabricius) ou DE CONWAY, théologien anglais, frère mineur, né sans doute à Conway, dans le pays de Galles, mort en 1360. — Du Cange le nomme *R. Conwaius*.

CONSENTINUS (Lucas), LUC DE COSENZA, hagiographe italien, moine de Cîteaux, archevêque de Cosenza, mort en 1224.

CONSENTINUS (Martinus), MARTIN LE POLONAIS, dit aussi M. DE COSENZA. Voy. *Polonus* (M.).

CONSINGA (Herbertus). Voy. *Norvicensis* (H.).

CONSOBRINUS (Joannes), JUAN SOBRINO, sermonnaire portugais, carme, né à Lisbonne, mort vers 1480. — On trouve aussi *J. Sobrinus*.

CONSPICUUS (Doctor). Voy. *Burlæus* (G.).

CONSTABLIUS (Joannes), JOHN CONSTABLE, poëte et philologue anglais, mort vers 1530.

CONSTANTIA (de). Voy. *Constantiensis*.

CONSTANTIENSIS (Bernaldus, Bertholdus ou Bertoldus), BERNOUL ou BERTOUL DE CONSTANCE, historien et théologien allemand, prêtre à Constance, mort vers 1100.

CONSTANTIENSIS (Cardinalis), LE CARDINAL DE COUTANCES, nom sous lequel est souvent désigné R.-O. DE LONGUEIL. Voy. *Longolius*.

CONSTANTIENSIS (Galterus, Gualterus ou Walterus), GAUTIER DE COUTANCES, chanoine de Rouen, archidiacre d'Oxford, évêque de Lincoln, archevêque de Rouen, né soit en Angleterre, soit à Coutances, soit dans l'île de Jersey, mort en 1207. — On le trouve encore nommé *G. de Constantia, G. de Constantiis, G. de Insula, G. Insulanus*.

CONSTANTIENSIS (Henricus), HENRY DE KLINGENBERG, dit H. DE CONSTANCE, chroniqueur allemand, chancelier de Rodolphe de Habsbourg, évêque de Constance, mort en 1306.

CONSTANTIENSIS (Henricus), HENRY DE BERG, dit aussi H. de CONSTANCE. Voy. *Suso* (H.).

CONSTANTIENSIS (Hugo), HUGUES DE CONSTANCE, théologien allemand, évêque de Constance, mort vers 1530.

CONSTANTIENSIS (Joannes), JEAN DE COUTANCES, auteur d'un traité *De computo*, mort au milieu du XIIe siècle.

CONSTANTIENSIS (Ulricus), ULRIC MOLITOR, dit U. DE CONSTANCE, démonographe et jurisconsulte allemand, né à Constance, mort en 1492.

CONSTANTIIS (de). Voy. *Constantiensis*.

CONSTANTINOPOLITANUS (Josephus). Voy. *Ephesius* (J.).

CONSTANTINOPOLITANUS (Andronicus), Ἀνδρόνικος ὁ Κωνσταντινουπολεύς, dit en français ANDRONIC DE CONSTANTINOPLE, théologien grec, de la famille des Comnène, né à Constantinople, mort vers 1330.

CONSTANTINOPOLITANUS (Simon), Σίμων ὁ Κωνσταντινουπολεύς, en français SIMON DE CONSTANTINOPLE, théologien grec, dominicain, archevêque de Thèbes, né soit en Crète, soit à Constantinople, mort vers 1360. — On le trouve encore nommé *S. Jacumæus, S. Sacumæus* et *S. Tacumæus*. — Voy. *Cretensis* (Simon).

CONSTANTIUS (Antonius), ANTONIO CONSTANZIO ou CONSTANTI, poëte latin, philologue, érudit, né à Fano (d'où l'épithète *Phanensis* qu'il joint souvent à son nom), mort en 1490.

CONSTANTIUS (Jacobus), GIACOMO

CONSTANZIO ou CONSTANTI, poète latin, professeur à Pesaro, né à Fano, mort après 1508.

CONSVELDIA (Henricus de). Voy. *Cœsfeldius* (H.).

CONTARENUS (Ambrosius), AMBROGIO CONTARINI, négociateur et voyageur italien, né à Venise, mort après 1487.

CONTARENUS (Franciscus), FRANCESCO CONTARINI, historien et philosophe italien, professeur à Padoue, né à Venise, mort après 1460.

CONVENTRENSIS. Voy. *Conventriensis*.

CONVENTRIENSIS (Alexander), ALEXANDRE DE COVENTRY, théologien anglais, évêque de Coventry (comté de Warwick), mort vers 1250.

CONVENTRIENSIS (Gualterus), GAUTIER DE COVENTRY, chroniqueur anglais, bénédictin, né à Coventry, mort vers 1300. — On écrit aussi *G. Conventrensis* et *G. Conventuensis*.

CONVENTRIENSIS (Guilelmus), GUILLAUME DE COVENTRY, théologien et historien anglais, carme, né à Coventry, dans le comté de Warwick, mort vers 1360. — On trouve encore *G. Coventrensis* et *G. Conventuensis*.

CONVENTRIENSIS (Vincentius), VINCENT DE COVENTRY, théologien anglais, carme ou franciscain, professeur à Cambridge, né sans doute à Coventry, mort vers 1260.

CONVENTUENSIS. Voy. *Conventriensis*.

CONVERSINUS (Guilelmus). Voy. *Caorsinus* (G.).

CONWAIUS (Rogerus). Voy. *Conowæus* (R.).

COPHO, en français COPHON (*Nouvelle Biographie générale*), médecin italien de l'école de Salerne, mort vers 1300.

COPIA LEGUM, surnom donné à MARTINO GOSI. Voy. *Gosianus* (M.).

COPIOSUS (Doctor). Voy. *Mediavilla* (R. de).

COPUS (Guilelmus), GUILLAUME COP, savant médecin de Louis XII et de François Ier, né à Bâle, étudiant à Paris, mort en 1532.

COR (Joannes), JEAN CŒUR, théologien et prédicateur français, archevêque de Bourges, mort en 1483. — On trouve aussi *J. Cordis*.

CORALLUS (Stephanus), ÉTIENNE CORAL, imprimeur français, établi à Parme, né à Lyon, mort après 1477.

CORANUS (Ambrosius), AMBROISE DE CORI, théologien, hagiographe et historien italien, général des Augustins, né à Cori (anc. Cora), près de Velletri, mort en 1485. — On le trouve encore nommé *A. Coriolanus*, *A. de Cora* et *A. de Massaris*.

CORARIUS (Antonius), ANTONIO CORRARO, théologien italien, légat en France et en Allemagne, évêque d'Ostie, cardinal, né à Venise, mort en 1445. — On le nomme encore *A. Corrarius* et *A. Ostiensis*.

CORARIUS (Gregorius), GREGORIO CORRARO, fécond littérateur italien, protonotaire apostolique, patriarche de Venise, né à Venise, mort en 1464.

CORBEENSIS (Hugo), HUGUES DE FOUILLOI, dit aussi H. DE CORBIE. Voy. *Folieto* (H. de).

CORBEIENSIS (Ægidius). Voy. *Corboliensis* (Æ.).

CORBEIENSIS (Arnoldus), ARNOLD DE CORBIE, théologien allemand, moine de Corbie, mort vers 1200.

CORBEIENSIS (Hugo). Voy. *Folieto* (H. de).

CORBEIENSIS (Joannes). Voy. *Cornubiensis* (J.).

CORBEIENSIS (Simon), SIMON DE CORBIE, théologien et sermonnaire français, carme, mort vers 1315. — On le nomme aussi *S. de Corbila*.

CORBEIENSIS (Wibaldus), WIBAUD DU PRÉ, dit aussi W. DE CORBIE. Voy. *Prato* (W. de).

CORBELINUS (Petrus), PIERRE CORBELIN, théologien français, professeur au collège de Navarre à Paris, né dans le Maine, mort vers 1530.

CORBELLIO (Petrus de). Voy. *Corboliensis* (P.).

CORBIENSIS (Hugo). Voy. *Folieto* (H. de).

CORBIIENSIS ou CORBIJENCIS (Ægidius). Voy. *Corboliensis* (Æ.).

CORBILA (Simon de). Voy. *Corbeiensis* (S.).

CORBOILENSIS (Ægidius). Voy. *Corboliensis* (Æ.).

CORBOLIENSIS (Ægidius), GILLES DE CORBEIL, médecin de Philippe-Auguste, professeur à Montpellier, poëte latin, chanoine de Paris, né à Corbeil, mort à la fin du XII° siècle. — On l'appelle encore Æ. Corbeiensis, Æ. Corbiiensis ou Corbijencis, Æ. Corboilensis, Æ. Corbuliensis et Joannes de Sancto Ægidio. — Fabricius le nomme Joannes Ægidius, et Bernier Ægidius Atheniensis.

CORBOLIENSIS (Guilelmus), GUILLAUME DE CORBEIL, archidiacre de Durham, puis archevêque de Canterbury, né soit à Corbeil près de Paris, soit en Angleterre, mort vers 1136. — On le nomme aussi G. de Corbuilo.

CORBOLIENSIS (Michael), MICHEL DE CORBEIL, théologien français, doyen de Meaux, de Laon et de Paris, archevêque de Sens, mort en 1199. — On le nomme aussi M. de Corbolio.

CORBOLIENSIS (Milo), MILON DE CORBEIL, théologien français, docteur de Sorbonne, chanoine de Paris, mort en 1271.

CORBOLIENSIS (Petrus), PIERRE DE CORBEIL, théologien français, évêque de Cambrai, puis archevêque de Sens, mort après 1200. — En tête d'un manuscrit, il est nommé P. de Corbellio.

CORBOLIENSIS (Reginaldus), RÉGNAULD MIGNON, dit R. DE CORBEIL, archidiacre de Reims, évêque de Paris, né à Corbeil, mort en 1268. — On le nomme aussi R. de Corbolio.

CORBOLIENSIS (Theobaldus), THIBAUT DE CORBEIL, sous-chantre de Notre-Dame de Paris, chanoine de l'abbaye de Saint-Victor, mort en 1293.

CORBOLIO, CORBUILO et CORBULIENSIS. Voy. Corboliensis.

CORCELLIS (Thomas de), THOMAS DE COURCELLES, théologien français, chanoine, pénitencier et doyen de Notre-Dame de Paris, proviseur de la Sorbonne, né sans doute dans la Picardie, mort en 1469.

CORCETO (Robertus de). Voy. Curtonus (R.).

CORCYRENSIS (Georgius), Γεώργιος ὁ Κερκυραῖος ἢ Κορκυραῖος, en français GEORGE DE CORCYRE, théologien byzantin, archevêque de Corfou (anc. Corcyre), mort vers 1140.

CORDO (Simon a). Voy. Januensis (S.).

CORDUBA (Alphonsus de), ALPHONSE DE CORDOUE, astronome et médecin espagnol, né à Séville, mais établi sans doute à Cordoue, mort vers 1500.

CORDUBA (Franciscus de), FRANCESCO DE PRIEGO, dit aussi FRANÇOIS DE CORDOUE, casuiste et sermonnaire espagnol, dominicain, missionnaire aux Indes, né à Cordoue, mort vers 1520.

CORDUBA (Petrus de), PIERRE DE CORDOUE, philologue espagnol, dominicain à Salamanque, né à Cordoue, mort vers 1525.

CORDUBIENSIS (Ferdinandus ou Fernandus), FERDINAND ou FERNAND DE CORDOUE, jurisconsulte, érudit et astrologue espagnol, vice-roi d'Aragon, né à Cordoue, mort après 1501.

CORDUBIENSIS (Guilelmus). Voy. Carnotensis (G.).

COREOLANUS (Alphonsus), ALFONSO LOPEZ, dit ALPHONSE DE CORELLA, médecin et commentateur espagnol, professeur à Alcala de Henarez, né à Corella, dans la Navarre, mort en 1530.

CORILO (Bernardus de), BERNARD DU COUDRAY, plus connu sous le nom de PIERRE BERNARDI (Petrus Bernardus), prieur de l'ordre de Grandmont, mort après 1195.

CORINENSIS (Ricardus). Voy. Cicestriensis (R.).

CORINTHIENSIS (Guilelmus), GUILLAUME DE MEERBEKE, dit aussi G. DE CORINTHE. Voy. Mœrbeka (G. de).

CORINTHIUS (Gregorius ou Georgius), Γεώργιος ou Γρηγόριος Πάρδος, en français GEORGES ou GRÉGOIRE PARDUS, dit aussi Γ. ὁ Κορίνθιος, en français G. DE CORINTHE, philologue grec, archevêque de Corinthe, mort à la fin du XII° siècle.

CORIOLANUS (Ambrosius). Voy. Coranus (A.).

CORIUS (Bernardinus ou Bernardus), BERNARDINO ou BERNARDO CORIO, historien et poëte italien, chambellan et historiographe de Ludovic le More, né à Milan, mort en 1519. — Jöcher le nomme aussi B. Curius.

CORLANDONENSIS (Adamus), ADAM DE COURLANDON, théologien et liturgiste français, doyen de Notre-Dame de

Laon, né à Courlandon, près de Fismes (Marne), mort en 1226.

CORLONE (Gaufridus de), GEOFFROI DE COURLON ou DE COLLON, chroniqueur français, bénédictin, moine de Saint-Pierre le Vif, à Sens (*monachus sancti Petri Vivi Senonensis*), mort après 1295. — On le nomme aussi G. *de Collone*.

CORMELIIS (Guilelmus de), GUILLAUME BONNEL, dit G. DE CORMEILLES, abbé de Cormeilles au diocèse de Lisieux, l'un des juges de Jeanne d'Arc, mort en 1437.

CORNAZANUS (Antonius), ANTONIO CORNAZZANO, parémiologiste et poëte italien, né soit à Ferrare, soit à Plaisance, mort vers 1510.

CORNELIO (Raimundus de), RAIMOND DE CORNIL, théologien français, archidiacre, puis évêque de Cahors, mort en 1293.

CORNELIUS (Joannes). Voy. *Diestensis* (J.).

CORNERUS (Hermannus). Voy. *Kornerus* (H.).

CORNETANUS (Cardinalis), le CARDINAL DE CORNETO, nom sous lequel on a désigné ADRIANO CASTELLESI. Voy. *Castellensis* (A.).

CORNETANUS (Tancredus), TANCRÈDE DE CORNETO, jurisconsulto italien, archidiacre de Bologne, professeur à Paris, né à Corneto (États de l'Église), mort en 1240.

CORNEUS (Petrus-Philippus), PIETRO-FILIPPO DELLA CORGNA, jurisconsulte italien, professeur à Pise, à Ferrare et à Pérouse, né à Pérouse, mort en 1493. — Il fut surnommé *Doctor subtilis*.

CORNIBOUTIUS (Arnulphus), ARNOUL DE CORNIBOUT, ascète belge, convers du couvent de Villiers en Brabant (*conversus Villariensis*), mort en 1228.

CORNUBIENSIS (Godofridus), GODEFROI DE CORNOUAILLES, philosophe anglais, carme, professeur à Oxford et à Paris, né dans le comté de Cornouailles, mort vers 1350.

CORNUBIENSIS (Joannes), JEAN DE CORNOUAILLES, théologien et controversiste anglais, élevé à Paris, mort vers 1180. — Nous l'avons trouvé nommé par erreur J. *Corbeiensis*.

CORNUBIENSIS (Richardus), RICHARD DE CORNOUAILLES, philosophe scolastique anglais, franciscain, professeur à Oxford et à Paris, mort vers la fin du XIIIe siècle.

CORNUTUS (Gualterus), GAUTIER DE CORNUT, historien français, chapelain de Philippe-Auguste et de Louis VIII, doyen de l'église de Paris, archevêque de Sens, né à *Villanova Cornutorum*, dans la Brie, mort en 1241.

CORRARIUS. Voy. *Corarius*.

CORSINIS (Petrus de), PIETRO CORSINI, théologien et biographe italien, évêque de Volterra, légat en Allemagne, évêque de Florence, cardinal, né à Florence, mort en 1461. — On trouve aussi P. *Corsinus*.

CORSINUS (Andreas), ANDREA CORSINI, ascète italien, carme, évêque de Fiesole (*episcop. Fesulanus*), né à Florence, mort en 1373.

CORTAHOSA (Joannes de). Voy. *Brevicoxa* (J. de).

CORTESIUS (Alexander), ALESSANDRO CORTESE, poète italien, nonce apostolique, mort en 1499.

CORTESIUS (Paulus), PAOLO CORTESE, théologien et littérateur italien, évêque d'Urbin, né à San Geminiano, mort en 1510.

CORTONENSIS (Elias), ÉLIE DE CORTONE, franciscain, ami et successeur de saint François de Paule, et auteur supposé d'un traité d'alchimie, né aux environs de Cortone, mort après 1416.

CORTONENSIS (Vitus), VEIT DE CORTONE, hagiographe italien, franciscain, né à Cortone, mort en 1250.

CORTUSIUS (Guilelmus), GUGLIELMO CORTUSI, chroniqueur italien, juge à Padoue, mort après 1358.

CORVINUS (Matthias), MATTHIAS CORVIN, roi de Hongrie, fondateur de la célèbre bibliothèque de Bude, né à Klausembourg, mort en 1490.

CORVIS (Guilelmus de), GUGLIELMO CORVI, plus connu sous le nom de GUILLAUME DE BRESSE ou DE BRESCIA (*G. de Bressia* ou *Brixiensis*), médecin des papes Boniface VIII, Clément V et Jean XXII, né sur le territoire de Caneto, alors dépendant du Bressan, mort en 1326.

CORVUS (Andreas), pseudonyme de BAR-

, TOLOMMEO DELLA ROCCA. Voy. *Coclès* (B.).

COSSEIUS (Henricus). Voy. *Costesaius* (H.).

COSSOLIS (Jacobus de). Voy. *Cessolis* (J. de).

COSTERUS (Laurentius), LAURENT COSTER, célèbre imprimeur hollandais, à qui l'on a attribué l'invention de l'imprimerie, né à Harlem mort vers 1440.

COSTESAIUS (Henricus), HENRY COSTESAY (dit Tanner), théologien anglais, frère mineur à Oxford, mort en 1336. — On le tronve encore nommé *H. Cosseius* et *H. Costeseius*.

COSTESEIUS (Henricus). Voy. *Costesaius* (H.).

COSWELDIA (Henricus de), Voy. *Cœsfeldius* (H.).

COTTALAMBERGIUS (J.-Fr.), pseudonyme de W. PIRCKHEIMER. Voy. *Pirckheimerus*.

COURSINUS (Guilelmus). Voy. *Caorsinus* (G.).

COURTILLERIUS (Dionysius), DENIS COURTILLIER, l'un des libraires jurés de l'Université de Paris au milieu du XVe siècle.

COVA et COWA (Joannes de), JEAN DE LA QUEUE, garde du Trésor des chartes à Paris, rédacteur d'un des inventaires, mort en 1350. — On écrit aussi *J. de Kowa*.

COVEDUNUS (Richardus), RICHARD DE CONINGTON, théologien et sermonnaire anglais, docteur d'Oxford, frère mineur, mort en 1330.

COVENTRIENSIS. Voy. *Conventriensis*.

COVINO (Simon de), SIMON DE COUVIN, poëte latin, écolâtre de Saint-Lambert et recteur des écoles de Liége, né à Couvin, dans la principauté de Liége, mort après 1350.

COVRINUS (Guilelmus). Voy. *Caorsinus* (G.).

COXIDIUS (Elias), ÉLIE DE COXIDA, sermonnaire français, moine de Cîteaux, abbé du couvent des Dunes (*abbas Dunensis*), né à Coxida, près de Furnes, mort en 1203.

CRACOVIA (Matthæus de), MATTHIEU dit DE CRACOVIE, théologien allemand, évêque de Worms, cardinal, né, non à Cracovie, mais au château de Krokov (*in arce Chrochove*), mort en 1510.

CRACOVIA (de). Voy. *Cracoviensis*.

CRACOVIENSIS (Stanislaus), STANISLAS DE CRACOVIE, hagiographe polonais, né et dominicain à Cracovie, mort en 1350. — On trouve aussi *St. de Cracovia*.

CRAMADO (Simon et parfois Petrus de), SIMON DE CRAMAUD, théologien français, évêque de Carcassonne et de Poitiers, légat apostolique, archevêque de Reims, cardinal, né à Cramaud ou Cramaux (Haute-Vienne), mort en 1426. — On le trouve encore nommé *S. de Crammaudo*, *S. Gramaudus* et *cardinalis Pictaviensis*.

CRAMMAUDO (Simon de). Voy. *Cramado* (S. de).

CRANTZIUS (Albertus). Voy. *Krantzius* (A.).

CRASSIS (Paris de), PARIS CRASSO, historien italien, évêque de Pesaro, né à Bologne, mort vers 1530. — On le trouve aussi nommé *P. de Grassis*.

CRASSUS (Damianus), DAMIANO CRASSO, théologien italien, dominicain, docteur de Paris, professeur à Pavie, né à Rivoli, mort en 1515.

CRASSUS (Petrus), PIETRO CRASSO, jurisconsulte italien, professeur à Pavie, né à Milan, mort vers 1500.

CRASTONIUS ou CRASTONUS (Joannes), JEAN CRASTONI ou CRESTONI, lexicographe et traducteur italien, carme, né à Plaisance, mort vers 1500. — On le trouve encore nommé *J. Crestonus*, *J. Chrestonus*, *J. Groslotius* et *J. Placentinus*.

CRATO (Joannes), JOHANN KRAFFT, médecin prussien, né à Thorn sur la Vistule, mort en 1457.

CRAULÆUS (Thomas), THOMAS CRAWLEY (?), théologien anglais, chancelier de l'université d'Oxford, archevêque de Dublin, mort après 1400.

CRECOLADENSIS (Robertus). Voy. *Crickeladensis* (R.).

CREDONENSIS (Guilelmus), GUILLAUME DE RENNES, dit aussi G. DE CREIL. Voy. *Rhedonensis* (G.).

CREMIFANENSIS (Bernardus). Voy. *Cremisianensis* (B.).

CREMISIANENSIS (Bernardus), BERNARD DE KREMSMUNSTER, dit aussi B. DE NORIQUE (*B. Noricus*), chroniqueur allemand, bénédictin, moine à Kremsmunster en Bavière, mort au début du XIVe siècle. — Fabricius écrit *B. Cremifanensis*.

CREMONA (Angelus de), ANGELO DE CRÉMONE, théologien italien, augustin, mort vers 1479.

CREMONA (Guilelmus de), GUILLAUME DE CRÉMONE, théologien et sermonnaire italien, augustin, évêque de Novare, né à Crémone, mort en 1355.

CREMONA (de). Voy. *Cremonensis*.

CREMONENSIS (Dominicus), DOMINIQUE DE CRÉMONE, théologien et sermonnaire italien, carme, professeur à Toulouse, évêque de Settia dans l'île de Candie (*episcop. Sithiensis*), mort vers 1410.

CREMONENSIS (Gerardus), GÉRARD DE CRÉMONE, orientaliste, astronome et traducteur italien, que l'on a cru originaire, soit de Crémone, soit de Foligno, soit de Sabionetta près de Crémone, soit même de Carmona en Andalousie, mort en 1187. — On le trouve encore nommé, mais par erreur : *G. Carmonensis, G. Fulginas, G. Saboletanus, G. Sabulonetanus*.

CREMONENSIS (Gerardus), GÉRARD DE SABIONETTA, dit aussi G. DE CRÉMONE. Voy. *Sabulonetanus* (G.).

CREMONENSIS (Homobonus), HUOMOBONO DE CRÉMONE, hagiographe italien, évêque de Crémone, né dans cette ville, mort en 1248. — On le trouve aussi nommé *H. de Madalbertis*, mais il est le plus souvent désigné par son prénom seulement.

CREMONENSIS (Jacobus), JACQUES DE CRÉMONE, traducteur et philologue italien, né sans doute à Crémone, mort vers 1450.

CREMONENSIS (Lotharius), LOTHAIRE DE CRÉMONE, jurisconsulte italien, professeur à Bologne, évêque de Verceil, archevêque de Pise, né à Crémone, mort en 1215.

CREMONENSIS (Martinus), MARTIN DE CRÉMONE, jurisconsulte italien, né à Crémone, mort vers 1160.

CREMONENSIS (Monetus), MONETA DE CRÉMONE, théologien italien, dominicain, professeur à Crémone, mort vers 1230.

CREMONENSIS (Rolandus), ROLAND DE CRÉMONE, philosophe scolastique italien, dominicain, professeur à Bologne et à Toulouse, né à Crémone, mort vers 1250.

CREMONENSIS (Salvator), SALVATOR DE CRÉMONE, philosophe italien, moine du Mont-Cassin, né à Crémone, mort vers 1415.

CREMONENSIS (Simon), SIMON DE CRÉMONE, théologien et sermonnaire italien, augustin, professeur à Gênes, mort vers 1390.

CREMONENSIS (Theophilus), TEOFILO FERRARI, dit aussi TH. DE CRÉMONE. Voy. *Ferrariis* (Th. de).

CREMONENSIS (Valerianus), VALÉRIEN DE CRÉMONE, humaniste italien, né et professeur à Crémone, mort après 1364. — On le trouve nommé aussi *V. de Angussola*.

CREMONENSIS. Voy. *Cremona* (de).

CRESCENTIENSIS (Petrus). Voy. *Crescentiis* (P. de).

CRESCENTIIS (Petrus de), PIETRO CRESCENZI, célèbre agronome italien, né à Bologne, mort en 1320. — On le trouve encore nommé *P. Crescentiensis* et *P. Crescentius*.

CRESCENTINAS (Ubertinus), UBERTINO DE CRESCENTINO, philologue italien, né à Crescentino (Piémont), mort vers 1530. — On le trouve aussi nommé *H. Clericus*.

CRESCENTIUS, CRESCENZI, jurisconsulte et théologien italien, général des frères mineurs, évêque d'Assise, né à Esino (États de l'Église), mort vers 1270.

CRESCENTIUS. Voy. *Crescentiis* (de).

CRESCIUS (Joannes). Voy. *Creseius* (J.).

CRESEIUS (Joannes), JOHN CRESSEY, théologien anglais, carme, professeur à Oxford, mort en 1450. — On le trouve encore nommé *J. Crescius, J. Cressæus* et *J. Cressius*.

CRESSÆUS et CRESSIUS (Joannes). Voy. *Creseius* (J.).

CRESTONUS (Joannes). Voy. *Crastonius* (J.).

CRETENSIS (Elias), 'Ηλίας ὁ Κρήσιος, dit

en français ÉLIE DE CRÈTE, rabbin et philosophe juif, né dans l'île de Candie (anc. Crète), mort vers 1300.

CRETENSIS (Petrus), PIETRO FILARGO, dit aussi P. DE CRÈTE. Voy. *Philargus* (P.).

CRETENSIS (Simon), Σίμων ὁ Κρήσιος, en français SIMON DE CRÈTE, théologien grec, sans doute le même que Σίμων ὁ Κωνσταντινουπολεύς. Voy. *Constantinopolis* (S.).

CRIBELLUS (Leodrisius), LEODRISIO CRIVELLI, historien et jurisconsulte italien, secrétaire apostolique, né à Milan, mort en 1463.

CRIBELLUS (Lucas), LUCA CRIVELLI, théologien ascétique italien, religieux jésuate, né et professeur à Milan, mort en 1513.

CRICKELADENSIS (Richardus), RICHARD DE CRICKLADE, théologien anglais, chanoine régulier de Saint-Augustin à Cricklade (comté de Wilts), mort en 1310.

CRICKELADENSIS (Robertus), ROBERT CANUT, connu sous le nom de R. DE CRICKLADE, théologien anglais, augustin, prieur de Saint-Frideswide, puis d'Oxford, né à Cricklade, dans le comté de Wilts, mort après 1141. — On le trouve encore nommé : *R. Canutus, R. Crecoladensis, R. Græcoladensis* et *R. Krikelandensis*.

CRINITUS (Petrus), PIETRO CRINITO, biographe et poète italien, né à Florence, mort en 1504. — Par allusion à son nom, il fut surnommé P. RICCIO (*P. Riccius*).

CRISPEIO (Arnulfus de), ARNOUL DE CRESPY, sermonnaire français, né sans doute à Crespy, près de Senlis, mort après 1273.

CRISPEIO (Guilelmus de), GUILLAUME DE CRESPY, trésorier de l'église de Saint-Quentin, archidiacre de Paris, chancelier de France, mort après 1299.

CRISPINUS (Gilbertus), GILBERT CRISPIN, théologien français, moine du Bec (*monachus Beccensis*), puis abbé de Westminster (*abbas Westmonasteriensis*), né dans la Normandie, mort en 1117. — Son aïeul avait été nommé *Crispinus* à cause de sa chevelure crépue.

CRISPINUS (Milo), MILON CRISPIN, théologien et biographe normand, chantre à l'abbaye du Bec, mort en 1150.

CROCARTIUS (Petrus), PIERRE CROCKAERT, philosophe scolastique belge, dominicain, professeur à Paris, licencié de Sorbonne, né à Bruxelles, mort en 1514. — On le trouve nommé aussi *P. de Bruxella* et *P. de Bruxellis*.

CROCUS (Richardus), RICHARD CROKE, philologue et helléniste anglais, professeur à Leipsik, puis à Cambridge, né à Londres, mort en 1530. — Leland le nomme *R. Curvus*.

CROMIARDUS (Joannes). Voy. *Bromeardus* (J. ou P.).

CROSO (Petrus de), PIERRE DE CROS, théologien français, docteur et proviseur de la Sorbonne à Paris, évêque de Senlis, puis d'Auxerre, cardinal, né à Cros, ou près de Cros, dans le Limousin, mort vers 1362. — On le trouve souvent nommé *cardinalis Autissiodorensis*.

CROYLANDENSIS (Guilelmus), GUILLAUME DE RAMSEY, dit aussi G. DE CROWLAND. Voy. *Ramesiensis* (G.).

CROYLANDENSIS (Rogerus), ROGER DE CROWLAND, hagiographe anglais, moine à Crowland, dans le comté de Lincoln, mort vers 1220.

CRUCE (Manfredus de), MANFREDO DELLA CROCE (?), jurisconsulte italien, abbé de Saint-Ambroise de Milan, mort en 1425.

CRUCIANUS. Voy. *Turigianus*.

CRUCIUS (Robertus), ROBERT CROWCHE, philosophe scolastique anglais, franciscain, professeur à Oxford, mort vers 1300.

CRUSCIANUS et CRUSIANUS. Voy. *Turigianus*.

CRUTZENACENSIS (Nicolaus), NICOLAS DE KREUTZNACH, théologien et orateur allemand, docteur de Vienne, né à Kreutznach (Prusse), mort en 1491.

CRUTZENACO (Joannes de), JOHANN FUST, dit JEAN DE KREUTZNACH, sermonnaire allemand, carme, prieur à Strasbourg, né au château de Creutznach, mort en 1374. — On le nomme aussi *J. Fustiginus*.

CUBITO (Joannes de), JEAN DE ELNBOGEN, théologien allemand, abbé de Wallstadt, né à Elnbogen en Bohême, mort en 1325.

CUBITO (Wenceslaus de), WENCESLAS PAYER DE ELNBOGEN, médecin allemand, établi à Leipsik, né à Elnbogen en Bohême, mort vers 1520.

CUCULLUS (Petrus), PIERRE CUCUPÈTRE, nom sous lequel Anne Comnène, puis Mabillon, ont désigné P. L'HERMITE. Voy. *Eremita* (P.).

CUGNERIIS (Petrus de), PIERRE DE CUGNIÈRES, jurisconsulte français, défenseur de l'autorité royale contre le pouvoir ecclésiastique, mort vers le milieu du XIIe siècle. — On le trouve nommé aussi P. *Cunerius*.

CULEMBURGO (Zuederus d'), ZUEDER DE KUILENBORG, historien hollandais, né à Kuilenborg dans la Gueldre, mort après 1494.

CULTIFICIS (Engelbertus). Voy. *Cultrificis* (E.).

CULTRIFICIS (Engelbertus), ENGELBERT MESSEMAKERS, théologien belge, dominicain, prieur du couvent de Zwolle, né à Nimègue, mort vers 1492. — Valère André et Fabricius le nomment, par erreur, E. *Cultificis*.

CUMINUS (Joannes). Voy. *Cominus* (J.).

CUMO (Guilelmus de), GUILLAUME DE CUNIO, jurisconsulte italien, professeur à Orléans, né à Cunio, dans la Romagne, mort après 1310.

CUNEAS (Guilelmus) et CUNEO (G. de). Voy. *Gannato* (G. de).

CUNERIUS (Petrus). Voy. *Cugneriis* (P. de).

CUNETIUS (Richardus), RICHARD KENET, théologien, philosophe et médecin anglais, carme, mort après 1380.

CURATIO (Joachimus de), JOACHIM DE CORAZZO (dit Moréri), DE CURACE (dit l'abbé Fleury), théologien italien, moine de Cîteaux, fondateur de l'ordre du Flore, abbé de Corazzo (Calabre), né à Celico, près de Cosenza (royaume de Naples), mort en 1201.

CURIA (Joannes de), JEAN DE LA COUR, dit aussi J. D'AUBERGENVILLE, doyen de Saint-Martin de Tours, évêque d'Évreux, chancelier de France, né sans doute à Aubergenville (Seine-et-Oise), mort en 1256.

CURIA (Joannes ex), JEAN UYT TEN HOVE, en français J. DE LA COUR, dit J. UTENHOVE, théologien hollandais, dominicain, prieur à Gand, puis vicaire général de Hollande, né à Gand, mort en 1489.

CURIUS (Bernardinus). Voy. *Corius* (B.).

CUROPALATA et CUROPALATES. Voy. *Codinus* (G.).

CURRIFICIS (Joannes), JEAN WAGEMAECKERS, moraliste belge, moine de Cîteaux au couvent de Marche-les-Dames, à Namur, mort vers 1500.

CURSIANUS. Voy. *Turigianus*.

CURTACOXA (Joannes de). Voy. *Brevicoxa* (J. de).

CURTIUS (Lancinus), LANCINO CORTE, poëte italien, né à Milan, mort en 1511.

CURTIUS (Rochus), ROCH CURTI, jurisconsulte italien, sénateur à Milan, conseiller de Guillaume, duc de Montferrat, né et professeur à Pavie, mort vers 1500.

CURTONUS (Robertus), ROBERT dit DE COURSON, théologien anglais, réformateur de l'Université de Paris, cardinal, mort en 1218. — On le trouve encore nommé R. *de Chorceone* et R. *de Corceto*.

CURTO PALATIO (Jacobus de), JACQUES DE COURT-PALAIS, surnom donné, on ne sait en quelle occasion, au pape URBAIN IV. Voy. *Trecis* (Jacobus de).

CURTRACO (Sigerus de), SIGER DE BRABANT, dit aussi S. DE COURTRAI. Voy. *Brabantia* (S. de).

CURVUS (Richardus). Voy. *Crocus* (R.).

CUSANUS (Nicolaus), NICOLAS CHRYFFTZ ou KREBS, plus connu sous le nom de NICOLAS DE CUSA, philosophe, géomètre, théologien et astronome français, cardinal, né à Cusa, sur la Moselle, mort en 1464. — Il fut surnommé *Doctor christianissimus*.

CUSPINIANUS (Joannes), JOHANN SPIESHAMMER, dit en français JEAN CUSPINIEN, médecin, philologue et littérateur allemand, bibliothécaire de l'empereur Maximilien 1er, né à Schweinfurt, dans la Franconie, mort en 1529.

CUSSACO (Gerardus e), GÉRARD DE CUSSAC, sermonnaire français, carme, né à Cussac (Haute-Vienne), mort vers 1350.

CUSTODIS (Guilelmus), GUILLAUME DE COSTER, dit aussi G. BONT (nom de son oncle), jurisconsulte belge, docteur de Paris, professeur à Louvain, archidiacre d'Anvers, chanoine de Sainte-Gudule à Bruxelles, doyen de Saint-Pierre d'Anderlech, né à Louvain, mort en 1454.

CYDONIUS (Demetrius), Δημήτριος ὁ Κυδώνιος, dit en français DÉMÉTRIUS DE CYDONE, théologien grec, moine à Cydone (Κυδώνη) en Crète, né à Thessalonique, mort vers la fin du XIVe siècle.

CYGNÆUS (Hermannus), HERMANN GIGAS, dit aussi H. DE ZWICKAU. Voy. *Minorita* (H.).

CYPARISSIOTA (Joannes), Ἰωάννης Κυπαρισσώτης ἢ Κυπαρισσεύς, théologien grec, adversaire des Palamites, mort à la fin du XIVe siècle. — Il fut surnommé Ἰωάννης ὁ Σοφός (*Sapiens*).

CYPRIUS et CYPRUS (Esaias), Ἠσαΐας ὁ Κύπριος, en français ESAÏE DE CHYPRE, théologien grec, né dans l'île de Chypre (anc. Cypre), mort vers 1440.

CYPRIUS et CYPRUS (Georgius ou Gregorius), Γεώργιος ou Γρηγόριος ὁ Κύπριος, en français GEORGE DE CHYPRE, théologien et littérateur grec, patriarche de Constantinople, mort en 1290.

CYRIACUS. Voy. *Anconitanus*.

CYRNÆUS (Petrus), PIETRO FELCE, dit PIERRE DE CORSE, historien italien, né à Alesani en Corse, mort après 1505.

CYRUS (Theodorus), THÉODORE LE MAITRE. Voy. *Prodromus* (Th.).

DACIA (Nicolaus de), Nicolas de Dacie, théologien, astronome et médecin hongrois, dominicain, né dans la Dacie, mort vers 1470.

DACIA (Petrus de), DACIUS et DACUS (P.). Pierre de Dace. Voy. *Dania* (P. de).

DÆDALUS, l'Ingénieux (?), surnom donné à Raymond Lulle. Voy. *Lullus* (R.).

DALBURGIUS (Joannes), Jean de Dalburg ou de Dalberg, érudit allemand, fondateur de l'Université d'Heidelberg, évêque de Worms, né à Oppenheim, mort en 1503.

DALMATICUS (Hermannus), Hermann le Dalmate, voyageur et orientaliste, né sans doute en Dalmatie, mort vers la fin du XIIe siècle. — On le trouve nommé aussi *H. Secundus*.

DALMATIUS (Hugo), Hugues Dalmace, plus connu sous le nom de H. de Cluni, célèbre théologien français, abbé de Cluni, né à Semur (Côte-d'Or), mort en 1109 : — On le nomme aussi *H. Cluniacensis*.

DAMARUS (Gerardus). Voy. *Guardia* (G. de).

DAMMIS (Ægidius de), Gilles de Damme, théologien belge, bachelier de Sorbonne, moine de Cîteaux à l'abbaye des Dunes (*Sancta Maria de Dunis*), près de Bruges, né à Damme (Flandre occidentale), mort en 1463.

DANCKONIS (Joannes de), Johann Danck, astronome allemand, né dans la Saxe, mort au XIVe siècle. — On le nomme aussi *J. de Saxonia*.

DANDULUS (Andreas), Andrea Dandolo, chroniqueur et jurisconsulte italien, doge de Venise, mort en 1354.

DANDULUS (Antonius), Antonio Dandolo, jurisconsulte italien, professeur à Pise, à Padoue et à Pérouse, né à Venise, mort à la fin du XVe siècle.

DANDULUS (Faustinus), Faustino Dandolo, théologien italien, protonotaire apostolique, gouverneur de Bologne, né à Venise, mort en 1449.

DANDUS (Guilelmus). Voy. *Anglicus* (G.).

DANIA (Petrus de), Pierre de Danemark, plus connu sous le nom de Pierre de Dace, philosophe et astronome danois, fondateur du *collège de Dace* à Paris, mort après 1326. — On le trouve nommé encore *P. de Dacia*, *P. Dacius* et *P. Dacus*.

DANIEL (Henricus), Henry Danyell, médecin anglais, dominicain, mort vers 1380.

DANTES. Voy. *Aligerius* (D.).

DANUS (Saxo), Saxo le Grammairien, dit aussi S. le Danois. Voy. *Grammaticus* (S.).

DARCHIUS (Joannes). Voy. *Darcius* (J.).

DARCIA (Joanna), Jeanne Darc, dite J. d'Arc et la Pucelle d'Orléans, héroïne française, née à Domremy en Lorraine, brûlée en 1431. — On la trouve encore nommée *J. de Arcu, Puella Aurelianensis* et *J. Lotharinga*.

DARCIUS (Joannes), GIOVANNI DARCI, en français J. DARCES, poëte latin, traducteur, aumônier du cardinal de Tournon, né à Venouse, dans le royaume de Naples, mort vers 1530. — On le nomme aussi *J. Darchius.*

DARENCIACO (Michael de), MICHEL DE DRANCY, chapelain de Saint-Ferréol, bienfaiteur de Notre-Dame de Paris, né sans doute à Drancy (Seine), mort après 1358.

DASTINUS (Joannes), JOHN DASTEYN ou DASTYN, en français JEAN DASTIN, philosophe hermétique anglais, mort vers 1350. — On le trouve aussi nommé *J. Daustenius.*

DATHIUS (Gregorius), GORO (abrév. de GREGORIO) DATI, mathématicien, historien et poëte italien, né à Florence, mort en 1436.

DATHUS, DATIS (de) et DATIUS. Voy. *Datus.*

DATUS (Augustinus), AGOSTINO DATI, philosophe, orateur et historien italien, né à Sienne, mort en 1478. — On le trouve aussi nommé *A. Dathus* et *A. Datius*; et il fut surnommé A. LE BÈGUE (*A. Balbus*).

DATUS (Julianus), GIULIANO DATI, historien et poëte italien, pénitencier à Saint-Jean de Latran, évêque de Saint-Léon, dans la Calabre, né à Florence, mort en 1524. — On trouve aussi *J. Datius.*

DATUS (Leonardus), LEONARDO DATI, théologien et négociateur italien, général des Dominicains, évêque de Massa (*episc. Massanus*), né à Florence, mort en 1472. — On trouve aussi *L. Dathus, L. de Datis*, et enfin *L. Statius* qui, suivant Échard, serait la traduction latine de son véritable nom.

DATUS (Nicolaus), NICCOLO DATI, médecin et littérateur italien, né à Sienne, mort en 1498.

DAUFFAIUS (Joannes), JEAN D'AUFFAY, historien et jurisconsulte français, né à Béthune en Artois, mort vers 1500.

DAUMARO (Gerardus de). Voy. *Guardia* (G. de).

DAUSTENIUS (Joannes). Voy. *Dastinus* (J.).

DAVENTRIENSIS (Gerardus), GÉRARD GROOT, dit G. DE DEVENTER. Voy. *Magnus* (G.).

DAVENTRIENSIS (Joannes), JEAN DE DEVENTER, théologien et helléniste hollandais, dominicain, né à Deventer (Over-Yssel), mort vers 1520.

DECEMBER (Angelus), ANGELO DECEMBRIO, littérateur et poëte italien, né à Vigevano (États-Sardes), mort après 1450. — On le trouve nommé aussi *A. Decembrius.*

DECEMBER (Petrus-Candidus), PIETRO-CANDIDO DECEMBRIO, historien, littérateur et traducteur italien, secrétaire des ducs de Milan, né à Pavie, mort en 1477. — On le nomme aussi *P.-C. Decembrius.*

DECEMBER (Ubertus), UBERTO DECEMBRIO, philosophe, érudit, helléniste et traducteur italien, père du précédent, mort vers 1430. — On le nomme aussi *U. Decembrius.*

DECEMBRIUS. Voy. *December.*

DECHIUS (Rogerius). Voy. *Dechtus* (R.).

DECHTUS (Rogerius), ROGER DECHT, jurisconsulte et sermonnaire français, prémontré à Vicogne (Nord), mort vers 1385. — On le trouve nommé aussi *R. Dechius.*

DECIUS (Lancelottus), LANCELOTTO DECIO, jurisconsulte italien, professeur à Pavie et à Pise, né à Milan, mort en 1500.

DECRETORUM (Doctor). Voy. *Bebenbergius* (L.).

DEFTENSIS (Ægidius). Voy. *Delphensis* (Æ.).

DEGUILLA VILLA (Guilelmus de), GUILLAUME DE GUILLEVILLE. Voy. *Guivilla* (G. de).

DEI (Andreas), ANDREA DI DIO, en français ANDRÉ DE DIEU, chroniqueur italien, podestat de Sienne, mort après 1328.

DEIDONATUS (Gilbertus), GILBERT DIEUDONNÉ, théologien écossais, carme à Paris, mort vers 1313 d'après Tanner, vers 1362 d'après C. de Villiers. — Tanner écrit *Deidonanus.*

DELAYTO (Jacobus de), en français JACQUES DE DELAYTE (Moréri), chroniqueur italien, chancelier de Nicolas d'Este, né à Rovigo, mort après 1410. — On trouve aussi *J. de Deleyto.*

DELEYTO (Jacobus de). Voy. *Delayto* (J. de).

DELPHENSIS (Ægidius), GILLES DE DELPHES OU DE DEPHT, poëte latin, dont M. Amaury Duval a contesté l'existence; on ignore sa patrie, et l'on croit qu'il mourut au commencement du XIIIe siècle. — On le trouve nommé aussi Æ. *Deftensis*, et il a été souvent confondu avec GILLES DE PARIS (*Ægidius Parisiensis*).

DELPHINUS (Petrus), PIETRO DELFINO, théologien italien, général des Camaldules, né à Venise, mort en 1525.

DELPHIUS. Voy. *Delphus.*

DELPHUS (Ægidius), GILLES DE DELFT, théologien hollandais, poëte latin, docteur de Sorbonne, professeur à Paris, né à Delft, près de Rotterdam, mort après 1515.

DELPHUS (Martinus), MARTIN DE DELFT, littérateur hollandais, recteur de l'Université de Paris, né à Delft, mort après 1479. — Crevier le nomme MARTIN DELF.

DELPHUS (Theodericus), THIERRI DE DELFT, théologien hollandais, dominicain à Cologne, professeur à Erfurt, né à Delft, mort vers 1400. — On écrit aussi *T. Delphius.*

DEMOPHYLAX (Joannes), seul nom sous lequel soit connu un poëte latin, religieux carme, né à Gand, mort en 1528.

DEMPSTERUS (Guilelmus), WILLIAM DEMPSTER, philosophe scolastique écossais, disciple de Raymond Lulle, mort vers la fin du XIIIe siècle.

DEO (Joannes de), JUAN DE DIOS, en français JEAN DE DIEU, théologien espagnol, professeur à Bologne et à Lisbonne, mort après 1247.

DEOBERBERIENSIS (Alanus). Voy. *Teukesburiensis* (A.).

DEOGILO (Odo de). Voy. *Diogilo* (O. de).

DERLINGTONUS (Joannes), JEAN DE DARLINGTON, théologien anglais, dominicain, archevêque de Dublin, confesseur du roi Henri III, né sans doute à Darlington (comté de Durham), mort en 1284. — On le trouve nommé encore *J. de Derlingtonia* et *J. Durolendunus.*

DESIDERATISSIMUS (Doctor). Voy. *Anglicus* (G.).

DESPAUTERIUS (Joannes), JEAN VAN PAUTEREN, en français J. DESPAUTÈRES, célèbre grammairien flamand, professeur à Louvain, à Bois-le-Duc et à Comines, né à Ninove (Flandre-orientale), mort en 1520.

DEUCIO (Bertrandus de), BERTRAND DE DEAUX, poëte latin, prévôt puis archevêque d'Embrun, cardinal, né à Blandiac, au diocèse d'Uzès, mais descendant sans doute d'une famille originaire de Deaux (Gard), mort en 1355. — Le *Gallia christiana* le nomme B. DE DEUX, Nic. Bertrand B. DE DEUCE, et dom Vaissette B. DE DEAULX.

DEUSA (Jacobus), JACQUES D'EUSE, dit aussi J. DE CAHORS (*J. Cadurcensis*), théologien et sermonnaire français, pape sous le nom de JEAN XXII, né à Cahors, mort en 1334.

DEVONIUS (Josephus), JOSEPH D'EXETER, dit aussi J. DE DEVON. Voy. *Exoniensis* (J.).

DEVONIUS (Thomas Balduinus), THOMAS BALDWIN DE DEVON, théologien anglais, moine et abbé de Cîteaux au couvent de Ford, dans le comté de Devon, évêque de Worcester (*episc. Wigorniensis*), puis de Canterbury, né à Worcester, mort en 1191. — On le trouve nommé aussi *T. B. de Forda*, *T. B. Fordensis* et *T. B. Cantuariensis.*

DIACONUS (Guilelmus), GUILLAUME DE BOURGES, dit aussi G. LE DIACRE. Voy. *Bituricensis* (G.).

DIACONUS (Joannes), JEAN LE DIACRE, poëte latin, moine du Mont-Cassin, mort vers 1170.

DIACONUS (Joannes), JEAN LE DIACRE, théologien italien, chanoine de Latran, né à Rome, mort vers 1280.

DIACONUS (Joannes), JEAN LE DIACRE, historien italien, diacre et chanoine à Vérone, mort après 1314. — On le nomme aussi *J. Veronensis.*

DIACONUS (Joannes), JEAN LE DIACRE, hagiographe espagnol, né à Madrid, mort vers le milieu du XIVe siècle.

DIACONUS (Petrus), PIERRE LE BIBLIOTHÉCAIRE, dit aussi P. LE DIACRE. Voy. *Bibliothecarius* (P.).

DIACONUS (Thomas), THOMAS LE DIACRE, historien flamand, moine de Saint-Winoch, à Bergues (Nord), mort après 1333.

DIÆRETA (Georgius), Γεώργιος ὁ Διαιρέτης,

rhéteur byzantin, moine à Alexandrie, mort au XIVe siècle.

DICETO (Radulphus de), RAOUL DE DIZY, historien et théologien anglais, doyen de l'église Saint-Paul à Londres, mort en 1283.

DIDASCALICUS (Hugo), surnom donné à HUGUES DE SAINT-VICTOR. Voy. *Sancto Victore* (H. de).

DIDUESHALUS (Joannes). Voy. *Titleshalus* (J.).

DIEDUS (Franciscus), FRANCESCO DIEDO, jurisconsulte italien, professeur à Padoue, podestat de Vérone, né à Venise, mort en 1484. — On le trouve aussi nommé *F. Dietus*.

DIENSIS (Hugo), HUGUES DE DIE, savant légat apostolique, évêque de Die, puis archevêque de Lyon, né à Romans (Drôme), mort en 1106. — On le trouve nommé encore *H. Lugdunensis*, et par erreur *H. Divionensis*.

DIESTENSIS (Joannes), JEAN VAN MEERHOUT, dit J. DE DIEST, théologien, grammairien, astronome et chirurgien belge, chanoine régulier de Saint-Augustin, né à Diest (Brabant-méridional), mort en 1476. — On le trouve aussi nommé *J. Cornelius*.

DIESTHEMIUS (Joannes), JEAN DE BLAER, dit aussi J. DE DIEST. Voy. *Blærus* (J.).

DIETGERUS, DIETGER, THEODGER, etc., musicographe allemand, moine de Cluni, abbé de Saint-Georges dans la forêt Noire, évêque de Metz, mort en 1120. — On trouve encore ce nom écrit *Theocarus, Theogerus, Theogorus, Theokarus*, etc.

DIETPOLDUS (Theobaldus), THIBAUD DIETPOLD, théologien allemand, évêque de Passau (Bavière), mort au milieu du XIIIe siècle.

DIETUS (Franciscus). Voy. *Diedus* (F.).

DILIGHEMIENSIS (Henricus), HENRI DE DILIGHEM, théologien belge, religieux prémontré, abbé de Dilighem, mort en 1162.

DILMANIENSIS (Tillmannus), TILLMANN DE DÜLMEN, théologien et sermonnaire allemand, chanoine régulier de Saint-Augustin, né à Dülmen (Westphalie), mort vers 1480.

DIMOCCUS (Rogerus), ROGER DINMOCK, théologien anglais, dominicain, adversaire des Lollards, mort vers 1400. — On écrit aussi *Dymmochus*.

DINANTO (David de), DAVID DE DINANT, théologien français, disciple d'Amaury de Chartres, mort vers 1205.

DINANTO (Jacobus de), JACQUES DE DINANT, hagiographe français, chanoine de Sainte-Geneviève de Paris, puis évêque d'Arras, né sans doute à Dinant, mort vers 1259.

DINCKELSPUHLIENSIS (Nicolaus), NICOLAS DE DINKELSBÜHL, théologien et sermonnaire allemand, recteur de l'Université de Vienne, orateur aux conciles de Constance et de Bâle, né à Dinkelsbühl, en Bavière, mort après 1431.

DINI (Thaddæus), TADDEO DINO, sermonnaire italien, dominicain, né à Florence, mort vers 1360.

DINLAIUS (Eduardus). Voy. *Dinleius* (E.).

DINLEIUS (Eduardus) EDOUARD DINLEY (?), sermonnaire anglais, carme, né à Newcastle, mort vers 1450. — C. de Villiers le nomme encore *E. Dinlaius* et *E. Donleius*.

DINOZO. Voy. *Canusinus* (D.).

DINTERUS (Edmundus). Voy. *Dynterus* (E.).

DINUS DE GARBO, DINO DEL GARBO, médecin italien, professeur à Bologne, à Padoue et à Sienne, né à Florence, mort en 1327. — La manière brillante avec laquelle il exposait les opinions des anciens médecins le fit surnommer *D. Expositor*.

DINUS. Voy. *Mugellanus* (D.).

DIOGILO (Odo de), ODON DE DEUIL, chroniqueur français, abbé de Saint-Corneille de Compiègne (*abbas S. Cornelii Compendiensis*), puis de Saint-Denis, né à Deuil, dans la vallée de Montmorency, mort en 1162. — Fabricius le nomme *O. de Deogilo*.

DIOGILO (Robertus de), ROBERT DE DEUIL, doyen de Senlis (*decan. Silvanectensis*), chanoine de Saint-Victor à Paris, mort en 1245.

DIONYSII (Nicolaus), NICOLAS DE NYSE, théologien et sermonnaire français, frère mineur, mort à Rouen en 1509.

DISCIPULUS, pseudonyme de JEAN HÉROLD. Voy. *Heroldus* (J.).

DISSÆUS (Gualterus), GAUTIER DE DISS, théologien et sermonnaire anglais, carme, professeur à Paris et à Rome, né à Diss, dans le comté de Norfolk, mort en 1404. — On le trouve encore nommé *G. Dissus* et *G. Distius*.

DISSUS et DISTIUS (Gualterus). Voy. *Dissæus* (G.).

DIVES (Guilelmus), GUILLAUME RIJK, poëte sacré belge, né à Gouda, mort vers 1520. — On le trouve nommé aussi *G. Rycquius*.

DIVINUS (doctor). Voy. *Falcuccius* (N.) et *Ruysbrockius* (J.).

DIVIONENSIS (Hugo). Voy. *Diensis* (H.).

DIVISIENSIS (Richardus), RICHARD DE DEVIZES, historien anglais, bénédictin, moine à Winchester, né sans doute à Devizes (comté de Wilts), mort vers 1380.

DIVITIS (Edmundus), EDMUND RICH, dit SAINT-EDMOND, théologien anglais, professeur à Paris, archevêque de Canterbury, né à Abingdon, mort en 1240. — On le trouve aussi nommé *E. Richius* et *E. Divitius*.

DIVITIS (Joannes). Voy. *Ryckius* (J.).

DIVITIUS (Bernardus), BERNARDO DIVIZIO, dit BERNARD DE BIBBIENA, et plus souvent LE CARDINAL DE BIBBIENA (*card. Bibianensis*), littérateur et diplomate italien, cardinal, né à Bibbiena, mort en 1520.

DIVITIUS. Voy. *Dives, Divitis, Richius* et *Ryckius*.

DLUGOSSUS (Joannes), JEAN DLUGÓSZ, célèbre chroniqueur polonais, archevêque de Leopol, dans la Rhuténie rouge, né à Brzemica, mort en 1480. — On le nomme aussi *J. Longinus*.

DOCÆUS (Joannes), JEAN DOC (dit Félibien), théologien français, bénédictin, évêque de Laon, abbé de Saint-Denis, mort vers 1330. — On écrit aussi *J. Docræus* et *J. Docreus*.

DOCCOMIENSIS (Hermannus), HERMANN VAN DOCKUM ou DOCCOM, théologien frison, curé de Saint-Vite à Leuwarden, né sans doute à Dockum ou Doccom, mort vers 1515. — Fabricius écrit *H. Doceomiensis*.

DOCEOMIENSIS (Hermannus). Voy. *Doccomiensis* (H.).

DOCHINGUS (Thomas). Voy. *Dockingus* (Th.).

DOCKINGUS (Thomas), THOMAS DE DOCKING, théologien anglais, frère mineur, chancelier de l'Université d'Oxford, né à Docking, dans le comté de Norfolk, mort après 1270. — On écrit aussi *Th. Dochingus*.

DOCRÆUS et DOCREUS (Joannes). Voy. *Docæus* (J.).

DOCTIUS (Thomas), TOMMASO DOCTI, jurisconsulte italien, né à Sienne, mort en 1441. — Il fut surnommé *Doctor veritatis* et *Doctor verus*.

DOCTOR ACUTISSIMUS, LE DOCTEUR TRÈS-PÉNÉTRANT, surnom donné à JEAN DE JANDUN. Voy. *Jandunensis* (J.).

DOCTOR ACUTUS, LE DOCTEUR SUBTIL, surnom donné à FRANCESCO HOSPITALERI. Voy. *Maironis* (F. de).

DOCTOR ADMIRABILIS. Voy. *Doctor mirabilis*.

DOCTOR AMOENUS, surnom donné à ROBERT COWTON, CONTON ou COTHON, philosophe scolastique et sermonnaire anglais, franciscain, docteur de Sorbonne, mort après 1340.

DOCTOR ANGELICUS, LE DOCTEUR ANGÉLIQUE, surnom donné à saint THOMAS D'AQUINO. Voy. *Aquinas* (T.).

DOCTOR APPROBATUS. Voy. *Doctor planus*.

DOCTOR AUCTORATUS, LE DOCTEUR MIS A L'ENCHÈRE, surnom donné à RICHARD DE MIDDLETON. Voy. *Mediavilla* (R. de).

DOCTOR AUREUS, surnom donné à ALESSANDRO TARTAGNI. Voy. *Tartaginus* (A.).

DOCTOR AUTHENTICUS, le DOCTEUR AUTHENTIQUE, surnom donné à GRÉGOIRE DE RIMINI. Voy. *Ariminensis* (G.).

DOCTOR AUTHORATUS. Voy. *Doctor auctoratus*.

DOCTOR BEATUS, surnom donné à ÆGIDIO COLONNA. Voy. *Columna* (Æ. de).

DOCTOR CHERUBINUS, surnom donné à saint THOMAS D'AQUINO. Voy. *Aquinas* (T.).

DOCTOR CHRISTIANISSIMUS, LE DOC-

TEUR TRÈS-CHRÉTIEN, surnom donné à JEAN CHARLIER, dit J. DE GERSON. Voy. *Carlerius* (J.).

DOCTOR CHRISTIANISSIMUS, LE DOCTEUR TRÈS-CHRÉTIEN, surnom donné au théologien NICOLAS CHRYFFTZ. Voy. *Cusanus* (N.).

DOCTOR COMMUNIS, surnom donné à saint THOMAS D'AQUINO. Voy. *Aquinas* (T.).

DOCTOR CONSPICUUS, surnom donné au docteur WALTER BURLEIGH. Voy. *Burlæus* (G.).

DOCTOR COPIOSUS, LE DOCTEUR ABONDANT, surnom donné à RICHARD DE MIDDLETON. Voy. *Mediavilla* (R. de).

DOCTOR DECRETORUM, LE DOCTEUR DES DÉCRETS, surnom donné au jurisconsulte LÉOPOLD DE BEBENBURG. Voy. *Bebenbergius* (L.).

DOCTOR DESIDERATISSIMUS, surnom donné au médecin GILBERT L'ANGLAIS. Voy. *Anglicus* (G.).

DOCTOR DIVINUS, LE DOCTEUR DIVIN, surnom donné à NICCOLO FALCUCCI. Voy. *Falcuccius* (N.).

DOCTOR DIVINUS, LE DOCTEUR DIVIN, surnom donné à JEAN DE RUYSBROEK. Voy. *Ruysbrockius* (J.).

DOCTOR DOCTORUM, LE DOCTEUR DES DOCTEURS, surnom donné à ALEXANDRE DE HALES. Voy. *Halensis* (A.).

DOCTOR DOCTORUM, LE DOCTEUR DES DOCTEURS, surnom donné à ANSELME DE LAON. Voy. *Laudunensis* (A.).

DOCTOR DULCIFLUUS, LE DOCTEUR AU DOUX LANGAGE (?), surnom donné à ANTONIO ANDRES. Voy. *Andrea* (A.).

DOCTOR EVANGELICUS, LE DOCTEUR ÉVANGÉLIQUE, surnom donné à PIERRE D'AILLY. Voy. *Alliacensis* (P.).

DOCTOR EVANGELICUS, LE DOCTEUR ÉVANGÉLIQUE, surnom donné à saint THOMAS D'AQUINO. Voy. *Aquinas* (T.).

DOCTOR EXIMIUS, surnom donné au médecin WILLIAM SEITON. Voy. *Seitonus* (G.).

DOCTOR EXTATICUS, LE DOCTEUR EXTATIQUE ou ILLUMINÉ, surnom donné à JEAN DE RUYSBROEK. Voy. *Ruysbrockius* (J.).

DOCTOR EXTATICUS, LE DOCTEUR EXTATIQUE, surnom donné à DENIS DE RYCKEL. Voy. *Ryckelius* (D.).

DOCTOR FACUNDUS, LE DOCTEUR ÉLOQUENT, surnom donné à PIERRE D'AURIOL. Voy. *Auriolus* (P.).

DOCTOR FAMOSISSIMUS, surnom donné au pape INNOCENT V. Voy. *Champagniaco* (P. de).

DOCTOR FAMOSUS, surnom donné au théologien JOHN SCHARP. Voy. *Sharpæus* (J.).

DOCTOR FAMOSUS, surnom donné à BERTRAND DE LA TOUR. Voy. *Turre* (B. de).

DOCTOR FERTILIS, LE DOCTEUR FERTILE, surnom donné à FRANÇOIS DE CANDIE. Voy. *Candia* (F. de).

DOCTOR FUNDAMENTALIS, surnom donné à JEAN LEFÈVRE. Voy. *Faber* (J.).

DOCTOR FUNDAMENTARIUS, surnom donné à EGIDIO COLONNA. Voy. *Columna* (Æ. de).

DOCTOR FUNDATISSIMUS, LE DOCTEUR TRÈS-FONDÉ, surnom donné à EGIDIO COLONNA. Voy. *Columna* (Æ. de).

DOCTOR FUNDATISSIMUS, LE DOCTEUR TRÈS-FONDÉ, surnom donné à RICHARD DE MIDDLETON. Voy. *Mediavilla* (R. de).

DOCTOR FUNDATUS, LE DOCTEUR FONDÉ, surnom donné à GUILLAUME DE WARE. Voy. *Wara* (G. de).

DOCTOR IGNOTUS, LE DOCTEUR INCONNU. Voy. *Ayguanis* (Michael de).

DOCTOR ILLIBATUS, LE DOCTEUR PUR, surnom donné au théologien ALEXANDRE L'ALLEMAND. Voy. *Alemanicus* (A.).

DOCTOR ILLUMINATUS, LE DOCTEUR ILLUMINÉ, nom que se donna lui-même et sous lequel est parfois désigné RAYMOND LULLE. Voy. *Lullus* (R.).

DOCTOR ILLUMINATUS, LE DOCTEUR ÉCLAIRÉ, surnom donné à FRANCESCO HOSPITALERI. Voy. *Maironis* (F. de).

DOCTOR ILLUMINATUS, LE DOCTEUR ILLUMINÉ, surnom donné à JOHANN TAULER. Voy. *Taulerus* (J.).

DOCTOR ILLUSTRATUS, LE DOCTEUR ÉCLAIRÉ, surnom donné à ADAM DE MARSH. Voy. *Marisco* (A. de).

DOCTOR INGENIOSISSIMUS, surnom donné à ANDRÉ DE NEUFCHATEAU. Voy. *Novocastro* (A: de).

DOCTOR INGENIOSUS, surnom donné à JEAN DE THORPE. Voy. *Thorpus* (J.).

DOCTOR INSIGNIS, LE DOCTEUR INSIGNE, surnom donné à PIERRE D'AURIOL. Voy. *Auriolus* (P.).

DOCTOR INTEGERRIMUS, LE DOCTEUR TRÈS-INTÈGRE, surnom donné à GUILLAUME DE SAINT-AMOUR. Voy. *Sancto Amore* (G. de).

DOCTOR INVINCIBILIS, LE DOCTEUR INVINCIBLE, surnom donné à PIERRE ABÉLARD. Voy. *Abælardus* (P.).

OCTOR INVINCIBILIS, LE DOCTEUR INVINCIBLE, surnom donné à GUILLAUME D'OCKAM. Voy. *Ochamus* (G.).

DOCTOR IRRÉFRAGABILIS, LE DOCTEUR IRRÉFRAGABLE, surnom donné à ALEXANDRE DE HALES. Voy. *Halensis* (A.).

DOCTOR MARIANUS, surnom donné à JEAN DE DUNS, dit J. SCOT. Voy. *Dunstonensis* (J.).

DOCTOR MELLIFLUUS, surnom donné à saint BERNARD. Voy. *Clarævallensis* (B.).

DOCTOR MIRABILIS, LE DOCTEUR ADMIRABLE, surnom donné à ROGER BACON. Voy. *Baconus* (R.).

DOCTOR MORALIS, surnom donné à GÉRARD, FILS D'EUDES DE CHATEAUROUX. Voy. *Castro Radulphi* (G.-O. de).

DOCTOR NOTABILIS, surnom donné à PIERRE DE LILLE. Voy. *Insulensis* (P.).

DOCTOR OMNISCIUS, LE DOCTEUR OMNISCIENT, surnom donné à PIETRO BALDI. Voy. *Ubaldis* (P.-B. de).

DOCTOR ORDINATISSIMUS, LE DOCTEUR TRÈS-ORDONNÉ, surnom donné à JEAN BASSOL. Voy. *Bassolius* (J.).

DOCTOR PERSPICACISSIMUS, surnom donné à JEAN LEFÈVRE. Voy. *Faber* (J.).

DOCTOR PERSPICUUS, surnom donné à WALTER BURLEIGH. Voy. *Burlæus* (G.).

DOCTOR PLANUS (sive APPROBATUS, dit une chronique d'Oxford), surnom donné à WALTER BURLEIGH. Voy. *Burlæus* (G.).

DOCTOR PLANUS, surnom donné à NICOLAS DE LYRE. Voy. *Lyranus* (N.).

DOCTOR PROFICUUS, LE DOCTEUR PROFITABLE, surnom donné à NICOLAS BONET. Voy. *Bonetus* (N.).

DOCTOR PROFUNDUS, LE DOCTEUR PROFOND, surnom donné à THOMAS DE BRADWARDINE. Voy. *Bradwardinus* (Th.).

DOCTOR REFULGENS, LE DOCTEUR RESPLENDISSANT, surnom donné au pape ALEXANDRE V. Voy. *Philargus* (P.).

DOCTOR RESOLUTISSIMUS, LE DOCTEUR TRÈS-RÉSOLU, surnom donné à PIERRE D'AILLY. Voy. *Alliacensis* (P).

DOCTOR RESOLUTISSIMUS, LE DOCTEUR TRÈS-RÉSOLU, surnom donné à GUILLAUME DURAND. Voy. *Sancto Porciano* (G. de).

DOCTOR RESOLUTUS, LE DOCTEUR RÉSOLU, surnom donné à JEAN DE BACONTHROP. Voy. *Baconthorpius* (J.).

DOCTOR SCOLASTICUS, LE DOCTEUR SCOLASTIQUE, surnom donné à ANSELME DE LAON. Voy. *Laudunensis* (A.).

DOCTOR SCOLASTICUS, LE DOCTEUR SCOLASTIQUE, surnom donné à HUGUES DE NEWCASTLE. Voy. *Novo Castro* (H. de).

DOCTOR SERAPHICUS, LE DOCTEUR SÉRAPHIQUE, surnom donné à GIOVANNI MARICONI, dit saint FRANÇOIS D'ASSISE. Voy. *Assisio* (F. de).

DOCTOR SERAPHICUS, LE DOCTEUR SÉRAPHIQUE, surnom donné à GIOVANNI FIDENZA, dit saint BONAVENTURE. Voy. *Bonaventura*.

DOCTOR SINGULARIS, surnom donné à GUILLAUME D'OCKAM. Voy. *Ochamus* (G.).

DOCTOR SOLEMNIS, LE DOCTEUR SOLENNEL, surnom donné à HENRI GOETHALS, dit H. DE GAND. Voy. *Gœthalis* (H.).

DOCTOR SOLIDÆ VERITATIS, LE DOCTEUR DE LA SOLIDE VÉRITÉ, surnom donné à FRANCESCO ALBERGOTTI. Voy. *Aretinus* (F.).

DOCTOR SOLIDUS, LE DOCTEUR SOLIDE (dit Moréri), surnom donné à RICHARD DE MIDDLETON. Voy. *Mediavilla* (R. de).

DOCTOR SPECULATIVUS, LE DOCTEUR CONTEMPLATIF, surnom donné à JACQUES DE VITERBE. Voy. *Viterbio* (J. de).

DOCTOR SUAVISSIMUS, surnom donné au médecin JEAN DE SAINT-AMAND. Voy. *Sancto Amando* (J. de).

DOCTOR SUBLIMIS, LE DOCTEUR SUBLIME, surnom donné à FRANÇOIS DE GIRONE. Voy. *Gerundensis* (F.).

DOCTOR SUBTILIS, LE DOCTEUR SUBTIL, surnom donné à PIETRO-FILIPPO DELLA CORGNA. Voy. *Corneus* (P.-P.).

DOCTOR SUBTILIS, LE DOCTEUR SUBTIL, surnom donné à JEAN DE DUNS, dit J. SCOT. Voy. *Dunstonensis* (J.).

DOCTOR SUBTILIS, LE DOCTEUR SUBTIL, surnom donné à JEAN LEFÈVRE. Voy. *Faber* (J.).

DOCTOR SUBTILIS, LE DOCTEUR SUBTIL, surnom donné à BENOIT RAIMOND. Voy. *Raymondus* (B.).

DOCTOR SUCCINCTUS, LE DOCTEUR ZÉLÉ, surnom donné à FRANÇOIS D'ASCOLI. Voy. *Asculanus* (Fr.).

DOCTOR SUFFICIENS, surnom donné à PIETRO AQUILANO. Voy. *Aquilanus* (P.).

DOCTOR UNIVERSALIS, LE DOCTEUR UNIVERSEL, surnom donné à ALAIN DE LILLE. Voy. *Insulis* (A. de).

DOCTOR UTILIS, LE DOCTEUR UTILE, surnom donné à NICOLAS DE LYRE. Voy. *Lyranus* (N.).

DOCTOR VENERABILIS, LE DOCTEUR VÉNÉRABLE, surnom donné à JEAN CHARLIER, dit J. DE GERSON. Voy. *Carlerius* (J.).

DOCTOR VENERABILIS, LE DOCTEUR VÉNÉRABLE, surnom donné à GUILLAUME D'OCKAM. Voy. *Ochamus* (G.).

DOCTOR VENERANDUS, LE DOCTEUR VÉNÉRABLE, surnom donné à GODEFROI DE CONDÉ, dit G. DES FONTAINES. Voy. *Condatensis* (G.).

DOCTOR VERITATIS, LE DOCTEUR DE LA VÉRITÉ, surnom donné à TOMMASO DOCTI. Voy. *Doctius* (T.).

DOCTOR VERITATIS, LE DOCTEUR DE LA VÉRITÉ, surnom donné à ALESSANDRO TARTAGNI. Voy. *Tartaginus* (A.).

DOCTOR VERUS, LE DOCTEUR VRAI, surnom donné à TOMMASO DOCTI. Voy. *Doctius* (T.).

DOCTORIBUS (Antonius-Franciscus a), ANTONIO-FRANCESCO DOTTORI, célèbre jurisconsulte italien, né et professeur à Padoue, mort en 1528.

DOCTORUM (Doctor). Voy. *Halensis* (A.) et *Laudunensis* (A.).

DODECHINUS, DODECHIN (dit la *Nouvelle Biographie générale*), voyageur et chroniqueur allemand, abbé de Saint-Disibode, né à Logenstein, dans l'électorat de Trèves, mort après 1200.

DODO (Augustinus), seul nom sous lequel soit connu un théologien hollandais, chanoine de Saint-Léonard à Bâle, qui, le premier, entreprit de rassembler tous les écrits de saint Augustin; il était né dans la Frise et mourut en 1501.

DOIONUS (Julius), GIULIO DOGLIONI, savant médecin italien, professeur à Padoue, né à Bellune, mort à Alep vers 1530.

DOLENDORPIO (de). Voy. *Dolendorpius*.

DOLENDORPIUS (Joannes ou Henricus), JEAN OU HENRY DE DOLLENDORP, théologien et prédicateur allemand, docteur de Paris, provincial des Carmes de Cologne, mort en 1375. — On trouve aussi *de Dolendorpio*.

DOLENSIS (Alexander), ALEXANDRE DE VILLEDIEU, dit aussi A. DE DOL. Voy. *Villa Dei* (A. de).

DOLENSIS (Baldericus), BAUDRI D'ORLÉANS, dit aussi B. DE DOL. Voy. *Aurelianensis* (B.).

DOLENSIS (Hervæus), HERVÉ DU MANS, dit aussi H. DU BOURG-DIEU. Voy. *Cenomanensis* (H.).

DOMARUS (Gerardus). Voy. *Guardia* (G. de).

DOMERHAMUS et DOMERSHAMUS (Adamus), ADAM DE GLASTONBURY, dit aussi A. DE DOMERHAM. Voy. *Glastoniensis* (A.).

DOMESTICUS (Joannes), JEAN PRIVÉ, théologien français, docteur de Sorbonne, mort vers 1420.

DOMINICI (Jacobus), JACQUES DOMINIQUE, historien français, dominicain, né à Collioure (*Coquiliberitanus*, dit Fabricius), dans les Pyrénées-Orientales, mort après 1367.

DOMINICI (Joannes), JEAN DOMINIQUE, théologien français, dominicain, né à Narbonne, mort vers 1323.

DOMINICI (Joannes). Voy. *Eugubio* (J.-D. de).

DOMINICIS (Dominicus de), DOMENICO

DE DOMENICHI, théologien italien, évêque de Torcello, puis de Brescia, né à Venise, mort en 1478.

DOMINICUS (Joannes), GIOVANNI DOMINICI, théologien et prédicateur italien, dominicain, archevêque de Raguse, cardinal, né à Florence, mort en 1419.

DOMINICUS (Ludovicus), LUIZ DOMINGUEZ, traducteur et romancier espagnol, mort vers 1530.

DOMINICUS (sanctus), DOMINGO DE GUZMAN, dit en français SAINT DOMINIQUE, célèbre théologien espagnol, fondateur de l'ordre des Frères Prêcheurs, né à Calarvegua (Vieille-Castille), mort en 1221.

DOMNIZO. Voy. *Canusinus* (D.).

DONATUS (Bernardus), BERNARDO DONATI, médecin et traducteur italien, né à Vérone, mort vers 1530.

DONATUS (Bindus), BINDO DONATI, poëte italien, né à Florence, mort à la fin du XIIIe siècle.

DONATUS (Foresius), FORESE DONATI, poëte italien, né à Florence, mort au XIIIe siècle.

DONATUS (Hieronymus), GERONIMO DONATO, homme d'État et littérateur italien, né à Venise, mort en 1513.

DONATUS (Ludovicus), LUIGI DONATO, théologien italien, général des Franciscains, cardinal, né à Venise, décapité en 1386.

DONATUS (Ludovicus), LUIGI DONATO, théologien et sermonnaire italien, évêque de Bergame, né à Venise, mort en 1484.

DONATUS (Petrus), PIETRO DONATO, jurisconsulte et orateur italien, évêque de Padoue, né à Venise, mort en 1447.

DONATUS (Thomas), TOMMASO DONATI, théologien et sermonnaire italien, dominicain, patriarche de Venise, né à Venise, mort en 1505.

DONDIS (Jacobus de), GIACOMO DONDI, médecin et mathématicien italien, né à Padoue, mort en 1359. — On le nomme aussi *J. Dondus*, et il fut surnommé *J. Aggregator*; il dut ce surnom à l'un de ses ouvrages, dont plusieurs éditions (les dernières) portent ce titre, et où il indique une multitude de remèdes.

DONDIS (Joannes de), GIOVANNI DONDI, dit aussi G. DONDI DALL' OROLOGIO, médecin et astronome italien, professeur à Padoue et à Florence, constructeur d'une horloge célèbre qui ornait la bibliothèque de Pavie, né à Chioggia (Lombard-Vénitien), mort en 1389. — On l'appelle encore *J. Dondus*, et il fut surnommé *Joannes de Horologio* et *J. Horologius*.

DONDUS. Voy. *Dondis* (de).

DONGELBERGIUS (Guilelmus), GUILLAUME DE DONGELBERG, théologien belge, abbé de Villiers au diocèse de Namur, puis abbé de Clairvaux (Aube), mort vers 1242. — On le trouve nommé encore *G. Claraevallensis* et *G. Villariensis*.

DONIS (Nicolaus), nom sous lequel est connu un astronome et géographe allemand, bénédictin, mort à la fin du XVe siècle.

DONIZO et DONNIZO. Voy. *Canusinus* (D.).

DONLEIUS (Eduardus). Voy. *Dinleius* (E.).

DORBELLUS (Nicolaus). Voy. *Orbellus* (N.).

DORENSIS (Adamus), ADAM DE DORHAM, poëte et théologien anglais, moine, puis abbé de Dorham près d'Hereford, mort après 1200.

DORINGIUS (Matthias). Voy. *Doringkus* (M.).

DORINGKUS (Matthias), MATTHIAS DŒRINGK, théologien et chroniqueur allemand, professeur à Erfurt et à Magdebourg, général des Franciscains, né dans la Thuringe, mort après 1464. — On le trouve souvent nommé *M. Doringius*.

DORLANDUS (Petrus), PIERRE DORLAND ou DORLANT, historien, théologien et sermonnaire belge, chartreux, prieur du couvent de Zeelhem, né à Diest (Brabant), mort en 1507.

DORMANO (Joannes de), JEAN DE DORMANS, avocat au Parlement, évêque de Beauvais, cardinal, chancelier de France, fondateur du collége dit de Beauvais ou de Dormans à Paris, né à Dormans (Champagne), mort en 1373.

DORMANO (Milo de), MILON DE DORMANS, neveu de Jean, évêque d'Angers, de Bayeux et de Beauvais, chancelier de France, mort vers 1400.

DORMIENS (Joannes), JEAN QUI DORT, surnom donné à JEAN DE PARIS. Voy. *Parisiensis* (J.).

DORNIBERGIUS (Thomas), THOMAS DORNIBERG, théologien allemand, avocat à Spire, né à Memmingen, dans la Souabe, mort après 1479.

DOROBERNENSIS (Samson), SAMSON DE CANTERBURY, théologien et sermonnaire anglais, bénédictin, moine à Canterbury, mort vers 1170.

DOROBERNENSIS. Voy. *Cantuariensis*.

DOROCHEVEDUS (Guilelmus). Voy. *Dorochius* (G.).

DOROCHIUS (Guilelmus), GUILLAUME DE DROGHEDA, célèbre jurisconsulte et mathématicien irlandais, professeur à Oxford, né à Drogheda, mort vers 1360. — On le trouve encore nommé *G. Dorochevedus*.

DORPIUS (Joannes), JEAN DORP, philosophe scolastique hollandais, mort vers 1500.

DORPIUS (Martinus), MARTIN DORP, littérateur et philosophe hollandais, professeur à Lille et à Louvain, né à Naëldwyck, mort en 1525.

DOTTANIUS ou DOTTANUS (Georgius), seul nom sous lequel soit connu un poëte latin, professeur à Leipsig, né à Memmingen (Bavière), mort vers 1520.

DOUBLUS (Martinus). Voy. *Duplex* (M.).

DOUGLASSIUS (Gavinus ou Galvinus), GALVINUS DOUGLAS, historien écossais, évêque de Dunkeld, dans le comté de Perth, mort en 1521.

DOVERIENSIS (Richardus), RICHARD DE DOUVRES, théologien anglais, bénédictin, prieur du couvent de Douvres, archevêque de Canterbury, mort en 1184.

DOVERIENSIS (Thiuredus), THIURED DE DOUVRES, musicographe anglais, bénédictin au couvent de Douvres, mort vers 1380. — On trouve aussi *Th. Doverius*.

DOVERIUS. Voy. *Doveriensis*.

DOXIPATER. Voy. *Doxipatrius*.

DOXIPATRIUS ou DOXOPATRIUS (Joannes), Ἰωάννης Δοξίπατρος, grammairien et rhéteur byzantin, mort vers 1100. — On trouve aussi *Doxipater* et *Doxopater*.

DOXIPATRIUS ou DOXOPATRIUS (Nilus), Νεῖλος Δοξίπατρος, théologien et archimandrite grec, établi à la cour de Roger, roi de Sicile, mort vers 1100. — On trouve aussi *Doxipater* et *Doxopater*.

DOXOPATER. Voy. *Doxipatrius*.

DREPANITANUS (Albertus), ALBERT DE DREPANUM, sermonnaire et moraliste italien, carme au couvent de Drepanum en Sicile, mort vers 1307. — On trouve aussi *Alb. de Drepano*.

DREPANO (Albertus de). Voy. *Drepanitanus* (A.).

DRESDENSIS (Petrus), PIERRE DE DRESDE, théologien et hérésiarque allemand, né à Dresde, mort en 1440.

DRIESCHUS (Jacobus), JACQUES VAN DEN DRIESSCHE, chroniqueur belge, religieux guillemite, prieur à Bruges, né dans la Flandre, mort vers 1520. — On le trouve aussi nommé *J. Drischus* et *J. Drusius*.

DRISCHUS. Voy. *Drieschus*.

DRITONUS (Joannes), JOHN DRITON, théologien et philosophe scolastique anglais, professeur à Paris, mort après 1269. — On le trouve aussi nommé *J. de Arida villa* et *J. de Sicca villa*, noms que Tanner traduit par J. DE SÈCHEVILLE.

DROCENSIS (Henricus), HENRI DE DREUX ou DE BRIENNE, trésorier de l'Église de Beauvais, évêque de Châlons, archevêque de Reims, mort en 1240. — On le nomme encore *H. Brennensis* ou *Briennensis* et *H. Remensis*.

DROGO, DROGON, théologien français, bénédictin, prieur de Saint-Nicolas de Reims, abbé de Saint-Jean de Laon, évêque d'Ostie, cardinal, né dans la Champagne, mort en 1138.

DROGO. Voy. *Ghistellensis* (D.).

DRUSIANUS. Voy. *Turigianus*.

DRUSIUS (Jacobus). Voy. *Drieschus* (J.).

DUACENSIS (Robertus), ROBERT DE DOUAI, médecin de Marguerite, femme de saint Louis, chanoine de Saint-Quentin, l'un des fondateurs de la Sorbonne, mort vers 1262. — On trouve souvent *R. de Duaco*.

DUACENSIS. Voy. *Duaco* (de).

DUACO (Gundor de), GUNDOR DE DOUAI, romancier français, né à Douai, mort au XIIe siècle.

DUACO (Joannes de), JEAN DE DOUAI, sermonnaire français, frère mineur, mort après 1273.

DUACO (Odo de), ODON DE DOUAI, théologien français, l'un des premiers professeurs de la Sorbonne, mort après 1256.

DUACO (de). Voy. *Duacensis*.

DUCAS (Michael), Μιχαὴλ ὁ Δούκας, historien et négociateur grec, mort vers 1470.

DUCIS (Petrus), PIERRE LE DUC, théologien et sermonnaire français, abbé de Saint-Victor à Paris, mort en 1400.

DUGNANUS (Leo), LEONE DUGNANO, jurisconsulte et littérateur italien, né à Milan, mort en 1351.

DUISBURGENSIS (Petrus), PIERRE DE DUISBURG, en français P. DE DUSBOURG, chroniqueur allemand, né sans doute à Duisburg (Prusse), mort après 1326.

DULCIFLUUS (Doctor). Voy. *Andrea* (A.).

DULCINUS (Stephanus), STEFANO DOLCINO, historien ecclésiastique italien, chanoine de la Scala de Milan, né à Crémone, mort vers 1520.

DULCIS (Joannes), JEAN LEDOUX, chanoine de Rouen, avocat de l'officialité, l'un des juges de Jeanne Darc, mort vers la fin du XVe siècle.

DULLARDUS (Joannes), JEAN DULLAERT, en français J. DULLARD, philosophe scolastique belge, professeur au collége de Beauvais à Paris, né à Gand, mort en 1523.

DUMBLETONUS (Joannes), JEAN DE DUMBLETON, théologien anglais, professeur à Merton-Collége, né sans doute à Dumbleton (comté de Glocester), mort vers 1350.

DUNDRAMENSIS (Thomas), THOMAS DE DUNDRUM, théologien irlandais, moine de Cîteaux, abbé de Dundrum (comté de Down), mort vers 1440.

DUNELMENSIS (Galfridus), GEOFFROI DE DURHAM, chroniqueur anglo-normand, moine à Durham, mort après 1214.

DUNELMENSIS (Guilelmus), GUILLAUME DE SHERWOOD, dit aussi G. DE DURHAM. Voy. *Shirwoodus* (G.).

DUNELMENSIS (Laurentius), LAURENT DE DURHAM, poëte et orateur anglais, bénédictin, moine de Durham, puis abbé de Westminster, chapelain du roi Étienne, mort en 1154.

DUNELMENSIS (Nicolaus), NICOLAS DE DURHAM, théologien anglais, carme, professeur à Oxford, né à Durham, mort vers 1370. — Leland le nomme *N. Duramus* et C. de Villiers *N. Durhamus*.

DUNELMENSIS (Richardus), RICHARD D'ANGERVILLE, dit aussi R. DE DURHAM. Voy. *Angravilla* (R. de).

DUNELMENSIS (Simeon), SIMÉON DE DURHAM, chroniqueur anglais, bénédictin, professeur à Oxford, *præcentor* de la cathédrale de Durham, mort après 1129.

DUNELMO (Guilelmus de). Voy. *Shirwoodus* (G.).

DUNIS (Joannes de), JEAN DE WARDE, dit aussi J. DES DUNES. Voy. *Wardo* (J. de).

DUNOSTENUS et **DUNSCOTTUS** (Joannes). Voy. *Dunstonensis* (J.).

DUNSTABLIA (de). Voy. *Dunstaplia* (de).

DUNSTAPLIA (Joannes de), JEAN DE DUNSTABLE, musicographe, astrologue et mathématicien anglais, né sans doute à Dunstable, dans le comté de Bedford, mort vers 1453.

DUNSTAPLIA (Radulfus, et par erreur Robertus, de), RADULFE DE DUNSTABLE, poëte anglais, moine de Saint-Albans (comté d'Hertfort), mort en 1151. — On trouve, mais plus rarement, *R. de Dunstablia*.

DUNSTONENSIS (Joannes), JEAN DE DUNS, plus connu sous le nom de J. SCOT ou J. DUNS-SCOT, célèbre philosophe scolastique écossais, franciscain, l'un des chefs de la secte des *Réalistes*, professeur à Paris, né sans doute à Duns, village de la province de la Marche, en Écosse, mort en 1308. — On le trouve encore nommé *J. Dunostenus*, *J. Dunscottus* et *J. Scotus*. — Il fut surnommé *Doctor subtilis*, *Realium princeps*, et, après qu'il eut publiquement soutenu la doctrine de l'Immaculée Conception, *Doctor Marianus*.

DUPLEX (Martinus), MARTIN DOUBLE, célèbre avocat français, conseiller au

Châtelet de Paris, mort après 1396. — On le nomme encore *M. Doublus* et *M. Duplicis.*

DUPLICIS (Martinus). Voy. *Duplex* (M.).

DURAMUS (Nicolaus). Voy. *Dunelmensis* (N.).

DURANDELLUS (Durandus), Durand Durandello, dit aussi D. d'Aurillac, théologien français, dominicain à Clermont, né à Aurillac, mort au commencement du XIVe siècle. — On le trouve encore nommé *D. de Aureliaco.*

DURANDUS (Guilelmus). Voy. *Sancto Porciano* (G. de).

DURANDUS (Guilelmus), Guillaume Durand et mieux Duranti, célèbre théologien, jurisconsulte et liturgiste français, dominicain, professeur à Bologne et à Modène, chanoine de Beauvais et de Narbonne, doyen de Chartres, évêque de Mende (*episcop. Mimatensis*), né à Puymisson, au diocèse de Béziers, mort en 1296. — On le trouve encore appelé *G. Durantes* et *G.* ou *D. Mimatensis.* — Son *Speculum judiciale* l'a fait surnommer *Speculator* et *Pater practicæ.*

DURANDUS (Guilelmus), Guillaume Durand ou Duranti, neveu du précédent, canoniste français, évêque de Mende, mort en 1328.

DURANDUS (Joannes). Voy. *Durenius* (J.).

DURANTES (Guilelmus). Voy. *Durandus* (G.).

DURENIUS (Joannes), Jean de Dueren, théologien et sermonnaire allemand, cordelier à Cologne, né à Dueren (*Marcodurum*), dans la Prusse rhénane, mort vers 1468. — On l'a aussi nommé, par erreur, *J. Durandus.*

DURHAMUS (Nicolaus). Voy. *Dunelmensis* (N.).

DUROLENDUNUS (Joannes). Voy. *Derlingtonus* (J.).

DUROVERNENSIS. Voy. *Cantuariensis.*

DURUS SENSUS (Herbertus), Herbert Dursens, moine de l'abbaye de Corbie (Somme), copiste de nombreux manuscrits, mort vers 1180.

DUSSELDORPIUS (Joannes), Johann Freitag, dit J. de Dusseldorf. Voy. *Fritagus* (J.).

DUX DOCTORUM, le Chef des docteurs, surnom donné à Johann Semeca. Voy. *Teutonicus* (J.).

DUX ET AURIGA JURIS, surnom donné à Bartolo Bonnacursi. Voy. *Bartholus.*

DYMMOCHUS (Rogerus). Voy. *Dimoccus.*

DYNTERUS (Edmundus), Edmond de Dynter, homme d'État et chroniqueur belge, chanoine de Louvain, secrétaire des ducs de Bourgogne, né à Dynter, près de Bois-le-Duc, mort en 1448. — On écrit encore *E. Dinterus*, et on le trouve nommé dans les auteurs belges E. de Dainter, de Dintber, de Dinthere et de Dynther.

DYNUS. Voy. *Mugellanus* (D.).

EADMERUS, EADMER ou EDMER (*Edmerus, Edinerus*, etc.), théologien, biographe et historien anglais, bénédictin, abbé de Saint-Albans (comté d'Hertfort), mort en 1137.

EALREDUS, EALRED. Voy. *Ailredùs*.

EBANO (Petrus de). Voy. *Aponensis* (P.).

EBARDUS (Petrus). Voy. *Eberardinus* (P.).

EBBO, EBBON, hagiographe allemand, bénédictin, mort vers 1200.

EBERARDINUS (Petrus), PIERRE EBERARDIN, biographe français, dominicain, inquisiteur de la foi, mort vers 1500. — On le trouve encore nommé *P. Ebardus* et *P. Eberardus*.

EBERARDUS (Petrus). Voy. *Eberardinus* (P.).

EBERHARDUS, EBERHARD, musicographe allemand, né à Freisingen, mort au XIIIᵉ siècle.

EBERHARDUS. Voy. *Gandesheimensis* (E.).

EBERSPERGENSIS (Vitus), VEIT D'EBERSBERG, chroniqueur allemand, bénédictin, prieur du couvent de Ebersberg en Bavière, mort après 1505.

EBORACENSIS (Girardus), GIRARD d'YORK, poëte latin, théologien, évêque d'Hereford, puis archevêque d'York, né dans la Normandie, mort en 1108.

EBORACENSIS (Robertus), ROBERT D'YORK, mathématicien et philosophe anglais, dominicain, né à York, mort vers 1340. — Son zèle pour les recherches scientifiques l'avait fait surnommer *R. Perscrutator*.

EBORACENSIS (Stephanus), ÉTIENNE DE WITHBY, dit aussi E. d'YORK. Voy. *Wittebiensis* (St.).

EBORACENCIS (Thomas), THOMAS D'YORK, théologien anglais, franciscain, professeur à Oxford, né à Yorck, mort vers 1260.

EBORACO (Joannes de), JEAN D'YORK, philosophe scolastique anglais, carme, docteur d'Oxford, né sans doute à York, mort vers 1400. — C. de Villiers le nomme *J. Yorohus*.

EBREDUNENSIS (Henricus), HENRI DE SUZE, dit aussi H. D'EMBRUN. Voy. *Segusia* (H. de).

EBROICENSIS (Ægidius), GILLES D'ÉVREUX, théologien français, archidiacre de Rouen, puis évêque d'Évreux, mort en 1179.

EBROICENSIS (Guido), GUI D'ÉVREUX, théologien et sermonnaire français, dominicain, professeur à Paris, né au château de Mesnil, près d'Évreux, mort vers 1300. — On le nomme encore : *G. Gallicus, G. Gallus, G. de Menilo* et *G. de Mesnillio*.

EBROICENSIS (Matthæus), MATTHIEU D'ÉVREUX, théologien français, dominicain, né à Évreux, mort vers 1390.

ECBERTUS. On trouve ce nom écrit : *Eckbertus, Eckebertus, Egbertus*, etc., etc.

ECCARDUS. On trouve ce nom écrit : *Aicardus, Aichardus, Eckardus, Eckehardus, Eckerhardus, Egehardus*,

Eggehardus, Eggerardus, Ekkardus, Ekkerardus, Haycardus, Heccardus, Hegecartus, etc.

ECCARDUS. Voy. *Minimus* (E.) et *Sancto Victore* (E. de).

ECCLESIA (Antonius ab), ANTONIO DELLA CHIESA, théologien et jurisconsulte italien, dominicain, mort en 1458.

ECCLESIA (Goffredus ab), GOFFREDO DELLA CHIESA, chroniqueur italien, secrétaire et conseiller de Louis 1er, marquis de Saluces (États-Sardes), mort en 1453.

ECCLESIÆ (Stephanus), ÉTIENNE DE L'ÉGLISE, théologien français, dominicain à Clermont-Ferrand, né sans doute à l'Église-Neuve (Puy-de-Dôme), mort vers 1370.

ECCLESIENSIS (Daniel), DANIEL CHURCHE, moraliste anglais, poëte latin, parent du roi Henri II, mort vers 1190.

ECDEBERGENSIS et ECDENBERGIUS (Joannes), JEAN UYT-TEN-HOVE, dit aussi J. D'ARDEMBOURG. Voy. *Ardemburgensis.*

ECKARDUS et ECKEHARDUS. Voy. *Eccardus.*

ECKENDENBERGIUS (Joannes). Voy. *Ardemburgensis.*

ECKERHARDUS. Voy. *Eccardus.*

ECKLESTONUS et ECLESTONUS (Thomas), THOMAS ECKLESTON, historien anglais, franciscain, mort vers 1340. — On le trouve aussi nommé *Th. Franciscanus*, et Du Cange écrit *Th. Eclestonus.*

EDDIUS (Guilelmus), GUILLAUME D'EDDYS, hagiographe anglais, bénédictin, abbé de Burton (comté de Stafford), mort vers 1216.

EDENBURGENSIS (Guilelmus), GUILLAUME D'ÉDIMBOURG, théologien écossais, chanoine régulier, puis abbé du couvent d'Edimbourg, mort après 1227.

EDILREDUS. Voy. *Ailredus.*

EDINERUS et EDMERUS. Voy. *Eadmerus.*

EECHOUTIUS (Joannes), JEAN DE ECOUTE, théologien polémiste belge, trésorier de l'église de Lille, puis doyen de Cambrai, né à Enghein, dans le Hainaut, mort en 1471.

EGEHARDUS. Voy. *Eccardus.*

EGER, LE PAUVRE, surnom donné à HENRY DE KALKAR. Voy. *Kalkariensis* (H.).

EGGEHARDUS et EGGERARDUS. Voy. *Eccardus.*

EGMUNDANUS (Guilelmus), GUILLAUME D'EGMOND, chroniqueur hollandais, bénédictin, procureur du couvent d'Egmond, mort après 1332. — On le nomme souvent *G. Procurator.*

EGMUNDANUS (Nicolaus), NICOLAS D'EGMOND, théologien hollandais, carme, adversaire d'Érasme, né dans le comté d'Egmond, mort en 1527.

EGMUNDANUS (Leo). Voy. *Hæcmundensis* (L.).

EGMUNDUS (Guilelmus), WILLIAM EGMUND, EGMONDE (Tanner) ou EGUMONDE (Fabricius et Jöcher), théologien et sermonnaire anglais, religieux augustin, mort vers 1390.

EICHSTETENSIS. Voy. *Aischstadianus* et *Eystetensis.*

EIMERICUS. Voy. *Eymericus.*

EITONUS (Stephanus). Voy. *Aquædunus* (St.).

EKKARDUS et EKKERARDUS. Voy. *Eccardus.*

ELEEMOSYNA (Philippus de), PHILIPPE DE L'AUMÔNE, théologien français, archevêque de Tarente (royaume de Naples), puis abbé de l'Aumône, près de Blois (ce dernier fait a été contesté), né à Fontaines, dans le diocèse de Cambrai, mort après 1156. — On le trouve nommé aussi *P. Tarentinus.*

ELEEMOSYNA (Philippus de), PHILIPPE DE L'AUMÔNE, théologien français, prieur de Clairvaux, archidiacre de Liége, puis abbé de l'Aumône, près de Blois, mort après 1179. — On le trouve nommé encore *Ph. Clarævallensis* et *Ph. de Claravalle.*

ELEEMOSYNA (Philippus de) et ELEEMOSYNARIUS (Ph.), PHILIPPE L'AUMONIER, surnom donné à PH. DE HARVENG. Voy. *Harvengius* (Ph.).

ELEEMOSYNARIUS (Radulphus), RAOUL L'AUMONIER, théologien et sermonnaire anglais, bénédictin à Westminster, mort en 1160.

ELEPHANTUTIUS (Joannes), GIOVANNI FANTUZZI, jurisconsulte italien, né à Bologne, mort en 1391.

ELIAS (Petrus). Voy. *Helias* (P.).

ELIENSIS (Adamus), ADAM DE MARSH, dit aussi A. D'ÉLY. Voy. *Marisco* (A. de).

ELIENSIS (Guilelmus), GUILLAUME DE LONGCHAMPS, dit G. D'ÉLY, chancelier d'Angleterre, évêque d'Ély (comté de Cambridge), né dans le Beauvaisis, mort vers 1197.

ELIENSIS (Joannes), JOHN ALCOCK, dit JEAN D'ÉLY. Voy. *Alcoccus* (J.).

ELIENSIS (Richardus), RICHARD D'ELY, historien anglais, bénédictin, prieur d'Ely, mort vers 1195.

ELIENSIS (Thomas), THOMAS D'ELY, historien et hagiographe anglais, moine d'Ely, mort vers 1170.

ELIGERUS (Joannes), JOHANN ELIGER (dit Jöcher), mathématicien et astronome allemand, né à Gandersleben, mort vers 1350.

ELIMANDUS et ELINANDUS. Voy. *Helinandus*.

ELINUS (Joannes), JOHN ELIN ou HELIN (dit Jöcher), philosophe scolastique anglais, carme à Norfolk, mort vers 1380.
— On le nomme encore *J. Helinius* et *J. Helinus*.

ELMACINUS (Georgius), GEORGES IBN AMID ou EL MACIN, célèbre historien arabe, né en Égypte, mort en 1273.

ELMERICUS. Voy. *Amalricus*.

ELMHAMUS (Thomas), THOMAS DE ELMHAM, chroniqueur anglais, chanoine régulier de Saint-Augustin, prieur du couvent de la Sainte-Trinité à Lenton (comté de Nottingham), né sans doute à Elmham (comté de Norfolk), mort après 1422.

ELPHINSTONUS (Guilelmus), WILLIAM ELPHINSTON, historien et négociateur écossais, professeur à Paris et à Orléans, ambassadeur en France, évêque de Ross, puis d'Aberdeen, né à Glascow, mort en 1514.

ELPHINSTONUS (Robertus), ROBERT ELPHINSTON, théologien écossais, trinitaire, évêque de Brechin, cardinal, mort vers 1400.

ELVEDENENUS (Gualterus), GAUTIER DE ELVEDEN (dit Tanner), mathématicine anglais, docteur de Cambridge, mort vers 1360.

EMINGFORTHENSIS (Waltherus). Voy. *Hemengoburghus* (W.).

EMMO et EMO, EMON (dit la *Nouvelle Biographie générale*), chroniqueur belge, étudiant à Paris et à Orléans, prémontré, abbé de Werum (*abbas Werumensis*), premier abbé de l'ordre du Jardinfleuri (*ordinis Horti floridi*), né dans la Frise, mort en 1237.

EMSERUS (Hieronymus), JÉROME EMSER, théologien et biographe allemand, adversaire de Luther, né à Ulm, mort en 1527.

ENCURTUS (Guilelmus), WILLIAM ENCURT ou DENCURT, théologien et sermonnaire anglais, dominicain, professeur à Oxford et à Cambridge, mort vers 1340.

ENGELHARDUS, ENGELHARD, hagiographe allemand, moine de Cîteaux, abbé de Lanckhaim, au diocèse de Bamberg, mort vers 1200.

ENGELHUSIUS (Theodoricus), THIERRI D'ENGELHAUS, dit aussi T. D'ENGELHUSEN, chroniqueur allemand, chanoine de Hildesheim, né sans doute à Engelhaus (Bavière), mort en 1430.

ENGELUS (Magister), nom sous lequel on trouve désigné HENRI DE EIMBECK, théologien et sermonnaire allemand, professeur à Prague et à Erfurt, prêtre à Mayence, né sans doute à Eimbeck (Brunswick), mort vers 1480. — On le rencontre aussi nommé *A. de Brunsvico* et *A. Saxo*.

ENGOLISMÆ ET PETROCORII (Joannes, comes), JEAN, COMTE D'ANGOULÊME ET DE PÉRIGORD, littérateur français, né à Orléans, mort en 1467.

ENGOLISMENSIS (Girardus), GIRARD D'ANGOULÊME, théologien français, légat du pape, né dans le diocèse de Bayeux, mort en 1136. — Le *Gallia christiana* le nomme *G. de Blavia*.

EOVESHAMENSIS. Voy. *Eveshamensis*.

EPHESINUS, EPHESIUS et EPHESUS (Joannes), Ἰωάννης ὁ Ἐφέσου, en français JEAN D'ÉPHÈSE, théologien byzantin, archevêque d'Éphèse, mort vers 1300.

EPHESINUS, EPHESIUS et EPHESUS (Josephus), Ἰώσηπος ὁ Ἐφέσου, en français JOSEPH D'ÉPHÈSE, théologien byzantin, archevêque d'Éphèse, puis patriarche de Constantinople, mort vers 1440. — On le trouve aussi nommé *J. Constantinopolitanus* ('Ιώσηπος ὁ Κωνσταντινουπολεύς).

EPHESUS (Joannes). Voy. *Eugenicus* (J.).

EPHRÆMUS, EPHRAIMUS et EPHREMUS, Ἐφραήμ, en français EPHREM ou EPHRAEM, chroniqueur byzantin, mort à la fin du XVᵉ siècle.

EPISCOPI (Guilelmus), GUILLAUME L'ÉVÊQUE, théologien français, professeur à Paris, prévôt, puis abbé de Saint-Germain des Prés, bienfaiteur de la bibliothèque, mort en 1418.

EPISCOPUS (Conradus), CONRAD DE MAYENCE, dit aussi C. L'ÉVÊQUE. Voy. *Moguntinus* (C.).

EPISCOPUS (Joannes), JEAN L'ÉVÊQUE, médecin français, doyen de la Faculté de Paris, mort vers 1460.

EPISCOPUS (Nicolaus), NICOLAS BISCHOP, imprimeur allemand, gendre de J. Froben, né à Weissembourg en Alsace, mort à la fin du XVᵉ siècle.

EPISCOPUS (Richardus), RICHARD L'ÉVÊQUE, philosophe et pédagogue français, archidiacre de Coutances (*archid. Constantiensis*), puis évêque d'Avranches (*episc. Abrincensis*), mort en 1182.

EPOREDIENSIS (Thomas), THOMAS D'IVREA, hagiographe italien, dominicain, né à Ivrea (États-Sardes), mort vers 1520. — On le trouve aussi nommé *Th. Hipporegiensis*.

EPPIUS (Georgius). Voy. *Wimpinensis* (G.).

EPTERNACENSIS (Theofridus), THÉOFROI D'ECHTERNACH OU EPTERNACH, théologien, compilateur, sermonnaire et biographe allemand, abbé d'Epternach ou Echternach, dans le grand-duché de Luxembourg, mort en 1110.

ERARDUS (Guilelmus). Voy. *Evrardus* (G.).

ERDEMBURGO (Joannes de). Voy. *Ardemburgensis* (J.).

EREMITA (Joannes), JEAN L'ERMITE, biographe français dont la vie est inconnue, et qui mourut après 1180.

EREMITA (Pelagius), PÉLAGE L'ERMITE, nom sous lequel est connu un alchimiste italien né près de Gênes, qui vécut longtemps ermite, et mourut vers 1480.

EREMITA (Petrus), PIERRE L'ERMITE, chef de la 1ʳᵉ croisade, né à Amiens, mort en 1115. — On le trouve nommé encore *P. Achivensis, P. Cucullus* et *P. Ambianensis*.

EREMITA (Raimundus), RAYMOND L'ERMITE, surnom donné à R. LULLE. Voy. *Lullus* (R.).

EREMITA (Telesphorus), TELESFORO L'ERMITE, théologien italien, de l'ordre des Ermites de Saint-Augustin, né à Cosenza, mort après 1368.

ERETRIANUS (Hugo). Voy. *Etherianus* (H.).

ERFORDIA (Joannes de), JEAN D'ERFURT, théologien et jurisconsulte allemand, frère mineur, né à Erfurt, mort vers 1350.

ERFORDIA (Henricus de). Voy. *Hervordia* (H. de).

ERFORDIENSIS (Jacobus), JACQUES LE CHARTREUX, dit aussi J. D'ERFURT. Voy. *Carthusianus* (J.).

ERICUS, ERIC XIII, roi de Suède et de Danemark, chroniqueur et protecteur des lettres, mort en 1449.—Voy. *Mendvidius* (E.).

ERLENBACENSIS (Fredericus), FRÉDÉRIC D'ERLENBACH, théologien, philosophe et poëte allemand, frère mineur, professeur à Leipsig, né à Erlenbach, dans la Franconie, mort vers 1500.

ERMENGARDUS, ERMENGARD ou ERMENGAUD, théologien controversiste français, abbé de Saint-Gilles, au diocèse de Nîmes, mort vers 1195. — On trouve aussi *Ermengaudus*.

ERMENGARDUS. Voy. *Blasius*.

ERMENGAUDUS. Voy. *Ermengardus*.

ESCHWIDI (Joannes). Voy. *Æschendus* (J.).

ESCULANUS (Cecchus). Voy. *Asculanus* (C.).

ESCULANUS (Joannes) et ESCULO (J. de). Voy. *Asculo* (J. de).

ESCULO (de). Voy. *Asculanus*.

ESIUS (Joannes). Voy. *Hesius* (J.).

ESSARTIS (Antonius de), ANTOINE DES ESSARTS, valet de chambre et bibliothécaire de Charles VI, roi de France, mort après 1413.

ESSEBIENSIS (Alexander), ALEXANDRE D'ASHBY, historien et poëte anglais, prieur du monastère d'Ashby, dans le comté de Northampton, né dans le comté de Somerset, mais longtemps cru originaire du comté de Stafford, mort après 1263. — On le trouve nommé aussi *Al. Staffordiensis*.

ESSENDIA (Adolphus de), ADOLPHE D'ESSEN, théologien et biographe allemand, chartreux à Trèves, né à Essen (Westphalie), mort en 1439.

ESSENDIA (Joannes de), JEAN D'ESSEN, historien allemand, dominicain, provincial de Silésie, né à Essen (Westphalie), mort après 1456.

ESTENSIS (Borsus), BORSO D'ESTE, duc de Ferrare et de Modène, introducteur de l'imprimerie à Ferrare, mort en 1471.

ESTENSIS (Hercules), HERCULE D'ESTE, duc de Ferrare et de Modène, protecteur des lettres et des arts, mort en 1505.

ESTENSIS (Lionellus), LEONELLO D'ESTE, seigneur de Ferrare, Modène et Reggio, protecteur des lettres, mort en 1450.

ESTHONUS et ESTONUS (Adamus), ADAM D'EASTON, hébraïsant anglais, docteur d'Oxford, bénédictin, évêque de Londres, cardinal, né dans le comté d'Hertford, mort en 1396.

ESTRAVANELI (Richardus). Voy. *Stravanellius* (R.).

ETERIANUS (Hugo). Voy. *Etherianus* (H.).

ETHERIANUS (Hugo), UGO ETHERIANO, théologien italien, né dans la Toscane, mort vers 1180. — On le trouve encore nommé *H. Ætherianus*, *H. Eterianus*, *H. Helerianus* et même *H. Erètrianus*.

ETHILREDUS. Voy. *Ailredus*.

ETRUSCUS (Antoninus), ANTONINO FORCIGLIONE, dit A. DE TOSCANE, théologien et jurisconsulte italien, archevêque de Florence, dominicain, mort en 1459. — On le trouve nommé aussi *A. Florentinus*.

EUBOICUS (Joannes-Nicolaus). Voy. *Buboicus* (J.-N.).

EUCHARIUS (Eligius). Voy. *Houcarius* (E.).

EUDEMODIO (Robertus de). Voy. *Evremodio* (R. de).

EUGENIANUS (Nicetas), Νικήτας ὁ Εὐγενιανός, romancier byzantin, mort vers la fin du XIIe siècle.

EUGENICUS (Joannes), Ἰωάννης ὁ Εὐγενικός, théologien byzantin, archevêque d'Ephèse, mort vers le milieu du XVe siècle. — On le trouve aussi nommé *J. Ephesus* (Ἰωάννης ὁ Ἔφεσος).

EUGENICUS (Marcus), Μάρκος ὁ Εὐγενικός, théologien byzantin, archevêque d'Ephèse, mort vers 1450.

EUGENIUS, EUGÈNE III et IV, papes. Voy. *Bernardus* (P.) et *Condolmerius* (G.).

EUGUBINUS (Theobaldus), THIBAUT DE GUBBIO, hagiographe italien, évêque de Gubbio (États de l'Église), mort en 1171.

EUGUBIO (Joannes-Dominicus de), JEAN-DOMINIQUE DE GUBBIO, théologien italien, dominicain, né à Gubbio (États de l'Église), mort vers 1391. — On le nomme souvent *Joannes Dominici*.

EUMATHIUS et EUSTATHIUS, Εὐμάθιος ou Εὐστάθιος, en français EUMATHE ou EUSTATHE, romancier grec, grand archiviste (μέγας χαρτοφύλαξ) à Constantinople, né soit dans cette ville, soit à Parembolé en Égypte, mort vers 1200. — On le trouve aussi nommé *E. Macrembolites* (Ε. ὁ Μακρεμβολίτης) et *E. Parembolites* (Ε. ὁ Παρεμβολίτης).

EURIPONTINUS (Joannes-Nicolaus). Voy. *Buboicus* (J.-N.).

EUSTACHIIS (Philippus de), FILIPPO EUSTACHIO, écrivain militaire italien, né à Milan, mort en 1489.

EUSTATHIUS. Voy. *Eumathius* et *Thessalonicensis* (E.).

EUTA (Henricus de). Voy. *Oyta* (H. de).

EUTICUS (Henricus), HEINRICH EUTO, médecin, philosophe et poëte allemand, établi à Augsbourg, puis à Francfort-sur-le-Mein, né à Nuremberg, mort vers 1500.

EVANGELICUS (Doctor). Voy. *Alliacensis* (P.) et *Aquinas* (T.).

EVERARDUS (Guilelmus). Voy. *Evrardus* (G.).

EVERBACENSIS (Conradus), CONRAD D'EVERBACH, écrivain ecclésiastique et biographe français, moine de Clairvaux, puis abbé d'Everbach, mort en 1226.

EVERHARDUS. Voy. *Eberhardus*.

EVERISDENUS (Joannes), JEAN D'EVERS-DEN, théologien et historien anglais, bénédictin, moine à Bury-Saint-Edmond (comté de Suffolk), né sans doute à Eversden (comté de Cambridge), mort après 1336. — On le nomme aussi *J. Everistinus.*

EVERISTINUS (Joannes). Voy. *Everisdenus* (J.).

EVERMERUS, EVERMER ou EBREMAR, théologien flamand, patriarche de Jérusalem, né à Cickes, près d'Arras, mort après 1123.

EVESHAMENSIS (Adamus), ADAM D'EVESHAM, théologien anglais, bénédictin, abbé d'Evesham, dans le comté de Worcester, mort vers 1150. — Fabricius écrit *Eoveshamensis.*

EVESHAMENSIS (Gualterus), WALTER D'EVESHAM, musicographe, mathématicien et astronome anglais, moine d'Evesham, mort vers 1250. — Tanner le nomme encore *G. Odendunus* et *G. Odingtonus*, Leland *G. Eoveshamensis*, et Moréri *G.* ODINGTON.

EVESHAMENSIS (Hugo), HUGUES LE NOIR, dit aussi H. D'EVESHAM. Voy. *Atratus* (H.).

EVESHAMENSIS (Monachus), LE MOINE D'EVESHAM, nom sous lequel est connu un Anglais, sans doute moine d'Evesham (Worcester), et auteur d'une biographie de Richard II, son contemporain, qui régna jusqu'en 1399.

EVESHAMO (Elias de), ÉLIE D'EVESHAM, chroniqueur anglais, bénédictin, moine à Evesham ou à Worcester, mort après 1270.

EVRARDUS (Guilelmus), GUILLAUME EVRARD, théologien et orateur français, docteur de Navarre, chanoine, puis chantre de l'église de Rouen, né à Langres (Haute-Marne), mort en 1444. — On le trouve encore nommé *G. Erardus* et *G. Everardus.*

EVREMODIO (Robertus de), ROBERT D'ENVERMEUIL, moraliste français, moine de Clairvaux, né à Envermeuil (Seine-Inférieure), mort vers 1480. — On écrit encore *R. de Eudemodio* et *R. de Evromodio.*

EVROMODIO (Robertus de). Voy. *Evremodio* (R. de).

EXCESTRIA (de) et EXCESTRIENSIS. Voy. *Exoniensis.*

EXFORDIENSIS (Jacobus), JACQUES LE CHARTREUX, dit aussi J. D'ERFURT. Voy. *Carthusianus* (J.).

EXIMIUS (Doctor). Voy. *Scitonus* (G.).

EXONIENSIS (Bartholomæus), BARTHÉLEMY D'EXETER, théologien et casuiste français, archidiacre, puis évêque d'Exeter, dans le comté de Devon, mort en 1185.

EXONIENSIS (Guilelmus), GUILLAUME D'EXETER, théologien anglais, né et professeur à Oxford, mort vers 1330. — On trouve aussi *G. de Excestria.*

EXONIENSIS (Josephus), JOSEPH D'EXETER, poëte épique latin, né à Exeter, dans le comté de Devon, élevé à Isca, dans le comté de Cornouailles, mort à la fin du XIIᵉ siècle. — On le trouve encore nommé : *J. Devonius, J. Excestriensis* et *J. Iscanus.*

EXPERIENS (Callimachus), CALLIMACO EXPERIENTE. Voy. *Bonacursius* (Ph.).

EXPOSITOR, surnom donné au médecin DINO DEL GARBO. Voy. *Dinus.*

EXTATICUS (Doctor). Voy. *Ruysbrockius* (J.) et *Ryckelius* (D.).

EYMERICUS (Nicolaus), NICOLAS EYMERIC ou EMERIC (dit la *Nouvelle Biographie générale*), théologien espagnol, dominicain, grand inquisiteur d'Aragon, né à Girone, mort en 1399. — On écrit aussi *Eimericus.*

EYSTETENSIS (Albertus), ALBERT D'EICHSTADT, polygraphe allemand, chanoine à Bamberg et à Eichstadt, archidiacre de Würtzbourg, camérier du pape Pie II, mort en 1475.

EYSTETENSIS (Joannes), JEAN D'EICHSTADT, historien allemand, bénédictin, évêque d'Eichstadt (Bavière), mort en 1464. — On le nomme aussi *J. Eichstetensis.*

FABARIA (Conradus de), CONRAD DE FABARIA, chroniqueur suisse, moine de Saint-Gall, mort après 1442.

FABER (Ægidius), GILLES DE SMEDT, historien et théologien belge, carme, né à Bruxelles, mort en 1506. — On le nomme aussi *Æ. Aurifaber*.

FABER (Christophorus), CHRISTOPHE FABRI, dit LIBERTET, médecin et théologien français, ministre protestant à Neufchâtel, puis à Boudry, né à Vienne en Dauphiné, mort après 1529. — On le nomme aussi *C. Libertinus*.

FABER (Félix), FÉLIX SCHMIDT, voyageur suisse, dominicain, né à Zurich, mort en 1489. — Échard écrit *F. Fabri*.

FABER (Joannes), JEAN FABRE ou LEFÈVRE, ainsi nommé, *non ab opere ferrario, sed propter ingenuarum artium* φιλοτονίαν, célèbre jurisconsulte français, juge à la Rochefoucauld, né près d'Angoulême, mort en 1340. — Il fut surnommé *Doctor subtilis, Doctor fundamentalis* et *Doctor perspicacissimus*.

FABER (Joannes), JEAN FABRE ou LEFÈVRE, poëte et traducteur français, procureur au Parlement, né à Ressons-sur-Matz, près de Compiègne, mort vers 1380. — On le trouve nommé aussi *J. Runcinus*.

FABER (Joannes), JEAN LEFÈVRE, chroniqueur et théologien français, abbé de Tournus, puis de Saint-Waast d'Arras, évêque de Chartres, né à Paris, mort en 1390.

FABER (Joannes), JEAN FABRE, prédicateur français, carme, archevêque de Cagliari (*archiep. Calaritanus*), né à Tarascon, mort vers 1442. — On trouve souvent *J. Fabri*.

FABER (Joannes), JEAN LEFÈVRE, théologien français, augustin, professeur à Rouen, évêque de Démétriade, dans la Thessalie, mort vers 1450. — On trouve aussi *J. Fabri*.

FABER (Joannes), JEAN LEFÈVRE, théologien français, dominicain, né à Carvin (Pas-de-Calais), mort après 1477. — On le trouve nommé aussi *J. de Carvinio*.

FABIANUS (Robertus), ROBERT FABYAN, chroniqueur anglais, né à Londres, mort en 1512.

FABRI (Petrus). Voy. *Noviomago* (P. de).

FABRI. Voy. *Faber*.

FABRIANENSIS (Dominicus-Bonaventura), DOMINIQUE-BONAVENTURE DE FABRIANO, théologien et chroniqueur italien, frère mineur, né à Fabriano (États de l'Église), mort vers 1340. — On le nomme aussi *D.-B. de Fessis*, et il est souvent désigné seulement par ses deux prénoms.

FABRIANENSIS (Franciscus), FRANÇOIS DE FABRIANO, théologien et sermonnaire italien, frère mineur, né sans doute à Fabriano, mort en 1322.

FABRIANENSIS (Joannes), JEAN DE FABRIANO, théologien italien, augustin, professeur à Bologne, né sans doute à Fabriano (États de l'Église), mort en 1348.

8.

FABRICIUS (Alexander). Voy. *Carpentarius* (A.).

FABRITIUS (Aloysius-Cynthius), LUIGI-CINZIO FABBRIZI, poëte et conteur italien, médecin à Padoue, né à Venise, mort vers 1526.

FACHINHAMUS (Nicolaus), NICOLAS DE FAKENHAM, théologien anglais, frère mineur, professeur à Oxford, né à Fakenham (Norfolk), mort en 1407.

FACIUS. Voy. *Ubertis* (B. de).

FACIUS (Bartholomæus), BARTOLOMMEO FAZIO, historien et philologue italien, né à la Spezzia, mort en 1457. — On le nomme aussi *B. Fatius, B. de Spedia* et *B. Spediensis*.

FACUNDUS (Doctor). Voy. *Auriolus* (P.).

FAITA (Joannes), JEAN DU FAY, théologien et sermonnaire belge, bénédictin, professeur à Paris, abbé de Saint-Bavon, mort en 1471.

FALCABERGA (Clemens de), CLÉMENT DE FAUQUEMBERGUE, historien français, doyen d'Amiens, chanoine de Notre-Dame et greffier du parlement de Paris, né sans doute à Fauquembergue (Pas-de-Calais), mort vers 1440.

FALCANDUS (Hugo). Voy. *Fulcaudus* (H.).

FALCIBUS (Celsus de), CELSO DELLE FALCI, hagiographe italien, bénédictin, né à Vérone, mort après 1474.

FALCO (Nicolaus), NICOLAS FAUCON ou FALCON, historien français, prémontré, né à Poitiers, mort après 1307.

FALCONE (Benedictus de). Voy. *Beneventanus* (F.).

FALCUCCIUS (Nicolaus), NICCOLO FALCUCCI, dit souvent N. DE FLORENCE (*N. Florentinus*), médecin italien, né sans doute à Florence, mort en 1411. — Il fut surnommé *Doctor divinus*.

FALGARIO (Guilelmus de), GUILLAUME DE FALGAR, théologien et sermonnaire français, général des frères mineurs, évêque de Viviers, né à Toulouse, mort vers 1300.

FALKABERGA (de), FALKABERGIO (de) et FALKABERGIUS (Joannes). Voy. *Falkenbergius* (J.).

FALKENBERGIUS (Joannes), JEAN DE FALKENBERG, célèbre dominicain allemand, né à Falkenberg, dans la Poméranie, mort en 1431. — Échard le nomme encore : *J. de Falkaberga, J. de Falkabergio* et *J. Falkabergius*.

FAMOSISSIMUS (Doctor). Voy. *Champagniaco* (P. de).

FAMOSUS (Doctor). Voy. *Sharpæus* (J.) et *Turre* (B. de).

FANENSIS (Octavius), OTTAVIO DE FANO, poëte italien, professeur à Viterbe, né à Fano, mort en 1490. — On trouve aussi *O. Phanensis*, et la plupart de ses ouvrages sont signés *Cleophilus* (Franciscus-Octavius).

FANTASMA (Jordanus), JORDAN FANTOSME, poëte et chroniqueur normand, écolâtre de Winchester, mort après 1175.

FARINATOR (Matthias). Voy. *Vienna* (M. de).

FARINERIUS (Guilelmus), GUILLAUME FARINIER, théologien et sermonnaire français, général des frères mineurs, cardinal, né à Gourdon (Lot), mort en 1361.

FARINULA (Nicolaus de), NICOLAS DE FREAUVILLE, théologien et sermonnaire français, dominicain, confesseur de Philippe le Bel, cardinal, né à Freauville, près de Neufchâtel-en-Bray (Seine-Inférieure), mort en 1324. — On le trouve aussi, mais plus rarement, nommé *N. de Freauvilla*.

FARSITUS (Hugo), HUGUES FARSIT, poëte et hagiographe français, chanoine de Saint-Jean-des-Vignes à Soissons, mort vers 1140. — On le nomme aussi *H. Suessionensis*.

FASTRADUS et FASTREDUS, FASTRÈDE, FASTRADE ou FLASTER DE GAVIAMÈS ou DE GAVIAUMER, théologien belge, abbé de Cambron, puis de Clairvaux, né dans le Hainaut, mort en 1163. — On le trouve nommé aussi *F. Claravallensis*.

FATIUS. Voy. *Facius* (B.) et *Ubertis* (B. de).

FAUSTUS (Joannes), JOHANN FUST, dit aussi J. FAUST, orfèvre allemand, l'un des coopérateurs de Gutenberg et de Schœffer, né sans doute à Mayence, mort en 1466.

FAVARONIBUS (Augustinus de). Voy. *Romanus* (A.).

FAVENTIA (de). Voy. *Faventinus*.

FAVENTINUS (Hieronymus), GERONIMO ARMELLINI, dit aussi J. DE FAENZA. Voy. *Armellinus* (H.).

FAVENTINUS (Leonellus), LEONELLO VETTORE, dit aussi L. DE FAENZA. Voy. *Victorius* (L.).

FAVENTINUS (Vincentius), VINCENT DE FAENZA, hagiographe italien, né et dominicain à Faenza (États de l'Église), mort vers 1524. — On le nomme aussi *V. de Faventia*.

FAVINUS (Remus). Voy. *Palæmo* (R. F.).

FAVORINUS (Varinus). Voy. *Veronensis* (J.-B. G.).

FEDERICIS (Stephanus de), STEFANO FEDERICI, jurisconsulte et historien italien, étudiant à Paris, né à Brescia, mort vers 1500.

FELICIANUS (Felix), FELICE FELICIANO, dit F. ANTIQUARIO (*F. Antiquarius*), poëte, archéologue et imprimeur italien, né à Vérone, mort à la fin du XVe siècle.

FELINUS (Maria), MARIA SANDEO, dit M. DE FELINA, historien et théologien italien, né à Felina, dans le diocèse de Reggio, mort en 1503. — On trouve encore *M. Sandæus* et *M. Sandeus*. — Vossius le nomme par erreur *M. Sanderus*.

FELIS, LE CHAT, surnom donné à JEAN DE BOULOGNE. Voy. *Bononia* (J. de).

FELIX (Thomas), THOMAS L'HEUREUX, théologien français, prémontré, abbé de Saint-Josse au Bois, vicaire général du Ponthieu et de la Normandie, mort en 1420.

FELTONUS (Joannes), JOHN FELTON, théologien et célèbre prédicateur anglais, vicaire de Sainte-Madeleine à Oxford, mort vers 1440. — On le trouve encore nommé *J. Concionator*, *J. Homiliarius* et *J. Vicarius*.

FELTRENSIS (Bernardinus), BERNARDIN DE FELTRI, théologien et prédicateur italien, frère mineur, né à Feltri, mort en 1494. — On le trouve encore nommé *B. Tomitanus* et *B. Romanus*. — L'exiguïté de sa taille l'avait fait surnommer *B. Parvus*, suivant Fabricius, et *B. Parvulus*, suivant Wadding.

FENESTELLA (L.), pseudonyme de ANDREA-DOMENICO FIOCCO. Voy. *Floccus* (A.-D.).

FENINUS (Petrus), PIERRE DE FÉNIN, chroniqueur français, pannetier de Charles VI, prévôt de Beauchêne, puis d'Arras, né dans l'Artois, mort en 1433.

FERALDUS (Joannes), JEAN FÉRAULT ou FERRAULT, jurisconsulte français, procureur du roi au Mans, né à Angers, mort après 1515.

FERDINANDUS. Voy. *Fernandus*.

FERENHAMUS (Nicolaus), NICOLAS DE FERNEHAM, voyageur, médecin et botaniste anglais, étudiant à Oxford, à Paris et à Bologne, évêque de Durham, mort en 1241.

FERNANDUS (Alphonsus), ALFONSO FERNANDEZ, poëte épique espagnol, mort vers 1530.

FERNANDUS (Carolus), CHARLES FERNAND ou PHERNAND (*Phernandus*), théologien, prédicateur et poëte belge, professeur à Paris, puis bénédictin au couvent de Chézal-Benoît (Cher), né à Bruges, mort en 1496.

FERNANDUS (Joannes), JEAN FERNAND, ou PHERNAND, musicien et littérateur belge, frère du précédent, né à Bruges, mort après 1494. — On écrit aussi *Phernandus*.

FERNANDUS (Lucas), LUCAS FERNANDEZ, écrivain dramatique espagnol, né à Salamanque, mort vers 1530. — On le trouve aussi nommé *L. Ferdinandus*.

FERNANDUS (Petrus), PEDRO FERNANDEZ, chroniqueur et biographe espagnol, dominicain, né dans la Galice, mort vers 1270. — On le trouve souvent nommé *P. Ferrandus*.

FERNUS (Michael), MICHELE FERNO, historien et biographe italien, avocat à Milan et à Rome, mort en 1513.

FERRANDUS (Petrus). Voy. *Fernandus* (P.).

FERRANDUS (Thomas), TOMMASO FERRANDO, imprimeur italien, établi à Brescia, mort vers 1500.

FERRARIA (Henricus de). Voy. *Vrimaria* (H. de).

FERRARIA (Jacobus de), JACQUES DE

Ferrare, théologien et philosophe scolastique italien, dominicain, inquisiteur, né à Ferrare, mort vers 1470. — On le trouve encore nommé *J. Ferrariensis* et *J. Paduanus.*

FERRARIA (Philippus de), PHILIPPE DE FERRARE, théologien italien, dominicain, né à Ferrare, mort vers 1310.

FERRARIA (Thomasinus de), TOMMASINO DE FERRARE, théologien et sermonnaire italien, dominicain, auteur d'une Somme dite *Summa Thomasina*, né à Ferrare, mort vers 1390.

FERRARIA (de). Voy. *Ferrariensis* et *Ferrariis* (de).

FERRARIENSIS (Aldobrandinus), ALDOBRANDINO DE FERRARE, théologien et sermonnaire italien, dominicain, mort vers 1380.

FERRARIENSIS (Baptista), BATTISTA PANZIO, dit aussi B. DE FERRARE. Voy. *Panætius* (B.).

FERRARIENSIS (Bartholomæus), BARTHÉLEMI DE FERRARE, sermonnaire italien, dominicain, né à Ferrare, mort vers 1405.

FERRARIENSIS (Franciscus). Voy. *Silvester* (F.).

FERRARIENSIS (Guido), GUI DE PILEO, dit aussi G. DE FERRARE. Voy. *Vicentinus* (G.).

FERRARIENSIS (H.). Voy. *Hugutius.*

FERRARIENSIS (Joannes), GIOVANNI CANALES (dit la *Nouvelle Biographie générale*), appelé aussi JEAN DE FERRARE, théologien ascétique et chroniqueur italien, cordelier, né à Ferrare, mort vers 1500.

FERRARIENSIS (Joannes), GIOVANNI RAFANELLI ou RAFFANELLI, dit J. DE FERRARE, théologien italien, dominicain, maître du sacré palais, né à Ferrare, mort vers 1515.

FERRARIENSIS (Ricobaldus), RICOBALDI DE FERRARE, historien italien, chanoine de Ravenne, né à Ferrare, mort vers 1313.

FERRARIENSIS. Voy. *Ferraria* (de) et *Ferrariis* (de).

FERRARIIS (Hieronymus de), GIROLAMO-MARIA-FRANCESCO-MATTEO SAVONAROLA, dit en français JÉRÔME DE FERRARE et JÉRÔME SAVONAROLE, célèbre réformateur italien, dominicain, moine à Florence, né à Ferrare, brûlé vif en 1498. — On le nomme aussi *H. de Ferraria* et *H. de Ferrariis.*

FERRARIIS (Joannes-Matthæus de), GIOVANNI-MATTEO FERRARI, médecin italien, professeur à Padoue, né au château de Grado, dans le Frioul, mort en 1460. — On le nomme aussi *J.-M. de Gradibus.*

FERRARIIS (Petrus de), PIERRE DE FERRIÈRES, savant jurisconsulte français, évêque de Noyon, archevêque d'Arles, mort en 1308.

FERRARIIS (Theophilus de), TEOFILO FERRARI, philosophe scolastique italien, dominicain, né à Crémone, mort vers 1480. — On le trouve aussi nommé *Th. Cremonensis.*

FERRARIIS (de). Voy. *Ferraria* (de) et *Ferrariensis.*

FERRARINUS (Michael-Fabricius), MICHELE-FABRIZIO FERRARINI, épigraphiste italien, prieur des carmes de Reggio, né dans cette ville, mort en 1492.

FERRARIUS (Adamus), ADAM FERRIER, théologien et physicien français, dominicain, né à Orléans, mort en 1383.

FERRARIUS (Bonifacius), BONIFACIO FERRAREZ, en français BONIFACE FERRIER (*Nouvelle Biographie générale*), théologien espagnol, général des Chartreux, né à Valence, mort en 1417. — On trouve aussi *B. Ferrerius.*

FERRARIUS (Jacobus), GIACOMO FERRARI, théologien et poëte italien, carme, né sans doute à Reggio, mort en 1465. — On le nomme souvent *J. Regiensis.*

FERRARIUS (Philippus), FILIPPO FERRARI, théologien et sermonnaire sicilien, carme, mort en 1431. — On le nomme aussi *Ph. Ferrariensis.*

FERRARIUS (Vincentius). Voy. *Ferrerius* (V.).

FERRERIUS (Bonifacius). Voy. *Ferrarius* (B.).

FERRERIUS (Jacobus), JACOBO FERRER, sermonnaire espagnol, dominicain, né à Xativa (*Sætabinus*) dans l'Aragon, mort en 1460.

FERRERIUS (Vincentius), VICENTE FERRER, en français VINCENT FERRIER, théologien et prédicateur espagnol, né à

Valence (*Valencia Hispanus*), mort en 1419. — On le trouve aussi nommé *Ferrarius*.

FERRERIUS (Zacharias), ZACCARIA FERRERI, poëte latin et théologien, moine du Mont-Cassin, évêque de Guardia (*episc. Guardensis*), dans le royaume de Naples, nonce apostolique, né à Vicence, mort vers 1530.

FERRETUS, FERRETO, poëte et historien italien, né à Vicence, mort vers 1385.

FERRETUS (Nicolaus), NICCOLO FERRETI, grammairien italien, professeur à Venise, mort en 1523.

FERTILIS (Doctor). Voy. *Candia* (F. de).

FESSIS (Dominicus-Bonaventura de). Voy. *Fabrianensis* (D.-B.).

FEUCHERIIS (Guilelmus de), GUILLAUME DE FEUQUIÈRES, théologien français, docteur de Sorbonne, né sans doute à Feuquières (Oise), mort au commencement du XIV° siècle. — On trouve encore *G. de Feugeriis*, *G. de Feukeriis*, *G. de Feuqueriis* et *G. de Feuqueris*.

FEUGERIIS, FEUKERIIS, FEUQUERIIS et FEUQUERIS (Guilelmus de). Voy. *Feucheriis* (G. de).

FEVERESHAMO (Haymo de), HAYMO DE FEVERSHAM, théologien et sermonnaire anglais, frère mineur, né à Feversham (comté de Kent), mort en 1244.

FEVERSHAMENSIS (Simon), SIMON DE FEVERSHAM, philosophe scolastique anglais, docteur d'Oxford, né sans doute à Feversham (comté de Kent), mort vers 1380.

FIADONIBUS (Bartholomæus ou Ptolemæus de), BARTOLOMMEO OU PTOLEMEO FIADONI, dit B. LUCCA, historien italien, dominicain, évêque de Torcello (Lombard-Vénitien), né à Lucques, mort en 1327. — On le nomme aussi *B. Lucensis*, et Sassi écrit par erreur *P. de Viadonibus*.

FIAMMA (Galvaneus), GALVANO DELLA FIAMMA, historien italien, dominicain, né à Milan, mort après 1371. — On le trouve souvent nommé *G. Flamma*.

FIBER et FIBERIUS (Joannes). Voy. *Castorius* (J.).

FIBONACCIUS (Leonardus), LEONARDO FIBONACCI, dit L. DE PISE. Voy. *Pisanus* (L.).

FICHETUS (Guilelmus), GUILLAUME FICHET, théologien et rhéteur français, l'un des introducteurs de l'imprimerie à Paris, bibliothécaire de la Sorbonne, recteur de l'Université de Paris, né à Aunay (*Alnetanus*) près de Paris, mort à la fin du XV° siècle. — On le trouve encore nommé *G. Fischetus*, *G. Phichetus* et *G. Vichetus*.

FICINUS (Marsilius), MARSIGLIO FICINO, dit en français MARSILE FICIN, célèbre philosophe et philologue italien, né à Florence, mort en 1499.

FIDE (Antonius de), ANTONIO DA FEDE, en français ANTOINE DE LA FOI, théologien italien, carme, évêque de Sovanna ou Soana (*Suanum*) en Toscane, né à Florence, mort vers 1433. — On le trouve aussi nommé *A. Fidei*.

FIDEI (Antonius). Voy. *Fide* (A. de).

FIDELIBUS (Balthasar de), BALTASSARE FEDELE, littérateur italien, archiprêtre de Saint-Jean de Monza, puis vicaire général à Crémone, né à Milan, mort vers 1530.

FIDELIBUS (Leo de), LEONE FEDELE, théologien et jurisconsulte italien, bénédictin, né à Vimercato (Lombard-Vénitien), mort en 1513.

FIGIACO (Bertrandus de), BERTRAND LAGER, dit aussi B. DE FIGEAC. Voy. *Lagerius* (B.).

FIGINUS (Petrus), PIETRO FIGINO, orateur et philologue italien, frère mineur, né à Milan, mort vers 1400.

FILGERIIS (Stephanus de). Voy. *Fulgeriis* (St. de).

FILLIATRIUS (Guilelmus), GUILLAUME FILASTRE ou FILLIATRE, oncle du suivant, helléniste et géographe français, doyen du chapitre de Reims, archevêque d'Aix, cardinal, né soit dans le Maine, soit dans l'Anjou, mort en 1428.

FILLIATRIUS (Guilelmus), GUILLAUME FILASTRE ou FILLIATRE, dit aussi G. DE LATRE, historien français, bénédictin, évêque de Verdun, de Toul et de Tournay, mort en 1473.

FILORADULPHUS (Richardus), RICHARD FITZ-RALPH, dit R. D'ARMAGH. Voy. *Armachanus* (R.).

FINALI (Nicolaus de), NICOLAS DE FINALE, théologien italien, dominicain, né à Finale (duché de Modène), mort vers 1525.

FINARIO (Baptista de). Voy. *Judicibus* (B. de).

FINARIO (Damianus de), DAMIEN DE FINARO, théologien et sermonnaire italien, dominicain à Reggio (Modène), mort vers 1450.

FINUS (Adrianus), ADRIANO FINO ou FINI, et mieux F. D'ADRIA (*Finus Adrianus*, *Hadrianus*, *Adriensis* ou *Hadriensis*), théologien et orientaliste italien, né à Adria (Lombard-Vénitien), mort en 1517.

FIRMANUS (Thomas), THOMAS DE FERMO, théologien italien, dominicain, nonce apostolique, né à Fermo (États de l'Église), mort vers 1500.

FIRMARIA (Henricus de). Voy. *Primaria* (H. de).

FIRMITATE (Nicolaus de), NICOLAS DE LA FERTÉ, théologien français, abbé du couvent de la Ferté au diocèse de Châlons, mort vers 1210.

FIRMITATE (Nicolaus de), NICOLAS DE LA FERTÉ, sermonnaire français, prieur de Cîteaux, puis abbé d'Auberive (diocèse de Langres), mort en 1299.

FISCANENSIS (Petrus), PIERRE DE FÉCAMP, chroniqueur français, moine à Fécamp, mort après 1246.

FISCANENSIS (Robertus), ROBERT DE FÉCAMP, chroniqueur français, bénédictin, né dans la Normandie, mort vers 1240.

FISCHETUS (Guilelmus). Voy. *Fichetus* (G.).

FIZACRIUS (Richardus), RICHARD DE FITSACRE (dit Échard), théologien anglais, dominicain, professeur à Oxford, né, soit dans le comté de Devon, soit dans celui d'Oxford, mort en 1348.

FIZALANUS (Bertrandus ou Bertramus), BERTRAND FILS D'ALAIN (*Alani filius*), théologien anglais, carme; né dans le comté de Lincoln, mort en 1427. — Bale le nomme B. FIZALEN, et Tanner *Bartremius*.

FLÆTEUS (Guilelmus). Voy. *Fletæus* (G.).

FLAMELLUS (Nicolaus), NICOLAS FLAMEL, célèbre calligraphe et alchimiste français, né sans doute à Pontoise, mort en 1418.

FLAMESBURIA (Robertus de). Voy. *Sancto Victore* (R. de).

FLAMINGUS (Guilelmus), GUILLAUME DE FLANDRE, sermonnaire français, dominicain à Paris, mort après 1283. — On le trouve aussi nommé G. *Flandrensis*.

FLAMINGUS. Voy. *Flandrensis*.

FLAMINIUS (Antonius), ANTONIO FLAMINIO, philologue sicilien, professeur à Rome, né à Meno, mort vers 1500. — Pierius écrit *Flamminius*.

FLAMINIUS (Lucius), LUCIO FLAMINIO, philologue italien, professeur à Salamanque, né en Sicile, mort en 1509.

FLAMINIUS (Sebastianus), SEBASTIANO FLAMINIO, hagiographe italien, dominicain, né à Imola (États de l'Église), mort en 1286.

FLAMMA (Galvaneus). Voy. *Fiamma* (G.).

FLAMMA (Stephanardus). Voy. *Vicomercato* (S. de).

FLAMMINIUS. Voy. *Flaminius*.

FLAMMOCHETUS (Guido), GUI FLAMOCHETTI ou FLOMOCHETTI (dit Jöcher), chroniqueur français, général des Dominicains, né à Narbonne, mort en 1451. — On le trouve encore nommé G. *Flonochetus* et G. *Flonoherus*.

FLANDRENSIS et FLANDRIENSIS (Alanus), ALAIN DE FLANDRE, théologien français, moine de Clairvaux, évêque d'Auxerre, né dans la Flandre, mort vers 1182. — On le trouve aussi désigné sous le nom de A. *Autissiodorensis*, et il a été fréquemment confondu avec ALAIN DE LILLE.

FLANDRENSIS. Voy. *Flamingus* et *Flandria* (de).

FLANDRIA (Dominicus de), DOMINIQUE DE FLANDRE, théologien et philosophe, dominicain, professeur à Bologne, mort vers 1500.

FLANDRIA (Gerardus de), GÉRARD DE FLANDRE, imprimeur flamand, successivement établi à Trévise, à Vicence, à Venise, à Frioul, etc., né sur les bords de la Lys, mort vers 1500. — On le nomme aussi G. *de Lysa*.

FLANDRINUS (Guido), GUI FLANDRIN, théologien français, docteur de Toulouse, mort après 1406. — On trouve souvent G. *Flandrini*.

FLANDRINUS (Petrus), PIERRE FLANDRIN, théologien français, doyen et chanoine de Bayeux, cardinal, né dans le diocèse de Viviers en Vivarais, mort en 1381. — On le nomme aussi *P. Vivariensis.*

FLATÆUS (Guilelmus). Voy. *Fletæus* (G.).

FLAVIACENSIS (Radulphus), RAOUL DE FLAIX, théologien français, moine de Flaix (ou Saint-Germer), au diocèse de Beauvais, mort vers 1160. — On trouve aussi *R. Flaviensis.*

FLAVIENSIS (Radulphus). Voy. *Flaviacensis* (R.).

FLAVIGNEIO (Nicolaus de). Voy. *Flaviniacensis* (N.).

FLAVINIACENSIS (Hugo), HUGUES DE FLAVIGNY, célèbre chroniqueur français, moine à Saint-Vanne de Verdun, puis abbé de Flavigny (Côte-d'Or), mort après 1115.

FLAVINIACENSIS (Nicolaus), NICOLAS DE FLAVIGNY, théologien français, doyen de l'église de Langres, puis archevêque de Besançon, né sans doute à Flavigny (diocèse d'Autun), mort en 1235. — Le *Gallia christiana* le nomme *N. de Flavigneio.*

FLAVIUS. Voy. *Blondus* (F.).

FLEMINGUS (Richardus), RICHARD FLEMMING ou FLEMMYNGE, théologien anglais, proviseur de l'Université d'Oxford, prébendaire de Langford, dans le comté de Bedford, puis évêque d'York, fondateur du collége de Lincoln à Oxford, né à Crofton, dans le comté d'York, mort en 1431.

FLEMINGUS (Robertus), ROBERT FLEMMING ou FLEMMYNGE, neveu du précédent, philologue anglais et poëte latin, professeur à Ferrare, protonotaire apostolique; doyen de Lincoln, mort en 1483.

FLETÆUS (Guilelmus), WILLIAM FLETE ou FLETA (disent Ossinger, Fabricius et Jöcher), et mieux FLETH, théologien et sermonnaire anglais, augustin, mort vers 1380. — On trouve aussi *G. Flatæus* et *G. Flætus.*

FLETUS (Joannes), JOHN FLETH, chroniqueur anglais, bénédictin à Westminster, *incerto sæculo.*

FLEXERII (Bartholomæus), BARTHÉLEMY FLÉCHIER (dit D. Vaissette), théologien et jurisconsulte français, recteur de l'Université de Toulouse, mort après 1324.

FLISCO (Sinibaldus de), SINIBALDE DE FIESQUE, théologien et jurisconsulte italien, pape sous le nom d'INNOCENT IV, né à Gênes, mort en 1254. — On le trouve aussi nommé *S. Fliscus*, et il fut surnommé *Juris pater* et *Organum veritatis.*

FLISCUS (Guilelmus), GUILLAUME DE FIESQUE, biographe italien, bibliothécaire du Vatican, cardinal, né à Parme, mort en 1256.

FLISSICURIA (Joannes de), JEAN DE FLIXECOURT, théologien français, bénédictin, moine de l'abbaye de Corbie (Somme), né à Flixecourt, près d'Amiens, mort après 1280.

FLOCCUS (Andreas-Dominicus), ANDREA-DOMENICO FIOCCO ou FIOCCHI, jurisconsulte italien, chanoine de Florence, secrétaire du pape Eugène IV, mort en 1452. — Il a signé un de ses ouvrages *L. Fenestella.*

FLONOCHETUS et FLONOHERUS (Guido). Voy. *Flammochetus* (G.).

FLORARIUS (Bartholomæus), surnom donné à BARTH. L'ANGLAIS. Voy. *Anglicus* (B.).

FLOREFFIENSIS (Hugo), HUGUES DE FLOREFFES, hagiographe belge, prémontré, chanoine de Floreffes, au diocèse de Namur, mort vers 1230.

FLORENTIA (de). Voy. *Florentinus.*

FLORENTII (Adrianus), ADRIEN FLORENT, théologien hollandais, précepteur de Charles-Quint, évêque de Tortose, pape sous le nom d'ADRIEN VI, né à Utrecht, mort en 1523.

FLORENTINUS (Accoldus ou Ricoldus), A. ou C. DE MONTECROCE, dit A. DE FLORENCE. Voy. *Montecrucis* (A. ou R. de).

FLORENTINUS (Accursius). Voy. *Accursius* (F.).

FLORENTINUS (Aldobrandinus ou Dinus), ALDOBRANDINO, ou par abréviation DINO DE FLORENCE, médecin italien, professeur à Bologne et à Sienne, né à Florence, mort en 1327.

FLORENTINUS (Anonymus), L'ANONYME DE FLORENCE, auteur d'une chronique florentine qui s'étend de l'année 1406 à l'année 1438.

FLORENTINUS (Antoninus), ANTONINO

FORCIGLIONE, dit A. DE FLORENCE. Voy. *Etruscus* (A.).

FLORENTINUS (Bartholomæus), BARTOLOMMEO SCALA, dit BARTHÉLEMY DE FLORENCE, historien et littérateur italien, chancelier de Florence, né à Colle de Valdesa (Toscane), mort à Florence en 1497.

FLORENTINUS (Benedictus), BENOÎT DE FLORENCE, mathématicien italien, né à Florence, mort vers 1500.

FLORENTINUS (Cardinalis), FR. ZABARELLA, dit LE CARDINAL DE FLORENCE. Voy. *Zabarellis* (F. de).

FLORENTINUS (Clemens), CLÉMENT DE FLORENCE, théologien italien, professeur à Paris, frère servite, né sans doute à Florence, mort après 1370.

FLORENTINUS (Dantes). Voy. *Aligerius* (D.).

FLORENTINUS (Franciscus), FRANÇOIS DE FLORENCE, fécond théologien italien, frère mineur, mort vers 1460. — On le trouve aussi nommé *F. Paduanus*.

FLORENTINUS (Gratianus), GRATIEN DE FLORENCE, théologien italien, augustin, né sans doute à Florence, mort vers 1380.

FLORENTINUS (Gregorius), GRÉGOIRE DE FLORENCE, théologien italien, dominicain, évêque de Fano (*episcop. Fanensis*), dans les États de l'Église, né à Florence, mort vers 1240.

FLORENTINUS (Henricus), ENRICO ARRIGO, dit aussi H. DE FLORENCE. Voy. *Septimellensis* (H.).

FLORENTINUS (Hippolytus), HIPPOLYTE DE FLORENCE, théologien italien, frère mineur, mort vers 1250.

FLORENTINUS (Joannes), JEAN DE FLORENCE, célèbre conteur italien, né sans doute à Florence, mort après 1378.

FLORENTINUS (Joannes), GIOVANNI MINERBETTI, dit JEAN DE FLORENCE, chroniqueur italien, né à Florence, mort après 1479.

FLORENTINUS (Lapus), LAPO DE FLORENCE, jurisconsulte italien, abbé de Santo Miniato, près de Florence, mort vers 1350.

FLORENTINUS (Marianus), MARIANO DE FLORENCE, chroniqueur italien, franciscain, né à Florence, mort vers 1500.

FLORENTINUS (Nicolaus), NICCOLO NICCOLI, dit aussi N. DE FLORENCE. Voy. *Nicolius* (N.).

FLORENTINUS (Paulus), PAOLO ATTAVANTI, dit aussi P. DE FLORENCE. Voy. *Attavantius* (P.).

FLORENTINUS (Philippus), PHILIPPE DE FLORENCE, théologien italien, frère mineur à Florence, docteur de Paris, mort après 1313.

FLORENTINUS (Poggius). Voy. *Poggius Bracciolinus*.

FLORENTINUS (Ramantinus), RAMANTINO DE FLORENCE, mathématicien et philologue italien, dominicain, né à Florence, mort vers 1363. — On trouve aussi *R. de Florentia*.

FLORENTINUS (Remigius), REMIGIO CLARI, dit aussi R. DE FLORENCE. Voy. *Clarus* (R.).

FLORENTINUS (Ricordanus), RICORDANO MALASPINA, dit aussi R. DE FLORENCE, chroniqueur italien, né à Florence, mort en 1281.

FLORENTINUS (Thaddæus), THADDÉE DE FLORENCE, médecin italien, professeur à Bologne, né à Florence, mort vers 1300.

FLORENTINUS (Thomas), TOMMASO DEL GARBO, dit THOMAS DE FLORENCE, savant médecin italien, professeur à Pérouse et à Bologne, né à Florence, mort en 1370.

FLORENTINUS (Zanobius), ZANOBIO DE FLORENCE, dit aussi Z. DE STRATA, poëte italien, ami de Pétrarque, né à Strata, près de Florence, mort en 1361. — On le trouve aussi nommé SOSTEGNO DE ZANOBI.

FLORIACENSIS (Clarius), CLARIUS DE FLEURY, chroniqueur français bénédictin, moine de Fleury-sur-Loire (Loiret), puis de Saint-Pierre le Vif (*Sancti Petri Vivi*), au diocèse de Sens, mort vers 1125.

FLORIACENSIS (Hugo), HUGUES DE SAINTE-MARIE, dit aussi H. DE FLEURY. Voy. *Sancta Maria* (H. de).

FLORIACENSIS (Macarius), MACAIRE DE FLEURY, grammairien français, prieur de Longpont, abbé de Morigny, puis de Fleury, mort en 1162.

FRORIACENSIS (Radulfus), RAOUL TORTAIRE, dit aussi R. DE FLEURY. Voy. *Tortarius* (R.).

FLORIACO (Gaufredus de), GEOFFROI DE FLEURY, argentier de Philippe le Long, puis trésorier de France, mort après 1339.

FLORIDUS (Joannes), JEAN FLEURY, théologien français, docteur et prieur de la Sorbonne, mort en 1441.

FLORIDUS (Joannes), JEAN FLEURY, poëte français, mort vers la fin du XVe siècle.

FLORIGERUS (Matthæus), MATTHIEU QUI PORTE DES FLEURS, surnom donné à M. DE WESTMINSTER. Voy. *Westmonasteriensis* (M.).

FLORIUS (Franciscus), FRANCESCO FLORIO, romancier italien, secrétaire de l'archevêque de Tours, né à Florence, mort vers la fin du XVe siècle. — Son existence a été contestée.

FLORUS (Georgius), GIORGIO FIORI, jurisconsulte et historien italien, né à Milan, mort vers 1512.

FLOS MUNDI, LA FLEUR, LE FLEURON DU MONDE, surnom donné à MAURICE O'FIHELY. Voy. *Portu* (M. de).

FOLENGIUS (Nicodemus), NICODEMO FOLENGO, poëte italien, né à Mantoue, mort vers 1500.

FOLIATA (Ubertus), UBERTO FOGLIETA, historien et jurisconsulte italien, né à Crémone, mort vers 1400.

FOLIETO (Hugo de), HUGUES DE FOUILLOI, célèbre théologien français, chanoine de Saint-Pierre de Corbie, prieur de Saint-Laurent de Heilli, né à Fouilloi, près de Corbie, mort après 1173. — On le trouve encore nommé *H. Corbeiensis*, *H. Corbiensis*, *H. Corbeensis*, *H. Folleius*, *H. de Folliaco*, *H. de Sancto Laurentio*.

FOLIOTHUS. Voy. *Foliotus*.

FOLIOTUS (Gilbertus), GILBERT FOLIOTH, théologien anglais, évêque d'Hereford, puis de Londres, né en Angleterre, mort en 1187. — On écrit aussi mais plus rarement, *G. Foliothus*.

FOLLEIUS (Hugo) et FOLLIACO (H. de). Voy. *Folieto* (H. de).

FOLQUERIUS (Jacobus), JACQUES FOUQUIER, théologien français, augustin, docteur de Toulouse, mort vers 1350.

FOLSHAMUS (Joannes), JOHN FOLSHAM. Voy. *Jolihamus* (J.).

FONDULUS (Raphael), RAFAELE FONDOLO, médecin et astronome italien, né à Crémone, mort après 1307.

FONS CANONUM, LA SOURCE DES PRÉCEPTES (?), surnom donné à GIOVANNI ANDREA. Voy. *Andreas* (J.).

FONS LEGUM, LA SOURCE DES LOIS, surnom donné à PORTIUS AZON. Voy. *Azo* (P.).

FONTANIS (Godefridus de), GODEFROI DE CONDÉ, dit aussi G. DE FONTAINES. Voy. *Condatensis* (G.).

FONTANIS (Petrus de), PIERRE DE FONTAINES, jurisconsulte français, attaché à la personne de saint Louis, né aux Fontaines, près de Saint-Quentin, mort vers 1270.

FONTANIS (Reginaldus de), REGNAULD DES FONTAINES, théologien français, chanoine d'Auxerre, recteur de l'Université de Paris, évêque de Soissons, mort en 1442.

FONTANUS (Godefridus) et FONTANO (G. de). Voy. *Condatensis* (G.).

FONTANUS (Guilelmus), GUILLAUME DE WELLS, théologien et sermonnaire anglais, augustin, né à Wells (comté de Somerset), mort en 1421.

FONTANUS (Serlo), SERLO DE WELLS, grammairien et historien anglais, chanoine d'York, abbé de Wells (Somerst), puis de Kirkstead (*abbas Kirkostallensis*), dans le Lincoln, mort vers 1160. — On le trouve souvent nommé *S. Grammaticus*.

FONTE (de). Voy. *Fontanus*.

FONTE (Thomas de), TOMMASO DELLA FONTE, biographe italien, confesseur de sainte Catherine de Sienne, dominicain, né à Sienne, mort vers 1390.

FONTEBRALDENSIS (Andreas), ANDRÉ DE FONTEVRAULT, auteur supposé d'une vie de Robert d'Arbrissel, grand-prieur de Fontevrault, mort avant 1120.

FONTECASTO (Paschalis de). Voy. *Fontepudico* (P. de).

FONTEPUDICO (Paschalis ou Paschasius de), P. DE LA FUENCASTA OU DE LA FUENSANTA (dit Échard), théologien et sermonnaire espagnol, dominicain, évêque de Burgos, né à Ampudia (Vieille-Castille), mort en 1512. — On le trouve aussi nommé *P. de Fontecasto*.

FONTIBUS (Godefridus de). Voy. *Condatensis* (G.).

FONTIS CALIDI (Bernardus, abbas), BERNARD DE FONTCAUDE, abbé du monastère alors dit de Font-Cauld au diocèse de Saint-Pons, (aujourd'hui Fontcaude, dans l'Hérault), théologien français, prémontré, mort vers 1193.

FONTIUS (Bartholomæus), BARTOLOMMEO FONTI, philologue italien, bibliothécaire de Bude, né et professeur à Florence, mort en 1513.

FORBITEUS (Joannes). Voy. *Forbitoris* (J.).

FORBITORIS (Joannes), JEAN LE FOURBISSEUR, théologien français, dominicain, professeur à Paris, né à Châlons-sur-Marne ou à Reims, mort vers 1380. — On le trouve nommé encore *J. Forbiteus, J. Fribitoris, J. Frihitoris.*

FORDA (Thomas-Balduinus de). Voy. *Devonius* (T.-B.).

FORDENSIS (Joannes), JEAN DE FORD, théologien et hagiographe anglais, moine de Cîteaux, abbé de Ford, mort vers 1215.

FORDENSIS (Thomas-Balduinus). Voy. *Devonius* (T.-B.).

FORESTA (J.-P. de). Voy. *Forestus* (J.-P.).

FORESTUS (Jacobus-Philippus), GIACOMO-FILIPPO FORESTI, connu sous le nom de JEAN-PHILIPPE DE BERGAME, chroniqueur et biographe italien, augustin, prieur d'Imola, de Forli et de Bergame, né à Soldio près de Bergame, mort en 1520. — On le trouve encore nommé *J.-P. de Bergamo, J.-P. Bergamensis, J.-P. Bergomas, J.-P. de Pergamo* et *J.-P. de Foresta.*

FORMAGLINUS (Thomas), TOMMASO DE FORMAGLINI, jurisconsulte italien, né et professeur à Bologne, mort en 1331.

FORNERIUS (Jacobus), JACQUES DE NOVELLES, dit aussi J. FOURNIER. Voy. *Novellis* (J. de).

FOROCORNELIENSIS (Alexander), ALESSANDRO TARTAGNI, dit aussi A. D'IMOLA. Voy. *Tartaginus* (A.).

FOROJULIENSIS (Berengarius), BÉRENGER DE FRÉJUS, théologien français, évêque de Fréjus, mort avant 1257.

FOROJULIENSIS (Joannes), GIOVANNI AILINO, dit aussi J. DE FRIOUL. Voy. *Ailinus* (J.).

FOROJULIENSIS (Odericus), ODERICO DE PORDENONE, dit aussi O. DE FRIOUL. Voy. *Portu Naonis* (O. de).

FOROJULIO (de). Voy. *Forojuliensis.*

FOROLIVIENSIS (Hieronymus), JÉRÔME DE FORLI, théologien et chroniqueur italien, dominicain, né à Forli, mort vers 1476 suivant Fabricius, vers 1314 suivant Échard.

FOROLIVIENSIS (Jacobus), GIACOMO DELLA TORRE, dit JACQUES DE FORLI, médecin italien, professeur à Padoue, né à Forli, mort en 1414.

FORTANERIUS (Sertorius). Voy. *Cambrensis* (S.).

FORTETUS (Petrus), PIERRE FORTET, chanoine de Notre-Dame de Paris, fondateur du collége dit de Fortet (*collegium Forteticum*), né à Aurillac, mort en 1394.

FORTIS (Rogerius), ROGER LE FORT, dit aussi DE BEAUFORT, fils de GEOFFROI DES TERNES, jurisconsulte français, évêque d'Orléans et de Limoges, archevêque de Bourges, mort en 1367. — On le trouve aussi nommé *R. de Ternis* et *R. Bituricensis.*

FORTIUS (Angelus), ANGELO FORTE ou FORTIO, médecin et astrologue italien, établi à Venise, mort vers le milieu du XVIe siècle.

FORTIUS (Hieronymus), GIROLAMO FORTI, poëte épique italien, né à Teramo (royaume de Naples), mort en 1485.

FORTIUS (Leonardus), LEONARDO FORTE ou FORTI, archéologue italien, établi à Rome, mort vers 1530.

FORTUNIUS (Joannes-Franciscus), GIOVANNI-FRANCESCO FORTUNIO, grammairien et jurisconsulte italien, podestat d'Ancône, mort vers 1530.

FOSCHERARIUS (Ægidius). Voy. *Fuscararius* (Æ.).

FOSSATUS (Paulus), PAOLO FOSSATI, littérateur italien, né à Milan, mort vers 1430.

FRACHETO (Gerardus de), GÉRARD DE FRACHET, chroniqueur et biographe français, dominicain, prieur à Limoges, à Marseille et à Montpellier, né à Châluz (*Castrum Luceti*), près de Limoges, mort en 1271.

FRACTURA (Nicolaus de). Voy. *Cassinensis* (N.).

FRANCFORDIA (Joannes de), JOHANN DIEPPURG, dit JEAN DE FRANCFORT, théologien allemand, docteur d'Heidelberg, mort vers 1500. — On le trouve aussi nommé *J. Heidelbergensis*.

FRANCIA (Gigus ou Gigonus de), G. DE FRANCE, théologien et sermonnaire français, carme à Prato près de Florence, mort en 1467. — On le trouve nommé aussi *G. de Prato*.

FRANCIGENA (Henricus ou Hugo). Voy. *Salvaniensis* (H.).

FRANCISCANUS (Anselmus), ANSELME LE FRANCISCAIN, voyageur polonais, presque toujours désigné par son prénom seulement, franciscain, né sans doute à Cracovie, mort après 1506.

FRANCISCANUS (Thomas), THOMAS ECKLESTON, dit aussi TH. LE FRANCISCAIN. Voy. *Ecklestonus* (Th.).

FRANCISCUS (Michael), MICHEL FRANÇOIS ou FRANCHOIS, dit aussi. M. DE LILLE (*M. Insulensis* ou *de Insulis*), jurisconsulte et théologien français, dominicain, né à Templemars, près de Lille, mort en 1502. — On trouve aussi *M. Francisci*.

FRANCO. Voy. *Afflighemensis* (F.).

FRANCONIS (Theodoricus). Voy. *Gorcomiensis* (Th.).

FRANCOVILLA (Adamus de), ADAM DE FRANCHEVILLE, médecin français, doyen de la Faculté de Paris en 1350.

FRANGIPANIS (Latinus de) et FRANGIPANUS (L.), LATINO MALABRANCA, dit L. D'OSTIE. Voy. *Ostiensis* (L.).

FRAXINUS (Simon), SIMON ASH, dit en français SIMON DU FRESNE, poëte latin et français, chanoine d'Hereford, dans le pays de Galles, né en Angleterre, mort vers 1220.

FREAS (Joannes). Voy. *Phreas* (J.).

FREAVILLA (Nicolaus de). Voy. *Farinula* (N. de).

FREDOLA (Berengarius de). Voy. *Fredoli* (B.).

FREDOLI (Berengarius), BÉRENGER DE FRÉDOL, jurisconsulte et théologien français, évêque de Béziers (*episcopus Biterrensis*), puis de Tusculum, cardinal, né au château de la Vérune, mort en 1323.

— On le trouve encore nommé *B. de Fredola, B. Stedellus* et *B. Stedellius*.

FREGOSUS (Antonius), ANTONIO FREGOSO, surnommé FILEREMO (Ami de la solitude), poëte italien, né à Gênes, mort vers 1515.

FREGOSUS (Joannes-Baptista), GIOVANNI-BAPTISTA FREGOSO, historien, biographe et littérateur italien, doge de Gênes, né dans cette ville, mort après 1509. — On le trouve encore nommé *J.-B. Frigosus, J.-B. Fulgosus* et *J.-B. Campofulgosus*.

FREGOSUS (Petrus), PIETRO FREGOSO, doge de Gênes, protecteur des lettres, mort après 1393.

FREGOSUS (Raphaël), RAFAELE FREGOSO, jurisconsulte italien, professeur à Pavie, à Plaisance et à Padoue, né à Plaisance, mort en 1431. — On le nomme souvent *R. Fulgosus*.

FRESBURNUS (Rodulphus), REINOLD FRESBURN (dit Tanner), auteur ascétique anglais, moine du Mont-Carmel, né dans la Northumbrie, mort en 1274. — On trouve aussi *R. Frescoburnus*.

FRESCOBURNUS (Radulphus). Voy. *Fresburnus* (R.).

FRETELLUS. Voy. *Antiochenus* (F.).

FREZZIUS (Fredericus), FEDERIGO FREZZI, poëte italien, dominicain, évêque de Foligno (*episc. Fulginensis*), né à Foligno, mort en 1416.

FRIBITORIS (Joannes). Voy. *Forbitoris* (J.).

FRIBURGENSIS (Joannes), JOHANN RUNSIC, dit JEAN DE FRIBOURG, théologien et chroniqueur allemand, dominicain, né à Fribourg en Brisgau (duché de Bade), mort en 1314. — On l'appelle aussi *J. de Friburgo, J. Teutonicus*, et il a été surnommé *J. Lector*.

FRIBURGENSIS (Theodericus), THIERRY DE FRIBOURG, théologien allemand, dominicain, professeur à Paris, né à Fribourg-en-Brisgau, mort vers 1310. — On écrit aussi *Th. de Friburgo* et *Th. Teutonicus*.

FRIBURGO (de). Voy. *Friburgensis*.

FRICKENHAUSENSIS et FRICKENHUSIUS (Georgius), GEORGE ORTER, dit G. DE FRICKENHAUSEN, théologien et sermonnaire allemand, dominicain, professeur à Leipsick, né à Frickenhausen, dans la Franconie, mort vers 1497. — On le trouve nommé aussi *G. Frickenhusius*.

FRIDERICUS I., Voy. *Ænobarbus* (F.).

FRIDERICUS II, FRÉDÉRIC II, empereur d'Allemagne, théologien et auteur d'un traité *De arte venandi*, protecteur des lettres, né dans la marche d'Ancône, mort en 1250.

FRIGIDO FERRO (Henricus de), HENRI DE KALT-EYSEN, fécond théologien allemand, dominicain, archevêque de Drontheim, né à Coblentz, mort en 1465.

FRIGIDO MONTE (Thomas de), THOMAS DE BEVERLEY, dit aussi TH. DE FROIMONT. Voy. *Beverlacensis* (Th.).

FRIGOSUS. Voy. *Fregosus*.

FRIHITORIS (Joannes). Voy. *Forbitoris* (J.).

FRIMARIA et FRIMELIA (Henricus de). Voy. *Vrimaria* (H. de).

FRISINGENSIS (Albertus), ALBERT DE HOHENBOURG, dit A. DE FREISINGEN, hagiographe allemand, évêque de Wurzbourg, puis de Freisingen (Bavière), mort en 1359.

FRISINGENSIS (Otho), OTHON DE FREISINGEN, théologien et chroniqueur allemand, abbé de Morimond, évêque de Freisingen, mort en 1158.

FRISINGENSIS (Radevicus), RADEVIC DE FREISINGEN, biographe allemand, chanoine de Freisingen et chapelain d'Othon, évêque de cette ville, mort vers 1160.

FRISIUS (Alvinus), ALVIN DE FRISE, poëte et chroniqueur frison, recteur à Sneeck (*rector scolæ Snecanæ*), mort vers 1400.

FRISO (Henricus), HENRI LE FRISON, chroniqueur et théologien frison, chartreux, mort vers 1500.

FRITAGUS (Joannes), JOHANN FREITAG, théologien et sermonnaire allemand, carme à Mayence, puis prieur du couvent de Strasbourg, né à Dusseldorf, mort en 1494. — On le nomme souvent *J. Dusseldorpius*.

FROBENIUS (Joannes), JOHANN FROBEN, célèbre imprimeur allemand, associé de J. Amerbach, né à Hammelbourg (Franconie), mort en 1527.

FROISSARDUS et FROSSARDUS (Joannes), JEAN FROISSARD, célèbre chroniqueur et poëte français, né à Valenciennes, mort vers 1400.

FRUGARDUS (Rogerius ou Rogerus), RUGIERO FRUGARDO, connu sous le nom de ROGER DE PARME, célèbre chirurgien italien, élève de l'école de Salerne, né soit à Parme, soit à Salerne, mort vers 1280. — On le nomme plus souvent *R. de Parma, R. Parmensis* et *R. Salernitanus*.

FRUMENTARIUS (Joannes). Voy. *Whetamstedus* (J.).

FULCAUDUS (Hugo), HUGUES FOUCAULT ou FALCAND, chroniqueur italien ou français, abbé de Saint-Denis près Paris, mort après 1169. — On écrit aussi *H. Falcandus*.

FULCHERIIS (Stephanus de). Voy. *Fulgeriis* (St. de).

FULCO, FOLCHETTO, dit aussi FOLQUET et FOULQUES, troubadour provençal, d'origine italienne; moine de Cîteaux, évêque de Toulouse, né à Marseille, mort en 1231.

FULCODIUS (Guido), GUI FOULQUES, FOULQUOIS, FOUQUET ou FULCODI, théologien français, archevêque de Narbonne, pape sous le nom de CLÉMENT IV, né à Saint-Gilles, dans le Languedoc, mort en 1268. — Il fut surnommé *G. Grossus*.

FULDENSIS (Rogerius), ROGER DE FULDA, hagiographe allemand, moine de Fulda, mort vers 1156.

FULGERIIS (Stephanus de), ÉTIENNE DE FOUGÈRES, théologien, poëte et hagiographe français, chapelain de Henri II d'Angleterre, évêque de Rennes, né sans doute à Fougères dans la Bretagne, mort en 1178. — On écrit encore *St. de Filgeriis* et *St. de Fulcheriis*.

FULGINAS (Gerardus), GÉRARD DE CRÉMONE, dit aussi G. DE FOLIGNO. Voy. *Cremonensis* (G.).

FULGINAS (Guido), GUI DE FOLIGNO, sermonnaire italien, frère mineur, mort vers 1300. — On trouve aussi *G. Fulgineus*.

FULGINAS. Voy. *Fulgineo* (de) et *Fulgineus*.

FULGINEO (Angela de), ANGÈLE DE FOLIGNO, théologienne ascétique italienne, franciscaine, né à Foligno (duché de Spolète), morte en 1309.

FULGINEO (de). Voy. *Fulginas* et *Fulgineus*.

FULGINEUS (Gentilis), GENTILE GENTILI, dit G. DE FOLIGNO. Voy. *Gentilibus* (G. de).

FULGINEUS. Voy. *Fulginas* et *Fulgineo* (de).

FULGOSUS. Voy. *Fregosus*.

FUNDAMENTALIS (doctor). Voy. *Faber* (J.).

FUNDAMENTARIUS (doctor). Voy. *Columna* (Æ. de).

FUNDATISSIMUS (doctor). Voy. *Columna* (Æ. de) et *Mediavilla* (R. de).

FUNDATUS (doctor). Voy. *Wara* (G. de).

FURNELLIS (Richardus de), RICHARD DES FOURNEAUX, fécond théologien français, bénédictin, abbé de Préaux, né aux Fourneaux, dans la Normandie, mort en 1131. — On le nomme aussi R. *de Pratellis*.

FURNESIO (Jocelinus, Joscelinus ou Josselinus de), JOSCELIN DE FURNES, écrivain ecclésiastique anglais, moine de Cîteaux, religieux du couvent de Furnes, dans le comté de Lancastre (*monachus Furnessensis apud Lancastrienses*), mort vers 1210.

FURNIVALLE (Ricardus de), RICHARD DE FOURNIVAL, dit aussi R. DE FURNIVAL ou FORNIVAL, poëte et bibliographe français, chancelier de l'Eglise d'Amiens (*cancellarius Ambianensis*), né dans la Picardie, sans doute à Fournival (Oise), mort vers 1260.

FURNO (Antonius de), ANTOINE DU FOUR, théologien français, dominicain, confesseur de Louis XII, né à Orléans, mort en 1509.

FURNO (Jacobus de). Voy. *Novellis* (J. de).

FURNO (Joannes Vitalis a), JEAN VITAL DU FOUR, théologien français, frère mineur, évêque d'Albe, cardinal, né à Bazas (Gironde), mort en 1327.

FURNO (Michael de), MICHEL DU FOUR, théologien français, dominicain, né et moine à Lille, mort vers 1350. — On le trouve nommé encore M. *de Insulis* et M. *Picardus* (« ob vicinitatem », dit Échard).

FUSCARARIUS (Ægidius), GILLE FOSCARARI, jurisconsulte italien, né, professeur et inquisiteur à Bologne, évêque de Modène, mort vers 1290. — On le trouve nommé aussi Æ. *Bononiensis*, Æ. *Foscherarius* et Æ. *de Fuscariis*.

FUSCARIIS (Ægidius de). Voy. *Fuscararius* (Æ.).

FUSCUS. Voy. *Niger*.

FUSNIACENSIS (Bartholomæus), BARTHÉLEMY DE FOIGNY, appelé aussi B. DE VIR, fils de Falcon, seigneur du Mont-Jura, théologien français, chanoine de Reims, évêque de Laon, puis moine à l'abbaye de Foigny (Aisne), né dans les montagnes du Jura, mort vers 1128. — On le trouve nommé encore B. *de Fusniaco* et B. *de Serrata* (du vieux subst. *serrata* qui signifiait *chaine de montagnes*).

FUSNIACENSIS (Guibertus), GUIBERT DE FOIGNY, théologien français, moine de Foigny, au diocèse de Laon, mort après 1157.

FUSNIACO (de). Voy. *Fusniacensis*.

FUSTIGINUS (Joannes), JEAN de KREUTZNACH, dit aussi J. FUST. Voy. *Crutzenaco* (J. de).

FUXIUS (Gasto), GASTON, COMTE DE FOIX, surnommé PHŒBUS à cause de sa beauté, auteur d'un célèbre traité de vénerie, mort en 1391.

GABBIANO (Robertus de), ROBERT DE GABIANO, théologien et sermonnaire italien, né à Gabiano (États-Sardes), mort vers 1340.

GACTUS (Joannes-Andreas). Voy. *Gattus* (J.-A.).

GADESDENUS (Joannes), JEAN DE GADDISDEN, et mieux peut-être DE GADDESDEN, chirurgien anglais, établi à Oxford, devenu médecin du roi, né sans doute à Gaddesden (Hertfort), mort vers 1350. — On le trouve encore nommé *J. Anglicus*, *J. Gastidenus* et *J. Gatisdenus*.

GAFORIUS (Franchinus). Voy. *Gafurius* (F.).

GAFURIUS (Franchinus), FRANCHINO GAFORIO ou GAFORI, musicographe italien, élève d'un moine nommé Godenbach, qu'il appelle dans ses ouvrages *Bonadies*, professeur à Bergame, chantre à la cathédrale de Milan, né à Lodi, mort en 1522. — On écrit aussi *Gaforius*.

GAGUINUS (Robertus), ROBERT GAGUIN, historien français, professeur à Paris, général de l'ordre des Trinitaires, né à Calonne-sur-la-Lys, près de Béthune, mort en 1502.

GAILLACO (Guilelmus-Bernardus de), GUILLAUME BERNARD DE GAILLAC, théologien français, dominicain, prieur à Montauban, né à Gaillac (Tarn), mort vers 1298.

GAINERIUS (Antonius). Voy. *Gaynerius* (A.).

GAINESBURGUS (Guilelmus). Voy. *Gainoburgus* (G.).

GAINOBURGUS (Guilelmus), WILLIAM GAINESBURG ou W. DE GAINSBOROUGH, philosophe scolastique anglais, frère mineur, évêque de Worcester (*episcopus Wigorniensis*), mort vers 1315. — Du Cange le nomme *G. Gainesburgus*.

GAIUS (Matthæus), MATTHIEU GHAY, théologien flamand, curé de Saint-Nicolas de Gand, né à Gand, mort après 1530.

GAJETANUS. Voy. *Cajetanus*.

GALATEUS (Antonius), ANTONIO FERRARI, surnommé A. GALATEO, médecin et archéologue italien, né à Galatina, dans la terre d'Otrante, mort à Lecce en 1516. — On le trouve nommé aussi *A. Leccensis*.

GALDETI (Stephanus), ÉTIENNE GAUDET, théologien français, docteur de Sorbonne, chanoine de Lille, mort au commencement du XVᵉ siècle.

GALENDIA (Joannes de). Voy. *Garlandia* (J. de).

GALENSIS (Joannes). Voy. *Wallia* (J. de).

GALENUS (Joannes). Voy. *Pediasimus* (J.).

GALEOTUS (Albertus), ALBERTO GALEOTTI, jurisconsulte italien, professeur à Padoue et à Modène, né à Parme, mort vers 1270.

GALEOTUS (Natalis), NOEL GALÉOT, théologien et prédicateur français, docteur de Sorbonne, né à Paris, mort après 1529.

GALEOTUS. Voy. *Martius.*

GALFREDUS. On trouve ce nom écrit : *Galdfridus, Galfridus, Gallofridus, Ganfredus, Gaudefridus, Gaufredus, Gaufridus, Gaulfridus, Godefridus, Goffridus, Goiffredus, Joffredus, Walfridus, Gualfredus, Godfridus, Geoffridus, Gothofredus, Theofridus, Goverus,* etc.

GALFREDUS (Mauricius), MAURICE GAUFRIDI, théologien et hagiographe français, dominicain, né sans doute à Tréguier (Côtes-du-Nord), mort après 1470.

GALLANDIA (Joannes de). Voy. *Garlandia* (J. de).

GALLARATUS (Archangelus), ARCANGELO DE GALLARATE, littérateur et voyageur italien, ermite de Saint-Augustin, abbé de Bozzolo, né à Gallarate, près de Milan, mort en 1519.

GALLICUS (Amandus). Voy. *Sancto Quintino* (A. de).

GALLICUS (Florentius). Voy. *Hesdinio* (F. de).

GALLICUS (Vitalis). Voy. *Blesensis* (V.).

GALLICUS. Voy. *Gallus.*

GALLO (Simon de), SIMON LECOQ ou DUCOQ, dit aussi S. NANQUIER (S. *Nanquerius*), poète latin, moine soit à Saint-Faron, soit à Cerfroi au diocèse de Meaux, né dans les environs de Paris, mort vers 1510.

GALLUS (Antonius), ANTONIO GALLI, historien et biographe italien, né à Gênes, mort après 1478.

GALLUS (Bruno). Voy. *Rémensis* (B.).

GALLUS (Cardinalis). Voy. *Burgundus* (Guido).

GALLUS (Guido). Voy. *Ebroicensis* (G.).

GALLUS (Jodocus). Voy. *Rubeaquensis* (J.).

GALLUS (Laurentius). Voy. *Laurentius* (G.).

GALLUS (Martinus), MARTIN LE FRANÇAIS, chroniqueur polonais, aumônier de Boleslas II, né en France, mort à la fin du XIII° siècle.

GALLUS (Nicolaus). Voy. *Gorranus* (N.), *Narbonensis* (N.) et *Suessionensis* (N.).

GALLUS (Odo), EUDES LE FRANÇAIS, théologien français, dominicain, mort après 1300.

GALLUS (Pastor). Voy. *Albernaco* (P. de).

GALLUS (Robertus ou Rupertus), ROBERT ou RUPERT LE FRANÇAIS, théologien et sermonnaire français, carme dans le Berri, professeur à Paris, mort vers 1350.

GALLUS (Thomas), THOMAS GALLO, théologien piémontais ou français, chanoine régulier de Saint-Victor de Paris, abbé de Saint-André de Verceil, augustin, mort en 1246. — Il est souvent nommé *Th. Vercellensis.*

GALLUS (Udalricus), ULRICH HAHN, imprimeur allemand, établi à Rome, né à Ingolstadt, mort vers 1500.

GALLUS. Voy. *Gallicus.*

GALVANUS (Salvianus), SALVIANO GALVANI, jurisconsulte italien, né à Bologne, mort vers la fin du XIV° siècle. — Peut-être le même qu'un GALVANO DI BELLINI, qui professait le droit en Hongrie vers 1370. — On le trouve nommé aussi S. *Bononiensis.*

GAMBELLIONIBUS et GAMBELLONA (Angelus de). Voy. *Gambiglionibus* (A. de).

GAMBIGLIONIBUS (Angelus de), ANGELO GAMBIGLIONI, plus connu sous le nom de ANGE ARÉTIN, jurisconsulte italien, docteur de Bologne, questeur à Nursia, professeur à Ferrare, né à Arezzo, mort vers 1465. — On le nomme encore *A. de Aretio, A. Aretinus, A. de Gambellona, A. de Gambellionibus, A. Gambilio, A. Gambilionus.*

GAMBILIO et GAMBILIONUS (Angelus). Voy. *Gambiglionibus* (A. de).

GAMMARUS (Bernardus-Glaricinus), BERNARDO-GLARICINO GAMMARO, jurisconsulte italien, professeur à Bologne et à Florence, né à Bologne (États de l'Église), mort en 1528.

GAMMARUS (Petrus-Andreas), PIETRO-ANDREA GAMMARO, jurisconsulte italien, né à Bologne, mort après 1500.

GANDA (de). Voy. *Gandavensis, de Gandavo, Gandavus* et *Gandensis.*

GANDA (Henricus de) et GANDAVENSIS (H.), HENRI GOETHALS, dit H. de GAND. Voy. *Goethalis* (H.).

GANDAVENSIS (Joannes). Voy. *Jandunensis* (J.).

GANDAVENSIS (Simon), SIMON DE GAND, chroniqueur flamand, bénédictin, abbé d'Auchy près d'Hesdin (*abbas Alciacensis apud Hesdinum*), puis de Saint-Bertin, né à Gand, mort en 1148. — On le nomme aussi *S. Gandensis*.

GANDAVENSIS. Voy. *de Ganda*, *de Gandavo*, *Gandavus* et *Gandensis*.

GANDAVO (Ægidius de). Voy. *Tyllia* (Æ. de).

GANDAVO (Joannes de). Voy. *Jandunensis* (J.).

GANDAVO (Philippus a), PHILIPPE MOUSKES, dit aussi PH. DE GAND. Voy. *Meuzius* (Ph.).

GANDAVO (de). Voy. *de Ganda*, *Gandavensis*, *Gandavus* et *Gandensis*.

GANDAVUS (Simon), SIMON DE GAND, théologien, né à Londres d'un père gantois, évêque de Salisbury, mort vers 1300.

GANDAVUS. Voy. *de Ganda*, *Gandavensis*, *de Gandavo* et *Gandensis*.

GANDENSIS. Voy. *de Ganda*, *Gandavensis*, *de Gandavo* et *Gandavus*.

GANDERSHEIMENSIS (Eberhardus), EBERHARD DE GANDERSHEIM, dit aussi E. LE PRÊTRE, poète et chroniqueur allemand, prêtre à Gandersheim (Brunswick), mort après 1216. — On le désigne souvent par son nom seul, et il est parfois nommé *E. Presbyter*.

GANDIA (Joannes a). Voy. *Cambia* (J. a).

GANDINUS (Albertus), ALBERT DE GANDINO, jurisconsulte italien, né à Crémone, mort à la fin du XIII° siècle.

GANDUNO (Joannes de). Voy. *Jandunensis* (J.).

GANNACUS, GANNÆUS et GANNATENSIS (Guilelmus). Voy. *Gannato* (G. de).

GANNATO (Bernardus de), BERNARD DE GANNAT, théologien et prédicateur français, reçu dominicain à Clermont, né à Gannat (Dordogne ou Allier), mort vers 1303. — On le trouve nommé encore *B. de Arvernia*, *B. de Claromonte* et *B. Claromontensis*.

GANNATO (Guilelmus de), GUILLAUME DE GANNAT, théologien français, dominicain, né à Gannat, mort vers 1388. — Nous l'avons trouvé encore nommé : *G. de Cannaco*, *G. de Conneo*, *G. Conneus*, *G. Cuneas*, *G. de Cuneo*, *G. Gannacus*, *G. Gannæus* et *G. Gannatensis*.

GANSFORTIUS (Joannes). Voy. *Wesselus* (J.).

GANYMEDES (Lupambulus), WOLFGANG SCHENCK, imprimeur allemand, introducteur des caractères grecs en Allemagne, établi à Erfurt, mort vers 1520.

GARATUS (Martinus). Voy. *Laudensis* (M.).

GARBO (de). Voy. *Dinus* et *Florentinus*.

GARCHIIS (Guilelmus de), GUILLAUME DE GARCHES, docteur de Sorbonne, curé de Sainte-Geneviève-la-Petite à Paris, né sans doute à Garches (Seine-et-Oise), mort au XIV° siècle.

GARDINIS (Guilelmus de), GUILLAUME DES JARDINS, médecin français, chancelier de l'Église de Bayeux, chanoine de Rouen, mort vers le milieu du XV° siècle.

GARETIO (Stephanus de), ÉTIENNE DE GARESSIO, philosophe italien, dominicain, né dans le Milanais, mort vers 1500.

GARLANDIA (Joannes de), JEAN DE GARLANDE, poète, lexicographe et grammairien français ou anglais, né peut-être à Garlande, dans la Brie, et mort sans doute au commencement du XI° siècle. — On le trouve encore nommé *J. de Galendia*, *J. de Gallandia*, *J. Garlandinus*, *J. Garlandius*, *J. de Garlandria* et *J. Gerlandus*.

GARLANDINUS et GARLANDIUS (Joannes) et GARLANDRIA (J. de). Voy. *Garlandia* (J. de).

GARLANDUS, GARLAND ou GERLAND (*Gerlandus*), théologien français, chanoine et écolâtre à Besançon, né en Lorraine, mort vers 1150.

GAROFALUS (Gabriel), GABRIELE GAROFALO, plus connu sous le nom de GABRIEL DE SPOLÈTE (*G. de Spoleto*), théologien et sermonnaire italien, vicaire général des Augustins, évêque de Nocera (*episc. Nucerinus*), né à Spolète (États de l'Église), mort en 1430.

GARSO et GARZO (Joannes). Voy. *Garzonius* (J.).

GARZONIUS (Joannes), GIOVANNI GARZONI, historien et médecin italien, né et professeur à Bologne, mort en 1506. — On le trouve encore nommé *J. Garso* et *J. Garzo*.

GASCOIGNUS. Voy. *Gascoinus*.

GASCOINUS (Guilelmus), WILLIAM GASCOIGNE, jurisconsulte anglais, *chief-justice* du Banc du roi, né à Gawthorp, mort en 1413.

GASCOINUS (Joannes), JOHN GASCOIGNE, théologien et jurisconsulte anglais, docteur de l'université d'Oxford, mort vers 1390.

GASCOINUS (Thomas), THOMAS GASCOIGNE, théologien et hagiographe anglais, chancelier de l'université d'Oxford, né à York, mort en 1457. — On le trouve encore nommé *Th. Gascoignus*, *Th. Vasco*, *Th. Vasconiensis* et *Th. Vasconius*.

GASPARINUS. Voy. *Barzizius* (G.).

GASTIDENUS (Joannes), JEAN DE GADDISDEN. Voy. *Gadesdenus* (J.).

GATARUS (Andreas), ANDREA GATARI, fils du suivant, chroniqueur italien, né à Padoue, mort à la fin du XV° siècle.

GATARUS (Galeatius), GALEAZZO GATARI, chroniqueur et négociateur italien, né à Padoue, mort de la peste en 1405.

GATISDENUS (Joannes). Voy. *Gadesdenus* (J.).

GATTINARIUS (Marcus), MARCO GATINARIA, médecin italien, établi à Pavie, mort vers 1500.

GATTUS (Joannes-Andreas), GIOVANNI-ANDREA GATTI, théologien, jurisconsulte et orateur sicilien, évêque de Catane et de Cefalu, dominicain, né à Messine, mort en 1484. — On trouve aussi *J.-A. Gactus*.

GAUCHERIUS, SAINT GAUCHER, poëte latin, augustin, fondateur du couvent d'Aureil (*cœnobium Aureliense*), près de Limoges, né à Meulan, dans la Normandie, mort en 1140.

GAUCHERIUS (Petrus), PIERRE GAUCHER, BAUCHER ou VAUCHER, philosophe scolastique français, dominicain, professeur à Paris, né à Bourges, mort vers 1390. — On trouve aussi *Baucherius* et *Vaucherius*.

GAUDA (Henricus a), HENRI DE GOUDA, théologien hollandais, augustin, professeur à Heidelberg, mort après 1435.

GAUDANUS (Cornelius-Aurelius), CORNEILLE-AURÈLE LOPSEN, dit C.-A. DE GOUDA, littérateur et poëte hollandais, chanoine d'Hemsdon près de Dordrecht, né à Gouda, mort vers 1500. — On le désigne souvent par ses deux prénoms seulement, et Fabricius le nomme *C. Loplenius*.

GAUDANUS (Franciscus), FRANÇOIS DE GOUDA, poëte latin, augustin, prieur du couvent de Steen près de Delft, mort vers 1530. — On écrit aussi *J. Goudanus*.

GAUDANUS (Guilelmus), WILHELM HERMANN, dit G. DE GOUDA. Voy. *Hermannus* (G.).

GAUDANUS. Voy. *Gaudensis* et *Gauda* (de).

GAUDENSIS (Jacobus), JACQUES DE GOUDA, dit aussi J. MAGDALIUS, théologien hollandais, dominicain, né à Gouda, mort vers 1520. — On trouve aussi *J. Gaudanus* et *J. Goudanus*.

GAULA et GAULENSIS (Joannes). Voy. *Wallia* (J. de).

GAUNILO, GAUNILON, théologien français, moine de Marmoutiers (*monach. Majoris monasterii*), mort vers 1100.

GAURICUS (Pomponius), POMPONIO GAURIC (dit la *Nouvelle Biographie générale*), poëte italien, professeur à Naples, né à Gifoni (royaume de Naples), mort en 1530.

GAYNERIUS (Antonius), ANTONIO GAINERI, médecin italien, né et établi à Pavie, mort vers 1440. — On trouve aussi *A. Gainerius* et *A. Gaynerus*.

GAYNERUS (Antonius). Voy. *Gaynerius* (A.).

GAZADIUS (Petrus), PIETRO DA GAZZATO, neveu du suivant, chroniqueur italien, bénédictin, abbé de Saint-Prosper à Reggio, mort après 1388.

GAZADIUS (Sagacius ou Sagacinus), SAGACCIO, SAGARIO ou SAGASIO DA GAZZATO, chroniqueur italien, né à Reggio, mort après 1307.

GAZÆUS (Theodorus), Θεόδωρος Γάζα, en français THÉODORE GAZA, célèbre philologue et traducteur byzantin, professeur

9.

à Ferrare, né à Thessalonique, mort en 1478.

GAZATUS (Martinus). Voy. *Laudensis* (M.).

GAZIUS (Antonius), ANTONIO GAZI, médecin italien, établi à Padoue, né à Crémone, mort en 1528. — On le nomme aussi *Antonius* et *Gasius Patavinus*.

GAZOLDUS (Joannes), GIOVANNI GAZOLDO, poète et improvisateur italien, auteur de *l'Antropoviographia*, né à Gaëte, mort vers 1530.

GAZRATUS (Martinus). Voy. *Laudensis* (M.).

GEBENNIS (Stephanus de). Voy. *Bisuntinus* (St.).

GEBERUS, GEBER, astronome arabe, né à Séville, mort au XIIe siècle. — On le nomme aussi *Gebrus*.

GEBRUS. Voy. *Geberus*.

GEDUNO (Joannes de). Voy. *Jandunensis* (J.).

GEILERUS (Joannes), JOHANN GEILER, GEYLER ou GAILER, dit J. DE KAISERSBERG (*J. Kaisersbergensis*, *J. Kaisersbergius* ou *J. Keysersbergius*), célèbre prédicateur allemand, établi à Strasbourg, né à Schaffouse, élevé à Kaisersberg (Haut-Rhin), mort en 1510.

GEISLIRUS (Henricus), HEINRICH GEISLER, grammairien allemand, né à Fribourg, mort au commencement du XVIe siècle.

GELANTIUS (Nicolaus), NICOLAS GELLENT, théologien français, né et évêque à Angers, mort en 1291.

GELASIUS II, pape. Voy. *Cajetanus* (J.).

GELDENENSIS (Guilelmus), GUILLAUME DE RENNES, dit aussi G. DE JUDOIGNE. Voy. *Rhedonensis* (G.).

GELESIOTA (Georgius), Γεώργιος ὁ Γελεσιωτᾶς, théologien byzantin, mort vers 1300.

GEMBLACENSIS (Anselmus), ANSELME DE GEMBLOUX, chroniqueur français ou belge, bénédictin, moine de Gembloux, au diocèse de Namur, mort en 1136.

GEMBLACENSIS (Guibertus), GUIBERT DE GEMBLOUX, théologien et poète latin, moine de Saint-Martin de Tours, abbé de Florennes (*abbas Florinensis*), puis de Gembloux, né dans le Brabant, mort en 1208. — On le nomme aussi *G. Martini*.

GEMBLACENSIS (Sigebertus), SIGEBERT DE GEMBLOUX, chroniqueur, biographe et hagiographe belge, moine de l'abbaye de Gembloux, au diocèse de Namur, mort en 1112. — On le trouve parfois nommé *S. Levita*.

GEMETICENSIS (Guilelmus), GUILLAUME DE JUMIÈGES, chroniqueur français, bénédictin à Jumièges, mort à la fin du XIe siècle. — Il fut surnommé *G. Calculus*, parce que, dit-on, il était atteint de la pierre.

GEMISTIUS (Georgius), Γεώργιος ὁ Γεμιστός, en français GEORGES GÉMISTE, dit aussi Γεώργιος ὁ Πλήθων, en français GEORGES PLÉTHON (*Pletho*), plus connu sous le nom de GÉMISTE PLÉTHON, célèbre écrivain byzantin, né à Constantinople, mort vers 1450. — Il fut ainsi nommé à cause de l'étendue de ses connaissances.

GEMNICENSIS (Georgius), GEORGE DE SCHEMNITZ, voyageur allemand, chartreux, prieur du couvent de Schemnitz en Hongrie, mort après 1507.

GENARDUS, GÉNARD, mathématicien et philosophe français, mort vers 1100.

GENDINO et GENDONIS (Joannes de). Voy. *Jandunensis* (J.).

GENDREYO (Himbertus, Humbertus ou Hymbertus de), IMBERT ou HUMBERT DE GENDREY, théologien français, moine de Cîteaux, abbé de Prulli, au diocèse de Sens, né à Gendrey, près de Besançon, mort en 1297. — On le trouve nommé aussi *H. Prulliacensis* et *H. de Prulliaco*.

GENDUNO (Joannes de). Voy. *Jandunensis* (J.).

GENESIUS (Joannes). Voy. *Burallus* (J.).

GENESTANENSIS (Marianus). Voy. *Genezzanensis* (M.).

GENEZZANENSIS (Marianus), MARIANO DE GENASANO, historien et sermonnaire italien, ermite de Saint-Augustin, puis général de son ordre, né à Genasano (États de l'Église), mort vers 1500. — On le trouve encore nommé *M. Genestanensis* et *M. Zinizanensis*.

GENIASTES et GENEVENSIS (Simon). Voy. *Januensis* (S.).

GENNADIUS, Γεννάδιος, longtemps connu

sous le nom de Γεώργιος ὁ Σχολάριος (*Georgius Scholarius*), en français GEORGES LE SCOLAIRE, théologien et orateur grec, patriarche de Constantinople, né à Constantinople, mort vers 1457.

GENTILIBUS (Gentilis de), GENTILE GENTILI, célèbre médecin italien, professeur à Padoue, né à Foligno (États de l'Église, mort en 1348. — On le trouve souvent nommé *G. Fulginas, G. de Fulgineo, G. Fulgineus*, et il fut surnommé *Speculator*.

GENUENSIS (Christophorus), CHRISTOFORO COLOMBO, dit aussi C. DE GÊNES. Voy. *Columbus* (C.).

GENUENSIS (Georgius), GIORGIO STELLA, dit GEORGE DE GÊNES, chroniqueur italien, né et chancelier à Gênes, mort en 1420.

GENUENSIS (Jacobus), JACQUES DE VARAGGIO, dit aussi J. DE GÊNES. Voy. *Varagine* (J. de).

GENUENSIS (Joannes), GIOVANNI STELLA, dit JEAN DE GÊNES, frère de George, chroniqueur italien, né et chancelier à Gênes, mort après 1435.

GENUENSIS (Paulus), PAUL LE GRAMMAIRIEN, dit aussi P. DE GÊNES. Voy. *Grammaticus* (P.).

GENUENSIS (Simon). Voy. *Januensis* (S.).

GEOMETRA et GEOMETRES (Paulus), PAUL LE GÉOMÈTRE, surnom donné à P. DAGOMARI. Voy. *Abaco* (P. de).

GEORGIDES et GEORGIDIUS (Joannes), Ἰωάννης ὁ Γεωργίδιος, compilateur grec, auteur du Γνωμολογικόν, mort vers la fin du XIVᵉ siècle.

GEORGILLAS (Emmanuel), Ἐμανουὴλ ὁ Γεωργιλλᾶς, poète grec, né à Rhodes, mort à la fin du XVᵉ siècle.

GEORGIUS (Franciscus), FRANCESCO GIORGIO, littérateur italien, né à Sienne, mort vers 1500.

GEORGIUS (Marcus), MARCO GIORGI, théologien et poète italien, frère servite, né à Venise, mort vers 1380. — Possevin le nomme *Marius*.

GERALDINUS (Alexander), ALESSANDRO GERALDINI, homme d'État, voyageur et biographe italien, protecteur de Christophe Colomb, évêque de Volterra, de Monte Cervino et de Saint-Domingue (alors Hispaniola), né à Amelia, dans l'Ombrie, mort en 1525. — On le trouve encore nommé *A. Gherardinus* et *A. Girardinus*.

GERALDINUS (Antonius), ANTONIO GERALDINI, frère du précédent, poète et négociateur italien, protonotaire apostolique, né à Amelia, dans l'Ombrie, mort en 1488.

GERARDUS (Frater et Magister). Voy. *Remis* (G. de).

GERARDUS (Theodoricus), THIERRI GHEERAERDS, médecin hollandais, né à Gouda, mort vers 1530.

GERARDUS. On trouve aussi *Geraldus, Gerhardus, Girardus*, etc.

GERBOREDO (Ricardus de), RICHARD DE GERBEROY, théologien français, chanoine, doyen, puis évêque d'Amiens, né sans doute à Gerberoy (Oise), mort en 1210.

GERBRANDUS (Joannes), JEAN GERBRAND ou GERBERANT, plus connu sous le nom de J. DE LEYDE (*J. Leidanus* ou *J. de Leydis*), chroniqueur hollandais, prieur du couvent des Carmes à Harlem, né à Leyde, mort en 1504.

GERHOUS. Voy. *Gerochus*.

GERLACHUS (Joannes). Voy. *Silvensis* (monachus).

GERLACUS. Voy. *Petri* (G.).

GERLANDUS (Joannes). Voy. *Garlandia* (J. de).

GERLANDUS. Voy. *Garlandus*.

GERMANUS (Ludolphus), LUDOLPHE LE SAXON, dit aussi L. LE GERMAIN. Voy. *Saxo* (L.).

GERNERIUS. Voy. *Irnerius*.

GEROCHUS, GEROCH (?), théologien et historien allemand, chanoine régulier de Saint-Augustin, prévôt de Reichenberg, en Bohême, mort vers 1200. — On trouve encore *Gerhous* et *Gerohus*.

GEROCHUS (Vitus), VEIT GEROCH, astrologue allemand, mort vers la fin du XVᵉ siècle.

GEROHUS. Voy. *Gerochus*.

GERRIA (Gerardus de). Voy. *Guardia* (G. de).

GERSO (Joannes), GERSONIO (J. de), GERSONIUS (J.) et GERSONO (J. de), JEAN CHARLIER,)dit J. DE GERSON. Voy. *Carlerius* (J...

GERTRUDA. Voy. *Gertrudis*.

GERTRUDIS, sainte GERTRUDE, théologienne mystique allemande, sœur de sainte Mathilde, bénédictine, abbesse de Roberdorf, née à Eisleben, morte au commencement du XIV° siècle. — On trouve aussi *Gertruda*.

GERUNDENSIS (Antonius), ANTOINE DE GIRONE, théologien espagnol, carme, évêque de Girone, dans la Catalogne, mort en 1330.

GERUNDENSIS (Franciscus), FRANÇOIS DE GIRONE, théologien et sermonnaire espagnol, carme, professeur à Paris, né à Girone, dans la Catalogne, mort vers 1450. — On le trouve encore nommé *Fr. de Bacho, Fr. de Bachone, Fr. de Bachono* (Du Cange) et *Fr. de Bacone*. — Il fut, en outre, surnommé *Doctor sublimis*.

GERUNDENSIS (Joannes), JUAN MOLIS, dit JEAN DE GIRONE et J. DE MARGARIT (*J. Margarinus, J. de Margaritis* et *J. Margaritus*), historien et négociateur espagnol, évêque d'Osea, d'Elne, puis de Girone, cardinal, né à Girone, mort en 1484.

GERUNDENSIS (Nicolaus), NICOLAS EYMERIC, dit N. DE GIRONE, théologien et inquisiteur espagnol, dominicain, né à Girone, mort en 1399.

GERUNDENSIS (Philippus), PHILIPPE DE GIRONE, théologien et sermonnaire espagnol, carme, prieur en Catalogne, né à Girone (Catalogne), mort en 1390. — On le trouve encore nommé *Ph. Ribbelius* et *Ph. Ribotus*, que Jöcher traduit par PH. RIBOT.

GERVASII (Laurentius) LAURENT GERVAIS, théologien français, dominicain, professeur à Paris, né à Lisieux, mort vers 1485.

GERVASII (Robertus), ROBERT GERVAIS, théologien et jurisconsulte français, évêque de Senez, dominicain, né à Anduze (Gard), mort en 1387. — On le trouve aussi nommé *R. Senecensis*.

GESSATE (Joannes de), JEAN GERSEN, dit aussi JEAN GESSEN, GESEM ou GESCHEN, abbé de Verceil, personnage supposé, auquel on a attribué l'*Imitation de Jésus-Christ*.

GHERARDINUS (Alexander). Voy. *Geraldinus* (A.).

GHIBERTUS (Laurentius Cio de), LORENZO GHIBERTI, surnommé CIONE, littérateur, peintre, sculpteur, architecte et orfévre italien, né à Florence, mort vers 1455. — Son père se nommait *Uguccione*.

GHILINUS (Joannes-Jacobus), GIOVANNI-GIACOMO GHILINI, historien italien, secrétaire de Jean Galéas et de Louis Sforza, né à Caravage, dans le Milanais, mort vers 1500.

GHISTELLENSIS (Drogo), DROGON DE GHISTELLES, biographe et écrivain ecclésiastique, moine de Saint-André de Bruges, puis chapelain du monastère de Ghistelles, près de Bruges, mort après 1118.

GHISTELLENSIS (Jodocus), JOSSE DE GHISTELLES, voyageur et géographe belge, né à Gand, mort après 1492.

GIACO (Garinus ou Guarinus de), GARIN DE GUY-L'ÉVÊQUE, hagiographe français, dominicain, professeur à Paris, né à Guy-l'Évêque, au diocèse d'Auxerre, mort vers 1345.

GIAMBULLARIUS (Bernardus ou Bernardinus), BERNARDO ou BERNARDINO GIAMBULLARI, poëte et philologue italien, né à Florence, mort vers 1530.

GIFONENSIS (Leonardus), GIFFONO (L. de) et GIFFONENSIS (L.). Voy. *Jovis Fano* (L. de).

GILBERTUS. On trouve ce nom écrit: *Gisbertus, Guibertus, Guidbertus, Guilbertus, Guithbertus, Wibertus, Gillebertus, Gislebertus, Gisilbertus, Sillebertus*, etc.

GILDUINUS. Voy. *Hilduinus*.

GILLEMANNUS (Joannes), JEAN GILEMANS, hagiographe belge, chanoine régulier de Saint-Augustin à Rougeval, près de Bruxelles, mort en 1487.

GILLETUS (Stephanus), ÉTIENNE GILLET, sermonnaire français, carme, provincial de son ordre à Lyon et à Narbonne, né dans la Bourgogne, mort vers 1400.

GILLINGHAMIUS (Guilelmus), GUILLAUME DE GILLINGHAM, biographe et historien anglais, bénédictin, moine à Canterbury, né à Gillingham (Dorset), mort vers 1390.

GIOCCHIS (Fabianus de), FABIANO GIOCCHIO, jurisconsulte italien, avocat consistorial à Rome, né à Monte-San-Savino (Toscane), mort vers 1500. — On le trouve aussi nommé *F. de Monte Sancti Savini*.

GIPHONIENSIS (Leonardus). Voy. *Jovis Fano* (L. de).

GIRARDINUS (Alexander). Voy. *Geraldinus* (A.).

GISBURNENSIS (Gualterus), GAUTIER D'HEMINGBURGH, dit aussi G. DE GISBURN. Voy. *Hemengoburghus* (G.).

GLANNOVILLANUS (Bartholomæus), BARTHÉLEMY DE GLANVIL ou de GLANVILLE, philosophe et compilateur anglais, descendant des comtes de Suffolk, étudiant à Oxford et à Paris, franciscain, mort vers 1360. — On le trouve nommé encore *B. Anglicus*, *B. de Glanvilla*, *B. Glaunvillus*.

GLANVILLA (Bartholomæus de). Voy. *Glannovillanus*.

GLANVILLA (Ranulphus de), RANULPHE DE GLANVIL ou de GLANVILLE, célèbre jurisconsulte et homme d'État anglais, grand justicier (*chief justiciary*) d'Angleterre, né à Strattford dans le comté de Suffolk, tué en 1190. — On le nomme aussi *R. Glanvillus*.

GLANVILLUS (Ranulphus). Voy. *Glanvilla* (R. de).

GLASCONIENSIS. Voy. *Glastoniensis*.

GLASCUENSIS (Joannes), JEAN DE GLASGOW, théologien écossais, évêque de Glasgow, mort vers 1180.

GLASTONIENSIS (Adamus), ADAM DE GLASTONBURY, théologien et historien anglais, moine de l'abbaye de Glastonbury (comté de Somerset), né à Domerham dans le comté de Wilts, mort vers 1280. — On le nomme aussi *A. Domerhamus*, mot que Fabricius écrit par erreur *Domershamus*.

GLASTONIENSIS (Joannes), JEAN DE GLASTONBURY, chroniqueur anglais, moine de Sainte-Marie de Glastonbury (Somerset), mort après 1400. — On écrit aussi *J. Glasconiensis*.

GLAUNVILLUS (Bartholomæus). Voy. *Glannovillanus* (B.).

GLICINUS (Bernardus), BERNARDO GLICINO ou ILICINO (*Illicinus*), dit aussi B. LAPINI, poëte et commentateur italien, né à Sienne, mort vers la fin du XIVe siècle.

GLOCESTRIENSIS. Voy. *Claudiocestriensis*.

GLODESTONUS (Joannes). Voy. *Goldestonus* (J.).

GLOSSATOR, LE GLOSSATEUR, surnom donné à FRANCESCO ACCORSO. Voy. *Accursius* (F.).

GLOSSATOR BONONIENSIS, LE GLOSSATEUR DE BOLOGNE, nom sous lequel est parfois désigné MARTINO GOSI. Voy. *Gosianus* (M.).

GLYCAS ou GLYCIS (Joannes), Ἰωάννης ὁ Γλυκᾶς ou Ἰωάννης ὁ Γλύκις, philologue grec, patriarche de Constantinople, mort après 1320.

GLYCAS (Michael), Μιχαὴλ ὁ Γλυκᾶς, en français MICHEL GLYCAS, historien byzantin, né soit à Constantinople, soit en Sicile, mort sans doute à la fin du XIIe siècle.

GOBELINUS, GOBELIN, théologien allemand, provincial des Carmes de la Germanie, mort après 1305. — Son nom est presque toujours suivi du mot *Alemannus*.

GOBELINUS PERSONA (Joannes). Voy. *Piccolominæus* (Æ. S.).

GOCCIUS (Joannes), JEAN GOCCH, théologien belge, prévôt du Mont-Thabor à Malines, mort vers 1470. — On écrit aussi *J. Gochius*, et il a été surnommé *Pupperus Belga*.

GOCELINUS. Voy. *Gosselinus*.

GOCHIUS (Joannes). Voy. *Goccius* (J.).

GODARDUS (Joannes), JOHN GODDART, mathématicien anglais, moine de Cîteaux, mort vers 1250.

GODDAMUS (Adamus), ADAM WODDHEAM, dit aussi A. GODDAM. Voy. *Wodheamensis* (A.).

GODELLUS (Guilelmus), GUILLAUME GODEAU ou GODEL, chroniqueur français, Anglais d'origine, moine de Saint-Martial de Limoges, mort vers 1180.

GODESCALCUS, GODESCALC, théologien belge, abbé de Saint-Silvin, puis du mont Saint-Eloy, au diocèse de Cambrai, mort vers 1170. — On écrit aussi *Gotheschalcus*.

GODFRIDUS (Joannes), JOHANN GOTTFRIED, traducteur et sermonnaire allemand, curé d'Oppenheim (Hesse-Darmstadt), né à Odernheim (Bavière), mort vers 1500.

GODINO (Guilelmus de), GUILLAUME GODIN, théologien et jurisconsulte français, dominicain, docteur de Paris, cardinal, évêque de Sabine, né à Bayonne, mort en 1336. — On trouve aussi *G. de Godivo* et souvent *G. Petri.*

GODIVO (Guilelmus de). Voy. *Godino* (G. de).

GODWICUS (Joannes), JOHN GOODWYCK, théologien et sermonnaire anglais, professeur à Oxford, augustin au couvent de Lynn-Regis, né à Norfolk, mort vers 1360. — On écrit aussi *J. Gotwicus.*

GOETHALIS (Arnulphus), ARNOUL GOETHALS, chroniqueur belge, moine de l'abbaye de Saint-André à Bruges, mort en 1515.

GOETHALIS (Henricus), HENRI GOETHALS, plus connu sous le nom de H. DE GAND, célèbre théologien et biographe flamand, docteur de Sorbonne, archidiacre de Tournai (*archidiaconus Tornacensis*), né à Muyden, près de Gand, mort en 1293. — On le trouve encore nommé : *H. Bonicollius*, *H. de Ganda*, *H. Gandavensis*, *H. de Gandavo*, *H. Gandensis*, *H. de Muda*, *H. Mudanus.* — Enfin, il a été surnommé *Doctor solemnis.*

GOETHALIS (Henricus), HENRI GOETHALS, dit aussi H. GRODALS et GREDALS, théologien et négociateur belge, étudiant à Paris, prévôt à Lille, chanoine à Tournai et à Liége, conseiller de Philippe le Hardi et de Jean sans Peur, né à Gand, mort en 1433.

GOLDANUS (Bartolinus), BARTOLINO GOLDANO, médecin italien, né et établi à Crémone, mort à la fin du XIII° siècle.

GOLDESTENUS (Joannes). Voy. *Goldestonus* (J.).

GOLDESTONUS (Joannes), JOHN GOLDESTON, théologien anglais, carme, professeur à Paris, né à York, mort en 1320. — On le trouve nommé aussi *J. Glodestonus*, *J. Goldestenus* et *J. Chrysolithus.*

GOMESIUS, GOMEZ, théologien portugais, frère mineur, mort à la fin du XV° siècle. — On écrit aussi *Gometius* et *Gomezius.*

GOMESIUS (Stephanus), ESTEBAN GOMEZ, voyageur et géographe portugais, mort vers 1530.

GOMETIUS et GOMEZIUS. Voy. *Gomesius.*

GONDISALVUS, GONZALEZ, théologien espagnol, mort vers 1400. — On le nomme encore *Gonsalvus* et *Gundisalvus.*

GONDULPHUS, GONDULFE, savant théologien et sermonnaire normand, moine du Bec, évêque de Rochester (*episc. Rofensis*), né dans le diocèse de Rouen, mort en 1108. — On écrit aussi *Gundulphus.*

GONESSIA (Simon de), SIMON DE GONESSE, théologien et traducteur français, né sans doute à Gonesse (Seine-et-Oise), mort à la fin du XV° siècle.

GONSALVUS. Voy. *Gondisalvus.*

GONZAGA (Cecilia), en français CÉCILE DE GONZAGUE, femme savante italienne, morte vers 1460.

GORANUS (Nicolaus). Voy. *Gorranus* (N.).

GORCOMIENSIS (Theodoricus), THIERRY DE GORKUM, théologien et chroniqueur hollandais, vice-doyen de l'église Saint-Martin à Gorkum, chanoine régulier, mort vers 1470. — On le trouve très-souvent nommé *Th. Franconis* et *Th. Pauli*, noms que M. de Ram, son éditeur, ne traduit pas.

GORCOMIUS (Henricus), HENRI DE GORKUM, dit aussi H. DE GORCKHEIM, H. DE GORICKEM et H. de. GORRICHEM, théologien et philosophe hollandais, professeur à Cologne, né à Gorkum (anc. Gorrichem), mort vers 1460.

GORDONIO (Bernardus de). Voy. *Gordonius* (B.).

GORDONIUS (Bernardus), BERNARD DE GORDON, célèbre médecin français, professeur à Montpellier, né à Gordon, dans le Rouergue, mort vers 1320. — On le trouve nommé encore *B. de Gordonio* et *B. Gordonus.*

GORDONUS (Bernardus). Voy. *Gordonius* (B.).

GORELLUS. Voy. *Aretinus* (G.).

GORHAMIO (Nicolaus de) et GORHANUS (N.). Voy. *Gorranus* (N.).

GORIAUS et GORINUS (Joannes). Voy. *Sancto Geminiano* (J. de).

GORRANIA (Nicolaus de). Voy. *Gorranus* (N.).

GORRANUS (Nicolas), NICOLAS DE GORRAN, théologien et sermonnaire français, dominicain, confesseur de Philippe IV, élevé au Mans, professeur à Paris, né à Gorran, près de Mayenne, mort en 1295. — On le nomme encore : *N. Cenomanensis*, *N. Gallus*, *N. Goranus*, *N. de Gorhamio*, *N. Gorhanus*, *N. de Gorrania*, *N. Gorraus*, et même *N. Tornacensis*.

GORRAUS (Nicolaus). Voy. *Gorranus* (N.).

GORUS (Joannes). Voy. *Sancto Geminiano* (J. de).

GOSCELINUS. Voy. *Gosselinus*.

GOSIANUS (Martinus), MARTINO GOSI, GOSIA ou GOSIO, jurisconsulte italien, né à Crémone d'une famille originaire de Bologne, professeur à Bologne, mort vers 1160. — On trouve aussi *M. Gosius*, et il fut surnommé *Copia legum* et *Glossator Bononiensis*.

GOSIUS (Martinus). Voy. *Gosianus* (M.).

GOSOINUS, GOSSUIN, sermonnaire français, frère mineur, mort après 1273.

GOSSELINUS, GOSSELIN ou GOZLIN, hagiographe flamand, bénédictin, moine de Saint-Bertin, mort vers 1110. — On le trouve encore nommé *Gocelinus*, *Goscelinus*, *Gotcelinus*, *Gotselinus*, *Gotzelinus*, etc.

GOSVINUS, GOSSUIN ou GOZWIN (*Goswinus*), théologien et philosophe scolastique français, professeur à Paris, abbé d'Anchin (*abbas Acquicinctensis*), né à Douai, mort en 1166.

GOSVINUS, GOSSUIN, GOSWIN ou GOZEVIN, hagiographe français, moine de Clervaux, moine et peut-être abbé de Boullencourt au diocèse de Troyes, mort entre 1195 et 1203.

GOTCELINUS. Voy. *Gosselinus*.

GOTEWICENSIS (Rudmarus ou Rupertus), RUDMAR ou RUPERT DE GOTTWEIG, hagiographe allemand, bénédictin, abbé de Gottweig en Autriche, mort vers 1200.

GOTHESCHALCUS. Voy. *Godescalcus*.

GOTHUS (Bertrandus), BERTRAND DE GOTH, jurisconsulte français, archevêque de Bordeaux, auteur des *Clémentines*, pape sous le nom de CLÉMENT V, né à Uzeste, près de Bazas, mort en 1314. — On le trouve aussi nommé *B. Gotto* et *B. Gottus*.

GOTSELINUS. Voy. *Gosselinus*.

GOTTO (Bertrandus). Voy. *Gothus* (B.).

GOTWICUS (Joannes). Voy. *Godwicus* (J.).

GOTZELINUS. Voy. *Gosselinus*.

GOUDANUS (Guilelmus), GUILLAUME DE GOUDA, théologien hollandais, cordelier, né à Gouda, mort après 1504. — On le nomme aussi *G. a Gouda*.

GOUDANUS. Voy. *Gaudanus* et *Gaudensis*.

GOURMONTIUS (Ægidius), GILLES DE GOURMONT, helléniste et imprimeur français, établi à Paris, mort vers 1530.

GOWERUS (Joannes), JOHN GOWER, poëte et jurisconsulte anglais, né dans le comté d'York, mort en 1402.

GOZWINUS. Voy. *Gosvinus*.

GRADIBUS (Antonius de), ANTOINE DE GRADI, médecin italien, attaché à la personne des ducs de Milan, mort vers 1470.

GRADIBUS (Joannes de), GIOVANNI ou JEAN GRADI, jurisconsulte français ou italien, sans doute établi à Lyon, mort vers 1525. — P. Marchand le nomme J. DES DEGRÉS.

GRADIBUS (Joannes-Matthæus de), J.-M. FERRARI, dit aussi J.-M. GRADI. Voy. *Ferrariis* (J.-M. de).

GRÆCISMUS et GRÆCISTA (Evrardus), EVRARD GRÉCISME (Rabelais), et EVRARD LE GRÉCISTE, surnom donné à E. DE BÉTHUNE. Voy. *Bethuniensis* (E.).

GRÆCOLADENSIS (Robertus). Voy. *Crickeladensis* (R.).

GRÆCUS. Voy. *Sancto Quintino* (G. de).

GRAIUS (Guilelmus), WILLIAM GRAY ou GREY, théologien anglais, évêque d'Ely, mort vers 1500.

GRAIUS (Joannes), JOHN GRAY, historien anglais, évêque de Norwich et évêque nommé de Canterbury, mort vers 1215. — On écrit aussi *J. Grayus*.

GRAIUS (Joannes), JOHN GRAY, théologien et poëte écossais, docteur de Paris, franciscain, né à Haddington, mort vers 1510.

GRAIUS (Thomas), THOMAS GRAY, chroniqueur anglais, qui a été souvent confondu avec l'évêque de Canterbury, mort vers 1220.

GRAMAUDUS (Simon). Voy. *Cramado* (S. de).

GRAMMATICUS (Geraldus), GÉRAUD LE GRAMMAIRIEN, théologien et poëte latin, moine de Saint-Martial de Limoges, prévôt de Saint-Valeri, abbé de Saint-Augustin au diocèse de Limoges, mort vers 1100.

GRAMMATICUS (Joannes), JEAN LE GRAMMAIRIEN ('Ιωάννης ὁ Γραμματικός), nom sous lequel est souvent désigné JEAN TZETZÈS. Voy. ce nom.

GRAMMATICUS (Joannes), JEAN LE GRAMMAIRIEN, philologue et grammairien anglais, étudiant à Oxford et à Paris, mort vers 1270. — On l'a souvent confondu avec *J. de Garlandia*.

GRAMMATICUS (Nilus), Νεῖλος ὁ Γραμματικός, en français NIL LE GRAMMAIRIEN, historien ecclésiastique et grammairien grec, métropolitain de Rhodes, mort vers 1400.

GRAMMATICUS (Papias), PAPIAS LE GRAMMAIRIEN, lexicographe italien, né en Lombardie, mort vers 1100.

GRAMMATICUS (Paulus), PAUL LE GRAMMAIRIEN, théologien, philologue, hagiographe et grammairien italien, bénédictin, moine du Mont-Cassin, né à Gênes, mort vers 1100. — On le trouve nommé aussi *P. Genuensis*.

GRAMMATICUS (Saxo), SAXO LE GRAMMAIRIEN, historien danois, né dans l'île de Seeland, mort vers 1205. — On le trouve nommé aussi *S. Danus, S. Sealanicus* et *S. Sialandicus*.

GRAMMATICUS (Serlo), SERLO DE WELLS, dit aussi S. LE GRAMMAIRIEN. Voy. *Fontanus* (S.).

GRANATENSIS (Leo), LÉON L'AFRICAIN, dit aussi L. DE GRENADE. Voy. *Africanus* (L.).

GRANCIS (Rainerius de), RANIERI GRANCHI ou GRACCHIA, poëte et historien italien, né à Pise, mort vers 1350.

GRANDFELDUS (Galfredus), GEOFFROI GRANDFELDT (dit Moréri) ou GRANDEFELD (dit OEsinger), théologien et sermonnaire anglais, religieux augustin, moine à Northampton, évêque de Fermo, mort en 1348.

GRANDIMONTENSIS (Stephanus), ÉTIENNE DE LICIAC, dit aussi E. DE GRANDMONT. Voy. *Liciaco* (St. de).

GRANDIPRATO (Joannes de), JEAN DE GRANDPRÉ, poëte latin, moine de Cîteaux à Igny (Marne), mort vers la fin du XIIᵉ siècle.

GRANDIS (Lazarus de), LAZZARO GRANDI, médecin italien, né à Milan, mort vers 1270.

GRANDI SILVA (Richardus de), RICHARD DE GRANDSELVE, théologien et poëte latin, moine de Grandselve, au diocèse de Toulouse, mort après 1160.

GRANDISONUS (Joannes), JOHN GRAUTSON, théologien et hagiographe anglais, évêque d'Exeter, mort en 1369.

GRANDIVICO (Claudius de), CLAUDE DE GRANDRUE, chanoine et bibliothécaire de Saint-Victor de Paris, prieur de Puiseux (*prior de Putheolis*), né à Paris, mort en 1520.

GRAPALDUS (Franciscus-Marius), FRANCESCO-MARIO GRAPALDI, poëte et antiquaire italien, né à Parme, mort en 1515.

GRASSIS (Paris de). Voy. *Crassis* (P. de).

GRATIANOPOLITANUS (Guilelmus), GUILLAUME DE GRENOBLE, hagiographe français, chanoine de Grenoble, mort après 1163.

GRATIANOPOLITANUS (Hugo), HUGUES DE GRENOBLE, théologien et chroniqueur français, évêque de Grenoble, né à Valence, mort en 1132.

GRATIANUS, GRATIANO, en français GRATIEN, célèbre théologien et jurisconsulte italien, camaldule, auteur du *Decretum*, né et peut-être évêque à Chiusi en Toscane, mort vers le milieu du XIIᵉ siècle. — On le trouve aussi nommé *G. de Cluso*.

GRATIANUS (Franciscus). Voy. *Gravanus* (F.).

GRAVANUS (Franciscus), FRANCESCO GRAVANO, théologien et sermonnaire italien, dominicain, né à Gênes, mort vers 1315. — Nous adoptons l'opinion d'Échard; mais Possevin et Du Cange nomment ce dominicain *F. Gratianus*.

GRAVINA (Dominicus de), DOMINIQUE DE GRAVINA, chroniqueur italien, né à

Gravina (royaume de Naples), mort après 1350.

GRAVIUS (Edzardus ou Idzardus), EDZARD ou IDZARD DE GRAVE, chroniqueur et prêtre frison, né à Grave, près de Nimègue, mort après 1514. — Paquot le nomme S. DE GROUW.

GRAYUS. Voy. *Graius.*

GREGORAS (Nicephorus), Νικηφόρος ὁ Γρηγόρας, en français NICÉPHORE GRÉGOIRE, historien, théologien, philosophe, astronome et poète grec, né à Héraclée (*Heracleia Pontica*), dans l'Asie-Mineure, mort vers 1360.

GREGORIUS, GRÉGOIRE IX et XI, papes. Voy. *Segninus* (H.) et *Bello forte* (P. R. de).

GREGORIUS (Guilelmus), WILLIAM GREGORY, dit en français GUILLAUME GRÉGOIRE, théologien écossais, carme, docteur de Sorbonne, confesseur de François 1er, mort vers 1527.

GRELÆUS (Jacquemartius), JAQUEMART GIÉLÉE, poëte français, né à Lille, mort après 1290.

GRENÆUS (Guilelmus), WILLIAM GREEN (?), hagiographe anglais, carme, professeur à Cambridge, mort après 1470. — On le trouve aussi nommé *G. Viretus.*

GRESINHACO (Amanevus de), AMANÈVE DE GRESINHAC, théologien français, doyen d'Angoulême, évêque de Tarbes, puis archevêque d'Auch (*archiep. Ausciensis*), né à Rions sur la Garonne, mort vers 1242. — On écrit aussi *A. de Grisinhaco.*

GRESSIBUS (Petrus de), PIERRE DE GREZ (dit A. du Chesne), évêque d'Auxerre, chancelier de France, né dans le Gâtinais (*Vastinetensis*), mort en 1325.

GREVA ou GREVIA (Philippus de). Voy. *Grevius* (Ph.).

GREVERARIUS (Godefridus), GODEFROI GREVERAY, sermonnaire belge, carme, né dans la Gueldre, mort en 1504.

GREVIUS (Henricus), HENRY GRÈVE (*Nouvelle Biographie générale*), littérateur allemand, professeur à Leipzig, né à Gœttingue, mort vers 1520.

GREVIUS (Philippus), PHILIPPE DE GRÈVE, célèbre théologien et sermonnaire français, chancelier de l'Église de Paris, né à Paris, mort en 1237. — On l'appelle plus souvent *Ph. Cancellarius,* et l'on trouve encore *Ph. de Greva* et *Ph. de Grevia.*

GRIFFONIBUS (Matthæus de), MATTEO GRIFFONI, négociateur et chroniqueur italien, né à Bologne, mort en 1428.

GRIFFUS (Leonardus). Voy. *Gryphius* (L.).

GRIMA (Dominicus de). Voy. *Tolosanus* (D.).

GRIMÆUS (Edmundus), EDMOND GRYME (dit Fabricius), biographe anglais, ami de Th. Becket, mort vers 1200.

GRIMMUS (Robertus), ROBERT GRIMM, théologien anglais, bénédictin au couvent de Bardney (*monachus Bardeneiensis*), dans le comté de Lincoln, mort après 1320.

GRIMOARDUS (Anglicus), ANGLIC DE GRIMOARD, seigneur de GRISAC, au diocèse de Mende, frère du pape Urbain V, théologien français, religieux augustin, archevêque d'Avignon, cardinal, mort en 1388. — On le nomme aussi *A. de Grisaco.*

GRIMOARDUS (Guilelmus), GUILLAUME DE GRIMOARD, théologien français, abbé de Saint-Victor de Marseille, puis pape sous le nom d'URBAIN V, né à Grisac, au diocèse de Mende, mort en 1370. — On le trouve nommé aussi *G. de Grisaco.*

GRINIA (Dominicus). Voy. *Tolosanus* (D.).

GRIPHON, GRIFFON ou GRYPHON (Moréri) théologien et voyageur flamand, cordelier, professeur à Paris, mort en 1475.

GRISACO (de). Voy. *Grimoardus.*

GRISAUNTUS (Guilelmus), WILLIAM GRISAUNT, médecin et astronome anglais, étudiant à Oxford et à Montpellier, puis établi à Marseille, mort vers la fin du XIVe siècle. — On le nomme aussi *G. Anglicus.*

GRISINHACO (Amanevus de). Voy. *Gresinhaco* (A. de).

GRITIS (Matthæus de). Voy. *Gritus* (M.).

GRITUS (Matthæus), MATTEO GRITI, sermonnaire italien, dominicain, né à Milan, mort en 1262. — On le nomme aussi *M. de Gritis.*

GRIVELLUS (Philippus), PHILIPPE GRIVEL, théologien français, docteur de Sorbonne, principal du collége de Cambrai (*primarius collegii Cameracensis*), et recteur de l'Université de Paris, mort en 1523.

GROCINUS (Guilelmus). Voy. *Grocynus* (G.).

GROCYNUS (Guilelmus), WILLIAM GROCYN, philologue anglais, professeur à Oxford, ami d'Érasme, né à Bristol, mort en 1519. — Bale écrit G. *Grocinus*.

GRONINGANUS (Joannes), JEAN WESSEL, dit aussi J. DE GRONINGUE. Voy. *Wesselus* (J.).

GRONINGENSIS (Ludolphus), LUDOLPHE DE GROENINGEN ou DE GRONINGUE, théologien hollandais, né, dominicain et professeur à Grœningen, mort vers 1525. — On écrit aussi *L. de Groninga*.

GROSLOTIUS (Joannes). Voy. *Crastonius* (J.).

GROSSA TESTA (Robertus). Voy. *Grossum caput* (R.).

GROSSUM CAPUT (Robertus), ROBERT GROSTHEAD, en français R. GROSSE-TÊTE, célèbre philosophe anglais, professeur à Paris, archidiacre de Leicester, évêque de Lincoln, né à Strodbrook, dans le comté de Suffolk, mort en 1253. — Tanner le nomme encore *R. Grossa testa*, *R. Capito* et *R. Lincolniensis*.

GROSSUS (Galfredus), GEOFFROI LE GROS, biographe français, bénédictin, moine de l'abbaye de Tiron (Eure-et-Loir), mort après 1130.

GROSSUS (Guido), GUI LE GROS, surnom donné au pape CLÉMENT IV. Voy. *Fulcodius* (G.).

GROSSUS (Joannes), JEAN LE GROS (?), historien, biographe et sermonnaire français, général des Carmes, orateur aux conciles de Pise et de Constance, né à Toulouse, mort en 1437.

GROTUS (Albertus), ALBERT DE BOLLSTADT, dit aussi A. GROOT. Voy. *Bolstadius* (A.).

GRUITRÆDIUS (Jacobus). Voy. *Gruytrodius* (J.).

GRUYTRODIUS (Jacobus), JACQUES DE GRUYTRODE, théologien belge, chartreux, prieur du couvent des Saints-Apôtres à Liége, mort en 1472. — Fabricius le nomme *Gruitrædius*.

GRUYTRODIUS (Jacobus), JACQUES DE GRUYTRODE, nom sous lequel on a désigné, par erreur, JACQUES LE CHARTREUX, d'Insterburg. Voy. *Carthusianus* (J.).

GRYPHIUS (Ambrosius), AMBROGIO GRIFFI, célèbre médecin italien, né, professeur et sénateur à Milan, mort en 1498.

GRYPHIUS (Leonardus), LEONARDO GRIFFI, poëte latin, évêque de Gubbio, archevêque de Bénévent, né à Milan, mort en 1485. — On le nomme aussi *L. Griffus*.

GUALA. Voy. *J.-G. de Bichieris* et *G. Carnotensis*.

GUALDUCCIUS (Paulus), PAOLO GUALDUCCI DE PILASTRI (dit J. Negri), théologien et philosophe italien, vicaire général des dominicains, patriarche de Grado (Illyrie), né à Florence, mort vers 1320. — On le trouve aussi, mais plus rarement, nommé *P. de Pilastris*.

GUALENSIS (Sertorius). Voy. *Cambrensis* (S.).

GUALERANUS. Voy. *Walramus*.

GUALLA. Voy. *J.-G. de Bichieris* et *G. Carnotensis*.

GUALLENSIS (Joannes). Voy. *Wallia* (J. de).

GUALLENSIS (Thomas). Voy. *Jorsius* (T.).

GUALLO. Voy. *J.-G. de Bichieris* et *G. Carnotensis*.

GUALO, en français GUALON, poëte et érudit, professeur à Paris, né sans doute dans le pays de Galles, mort vers le milieu du XIIe siècle.

GUALO. Voy. *J.-G. de Bichieris* et *G. Carnotensis*.

GUALTERIUS (Joannes), JOHN WALTER, mathématicien anglais, mort à Winchester en 1412. — On le trouve aussi nommé *J. Wallerus*.

GUALTERUS. On trouve ce nom écrit : *Galterus, Galtherius, Gaulterius, Gauterius, Gauthierus, Gualtherus, Walterus, Waltherus, Galcherus, Galterius*, etc.

GUARDIA (Gerardus de), GÉRARD DE LA GARDE, théologien et sermonnaire français, professeur à Paris, général des dominicains, cardinal, né à la Garde (Haute-Vienne), mort en 1345. — On le trouve encore nommé : *G. de Daumaro, G. Damarus, G. Domarus* et *G. de Gerria.*

GUARINUS (Udalricus), ULRIC GERING, dit aussi U. GUÉRINCH, QUERINCG, QUERING, GERINX, GUÉRIN et GUARIN, célèbre imprimeur allemand, établi à Paris, né à Constance, mort en 1510.

GUARINUS. Voy. *Veronensis* (G.).

GUARNERIUS. Voy. *Irnerius* et *Teutonicus*.

GUARO ou GUARONIS (Guilelmus). Voy. *Wara* (G. de).

GUARRICUS. Voy. *Sancto Quintino* (G. de).

GUARRO et GUARRONIS (Guilelmus). Voy. *Wara* (G. de).

GUATHIUS (Laurentius), LORENZO GUAZZO (?), biographe italien, né à Florence, mort vers 1430.

GUERICUS. Voy. *Sancto Quintino* (G. de).

GUERNERIUS. Voy. *Irnerius.*

GUERNERIUS BERNIUS, GUERNERIO BERNI, chroniqueur italien, né à Gubbio (*Eugubinus*), dans la marche d'Ancône, mort après 1472.

GUERNERUS. Voy. *Sancto Quintino* (G. de).

GUERRICUS, GUERRIC, sermonnaire belge, chanoine et écolâtre de Tournay, moine de Cîteaux, abbé d'Igni (*abbas Igniacensis*), né à Tournay, mort vers 1155.

GUERRICUS. Voy. *Sancto Quintino* (G. de).

GUIARDUS et GUIARTUS. Voy. *Molinæus* (G.).

GUIBALDUS. Voy. *Wibaldus.*

GUIDONIS (Bernardus), BERNARD DE LA GUIONIE, célèbre théologien, sermonnaire, historien et biographe français, dominicain, prieur de Castres, inquisiteur à Toulouse, évêque de Tuy en Galice (*episcopus Tudensis, in Gallæcia*), puis de Lodève, né près de Limoges, mort en 1331.

GUIDONIS (Joannes), JEAN GUION (dit l'*Histoire littéraire de la France*), théologien français, frère mineur, mort après 1308.

GUIDOTTUS (Jacobus), GIACOMO GUIDOTTI, grammairien et traducteur italien, dominicain, né et professeur à Bologne, mort vers 1500.

GUIGNECURTE (Joannes de). Voy. *Guignecurtius* (J.).

GUIGNECURTIUS (Joannes), JEAN DE GUIGNECOURT, théologien français, docteur de Sorbonne, chancelier de l'Église de Paris, mort après 1390. — On trouve aussi *J. de Guignecurte.*

GUIGO, GUIGUES II, souvent nommé HUGUES, théologien ascétique français, prieur de la Grande Chartreuse (*Carthusiæ prior generalis*), mort vers 1189. — Il fut surnommé *Angelus*, « à cause de son esprit », dit Moréri; mais plutôt parce qu'il passa sa vie dans la contemplation. — On le trouve souvent nommé *Hugo.*

GUIGO. Voy. *Pinu* (G. de).

GUIMANNUS, GUIMAN ou WIVANNE (*Nouvelle Biographie générale*), chroniqueur flamand, bénédictin, moine et historiographe de l'abbaye de Saint-Waast d'Arras, mort en 1182.

GUINIFORTIUS et GUINIFORTUS. Voy. *Barzizius* (G.).

GUISIANUS et GUISIUS (Jacobus), JACQUES DE GUISE, chroniqueur flamand, docteur de Paris, franciscain, né à Mons, mort en 1399.

GUIVILLA (Guilelmus de), GUILLAUME DE GUILLEVILLE, moraliste et poète français, moine de Cîteaux à Pontigny, puis prieur du couvent de Chaalis (Oise), mort vers 1360. — On le nomme encore *G. de Dequilla villa* et plus souvent *G. de Caroliloco.*

GULDENERIO (Joannes de), JOHANN GULDENER, sermonnaire allemand, professeur à Paris, carme à Cologne, mort vers 1350.

GUNDISALVUS. Voy. *Gondisalvus.*

GUNDULPHUS. Voy. *Gondulphus.*

GUNTHERUS, GUNTHER, poète et historien allemand, auteur du *Ligurinus*, mort dans les premières années du XIIIe siècle.

GUNTHERUS, GUNTHER, théologien et

historien allemand, moine de Cîteaux au couvent dit de Paris au diocèse de Bâle (*monachus in monasterio diœcesis Basileensis quod Parisiense dictum est*), mort en 1223.

GUNTHERUS. Voy. *Sancto Amando* (G. de).

GURCENSIS (Raimundus), RAIMOND PÉRAULT, dit aussi R. DE GURCK Voy. *Peraldus* (R.).

GURLOESIUS, GURHERDEN, chroniqueur français, moine de l'abbaye de Sainte-Croix de Quimperlé (*monachus sanctæ Crucis Kimperlegiensis* ou *Kimperlacensis*), mort en 1127.

GUTENBERGIUS (Joannes), JOHANN ou HANS GENSFLEISCH, dit JEAN GUTENBERG (nom que portait sa mère), inventeur de l'imprimerie, né soit à Mayence, soit à Kuttenberg en Bohême, mort en 1468. — On le trouve encore nommé *J. Bonimontis, J. Guttembergensis, J. Guttembergius, J. Guttenbergius* et *J. Ansicaro*.

GUTTEMBERGENSIS, GUTTEMBERGIUS et GUTTENBERGIUS (Joannes). Voy. *Gutenbergius* (J.).

GUYMIA (Cosmas), COSME GUYMIER, jurisconsulte français, conseiller au parlement de Paris, chanoine de Saint-Thomas du Louvre, mort en 1503.

HACHENBURGO (Henricus de), HENRI DE HACHENBURG, sermonnaire allemand, dominicain à Coblentz, né sans doute à Hachenburg (Nassau), mort vers 1410.

HACKETUS. Voy. *Brugensis* (A.).

HADRIANUS. Voy. *Adrianus*.

HADRIENSIS (F.). Voy. *Finus* (A.).

HADUNUS (Joannes). Voy. *Aquædunus* (J.).

HÆCMUNDENSIS (Leo), LÉON D'EGMOND, biographe hollandais, bénédictin, moine de l'abbaye d'Egmond, mort après 1203. — On le nomme aussi, mais plus rarement, *L. Egmundanus*.

HÆDUS (Petrus), PIETRO CAVRETTO, théologien et moraliste italien, né et curé à Pordenone (Vénétie), mort après 1501. — On le nomme aussi *P. Portunensis*, et lui-même s'est appelé *P. Chryshædus*, parce qu'il portait un bouc d'or dans ses armoiries.

HAFFLIGINENSIS. Voy. *Afflighemensis* (S.).

HAGIOPOLITA (Epiphanius), Ἐπιφάνιος ὁ Ἁγιοπολίτης. Voy. *Hierosolymitanus* (E.).

HAGULSTADENSIS. Voy. *Hagustaldensis*.

HAGUSTALDENSIS (Joannes), JEAN D'HEXHAM, chroniqueur anglais, prieur de l'abbaye d'Hexham, dans le Northumberland, mort vers 1170. — Fabricius écrit *Hagulstadensis*.

HAGUSTALDENSIS (Richardus), RICHARD D'HEXHAM, chroniqueur anglais, prieur de l'abbaye d'Hexham, dans le comté de Northumberland, mort vers 1160. — On le nomme aussi *R. Northumbrius*.

HAINCTONUS et HAINTONUS (Joannes). Voy. *Aquædunus* (J.).

HAITHONUS. Voy. *Haytonus*.

HALBERSTADIENSIS (Albertus), ALBERT BICKMERSDORF, dit A. D'HALBERSTADT, théologien et philosophe scolastique allemand, docteur de Paris, évêque d'Hall, mort après 1365.

HALBERSTADIENSIS (Conradus), CONRAD D'HALBERSTADT, théologien allemand, dominicain définiteur de la province de Saxe, mort vers 1342. — On l'appelle aussi *C. de Alemania*. — Il y a eu trois théologiens de ce nom, tous trois dominicains, et il est bien difficile de les distinguer les uns des autres. Voy. Echard.

HALDECOTUS (Robertus). Voy. *Holkotus* (R.).

HALENSIS (Alexander), ALEXANDRE DE HALES, célèbre théologien anglais, franciscain, élevé au monastère de Hales, dans le comté de Glocester, mort en 1245. — On le trouve encore nommé *A. Alesius, A. Anglicus, A. Halesius, A. de Halis*. — Il a été surnommé *Doctor irrefragabilis* et *Doctor doctorum*.

HALENSIS (Thomas), THOMAS DE HALES, théologien, sermonnaire et hagiographe anglais, docteur de Sorbonne, mort entre 1300 et 1340.

HALESIUS (Alexander). Voy. *Halensis* (A.).

HALGRINUS (Joannes). Voy. *Algrinus* (J.).

HALIS (Alexander de). Voy. *Halensis* (A.).

HALLENSIS (Heidenricus), HEIDENRICH DE HALLE, théologien allemand, prévôt de Halle, en Saxe, mort vers 1137.

HALLIS (Henricus de), HENRI DE HALLE, théologien ascétique allemand, dominicain, né à Halle (Prusse), mort vers 1280.

HALLIS (Hermannus de), HERMANN DE HALLE, théologien allemand, augustin, né à Halle, mort en 1334.

HALORII (Yvo). Voy. *Helorii* (Y.).

HAMARIENSIS (Torphimus ou Torphimius), TORPHIME D'HAMAR, théologien norvégien, évêque d'Hamar, mort à l'abbaye cistercienne de Notre-Dame de Doest (*Beatæ Mariæ Thosanæ*) en 1284.

HAMBALDUS. Voy. *Hannibaldis* (H. de).

HAMILTO (Patricius), PATRICK HAMILTON, prédicateur luthérien anglais, professeur à Marbourg, brûlé à Édimbourg en 1527.

HAMPOLENSIS (Richardus), RICHARD DE HAMPOLE, théologien anglais, augustin, moine au couvent de Hampole (comté d'York), mort en 1349. — On le trouve aussi appelé *R. Hampolus*, *R. Rollus*, et Pits le nomme *R. Pampolitanus*.

HAMPOLUS (Richardus). Voy. *Hampolensis* (R.).

HAMRALDUS. Voy. *Hannibaldis* (H. de).

HANABIS, HANAPHIS et HANAPIIS (Nicolaus de). Voy. *Hanapis* (N. de).

HANAPIS (Nicolaus de), NICOLAS DE HANAPES, théologien et moraliste français, dernier patriarche latin de Jérusalem, religieux dominicain, né à Hanapes, dans les Ardennes, mort en 1291. — Nous avons trouvé encore son nom sous les formes suivantes: *N. de Anapis*, *N. de Anapis*, *N. Anapus*, *N. de Hanabis*, *N. de Hanaphis*, *N. de Hanapiis* et *N. de Hannapis*.

HANCHIIS (Gerardus de), GÉRARD DE HANCHES, théologien scolastique français, né à Hanches (Eure-et-Loir), mort vers 1312. — Nous adoptons ici l'opinion de Nic. le Fèvre. Mais plusieurs biographes veulent que ce dominicain ait été Anglais; ils ne peuvent d'ailleurs donner aucune traduction de son nom, que l'on trouve encore écrit: *G. de Ancinis*, *G. Hancinus* et *G. de Hancinis*.

HANCINIS (de) et HANCINUS (Gerardus). Voy. *Hanchiis* (G. de).

HANNAPIS (Nicolaus de). Voy. *Hanapis* (N. de).

HANNIBALDENSIBUS (de) et HANNIBALDENSIS. Voy. *Hannibaldis* (de).

HANNIBALDIS (Hannibaldus de), ANNIBALE HANNIBALDI, seigneur de Molaria, théologien italien, dominicain, docteur de Paris, cardinal, né près de Rome, mort en 1272. — On le trouve encore nommé *Annibaldus*, *Hambaldus*, *Hamraldus*, *de Hannibaldensibus*, *Hannibaldensis*, *Harbaldus*, etc.

HANNIBALDIS (Richardus de), RICHARD HANNIBALDI, seigneur de Molaria, théologien italien, abbé du Mont-Cassin, cardinal, mort en 1274.

HANTVILLENSIS et HANTWILLENSIS (Joannes). Voy. *Annævillanus* (J.).

HARBALDUS. Voy. *Hannibaldis* (H. de).

HARCHELEIUS (Henricus). Voy. *Harcleius* (H.).

HARCLEIUS (Henricus), HENRY HARKELEY, philosophe scolastique anglais, docteur d'Oxford, mort vers 1400. — On le trouve aussi nommé *H. Harcheleius* et *H. Harkelæus*.

HARCURIA (Agnès de), AGNÈS D'HARCOURT, sœur des deux suivants, auteur d'une chronique française, dame d'honneur d'Isabelle de France, abbesse de Longchamps, morte en 1291.

HARCURIA (Guido de), GUI D'HARCOURT, frère du suivant, évêque de Lisieux, fondateur du collége de Lisieux (*collegium Lexoviense*), devenu collége de Torchi (*collegium de Torchiaco*) à Paris, mort vers 1340.

HARCURIA (Radulphus de), RAOUL D'HARCOURT, conseiller de Philippe le Bel, archidiacre de Rouen et de Coutances, chanoine de la Sainte-Chapelle, fondateur du collége d'Harcourt (*collegium Harcurianum*) à Paris (auj. Lycée Saint-Louis), mort en 1307. — On trouve aussi *R. de Haricuria*.

HARDEBIUS (Robertus), ROBERT HARDEBY, sermonnaire anglais, carme, prieur à Lincoln, mort vers 1460.

HARDERWICENSIS (Gerardus), GÉRARD DE HARDERWYCK, théologien hollandais, professeur à Cologne, né à Harderwyck, dans la Gueldre, mort en 1503. — On trouve aussi *G. Arderwicensis*.

HARDIBIUS (Galfredus), GODFROY HARDEBY (dit Fabricius), théologien et historien anglais, augustin, mort après 1360.

HARDINGUS (Joannes), JOHN HARDING, poëte et chroniqueur anglais, constable du roi Henri IV, mort après 1465.

HARDINGUS (Stephanus), STEPHEN HARDING, célèbre théologien et sermonnaire anglais, moine de Schiburn (*monachus Schirburnensis*), puis abbé de Citeaux, mort en 1133. — Il est plus souvent nommé *St. Cisterciensis*, et on le trouve aussi appelé, mais par erreur, *S. Arduinus*.

HARENA (Jacobus de). Voy. *Ravano* (J. de).

HARICURIA (Radulphus de). Voy. *Harcuria* (R. de).

HARIULFUS. Voy. *Ardemburgensis* (H.).

HARKELÆUS (Henricus). Voy. *Harcleius* (H.).

HARLEMIUS (Albertus), ALBERT DE HARLEM, théologien et sermonnaire hollandais, docteur de Louvain, carme, né à Harlem, mort en 1496. — On le trouve aussi nommé *A. Joannis*.

HARLEMIUS (Theodorus), THÉODORE DE HARLEM, théologien hollandais, étudiant à Paris, chartreux à Cologne, né à Harlem, mort après 1530.

HARLEMIUS (Vincentius), VINCENT DE BEVERWYCK, dit aussi V. DE HARLEM. Voy. *Beverovicensis* (V.).

HARMENOPULUS (Constantinus), Κωνσταν-τῖνος ὁ Ἁρμενόπουλος, dit en français CONSTANTIN HARMÉNOPULE, jurisconsulte grec, professeur à Constantinople, gardien des lois et juge à Thessalonique (*nomophylax et judex Thessalonicensis*), mort vers 1380.

HARNENSIS (Michael), MICHEL DE HARNES, connétable de France, traducteur de la chronique de Turpin, né dans l'Artois, mort vers 1226. — On trouve aussi *M. de Harnis*.

HARNIS (Michael de). Voy. *Harnensis* (M.).

HARPHIUS (Henricus), HENRI DE ERP, et par corruption DE LA HARPE, théologien mystique flamand, franciscain, né à Erp, dans le Brabant, mort en 1478. — On le trouve nommé aussi *H. Herpius* et *H. Citharædus*.

HARSICCUS (Guilelmus). Voy. *Harsicus* (G.).

HARSICUS (Guilelmus), WILLIAM HARSYCK, théologien anglais, carme, professeur à Cambridge, mort vers 1410. — On écrit aussi *C. Harsiccus*.

HARVENGIUS (Philippus), PHILIPPE DE HARVENG, théologien français, prémontré, abbé de Bonne-Espérance dans le Hainaut, mort vers 1182. — On l'appelle aussi *Ph. Bonæ Spei*, et sa charité l'avait fait surnommer *Ph. Eleemosynarius* ou *de Eleemosyna*.

HASALANUS (Joannes). Voy. *Hasela* (J. de).

HASELA (Joannes de), JEAN DE HASSELT, théologien belge, dominicain, né à Hasselt (*Hasseletum*), dans le Limbourg, mort après 1345. — On le trouve aussi nommé *J. Hasalanus*.

HASISTENIUS (Bogislas ou Bohuslaus), BOLESLAS DE LOBKOWITZ, dit B. DE HASSENSTEIN, poëte, érudit et bibliophile allemand, archichancelier de Bohême, né au château de Hasseinstein, dans la Bohême, mort en 1510. — On trouve aussi *B. Hassensteinus*.

HASSARTIUS (Julianus), JULIEN HASSART, chroniqueur et théologien belge, carme, né à Enghein, dans le Hainaut, mort en 1525. — On trouve aussi *J. Hassartus* et même *J. Hursatus*.

HASSARTUS (Julianus). Voy. *Hassartius* (J.).

HASSENSTEINUS (Bogislas). Voy. *Hasistenius* (B.).

HASSIA (Henricus de), HENRI DE HESSE, dit aussi H. DE LANGENSTEIN, théologien, mathématicien, jurisconsulte et astronome allemand, professeur à Paris, puis à Vienne, augustin ou chartreux, né à Langenstein, dans la Hesse, mort en 1397. — On compte jusqu'à cinq auteurs de ce nom, qui ont vécu dans le quatorzième siècle, et qu'il est à peu près impossible de distinguer les uns des autres. Voy. la dissertation de C. Oudin, t. III, p. 122 et s.

HASTIFRAGUS (Nicolaus), NICOLAS BREAKSPEARE, théologien anglais, évêque d'Albano, pape sous le nom d'ADRIEN IV, mort en 1159.

HAUDSCHILTUS (Lubertus). Voy. *Hautschiltus* (L.).

HAUTIVILLENSIS (Joannes). Voy. *Annævillanus* (J.).

HAUTSCHILTUS (Lubertus), LUBERT HAUTSCHILD, littérateur belge, chanoine régulier de Saint-Augustin à Bruges, né à Bruges, mort en 1417. — On trouve aussi *L. Haudschiltus*.

HAVELBERGENSIS (Anselmus), ANSELME DE HAVELBERG, théologien saxon, évêque de Havelberg (Brandebourg), mort en 1159. — On trouve aussi *A. Avelburgensis*.

HAYCARDUS. Voy. *Eccardus*.

HAYMBURGENSIS (Gregorius) Voy. *Heimburgius* (G.).

HAYTHO. Voy. *Haytonus*.

HAYTONUS, HAYTON ou HÉTHOUM, prince de Gorigos ou Corghos en Cilicie, célèbre chroniqueur arménien, mort à Poitiers vers 1308. — On le trouve nommé encore *Aithonus*, *Aythonus*, *Aytonus*, *Haithonus*, *Hayto*.

HAYTONUS (Joannes). Voy. *Aquædunus* (J.).

HECCARDUS. Voy. *Eccardus*.

HEDA (Guilelmus), GUILLAUME D'ALFEN, dit aussi G. DE HÉDA. Voy. *Alfenus* (G.).

HEGECARTUS. Voy. *Eccardus*.

HEGIUS (Alexander), ALEXANDRE DE HECK, philologue allemand, né à Heck, dans l'évêché de Munster, mort en 1498.

HEIDELBERGENSIS (Joannes), JOHANN DIEPPURG, dit aussi J. D'HEIDELBERG. Voy. *Francfordia* (J. de).

HEIDELBERGENSIS (Marsilius), MARSILE D'HEIDELBERG, plus connu sous le nom de MARSILE D'INGHEN, théologien et philosophe hollandais, professeur à Heidelberg (duché de Bade), né à Inghen, dans le diocèse d'Utrecht, mort à Heidelberg en 1394.

HEIDENHEIMENSIS (Adalbertus), ADALBERT D'HEIDENHEIM, hagiographe allemand, abbé d'Heidenheim (Wurtenberg), mort vers 1160.

HEIMBURGIUS (Gregorius), GREGOR HEIMBURG, jurisconsulte et homme politique allemand, né à Wurtzbourg, mort en 1472. — On trouve aussi *Haymburgensis*.

HEINODUNUS (Joannes). Voy. *Aquædunus* (J.).

HEINSBERGIUS (Joannes), JEAN DE HEINSBERG, homme politique belge, chanoine, puis évêque de Liége, mort en 1459.

HEISTERBACENSIS (Cæsarius), CÉSAIRE D'HEISTERBACH, théologien, hagiographe et chroniqueur allemand, moine de Cîteaux à Heisterbach, dans le diocèse de Cologne, né sans doute à Cologne, mort vers 1240.

HELEMOLDUS. Voy. *Helmoldus*.

HELENENSIS (Joannes), JEAN D'ELNE, théologien espagnol, religieux dominicain, évêque d'Elne (Pyrénées-Orientales), cardinal, né à Barcelone, mort en 1436. — Il est très souvent nommé *J. de Casa nova*.

HELIAS (Petrus), PIERRE HÉLIE, grammairien, poëte et commentateur, professeur à Paris, né soit en France, soit en Angleterre, mort vers 1160. — On écrit aussi *P. Elias*.

HELIENSIS. Voy. *Eliensis*.

HELIGERIUS (Petrus), PIERRE HELIGER, théologien belge, chanoine régulier au prieuré de Tongres (Limbourg), mort vers 1530.

HELINANDUS, HÉLINAND, théologien français, moine de Cîteaux à Perseigne, dans le Maine, mort au XIIe siècle. — Il a été souvent confondu avec le suivant.

HELINANDUS, HÉLINAND, chroniqueur, théologien, hagiographe et poëte français, moine de Froidmont (*monach. Frigidi montis*), né à Pruneroi, dans le Beauvaisis, mort après 1229. — On le trouve encore nommé *Helmandus, Helmundus, Helymandus, Elimandus* et *Elinandus*.

HELINANDUS. Voy. *Helmoldus*.

HELINIUS et HELINUS (Joannes). Voy. *Elinus* (J.).

HELIOTUS (Joannes), JEAN HÉLYOT, théologien français, docteur de Navarre, chanoine de Châlons, mort vers 1410.

HELMANDUS. Voy. *Helinandus*.

HELMBOLDUS. Voy. *Helmoldus*.

HELMOLDUS, HELMOLD, chroniqueur allemand, prêtre et recteur à Bosau, près de Lubeck, né dans le Holstein, mort vers 1177. — On le trouve encore nommé *Helemoldus, Helinandus, Helmboldus*, etc.

HELMUNDUS. Voy. *Helinandus*.

HELOISA et HELOISSA, HÉLOISE, abbesse du Paraclet, maîtresse d'Abélard, née à Paris, morte en 1164.

HELORII (Yvo), YVES HEELOR, dit SAINT YVES et YVES DE KER-MARTIN, issu d'une ancienne famille du diocèse de Tréguier, théologien et jurisconsulte breton, curé de Lohanec, né au château de Ker-Martin, près de Menehi; mort en 1303. — On le trouve encore nommé *Y. Armoricus, Y. Brito, Y. Halorii* et *Y. Trecorensis*.

HELYMANDUS. Voy. *Hélinandus*.

HEMELENDUNUS (Adamus). Voy. *Hemlingtonus* (A.).

HEMENGOBURGHUS (Gualtherus ou Waltherus), WALTER D'HEMINGBURGH, dit aussi W. D'HEMMINGFORD, chroniqueur anglais, chanoine de Gisburn, dans le comté d'York, mort en 1347. — On le trouve encore nommé *W. Emingforthensis, W. Hemengoburgus, W. Hemmingsfordius* et *G. Gisburnensis*.

HEMENGOBURGUS (W.). Voy. *Hemengoburghus* (G.).

HEMLINGTONUS (Adamus), ADAM D'HEMBLINGTON, théologien anglais, carme, né à Hemblington, dans le comté de Norfolk, mort en 1420. — On le trouve nommé aussi *A. Hemelendunus*.

HEMLINGTONUS (Galfredus), GEOFFROI D'HEMBLINGTON, historien anglais, bénédictin, moine de Saint-Alban, mort vers 1150.

HEMMINGSFORDIUS (Gualtherus). Voy. *Hemengoburghus* (G.).

HENHAMUS (Petrus), PETER HENHAM, historien anglais, mort vers 1245.

HENOFORTENSIS (Rogerus). Voy. *Herefordiensis* (R.).

HENTISBARUS (Guilelmus). Voy. *Hentisberius* (G.).

HENTISBERIUS (Guilelmus), WILLIAM HEYTUSBERY, HESTYLIBIRY, HETTYLBIRY, HITTYBIRY, ou HITTYLYSBIRY, grammairien et philosophe scolastique anglais, mort vers 1400. — On le nomme encore *G. Hentisbarus* et *G. Hentisberus*.

HEPBURNUS (Georgius), GEORGES HEPBURN, théologien écossais, dominicain, né à Deidon, mort vers 1480. — Fabricius le nomme *G. Hephurnus*.

HEPHURNUS (Georgius). Voy. *Hepburnus* (G.).

HERARDUS, HÉRARD, moine de Cîteaux, fondateur de l'abbaye de Perseigne, mort après 1163.

HERBENUS (Matthæus), MATTHIEU HERBEN, grammairien belge, recteur de l'école de Saint-Servais à Maëstricht, mort à la fin du XVe siècle.

HERBERTUS (Guilelmus), WILLIAM HERBERT, théologien anglais, frère mineur, né dans le pays de Galles, mort en 1333. — On écrit aussi *Herebertus*.

HERBERTUS (Robertus), ROBERT HERBERT, théologien et sermonnaire irlandais, docteur d'Oxford, trinitaire, cardinal, mort en 1299.

HERBERTUS. Voy. *Norvicensis* (H.).

HERBIPOLENSIS (Ulricus), ULRIC DE WURTZBOURG, historien allemand, chartreux près de Würtzbourg, mort vers 1500.

HERBRANDUS (Michael), MICHEL HERBRAND, dit M. DE DUEREN (*M. Mar-*

10.

coduranus), théologien et sermonnaire allemand, carme au couvent de Creutznach, né sans doute à Dueren, mort vers 1410.

HERCULANUS (Bartholomæus), BARTOLOMMEO ERCOLANI, jurisconsulte italien, professeur à Bologne et à Ferrare, né à Bologne, mort en 1469.

HERCULANUS (Joannes), GIOVANNI ERCOLANI, médecin italien, professeur à Bologne, à Padoue et à Ferrare, né à Rome ou à Vérone, mort vers 1480. — Fabricius écrit aussi *J. Arculanus*.

HEREBERTUS. Voy. *Herbertus*.

HEREFORDIENSIS (Rogerus), ROGER DE HERTFORD, mathématicien et astronome anglais, docteur de Cambridge, mort vers 1170. — Tanner le nomme *R. Henofortensis*.

HEREMITA DE FAYA, L'HERMITE DE LA FAYE, négociateur français, sénéchal de Beaucaire (*senesc. Belliquadri*), mort après 1406.

HERENTALIUS (Petrus). Voy. *Herenthalius* (P.).

HERENTHALIUS (Petrus), PIERRE DE HERENTHAL, chroniqueur, biographe et théologien belge, prémontré, prieur de Floreffes, mort en 1390. — On écrit encore *P. Herentalius* et *P. Herrenthaensis*.

HERIBRANDUS, HÉRIBRAND, dit DE Foux, biographe belge, huitième abbé de Saint-Laurent de Liége, mort vers 1128.

HERIMANNUS, HERIMANN ou HERMANN (*Hermannus*), chroniqueur belge, abbé de Saint-Martin de Tournai, né à Tournai, mort après 1147.

HERMANNUS (Guilelmus), GUILLAUME HERMANN, chroniqueur belge, ami d'Érasme, né à Gouda, mort vers 1530.

HERMANNUS (Simon), SIMON HERMANN, théologien et sermonnaire hollandais, religieux carme, né à Harlem, mort vers 1460.

HERMANNUS. Voy. *Herimannus*.

HERMONYMUS. Voy. *Charitonymus*.

HEROLDUS (Joannes), JOHANN HEROLD ou HEROLT (suivant Échard), théologien et sermonnaire allemand, dominicain, mort vers 1420. — On le trouve aussi nommé *J. Berolis*, et il a presque toujours employé le pseudonyme *Discipulus*.

HERPIUS (Henricus). Voy. *Harphius* (H.).

HERRADES. Voy. *Landsbergensis* (H.).

HERRENTHAENSIS (Petrus). Voy. *Herenthalius* (P.).

HERVÆUS. Voy. *H. Burgidolensis. H. Natalis. H. Rotonensis. H. Sancti Gildasii*.

HERVORDIA (Henricus de), HENRY DE HERWORDEN, chroniqueur et théologien allemand, dominicain, né à Herworden, mort en 1370. — On l'a nommé par erreur *A. de Erfordia*.

HESDINIO (Florentius de), FLORENT DE HESDIN, théologien français, dominicain, professeur à Paris, né à Hesdin, dans l'Artois, mort après 1269. — On le nomme ausssi *F. Gallicus*, et Échard écrit *F. de Hidinio*.

HESDINIO (Joannes de), JEAN DE HESDIN, théologien flamand, moine de Saint-Jean de Jérusalem, professeur à Paris, né à Hesdin (Pas-de-Calais), mort après 1360. — On trouve encore *J. de Hisdinio* et *J. de Isdinio*.

HESIUS (Joannes), JEAN DE HEES, voyageur néerlandais, prêtre à Utrecht, né à Hees, près de Bois-le-Duc, mort vers 1400. — On le nomme encore *J. Esius* et *J. Presbyter*.

HESSODUNUS et HESTONIUS (Gualterus). Voy. *Hestonus* (G.).

HESTONUS (Gualterus), GAUTIER D'EASTON ou D'HESTON, philosophe anglais, carme, professeur à Cambridge, né dans le Lincoln, mort après 1357. — On le trouve encore nommé *G. Estonus, G. Hessodunus, G. Hestonius, G. Keso* et *G. Nestonus*.

HETERIANUS (Hugo). Voy. *Etherianus* (H.).

HEUTISBERUS (Guilelmus). Voy. *Hentisberius* (G.).

HEXIUS (Goswinus), GOSWIN HOEUX ou DE HEX, théologien et sermonnaire hollandais, professeur à Paris, carme, évêque de Ratisbonne (*episc. Hieropolitanus*), né près de Bois-le-Duc, mort en 1475.

HIBERNICUS (Adamus), ADAM L'IRLANDAIS, théologien irlandais, frère mineur, mort vers 1330.

HIBERNICUS (Hugo), HUGUES L'IRLANDAIS, voyageur et géographe irlandais, frère mineur, mort vers 1360.

HIBERNICUS (Mauricius), MAURICE L'IRLANDAIS, dit aussi MAURICE L'ANGLAIS, théologien, dominicain, auteur des *Distinctiones Mauricii*, né soit en Angleterre, soit en Irlande, mort vers 1300.

HIBERNICUS (Mauricius), MAURICE O' FIHELY, dit aussi M. L'IRLANDAIS. Voy. *Portu* (M. de).

HIBERNICUS (Thomas), THOMAS DE PALMERSTON, dit aussi TH. L'IRLANDAIS. Voy. *Palmerstonensis* (Th.).

HICKELEIUS (Joannes), JOHN HICKLEY, théologien anglais, augustin, mort vers 1400.

HIDINIO (Florentius de). Voy. *Hesdinio* (F. de).

HIEROMONACHUS (Matthæus), Ματθαῖος ὁ Ἱερομόναχος. Voy. *Blastares* (M.).

HIEROSOLYMITANUS (Angelus), ANGE DE JÉRUSALEM, théologien syrien, carme en Sicile, martyr en 1231. — On le nomme aussi *A. Martyr*, et C. de Villiers écrit *A. Jerosolimitanus*.

HIEROSOLYMITANUS (Epiphanius), Ἐπιφάνιος ὁ Ἱεροσολυμίτης, en français ÉPIPHANE DE JÉRUSALEM OU L'HAGIOPOLITE, hagiographe byzantin, mort. sans doute au XIII⁰ siècle. — On trouve souvent *E. Hagiopolita* (E. ὁ Ἁγιοπολίτης).

HIEROSOLYMITANUS (Isaias), Ἡσαΐας ὁ Ἱεροσολυμίτης; en français ISAIE DE JÉRUSALEM, théologien byzantin, patriarche de Jérusalem, mort vers 1450.

HIEROTHEUS, Ἱερόθεος, poëte et alchimiste byzantin, mort au V⁰ siècle.

HIGDENUS (Radulphus ou Ranulphus), RALPH ou RANULPH HIGDEN, chroniqueur anglais, moine bénédictin à Saint-Werburgh, dans le comté de Chester, auteur du *Polychronicon*, mort vers 1370. — Tanner le nomme encore *R. Cestriensis* et *H. Higedenus*.

HIGEDENUS (Ranulphus). Voy. *Higdenus* (R.).

HILACOMILUS (Martinus). Voy. *Hylacomilus* (M.).

HILARION. Voy. *Veronensis* (H.).

HILARIUS, HILARY ou HILAIRE, poëte latin, élève d'Abélard, né sans doute en Angleterre, mort à la fin du XII⁰ siècle.

HILDEGARDIS. Voy. *Alemania* (de).

HILDENISSENUS (Guilelmus), GUILLAUME D'HILDENISSEN, théologien et hérésiarque hollandais, carme, né à Hildenissen, au diocèse d'Anvers, mort après 1411. — Foppens et Villiers écrivent *Hildernissenus*.

HILDERNISSENUS (Guilelmus). Voy. *Hildenissenus* (G.).

HILDESHEIMENSIS (Bernardus), BERNARD D'HILDESHEIM, théologien allemand, évêque d'Hildesheim (Hanovre), mort après 1153.

HILDESHEIMENSIS (Conradus), CONRAD D'HILDESHEIM, sermonnaire allemand, évêque d'Hildesheim (Hanovre), mort en 1248. — On le nomme aussi *C. Hildesiensis*.

HILDESHEIMENSIS (Joannes), JEAN D'HILDESHEIM, théologien, poëte et chroniqueur allemand, évêque d'Utrecht (*episc. Ultrajectensis*), carme, né à Hildesheim, mort après 1378. — Oudin l'a confondu avec J. GLUEL. Voy. *Aquisgranensis* (J.).

HILDESIENSIS. Voy. *Hildesheimensis*.

HILDUINUS, HILDUIN, théologien français, 1ᵉʳ abbé de Saint-Victor de Paris, mort en 1155. — On le trouve aussi nommé *Gilduinus*.

HILDUINUS, HILDUIN, théologien et sermonnaire français, chancelier de l'Église de Paris, mort vers 1190. — On le trouve aussi nommé *Gilduinus*.

HILGODUS et HILGOTUS, HILGOD ou HILGOT, évêque de Soissons, puis abbé de Marmoutiers (*abbas Majoris monasterii*), mort vers 1104. — On le nomme aussi *Hilgotus*.

HILTONUS (Joannes), JOHN HILTON, théologien et sermonnaire anglais, vicaire de Sainte-Madeleine à Oxford, mort vers 1376.

HILTONUS (Gualterus), WALTER HILTON, théologien ascétique anglais, chartreux à Sheen, dans le Surrey, mort vers le milieu du XV° siècle.

HINTONUS (Joannes), JOHN HINTON, philosophe scolastique anglais, mort...? — On le trouve aussi nommé *J. Sophista.*

HIPERIUS (Joannes), JEAN LELONG, dit aussi J. D'YPRES. Voy. *Longus* (J.).

HIPPOLYTO (Hieronymus de). Voy. *Monopolo* (H. de).

HIPPOLYTUS, Ἱππόλυτος, en français HIPPOLYTE, chronographe grec, né à Thèbes, mort vers 1100.

HIPPOREGIENSIS (Thomas). Voy. *Eporediensis* (Th.).

HIRNERIUS. Voy. *Irnerius.*

HIRSAUGENSIS. Voy. *Hirsaugiensis.*

HIRSAUGIENSIS (Conradus), CONRAD DE HIRSCHAU, dit aussi C. DE COLOGNE, philosophe scolastique, rhéteur, poëte et musicien allemand, bénédictin à Hirschau, au diocèse de Cologne, mort après 1140.

HIRSAUGIENSIS (Haimo ou Haymo), HAYMON DE HIRSCHAU, théologien et biographe allemand, bénédictin à Hirschau, mort vers 1091.

HIRSAUGIENSIS (Heroldus), HEROLD DE HIRSCHAU, théologien allemand, bénédictin, moine à Hirschau, mort vers 1150.

HISDINIO (Joannes de). Voy. *Hesdinio* (J. de).

HISPALENSIS (Didacus), DIEGO DE SÉVILLE, dit aussi D. DEZA, théologien espagnol, dominicain, évêque de Zamora, puis de Salamanque, archevêque de Séville, puis de Tolède, né à Toro (Léon), mort en 1522.

HISPALENSIS (Garsias), GARSIAS DE SÉVILLE, théologien espagnol, carme, professeur à Paris, mort vers 1330.

HISPALENSIS (Joannes), JEAN DE SÉVILLE, dit aussi J. DE LUNA, traducteur et mathématicien espagnol, juif converti, mort au XII° siècle. — On le trouve encore nommé *J. Hispaniensis, J. Hispanus* et *J. Lunensis.*

HISPANIENSIS (Joannes). Voy. *Hispalensis* (J.).

HISPANIOLUS (Joan.-Bapt.), GIOVANNI BATTISTA SPAGNUOLI, dit aussi J.-B. LE MANTOUAN. Voy. *Mantuanus* (J.-B.).

HISPANUS (Joannes). Voy. *Hispalensis* (J.).

HISPANUS (Petrus). Voy. *Julianus* (P.).

HISPANUS (Stephanus), ÉTIENNE D'ESPAGNE, hagiographe espagnol, moine de Cella Nova en Galice, mort vers 1150.

HISPELLAS (Thomas), THOMAS DE SPELLO, hagiographe italien, frère mineur, né à Spello (États pontificaux), mort vers 1280.

HISTORICUS (Conradus), CONRAD L'HISTORIEN, surnom donné à C. DE LICHTENAU. Voy. *Urspergensis* (C.).

HOCCALUS (Joannes), JEAN SURQUET, historien flamand, établi à Lille, né à Béthune, mort après 1490.

HOCSEMIUS (Joannes), JEAN DE HOXEM, diplomate et historien belge, professeur à Louvain et à Orléans, chanoine à Liége, né à Oxem, près de Hougarde, mort en 1348. — On le trouve encore nommé *J. Honsemius, J. Hocxsemius, J. Hoxemius* et *J. Leodiensis.*

HOCXSEMIUS (Joannes). Voy. *Hocsemius* (J.).

HODONUS (Guilelmus), GUILLAUME DE HOTUN, philosophe scolastique anglais, étudiant à Paris, dominicain, archevêque de Dublin, mort en 1298. — On le trouve encore nommé *G. Hothunus, G. Odo* et *G. de Odone.*

HOFMANNUS (Joannes), JOHANN HOFMANN, théologien allemand, docteur de Prague et de Leipsick, évêque de Misnie, mort en 1451.

HOGHESTRATUS, DE HOGOSTRATO et HOGOSTRATUS (Jacobus). Voy. *Hoogstratanus* (J.).

HOHENBURGENSIS (Herrades), HERRADE DE LANDSBERG, dite DE HOHENBOURG. Voy. *Landsbergensis* (H.).

HOIO (Gerardus de), GÉRARD DE HUY, philologue belge, chanoine régulier à Corsendonc, dans le Brabant, né sans doute à Huy (province de Liége), mort au XV° siècle.

HOITA (Henricus de). Voy. *Oyta* (H. de).

HOLBECCUS (Laurentius), LAURENCE HOLBECKE ou D'HOLBECK, hébraïsant anglais, bénédictin, moine à Ramsey, mort vers 1410.

HOLCANUS (Dionysius), DENYS HOLCAM, philosophe scolastique anglais, carme, professeur à Cambridge, né dans le comté de Norfolk, mort en 1466.

HOLKOTHUS et HOLCOTUS (Robertus). Voy. *Holkotus* (R.).

HOLKOTUS (Robertus), ROBERT HOLKOT, théologien anglais, dominicain, docteur d'Oxford, mort en 1349. — On écrit encore *Holcothus* et *Holcotus*. — Tanner et Fabricius le nomment aussi *R. Haldecotus*.

HOLLANDIA (Arnoldus de), ARNOLD GEILHOVEN, dit aussi A. DE HOLLANDE et A. DE ROTTERDAM (*A. de Roterodamis*), théologien et jurisconsulte, auteur du Γνῶθι σεαυτόν ou *Gnotosolitos*, né sans doute à Rotterdam, mort en 1442.

HOLMUS (Guilelmus), WILLIAM HOLM (dit Jöcher), médecin anglais, frère mineur, mort vers 1420.

HOLOBOLUS (Manuel), Μανουὴλ Ὁλόβωλος, théologien et rhéteur byzantin, moine à Nicée, mort vers la fin du XIIIe siècle.

HOLSATUS (Albertus), ALBERT KRUMMENDYK, dit A. DE HOLSTEIN, homme d'État danois, évêque de Lubeck, descendant d'une ancienne famille du Holstein, mort en 1489. — On le nomme aussi *A. Lubecensis*.

HOLTIGENA (Joannes), JEAN DE HOLT, grammairien anglais, professeur à Oxford, né à Holt, dans le comté de Sussex, mort après 1497.

HOMBASIO (Michael de). Voy. *Robasio* (M. de).

HOMILIARIUS (Garnerius ou Warnerus), WARNIER ou GARNIER, dit L'HOMILIAIRE, célèbre prédicateur anglais, bénédictin, moine et peut-être abbé de Westminster, mort après 1106.

HOMILIARIUS (Joannes). Voy. *Feltonus* (J.).

HOMOBONUS. Voy. *Cremonensis* (H.).

HOMODEUS (Joannes), GIOVANNI OMODEI, jurisconsulte italien, professeur à Pavie, né à Milan, mort vers 1450.

HOMODEUS (Signorollus), SIGNOROLLO OMODEI (Tiraboschi), jurisconsulte italien, chevalier et comte palatin, professeur à Verceil, à Padoue, à Plaisance, à Turin et à Pavie, né à Milan, mort vers 1360. — Taisand le nomme SIGNORINO HOMODEI.

HONORIUS, HONORÉ, théologien scolastique, écolâtre à Autun, né soit en France, soit en Allemagne, mort après 1130.

HONSEMIUS (Joannes). Voy. *Hocsemius* (J.).

HOOCHSTRATANUS (Jacobus). Voy. *Hoogstratanus* (J.).

HOOGHELANDIUS (Nicolaus), NICOLAS DE HOOGLAND, chroniqueur hollandais, prémontré à Middelburg, né sans doute à Hoogland (province d'Utrecht), mort vers 1330.

HOOGSTRATANUS (Jacobus), JACQUES VAN HOOGSTRAATEN, théologien et philosophe hollandais, dominicain, prieur à Cologne, né à Hoogstraaten (province d'Anvers), mort en 1527. — On le trouve nommé encore *J. Hòghestratus*, *J. de Hogostrato*, *J. Hogostratus* et *J. Hoochstratanus*.

HORINGERUS (Joannes). Voy. *Hormingerus* (J.).

HORMINGERUS (Joannes), JOHN HERMYNGER (dit Tanner), historien et poëte anglais, né dans le comté de Suffolk, mort vers 1310. — Fabricius le nomme *J. Horingerus*.

HORNANUS et HORNENSIS (Jacobus), JACQUES TENYG, dit aussi J. DE HOORN. Voy. *Ceratinus* (J.).

HOROLOGIO (DE) et HOROLOGIUS (Joannes), JEAN DE L'HORLOGE, surnom donné à GIOVANNI DONDI. Voy. *Dondis* (J. de).

HORREO (Gerardus ab), GERARD VON DER SCHEUEREN, chroniqueur et lexicographe allemand, secrétaire du duc Adolphe le Victorieux, né à Santen, dans le duché de Clèves, mort après 1489. — On le trouve aussi nommé, mais plus rarement, *G. Schurenius*.

HORTO (Galienus de), GALIEN DU JARDIN, théologien français, sans doute dominicain, mort vers 1288. — On écrit aussi *G. de Orto*.

HORTO (Obertus ab), OBERTO DALL'ORTO,

célèbre jurisconsulte italien, né et consul à Milan, mort vers 1180.

HORTO (Otho ab), OTTONE DALL'ORTO, parent de Oberto, jurisconsulte italien, né à Milan, mort après 1216.

HOSIUS. Voy. *Osiis* (de).

HOSTIENSIS. Voy. *Ostiensis*.

HOSTRESHAMUS (Nicolaus), NICOLAS HOSTRESHAM, médecin anglais, mort vers 1460.

HOTHUNUS (Guilelmus). Voy. *Hodonus* (G.).

HOTTUS (Joannes), JEAN HOTTE, théologien français, carme, né et professeur à Paris, mort en 1529.

HOUCARIUS (Eligius), ELOI HOUCHAR ou EUCHAR, moraliste, hagiographe et poëte belge, professeur à Paris, puis à Gouda *in monte Arenoso* où il habitait, né à Gouda, mort vers 1520. — On le trouve encore nommé : *magister Araxmontanus, E. Eucharius* et *E. Houchardus*.

HOUCHARDUS (Eligius). Voy. *Houcarius* (E.).

HOUPELANDUS (Guilelmus), GUILLAUME HOUPELANDE, théologien français, curé de Saint-Séverin, chanoine de Notre-Dame, et doyen de la Faculté de Paris, né à Boulogne-sur-Mer, mort en 1492.

HOUVETUS (Guilelmus), GUILLAUME HOUVET, grammairien et moraliste français, professeur au collége de Narbonne, à Paris, né à Chartres, mort après 1508.

HOVEDENUS (Joannes), JEAN DE HOVEDEN, théologien et poëte anglais, chapelain d'Eléonore, mère d'Édouard Ier, puis curé de Hoveden, né à Londres, mort en 1275.

HOVEDENUS (Rogerius), ROGER DE HOVEDEN, historien anglais, chapelain d'Henri II, né dans le comté d'York, mort après 1202.

HOXEMIUS (Joannes). Voy. *Hocsemius* (J.).

HOYLANDIA (Gilbertus de), GILBERT DE HOLLAND, célèbre théologien anglais, disciple de saint Bernard, abbé de Swinshed, né à Holland (comté de Lincoln), mort en 1172.

HUBERTUS (Bernardus ou Leonardus), BERNARD ou LÉONARD HUBERT, théologien belge, professeur à Paris, carme, évêque et inquisiteur à Liége, mort après 1490.

HUECTA (Henricus de). Voy. *Oyla* (H. de).

HUGO. Voy. *Guigo*.

HUGONIS (Raimundus), RAIMOND FILS D'HUGUES, théologien français, dominicain, né à Bergerac (Dordogne), mort en 1368.

HUGUITIO, HUGUITIUS et HUGUTIO. Voy. *Hugutius*.

HUGUTIUS, UGUCCIONE, jurisconsulte et lexicographe italien, évêque de Ferrare, premier commentateur de Gratien, né soit à Pise, soit à Verceil, mort en 1212. — On le trouve encore nommé : *Huguitio, Huguitius, Hugutio, Hugo* et *Ugo Ferrariensis* ou *de Vercellis*.

HULHETHUS (Joannes), JOHN HULHETH, théologien anglais, carme, mort vers 1360.

HUMBLETONIA (Ranulfus de). Voy. *Humbloneria* (R. de).

HUMBLETONUS (Robertus), ROBERT DE HUMBLETON, théologien et philosophe scolastique anglais, docteur d'Oxford, dominicain, mort vers 1400.

HUMBLONERIA (Ranulfus de), RANULFE ou RENOUL D'HUMBLIÈRES, théologien français, curé de Saint-Gervais à Paris, chanoine de Notre-Dame, puis évêque de Paris, né dans la Normandie, mort en 1288. — On le nomme aussi *R. de Humbletonia* et *R. Normannus*. — Voy. *Humolariensis* (H.).

HUMFRIDUS. Voy. *Claudiocestriensis* (H.).

HUMIS (Henricus de), HENRY DE HUMS, philosophe scolastique allemand, dominicain, professeur à Cologne et à Trèves, né à Trèves, mort vers 1361. — On le nomme aussi *H. de Hunnis*.

HUMOLARIENSIS (Hugo), HUGUES D'HUMBLIÈRES, théologien français, abbé d'Humblières, puis de Saint-Amand, né dans les environs de Toul, mort en 1169. — Voy. *Humbloneria* (de).

HUMPHRIDUS, HUMPHROI, théologien français, prieur de Saint-Evroul, mort vers 1140.

HUNDESLAUS et HUNDESLAVUS (Robertus), ROBERT DE HUNDESLOW, théologien et sermonnaire anglais, général des Trinitaires, né à Hundeslow, près de Londres, mort vers 1430.

HUNNIS (Henricus de). Voy. *Humis* (H. de).

HUNTENDUNIENSIS et HUNTINDONENSIS (Henricus). Voy. *Huntingtonensis* (H.).

HUNTINGTONENSIS (Henricus), HENRI DE HUNTINGDON, historien anglais, archidiacre de Huntingdon, dans le comté d'Hertford, mort après 1154. — On le trouve nommé encore *H. Huntenduniensis*, *H. Huntindonensis*, *H. Venantodunensis*, *H. Utidonensis* et *H. Archidiaconus*.

HUNTINGTONUS (Gregorius), GRÉGOIRE DE HUNTINGDON, hébraïsant et philologue anglais, bénédictin, prieur du couvent de Ramsey (île de Man), né sans doute à Huntingdon (Hertfort), mort vers 1260.

HUNTUS (Gualterus). Voy. *Venantius* (G.).

HURSATUS (Julianus). Voy. *Hassartius* (J.).

HUSSIUS (Joannes). Voy. *Hussus* (J.).

HUSSUS (Joannes), JEAN DE HUSSINECZ, connu sous le nom de J. Hus, célèbre théologien allemand, précurseur de Luther, né à Hussinecz dans la Bohême, brûlé en 1415. — On écrit aussi *J. Hussius*.

HUTTENUS (Ulricus), ULRIC DE HUTTEN, célèbre réformateur religieux, poëte, orateur et théologien, né à Steckelberg, sur le Mein, mort en 1523. — Un de ses ouvrages a paru sous le nom de *Philalethes*, un autre sous celui de *Pasquillus Marranus*.

HYDRONTINUS (Urbanus), URBAIN D'OTRANTE, théologien italien, frère mineur, né à Otrante, mort vers 1430.

HYLACOMILUS (Martinus), MARTIN WALDSEEMÜLLER, helléniste, géographe et compilateur allemand, professeur à Saint-Dié, né à Fribourg en Brisgaw, mort après 1522. — On trouve aussi *Hilacomilus*.

HYPATUS (Georgius), Γεώργιος ὁ Ὕπατος, GEORGES LE CONSUL, nom que prit G. SANGINATIC. Voy. *Sanginaticus* (G.).

HYRNERIUS. Voy. *Irnerius*.

HYRTACENUS (Theodorus), Θεόδωρος ὁ Ὑρτάκηνος, dit en français THÉODORE HYRTACÈNE, rhéteur byzantin, doyen des professeurs de rhétorique à Constantinople, né soit à Hyrtacus ou Artacina, dans l'île de Crète, soit à Artace près de Cyzique, mort vers le milieu du XIVe siècle.

IAROSLAUS, IAROSLAW, chroniqueur allemand, prémontré, chanoine en Bohême, mort vers 1160.

IATROSOPHISTA (Theophilus), THÉOPHILE L'IATROSOPHISTE. Voy. *Protospatharius* (Th.).

IBURGENSIS (Norbertus), NORBERT D'IBURG, biographe allemand, bénédictin, moine à Sigebert, chanoine à Bamberg (Bavière), puis abbé d'Iburg (Hanovre), né dans le Brabant, mort après 1118.

ICENUS (Benedictus). Voy. *Nordofolcensis* (B.).

ICKANUS (Petrus), PETER IKEHAM, chroniqueur anglais, bénédictin à Canterbury, mort vers 1100.

IDIOTA. Voy. *Sapiens idiota*.

IEROSOLIMITANUS. Voy. *Hierosolymitanus*.

IGMARUS. Voy. *Ymarus*.

IGNOTUS (doctor). Voy. *Ayguanis* (M. de).

ILLIBATUS (doctor). Voy. *Alemanicus* (A.).

ILLICINUS (Bernardus), BERNARDO ILLICINO. Voy. *Glicinus* (B.).

ILLUMINATUS (doctor). Voy. *Lullus* (R.), *Maironis* (F. de) et *Taulerus* (J.).

ILLUMINATUS (Sixtus), nom sous lequel on trouve désigné un musicographe italien, dominicain, mort en...?

ILLUSTRATUS (doctor). Voy. *Marisco* (A. de).

IMARUS. Voy. *Ymarus*.

IMENHUSANUS (Joannes), JEAN DE YMENHUSEN, théologien et sermonnaire allemand, docteur de Paris, mort vers 1360.

IMOLA (de). Voy. *Imolanus* et *Imolensis*.

IMOLANUS (Joannes-Datus), GIOVANNI-DATO D'IMOLA, théologien italien, augustin, évêque d'Imola, mort en 1460. — On écrit aussi J.-D. *Imolensis*.

IMOLANUS. Voy. *Imolensis*.

IMOLENSIS (Alexander), ALESSANDRO TARTAGNI, dit aussi A. D'IMOLA. Voy. *Tartaginus* (A.).

IMOLENSIS (Joannes), JEAN D'IMOLA, jurisconsulte italien, professeur à Padoue, à Ferrare et à Bologne, né à Imola, mort en 1436.

IMOLENSIS. Voy. *Imolanus*.

INCOGNITUS. Voy. *Ayguanis* (Michael de).

INDAGINE (Joannes de), JEAN DE HAYN, théologien allemand, chartreux, né à Hayn, dans la Saxe, mort vers 1475.

INDAGINE (Joannes de), JEAN DE HAYN, astrologue allemand, mort après 1522.

INDULPHUS. Voy. *Ingulfus*.

INFANS (Rogerus), ROGER YOUNG, mathématicien anglais, auteur d'un traité du comput, mort vers le milieu du XIIe siècle. — On le trouve aussi appelé *R. Junius*, et les anciens auteurs anglais le nomment R. YONGE et R. INFANTS.

INGENIORUM LIMA, surnom donné à GUILLAUME D'OCKAM. Voy. *Ochamus* (G.).

INGENIOSISSIMUS (doctor). Voy. *Novocastro* (A. de).

INGENIOSUS (doctor). Voy. *Thorpus.* (J.).

INGHERAMIUS (Thomas), TOMMASO INGHIRAMI, poëte et philologue italien, né à Volterra, bibliothécaire du Vatican, professeur à Rome, mort en 1516. — Le succès qu'il obtint, comme acteur dans la *Phèdre* de Sénèque, représentée chez un cardinal, le fit surnommer FEDRA (*T. Phædrus*), nom sous lequel il est fréquemment désigné. — Il fut aussi surnommé *Suæ ætatis Cicero* (le Cicéron de son temps.)

INGULFUS et INGULPHUS, INGULF, chroniqueur anglais, secrétaire de Guillaume le Conquérant, prieur de Fontenelle, puis abbé de Croyland (*abbas Croylandensis*), dans le comté de Lincoln, mort en 1109. — On le trouve aussi nommé, par erreur, *Indulphus*.

INNOCENTIUS, INNOCENT III, IV, V ET VII, papes. Voy. *Comes* (L.), *Flisco* (S. de), *Champagniaco* (P. de) et *Melioratus* (C.).

INSIGNIS (doctor). Voy. *Auriolus* (P.).

INSULA (Raimundus de), RAIMOND DE L'ILE, descendant de la famille de saint Astier, qui possédait la seigneurie de l'Ile près de Périgueux, théologien français, général des Carmes, né dans le Périgord, mort en 1298.

INSULA (de). Voy. *Insulanus, Insulensis* et *de Insulis*.

INSULANUS (Alexander), ALEXANDRE DE L'ISLE, chroniqueur allemand, descendant des comtes de l'Isle, moine de Corvey (*Corbia*) en Westphalie, né dans la Saxe, mort vers 1230. — On le nomme aussi *A. de Insula*.

INSULANUS (Galterus), GAUTIER DE COUTANCES, dit aussi G. DE L'ILE. Voy. *Constantiensis* (G.).

INSULANUS (Philippus-Gualterus), PHILIPPE-GAUTIER DE LILLE, dit aussi PH.-G. DE CHATILLON, poëte épique latin, né à Lille, en Flandre, établi ensuite à Châtillon (sur Marne ?), mort après 1201. — On l'appelle encore *G. de Castellione*, *G. Castillionius* et *G. de Insulis*.

INSULANUS. Voy. *de Insula, Insulensis* et *de Insulis*.

INSULENSIS (Michael), MICHEL FRANCHOIS, dit aussi M. DE LILLE. Voy. *Franciscus* (M.).

INSULENSIS (Petrus), PIERRE DE LILLE, théologien flamand, franciscain, né à Lille, mort en...? — On trouve aussi *P. de Insula*, et il fut surnommé *Doctor notabilis*.

INSULENSIS (Sigerus), SIGER DE LILLE, hagiographe belge, religieux dominicain, mort vers 1258. — On le trouve nommé encore *S. de Insula* et *S. de Insulis*.

INSULENSIS. Voy. *de Insula, Insulanus* et *de Insulis*.

INSULIS (Alanus de), ALAIN DE LILLE OU DE LISLE, poëte, moraliste et théologien français, moine de Cîteaux, né dans l'une des nombreuses localités qui portaient le nom d'*Insula*, mort vers 1202. — On l'appelle encore *A. de Insula, A. Insulensis*, et il fut surnommé *Doctor universalis*.

INSULIS (Gualterus de), GAUTIER DE LILLE, théologien français, évêque de Maguelonne (*episc. Magalonensis*), né à Lille (Nord), mort en 1129. — On l'a souvent confondu avec *P.-G. de Castellione*.

INSULIS (Michael de), MICHEL DU FOUR, dit aussi M. DE LILLE. Voy. *Furno* (M. de).

INSULIS (de). Voy. *de Insula, Insulanus* et *Insulensis*.

INTEGERRIMUS (doctor). Voy. *Sancto Amore* (G. de).

INTERAMNENSIS (Augustinus), AUGUSTIN DE TERAMO, théologien italien, augustin, né sans doute à Teramo (royaume de Naples), mort en 1310.

INVINCIBILIS (doctor). Voy. *Abælardus* (P.) et *Ochamus* (G.).

IPERIUS et IPRENSIS (Joannes), JEAN LE LONG, dit aussi J. D'YPRES. Voy. *Longus* (J.).

IRENEUS. Voy. *Irnerius.*

IRNERIUS, WARNER ou WERNER, célèbre jurisconsulte italien, fondateur de l'Université de Bologne, né dans cette ville, mort après 1118. — Nous l'avons trouvé nommé encore *Gernerius, Guarnerius, Guernerius, Hirnerius, Hyrnerius, Ireneus, Varnerius, Vernerius, Vernerus, Warnerius, Warnerus, Wernerius, Wernerus, Wernherus, Whernerus* et *Yrnerius.* — Il fut surnommé *Lucerna juris* et *Lumen legum.*

IRREFRAGABILIS (doctor). Voy. *Halensis* (A.).

ISCANUS (Josephus), JOSEPH D'EXETER, dit aussi J. D'ISCA. Voy. *Exoniensis* (J.).

ISDINIO (Joannes de). Voy. *Hesdinio* (J. de).

ISENACENSIS (Joannes), JEAN D'EISENACH, dit J. EISENHART, chroniqueur allemand, doyen de Naumburg, né sans doute à Eisenach, dans la Saxe, mort en 1467. — On trouve souvent *J. de Isenaco.*

ISENACENSIS (Jodocus), JOSSE TRUTVETTER, dit J. D'EISENACH, théologien allemand, professeur à Erfurt, né à Eisenach, mort en 1519.

ISENACO (de). Voy. *Isenacensis.*

ISLEPIUS (Simon), SIMON ISLEP, théologien et sermonnaire anglais, archevêque de Canterbury, mort en 1366.

ISNENSIS (Henricus), HENRY D'ISNY, théologien et poëte latin, bénédictin au couvent d'Isny, dans la Souabe, empoisonné en 1350.

ISOLANIS (de). Voy. *Isolanus.*

ISOLANUS (Isidorus), ISIDORO ISOLANI, théologien italien, dominicain, professeur à Bologne, né à Milan, mort en 1522 (dit Échard). — On écrit aussi *J. de Isolanis.*

ISOLANUS (Jacobus), GIACOMO ISOLANI, jurisconsulte italien, gouverneur de Gênes, cardinal, né à Bologne, mort en 1431. — On écrit aussi *J. de Isolanis.*

ISTRENSIS (Joannes). Voy. *Itrensis* (J.).

ITALUS (Joannes), Ἰωάννης ὁ Ἰταλός, philosophe byzantin, commentateur de Platon et d'Aristote, mort vers 1100. — Il eut le titre de *Philosophorum princeps* (Ὕπατος τῶν Φιλοσόφων), et il est souvent nommé *J. Hypatus.*

ITERIUS (Bernardus), BERNARD ITHIER, chroniqueur français, bibliothécaire (*armarius*) de l'abbaye de Saint-Martial à Limoges, mort en 1225. — On écrit aussi *B. Ytherius.*

ITERIUS (Geraldus), GÉRALD ITHIER, écrivain ecclésiastique français, septième prieur de Grandmont, né à Saint-Junien, mort vers 1197.

ITRENSIS (Joannes), JEAN D'ITRI (?), médecin et philosophe italien, auteur d'un traité de la peste qui ravagea Rome en 1476, publié à Rome la même année, né ou établi sans doute à Itri (royaume de Naples), mort en ...? — Manget écrit *Itrensis* et Brunet *Istrensis.*

IVONIUS (Rogerus), ROGER DE SAINT-YVES, théologien anglais, chanoine régulier de Saint-Augustin à Londres, né à Saint-Yves (Cornwall), mort vers 1410. — On le trouve encore nommé *R. de Sancto Ivone* et *R. de Sancto Yvone.*

IZELGRINUS (Jacobus), JACQUES IZELGRIN (?), humaniste français, frère mineur à Paris, mort en ...?

JACEA (Gerardus de), GÉRARD DE JEAUCHE, chroniqueur belge, chanoine de Saint-Alban de Namur, né à Jeauche en Brabant, mort vers 1525.

JACOBATIIS (Dominicus de). Voy. Jacobatius (D.).

JACOBATIUS (Dominicus), DOMENICO GIACOBAZIO, théologien italien, auditeur de rote, évêque de Lucera, de Massano et de Grossetto, cardinal, né à Rome, mort en 1527. — On écrit aussi D. de Jacobatiis.

JACOBUS, JAYME, en français JACQUES II, roi d'Aragon, protecteur des lettres, fondateur de l'université de Lérida, mort en 1327.

JACQUERIUS (Nicolaus), NICOLAS JACQUIER, théologien et jurisconsulte français, religieux dominicain, moine à Lille, inquisiteur en Flandre, né à Dijon, mort en 1472. — On trouve aussi N. Jaquerius.

JACUMÆUS (Simon). Voy. Constantinopolitanus (S.).

JANDUNENSIS (Joannes), JEAN DE JANdun, philosophe scolastique français, professeur à Senlis, né à Jandun, entre Réthel et Mézières, mort vers 1350. — On le trouve encore nommé J. Gandavensis (on a longtemps cru qu'il était né à Gand), J. de Gandavo, J. de Ganduno, J. de Geduno, J. de Genduno (de Gendunum, ancien nom de Jandun), J. de Janduno, J. de Gendonis, J. de Gendino, et il a été surnommé Doctor acutissimus.

JANDUNO (Joannes de). Voy. Jandunensis (J.).

JANICEA et JANICIA (Guilelmus de). Voy. Aquitanus (G.).

JANUA (Antonius a), ANTOINE DE GÊNES, théologien italien, religieux carme, professeur à Toulouse, né à Gênes, mort en 1445.

JANUA (Serlus, Serolus ou Servolus de), SERLO DE GÊNES, casuiste italien, dominicain, évêque de Brugnato, près de Gênes, mort vers 1280.

JANUA (de). Voy. Januensis.

JANUENSIS (Ansericus ou Anselmus), ANSERIC ou ANSELME DE LA PORTE, chirurgien français, professeur à Montpellier, né à La Porte, en Languedoc, mort au XIIIe siècle. — On trouve aussi A. de Janua.

JANUENSIS (Antonius), ANTOINE DE GÊNES, théologien italien, augustin, né à Gênes, mort vers 1420.

JANUENSIS (Galvanus), GALVANO DE GÊNES, théologien italien, médecin du pape Benoît XII, né à Gênes, mort vers 1340. — On le trouve aussi nommé G. de Levanto.

JANUENSIS (Jacobus), JACQUES DE VARAGGIO, dit aussi J. DE GÊNES. Voy. Varagine (J. de).

JANUENSIS (Joannes), JEAN DE BALBI, dit aussi J. DE GÊNES. Voy. Balbus (J.).

JANUENSIS (Julianus), JULIEN DE GÊ-

NES, hagiographe italien, bénédictin, mort vers 1500.

JANUENSIS (Simon), SIMON DE GÊNES, médecin italien, établi à Rome, né à Gênes, mort vers 1300. — On le trouve encore nommé *S. a Cordo*, *S. Genevensis*, *S. Geniastes*, *S. Genuensis* et *S. de Janua*.

JANUENSIS. Voy. *Janua* (de).

JAQUERIUS (Nicolaus). Voy. *Jacquerius* (N.).

JARENTO, JARENTON, théologien et négociateur français, prieur de la Chaise-Dieu (*Casa Dei*), abbé de Saint-Bénigne de Dijon, né à Vienne en Dauphiné, mort en 1112.

JARICHUS, JARICH, théologien frison, curé de Wartna, prémontré, abbé de Mariengarde, mort en 1240.

JOANNES, JEAN XXI et XXII, papes. Voy. *Julianus* (P.) et *Deusa* (J.).

JOANNIS (Albertus), ALBERT, FILS DE JEAN. Voy. *Harlemius* (A.).

JOCUNDUS (Joannes). Voy. *Jucundus* (J.).

JOEL, Ἰωήλ, historien byzantin, mort au commencement du XIIIe siècle.

JOFFREDUS (Joannes), JEAN DE JOUFFROI, abbé de Luxeuil, professeur à Pavie, évêque d'Arras, puis d'Albi, aumônier de Louis XI, cardinal, né à Luxeuil, mort en 1473.

JOINVILLA (Joannes de), JEAN DE JOINVILLE, célèbre chroniqueur français, sénéchal de Champagne, né au château de Joinville, dans le diocèse de Châlons-sur-Marne, mort en 1319. — On trouve aussi *J. Joinvillius*.

JOINVILLA (Simo de), SIMON DE JOINVILLE, sénéchal de Champagne, père du célèbre chroniqueur, mort en 1233.

JOINVILLIUS (Joannes). Voy. *Joinvilla* (J. de).

JOLIHAMUS (Joannes), JOHN JOLIAHAN, qu'on croit le même que JOHN FOLSHAM (*J. Folshamus*), théologien anglais, religieux carme à Norwich, mort vers 1348.

JORDANUS (Guilelmus), GUILLAUME JORDAENS, poëte et moraliste hollandais, chanoine régulier de Saint-Augustin au prieuré de Grœnendael ou Val-Vert près de Bruxelles, né à Bruxelles, mort en 1382.

JORDANUS (magister), JORDAN LE TEUTONIQUE, dit souvent MAITRE JORDAN. Voy. *Teutonicus* (J.).

JORDANUS (Raimundus), RAIMOND JORDAN, dit LE SAVANT IDIOT (*Sapiens idiota*), théologien français, prévôt d'Uzès (*præpos. Uticensis*), puis abbé de Celles, mort à la fin du XIVe siècle. — Il avait pris, par humilité, le nom d'*Idiota*, auxquels ses contemporains ajoutèrent celui de *Sapiens*; son vrai nom ne fut révélé qu'au XVIIe siècle par Th. Reynaud.

JORGIUS (Thomas et Gualterus). Voy. *Jorsius* (Th.).

JORSIUS (Gualterus), WALTER JOYCE ou DE JORZ, théologien et philosophe scolastique anglais, religieux dominicain, évêque d'Armagh, primat d'Irlande, mort en 1311. — On le trouve encore nommé *G. Jorgius*, *G. Jorzius* et *G. Anglicus*.

JORSIUS (Thomas), THOMAS JOYCE ou DE JORZ, frère du précédent, théologien anglais, dominicain, prieur à Oxford, mort en 1310. — On le trouve encore nommé *Th. Jorgius*, *Th. Anglicus*, *Th. Jorzius*, *Th. Guallensis* et *Th. Walleis*.

JORZIUS (G. et Th.). Voy. *Jorsius*.

JOSCELINUS, JOSCELIN ou JOSLEN, théologien français, professeur à Paris, rival d'Abélard, archidiacre puis évêque de Soissons, mort en 1152. — La couleur de ses cheveux le fit surnommer *Rufus* (le Roux).

JOTTUS, ANGIOLOTTO ou AMBROGIOTTO BODONE, dit GIOTTO, célèbre peintre, architecte et poëte toscan, né à Colle, mort en 1336.

JOVIS FANO (Leonardus de), LÉONARD DE GIFUNI, théologien et sermonnaire italien, frère mineur, cardinal, né sans doute à Gifuni (royaume de Naples), mort en 1405. — Nous l'avons trouvé encore nommé *L. de Chifano*, *L. Gifonensis*, *L. de Rubeis*, *L. de Chifamo*, *L. Giffonensis*, *L. de Giffono* et *L. Giphoniensis*.

JUCUNDUS (Joannes), GIOVANNI GIOCONDO, érudit, philologue et architecte italien, dominicain, né à Vérone, mort en 1517. — On écrit aussi *J. Jocundus.*

JUDÆIS (Guillelmus ex). Voy. *Bituricensis* (G.).

JUDÆUS (Hermannus), HERMANN LE JUIF, théologien allemand, juif converti, prémontré, chanoine régulier à Kappenberg ou Kapfenberg, né à Cologne, mort vers 1130. — On le trouve encore nommé *H. Coloniensis, H. Kappembergensis* et *H. Præmonstratensis.*

JUDICIBUS (Antonius ab), ANTONIO GIUDIZI, jurisconsulte italien, né à Milan, mort en 1509.

JUDICIBUS (Baptista de), BATTISTA GIUDIZI, théologien italien, dominicain, évêque d'Amalfi, né à Finaro (province de Gênes), mort vers 1485. — On le nomme aussi *B. de Finario.*

JUDICIBUS (Petrus de), PIETRO GIUDIZI, jurisconsulte italien, né à Milan, mort après 1216.

JUHELLUS, JUHEL, dit DE MATHEFELON et DE MAYENCE, théologien français, doyen du Mans, archevêque de Tours, puis de Reims, mort en 1250.

JULIACUS (Stephanus), ÉTIENNE DE JUILLY, hagiographe français, docteur de Sorbonne, franciscain, né sans doute à Juilly (Seine et Marne), mort vers 1500.

JULIANUS (Petrus), PIETRO JULIANO, célèbre médecin et philosophe portugais, pape sous le nom de JEAN XXI, né à Lisbonne, mort en 1277. — On le trouve aussi nommé *P. Hispanus* et *P. Lusitanus.*

JUNCHÆRUS (Joannes), JEAN JONCKHEERE, théologien flamand, chanoine régulier de Saint-Augustin, prieur à Louvain, né à Furnes (Flandre occidentale), mort en 1509.

JUNIOR (Landulphus), LANDULPHE LE JEUNE, ainsi nommé pour le distinguer d'un autre LANDULPHUS dit *Senior*, qui mourut en 1085, chroniqueur italien, bienfaiteur de l'église Saint-Paul, né à Milan, mort après 1137. — On le trouve aussi nommé *L. de Sancto Paulo.*

JUNIOR (Thomas). Voy. *Bajocensis* (T.).

JUNIOR. Voy. *Beroaldus* (Ph.) et *Brandolinus* (R.).

JUNIUS (Joannes), JOHN YOUNG, ou, dans les anciens auteurs YONGE, théologien écossais, mort vers 1420.

JUNIUS (Rogerus), ROGER YOUNG. Voy. *Infans* (R.).

JUNTA (Philippus), FILIPPO GIUNTO, en français PHILIPPE JUNTE, chef de cette célèbre famille d'imprimeurs, né et établi à Florence, mort en 1517.

JUSSYACO (Robertus de), ROBERT DE JUSSY, secrétaire des rois Philippe VI et Jean Ier, chanoine de Saint-Germain l'Auxerrois à Paris, né dans la Picardie, mort en 1363.

JUSTINGERUS (Conradus), CONRAD JUSTINGER, chroniqueur suisse, greffier du grand conseil de la ville de Berne, mort en 1426.

JUSTINIANUS (Augustinus), PANTALEONE, dit AGOSTINO GIUSTINIANI, orientaliste et bibliophile italien, dominicain, évêque de Nebbio, en Corse, professeur d'hébreu à Paris, né à Gênes, mort en 1536.

JUSTINIANUS (Bernardus), BERNARDO GIUSTINIANI, diplomate, philologue et historien italien, procurateur de Saint-Marc, membre du conseil des Dix, né à Venise, mort en 1489.

JUSTINIANUS (Laurentius), LORENZO GIUSTINIANI, dit souvent en français SAINT LAURENT JUSTINIEN, théologien ascétique italien, chanoine de Saint-Georges, premier patriarche de Venise, né dans cette ville, mort en 1465.

JUSTINIANUS (Laurentius), LORENZO GIUSTINIANI, théologien italien, chartreux, mort après 1515.

JUSTINIANUS (Leonardus), LEONARDO GIUSTINIANI, traducteur et poëte italien, né et sénateur à Venise, mort en 1446.

JUSTINIANUS (Leonardus), LEONARDO GIUSTINIANI, théologien, sermonnaire et historien grec, archevêque de Mitylène, né dans l'île de Chio, mort en 1458. — On le trouve nommé aussi *L. Chiensis.*

JUSTINIANUS (Paulus), PAOLO GIUSTINIANI DI MONEGLIA, théologien italien, dominicain, professeur à Pérouse, provincial en Lombardie, inquisiteur à Gênes, évêque de Scio, légat en Hongrie, né à Gênes, mort en 1502.

JUSTINOPOLITANUS (Monaldus), Monaldo de Capo d'Istria, casuiste et sermonnaire illyrien, frère mineur, né à Capo d'Istria, mort vers 1340.

JUSTITIÆ (Joannes), Jean de Justice, chantre de Bayeux, chanoine de Notre-Dame de Paris, fondateur du collége de Justice à Paris, mort en 1353.

JUVENALIS (Guido), Gui Jouenneaux, grammairien et théologien français, professeur à Paris, moine à l'abbaye de Chesal-Benoît, abbé de Saint-Sulpice de Bourges, né dans le Maine, mort en 1507.

JUVENALIS (Jacobus), Jacques Jouvenel des Ursins, négociateur français, archevêque de Reims, protecteur des lettres, né à Paris, mort en 1457.

JUVENALIS (Joannes), Jean Jouvenel des Ursins, historien et homme d'État français, archevêque de Reims, né à Paris, mort en 1473. — On le nomme aussi *J. Ursinus*.

JUVENATIO (Matthæus de), Matteo Spinelli, dit M. de Giovinazzo. Voy. *Spinellus* (M.).

JUZICO (Bernardus de), Bernard de Juzic ou de Vizic (*B. Vizicus* ou *de Viziaco*), théologien et prédicateur français, général des Dominicains, né à Landarre, au diocèse de Bazas, mort en 1302.

K

KADLUBKO (Vincentius de), VINCENT KADLUBEK, historien polonais, évêque de Cracovie, puis moine de Cîteaux à Jendrzeiow, né à Karnow, dans la Gallicie, mort en 1223. — On le trouve nommé encore *V. Cadlubkus* et *V. Cadlucus*.

KAIOCO (Guilelmus de), GUILLAUME DE CAYEUX, théologien et sermonnaire français, religieux dominicain, prieur à Amiens, né à Cayeux (Somme), mort après 1309. — On le trouve nommé encore *G. de Caioco*, *G. de Kayotho*, *G. de Kayoco*, *G. de Kaitho* et même *G. de Raiotho*.

KAISERSBERGENSIS et KAISERSBERGIUS (Joannes). Voy. *Geilerus* (J.).

KAITHO (Guilelmus de). Voy. *Kaioco* (G. de).

KALKARIENSIS (Henricus), HENRI DE KALKAR, historien et théologien allemand, chartreux, prieur à Mœnickhuysen, près d'Arnheim, à Ruremonde, à Cologne et à Strasbourg, visiteur de Picardie et d'Allemagne, né à Kalkar, dans le duché de Clèves, mort en 1408. — On écrit aussi *H. Calcariensis*, et il a été surnommé *Æger* et *Eger*.

KALLENSIS (Joannes). Voy. *Cellensis* (J.).

KALTHUSERUS (Henricus). Voy. *Caltysenius* (H.).

KAMBERTUS. Voy. *Bononia* (A. de).

KAMINATENSIS (Timo), TIMON DE CAMMIN, chroniqueur allemand, prévôt du couvent de Cammin, dans la Saxe, mort vers 1240.

KAPPEMBERGENSIS (Hermannus). Voy. *Judæus* (H.).

KAYOCO et KAYOTHO (Guilelmus de). Voy. *Kaioco* (G. de).

KEDERMISTER (Richardus), RICHARD KIDDERMINSTER, théologien et archéologue anglais, bénédictin, abbé de Winchcombe (*abbas Winchelcombensis*), mort en 1531.

KELLÆUS (Radulfus). Voy. *Kullæus* (R.).

KELLANUS (Gualterus). Voy. *Kellavus* (G.).

KELLAVUS (Gualterus), WALTER KELLAW, philosophe et sermonnaire anglais, religieux carme, professeur à Oxford, né à York, mort en 1367. — On le trouve encore nommé *G. Chellavus* et *G. Kellanus*.

KEMPENSIS. Voy. *Kempis*.

KEMPIS (Joannes a), JOHANN HEMERKEN, dit JEAN DE KEMPEN, plus connu sous son nom latin, frère de la vie commune à Deventer, puis chanoine régulier à Windesem, prieur du couvent de Mariabrunn près d'Arnheim, né à Kempen, dans le diocèse de Cologne, mort en 1432.

KEMPIS (Thomas a), THOMAS HEMERKEN, plus connu sous son nom latin, théologien ascétique allemand, frère du précédent, chanoine régulier du Mont-Sainte-

Agnès, près de Zwoll, puis de Lunekerke, dans la Frise, auteur présumé du *De imitatione Jesu-Christi*, né à Kempen, dans le diocèse de Cologne, mort en 1471. — On le trouve encore nommé *Th. Kempensis*, et *Th. Malleolus*, traduction latine d'*Hemerken*.

KENDALLUS (Richardus), RICHARD DE KENDAL, grammairien anglais, né sans doute à Kendal, dans le Westmoreland, mort vers 1440.

KENINGALUS (Joannes), JOHN KENYNGALE, philosophe scolastique anglais, aumônier de Richard, duc d'York, né et religieux carme à Norwich, mort en 1451. — On le trouve aussi nommé *J. Keningulus*, et même *J. Chenningaulus* (Fabricius).

KENINGULUS (Joannes). Voy. *Keningalus*.

KENNEDUS (Jacobus), JAMES KENNEDY, écrivain et homme d'État écossais, évêque de Dunkeld, puis de Saint-André, fondateur du collége de San-Salvador, mort en 1466.

KENTIUS. Voy. *Cantianus*.

KENTONUS (Nicolaus), NICOLAS DE KENTON, théologien anglais, carme, né à Kenton, dans le comté de Suffolk, mort en 1468. — On le nomme souvent *N. Conodunus*.

KERMOLAUS (Jacobus). Voy. *Reimolanus* (J.).

KESO (Gualterus). Voy. *Hestonus* (G.).

KESSELERUS (Joannes), JOHANN KESSLER, poëte latin, prêtre à Geiszlingen, dans la Souabe, mort vers 1495.

KETENENSIS (Robertus). Voy. *Retenensis* (R.).

KETHUS (Guilelmus), WILLIAM KEITH, orateur et poëte allemand, moine de Cîteaux, abbé de Killes, en Bohême, mort vers 1350.

KEYSERSPERGIUS (Joannes). Voy. *Geilerus* (J.).

KIKULEO (Joannes de), JEAN DE KIKELLO, souvent nommé *J. DE KIKULEW*, historien hongrois, archidiacre de Gran (*archidiac. Strigoniensis*), secrétaire de Louis Ier, né à Kikello, mort après 1382. — On le trouve nommé aussi *J. Archidiaconus*.

KILEWARDEBIUS (Robertus). Voy. *Kilwardbius* (R.).

KILLOSENSIS (Adamus), ADAM DE KINLOSS, théologien écossais, moine de Cîteaux à l'abbaye de Kinloss, dans le comté de Moray, mort au XIIIe siècle. — On le trouve nommé encore *A. Cisterciensis*, et *A. Senior* pour le distinguer d'un autre *Adamus Cisterciensis*, théologien anglais, qui vécut au XVe siècle.

KILWARBIUS (Robertus). Voy. *Kilwardbius* (R.).

KILWARDBIUS (Robertus), ROBERT KILWARDEBY, fécond théologien et philosophe scolastique anglais, étudiant à Oxford et à Paris, dominicain, archevêque de Canterbury, cardinal, mort en 1279. — On le nomme encore *R. Chilwardebius*, *R. Kilewardebius* et *R. Kilwarbius*.

KIMOLANUS (Jacobus). Voy. *Reimolanus* (J.).

KINGESAMENSIS et KINGESHAMENSIS (Guilelmus). Voy. *Kingsamensis* (G.).

KINGSAMENSIS (Guilelmus), WILLIAM KINGSAM (Échard), KYNGSHAM (Fabricius) ou KINGESHAM (Tanner), théologien anglais, dominicain, docteur de Cambridge, mort vers 1265. — Nous l'avons trouvé encore nommé *G. Kingesamensis*, *G. Kingeshamensis*, *G. Ringeshamensis* et *G. Ringischinensis*.

KINIMGHAMUS et KININGHAMUS (Joannes), JOHN KINYNGHAM (dit Jöcher), théologien anglais, docteur d'Oxford, provincial des Carmes, mort en 1399.

KINSCHOTUS (Joannes), JEAN DE KINSCHOT, jurisconsulte belge, professeur à Louvain, né dans la terre de Kinschot, près de Turnhout (province d'Anvers), mort vers 1490.

KIOVENSIS (Isidorus), ISIDORE DE RUSSIE, dit aussi *I. DE KIEV*. Voy. *Ruthenus* (I.).

KIRCOSTALLENSIS. Voy. *Kirkostallensis*.

KIRBURRIUS (David), DAVID DE CHIRBURY, théologien anglais, carme, évêque de Drummore en Irlande (*episcop. Dromorensis*), fondateur de la bibliothèque du couvent d'Oxford, mort en 1446. — On le trouve nommé encore *D. Chirburius* et *D. Chiroburgus*.

KIRKOSTALLENSIS (Hugo), HUGUES DE KIRKSTEAD, chroniqueur anglais, moine de Cîteaux à Kirkstead (Lincoln), puis à Wells, mort vers 1250. — On trouve aussi *H. Kircostallensis*.

KNAPWELLUS (Richardus); RICHARD CLAPOEL, CLAPOLE, CLAPPELWELLE ou CLAPPWEL, théologien anglais, professeur à Oxford, religieux dominicain, mort après 1390. — On le trouve encore nommé en latin *R. Clapolus* et *R. Clapwellus*.

KNIGHTODUNUS (Henricus), HENRY KNIGHTON, chroniqueur anglais, chanoine régulier à l'abbaye de Leicester, mort vers le milieu du XVe siècle. — On écrit aussi *H. Cnitiodunus*.

KOENIGHSHOFENIUS et KONGELSHOVIUS (Jacobus). Voy. *Regiovillanus* (J.).

KORNERUS (Hermannus), HERMANN KORNER, chroniqueur allemand, mort à Lubek en 1438. — On écrit aussi *H. Cornerus*.

KOWA (Joannes de). Voy. *Cova* (J. de).

KRANTZIUS (Albertus), ALBERT KRANTZ, historien, négociateur et jurisconsulte allemand, professeur et recteur à Rostock, doyen des églises de Hambourg, né à Hambourg, mort en 1517. — On écrit aussi *A. Crantzius*.

KRATZERUS (Nicolaus), NICOLAS KRATZER, mathématicien allemand, professeur à Oxford, né à Munich, mort après 1517.

KRIKELANDENSIS (Robertus). Voy. *Crickeladensis* (R.).

KRUMMENDIKKIUS (Albertus), ALBERT KRUMMENDYK, chroniqueur et diplomate allemand, évêque de Lubeck, né dans le Holstein, mort en 1489.

KULLÆUS (Radulfus), RALPH KULLEY, théologien et jurisconsulte irlandais, carme, né à Drogheda, mort en 1345. — On écrit aussi *R. Kellæus*.

KYMOLANUS (Jacobus). Voy. *Reimolanus* (J.).

KYRIACUS. Voy. *Anconitanus*.

LABORANS, nom sous lequel est connu un canoniste et théologien italien, cardinal, né à Pantormo, près de Florence, mort en 1192.

LACTINIS (Bruñectus de). Voy. *Latinus* (B.).

LACU (Robertus de), ROBERT VAN DEN POELE, dit R. DU LAC, jurisconsulte belge, professeur à Louvain, né à Gand, mort en 1483.

LÆLIUS (Theodorus), TEODORO LELLI, jurisconsulte italien, auditeur de rote, évêque de Trevico (royaume de Naples), né à Teramo, mort en 1466. — On le nomme aussi *Th. de Lellis.*

LAERIUS (Wernerus), WERNER RÖLEWINCK, dit W. DE LAER, historien et théologien allemand, chartreux, né à Laer, dans la Westphalie, mort en 1502. — On le trouve nommé encore *W. Laxensis* et *W. Westphalus.*

LÆTUS (Julius Pomponius). Voy. *Sanseverinus* (J.).

LAGERIUS. (Bertrandus), BERTRAND LAGER, théologien français, évêque d'Ajaccio (*episcop. Adjacensis*), puis de Glandèves (*Glandatensis*), cardinal, né à Figeac (Lot), mort en 1392. — On le trouve encore nommé *B. Agerius* et *B. de Figiaco.*

LALAINI (Arnoldus), ARNOLD DE LALAING, chroniqueur flamand, abbé de Sainte-Marie de Bruges, mort après 1473.

LALAINIUS (Jacobus), JACQUES dit JACQUET DE LALAING, guerrier français, héros de nombreux poëmes, né à Lalaing, aujourd'hui Lallaing, près de Douai, mort en 1453. — Il fut surnommé LE BON CHEVALIER.

LAMARA (Guilelmus de). Voy. *Lamarensis* (G.).

LAMARENSIS (Guilelmus), GUILLAUME DE LA MARE, philosophe scolastique anglais, frère mineur, mort vers 1290. — On le trouve nommé encore *G. de Lamara* et *G. de Mara.*

LAMBERTACIUS ((Joannes-Ludovicus), GIOVANNI-LUIGI LAMBERTAZZI, jurisconsulte italien, professeur à Padoue, mort en 1412.

LAMBERTUS (Franciscus), FRANÇOIS LAMBERT, plus connu sous le nom de JEAN SERRANUS, qu'il prit en quittant son couvent, théologien et prédicateur français, cordelier, réformateur religieux, ami de Luther, né à Avignon, mort en 1530.

LAMPRONENSIS (Nerses), NERSÈS DE LAMPRON, dit aussi N. LAMPRONETSI, théologien arménien, archevêque de Tarse, né à Lampron, dans la Cilicie, mort en 1198.

LAMPUGNANUS (Astulphus), ASTOLFO LAMPUGNANI, jurisconsulte italien, né et professeur à Milan, mort vers 1400.

LAMPUGNANUS (Georgius), GIORGIO LAMPUGNANI, jurisconsulte italien, professeur à Pavie, né à Milan, mort vers 1460.

LAMPUGNANUS (Joannes), GIOVANNI LAMPUGNANI, théologien et sermonnaire italien, dominicain, né à Milan, mort en 1293.

LAMPUGNANUS (Laurentius), LORENZO LAMPUGNANI, philologue italien, vicaire général des Augustins, né près de Milan, mort en 1527.

LANA ((Joannes de), GIOVANNI DELLA LANA, philosophe scolastique italien, ermite de Saint-Augustin, professeur à Paris, né à Bologne, mort en 1398.

LANCAROVANENSIS (Caradocus). Voy. *Lancarvanensis* (C.).

LANCARVANENSIS (Caradocus), CARADOC DE LANCARVAN, chroniqueur anglais, sans doute originaire de Lancarvan, dans le pays de Galles, mort vers 1154. — Fabricius le nomme *C. Lancarovanensis*.

LANCEA (Guilelmus de), GUILLAUME LE DARD (dit Fabricius), théologien français, frère mineur, né dans la Gascogne. — Ni Sanderus, ni Wadding (qui le nomme *G. Letardus*), ni Fabricius, n'indiquent le siècle où il vivait. — Ce dernier croit qu'il faut le reconnaître dans un *G. de Janicea*, qui est cité par Du Cange. — Voy. *Aquitanus* (G.).

LANCELLI (Joannes), JEAN LANCEAU, théologien français, dominicain, étudiant à Paris, né et professeur à Lille, mort après 1530.

LANDAVENSIS (David), DAVID DE MORGAN, dit aussi D. DE LANDAFF. Voy. *Morganius* (D.).

LANDAVENSIS (Galfredus ou Stephanus), GEOFFROI ou ÉTIENNE DE LANDAFF, théologien et hagiographe anglais, évêque de Landaff (pays de Galles), mort vers 1150.

LANDINUS (Christophorus), CRISTOFORO LANDINO, philologue et philosophe italien, précepteur de Laurent et de Julien de Médicis, né et professeur à Florence, mort en 1504.

LANDOLINA (Rainaldus de). Voy. *Notensis* (R.).

LANDRIANUS (Bernardinus), BERNARDINO LANDRIANI, jurisconsulte et littérateur italien, né aux environs de Milan, mort après 1525.

LANDRIANUS (Gerardus), GERARDO LANDRIANI, philologue italien, évêque de Lodi, cardinal, né à Milan, mort en 1445.

LANDSBERGENSIS (Herrades), HERRADE DE LANDSBERG, compilatrice allemande, issue d'une famille originaire de Langsberg, auteur de l'*Hortus deliciarum*, abbesse de Hohenbourg, morte en 1195. — On la trouve nommée plus souvent *H. Hohenburgensis*.

LANDSBERGENSIS (Joannes), JEAN DE LANDSBERG, écrivain ascétique allemand, chartreux, prieur à Cantavie près de Juliers, né à Landsberg, dans la Bavière, mort après 1530.

LANECA (Guilelmus de). Voy. *Aquitanus* (G.).

LANFRANCUS, LANFRANCO, en français LANFRANC, célèbre médecin et chirurgien italien, professeur à Milan, puis établi à Paris, né à Milan, mort après 1296. — On le trouve encore nommé *Allanfrancus*, *L. Mediolanensis* et *L. de Mediolano*.

LANGATOSTA (Petrus de), PIERRE LANGETOST ou LANGTOFT, chroniqueur anglais, chanoine régulier de Saint-Augustin à Bridlington (comté d'York), mort après 1307. — Fabricius seul le nomme *Langtoftus*.

LANGDENUS (Joannes), JEAN DE LANGDEN ou DE LANGDON, chroniqueur et sermonnaire anglais, docteur d'Oxford, bénédictin à Canterbury, évêque de Rochester, né dans le Kent, mort en 1434.

LANGEDUNA (Stephanus de). Voy. *Linguatona* (St. de).

LANGELANDUS (Robertus), ROBERT LANGELANDE, LONGLAND ou LANLANDE, célèbre poëte anglais, né sans doute dans le comté de Shropshire (*in comitatu Salopiæ*), mort à la fin du XIVe siècle.

LANGFORDIUS (Thomas), THOMAS LANGFORD, historien, théologien et sermonnaire anglais, dominicain, né dans le comté d'Essex, mort en 1314.

LANGHAMUS (Joannes), JEAN DE LANGHAM, philosophe scolastique anglais, augustin, né à Langham (Norfolk), mort au XIIIe siècle.

LANGHAMUS (Reginaldus), REYNOLD DE LANGHAM, théologien anglais, docteur de Cambridge, franciscain à Norwich, né sans doute à Langham (Norfolk), mort après 1410.

LANGHAMUS (Simon), SIMON DE LANGHAM, négociateur anglais, moine à Westminster, évêque d'Ely, archevêque de Canterbury, cardinal, adversaire de Wiclef, né sans doute à Langham, mort en 1376.

LANGIUS (Paulus), PAUL LANGE, chroniqueur et littérateur allemand, bénédictin en Misnie, né à Zwickau, mort vers 1350.

LANGIUS (Rodolphus), RUDOLPH LANGE, érudit allemand, poëte latin, doyen de Munster, né dans la Westphalie, mort en 1519.

LANGLEIUS (Climitonus), CLIMITON LANGLEY, théologien, philosophe et astronome anglais, mort vers 1350.

LANGTOFTUS (Petrus). Voy. *Langatosta* (P. de).

LANGTONUS (Joannes), JEAN DE LANGTON, théologien et historien anglais, carme, né à Londres, mort en 1434. — On le trouve nommé aussi *J. Longodunus*.

LANGTONUS (Simon), SIMON DE LANGTON, théologien anglais, archidiacre de Canterbury, évêque élu d'York, mort en 1248.

LANGTONUS (Stephanus). Voy. *Linguatona* (S. de).

LANHONDENENSIS (Clemens). Voy. *Lanthoniensis* (C.).

LANICIA (Guillelmus de). Voy. *Aquitanus* (G.).

LANTERIUS (Hilarion), ILLARIONE LANTERI, théologien et hagiographe italien, abbé du Mont-Cassin, né à Milan, mort en 1511.

LANTHONIENSIS (Clemens), CLÉMENT DE LANTHONY, dit en français CL. LANGTHON, théologien et sermonnaire anglais, prieur de Lanthony, mort après 1170. — Fabricius le nomme *Cl. Lanhondenensis*.

LANTZKRANA (Stephanus de), ÉTIENNE DE LANDSKRON (?), théologien allemand, chanoine régulier de Saint-Augustin, prévôt du couvent de Sainte-Dorothée à Vienne, né sans doute à Landskron, dans la Bohême, mort vers 1450.

LAODICENSIS (Gerardus), GÉRARD DE LAODICÉE, théologien et hagiographe français, moine à Nazareth, évêque de Laodicée, mort après 1157.

LAPACCIUS (Bartholomæus), BARTOLOMMEO LAPACCI, théologien italien, dominicain, maître du sacré palais, évêque d'Argoli, puis de Coron, né à Florence, mort en 1466.

LAPIDANUS (Guilelmus), WILHELM VAN DER STEENE, dit en français G. DE LA PIERRE, théologien, moraliste et humaniste belge, bénédictin, né à Werwick sur la Lys (Flandre-occidentale), mort après 1530.

LAPIDANUS et LAPIDARIUS (Joannes). Voy. *Lapide* (J. a).

LAPIDE (Joannes a), JOHANN HEYNLIN, dit en français JEAN DE LA PIERRE, philologue allemand, prieur de la Sorbonne, et l'un des introducteurs de l'imprimerie à Paris, né à Stein, près de Constance, mort après 1496. — Nous l'avons trouvé encore nommé *J. Lapidanus*, *J. Lapidarius* et *J. Lapideus*.

LAPIDEUS (Joannes). Voy. *Lapide* (J. a).

LAPITHA (Georgius), Γεώργιος ὁ Λαπιθᾶς, poëte byzantin, né dans l'île de Chypre, mort vers 1360.

LAPUS. Voy. *Castellione* (L. de).

LARENSIS (Wernerus). Voy. *Laerius* (W.).

LASCARIUS (Constantinus), Κωνσταντῖνος Λάσκαρις, en français CONSTANTIN LASCARIS, érudit et grammairien grec, professeur à Milan et à Naples, mort après 1493.

LASCINIIS et LASCINIS (Ægidius de). Voy. *Lessinia* (Æ. de).

LATENSIS (Bonetus), BONET DE LATES, médecin, astrologue et mathématicien provençal, mort au milieu du XVIe siècle. — On le trouve nommé aussi *B. de Latis*.

LATHBERIUS, LATHBIRIUS et LATHEBIRUS (Henricus). Voy. *Latteburius* (H.).

LATHOMUS (Robertus), ROBERT LE MAÇON ou LE MASSON, jurisconsulte et homme d'État, chancelier de France, né à Château-du-Loir, dans l'Anjou, mort en 1443.

LATILLIACO (Petrus de), PIERRE DE LATILLY, chanoine et archidiacre de Saint-Gervais à Soissons, évêque de Châlons-sur-Marne, chancelier de France, né sans doute à Latilly (Aisne), mort en 1327.

LATINIACENSIS (Arnulfus), ARNOUL DE LAGNY, hagiographe français, dixième abbé de Lagny, près de Paris, mort en 1106.

LATINUS (Aldus). Voy. *Manutius* (A.).

LATINUS (Brunectus ou Brunetus), BRUNETTO LATINI, écrivain encyclopédiste italien, longtemps établi en France, né à Florence, mort en 1294. — On le trouve aussi nommé *B. de Lactinis.*

LATIS (Bonetus de). Voy. *Latensis* (B.).

LATTEBURIUS (Joannes), JOHN LATTEBIRY (Tanner) ou LATHBIR (Jöcher), théologien anglais, franciscain, mort vers 1406. — On le trouve encore nommé *J. Lathberius, J. Lathbirius* et *J. Lathebirus.*

LAUDENSIS (Jacobus), JACQUES DE LODI, casuiste italien, frère mineur, mort vers 1350.

LAUDENSIS (Jacobus), JACQUES DE LODI, orateur italien, dominicain, évêque de Lodi, né à Lodi, mort en 1435. — On le trouve encore nommé *J. Arigontus* et *J. de Balardis.*

LAUDENSIS (Martinus), MARTIN DE LODI, jurisconsulte italien, professeur à Pavie et à Sienne, né à Lodi, mort vers 1450. — On le trouve encore nommé *M. Carcetus, M. Garatus, M. Gazatus* et *M. Gazratus.*

LAUDENSIS (Oldradus), OLDRADE DE LODI, jurisconsulte italien, professeur à Bologne et à Padoue, né à Lodi, mort en 1335. — On le trouve parfois nommé *O. de Ponte.*

LAUDENSIS (Radulphus). Voy. *Laudunensis* (R.).

LAUDUNENSIS (Anselmus), ANSELME DE LAON, célèbre théologien français, professeur à Paris, archidiacre et écolâtre (*scolasticus*) de l'Église de Laon, né à Laon, mort en 1177. — On le trouve souvent appelé *A. Scolasticus*, et il fut surnommé *Doctor scolasticus* et *Doctor Doctorum.*

LAUDUNENSIS (Hermannus), HERMANN DE TOURNAI, dit aussi H. DE LAON. Voy. *Tornacensis* (H.).

LAUDUNENSIS (Martinus), MARTIN DE LAON, théologien français, prieur de la Chartreuse du Val Saint-Pierre (*prior Vallis Sancti Petri Carthusiæ*), né à Laon, mort vers 1225. — On trouve aussi M. *de Lauduno.*

LAUDUNENSIS (Radulphus), RAOUL DE LAON, mathématicien français, chancelier de l'Église de Laon, mort avant 1138. — Nous l'avons aussi vu nommé *R. Laudensis.*

LAUDUNENSIS. Voy. *Lauduno* (de).

LAUDUNO (Albericus de), ALBÉRIC DE REIMS, dit aussi A. DE LAON. Voy. *Remensis* (A.).

LAUDUNO (Gilo, Guido, Godefridus, Guiardinus, Guiardus ou Wiardus de), G. DE LAON, théologien et sermonnaire français, chancelier de l'Université de Paris, évêque de Cambrai, né sans doute à Laon, mort en 1247.

LAUDUNO (Guido de), GUI DE LAON, chanoine de Laon, trésorier de la Sainte-Chapelle du Palais et fondateur du collège de Laon (*collegium Laudunense*) à Paris, mort vers 1375.

LAUDUNO (Guilelmus de), GUILLAUME DE LAUDUN, théologien français, dominicain, évêque de Vionne, puis archevêque de Toulouse, né à Laudun (Gard), mort vers 1352.

LAUDUNO (de). Voy. *Laudunensis.*

LAUREGIO (Antonius de), ANTONIO BARATELLA, dit A. de LAUREGIA, poète italien, professeur à Udine, puis retiré à Lauregia, né à San-Piero, dans le Padouan, mort en 1448.

LAURENTIO (Richardus de). Voy. *Sancto Laurentio* (R. de).

LAURENTIUS (Gervasius), GERVAIS LORENS, et mieux LAURENT, moraliste français, dominicain, confesseur de Philippe le Hardi, auteur d'un livre célèbre sous le titre de *Summa de vitiis et virtutibus*, mort vers 1285. — Échard le nomme *L. Gallus.*

LAUREOLO (Galfredus de). Voy. *Oratorio* (G. de).

LAURUS (Cosmas), COSMO LAURO, historien italien, né à Brescia, mort vers 1480.

LAUSANNA (Joannes de), JEAN DE LAUSANNE, théologien suisse, religieux dominicain, moine de Pons, au diocèse de la Rochelle, né à Lausanne, mort en 1322.

LAUSANNA (Joannes de), JEAN DE LAUSANNE, théologien français, chanoine de Notre-Dame-de-Paris, curé de l'église Saint-Christophe dans la Cité (*curatus Sancti Christofori in Civitate*), mort en 1334.

LAUSANNENSIS (Amedæus), AMÉDÉE DE HAUTE-RIVE, théologien français, évêque de Lausanne, abbé de Haute-Combe, né au château de la côte Saint-André (*in castro Costa*, dit Cave), mort en 1159. — On le trouve nommé encore *A. de Altacumba* et *A. Altecumbensis*.

LAUTERBERGENSIS (Conradus). Voy. *Monte Sereno* (C. de).

LAVELLUS (Franciscus), FRANÇOIS DE LAVELLO, théologien italien, carme, professeur à Naples, évêque de Ravello (près de Salerne), né à Lavello (Basilicate), mort après 1507. — On le nomme aussi *F. Ravellensis*.

LAVENHAMUS (Richardus). Voy. *Lavinghamus* (R.).

LAVERUS (Georgius), GEORGES LAVER, imprimeur allemand, établi à Rome dans le monastère de Saint-Eusèbe, né à Wurtzbourg, mort après 1480.

LAVICEA (Guilelmus de). Voy. *Aquitanus* (G.).

LAVINGENSIS (Albertus), ALBERT DE BOLLSTADT, dit aussi A. DE LAWINGEN. Voy. *Bolstadius* (A.).

LAVINGHAMUS (Richardus), RICHARD DE LAVENHAM, fécond historien et théologien anglais, professeur à Oxford, carme, né à Lavenham, dans le comté de Suffolk, mort en 1381. — Tanner écrit *R. Lavenhamus*.

LAVINHETA (Bernardus), BERNARD LAVINHÈTE, théologien mystique, né dans le Béarn, mort vers la fin du XVe siècle.

LAVINIUS (Petrus). Voy. *Lingonensis* (P.).

LAZARELLUS (Ludovicus), LUIGI LAZZARELLI, poëte et philosophe italien, né à San-Severino, dans la Marche d'Ancône, mort en 1500.

LAZARONUS (Petrus), PIETRO LAZZARONE, littérateur italien, professeur à Pavie, né à Milan, mort vers 1500.

LAZIARDEUS (Joannes), JEAN LE JARS, chroniqueur français, célestin, né à Paris, mort vers 1525.

LEAZARIIS (Paulus de). Voy. *Liazariis* (P. de).

LECAPENUS (Georgius), Γεώργιος ὁ Λεκάπηνος, en français GEORGE LECAPÈNE, grammairien et historien byzantin, moine en Thessalie, mort à la fin du XIVe siècle.

LECCENSIS (Antonius), ANTONIO FERRARI, dit aussi A. DE LECCE. Voy. *Galateus* (A.).

LECTOR (Joannes), JOHANN RUNSIC, dit aussi JEAN LE LECTEUR. Voy. *Friburgensis* (J.).

LECTOR (Vincentius), VINCENT LE LECTEUR, théologien français, dominicain et sans doute professeur (*lector*), mort vers 1500.

LEGECESTRIENSIS (Richardus), RICHARD DE LEICESTER, théologien français, abbé de Saint-Evroul, longtemps établi à Leicester, né dans la Normandie, mort en 1140. — On le trouve encore nommé *R. Legrocastrensis* et *R. Leicestriensis*.

LEGECESTRIENSIS. Voy. *Legrocastrensis* et *Leycestrius*.

LEGIO (Ægidius de), GILLES D'ORP, dit aussi G. DE LIÉGE. Voy. *Orpio* (Æ. de).

LEGIO (Joannes de), JEAN DE LIÉGE, sermonnaire français, dominicain, mort à la fin du XIIIe siècle.

LEGIO (Lambertus de), LAMBERT DE LIÉGE, sermonnaire français, dominicain à Paris, mort vers 1273.

LEGIO (de). Voy. *Leodicensis* et *Leodiensis*.

LEGIONENSIS (Lucas), LUC DE LEON, souvent nommé aussi LUC DE TUY (*L. Tudensis*), chroniqueur, hagiographe et théologien espagnol, évêque de Tuy, en Galice, né et diacre à Leon, mort vers 1290.

LEGIONENSIS (Paulus), PAUL DE LEON, théologien mystique espagnol, dominicain et professeur à Salamanque, né à Leon, mort en 1528.

LEGISLATOR, LE LÉGISLATEUR, surnom donné à JACQUES DE LA PORTE DE RAVENNE. Voy. *Porte Ravennata* (J. de).

LEGLÆUS (Gilbertus). Voy. *Anglicus* (G.).

LEGLÆUS (Gilbertus), GILBERT LÈGLE ou DE L'AIGLE, médecin et commentateur français, mort à la fin du XIVe siècle. — On le trouve nommé aussi *G. de Aquila*, et il a été souvent confondu avec GILBERT L'ANGLAIS.

LEGNANUS (Joannes), JEAN DE LEGNANO, théologien, jurisconsulte et littérateur italien, professeur à Bologne, né à Legnano (Lombard-Vénitien), mort en 1383.

LEGROCASTRENSIS (Robertus), ROBERT DE LEICESTER, théologien anglais, franciscain, professeur à Oxford, né à Leicester, mort en 1348. — On le trouve parfois nommé *R. Leicestrius* et *R. de Leycestria*.

LEGROCASTRENSIS. Voy. *Legecestriensis*.

LEICESTRIENSIS. Voy. *Legecestriensis, Legrocestriensis* et *Leycestrius*.

LEICESTRIUS. Voy. *Legecestriensis, Legrocastrensis* et *Leycestrius*.

LEIDANUS (Joannes), JEAN GERBRAND, dit aussi J. DE LEYDE. Voy. *Gerbrandus* (J.).

LEIDANUS, LEIDIENSIS et DE LEIDIS. Voy. *Leydis* (de).

LELANDUS (Joannes), JOHN LELAND, dit *Senior*, grammairien anglais, docteur d'Oxford, mort en 1428.

LELLIS (Theodorus de). Voy. *Lælius* (Th.).

LEMBURGIUS. Voy. *Limpurgensis*.

LEMESTERUS (Guilelmus), WILLIAM LEMSTER, philosophe scolastique anglais, docteur d'Oxford, frère mineur, né à Hereford, mort en...?

LEMMIGO (Joannes a), JEAN VAN LEMMEGHE, chroniqueur hollandais, né à Groningue, mort après 1436.

LEMOVICENSIS (Hugo), HUGUES DE LIMOGES, théologien et liturgiste français, sans doute religieux de Saint-Martial de Limoges, mort à la fin du XIIe siècle.

LEMOVICENSIS (Joannes), JEAN DE LAUNHA, dit J. DE LIMOGES, théologien français, né sans doute à Limoges, mort vers 1250.

LEMOVICENSIS (Petrus), PIERRE DE LIMOGES, théologien et sermonnaire français, chanoine d'Évreux, docteur de Sorbonne, né sans doute à Limoges, mort en 1306. — On trouve souvent *P. de Lemovicis*.

LEMOVICIS (de). Voy. *Lemovicensis*.

LENDENARIA (Cataneus de). Voy. *Adelardus* (C.).

LENSÆUS. Voy. *Lensius*.

LENSIUS (Eustachius), EUSTACHE DE LENS, théologien français, prémontré, chanoine de Vicoigne (*canon. Viconiensis*), abbé du Val-Chrétien, puis du Val-Séry (*abbas monast. Vallischristianæ, dein Vallisserenæ*), né à Lens, en Artois, mort vers 1226. — On le trouve aussi nommé *E. Lensæus*, mais c'est par erreur que Fabricius écrit *Leusius*.

LENTIIS (Mundinus de), MONDINO LENTI ou LENZI, médecin italien, né à Florence, mort vers 1480.

LENTINO (Thomas de). Voy. *Leontio* (Th. de).

LEO, LÉON X, pape. Voy. *Medicæus* (J.).

LEO (Joannes), GIOVANNI LEONE, poëte italien, né à Modène, mort vers 1470. — On le nomme souvent *J. Poeticus*.

LEO (Joannes), GIOVANNI LEONE, théologien italien, dominicain, évêque de Bénévent, né à Rome, mort en 1488.

LEODICENSIS (Anselmus), ANSELME DE LIÉGE, chroniqueur ecclésiastique belge, chanoine et écolâtre de Liége, mort vers 1100.

LEODICENSIS (Joannes), JEAN DE LOOTS, dit aussi J. DE LIÉGE. Voy. *Lossensis* (J.).

LEODICENSIS. Voy. *Legio* (de) et *Leodiensis*.

LEODIENSIS (Ægidius), GILLES DE LIÉGE, théologien et biographe belge, auteur d'une histoire des évêques de Liége, moine de Sainte-Marie d'Orval (*monachus Aureæ vallis*); au diocèse de Trèves, né peut-être à Liége, mort vers 1251.

LEODIENSIS (Algerus, Adelherus ou Adelgerus), ALGER DE LIÉGE, théologien belge, diacre et écolâtre de Liége, moine de Cluni, né à Liége, mort en 1131.

LEODIENSIS (Arnoldus), ARNOLD DE LIÉGE, théologien et moine allemand, établi à Liége, mort à la fin du XIVe siècle.

LEODIENSIS (Arsenius), ARSÈNE DE LIÉGE, théologien belge, bénédictin, abbé de Sainte-Marie de Florence, mort après 1442.

LEODIENSIS (Egbertus), EGBERT DE LIÉGE, poëte et hagiographe belge, clerc de l'église de Liége, mort vers 1100.

LEODIENSIS (Firnandus ou Hirnandus), FIRNAND ou HIRNAND DE LIÉGE, biographe belge, chanoine et archidiacre de Liége, mort vers 1220.

LEODIENSIS (Gerardus), GÉRARD DE LIÉGE, théologien belge, moine de Cîteaux, né à Liége, mort vers 1140.

LEODIENSIS (Gerardus), GÉRARD DE LIÉGE, théologien belge, dominicain, né à Liége, mort vers 1270.

LEODIENSIS (Godefridus), GODEFROI DE CONDÉ, dit aussi G. DE LIÉGE. Voy. *Condatensis* (G.).

LEODIENSIS (Henricus), HENRI GOETHALS, dit H. DE LIÉGE, diplomate belge, prévôt de Lille, chanoine de Tournai, archiprêtre et doyen de Liége, né à Gand, mort en 1433.

LEODIENSIS (Hervardus), HERVARD DE LIÉGE, hagiographe belge, archidiacre de Liége, mort vers 1215.

LEODIENSIS (Joannes), JEAN DE HOXEM, dit aussi J. de LIÉGE. Voy. *Hocsemius* (J.).

LEODIENSIS (Juliana), JULIENNE DE LIÉGE, prieure du couvent de Mont-Cornillon de Liége, promotrice de la fête du Saint-Sacrement, née à Rétinne près de Liége, morte en 1258.

LEODIENSIS (Lambertus), LAMBERT DE LIÉGE, chroniqueur et prédicateur belge, religieux du couvent de Saint-Christophe, né à Liége, mort après 1177. — On le trouve nommé aussi *L. de Sancto Christophoro.*

LEODIENSIS (Lambertus), LAMBERT DE LIÉGE, astronome et hagiographe belge, moine de Saint-Christophe à Liége, puis curé de Teux (*de Tectis*), près de Franchimont, dans le diocèse de Liége, mort vers 1185.

LEODIENSIS (Lambertus), LAMBERT DE LIÉGE, biographe et poëte latin, moine de Saint-Laurent à Tuy (*monachus Sancti Laurentii Tuitiensis*), né sans doute à Liége, mort vers 1230.

LEODIENSIS (Laurentius), LAURENT DE LIÉGE, historien ecclésiastique français ou belge, moine de Saint-Laurent de Liége, puis de Saint-Vanne de Verdun, mort vers 1140. — On écrit aussi *L. Leodicensis.*

LEODIENSIS (Nicolaus), NICOLAS DE LIÉGE, hagiographe belge, diacre et chanoine de l'Église de Liége, mort après 1142.

LEODIENSIS (Otbertus), OTBERT DE LIÉGE, biographe et écrivain ecclésiastique belge, chanoine de Saint-Lambert, prévôt de Sainte-Croix, puis évêque de Liége, mort en 1119.

LEODIENSIS (Stephanus), ÉTIENNE DE LIÉGE, musicien et hagiographe français, abbé de Saint-Jacques à Liége, mort en 1112.

LEODIENSIS. Voy. *Leodicensis* et *Legio* (de).

LEODIO (de). Voy. *Leodicensis, Leodiensis* et *Legio* (de).

LEONARDUS (Hubertus), HUBERT LÉONARD, théologien, historien et sermonnaire belge, carme, professeur à Paris, puis à Liége, évêque de Darie (Mésopotamie), puis de Bethléem, mort vers 1496.

LEONICENUS (Nicolaus), NICOLAS DE LONIGO, plus connu sous son nom latin, médecin et philologue italien, professeur à Padoue, à Ferrare et à Bologne, né à Vicence, et non, comme on l'a dit, à Lonigo (château du Vicentin), mort en 1524.

LEONICENUS (Omnibonus), OGNIBUONO (en français OGNIBENE) DE LONIGO, plus connu sous son nom latin, parent du précédent, savant grammairien italien, professeur à Venise, né à Lonigo, château du Vicentin, mort à la fin du XVe siècle.

LEONIS (Gerardus), GÉRARD LEEUW ou DE LEEU, imprimeur belge, établi successivement à Gouda et à Anvers, mort vers 1500.

LEONIS (Petrus), PIETRO LEONE, dit aussi PIERRE DE LÉON, théologien italien, étudiant à Paris, moine de Cluni, cardinal, légat en France, antipape sous le nom D'ANACLET, mort en 1138. — Son aïeul, juif converti, était filleul du pape LÉON.

LEONIUS (Joannes), JEAN DE LEEUWIS, théologien belge, chanoine régulier de Saint-Victor à Grœnendael (*Vallis Viridis*), près de Bruxelles, né à Affligem, mort en 1377. — Il fut surnommé *Bonus cocus*, « propter, dit H. « a Pomerio, pietatis abundantiam, « quam cunctis optimo suo ministerio « noverat impendere. »

LEONTINO (de). Voy. *Leontinus*.

LEONTINUS (Simon), SIMON DE LEONTINI, historien et théologien sicilien, dominicain, prieur à Messine, évêque de Syracuse, né à Leontini, mort en 1292. — On le trouve aussi nommé *S. de Leontino*.

LEONTINUS (Simon), SIMON DE LEONTINI, chroniqueur sicilien, franciscain, confesseur de Frédéric III, né à Leontini, mort vers 1360. — On trouve aussi *S. de Leontino*.

LEONTINUS (Thomas), THOMAS DE LEONTINI, hagiographe et sermonnaire sicilien, dominicain, évêque de Bethléem, patriarche de Jérusalem, né à Leontini, mort en 1277. — On le nomme encore *Th. de Leontino, Th. de Leontio* et *Th. de Lentino*.

LEONTIO (DE). Voy. *Leontinus*.

LEONTORIUS (Conradus), CONRAD DE LOWENBERG, érudit allemand, bénédictin de Cîteaux, né à Lowenberg, dans la Souabe, mort vers 1520. — On le trouve souvent nommé en français C. DE LÉONBERG.

LEPORIS (Joannes), JEAN LELIÈVRE, médecin français, établi à Paris, mort au milieu du XVe siècle.

LERBECCENSIS (Hermannus). Voy. *Lerbecius* (H.).

LERBECIUS (Hermannus), HERMANN LERBEKE, chroniqueur allemand, dominicain, moine de Saint-Paul à Minden, né à Minden, mort après 1404. — On le nomme aussi *H. Lerbeccensis* et *H. Mindensis*.

LESCINIA (Ægidius de). Voy. *Lessinia* (Æ. de).

LESNAUDERIUS (Petrus), PIERRE LE MONNIER DE L'ESNAUDERIE, moraliste et historien français, recteur de l'université de Caen, né dans le pays d'Auge, mort en 1515. — On le trouve aussi nommé *P. Levanderius*.

LESSINIA (Ægidius de), GILLES DE LESSINES, théologien, historien et astronome belge, dominicain, né à Lessines, dans le Hainaut, mort vers 1300. — Nous l'avons trouvé nommé encore : *Æ. de Lasciniis, Æ. de Lascinis, Æ. de Lescinia, Æ. de Lessinis, Æ. de Lisciniis, Æ. de Lisciviis* et *Æ. Luscinus*.

LESSINIS (Ægidius de). Voy. *Lessinia* (Æ. de).

LETARDUS (Guilelmus). Voy. *Lancea* (G. de).

LETBERTUS, LETBERT, théologien flamand ou anglais, chanoine de Lille, en Flandre, puis abbé de Saint-Ruf, au diocèse de Valence, mort vers 1112. — On le trouve encore nommé *Lethbertus, Lietbertus* et *Litbertus*.

LETHBERTUS. Voy. *Letbertus*.

LEUGIS (Gaufridus de), GEOFFROI DE LÈVES, théologien français, légat apostolique, évêque de Chartres, né sans doute à Lèves, dans le pays chartrain, mort en 1149. — On le nomme souvent *G. Carnotensis*.

LEUSIUS (Eustachius). Voy. *Lensius* (E.).

LEVANDERIUS (Petrus). Voy. *Lesnauderius* (P.).

LEVANTO (Galvanus de). Voy. *Januensis* (G.).

LEVIS (Yvo), YVES LÉGER, médecin français, doyen de la faculté de Paris, né sans doute dans la Bretagne, mort au milieu du XVe siècle.

LEVITA (Sigebertus). Voy. *Gemblacensis* (S.).

LEWIS (Ægidius de), GILLES DE LÈWES et par corruption DE LÈVRES, prédicateur belge, prémontré, moine à Middelbourg, curé de Lèwes, près de Bruxelles, né à Zérieb-Zée dans l'île de Walckeren, mort en 1237. — On l'appelle encore *Æ. Middelburgensis*, *Æ. de Valacria*, et il fut surnommé *Miles albus* ou *Albus miles*.

LEXI (Guilelmus de), GUILLAUME DE LEXY, sermonnaire français, dominicain, né à Lexy, dans la Moselle, mort à la fin du XIIIe siècle. — On le trouve aussi nommé *G. de Lusci*.

LEXINTONA (Stephanus de), ÉTIENNE DE LEXINGTON, abbé de Clairvaux, fondateur du collége des Bernardins à Paris, né à Lexington, mort vers 1255.

LEXOVIENSIS (Arnulfus), ARNOUL DE LISIEUX, théologien français, évêque de Lisieux, puis religieux de Saint-Victor à Paris, mort en 1184.

LEXOVIENSIS (Nicolaus), NICOLE LE HUEN, dit aussi NIC. DE LISIEUX, voyageur et missionnaire français, carme à Pont-Audemer (*carmelita Pons-Audomarensis*), né à Lisieux, mort après 1500.

LEXOVIENSIS (Thomas), THOMAS BASIN, dit aussi TH. DE LISIEUX. Voy. *Basinus* (Th.).

LEYCESTRIA (DE). Voy. *Legecestriensis*, *Legrocastrensis*, *Leicestriensis* et *Leycestrius*.

LEYCESTRIUS (Guilelmus), GUILLAUME DE LEICESTER, théologien anglais, augustin, professeur à Paris, écolâtre sur la montagne Sainte-Geneviève, puis chancelier de l'église de Lincoln, né à Leicester, mort en 1213. — On le trouve nommé encore *G. Montanus*, *G. de Monte* et *G. de Montibus*.

LEYDIS (Petrus de), PIERRE BLOMEVENNA, dit P. DE LEYDE, théologien hollandais, chartreux, né à Leyde, mort en 1516. — On le trouve aussi nommé *P. Leidiensis*.

LEYDIS (Philippus de), PHILIPPE DE LEYDE, juriconsulte hollandais, professeur à Paris, puis chanoine d'Utrecht (*canon. Trajectinus*), né à Leyde, mort vers 1400.

LEYDIS (Theodericus de), THIERRI DE LEYDE, nécrologue hollandais, bénédictin à l'abbaye d'Egmond, né à Leyde, mort après 1160.

LEYDIS (de). Voy. *Leidanus*.

LIAZARIIS (Paulus de), PAOLO LIAZARI, juriconsulte italien, étudiant à Bologne, mort vers 1350. — On trouve aussi *P. de Leazariis*.

LIBERTINUS (Christophorus). Voy. *Faber* (C.).

LICHFELDIUS (Guilelmus), GUILLAUME DE LICHFIELD, fécond théologien et sermonnaire anglais, docteur d'Oxford, né sans doute à Lichfield (comté de Stafford), mort en 1447. — On trouve aussi *C. de Lichfeldia*.

LICIACO (Stephanus de), ÉTIENNE DE LICIAC, moraliste et biographe français, 4e prieur de Grandmont, mort en 1161. — On le trouve aussi nommé *St. Grandimontensis*.

LICIO (Robertus de). Voy. *Caracciolus* (R.).

LICTARDUS. Voy. *Lisiardus*.

LIDGATUS (Joannes), JEAN DE LYDGATE, poëte et théologien anglais, bénédictin, né à Lydgate, dans le comté de Suffolk, mort vers 1450.

LIDLINGTONUS (Guilelmus), GUILLAUME DE LIDLINGTON, théologien et sermonnaire anglais, religieux carme, né à Lidlington (comté de Bedford), mort vers 1310. — On le trouve nommé aussi *G. Lullendunus*.

LIETBERTUS. Voy. *Letbertus*.

LIGNANUS (Joannes), JEAN DE LEGNANO, théologien et juriconsulte italien, né à Legnano (Lombard-Vénitien), mort en 1383.

LIGNERIIS (Joannes de), JEAN DE LIGNÈRES, mathématicien et astronome, né soit à Amiens, soit en Sicile, soit en Allemagne, étudiant à Paris, mort vers le milieu du XIVe siècle. — On le trouve encore nommé *J. de Linieris* et *J. de Linneriis*.

LILIUS (Guilelmus), WILLIAM LILY, poëte, helléniste et grammairien anglais, professeur à Londres, docteur d'Oxford, né à Odiham, dans le Hampshire, mort en 1522.

LILIUS (Zacharias), ZACCARIA LILIO, géographe italien, chanoine régulier à Vicence, mort vers 1500.

LILLESHALLENSIS (Joannes), JEAN DE LILLESHALL, théologien anglais, abbé de Lilleshall (comté de Shrops), mort vers 1410. — On le trouve aussi nommé *J. Miræus*, et Fabricius écrit *Lilleshullensis*.

LIMBURGENSIS. Voy. *Limpurgensis*.

LIMERICENSIS (Gilbertus), GILBERT DE LIMERICK, théologien irlandais, évêque de Limérick, mort après 1139. — On le trouve encore nommé *G. Lumnicensis* et *G. Lunicenus*.

LIMPURGENSIS (Adamus), TILEMANN-ADAM EMMEL, dit A. DE LIMBOURG, chroniqueur allemand, né sans doute à Limbourg, mort après 1398.

LIMPURGENSIS (Joannes), JOHANN GENSBEIN, dit JEAN DE LIMBOURG, chroniqueur allemand, né et notaire à Limbourg, mort après 1402.

LIMPURGENSIS (Rupertus), RUPERT DE LIMBOURG, théologien et sermonnaire allemand, docteur de Paris, abbé de Limbourg, mort vers 1125.

LIMPURGENSIS (Thomas), THOMAS DE LIMBOURG, traducteur belge, carme, confesseur des religieuses de Namur, né à Limbourg, mort vers 1480. — On écrit aussi *Th. Lemburgius*.

LINACER (Thomas), THOMAS LINACRE, érudit anglais, docteur d'Oxford et de Padoue, professeur à Oxford, médecin de Henri VII et de Henri VIII, fondateur du collége des médecins (*college of Physicians*) à Londres, né à Canterbury, mort en 1524. — On écrit encore *Linacrus*, *Lynacer* et *Lynacrus*.

LINACRUS (Thomas). Voy. *Linacer* (T.).

LINCOLNIA (DE). Voy. *Lincolniensis* et *Lincolnius*.

LINCOLNIENSIS (Hugo), HUGUES DE LINCOLN, chartreux, prieur de Witham, évêque de Lincoln, né au château d'Avalon, mort en 1200.

LINCOLNIENSIS (Hugo), HUGUES DE LINCOLN, personnage légendaire, qui aurait été torturé et mis à mort dans la ville de Lincoln vers 1255.

LINCOLNIENSIS (Robertus), ROBERT GROSTHEAD, dit aussi R. DE LINCOLN. Voy. *Grossum caput* (R.).

LINCOLNIENSIS. Voy. *Lincolnia* (de) et *Lincolnius*.

LINCOLNIUS (Guilelmus), GUILLAUME DE LINCOLN, philosophe scolastique anglais, carme, né à Lincoln, mort vers 1360. — On trouve aussi *G. de Lincolnia*.

LINCOLNIUS. Voy. *Lincolnia* (de) et *Lincolniensis*.

LINDEWOODE (Guilelmus de). Voy. *Lindwoodus* (G.).

LINDNERUS (Joannes), JOHANN LINDNER, historien allemand, moine de Pirna, curé de Regnizlosa, né à Mönchberg, dans la Bavière, mort en 1524. — Il traduisit son nom allemand en celui de *J. Tilianus*, et il fut appelé *J. Sartorius* parce qu'il était, dit-on, fils d'un cordonnier.

LINDWOODUS (Guilelmus), WILLIAM LYNWOOD, jurisconsulte et historien anglais, évêque de Saint-David (*episc. Menevensis*), mort en 1446. — On trouve aussi *G. de Lindewoode*.

LINENSIS (Alanus), ALAIN DE LYNN, théologien et philosophe anglais, carme, prieur du couvent de Lynn-Regis, dans le comté de Norfolk, mort après 1420. — Adelung le nomme *A. de Lynna* et Villiers *A. Lynensis*.

LINENSIS (Nicolaus), NICOLAS DE LYNN, mathématicien et astronome anglais, docteur d'Oxford, carme au couvent de Lynn-Regis (comté de Norfolk), mort vers 1360.

LINGONENSIS (Godefridus), GEOFFROI DE LANGRES, théologien français, prieur de Clairvaux, premier abbé de Fontenay (*prior Claræ Vallis, primus abbas Fontaneti*), au diocèse d'Autun, évêque de Langres, né dans la Bourgogne, mort en 1165.

LINGONENSIS (Petrus), PIERRE DE LANGRES, théologien français, poëte latin, dominicain à Mâcon, né à Langres, mort vers 1510. — On le trouve souvent nommé *P. Lavinius*.

LINGONENSIS (Robertus), ROBERT DE LANGRES, théologien français, évêque de Langres, mort en 1110.

LINGONENSIS (Simon), SIMON DE LANGRES, théologien et jurisconsulte français, dominicain, professeur à Paris, évêque de Nantes, né à Langres, mort vers 1350.

LINGUATONA (Stephanus de), ÉTIENNE LANGTON, célèbre théologien anglais, chanoine de Notre-Dame et chancelier de l'Université de Paris, archevêque de Canterbury, cardinal, né à Slindon, dans le comté de Sussex, mort en 1228. — Nous l'avons trouvé encore nommé St. *Anglicus*, St. *Anglus*, St. *de Langeduna*, St. *de Longatona*, St. *Longodunus*, St. *Longtonus*, St. *Langtonus* et St. *Cantuariensis*.

LINIERIS et LINNERIIS (Joannes de). Voy. *Ligneriis* (J. de).

LINTONIA (Thomas de), THOMAS DE LINTON, dit aussi TH. DE ELMHAM, historien anglais, poëte latin, chanoine régulier de Saint-Augustin, prieur à Linton, mort vers 1425.

LIPPIENSIS (Justinus), JUSTIN DE LIPPSPRINGE, poëte et historien allemand, né à Lippspringe, dans la Westphalie, mort vers 1300.

LIPPUS (Aurelius), AURELIO LE CHASSIEUX, surnom donné à A. BRANDOLINI. Voy. *Brandolinus* (A.).

LIPPUS (Raphael), RAFAELE LE CHASSIEUX, surnom donné à R. BRANDOLINI. Voy. *Brandolinus* (R.).

LIRA (DE) et LIRANUS (Nicolaus). Voy. *Lyra* (N. de).

LISCINIS et LISCIVIIS (Ægidius de). Voy. *Lessinia* (Æ. de).

LISIARDUS, LISIARD, hagiographe français, évêque de Soissons, mort vers 1125. — On écrit aussi *Liziardus*.

LISIARDUS, LISIARD, historien français, clerc de Tours, doyen de Laon, mort vers 1170. — On écrit aussi *Liziardus* et même *Lictardus*.

LISSEIUS et DE LISSO (Guilelmus). Voy. *Lissovius* (G.).

LISSOVIUS (Guilelmus), WILLIAM LISSY ou LISSYE, théologien anglais, franciscain, mort vers 1350. — On le trouve aussi nommé G. *Lisseius* et G. *de Lisso*.

LITBERTUS. Voy. *Letbertus*.

LITIO (Robertus de). Voy. *Caracciolus* (R.).

LIVONICUS (Henricus), HENRI DE LIVONIE, chroniqueur suédois, auteur des *Annales Livonici*, mort après 1226.

LIZIARDUS. Voy. *Lisiardus*.

LOBBENHAMUS (Guilelmus). Voy. *Lubbenhamus* (G.).

LOBIENSIS (Leonius), LÉON DE LAUBES, théologien et jurisconsulte flamand, abbé de Laubes, au diocèse de Cambrai, puis abbé de Saint-Bertin, né à Furnes, mort en 1163.

LOCCHESLEGUS (Rodulphus). Voy. *Lokesleius* (R.).

LOCHIENSIS (Thomas Pactius ou Paccius), THOMAS DE LOCHES, chroniqueur français, prieur de la collégiale de Loches, mort après 1180.

LOCHMEYERUS (Michael), MICHEL LOCHMEIER (G.-M. König), LOCHMAIER (Fabricius) ou LOCHMAYER (Cave), théologien et sermonnaire allemand, chanoine de Passau (*canon. Passaviensis*) en Bavière, mort vers 1510.

LODOVENSIS (Petrus), PIERRE DE LODÈVE, chroniqueur français, évêque de Lodève, mort vers 1360.

LOGOTHETA (Georgius), Γεώργιος ὁ Λογοθέτης. Voy. *Acropolita* (G.).

LOGOTHETA (Symeo et Symeones), Συμεών ou Συμεώνης ὁ Λογοθέτης, en français SIMÉON LE LOGOTHÈTE, théologien byzantin, logothète à Constantinople, mort vers 1200.

LOKESLEIUS (Ranulphus (Wadding) ou Rodulphus), REINOLD LOCKESLEY, théologien et philosophe scolastique anglais, docteur d'Oxford, frère mineur, mort vers 1320. — On le trouve aussi nommé R. *Loccheslegus*.

LOLHARDUS (Gualterus ou Nicolaus). Voy. *Lollardus*.

LOLLARDUS (Gualterus ou Nicolaus), WALTER ou NICOLAS LOLLARD, célèbre hérésiarque anglais ou allemand, brûlé à Cologne en 1322. — On écrit aussi *Lolhardus*.

LOMBÆUS (Thomas). Voy. *Lumbæus* (Th.).

LOMBARDUS (Bernardus), BERNARD LOMBARD, théologien français, dominicain, professeur à Paris, né dans la Provence, mort vers 1327. — On trouve aussi B. *Lombardi*.

LOMBARDUS (Guilelmus), GUILLAUME LOMBARD ou LE LOMBARD, « enim an a « familia, an a natione sic dictus » dit

Échard, théologien et philologue, dominicain, mort avant 1490.

LOMBARDUS (Philippus). Voy. *Mantuanus* (Ph.).

LOMBARDUS (Petrus), PIERRE LE LOMBARD, célèbre théologien italien, évêque de Paris, auteur d'un *Liber sententiarum* qui jouit longtemps d'une vogue immense, né à Lumello (*Laumellum*, que Paul Jove nomme *Lumen omnium*), dans le Novarais, mort en 1160. — On l'appelle encore *P. Longobardus*, *P. Lumbardus*, *P. Novariensis*, et il a été surnommé *Lumen omnium* et *Magister sententiarum*.

LOMBARDUS (Rainerius), RAINIER D'ISORELLA, dit aussi R. LE LOMBARD, théologien italien, religieux dominicain, vice-chancelier de l'Église romaine, évêque de Maguelonne (*episcop. Magalonensis*), né près de Brescia, empoisonné en 1249.

LOMBARDUS. Voy. *Longobardus*.

LOMBERIENSIS (Joannes), JEAN DE BALE, dit aussi J. DE LOMBEZ. Voy. *Basileensis* (J.).

LONDINENSIS (Gilbertus), GILBERT D'AUXERRE, dit aussi G. DE LONDRES. Voy. *Autissiodorensis* (G.).

LONDINENSIS (Joannes), JEAN DE LONDRES, mathématicien anglais, étudiant à Paris, frère mineur, né à Londres, mort vers 1270.

LONDINENSIS (Joannes), JEAN DE LONDRES, dit *junior*, chroniqueur anglais, moine de Canterbury, mort vers 1400. — On le trouve aussi nommé *J. de Londino*.

LONDINENSIS (Petrus), PIERRE LE CHANOINE, dit aussi P. DE LONDRES. Voy. *Canonicus* (P.).

LONDINO (de). Voy. *Londinensis*.

LONEIUS (Joannes), JOHN LONEY (dit Fabricius), théologien anglais, carme, né à Londres, mort vers 1390. — On trouve aussi *J. Loveius*.

LONGATONA (Stephanus de). Voy. *Linguatona* (St. de).

LONGINUS (Joannes). Voy. *Dlugossus* (J.).

LONGIUMELLO (Andreas de), ANDRÉ DE LONGJUMEAU, appelé aussi A. DE LONCIUMEL, DE LONTUMEL et DE LOSIMER, diplomate et voyageur français, dominicain, né à Longjumeau, près de Paris, mort après 1253.

LONGOBARDUS (Desiderius), DIDIER LE LOMBARD, théologien lombard, docteur de Sorbonne, adversaire des moines mendiants, mort vers 1260.

LONGOBARDUS (Robertus), ROBERT LE LOMBARD, théologien italien, religieux dominicain, né à Bologne, mort vers 1320. — On le trouve nommé aussi *R. Bononiensis*.

LONGOBARDUS. Voy. *Lombardus*.

LONGODUNUS. Voy. *Langtonus* et *Linguatona* (de).

LONGOLIO (de). Voy. *Longolius*.

LONGOLIUS (Christophorus), CHRISTOPHE DE LONGUEIL, jurisconsulte et érudit belge, professeur à Poitiers, avocat à Paris, né à Malines, mort à Padoue en 1522. — On le trouve aussi nommé *C. de Longolio*.

LONGOLIUS (Richardus-Oliverius), RICHARD-OLIVIER DE LONGUEIL, prélat français, archidiacre d'Eu, évêque de Coutances, de Porto et de Sainte-Ruffine, président de la cour des comptes, archiprêtre de la basilique de Saint-Pierre, cardinal, mort en 1470. — Il est presque toujours nommé *Cardinalis Constantiensis*.

LONGTONUS (Stephanus). Voy. *Linguatona* (St. de).

LONGUS (Joannes), JEAN LELONG, chroniqueur et traducteur flamand, abbé de Saint-Bertin, né à Ypres, mort vers 1387. — On le trouve nommé aussi *J. Bertinianus*, *J. Iperius*, *J. Iprensis* et *J. Hiperius*.

LONGUS (Oliverius), OLIVIER DE LANGHE, théologien et hagiographe belge, religieux bénédictin, prieur du couvent de Saint-Bavon, près de Gand, mort vers 1450.

LOPLENIUS (Cornelius). Voy. *Gaudanus* (C.-A.).

LORATORIENSIS et DE LOROUTIA (Galfredus). Voy. *Oratorio* (G. de).

LORRIACO (Guilelmus de). Voy. *Lorriacus* (G.).

LORRIACO (Robertus de), ROBERT DE LORRIS, chanoine de Notre-Dame de

Paris, né sans doute à Lorris (Loiret), mort vers 1400.

LORRIACUS (Guilelmus), GUILLAUME DE LORRIS, poëte français, l'un des auteurs du *Roman de la Rose*, né à Lorris (Loiret), mort vers 1260.

LOSINGA (Herbertus), HERBERT LE FLATTEUR, surnom donné à HERBERT DE NORWICH. Voy. *Norvicensis* (H.).

LOSSENSIS (Joannes), JEAN PEECKS, dit JEAN DE LOOZ et souvent J. DE LOS, chroniqueur belge, abbé de Saint-Laurent de Liége, né à Borchloen, dans le comté de Looz, mort en 1146. — On le trouve aussi parfois nommé *J. Leodicensis*.

LOTHARIENSIS (Hugo), HUGUES DE SAINT-VICTOR, dit aussi H. DE LORRAINE. Voy. *Sancto Victore* (H. de).

LOTHARINGA (Joanna). Voy. *Darcia* (J.).

LOVÆUS (Joannes), JOHN LOWE (dit Bâle), théologien et sermonnaire anglais, docteur d'Oxford, augustin, mort en 1346. — On trouve aussi *J. Lovus*.

LOVANIENSIS (Gregorius), GRÉGOIRE BERTOLF, dit G. DE LOUVAIN, jurisconsulte belge, avocat à Bruxelles, né à Bruxelles, mort en 1527.

LOVANIENSIS (Henricus), HENRI DE LOUVAIN, dit aussi H. DE ZŒMEREN, théologien et littérateur belge, professeur à Louvain, né à Zoemeren, dans le Brabant, mort en 1472.

LOVANIENSIS (Ida), IDA DE LOUVAIN, religieuse cistercienne de l'abbaye de Rosendael (*Vallis Rosarum*), morte à la fin du XVIIIe siècle.

LOVANIENSIS. Voy. *Lovanio* (de).

LOVANIO (Ægidius de), GILLES DE LOUVAIN, sermonnaire belge, chanoine régulier de Saint-Augustin à Louvain, mort en...?

LOVANIO (Arnoldus ou Arnulfus de), ARNOLD ou ARNOUL DE LOUVAIN, historien et théologien belge, moine de Cîteaux, abbé de Villers près de Gembloux en Brabant, né à Louvain, mort après 1250.

LOVANIO (Joannes de), JEAN DE LOUVAIN, théologien et hagiographe belge, moine de Cîteaux à Villers (*monach. Villariensis*), mort vers 1190. — Il fut surnommé *J. Præcursor*.

LOVANIO (Joannes de), JEAN DE LOUVAIN, historien belge, moine à la Chartreuse de Sainte-Catherine, près d'Anvers, né sans doute à Louvain, mort au milieu du XIVe siècle.

LOVANIO (de). Voy. *Lovaniensis*.

LOVEIUS (Joannes). Voy. *Loneius* (J.).

LOVUS (Joannes). Voy. *Lovæus* (J.).

LOZYNGA (Herbertus). Voy. *Norvicensis* (H.).

LUBBENHAMUS (Guilelmus), WILLIAM LUBBENHAM, théologien anglais, carme, né à Coventry, mort en 1361. — On trouve aussi *J. Lobbenhamus*.

LUBECENSIS (Albertus), ALBERT KRUMMENDYK, dit aussi A. DE LUBECK. Voy. *Holsatus* (A.).

LUBECENSIS (Arnoldus), ARNOLD DE LUBECK, chroniqueur allemand, bénédictin au couvent de Saint-Gilles à Brunswick (*monachus Ægidianus Brunsvicensis*), puis abbé de Lubeck, continuateur de la chronique d'Helmold, mort après 1212.

LUBECENSIS (Henricus), HENRI DE LUBECK, théologien belge, bénédictin, évêque de Lubeck, né dans le Brabant, mort après 1184.

LUCA (Andreas de), ANDRÉ DE LUCQUES, théologien italien, carme, professeur à Pavie, mort vers 1418. — On trouve aussi *A. de Lucha*.

LUCA (de). Voy. *Lucensis*.

LUCCUS (Joannes), JOHN LUCKE, philosophe scolastique anglais, docteur d'Oxford, mort vers 1420.

LUCEMBURGENSIS et DE LUCEMBURGO. Voy. *Luxemburgo* (de).

LUCENSIS (Andreas-Ammonius), A.-A. DE LUCQUES. Voy. *Ammonius* (A.).

LUCENSIS (Antonius), ANTOINE DE LUCQUES, sermonnaire italien, frère mineur, mort après 1320.

LUCENSIS (Bartholomæus ou Ptolemæus), BARTOLOMEO ou PTOLEMEO FIADONI, dit B. DE LUCQUES. Voy. *Fiadonibus* (B. de).

LUCENSIS (Ubaldus ou Waldus), UBALDI

DE LUCQUES, théologien italien, dominicain, né à Lucques, mort vers 1400. — On le trouve encore nommé *U. de Luca* et *U. de Lucha*.

LUCERIENSIS (Thomas), THOMAS DE NOCERA, jurisconsulte italien, évêque de Nocera (*episcop. Luceriensis*), né à Acerno (royaume de Naples), mort vers 1400.

LUCERNA JURIS, LE FLAMBEAU DU DROIT, surnom donné à PIETRO BALDI DEGLI UBALDI. Voy. *Ubaldis* (P.-B.).

LUCERNA JURIS, LE FLAMBEAU DU DROIT, surnom donné à BARTOLO BONNACURSI. Voy. *Bartholus*.

LUCERNA JURIS, LE FLAMBEAU DU DROIT, surnom donné à GOVANNI BOSSIANI. Voy. *Bossianus* (J.).

LUCERNA JURIS, LE FLAMBEAU DU DROIT, surnom donné à NICCOLO TEDESCHI. Voy. *Panormitanus* (N.).

LUCERNA JURIS, LE FLAMBEAU DU DROIT, surnom donné à WARNER. Voy. *Irnerius*.

LUCHA (Andreas de). Voy. *Luca* (A. de).

LUCHA (de). Voy. *Lucensis*.

LUDE (Arnoldus de). Voy. *Tungris* (A. de).

LUGDUNENSIS (Aymericus, Hemericus ou Henricus), AYMERI ou HENRI DE LYON, théologien français, archidiacre de Paris, archevêque de Lyon, abbé de Grandmont, né sans doute au Mans, mort en 1257. — On le trouve nommé souvent *A. de Ripis*, et sur ce nom, voy. le *Gallia christiana*.

LUGDUNENSIS (Guichardus), GUICHARD DE LYON, théologien français, moine de de Cîteaux, abbé de Pontigni, puis archevêque de Lyon, mort vers 1180.

LUGDUNENSIS (Guilelmus), GUILLAUME DE PEYRAUD, dit aussi G. DE LYON. Voy. *Petra alta* (G. de).

LUGDUNENSIS (Hugo), HUGUES DE DIE, dit aussi H. DE LYON. Voy. *Diensis* (H.).

LUGDUNENSIS (Josceranus), JOSCERAN DE LYON, théologien français, abbé d'Ainai, puis archevêque de Lyon, mort après 1117.

LUGDUNENSIS (Margareta), MARGUERITE D'OIN (dans le Lyonnais), ou DE DUYN (en Savoie), théologienne ascétique française, prieure de la chartreuse de Poletin, née sans doute dans le Lyonnais, morte vers 1294. — On la nomme aussi *M. Pelotensis*.

LUGDUNO (Joannes de), JEAN DE BERGAME, dit aussi J. DE LYON. Voy. *Bergamensis* (J.).

LULLENDUNUS (Guilelmus). Voy. *Lidlingtonus* (G.).

LULLIUS (Raimundus). Voy. *Lullus* (R.).

LULLUS (Raimundus), RAYMOND LULLE, célèbre philosophe espagnol, frère mineur, ermite sur la montagne de Rauda, né à Palma, dans l'île de Majorque, mort en 1315. — On le nomme aussi *R. Eremita* et *R. Lullius*, et il fut surnommé *Doctor illuminatus* et *Dædalus*.

LULMÆUS et LULMAS (Paulus). Voy. *Lulmius* (P.).

LULMIUS (Paulus), PAOLO OLMI, théologien, sermonnaire et hagiographe italien, vicaire général des Augustins, né à Bergame, mort en 1484. — On le trouve encore nommé *P. Lulmas*, *P. Ulmius* et *P. Lulmæus*.

LUMBÆUS (Thomas), THOMAS LOMBE, philosophe scolastique anglais, professeur à Oxford, carme, mort en 1390. — On rencontre parfois *Lombæus*.

LUMBARDUS (Petrus). Voy. *Lombardus* (P.).

LUMEN JURIS, LA LUMIÈRE DU DROIT, surnom donné à GIACOMO BOTTRIGARI. Voy. *Buttrigariis* (J. de).

LUMEN JURISCONSULTORUM, LA LUMIÈRE DES JURISCONSULTES, surnom donné à PORTIUS AZON. Voy. *Azo* (P.).

LUMEN LEGUM, surnom donné à WARNER. Voy. *Irnerius*.

LUMEN OMNIUM, LA LUMIÈRE DE TOUS, surnom donné à PIERRE LE LOMBARD. Voy. *Lombardus* (P.).

LUMNICENSIS (Gilbertus). Voy. *Limericensis* (G.).

LUNARIVILLA (Ferricus de), FERRIC DE LUNÉVILLE, sermonnaire français, dominicain, professeur à Paris et à Metz, né à Lunéville, mort vers 1314. — On le nomme aussi *F. Metensis*.

12

LUNDENSIS (Absalo), ABSALON DE LUND, célèbre homme d'État danois, archevêque de Lund, né dans l'île de Zélande, mort en 1201.

LUNDENSIS (Andreas), ANDRÉ DE LUND, théologien danois, poète latin, archevêque de Lund, mort vers 1228.

LUNENSIS (Joannes), JEAN DE SÉVILLE, dit aussi J. DE LUNA. Voy. *Hispalensis* (J.).

LUNICENUS (Gilbertus). Voy. *Limericensis* (G.).

LUNIGIANA (Zacharias de), ZACHARIE DE LUNEGIANO, théologien italien, dominicain à Florence, disciple de Savonarola, mort vers 1500.

LUPSETUS (Thomas), THOMAS LUPSET, théologien et érudit anglais, étudiant à Paris, professeur à Oxford, né à Londres, mort en 1532.

LUPUS (Joannes), JUAN LOPEZ, théologien, hagiographe et sermonnaire espagnol, religieux dominicain, né à Salamanque, mort en 1464. — On trouve aussi *J. Lupi*.

LUPUS (Joannes), JUAN LOPEZ, théologien, hagiographe et sermonnaire espagnol, dominicain, né à Salamanque, mort vers 1470.

LUPUS (Joannes), JUAN LUPO ou LOPEZ, écrivain politique et théologien espagnol, professeur à Salamanque, né et chanoine à Ségovie, mort à la fin du XVe siècle.

LUSCHUS (Antonius). Voy. *Luscus* (A.).

LUSCI (Guilelmus de). Voy. *Lexi* (G. de).

LUSCINIUS (Othomarus), OTTOMAR NACHTGALL, érudit et philologue allemand, né à Strasbourg, mort vers 1530.

LUSCINUS (Ægidius). Voy. *Lessinia* (Æ. de).

LUSCUS (Antonius), ANTONIO LUSCO, poëte et philosophe italien, secrétaire des papes Grégoire XII, Martin V, Eugène IV et Nicolas V, né à Vicence, mort en 1447. — On le nomme aussi *A. Luschus*.

LUSITANUS (Ægidius), GILLES DE PORTUGAL, dit aussi G. DE SAINTE-IRÈNE, prédicateur portugais, dominicain, né dans le diocèse de Visco, mort en 1265.

— On le trouve aussi nommé *Æ. de Portugalia*.

LUSITANUS (Amadeus), JUAN MENEZ DE SILVA, dit aussi AMÉDÉE DE PORTUGAL. Voy. *Menesius* (J.).

LUSITANUS (Antonius), ANTOINE DE PADOUE, dit aussi A. DE PORTUGAL. Voy. *Patavinus* (A.).

LUSITANUS (Petrus). Voy. *Julianus* (P.).

LUTHERI ANTESIGNANUS, LE PRÉCURSEUR DE LUTHER, surnom donné à JOHANN WESSEL. Voy. *Wesselus* (J.).

LUTHRA (Petrus a). Voy. *Lutrensis* (P.).

LUTRENSIS (Petrus), PIERRE DE KAISERSLAUTERN, théologien allemand, prémontré, chanoine de Kaiserslautern, mort après 1330. — On le trouve encore nommé *P. a Luthra* et *P. Præmonstratensis*.

LUTTERELLUS (Joannes), JOHN LUTTERELL, théologien et philosophe anglais, carme, chancelier de l'université d'Oxford, mort vers 1350.

LUX DECRETORUM, LA LUMIÈRE DES DÉCRETS, surnom donné à JOHANN SEMECA. Voy. *Teutonicus* (J.).

LUX MORUM, LA LUMIÈRE DES MŒURS, surnom donné à GIOVANNI ANDREA. Voy. *Andreas* (J.).

LUX MUNDI, LA LUMIÈRE DU MONDE, surnom donné à MARTIN POLLICH. Voy. *Pollichius* (M.).

LUX MUNDI, LA LUMIÈRE DU MONDE, surnom donné à JOHANN WESSEL. Voy. *Wesselus* (J.).

LUX OCCIDENTIS, LA LUMIÈRE DE L'OCCIDENT, surnom donné à MOSES BEN MAIMOUN. Voy. *Maimonides* (M.).

LUXEMBURGO (Andreas de), ANDRÉ DE LUXEMBOURG, théologien français, évêque de Cambrai, cardinal, mort en 1396.

LUXEMBURGO (Hermannus de), HERMANN DE LUXEMBOURG, théologien et poëte allemand, religieux dominicain, né dans la ville de Luxembourg, mort vers 1285. — Échard écrit *H. de Lucemburgo*.

LUXEMBURGO (Joannes de), JEAN PICARD, dit aussi J. DE LUXEMBOURG. Voy. *Picardi* (J.).

LUXEMBURGO (Philippus de), PHILIPPE

DE LUXEMBOURG, légat du Saint-Siége, évêque du Mans, de Tusculum et d'Albano, cardinal, fondateur du collége du Mans (*collegium Cenomanense*) à Paris, mort vers 1520.

LUYDIUS (Arnoldus). Voy. *Tungris* (A. de).

LYNACER et LYNACRUS (Thomas). Voy. *Linacer* (T.).

LYNENSIS et DE LYNNA (Alanus). Voy. *Linensis* (A.).

LYRA (Nicolaus de). Voy. *Lyranus* (N.).

LYRANUS (Nicolaus), NICOLAS DE LYRE, célèbre théologien français, cordelier à Verneuil, puis provincial de son ordre pour la Bourgogne, professeur à Paris, né à Lyre, près d'Évreux, mort en 1340. — On le trouve encore appelé *N. Liranus*, *N. de Lira*, *N. de Lyra*, et il fut surnommé *Doctor planus* et *Doctor utilis*.

LYSA (Gerardus de). Voy. *Flandria* (G. de).

MACANEUS (Dominicus). Voy. *Maccanæus* (D.).

MACCANÆUS (Dominicus), DOMENICO DELLA BELLA, dit DOMINIQUE DE MACCAGNO, érudit et antiquaire italien, professeur à Turin, né à Maccagno, dans la province de Novare, mort en 1520. — On le nomme aussi *D. Macaneus*, et les recueils biographiques français l'appellent DOMINIQUE MACCAGNI.

MACERIUS (Philippus), PHILIPPE DE MAIZIÈRES, guerrier, diplomate et écrivain politique français, promoteur des croisades, conseiller du roi Charles V, précepteur de Charles VI, né à Maizières, près d'Amiens, mort en 1405. — On le trouve encore nommé *P. de Maieriis, P. de Maseriis, P. de Mazeriis* et *P. Mazerius*. — Il s'est lui même appelé LE PAUVRE PÈLERIN.

MACHELESFELDUS (Guilelmus), WILLIAM MACKELELFIELD, théologien anglais, religieux dominicain, professeur à Oxford, cardinal, né soit à Canterbury, soit à Coventry, mort en 1303. — Son nom a été orthographié de bien des manières; voici les formes que nous avons rencontrées : *G. Anglicus, G. Maclefeldius, G. de Maclefeldo, G. Maclefeldus, G. Maclesfeldus, G. de Makelesfelde, G. Manusfeldus, G. Maresfeldius, G. Marlesfeldus, G. Massetus* et *G. Messelechus*.

MACHETUS (Gerardus), GÉRARD MACHET, jurisconsulte et théologien français, professeur à Paris, vice-chancelier de l'Université, confesseur de Charles VII, chanoine de Paris, de Chartres et de Tours, évêque de Castres, cardinal, né à Blois, mort en 1448.

MACHIAVELLUS (Nicolaus), NICCOLO MACCHIAVELLI, dit en français NICOLAS MACHIAVEL, célèbre écrivain politique et historien italien, né à Florence, mort en 1527.

MACLEFELDIUS, DE MACLEFELDO, MACLEFELDUS et MACLESFELDUS (Guilelmus). Voy. *Machelesfeldus* (G.).

MACLOVIENSIS (Stephanus), ÉTIENNE BRULEFER, dit aussi ÉT. DE SAINT-MALO. Voy. *Bruliferus* (St.).

MACRA (Macarius). Voy. *Macres* (M.).

MACREMBOLITES (Eumathius ou Eustathius), Εὐμάθιος ou Εὐστάθιος ὁ Μακρεμ-6ολίτης, EUMATHE ou EUSTATHE LE MACREMBOLITE ou DE CONSTANTINOPLE. Voy. *Eumathius*.

MACRES (Macarius), Μακάριος ὁ Μακρής ou ὁ Μακρός, théologien byzantin, moine du mont Athos, mort après 1431. — On le trouve aussi nommé *M. Macra* et *M. Macrus*.

MACRUS (Macarius). Voy. *Macres* (M.).

MADALBERTIS (Homobonus de). Voy. *Cremonensis* (H.).

MADIUS (Michael), MICHELE BARBAZZA, dit aussi M. MADI. Voy. *Barbazanis* (M. de).

MADRIGALENSIS (Michael), MICHEL DE MADRIGAL, théologien espagnol, carme, né à Madrigal, près d'Avila, mort vers 1530.

MADRIGNANUS (Archangelus), ARCHANGELO MADRIGNANI, géographe italien, moine de Cîteaux, puis abbé de Sainte-Marie de Clairvaux, évêque d'Abelli (royaume de Naples), né à Milan, mort en 1520.

MAFFEUS. Voy. *Belcharius, Maphæus* et *Volaterranus.*

MAFFEUS VEGIUS, MAFFEO VEGIO, philologue, poëte et moraliste italien, né à Lodi, mort en 1458. — Sassi le nomme *Mapheus.*

MAGALONENSIS (Gualterus), GAUTIER DE MAGUELONNE, théologien flamand, évêque de Maguelonne (Hérault), né à Lille, mort vers 1130.

MAGALONENSIS (Guilelmus), GUILLAUME RAIMOND, dit G. DE MAGUELONNE, sermonnaire et poëte latin, chanoine, puis évêque de Maguelonne (Hérault), mort en 1195.

MAGALONENSIS (Raimundus), RAYMOND DE MAGUELONNE, théologien français, évêque de Maguelonne (Hérault), mort en 1159.

MAGDALIUS (Jacobus). Voy. *Gaudensis* (J.).

MAGDOVILLANUS (Joannes). Voy. *Magnovillanus* (J.).

MAGDUNENSIS. Voy. *Magduno* (de).

MAGDUNO (Joannes de), JEAN DE MEUNG, poëte français, l'un des auteurs du *Roman de la Rose*, né à Meung, près d'Orléans, mort vers le milieu du XIVe siècle. — Nous l'avons vu appelé aussi *J. Meunius* et *J. Magdunensis*, et il fut surnommé *J. Clopinellus.*

MAGENTENUS (Leo), Λέων ὁ Μαγεντηνός, philosophe byzantin, commentateur d'Aristote, moine puis archevêque de Mitylène, mort vers le milieu du XIVe siècle.

MAGGIUS (Propertius), PROPERTIO MAGGI, médecin italien, né ou établi à Crémone, mort après 1348.

MAGISTER (Eustathius). Voy. *Patricius* (E.).

MAGISTER (Martinus), MARTIN LE MAISTRE, philosophe et moraliste français, aumônier et confesseur de Louis XI, né à Tours, mort en 1482.

MAGISTER (Michael), surnom donné à MICHEL BLAUNPAYN, poëte anglais, né dans le comté de Cornouaille, mort après 1250.

MAGISTER (Thomas). Voy. *Theodulus* (Th.).

MAGISTER ABSTRACTIONUM, LE MAÎTRE DES ABSTRACTIONS, surnom donné à FRANCESCO HOSPITALERI. Voy. *Maironis* (F. de).

MAGISTER ANDREAS, MAÎTRE ANDRÉ, nom sous lequel est souvent désigné A. DE RATISBONNE. Voy. *Ratisbonensis.* (A.).

MAGISTER CONTRADICTIONUM, LE MAÎTRE DES CONTRADICTIONS, surnom donné à JEAN WESSEL. Voy. *Wesselus* (J.).

MAGISTER DOCTORUM, LE MAÎTRE DES DOCTEURS, surnom donné à MANEGOLD. Voy. *Manegoldus.*

MAGISTER SENTENTIARUM, LE MAÎTRE DES SENTENCES, surnom donné à PIERRE LE LOMBARD. Voy. *Lombardus* (P.).

MAGISTRI (Joannes), JEAN LE MAITRE, théologien français, prieur des dominicains et vice-inquisiteur à Rouen, mort vers 1430.

MAGIUS (Alexander). Voy. *Bassanus* (A.).

MAGNIFICUS (Laurentius), LAURENT LE MAGNIFIQUE. Voy. *Mediceus* (L.).

MAGNOVILLANUS (Joannes), JEAN DE MANDEVILLE (dit la *Nouvelle Biographie générale*), célèbre voyageur et médecin anglais, né à Saint-Albans, mort en 1372. — Nous l'avons trouvé nommé encore *J. Magdovillanus, J. de Mandevilla* et *J. de Sancto Albano.*

MAGNOVILLANUS (Joannes). Voy. *Manduithus* (J.).

MAGNUS (Albertus), ALBERT DE BOLLSTADT, dit A. LE GRAND. Voy. *Bolstadius* (A.).

MAGNUS (Gerardus), GÉRARD GROOT, en français G. LE GRAND, théologien hollandais, fondateur d'ordres religieux, chanoine d'Utrecht (*canon. Ultrajectensis*), puis d'Aix-la-Chapelle (*Aquisgranensis*), né à Deventer, mort en 1384. — On le nomme aussi *G. Daventriensis.*

MAGNUS (Gilbertus), GILBERT DE CITEAUX, dit aussi G. LE GRAND. Voy. *Cisterciensis* (G.).

MAGNUS (Jacobus); JACQUES LE GRAND, prédicateur et moraliste français, religieux augustin, né à Toulouse, mort après 1422.

MAGNUS (Richardus), RICHARD WETHERSHED, théologien anglais, chancelier de Lincoln, archevêque de Canterbury, mort en 1231.

MAGWIRIUS (Carolus ou Cathaldus), CHARLES MAGUIRE, chroniqueur irlandais, chanoine d'Armagh et doyen de l'église de Clogher (*decanus Clochorensis*), né dans le comté de Fermanagh, mort en 1498.

MAGWIRIUS (Nicolaus), NICOLAS MAGUIRE, chroniqueur irlandais, évêque de Leghlin (*episcop. Leghlinensis*), né à Idrona, mort vers 1512.

MAIDSTONE (Richardus de). Voy. *Maidstonius* (R.).

MAIDSTONIUS (Richardus), RICHARD DE MAIDSTONE, célèbre théologien et prédicateur anglais, adversaire de Wiclef, professeur à Oxford, confesseur du duc de Lancastre, religieux carme, né à Maidstone, dans le comté de Kent, mort en 1396. — On le nomme aussi *R. de Maidstone*.

MAIERIIS (Philippus de). Voy. *Macerius* (P.).

MAILLARDUS (Oliverius), OLIVIER MAILLARD, célèbre prédicateur français, docteur de Sorbonne, cordelier, né dans la Bretagne, mort vers 1502.

MAIMONIDES (Moses), MOSES BEN MAÏMOUN, dit MAÏMONIDE, célèbre philosophe, théologien et médecin juif, né à Cordoue, mort en 1204. — On le trouve surnommé dans les auteurs juifs : *Aquila magna, Doctor fidelis, Gloria orientis*, et *Lux occidentis*.

MAINANUS (Petrus). Voy. *Maynerius* (P.).

MAINARDINUS (Marsilius). Voy. *Patavinus* (M.).

MAINARDUS (Eberhardus), ÉBERHARD MAYNARD, théologien et sermonnaire allemand, carme, né à Mayence, mort vers 1410. — On trouve aussi *E. Maynardus*.

MAINARDUS (Vincentius), VINCENZO MAINARDO, dit aussi V. DE SAN-GEMINIANO (*V. de Sancto Geminiano* ou *V. Sangeminiacensis*), hagiographe italien, dominicain, né à San-Geminiano (Toscane), mort en 1527.

MAINERIUS (Petrus). Voy. *Maynerius* (P.).

MAINUS (Jason). Voy. *Maynus* (J.).

MAIOLUS (Laurentius), LORENZO MAIOLO ou MAGGIOLI, médecin, helléniste et philologue italien, professeur à Padoue, à Pavie et à Ferrare, né à Aste, mort en 1501.

MAIRONIS (Franciscus de), FRANCESCO HOSPITALERI, plus connu sous le nom de FR. DE MAIRONE, théologien français, cordelier, disciple de Duns Scot, docteur de Sorbonne, professeur à Paris, né à Mairone, dans la vallée de Barcelonnette, mort après 1327. — On écrit souvent *F. de Mayronis*, et ce personnage a été surnommé *Doctor acutus, Doctor illuminatus* et *Magister abstractionum*.

MAIUS (Antonius), ANTONIO MAGGIO, littérateur italien, né à Brescia, mort après 1501.

MAIUS (Junianus), JUNIANO MAGGIO, philologue italien, né et professeur à Naples, mort à la fin du XVe siècle. — On trouve souvent *Majus*.

MAJOR (Guilelmus), GUILLAUME LE MAIRE, théologien français, évêque d'Angers, mort en 1314.

MAJOR (Joannes), JEAN LE MAIRE, précepteur de Louis XI, chanoine de Notre-Dame de Paris et de Saint-Martin de Tours, mort en 1465. — On trouve souvent le génitif *J. Majoris*.

MAJOR (Nicolaus), NICOLAS LE MAIRE, théologien français, né et évêque à Angers, mort en 1314.

MAJORIS (Radulphus), RAOUL DE MAEYERE, orateur au concile de Constance, prévôt de Saint-Donatien, à Bruges, puis de Saint-Amat, à Douai, mort en 1437.

MAJORIS PONTIS (Adamus), ADAM DE PARIS, dit aussi A. DU GRAND-PONT. Voy. *Parisinus* (A.) et *Parvipontanus* (A.).

MAJORIS MONASTERII (Guilelmus),

GUILLAUME ARENGRIN, dit aussi G. DE MARMOUTIERS. Voy. *Arengrinus* (G.).

MAJORIS MONASTERII (Joannes, monachus), JEAN DE MARMOUTIERS, chroniqueur français, moine de Marmoutiers, né dans la Touraine ou dans l'Anjou, mort après 1151.

MAJUS. Voy. *Maius*.

MAKELESFELDE (Guilelmus de). Voy. *Machelesfeldus* (G.).

MAKRISIUS (Ahmed al), AHMED AL MAKRIZI, en français A. DE MAKRIZ, célèbre écrivain arabe, né au Caire, d'une famille originaire de Makriz, près de Baalbek, en Syrie, mort en 1442.

MALABRANCA (Hugolinus de), en français HUGOLIN DE MALEBRANCHE, théologien et sermonnaire italien, religieux augustin, évêque de Rimini, patriarche de Jérusalem, né à Orvieto (*Urbevetanus*), mort après 1374. — On trouve aussi H. *Malabranchius*.

MALABRANCHIUS (Hugolinus). Voy. *Malabranca* (H. de).

MALACHIAS, MALACHY, dit en français saint MALACHIE, théologien irlandais, moine de Clairvaux, évêque de Couner (*episc. Connorensis*), archevêque d'Armagh (*archiep. Armachanus*), né à Armagh, mort en 1148.

MALA MORTE (Gerardus de), GÉRARD DE MALEMORT, théologien français, archevêque de Bordeaux, né sans doute à Malemort, dans le Limousin, mort en 1259.

MALATESTIS (Carolus de), CARLO MALATESTA, littérateur italien, procureur de Grégoire XII au concile de Constance, mort vers 1430.

MALATIENSIS (Gregorius), GRÉGOIRE ABOULFARADGE, dit aussi G. DE MALATIA. Voy. *Abulfaragius*.

MALBODIENSIS (Adrianus), ADRIEN DE MAUBEUGE, théologien flamand, prévôt et chancelier de l'église de Maubeuge, mort vers 1170.

MALCHOTIUS. Voy. *Autissiodorensis* (Robertus).

MALDONENSIS (Thomas), THOMAS DE MALDON, théologien anglais, prieur des carmes de Maldon, dans le comté d'Essex, mort en 1404. — On trouve aussi T. *Maldonus*.

MALDONUS (Thomas). Voy. *Maldonensis* (T.).

MALESSICO (Guido de), GUI DE CHATELUS, dit aussi G. DE MALSEC. Voy. *Castri Lucii* (G.).

MALGRINUS (Joannes). Voy. *Algrinus*.

MALHERBIUS (Nicolaus), NICOLAS DE MALHERBI, dit aussi, par erreur, N. MALERMI, théologien et traducteur italien, camaldule, né à Venise, mort à la fin du XVe siècle.

MALINIS (Joannes de), JEAN VAN PAESSCHEN, dit aussi J. DE MALINES. Voy. *Pascha* (J.).

MALINIS (de). Voy. *Mechlinia* (de).

MALLEOLUS (Felix), FÉLIX HAMMERLEIN, théologien et bibliophile suisse, chanoine de Zolfingen, chantre à Zurich, prévôt de Soleure, né à Zurich, mort après 1457.

MALLEOLUS (Thomas), THOMAS HEMERKEN, dit aussi TH. DE KEMPEN. Voy. *Kempis* (Th. a).

MALLEUS HÆRETICORUM, LE MARTEAU DES HÉRÉTIQUES, surnom donné à PIERRE D'AILLY. Voy. *Alliacensis* (P.).

MALLIACO (Guilelmus de), GUILLAUME DE MAILLY, théologien français, dominicain, né à Mailly le Château, près d'Auxerre, mort vers 1462.

MALLIACO (Joannes de), JEAN DE MAILLY, chroniqueur français, dominicain, né à Mailly-le-Château, près d'Auxerre, mort après 1250.

MALMESBURIENSIS (Guilelmus), GUILLAUME DE MALMESBURY, célèbre historien anglais, bénédictin, bibliothécaire de l'abbaye de Malmesbury, mort vers 1150. — On le trouve nommé souvent G. *Bibliothecarius*.

MALUMBRIS (Richardus de), RICARDO MALUMBRA, jurisconsulte italien, né à Crémone, mort après 1310.

MALUMBRIS (Thomas de), TOMMASO MALUMBRA, jurisconsulte italien, né et sénateur à Crémone, mort après 1350.

MALUS CLERICUS (Gualterus), GAUTIER MAUCLERC (dit Échard), théologien anglais, religieux dominicain, évêque de Carlisle (*episcop. Carleolensis*), mort en 1248.

MALUS VICINUS (Samson), SAMSON MAUVOISIN, théologien français, archidiacre, prévôt, doyen, puis évêque de Chartres, mort vers 1150.

MALVERNÆUS (Joannes), JEAN DE MALVERN, littérateur et historien anglais, bénédictin, moine à Worcester, né à Mortimer, près de Malvern (Worcester), mort après 1386. — On trouve aussi *J. Milvernæus*.

MALVETIUS (Jacobus), GIACOMO MALVEZZI, médecin et chroniqueur italien, né soit à Brescia, soit à Modène, mort après 1332. — Potthast écrit *J. Malvecius*.

MALVETIUS (Troilus), TROILO MALVEZZI, jurisconsulte italien, né et professeur à Bologne, mort vers 1450.

MAMBURNUS (Joannes). Voy. *Mauburnus* (J.).

MAMERTUS (Sebastianus), SÉBASTIEN MAMEROT, historien et voyageur français, chanoine et chantre de l'église Saint-Étienne à Troyes, né dans le Soissonnais, mort vers 1475.

MAMMAS (Gregorius). Voy. *Melissenus* (G.).

MAMMOTHREPTUS. Voy. *Marchesinus* (J.).

MANARDUS (Joannes), GIOVANNI MANARDI, célèbre médecin italien, né et établi à Ferrare, mort en 1519.

MANASSÈS (Constantinus), Κωνσταντῖνος ὁ Μανάσση, chroniqueur, romancier et poëte byzantin, mort vers la fin du XII° siècle.

MANCESTRIA (de). Voy. *Manchestrensis*.

MANCHESTRENSIS (Hugo), HUGUES DE MANCHESTER, théologien anglais, dominicain, professeur à Manchester, mort vers 1300. — Tanner écrit *H. de Mancestria*.

MANCINELLUS (Antonius), ANTONIO MANCINELLI, poëte et philologue italien, professeur à Velletri, à Rome, à Fano, à Venise et à Orvieto, né à Velletri, mort vers 1506.

MANDAGOTO (Guilelmus de), GUILLAUME DE MANDAGOT, théologien français, archidiacre de Nîmes, prévôt à Toulouse, archevêque d'Embrun, cardinal, évêque de Palestrine, né à Lodève, mort en 1321. — On le trouve aussi nommé *G. Mandagotus*.

MANDAGOTUS (Guilelmus). Voy. *Mandagoto* (G. de).

MANDEVILLA (Joannes de). Voy. *Magnovillanus* (J.).

MANDUCATOR (Petrus). Voy. *Comestor* (P.).

MANDWITHUS (Joannes), JOHN MANDUITH (Jöcher), mathématicien anglais, docteur d'Oxford, né à Saint-Albans, mort en 1372. — On le nomme aussi *J. Magnovillanus*.

MANEGALDUS et MANEGAUDUS. Voy. *Manegoldus*.

MANEGOLDUS, MANEGOLD, dit DE LUTENBACH, théologien allemand, prévôt à Marbach sur le Rhin, doyen des chanoines réguliers de Reittenberg, né à Lutenbach (diocèse de Strasbourg), mort après 1103. — On le trouve appelé encore *Manegaldus, Manegaudus, Manigoldus* et *Manegundus*, et il a été surnommé *Magister doctorum*.

MANEGOLDUS, MANEGOLD, abbé de Saint-George, dans la Forêt-Noire, tué par ses moines en 1110.

MANEGUNDUS. Voy. *Manegoldus*.

MANELLUS (Lucas), LUCA MANELLI, moraliste et sermonnaire italien, religieux dominicain, évêque d'Osimo (*episcop. Auximanus*), né à Florence, mort en 1363.

MANETTIUS (J.). Voy. *Manettus* (J.).

MANETTUS (Janetus ou Jannotius), GIANNOZZO MANETTI, négociateur, érudit et orateur italien, secrétaire des papes Nicolas V et Callixte III, né à Florence, mort en 1459. — On trouve aussi *J. Manettius*.

MANFREDIS (Thomas de), TOMMASO MANFREDI, jurisconsulte italien, né à Crémone, mort après 1364.

MANFREDUS (Hieronymus), GERONIMO MANFREDI, médecin et astronome italien, né à Bologne, mort après 1489.

MANFREDUS (Scipio), SCIPIONE MANFREDI, astrologue italien, né ou établi à Bologne, mort au commencement du XVI° siècle.

MANIACO (DE) et MANIACUS (Joannes),

GIOVANNI AILINO, dit J. DE MANIACO. Voy. *Ailinus* (J.).

MANIGOLDUS. Voy. *Manegoldus*.

MANLIUS (Jacobus). Voy. *Brigantinus* (J.).

MANSUETUS (Leonardus), LE NARDO MANSUETI, théologien et sermonnaire italien, dominicain, né à Pérouse, mort vers 1475.

MANTUA (Albertinus de), ALBERTINO DE MANTOUE, théologien italien, augustin, mort vers 1400.

MANTUA (Joanninus de), JOANNINO DE MANTOUE, théologien italien, religieux dominicain, né à Mantoue, mort vers 1310.

MANTUA (de). Voy. *Mantuanus*.

MANTUANUS (Joannes-Baptista), GIOVANNI-BATTISTA SPAGNUOLI, dit LE MANTOUAN, poëte latin, général des Carmes, adepte de Savonarole, né à Mantoue, mort en 1516. — On le trouve aussi nommé *J.-B. Hispaniolus* et *J.-B. Spagnolus*.

MANTUANUS (Philippus), PHILIPPE DE MANTOUE, théologien italien, augustin, mort vers 1525. — On le trouve aussi nommé *Ph. Lombardus*, *Ph. Longobardus* et *Ph. de Mantua*.

MANTUANUS (Spagnolus-Baptista). Voy. *Baptista* (S.).

MANUSFELDUS (Guilelmus). Voy. *Machelesfeldus* (G.).

MANUCIUS (Aldus). Voy. *Manutius* (A.).

MANUTIUS (Aldus), TEOBALDO, dit ALDO MANUZIO, en français ALDE MANUCE, célèbre imprimeur italien, né à Sermonetta, près de Velletri, dans le Bassian, mort en 1515. — On le trouve encore nommé *A. Bassianas*, *A. Latinus*, *A. Romanus* et *A. Manucius*, et en italien A. MANUCCI, A. MANNUCCI, A. MANUCIO, A. MANNUCCIO. En grec, il écrit tantôt Μανούκιος et tantôt Μανούτιος.

MANZOLUS (Lucas), LUCA MANZOLI ou MANZUOLI, théologien italien, abbé des Frères-Humiliés de Florence, évêque de Fiesole, cardinal, né à Florence, mort en 1411.

MANZOLUS (Petrus-Angelus), PIETRO-ANGELO MANZOLI, plus connu sous le pseudonyme de *Marcellus Palinge-*

nius, poëte latin, né à Stellata, près de Ferrare, mort vers le milieu du XVI° siècle.

MAPÆUS (Gualterus ou Walterus), GAUTIER MAP, poëte anglo-normand, né sur les frontières du pays de Galles, mort après 1196. — On le trouve aussi nommé *G. Mapes*, *G. Mapus* et même *G. Mapezius*.

MAPES et MAPEZIUS (Gualterus). Voy. *Mapæus* (G.).

MAPHÆUS (Celsus), CELSO MAFFEI, théologien, littérateur et diplomate italien, chanoine régulier de Latran, né à Vérone, mort en 1508. — On le nomme aussi *C. de Maffeis* et *C. de Maphæis*.

MAPHÆUS (Paulus), PAOLO MAFFEI, théologien italien, chanoine régulier de Latran, né à Vérone, mort en 1440. — On le nomme aussi *P. de Maffeis* et *P. de Maphæis*.

MAPHÆUS (Timotheus), TIMOTEO MAFFEI, littérateur italien, chanoine régulier de Latran, archevêque de Raguse, né à Vérone, mort vers 1460. — On le nomme encore *T. de Maffeis*, *T. de Maphæis* et *T. Veronensis*.

MAPHÆUS. Voy. *Belcharius* et *Maffeus*.

MAPUS (Gualterus). Voy. *Mapæus* (G.).

MARA (Guilelmus de). Voy. *Lamarensis* (G.).

MARÆUS (Guilelmus), GUILLAUME MARA, humaniste français, secrétaire du cardinal Briçonnet, recteur de l'université de Caen, chanoine de Coutances, né dans le Cotentin, mort vers 1530.

MARBALDUS. Voy. *Rhedonensis* (M.).

MARBECO (Guilelmus de). Voy. *Mœrbeka* (G. de).

MARBODUS et MARBOTTUS. Voy. *Rhedonensis* (M.).

MARCANUS (Lippoldus, Leonoldus, Leovoldus ou Levoldus), LEVOLD DE NORTHOF, dit aussi L. DE LA MARCK, chroniqueur allemand, né dans le comté de la Marck, mort après 1358.

MARCANUS (Oliverius), OLIVIER DE LA MARCHE, homme d'État, chroniqueur et littérateur français, né au château de la Marche, dans la Bourgogne, mort en 1502.

MARCELLUS (Christophorus), CRISTOFORO MARCELLO, théologien et littérateur italien, protonotaire apostolique, chanoine de Padoue, archevêque de Corfou, mort en 15...

MARCELLUS (Petrus), PIETRO MARCELLO, historien et biographe italien, né à Venise, mort vers 1520.

MARCHELEGUS et MARCKELEGUS (Joannes). Voy. *Markeleius* (J.).

MARCHENTUS (Ludovicus). Voy. *Merchentus* (L.).

MARCHESINUS (Joannes), GIOVANNI MARCHESINI, philologue italien, minorite, auteur du *Mammothreptus*, mort vers 1500.

MARCHESIUS (Albertus), ALBERTO MARCHESI, théologien et moraliste italien, né dans la Romagne, mort en 1530.

MARCHIA (Franciscus de), FRANÇOIS DE LA MARCHE, théologien italien, frère mineur, disciple de Duns Scot, né dans la Marche d'Ancône, mort vers 1320.

MARCHIA (Jacobûs de), JACQUES DE LA MARCHE, théologien et sermonnaire italien, frère mineur, né dans la Marche d'Ancône (ancien *Picenum*), mort en 1436. — On le trouve aussi nommé *J. Picenus*.

MARCHIANENSIS (Gualbertus), GUALBERT DE LA MARCHE, hagiographe belge, bénédictin, moine à La Marche, mort vers 1130.

MARCIANENSIS (Andreas), ANDRÉ DU BOIS, dit aussi A. DE MARCHIENNES. Voy. *Sylvius* (A.).

MARCODURANUS (Michael), MICHEL HERBRAND, dit aussi M. DE DUEREN. Voy. *Herbrandus* (M.).

MARDEBANUS. Voy. *Rhedonensis* (M.).

MARDELEGUS (Joannes). Voy. *Markeleius* (J.).

MAREGUS (Joannes). Voy. *Marreius* (J.).

MARESCHALLUS (Matthæus), MATTHEW MARSCHALL, seigneur de Riberach et de Pappenheim, historien et jurisconsulte allemand, docteur de Paris, chanoine d'Augsbourg (*canon. Augustanus*), mort vers 1500.

MARESCHALLUS (Robertus), ROBERT MARSHALL, théologien et sermonnaire anglais, carme, professeur à Oxford, né à Ludlow, mort en 1417. — On trouve aussi *R. Marscallus*.

MARESFELDIUS (Guilelmus). Voy. *Machelesfeldus* (G.).

MARGARINUS, DE MARGARITIS et MARGARITUS (Joannes), JUAN MOLIS, dit aussi J. DE MARGARIT. Voy. *Gerundensis* (J.).

MARGARITUS. Voy. *Margaritonus*.

MARIANUS. Voy. *Florentinus* (M.).

MARIANUS (Doctor). Voy. *Dunstonensis* (J.).

MARIENRODENSIS (Henricus), HEINREICH BERNTEN, dit H. DE MARIENRODE, chroniqueur allemand, moine de Cîteaux, abbé du couvent de Marienrode, à Hildesheim, mort en 1463.

MARIGNIACO (Enguerranus de), ENGUERRAND LE PORTIER, dit plus tard E. DE MARIGNY, comte de Longueville, chambellan, surintendant des finances, puis premier ministre sous Philippe le Bel, né dans la Normandie, pendu en 1315. — On le trouve nommé aussi *E. Marinius*.

MARIGNIACO (Joannes de), JEAN DE MARIGNY, chantre de Notre-Dame de Paris, évêque de Beauvais, archevêque de Rouen, garde des sceaux, mort en 1351.

MARINIS (Ubertinus de), UBERTINO MARINO, jurisconsulte italien, conseiller et vice-chancelier du roi de Sicile, archevêque de Palerme, né dans cette ville, mort en 1434.

MARINIUS. Voy. *Marigniaco* (de).

MARINUS (Petrus), PIETRO MARINI, prédicateur italien, augustin à Aix, évêque de Glandèves, confesseur du roi René, mort en 1467.

MARISCO (Adamus de), ADAM DE MARSH, théologien anglais ou français, évêque d'Ely (comté de Cambridge), né soit à Marsh, dans le comté de Somerset, soit à Ponts-et-Marais (anc. *Ecclesia de Marisco*) près d'Eu, dans la Seine-Inférieure (Ch. Jourdain), mort vers 1257. — On le nomme encore *A. Eliensis*, *A. Mariscus* (Marais), et il fut surnommé *Doctor illustratus*.

MARISCUS (Adamus). Voy. *Marisco* (A. de).

MARIUS (Joannes), JEAN LE MAIRE, souvent appelé J. LE MAIRE DE BELGES (*J. Marius Belgæ*), poëte et historien belge, bibliothécaire et historiographe de Marguerite d'Autriche, né à Bavai, mort vers 1548.

MARKELEIUS (Joannes), JOHN MARCHELEY (Jöcher) ou MARKELEY (Fabricius), théologien anglais, général des Frères mineurs, mort à York en 1376. — On le trouve encore nommé *J. Marchelegus*, *J. Marckelegus* et *J. Mardelegus*.

MARLA (Thomas de), THOMAS DE MARLE, seigneur DE COUCI (*de Cociaco*), abbé du mont Saint-Michel, mort en 1130.

MARLEIUS (Daniel). Voy. *Morleius*.

MARLESFELDIUS (Guilelmus). Voy. *Machelesfeldus* (G.).

MARLIANO (de). Voy. *Marlianus*.

MARLIANUS (Fabricius), FABRICIO MARLIANI, historien et négociateur italien, évêque de Tortone, puis de Plaisance, né à Milan, mort en 1508.

MARLIANUS (Joannes), GIOVANNI MARLIANI, médecin italien, professeur à Milan et à Pavie, médecin de Galeas Sforza, né à Milan, mort en 1483. — On le nomme aussi *J. de Marliano*.

MARLIANUS (Ludovicus), LUIGI MARLIANI, médecin, poëte et érudit italien, évêque de Tuy (*episcop. Tudensis*), en Galice, cardinal, né à Milan, mort en 1521.

MARLIANUS (Raimundus), RAIMONDO MARLIANI, géographe italien, docteur de Padoue, chanoine de Liége, puis de Besançon, professeur à Dôle, puis à Louvain, mort en 1475. — Paquot le nomme R. DE MARLIANO.

MARO (Andreas), ANDREA MARONE, célèbre improvisateur italien, né à Pordenone (Frioul), mort en 1527.

MAROLIO (Joannes de), JEAN DE MAREUIL, théologien français, docteur et procureur de la Sorbonne à Paris, curé de Saint-Mathurin de Larchant, mort vers 1300.

MARONIS (Joannes). Voy. *Marreius* (J.).

MARPURGENSIS (Conradus). Voy. *Marpurgicus* (C.).

MARPURGICUS (Conradus), CONRAD DE MARPURG, dit en français C. DE MARBOURG, théologien et inquisiteur allemand, dominicain, né à Marpurg (Hesse), assassiné en 1233. — Oudin le nomme *C. Marpurgensis*.

MARREIUS (Joannes), JEAN DE MARREY, théologien et sermonnaire anglais, religieux carme, né à Marrey, dans le comté d'York, mort en 1407. — On le trouve encore nommé *J. Maregus*, *J. Maronis* et *J. Marro*.

MARRO (Joannes). Voy. *Marreius* (J.).

MARSCALLUS. Voy. *Mareschallus* et *Marshallus*.

MARSCHALCUS (Nicolaus), NICOLAS MARSCHALK, philologue, jurisconsulte, historien et naturaliste allemand, professeur à Rostock, né dans la Thuringe, mort en 1525.

MARSHALLUS (Galfredus), GODFROY MARSHALL, philosophe scolastique anglais, bénédictin, moine à Glascow, mort en...?

MARSHALLUS (Rogerus), ROGER MARSHALL, mathématicien anglais, *inc. sæc.*

MARSICANUS (Anselmus), ANSELME DE MARSICO, théologien italien, évêque de Marsico (royaume de Naples), mort vers 1220.

MARSICANUS (Joannes), JEAN DE MARSICO, théologien italien, cardinal, évêque de Tusculum, né à Marsico (royaume de Naples), mort vers 1120.

MARSICANUS (Leo), LÉON DE MARSICO, chroniqueur et sermonnaire italien, religieux bénédictin, bibliothécaire du Mont-Cassin, cardinal, évêque d'Ostie, né à Marsico (royaume de Naples), mort vers 1115. — On le trouve nommé aussi *L. Ostiensis*, *L. Cassinensis* et *L. Cardinalis*.

MARSILIUS (Ludovicus), LUIGI MARSIGLI, théologien et philologue italien, augustin, docteur de Paris, ami de Pétrarque, né et professeur à Florence, mort en 1394. — On le trouve aussi nommé *L. Marsillus*.

MARSILIUS. Voy. *Ficinus* (M.), *Heidelbergensis* (M.) et *Patavinus* (M.).

MARSILLUS (Aluisius, Luisius ou Ludovicus), LUIGI MARSIGLI, théologien, sermonnaire et poëte italien, religieux augustin, né à Florence, mort en 1450. — On l'a souvent confondu avec le précédent.

MARSUPPINUS (Carolus), CARLO MARSUPPINI, poëte latin, helléniste et traducteur italien, professeur à Florence, secrétaire apostolique, né à Arezzo (Toscane), mort en 1453. — On le trouve nommé aussi C. Aretinus.

MARSUS (Paulus), PAOLO MARSO, philologue italien, poëte latin, professeur à Venise et à Rome, né à Piscina, dans l'Abruzze, mort vers 1500. — On le trouve nommé aussi P. Piscinas.

MARSUS (Petrus), PIETRO MARSO, philologue italien, né à Cesa, près de Rome, mort vers 1510.

MARTELLIUS (Ludovicus), LUIGI MARTELLI, poëte et auteur dramatique italien, né à Florence, mort en 1527. — On le trouve nommé aussi J. Martellus.

MARTELLUS (Guilelmus). Voy. Sancto Albano (G. de).

MARTELLUS (Ludovicus). Voy. Martellius (L.).

MARTIANENSIS (Andreas). Voy. Sylvius (A.).

MARTINI (Franciscus), FRANCISCO MARTIN ou MARTINEZ, théologien espagnol, carme à Barcelone, professeur à Paris, mort vers 1390.

MARTINI (Guibertus), GUIBERT DE GEMBLOUX, dit aussi G. DE SAINT-MARTIN. Voy. Gemblacensis (G.).

MARTINI (Nicolaus). Voy. Albertinis (N. de).

MARTINI (Raimundus), RAMON MARTINEZ, théologien, controversiste et philologue espagnol, dominicain, né à Subirats, dans la Catalogne, mort vers 1300. — On le trouve aussi nommé Martinus Raimundi.

MARTINIS (Octavianus de), OTTAVIANO MARTINO, biographe italien, avocat consistorial, né à Mandragore (anc. Sinuessa), dans le royaume de Naples, mort vers 1500.

MARTINUS, MARTIN IV, pape. Voy. Bria (S. de).

MARTINUS (Alphonsus), ALFONSO MARTINEZ, moraliste espagnol, archiprêtre de Talavera, né à Tolède, mort vers 1530.

MARTINUS (Joannes), JEAN MARTIN, hagiographe flamand, dominicain à Valenciennes, professeur à Douai, né à Valenciennes, mort en 1495.

MARTINUS (Petrus), PIERRE MARTIN, moraliste français, dominicain, né à Bourges, mort en 1527.

MARTINUS (Theodoricus), THIERRY MARTENS, imprimeur et graveur belge, étab à Venise, puis à Alost, né à Alost, mort en 1534.

MARTIUS (Galeotus), GALEOTTI MARZIO, littérateur italien, professeur à Bologne, bibliothécaire de Matthias Corvin à Bude, né à Narni (États de l'Église), mort en 1478. — On le trouve aussi nommé G. Narniensis.

MARTYR (Petrus). Voy. Anglerius (P.-M.).

MARULLUS (Marcus), MARCO MARULLO, historien et érudit dalmate, né à Spalato, mort en 1524.

MARULLUS (Michael), MICHELE MARULO, appelé aussi M. TARCAGNOTA (Tarcaniota), poëte latin moderne, étudiant à Venise et à Padoue, né à Constantinople, mort en 1500.

MARVEGIO (Vincentius de), VINCENT DE MARVEJOLS, théologien et sermonnaire français, religieux dominicain, né à Marvejols (Lozère), mort à la fin du XIVᵉ siècle.

MARVISIUS (Gualterus), GAUTIER DE MARVIS, prélat belge, évêque de Tournai, fondateur de nombreux monastères, mort en 1251.

MASCA (Pandulphus). Voy. Pisanus (P.).

MASCAUDIO (Guilelmus de), GUILLAUME DE MACHAU, poëte et musicien français, né à Machau, près de Réthel, mort après 1370.

MASERIIS (Philippus de). Voy. Macerius (P.).

MASIUS (Jacobus). Voy. Brugis (J. de).

MASIUS (Matthæus), MATTEO MASI, hagiographe italien, augustin dans la Marche d'Ancône, mort vers 1270.

MASSANUS (Antonius), ANTOINE DE MASSA, théologien italien, frère mineur, évêque de Massa (Toscane), mort après 1430.

MASSANUS (Michael), MICHEL DE MASSA, théologien italien, ermite de Saint-Augustin, né à Massa (Toscane), mort à Paris en 1336.

MASSARIS (Ambrosius de), AMBROGIO MASSARI ou MASSARIA. Voy. *Coranus* (A.).

MASSELINUS (Joannes), JEAN MASSELIN, historien français, chanoine, puis doyen du chapitre de Rouen, député aux états généraux de Tours, mort en 1500.

MASSETUS (Guilelmus). Voy. *Machelesfeldus* (G.).

MASSILIENSIS (Benedictus), BENOIT D'ALIGNAN, dit aussi B. DE MARSEILLE, savant théologien français, bénédictin, évêque de Marseille, né sans doute à Alignan (Hérault), mort en 1268.

MASSUCCIUS, MASUCCIO, célèbre conteur italien, né à Salerne, mort après 1476.

MATARATIUS (Franciscus), FRANCESCO MATARAZZO, philologue italien, né et professeur à Pérouse, mort vers 1312. — On le trouve aussi nommé *Maturantius*.

MATASSELANIS (Matthæus de), MATHIEU DE MATHESILANI, jurisconsulte italien, professeur à Bologne et à Parme, né à Bologne, mort vers 1440.

MATHEOLUS, MATHIOLET, MAHIEU ou MATHIEU, poëte latin et français, né à Boulogne-sur-Mer, mort vers 1320.

MATISCENSIS et DE MATISCONE. Voy. *Matisconensis*.

MATISCONENSIS (Guilelmus), GUILLAUME DE MACON, canoniste français, chanoine de Paris, puis de Beauvais, doyen de Laon, puis d'Amiens, né à Mâcon, mort en 1308.

MATISCONENSIS (Haimo), HAIMON DE MACON, théologien français, chantre, puis évêque de Mâcon, mort en 1242. — On trouve aussi *H. Matiscensis*.

MATISCONENSIS (Hugo), HUGUES DE MACON, théologien français, de la maison des comtes de Mâcon, premier abbé de Pontigni, puis évêque d'Auxerre, mort en 1151. — On le nomme aussi *H. Autissiodorensis*.

MATISCONENSIS (Hugo), HUGUES DE MACON, poëte latin, né soit en France, soit en Angleterre, mort au XIVᵉ ou au XVᵉ siècle.

MATURANTIUS (Franciscus), Voy. *Mataratius* (F.).

MAUBERNUS (Joannes). Voy. *Mauburnus* (J.).

MAUBURNUS (Joannes), JEAN MAUBURNE ou MOMBOIR, théologien belge, chanoine régulier du Mont-Saint-Agnès, près de Zwoll, abbé de Livri par suite de la démission de Nicolas de Hacqueville, son protecteur (Mauburne refusa toujours, par humilité, d'accepter cette charge à titre définitif, et se fit appeler J. *Temporalis*), né à Bruxelles, mort en 1503. — On le trouve nommé encore *J. de Bruxella, J. de Bruxellis, J. Mamburnus, J. Maubernus* et *J. Momburnus*. — On l'a souvent confondu avec *J. de Vinea*, son contemporain.

MAUDÆUS (Henricus), HENRI DE MAUDE, théologien ascétique hollandais, chanoine régulier au couvent de Windesheim, près de Deventer, mort en 1431.

MAURICII (Petrus). Voy *Montebuxero* (P. de).

MAURICIUS, MORRIS ou MAURICE, théologien irlandais, anglais ou français, dominicain ou franciscain, procureur de la nation anglaise dans l'université de Paris, auteur d'un dictionnaire de la Bible très-répandu au moyen âge sous le titre de *Distinctiones* ou *Divisiones Mauricii*, mort vers 1300.

MAURISIUS (Gerardus), GERARDO MAURISIO, chroniqueur italien, né et juge à Vicence, mort après 1237. — On l'appelle encore *G. de Maurisio, G. Mauritius* et *M. Vicentinus*.

MAURITANIA (Walterus de), GAUTIER DE MORTAGNE, théologien flamand, chanoine, doyen, écolâtre, puis évêque de Laon, né à Mortagne (Orne), mort en 1174.

MAURITIUS (Gerardus). Voy. *Maurisius* (G.).

MAUROCENUS. Voy. *Morosinus*.

MAURUS. Voy. *Ymarus*.

MAURUS (frater), FRA MAURO, célèbre cosmographe italien, camaldule, religieux du couvent de San-Michele de

Murano, près de Venise (*monachus S. Michaelis Moranensis de Venetiis*), mort en 1459.

MAURUS (Joannes-Andreas), JUAN-ANDRÈS EL MORO, en français JEAN-ANDRÉ LE MAURE, souvent désigné sous ses deux prénoms seulement, théologien et mathématicien espagnol, mahométan converti, né à Xativa, dans le royaume de Valence, mort vers 1520.

MAURUS (Ludovicus), LUDOVIC LE MORE. Voy. *Sfortia* (L.-M.).

MAXIMILIANUS, MAXIMILIEN Ier, empereur d'Allemagne, auteur de deux traités sur la chasse, protecteur des lettres, né à Neustadt, mort en 1519.

MAYNARDUS (Eberhardus). Voy. *Mainardus* (E.).

MAYNERIUS (Jacobus), GIACOMO MAYNERI, jurisconsulte italien, né à Milan, mort vers 1290. — On le trouve encore nommé *P. Mainanus* et *P. Mainerius*.

MAYNERIUS (Petrus), PIETRO MAYNERI, fils du précédent, sermonnaire italien, religieux augustin, né à Milan, mort après 1340. — On le trouve encore nommé *P. Mainanus* et *P. Mainerius*.

MAYNO (Jason de). Voy. *Maynus* (J.).

MAYNUS (Jason), JASON DE MAINO, célèbre jurisconsulte italien, professeur à Pavie, à Padoue et à Pise, né à Pesaro (États de l'Église), mort en 1519. — On le trouve nommé aussi *J. Mainus* et *J. de Mayno*.

MAYRONIS (Franciscus de). Voy. *Maironis* (F. de).

MAZERIIS (DE) et MAZERIUS (Philippus). Voy. *Macerius* (P.).

MAZOLINUS (Silvester). Voy. *Prierias* (S.).

MECHLINIA (Guilelmus de), GUILLAUME DE MALINES, théologien et hagiographe belge, bénédictin, moine d'Affighem, prieur de Vavres, puis abbé de Saint-Trond (*abbas S. Trudonis*), né à Malines, mort en 1297.

MECHLINIA (Joannes de), JEAN HULSHOUT, dit J. DE MALINES, théologien belge, religieux carme à Malines, mort vers 1400. — On le trouve nommé encore *J. de Malinis, J. de Molinis, J. Molinius*, et il a été souvent confondu avec *J. de Mechlinia*, qui fut professeur à Cologne.

MECHLINIA (Joannes de), JEAN DE MALINES, théologien et sermonnaire belge, professeur à Cologne, né sans doute à Malines, mort vers 1500.

MECHLINIENSIS (Henricus), HENRI BATE, dit aussi H. DE MALINES. Voy. *Batenus* (H.).

MECHLINIENSIS (Joannes), JEAN DE OUDEWATER, dit aussi J. DE MALINES. Voy. *Palæonydorus* (J.).

MECHLINIENSIS (Joannes), JEAN DE SCHOONHOVEN, dit aussi J. DE MALINES. Voy. *Schonovius* (J.).

MEDIAROTA (Ludovicus), LUIGI DELL' ARENA, plus connu sous le nom de L. MEZZAROTA (nom de sa mère), théologien et sermonnaire italien, archevêque de Florence, patriarche d'Aquilée, cardinal, né à Padoue, mort en 1465. — On le trouve encore nommé *L. Patavinus* et *L. de Scarampo*, nom de ses héritiers.

MEDIAVILLA (Richardus de), RICHARD DE MIDDLETON, célèbre théologien scolastique anglais, cordelier, professeur à Oxford et à Paris, né sans doute à Middleton, mort vers 1305. — On l'appelle aussi *R. Mediotunensis*, et il fut surnommé *Doctor auctoratus, Doctor authoratus, Doctor copiosus, Doctor fundatissimus* et *Doctor solidus*.

MEDICÆUS et MEDICES. Voy. *Mediceus*.

MEDICEUS (Constantinus), COSTANTINO DE' MEDICI, en français CONSTANTIN DE MÉDICIS, hagiographe italien, dominicain, évêque d'Orvieto, légat du pape, né à Florence, mort en 1257. — On le désigne souvent, par erreur, sous le nom de JUSTIN (Voy. Fabricius, IV, 211 et Échard, I, 153).

MEDICEUS (Cosmus), COSIMO DE' MEDICI, en français CÔME DE MÉDICIS, chef de la république florentine, protecteur des lettres et des arts, mort en 1464. — Il fut surnommé *Pater patriæ*.

MEDICEUS (Joannes), GIOVANNI DE' MEDICI, en français JEAN DE MÉDICIS, protecteur des arts et des lettres, pape sous le nom de LÉON X, né à Florence, mort en 1521. — On trouve aussi *J. Medices*.

MEDICEUS (Laurentius), LORENZO DE'

MEDICI, en français LAURENT DE MÉDICIS, gonfalonier de Florence, protecteur des lettres et des arts, mort en 1492. — Il fut surnommé *Magnificus*, et on le trouve appelé aussi L. *Medicæus* et L. *Medices*.

MEDICEUS (Matthæus), MATTEO DE' MEDICI, en français MATTHIEU DE MÉDICIS, théologien et sermonnaire italien, dominicain, évêque de Chiusi, né à Florence, mort vers 1313. — On écrit aussi *M. Medices*.

MEDICUS (Gilbertus), GILBERT LE MÉDECIN, nom sous lequel est souvent désigné GILB. L'ANGLAIS. Voy. *Anglicus* (G.).

MEDICUS (Richardus), RICHARD L'ANGLAIS, dit aussi R. LE MÉDECIN. Voy. *Anglicus* (R.).

MEDIOLANENSIS (Georgius), GEORGE DE RAVENNE, dit aussi G. DE MILAN. Voy. *Ravennatinus* (G.).

MEDIOLANENSIS (Magninus), MAGNINO DE MILAN, médecin italien, né ou établi à Milan, mort vers 1300.

MEDIOLANENSIS (Michael), MICHELE CARCANO, dit aussi M. DE MILAN. Voy. *Charcano* (M. de).

MEDIOLANENSIS (Radulfus), RAOUL DE MILAN, nom sous lequel Muratori désigne SIRE RAUL (*Histoire littéraire de la France*), chroniqueur italien ou français, établi à Milan, mort vers 1190.

MEDIOLANENSIS. Voy. *Mediolano* (de).

MEDIOLANO (Christophorus de), CHRISTOPHE DE MILAN, sermonnaire italien, dominicain, né sans doute à Milan, mort en 1464.

MEDIOLANO (Joannes de), JEAN DE MILAN, médecin italien, auteur supposé du *Regimen scholæ Salernitanæ*, né à Milan, mort vers 1100.

MEDIOLANO (L. de). Voy. *Lanfrancus*.

MEDIOLANO (Raphael de), RAPHAEL DE MILAN, théologien italien, carme à Milan, mort après 1452.

MEDIOLANO (Thomas de), THOMAS DE MILAN, mathématicien italien, né et dominicain à Milan, mort vers 1510.

MEDIOLANO (DE). Voy. *Mediolanensis*.

MEDIOTUNENSIS (Richardus). Voy. *Mediavilla* (R. de).

MEDULLIONE (Raimundus de), RAIMOND DE MEUILLON, théologien français, dominicain, évêque de Gap (*Vapincensis episcop.*), archevêque d'Embrun (*Ebrodunensis archiep.*), mort en 1294.

MEIDANIUS (Mohammed), MOHAMMED AL MEYDANY, grammairien et philologue arabe, né à Nichapour, mort en 1124.

MEIGRETIUS (Amadeus), AMÉDÉE MEIGRET ou MEYGRET, philosophe scolastique et sermonnaire français, docteur de Paris, dominicain, né à Lyon, mort en 1524.

MEISTERLIKUS (Sigismundus). Voy. *Meisterlinus* (S.).

MEISTERLINUS (Sigismundus), SIGISMUND MEISTERLEIN, chroniqueur allemand, bénédictin à Augsbourg, curé de Lautenbach, de Wurtzbourg, de Nuremberg et de Grundlach, mort vers 1485. — On le trouve nommé aussi *S. Meisterlikus*.

MELDORPE (Arnoldus de), ARNOLD DE MELDORP, théologien allemand, mort à la fin du XIIe siècle.

MELIDUNENSIS, DE MELIDUNO et MELIDUNUS (Robertus). Voy. *Melodunensis* (R.).

MELIORATUS (Cosmas), COSIMO MELIORATI, théologien italien, pape sous le nom D'INNOCENT VII, né à Sulmone, mort en 1406.

MELISSENUS (Gregorius), Γρηγόριος ὁ Μηλισσηνός, théologien grec, pénitencier, puis patriarche de l'Église de Constantinople, mort vers 1460. — On le trouve souvent nommé *Greg. Mammas* (Γ. ὁ Μάμμη).

MELITENIOTA (Constantinus), Κωνσταντῖνος ὁ Μελιτηνιώτης, théologien grec, mort exilé dans la Bithynie vers 1300. — On le trouve aussi nommé *C. Meliteriota*.

MELITENIOTA (Theodorus), Θεόδωρος ὁ Μελιτηνιώτης, astronome byzantin, mort vers 1150. — On trouve aussi *C. Meliteriota*.

MELITERIOTA. Voy. *Meliteniota*.

MELITONA (Guilelmus de), WILLIAM MELTON, dit aussi G. DE MÉLITON, théologien anglais, franciscain, mort après 1254. — On trouve souvent G. *de Militona*.

MELITONA (Guilelmus de), WILLIAM MELTON, dit aussi G. de MÉLITON, théologien et sermonnaire anglais, docteur d'Oxford, chancelier de l'Eglise d'York, mort vers 1520.

MELKELIUS (Gervasius), GERVAIS DE MELKLEY, philosophe, mathématicien, poëte et rhéteur anglais, mort vers 1220.

MELLANDUS (Jacobus), JACQUES A MEELLANDT, poëte, orateur et philosophe belge, né à Damme (Flandre-occidentale), mort en 1300.

MELLIFLUUS (doctor). Voy. *Clarævallensis* (B.).

MELODUNENSIS (Gualterus), GAUTIER DE MELUN, chroniqueur ecclésiastique, moine de l'abbaye de Saint-Père de Melun, mort au milieu du XIIe siècle.

MELODUNENSIS (Robertus), ROBERT DE MELUN, philosophe scolastique anglais, professeur à Paris et à Melun, archidiacre de Londres (*archidiac. Londinensis*), puis évêque d'Hereford (*episcop. Herefordiensis*), mort en 1167. — Nous l'avons encore trouvé nommé *R. Melidunensis, R. de Meliduno, R. Melidunus, R. Meludensis, R. de Melundino* et *R. de Mililuno*. — Il a été parfois nommé, par erreur, ROBERT FOLIOTH.

MELROSENSIS (Radulphus), RAOUL DE MELROSE, théologien anglais, moine de Cîteaux, abbé de Melrose, sur la Tweed, évêque de Durham (*episcop. Dunelmensis*), mort après 1210.

MELROSENSIS (Wilhelmus), WILHELM DE MELROSE, théologien écossais, moine de Cîteaux, abbé de Melrose, sur la Tweed, mort vers 1170.

MELUDENSIS et DE MELUNDINO (Robertus). Voy. *Melodunensis* (R.).

MEMORIA (Franciscus), en français FRANÇOIS LA MÉMOIRE, surnom donné au médecin F. VETTORI. Voy. *Victorius* (F.).

MEMUS (Joannes-Baptista); GIAMBATTISTA MEMMO ou MEMO, mathématicien italien, né à Venise, mort vers 1530.

MEMUS (Theodorus), TEODORO MEMMO ou MEMO, hagiographe et sermonnaire italien, frère mineur, né à Venise, mort après 1321.

MENAGIUS (Matthæus), MATTHIEU MÉNAGE, théologien français, professeur à Paris et à Angers, né dans le Maine, mort en 1446.

MENANDRINUS. Voy. *Patavinus* (Marsilius).

MENDVIDIUS (Ericus), ERIC VI, surnommé MÈNVED ou MANDVED, roi de Danemark, et auteur supposé d'Annales suédoises, mort en 1319.

MENESIUS (Joannes), JUAN MENEZ DE SILVA, théologien portugais, fondateur de la congrégation des Amadéistes, confesseur du pape Sixte IV, mort en 1482. — On le trouve aussi nommé *Amadeus Lusitanus*.

MENILO (Guido de), GUI D'ÉVREUX, dit aussi G. DE MESNIL. Voy. *Ebroicensis* (G.).

MENOTUS (Michael), MICHEL MENOT, célèbre prédicateur français, cordelier, mort en 1518.

MENS LEGUM, L'AME DES LOIS (?), surnom donné à HUGUES DE PRETI. Voy. *Porta Ravennate* (H. de).

MENTELINUS (Joannes). Voy. *Mentelius* (J.).

MENTELIUS (Joannes), JEAN MENTEL ou MENTELIN, premier imprimeur de Strasbourg, d'abord associé de H. Eggestein, né à Schlestadt, mort en 1478. — On le nomme aussi *H. Mentelinus*.

MEPPIS (Joannes de), JEAN DE MEPPEN, théologien allemand, augustin, prieur à Osnabrück, né à Meppen (Hanovre), mort en 1496.

MEPPIS (Joannes de), JEAN DE MEPPEN, théologien et chroniqueur allemand, augustin, moine à Nordhausen, puis à Sienne, né à Meppen (Hanovre), mort après 1508. — On le nomme aussi *J. Schipphoverus*, et en allemand JOHANN SCHIPHOWER, dit Jöcher.

MERBODÆUS et MERBOLDUS. Voy. *Rhedonensis* (M.).

MERCATOR (Joannes), JEAN MARCHAND ou MARCHANT, théologien français, religieux carme, prieur à Paris, mort vers 1500.

MERCHENTUS (Ludovicus), LODOVICO MERCHENTI, historien et poëte italien, né à Vérone, mort vers 1330. — On trouve aussi *L. Marchentus*.

MERCIANUS. (Joannes), JEAN DE MERCIE, historien anglais, auteur d'une chronique du royaume de Mercie (dans l'Heptarchie saxonne), mort vers 1150. — On le trouve aussi nommé *J. Mercius.*

MERCIUS (Joannes). Voy. *Mercianus* (J.).

MERGULIENSIS (Pontius), PONS DE MELGUEIL, théologien français, abbé de Cluni, mort après 1261.

MERICA (Ægidius de), GILLES D'EMMERICH, théologien allemand, carme, né à Emmerich, dans la Westphalie, mort en 1505.

MERICA (Henricus de), HENRY VAN DER HEYDEN, chroniqueur belge, frère de la Vie commune, puis prieur du couvent de Bethléem (*prior coenobii Bethleemitici*), près de Louvain, né à Vorschoot, mort en 1473.

MERICUTIUS (Antonius). Voy. *Mincuccius* (A.).

MERLANUS (Georgius). Voy. *Merula* (G.).

MERLINUS (Vincentius), VINCENZO MERLINO, philosophe scolastique italien, dominicain, professeur à Padoue, né à Venise, mort vers 1490.

MEROBAUDUS. Voy. *Rhedonensis* (M.).

MERULA (Georgius), GEORGES MERLANI, plus connu sous son nom latin, célèbre historien et philologue, restaurateur des lettres en Italie, professeur à Milan et à Venise, né à Acqui (*Aquæ Statellæ*) près d'Alexandrie, dans le Piémont, mort en 1494. — Nous l'avons trouvé nommé encore *G. Alexandrinus, G. Statellensis* et parfois *G. Merlanus.*

MESNILLIO (Guido de). Voy. *Ebroicensis* (G.).

MESNILLO (Eustacius de), EUSTACHE DU MESNIL, théologien français, docteur de Sorbonne, chanoine de Laon, mort après 1424.

MESSELECHUS (Guilelmus). Voy. *Machelesfeldus* (G.).

METAPHRASTES JUNIOR, νέος Μεταφράστης. Voy. *Acropolita* (Constantinus).

METELLUS (Hugo), HUGUES METEL, théologien et poëte français, chanoine régulier de Saint-Léon à Toul, né à Toul, mort vers 1160.

METENSIS (Ferricus), FERRIC DE LUNÉVILLE, dit aussi F. DE METZ. Voy. *Lunarivilla* (F. de).

METENSIS (Hugo), HUGUES DE METZ, théologien français, dominicain, né à Metz, mort vers 1270.

METENSIS (Petrus), PIERRE DE METZ, théologien français, dominicain, né à Metz, mort vers 1300.

METENSIS (Theogerus, Theogorus ou Theokarus), THEODGER ou DIETGER DE METZ, théologien et musicographe, évêque de Metz, mort après 1120.

METHODIUS, Μεθόδιος, théologien byzantin, moine à Constantinople, mor vers 1300.

METHONÆUS et METHONENSIS (Josephus), Ἰωσὴρ ὁ Μεθωναῖος, en français JOSEPH DE MODON, théologien byzantin évêque de Modon, dans le Péloponnèse, mort vers 1450.

METHONÆUS et METHONENSIS (Nicolaus), Νικόλαος ὁ Μεθωναῖος, en français NICOLAS DE MODON, théologien byzantin, évêque de Modon, mort vers 1200.

METOCHITA (Georgius), Γεώργιος ὁ Μετοχίτης théologien grec, diacre de l'Église de Constantinople, mort vers la fin du XIII° siècle.

METOCHITA (Theodorus), Θεόδωρος ὁ Μετοχίτης, dit en français THÉODORE MÉTOCHITE, théologien, philosophe et historien grec, logothète à Constantinople, mort en 1332.

MEUNIUS (Joannes). Voy. *Magduno* (J. de).

MEUSIUS (Philippus). Voy. *Meuzius* (Ph.).

MEUZIUS (Philippus), PHILIPPE MOUSKES, chroniqueur et poëte belge, chanoine, chancelier, puis évêque de Tournai, né à Gand, mort en 1283. — On le trouve encore nommé *Ph. à Gandavo, Ph. Meusius, Ph. Mus,* et en hollandais PH. MEUSE, PH. MEUZE et PH. MUSSCHE.

MEVANIA (Jacobus de), JACQUES DE BEVAGNO, théologien italien, dominicain, né à Bevagno, dans l'Ombrie, mort en

1301. — On le trouve nommé aussi *J. de Blanconibus.*

MICHAELA (Ludovicus c), LUIGI MICHAELI (dit Jöcher), théologien et casuiste italien, dominicain, auteur d'une Somme dite *Summa Michaelina*, né à Venise, mort en 1515.

MICHAELENSIS (Joannes), JEAN DE SAINT-MICHEL (suivant Fleury) ou J. MICHAILLE (suivant l'*Histoire littéraire de la France*), théologien français, secrétaire du concile de Troyes en 1128, mort au milieu du XIIe siècle. — On le trouve nommé aussi *J. de Michaelis.*

MICHAELIS (Henricus), HEINRICH MIKKEL, poète danois, chanoine de Saint-Alban, à Odensée, mort vers 1500.

MICHAELIS (Joannes de). Voy. *Michaelensis* (J.).

MICHIOVIUS et DE MICHOVIA (Matthias). Voy. *Michovius* (M.).

MICHOVIUS (Matthias), MATTHIAS DE MIECHOW, médecin et chroniqueur polonais, chanoine de la cathédrale de Cracovie, né à Miechow, mort en 1523. — On le trouve nommé encore *M. Michovius*, *M. de Michovia* et *M. de Miechowita.*

MIDDELBURGENSIS (Ægidius), GILLES DE LÈWES, dit aussi G. DE MIDDELBURG. Voy. *Lewis* (Æ. de).

MIDDELBURGENSIS (Paulus), PAUL DE MIDDELBURG, médecin, mathématicien et théologien hollandais, évêque de Fossombrone, dans l'Ombrie, né à Middelburg, mort en 1534.

MIECHOWITA (Matthias de). Voy. *Michovius* (M.).

MILES ALBUS, LE BLANC GENDARME, surnom donné à GILLES DE LÈWES. Voy. *Lewis* (Æ. de).

MILETUS (Joannes), JEAN MILLET, théologien français, recteur de l'Université et chanoine de Paris, archidiacre d'Anvers, évêque de Soissons, né à Paris, mort en 1503.

MILICIUS (Joannes), JOHANN MILICZ, prédicateur allemand, chanoine et archidiacre à Prague, mort en 1374. — On écrit aussi *J. Militius.*

MILIDUNO (Robertus de). Voy. *Melodunensis* (R.).

MILITIUS (Joannes). Voy. *Milicius* (J.).

MILITONA (Guilelmus de). Voy. *Melitona* (G. de).

MILO, MILON, poète latin, bénédictin, moine au couvent de Saint-Aubin à Angers, cardinal, évêque de Palestrine, mort vers 1112.

MILO, MILON, sermonnaire français, prémontré, abbé de Dompmartin, puis évêque de Térouanne (Pas-de-Calais), mort en 1158.

MILO, MILON, prélat anglais ou français, évêque de Térouanne, peut-être neveu du précédent, mort en 1169.

MILO, MILON, homme politique italien ou français, légat d'Innocent III, mort en 1209.

MILTITIUS (Carolus), CARL MILTIZ, théologien allemand, adversaire de Luther, chanoine de Mayence, de Trèves et de Meissen, nonce et camérier de Léon X, mort en 1529.

MILVERNÆUS (Joannes). Voy. *Malvernæus* (J.).

MILVERODUNUS (Joannes), JEAN DE MILVERTON, théologien anglais, carme, professeur à Oxford, né sans doute à Milverton (comté de Somerset), mort vers 1486. — On trouve aussi *J. Milvertunus.*

MILVERTUNUS (Joannes). Voy. *Milverodunus* (J.).

MIMATENSIS (Durandus ou Guilelmus), DURAND OU GUILLAUME DE MENDE. Voy. *Durandus* (G.).

MINCUCCIUS (Antonius), ANTONIO MINCUCCI, savant jurisconsulte italien, professeur à Bologne, à Florence, à Padoue et à Sienne, né à Prato-Vecchio, dans la Toscane, mort en 1468. — On le trouve encore nommé *A. Mericutius* et *A. de Prato Veteri.*

MINDENSIS (Gerardus), GÉRARD DE MINDA, théologien allemand, dominicain, né à Minda, en Prusse, mort vers 1277.

MINDENSIS (Hermannus), HERMANN LERBEKE, dit aussi H. DE MINDEN. Voy. *Lerbecius* (H.).

MINIMUS (Eccardus), ECCARD LE PETIT, biographe suisse, moine de Saint-Gall (*monachus Sangallensis*), mort après 1214.

MINIUS (Joannes), GIOVANNI MINIO, dit aussi en français JEAN DE MURVAUX (*J. de Muro Vallium*), théologien et sermonnaire italien, général des frères mineurs, évêque de Porto, cardinal, né dans la Marche d'Ancône, mort en 1312. — L'abbé Fleury le nomme J. DE MUR.

MINORITA (Hermannus), HERMANN GIGAS, dit H. LE MINORITE, chroniqueur allemand, franciscain, né sans doute à Zwickau, dans la Saxe, mort après 1349. — On le trouve aussi nommé *H. Cygnæus*.

MINORITA (Nicolaus), NICOLAS LE MINORITE, chroniqueur italien, religieux minorite, né à Noto, dans la Sicile, mort vers 1340. — On le trouve souvent appelé *N. Specialis*, nom que les biographies françaises traduisent par N. SPECIALE.

MINUTIANUS (Alexander), ALESSANDRO MINUZIANO, littérateur et imprimeur italien, professeur à Venise et à Milan, né à San-Severo dans la Pouille, mort en 1522.

MIRABILIS (Doctor). Voy. *Baconus* (R.)

MIRÆUS (Joannes). Voy. *Lilleshallensis* (J.).

MIRANDULA (Joannes Picus de). Voy. *Mirandulanus* (J. P.).

MIRANDULANUS (Joannes Picus), GIOVANNI PICO DELLA MIRANDOLA, en français JEAN PIC DE LA MIRANDOLE, seigneur de la Mirandole et de Concordia, théologien, érudit et philosophe italien, né à la Mirandole (duché de Modène), mort en 1494. — On écrit aussi *J. P. de Mirandula*, et il fut surnommé *Phœnix*.

MIRANDULANUS (Joannes-Franciscus Picus), GIOVANNI-FRANCESCO PICO DELLA MIRANDOLA, en français JEAN-FRANÇOIS PIC DE LA MIRANDOLE, seigneur de la Mirandole et de Concordia, neveu du précédent, théologien et biographe italien, assassiné en 1533.

MIRICÆUS (Jacobus). Voy. *Thymo* (J. de).

MIRKHONDUS (Mohammed), MOHAMMED MIRKHAWEND, dit aussi M. MIRKHOND, célèbre historien persan, né près de Nichapour, mort en 1498.

MIRO (Franciscus), FRANÇOIS MIRON, médecin français et conseiller de Charles VIII, mort à Nancy à la fin du XVe siècle.

MIRO (Gabriel), GABRIEL MIRON, médecin de Charles VIII, professeur à Montpellier, né à Perpignan, mort en 1490. — On le nomme aussi *G. Mironius*.

MIROMARI (Hugo de), HUGUES dit DE MIRAMAR, DE MIRAMAS OU DE MIRAMORS, théologien et sermonnaire français, archidiacre de Maguelonne (Hérault), puis chartreux, né peut-être à Miramas (Bouches-du-Rhône), mort vers 1240.

MIRONIUS. Voy. *Miro*.

MISCINUS (Nicolaus). Voy. *Caracciolus* (N.).

MISNENSIS (Siffridus), SIGFRIED DE MEISSEN, chroniqueur allemand, moine à Meissen (Saxe), mort après 1307.

MISQUINUS (Nicolaus). Voy. *Caracciolus* (N.).

MITHRIDATES (Raymundus), RAIMONDO MITRIDATE (dit Tiraboschi), philologue italien, né à Rome, mort vers 1500.

MITYLENÆUS (Nicetas), Νικήτας ὁ Μιτυληναῖος. Voy. *Thessalonicensis* (N.).

MIXTATUS (Albertinus). Voy. *Mussatus* (A.).

MOCENICUS (Andreas), ANDREA MOCENIGO, homme d'État et historien italien, né et sénateur à Venise, mort vers 1510.

MOCENICUS (Thomas), TOMMASO MOCENIGO, 65e doge de Venise, fondateur de la bibliothèque de Saint-Marc, élu en 1414, mort en 1423.

MOCENIGUS. Voy. *Mocenicus*.

MODESTUS (Publius), PIETRO-FRANCESCO MODESTO, poëte latin moderne, né à Rimini, mort vers 1500. — Il prit le nom de Publius par amour des auteurs de l'antiquité.

MODOETIA (de). Voy. *Modoetiensis*.

MODOETIENSIS (Andreas), ANDRÉ DE MONZA, théologien italien, religieux dominicain, moine à Milan, né sans doute à Monza (Lombard-Vénitien), mort vers 1270.

13.

MODOETIENSIS (Bonincontrius), BONINCONTRO MORIGIA, dit B. DE MONZA, chroniqueur italien, né à Monza (Lombard-Vénitien), mort après 1349.

MODOETIENSIS (Pileus), PILEO DE MONZA, jurisconsulte italien, professeur à Bologne, né à Monza (Lombard-Vénitien), mort vers 1200.

MODRUSIENSIS (Nicolaus), NICOLAS DE MODRUSZ, littérateur italien, évêque de Modrusz (suffragant de Zara), dans la Croatie, mort vers 1500.

MOERBECANUS (Guilelmus). Voy. *Mœrbeka* (G. de).

MOERBEKA (Guilelmus de), GUILLAUME VAN MEERBEKE, médecin et traducteur brabançon, dominicain, archevêque de Corinthe, né à Meerbeke, près de Ninove (Flandre-orientale), mort vers 1300. — Nous l'avons trouvé encore nommé : *G. Brabantinus*, *G. Corinthiensis*, *G. de Marbeco*, *G. de Morbacha*, *G. de Morbecca*, *G. de Morbecha*, *G. de Morbecta*, *G. Mœrbecanus*, *G. de Morbeka*, *G. de Morbeta* et *G. de Morbeto*.

MOGGIUS, MOGGIO, poëte italien, ami de Pétrarque, né à Parme, mort après 1380.

MOGUNTIA (Dietherus de), DIETHER DE MAYENCE, théologien et sermonnaire allemand, carme, professeur à Cologne et à Mayence, mort en 1519.

MOGUNTIA (de). Voy. *Moguntinus* et *Moguntio* (de).

MOGUNTINUS (Christianus), CHRISTIAN DE MAYENCE, descendant des comtes de Thuringe, biographe et littérateur allemand, chancelier de Frédéric Barberousse, archevêque de Mayence, mort vers 1185.

MOGUNTINUS (Christianus), CHRISTIAN DE MAYENCE, chroniqueur allemand, archevêque de Mayence, mort après 1253.

MOGUNTINUS (Conradus), CONRAD DE MAYENCE, chroniqueur allemand, évêque coadjuteur de Mayence, mort après 1251. — On le trouve nommé aussi *C. Episcopus*.

MOGUNTINUS (Joannes), JOHANN FISTENPORT, dit JEAN DE MAYENCE, chroniqueur allemand, continuateur d'Hermann Gigas, moine du Saint-Sépulcre, né à Mayence, mort après 1421.

MOGUNTINUS. Voy. *Moguntia* (de) et *Moguntio* (de).

MOGUNTIO (Joannes-Petri de), JEAN, FILS DE PIERRE DE MAYENCE, imprimeur allemand, établi à Florence, mort vers 1500.

MOGUNTIO (de). Voy. *Moguntia* (de) et *Moguntinus*.

MOLARIA (de). Voy. *Hannibaldis* (de).

MOLENDINIS (Joannes de). Voy. *Molendino* (J. de).

MOLENDINIS (Lucas de), LUC DES MOULINS, docteur, prieur et bibliothécaire de la Sorbonne, à Paris, né à Neufchâtel, mort en 1479.

MOLENDINIS (Rogerus de), ROGER DES MOULINS, grand-maître des Hospitaliers de Saint-Jean de Jérusalem, né dans la Normandie, tué en 1187.

MOLENDINO (Dionysius de), DENIS DU MOULIN, archevêque de Toulouse, évêque de Paris, né à Meaux, mort en 1447.

MOLENDINO (Joannes de), JEAN DE LA MOLINEYRIE (Échard), théologien et sermonnaire français, cardinal, dominicain, né à la Molineyrie, au diocèse de Limoges, mort en 1353. — On le trouve nommé encore *J. de Molino*, *J. de Molinis*, *J. de Molendinis* et *J. Morlandinus*.

MOLHUSIENSIS (Christophorus), CHRISTOPHE DE MOULSEY, théologien et sermonnaire anglais, dominicain, né à Moulsey, dans le comté de Surrey, mort vers 1530.

MOLINÆUS (Guiardus ou Guiartus), GUIART DES MOULINS, théologien et traducteur français, chanoine d'Aire en Artois, mort après 1297.

MOLINETUS (Joannes), JEAN MOLINET, poëte français, chanoine de Valenciennes, historiographe de la maison de Bourgogne, né dans le Boulonnais, mort en 1507.

MOLINIS (Joannes de). Voy. *Mechlinia* et *Molendino* (J. de).

MOLINIUS (Joannes). Voy. *Mechlinia* (J. de).

MOLINO (Joannes de). Voy. *Molendino* (J. de).

MOLISMENSIS (Guido), GUI WITIER, dit G. DE MOLÊMES. Voy. *Witerius* (G.).

MOLISMENSIS (Robertus), ROBERT DE MOLÊMES, historien, théologien et sermonnaire français, moine de Cîteaux, fondateur de l'abbaye de Molêmes, au diocèse de Langres, né dans la Champagne, mort en 1110. — On le trouve nommé aussi *R. Cisterciensis*.

MOLITORIS (Georgius), GEORG MOLITOR, théologien allemand, professeur à Erfürt, né à Naumburg dans la Saxe, mort en 1484.

MOLITORIS (Ulricus), ULRIC MOLITOR, démonographe suisse, avocat à Pavie, né à Constance, mort en 1492.

MOMBRITIUS (Boninus), BONINO MOMBRIZIO, plus connu en France sous son nom latin, poëte, hagiographe et philologue italien, né et professeur à Milan, mort vers 1482.

MOMBURNUS (Joannes). Voy. *Mauburnus* (J.).

MOMMORANCIUS. Voy. *Montemorenciaco* (de).

MONACHUS (Andreas), ANDRÉ LE MOINE, théologien français, évêque de Noyon (*episcop. Noviodunensis*), né dans le diocèse d'Amiens, mort en 1315.

MONACHUS (David), Δαβὶδ ὁ Μοναχός, en français DAVID LE MOINE, théologien byzantin, né et moine à Thessalonique, mort vers 1360.

MONACHUS (Joannes), JEAN LE MOINE, théologien français, moine de Cîteaux, docteur de Paris, auditeur de rote, cardinal, fondateur du collége dit du Cardinal Lemoine (*collegium Cardinalitium*) à Paris, né à Crécy, dans le diocèse d'Amiens (*Cressiacus Ambianensis*), mort en 1313.

MONACHUS (Matthæus), Ματθαῖος ὁ Μοναχός. Voy. *Blastares* (M.).

MONACHUS (Robertus), ROBERT LE MOINE, chroniqueur français, abbé de Saint-Remy de Reims, né à Reims, mort en 1122.

MONACHUS (Theophilus), Θεόφιλος ὁ Μοναχός. Voy. *Protospatharius* (Th.).

MONACIS (Laurentius de), LORENZO DEI MONACI, historien italien, chancelier de l'île de Candie, né à Venise, mort en 1429.

MONARCHA JURIS, LE MONARQUE DU DROIT (dit Taisand), surnom donné à BARTOLOMMEO SALICETI. Voy. *Saliceto* (B. de).

MONARCHA JURIS, LE MONARQUE DU DROIT, surnom donné au célèbre BARTOLE. Voy. *Bartholus*.

MONARCHA LEGUM, LE MONARQUE DES LOIS, surnom donné à ALESSANDRO TARTAGNI. Voy. *Tartaginus* (A.).

MONASTERIO (Theodoricus de), THIERRY DE MUNSTER, théologien et prédicateur allemand, augustin à Louvain, professeur à Cologne, né à Munster, mort en 1515.

MONASTERIOLO (Petrus de). Voy. *Mysterolo* (P. de).

MONASTERIO NOVO (Martinus de), MARTIN DE MONTIERNEUF, chroniqueur français, moine du couvent de Montierneuf à Poitiers, mort au milieu du XIIe siècle.

MONBOISERIUS (Petrus). Voy. *Montebuxero* (P. de).

MONCELLIS (Hugo de), HUGUES DE MONCEAUX, théologien français, 48e abbé de Saint-Germain-des-Prés, à Paris, mort en 1180.

MONCIACO (Guilelmus de), GUILLAUME DE MOUSSI, sermonnaire français, docteur de Sorbonne, chanoine de Paris, né à Moussi-le-Neuf (Seine-et-Marne), mort vers 1285. — On le trouve nommé aussi *G. de Monciaco novo*.

MONDAVILLA (Henricus de), HENRI DE MONDEVILLE, médecin de Philippe le Bel, professeur de chirurgie à Montpellier, né à Mondeville, près de Caen, mort vers 1320. — On le trouve nommé encore : H. *de Amandavilla*, H. *de Amandivilla*, H. *de Amondavilla*, etc., et en français : H. AMANDAVILLE, H. AMONDAVILLE, H. ARMANDAVILLE, H. ARMENDAVILLE, H. ARMONDAVILLE, H. HERMONDAVILLE, H. MONDAVILLE, H. MUNDEVILLE, etc., etc.

MONELIANUS (Antonius), ANTOINE DE MONEGLIA, théologien italien, frère mineur, né à Moneglia (Piémont), mort vers 1522.

MONELIANUS (Paulus), PAUL DE

MONEGLIA, théologien italien, dominicain, né à Gênes, mort en 1502. — On trouve aussi *P. de Monelia.*

MONEMUTA (de), MONEMUTENSIS et MONEMUTHENSIS (Galfredus). Voy. *Monumethensis* (G.).

MONGAIUS (Andreas). Voy. *Alpagus* (A.).

MONOCULUS (Joannes), JEAN LE BORGNE, moine et habile copiste de l'abbaye de Corbie (Somme), mort vers 1180.

MONOCULUS (Petrus), PIERRE LE BORGNE, dit aussi P. MONOCULE, ainsi surnommé parce qu'il était borgne, abbé de Valroi, d'Igni, puis de Clairvaux, né au château de Marlac, près de Cluni, mort en 1186.

MONOPOLO (Hieronymus de), JÉROME DE MONOPOLI, théologien et philosophe scolastique italien, dominicain, archevêque de Tarente, né à Monopoli (royaume de Naples), mort en 1528. — On le trouve aussi nommé *H. de Hippolyto.*

MONS LEGUM, surnom donné à HUGUES DE PRETI. Voy. *Porta Ravennate* (H. de).

MONSMORETANUS (Humbertus), HUMBERT DE MONTMORET, orateur, historien et poëte latin, bénédictin à l'abbaye de Vendôme, né dans la Bourgogne, mort vers 1525.

MONSTERBERGIUS (Joannes), JOHANN MONSTERBERG, chroniqueur allemand, moine à Chemnitz, dans la Saxe, mort après 1516.

MONSTEROLIO (Joannes de), JEAN DE MONTREUIL, jurisconsulte français, prévôt de Saint-Pierre de Lille, né à Montreuil, dans la Picardie, tué en 1418.

MONSTEROLIO (Petrus de). Voy. *Musterolo* (P. de).

MONSTRELETUS (Enguerranus ou Enguerantus), ENGUERRAND DE MONSTRELET, célèbre chroniqueur français, prévôt de Cambrai, bailli de Walincourt, originaire sans doute du bourg de Monstrelet (aujourd'hui Montrelet), dans la Picardie, mort en 1453.

MONSTRIOLO (Robertus de). Voy. *Monstrolio* (R. de).

MONSTROLIO (Robertus de), ROBERT DE MONTREUIL, théologien et sermonnaire français, carme, né à Montreuil-sur-Mer (Pas-de-Calais), mort en 1374. — On trouve aussi *R. de Monstriolo.*

MONTACUTIUS (Nicolaus), NICOLAS MONTAGU, historien anglais, mort après 1466.

MONTAGNANENSIS (Bartholomæus), BARTHÉLEMY DE MONTAGNANA, médecin italien, professeur à Bologne et à Padoue, né à Montagnana, dans le Lombard-Vénitien, mort après 1460. — On trouve aussi *B. Montagnanus.*

MONTAGNANENSIS (Bartholomæus), BARTHÉLEMY DE MONTAGNANA, médecin italien, fils ou neveu du précédent, professeur à Padoue et à Venise, mort en 1525.

MONTAGNANENSIS (Petrus), PIERRE DE MONTAGNANA, médecin italien, professeur à Padoue, né à Montagnana (Lombard-Vénitien), mort vers 1500.

MONTAGNANUS. Voy. *Montagnanensis.*

MONTALDUS et MONTALTUS (Adamus), ADAMO MONTALDO, historien et littérateur italien, chanoine régulier de Saint-Augustin, né à Gênes, mort vers 1480

MONTANUS (Guillelmus), GUILLAUME DE LEYCESTER, dit aussi G. DU MONT. Voy. *Leycestrius* (G.).

MONTANUS (Petrus), PIERRE VAN DEN BERGH, poëte latin, ami d'Érasme, recteur du collége d'Amersford, mort après 1506.

MONTAURO (Rainaldus de). Voy. *Notensis* (R.).

MONTE (Guilelmus de). Voy. *Leycestrius* (G.).

MONTE (Joannes de), JEAN DU MONT, théologien français, prieur de la Sorbonne à Paris, chanoine de Mâcon, mort en 1498.

MONTE (Petrus de). Voy. *Montius* (P.).

MONTE (Robertus de), ROBERT DU MONT, chroniqueur français, bénédictin, abbé de Saint-Remi de Reims, né sans doute à Reims, mort en 1122. — On le nomme aussi *R. Remensis.*

MONTE (Robertus de), ROBERT DU MONT, théologien et chroniqueur normand, moine à l'abbaye du Bec, puis abbé du Mont Saint-Michel (*abbas Sancti Mi-*

chaelis in periculo maris), né à Thorigny (Manche), mort en 1186. — On le trouve nommé encore *R. de Torinneio* et *R. Torinneius*.

MONTEACUTO (Ægidius Aycelinus de), Gilles Aycelin de Montaigu, prévôt de la cathédrale de Clermont, chanoine, puis archevêque de Narbonne et de Rouen, garde des sceaux de France, fondateur du collège de Montaigu (*Collegium de Monteacuto*) à Paris, né à Glaine-Montaigu, près de Billiom, en Auvergne, mort en 1318.

MONTEACUTO (Bertrandus de), Bertrand de Montaigu, bénédictin de Cluni, abbé de Saint-Pierre de Moissac (*abbas Moyssiaci*), mort en 1295.

MONTEACUTO (Gerardus de), Gérard de Montaigu, notaire et secrétaire du roi, gardé du trésor des Chartes à Paris, mort après 1386.

MONTEACUTO (Gerardus de), Gérard de Montaigu, évêque de Poitiers, puis de Paris, mort en 1420.

MONTEACUTO (Guilelmus de), Guillaume de Montaigu, négociateur français, prieur de Clairvaux, abbé de La Ferté puis abbé de Citeaux, mort en 1246.

MONTEACUTO (Joannes de), Jean de Montaigu, seigneur de Marcoussis, diplomate français, maître d'hôtel du roi, puis surintendant des finances, décapité en 1409.

MONTEALBANO (Nepos de), Nepos de Montauban, jurisconsulte français, né à Montauban (Tarn-et-Garonne), mort au XIIIe siècle.

MONTEBUXERO (Petrus de), Pierre de Montboissier, plus connu sous le nom de Pierre le Vénérable, célèbre théologien français, prieur de Vezelay (Yonne), abbé de Cluni, puis général de l'ordre, né au château de Montboissier, dans l'Auvergne, mort en 1156. — On le trouve encore nommé *P. Cluniacensis*, *P. Mauricii* (son père se nommait Maurice), *P. Monboiserius* et *P. Venerabilis*.

MONTE CALERIO (Philippus de), Philippe de Moncalieri, théologien et sermonnaire italien, frère mineur à Toulouse, professeur à Padoue, né sans doute à Moncalieri (États-Sardes), mort en 1350.

MONTE CATINO (Hugolinus de), Hugolin de Montecatini, médecin italien, professeur à Pise, né à Montecatini, dans la Toscane, mort vers 1425.

MONTE CORVINI (Richardus de), Richard de Monte Corvino, hagiographe italien, évêque de Monte Corvino (royaume de Naples), mort vers 1130.

MONTECRUCIS (Accoldus, Riccoldus, Richardus, Ridulcus ou Ricoldus de), Ricoldo de Montecroce, en français R. de Montecroix, voyageur italien, dominicain, né à Florence, mort en 1309. — On le nomme aussi *A.* ou *R. Florentinus*.

MONTE FALISCORUM (Benedictus de), Benoit de Montefiascone, chroniqueur ecclésiastique italien, dominicain, mort vers 1325.

MONTE FAVENTINO (Bertrandus de), Bertrand de Mont-Favence (dit Aubery), de Montfaveis (dit A. Duchesne), jurisconsulte français, professeur à Montpellier, cardinal, né à Castelnau-Ratier (Quercy), mort en 1343.

MONTE FLORIS (Gentilis de), Gentile de Montefiore, littérateur et sermonnaire italien, frère mineur, cardinal, né à Montefiore, dans la Marche d'Ancône, mort en 1312. — On le trouve aussi nommé *G. de Monte florum*.

MONTEGAUDIO (Guilelmus de), Guillaume de Montjoie, théologien français, évêque de Verdun, puis de Béziers, mort en 1451.

MONTE LAUDINIO (Guilelmus de). Voy. *Monte Lauduno* (G. de).

MONTE LAUDUNO (Guilelmus de), Guillaume de Montlun, théologien français, abbé des Bénédictins de Toulouse, mort dans cette ville en 1346. — On le trouve nommé aussi *G. de Monte Laudinio*.

MONTELAURO (Joannes de), Jean de Montlaur, bienfaiteur de la Faculté de médecine de Montpellier, chanoine, puis évêque de Maguelonne (Hérault), né au château de Montlaur, près de Montpellier, mort en 1190.

MONTELAURO (Joannes de), Jean de Montlaur, neveu du précédent, législateur de la faculté de médecine de Montpellier, évêque de Maguelonne (Hérault), mort en 1247.

MONTELETHERICO (Joannes de), JEAN DE MONTLHÉRY, théologien français, dominicain à Paris, né à Montlhéry, près de Paris, mort à la fin du XIII° siècle.

MONTELUPORUM (Dominicus de), DOMINIQUE DE MONTELUPO, théologien italien, dominicain, né à Montelupo, près de Florence, mort vers 1348.

MONTEMEDIO (Joannes de), JEAN DE MONTMÉDI, théologien français, chartreux au couvent des Portes (*Portarum*), dans le diocèse de Lyon, mort vers 1150. — On le désigne souvent sous le nom de *J. Carthusianus*.

MONTEMORENCIACO (Guilelmus de), GUILLAUME DE MONTMORENCY, sous-chantre de Notre-Dame, puis curé de Saint-Séverin à Paris, deuxième proviseur du collège de Sorbonne, mort en 1284. — On le trouve aussi nommé *G. Mommorancius*.

MONTE NIGRO (Joannes de). Voy. *Nigro Monte* (J. de).

MONTENSIS (Gilbertus ou Gislebertus), GILBERT ou GISLEBERT DE MONS, chroniqueur flamand, chancelier de Baudoin V, comte de Hainaut, né à Mons, mort après 1221.

MONTENSIS. Voy. *Montibus* (de).

MONTE PESSO et MONTE PESSONE (de). Voy. *Monte Pessulano* (de).

MONTE PESSULANO (Joannes de), JEAN DE MONTPELLIER, astronome et mathématicien français, né sans doute à Montpellier (Hérault), mort vers 1300. — On rencontre aussi les formes *J. de Monte Pesso*, *J. de Monte Pessone*, *J. Montispessulani*.

MONTE PESSULANO (Raimundus de), RAIMOND DE MONTPELLIER, théologien français, religieux de Cîteaux, évêque d'Agde (*episcop. Agathensis*), mort en 1212.

MONTE PETROSO (Gaucelinus de), GAUCELIN DE MONTPEYROUX, théologien français, abbé d'Aniane, puis évêque de Lodève, né sans doute à Montpeyroux (Hérault), mort en 1160.

MONTE POLITIANO (Angelus de), ANGELO DE AMBROGINIS, dit aussi A. DE MONTE-PULCIANO. Voy. *Politianus* (A.).

MONTE PUELLARUM (Conradus de), CONRAD ALEMANN, érudit allemand, docteur d'Oxford et de Paris, recteur de l'Université de Vienne, né à Magdebourg, mort à Ratisbonne en 1398. — On le nomme aussi *C. Alemannus*.

MONTEREGIO (DE) et MONTEREGIUS (Joannes). Voy. *Regiomontanus* (J.).

MONTE ROCHERII (Guido de), en français GUI DE MONTROCHER, théologien espagnol, curé de Teruel, dans le diocèse de Valence, auteur du célèbre *Manipulus curatorum*, mort vers 1350. — On trouve aussi *G. de Monte Rotherii*.

MONTE ROSEO (Rogerius de), ROGER DE MUNROSS, biographe écossais, moine de Cîteaux, prieur à Kyle (comté d'Ayr), mort vers 1180.

MONTE ROTHERII (Guido de). Voy. *Monte Rocherii* (G. de).

MONTE ROTONDO (Raimundus de), RAIMOND DE MONTROND et mieux DE MONTREDON, archidiacre de Béziers, évêque d'Agde, puis archevêque d'Arles, né sans doute à Montredon dans le diocèse de Nîmes, mort en 1160.

MONTESA (Bernardus de), BERNARD DE CATALAYUD, dit aussi B. DE MONTESA. Voy. *Bilbilitanus* (B.).

MONTE SANCTI SAVINI (Fabianus de), FABIANO GIOCCHIO, dit aussi F. DE MONTE-SAN-SAVINO. Voy. *Giocchis* (F. de).

MONTE SERENO (Conradus de), CONRAD DE LAUTERBERG, chroniqueur allemand, bénédictin à Lauterberg (*Monast. Lauterbergense* ou *Montis Sereni*), dans le diocèse de Magdeburg, près de Hall (Saxe), mort après 1225. — On le nomme aussi *C. Lauterbergensis* et *C. de Saxonia*.

MONTE SION (R. de). Voy. *Brocardus*.

MONTESONIUS (Joannes), JEAN DE MONTESON, théologien espagnol, dominicain, professeur à Valence, adversaire de l'immaculée conception, reçu docteur à Paris, né à Monteson (*Nouvelle Biographie générale*), dans l'Aragon, mort après 1412. — On le nomme aussi *J. de Montesono*.

MONTESONO (Joannes de). Voy. *Montesonius* (J.).

MONTE VIRGINIS (Guilelmus de), GUILLAUME DU MONT-VIERGE, religieux italien, fondateur de la congrégation dite du Mont-Vierge, près de Naples, né à Verceil, mort en 1142.

MONTE VIRIDI (Callimachus de), CALLIMACO DE MONTE VERDE, poëte latin, né à Mazzara, dans la Sicile, mort vers 1477.

MONTHOLONIUS (Joannes), JEAN DE MONTHOLON, théologien et jurisconsulte français, chanoine de Saint-Victor de Paris, cardinal, né à Autun, mort en 1528.

MONTIBUS (Joannes de), JEAN DE MONS, sermonnaire français ou belge, frère mineur, confesseur d'Isabelle fille de saint Louis, mort après 1273.

MONTIBUS (Guilelmus de). Voy. *Leycestrius* (G.).

MONTIBUS (de). Voy. *Montensis*.

MONTIGNIUS (Nicolaus), NICOLE DE MONTIGNY, historien et hagiographe flamand, prémontré, abbé du couvent de Saint-Martin sur la Scarpe, près de Montigny, mort vers 1310.

MONTISPESSULANI. Voy. *Monte Pessulano* (de).

MONTIUS (Joannes), GIOVANNI DAL MONTE, sermonnaire italien, dominicain, né près de Milan, mort vers 1465.

MONTIUS (Joannes), GIOVANNI MONTI ou DAL MONTE, chroniqueur italien, dominicain, mort après 1483.

MONTIUS (Petrus), PIETRO DAL MONTE, jurisconsulte et théologien italien, évêque de Brescia, gouverneur de Pérouse, né à Venise, mort en 1457. — On le trouve nommé encore *P. Brixiensis* et *P. de Monte*.

MONTIUS (Petrus), PIETRO MONTI, capitaine et tacticien italien, né à Milan, mort vers 1530.

MONTIUS. Voy. *Monte* (de).

MONUMETA (DE), MONUMETENSIS et DE MONUMETHA (Galfredus). Voy. *Monumethensis* (G.).

MONUMETHENSIS (Galfredus), GEOFFROI DE MONMOUTH, célèbre historien anglais, évêque de Saint-Asaph (*episc. Asaphensis* ou *Eloiensis*), né à Monmouth, mort en 1154. — Nous avons trouvé son nom écrit : *G. de Monemuta, G. Monemuthensis, G. Monemutensis, G. de Monumeta, G. de Monumetha* et *G. Monumetensis*. — De plus, après la publication de son *Historia Britonum*, où le roi Arthur joue un grand rôle, il fut surnommé *E. Arthurus* ou *Arturus*. — Enfin, quelques historiens anglais prétendent qu'il fut fait cardinal, et le nomment *G. Cardinalis*.

MONUMETHENSIS (Thomas), THOMAS DE MONMOUTH, hagiographe anglais, bénédictin, moine à Monmouth, mort vers 1160.

MORALIS (Doctor). Voy. *Castro Radulphi* (G. O. de).

MORANUS (Bonifacius), BONIFACIO MORANO, chroniqueur italien, né à Modène, mort après 1342.

MORAVIA (Hieronymus de), JÉROME DE MORAVIE, musicographe autrichien, dominicain, né dans la Moravie, mort à Paris vers la fin du XIIIe siècle. — On le nomme aussi *H. Moravus*.

MORAVUS (Hieronymus). Voy. *Moravia* (H. de).

MORBACHA, MORBECCA, MORBECHA, MORBECTA, MORBEKA, MORBETA, et MORBETO (Guilelmus de). Voy. *Mœrbeka* (G. de).

MORBOSIO (Michael de). Voy. *Robasio* (M. de).

MORELLUS (Joannes), JEAN MOREL (?), biographe français, chanoine régulier de Saint-Denis de Reims, mort vers 1400.

MORESIO (Michael de), MICHEL DE MORIEZ, théologien français, archevêque d'Arles, né peut-être à Moriez (Basses-Alpes), mort en 1217.

MORGANENSIS. Voy. *Morganius*.

MORGANIUS (David), DAVID DE MORGAN, historien et géographe irlandais, trésorier, puis évêque de Landaff (pays de Galles), né à Morgan, mort vers 1480. — On le trouve aussi nommé *D. Landavensis* et *D. Tavensis*.

MORGANIUS (Gualterus), GAUTIER DE MORGAN, poëte et naturaliste anglais, abbé de Cîteaux, né à Morgan, mort vers 1220. — On trouve aussi *G. Morganensis*.

MORIGNIACENSIS (Thomas), THOMAS

TRESSENT, dit TH. DE MORIGNI, théologien français, abbé de Morigni, près d'Etampes, mort en 1444. — On le nomme aussi *Th. Tressentis.*

MORILEGUS (Daniel). Voy. *Morleius* (D.).

MORIMUNDENSIS (Odo), EUDES DE MORIMOND, théologien mystique et sermonnaire français, moine de Cîteaux, abbé de Beaupré(*abbas Bellipratensis*), puis de Morimond (Haute-Marne), mort vers 1200. — On l'appelle souvent *O. Cisterciensis*, et on l'a surnommé *O. Musicus*, titre qui convient mieux à un autre Eudes, religieux de Cluni, qui mourut vers 942.

MORINENSIS (Adamus), ADAM DE THÉROUANNE, théologien français, moine de Cîteaux, évêque de Thérouanne, né à Arras, mort en 1250.

MORINENSIS (Joannes), JEAN TABARI, dit aussi J. DE THÉROUANNE, médecin et prélat français, chanoine de Cambrai, d'Arras et de Tournai, évêque de Thérouanne (Pas-de-Calais), né à Limoges, mort en 1403.

MORLACENSIS (Bernardus), BERNARD DE MORLAIX, théologien, poëte et moraliste, français ou sarde, bénédictin, mort vers le milieu du XIII° siècle. — On le nomme encore *B. Morlanensis* et *B. Morvalensis*, suivant qu'on le fait originaire d'une ville anglaise ou de la vallée de Maurienne.

MORLANDINUS (Joannes). Voy. *Molendino* (J. de).

MORLANENSIS (Bernardus). Voy. *Morlacensis* (B.).

MORLEIUS (Daniel), DANIEL DE MORLEY, mathématicien anglais, étudiant à Oxford, à Paris, puis à Tolède, né à Morley, dans le comté de Norfolk, mort vers 1190. — On le trouve encore nommé *D. Marleius* et *D. Morilegus.*

MORNAYO (Petrus de), PIERRE DE MORNAY, homme d'État français, évêque d'Auxerre, chancelier de France, né au château de Mornay (Cher), mort en 1306.

MOROLIIS (Radulphus de), RAOUL DE MOUREILLES, sermonnaire français, abbé de Moureilles, au diocèse de Maillezais, mort après 1252.

MORONÆUS et MORONUS (Petrus), PIERRE ANGELERIER, dit aussi P. DE MURRONE. Voy. *Angelerius* (P.).

MORONUS (Bernardinus), BERNARDINO MORONE, théologien italien, frère servite, né à Milan, mort vers 1530.

MORONUS (Hieronymus), GERONIMO MORONE, duc de Bovino, célèbre diplomate italien, chancelier du duché de Milan, mort en 1529.

MOROSINUS (Nicolaus), NICCOLO MOROSINI, négociateur italien, envoyé à Rome, à Florence, en Allemagne, à Constantinople et en Hongrie, né à Venise, mort vers 1380.

MOROSINUS (Paulus), PAOLO MOROSINI, érudit et diplomate italien, né à Venise, mort en 1483.

MOROSINUS (Petrus), PIETRO MOROSINI, théologien et jurisconsulte italien, légat à Naples, cardinal, né à Venise, mort en 1424. — Fabricius le nomme *P. Maurocenus.*

MORTARIO (Dominicus de), DOMINIQUE DE MORTARA, théologien italien, dominicain, né à Mortara (Lombardie), mort en 1504.

MORTONUS (Joannes), JOHN MORTON, homme d'État anglais, professeur à Oxford, archidiacre de Winchester, d'Huntington et de Leicester, évêque d'Ely, archevêque de Canterbury, grand chancelier d'Angleterre, cardinal, né à Bere, dans le comté de Dorset, mort en 1500.

MORUS (Thomas), THOMAS DE LA MOOR, historien anglais, né dans le comté de Glocester, mort vers 1330.

MORVALENSIS (Bernardus). Voy. *Morlacensis* (B.).

MOSÆ TRAJECTO (Bartholomæus de), BARTHÉLEMY DE MAESTRICHT, théologien hollandais, chartreux, prieur de Ruremonde, né à Maëstricht, mort en 1446. — On le trouve nommé encore *B. Carthusianus* et *B. Ruremondensis.*

MOSCHAMPAR et MOSCHAMPER (Georgius), Γεώργιος ὁ Μοσχάμπαρ, théologien byzantin, chartophylax (archiviste) de l'Eglise de Contantinople, mort vers 1300.

MOSCHINUS (Nicolaus). Voy. *Caracciolus* (N.).

MOSCHOPULUS (Emmanuel ou Manuel), 'Εμανουὴλ ou Μανουὴλ Μοσχόπουλος, savant grammairien grec, mort au XIIIe siècle. — On croit que deux écrivains grecs de ce nom ont vécu vers la même époque, mais la question est encore fort obscure.

MOSCUEROLIS (Raimundus de). Voy. *Mustogiolis* (R. de).

MOSELLANUS (Petrus), PETER SCHADE, grammairien, restaurateur des études en Allemagne, né à Protog, dans le diocèse de Trèves, mort en 1524.

MOSTERIIS (Hugo de), HUGUES RAIMOND, dit aussi H. DE MOUSTIERS. Voy. *Raimundi* (H.).

MOSTUEJOLIS (Raimundus de). Voy. *Mustogiolis* (R. de).

MOTA (Jacobus de), JACQUES DE LA MOTTE, troubadour français, né à Arles, mort à la fin du XIIIe siècle.

MOVISIUS (Ægidius). Voy. *Mucidus* (Æ.).

MUCIDUS (Ægidius), GILLES MUISIS, chroniqueur belge, bénédictin, abbé du couvent de Tournai, né à Rongy, près Saint-Amand, mort vers 1352. — On le trouve nommé encore *Æ. Movisius* et *Æ. Muisius*.

MUCIDUS (Jacobus), JACQUES MUEVIN, chroniqueur belge, abbé de Saint-Martin de Tournai, mort en 1367.

MUDA (DE) et **MUDANUS** (Henricus), HENRI GOETHALS, dit aussi H. DE MUYDEN. Voy. *Goethalis* (H.).

MUDANUS (Walterius), GAUTIER DE MUYDEN, hagiographe flamand, moine de Cîteaux au couvent de Sainte-Marie de Doest (*Beatæ Mariæ Thosanæ*), en Flandre, né sans doute à Muyden, près de Gand, mort après 1285.

MUGELLANUS (Dinus ou Dynus), DINO DE MUGELLO, dit aussi D. DE ROSSONIBUS, jurisconsulte et théologien tuscan, né à Mugello, mort en 1303.

MUISIUS (Ægidius). Voy. *Mucidus* (Æ.).

MULIERII (Sanctius), SANCHE MULLER, philosophe scolastique français, religieux dominicain et professeur à Toulouse, évêque d'Oléron, né dans le Languedoc, mort vers 1420.

MUNDINUS, MONDINO ou MONDINI, anatomiste italien, né et professeur à Bologne, mort en 1326.

MUNSINGERUS (Joannes), JOHANN MUNSINGER ou MUNTZINGER (dit Jöcher), théologien anglais, recteur de l'Université d'Ulm, mort après 1384. — On écrit aussi *J. Muntzingerus*.

MUNTZINGERUS (Joannes). Voy. *Munsingerus* (J.).

MURE (Conradus de), CONRAD DE MUER (dit Jöcher), historien, théologien et littérateur allemand, préchantre et chanoine de l'Église de Zurich, mort vers 1275.

MUREMUTHENSIS (Adamus), ADAM DE MIRIMOUTH, chroniqueur anglais, chanoine de Saint-Paul de Londres, mort vers la fin du XIVe siècle.

MURETENSIS (Stephanus), ETIENNE DE MURET, fondateur de l'ordre de Grandmont, né à Muret, près de Limoges, mort en 1124. — On trouve souvent *St. de Mureto*.

MURETO (Stephanus de). Voy. *Muretensis* (St.).

MURIS (Joannes de), JEAN DE MEURS ou DE MURS, savant musicographe français, docteur de Sorbonne, chanoine de Paris, né dans la Normandie, mort avant 1400.

MURMELLIUS (Joannes), seul nom sous lequel soit connu un poëte et philologue flamand, professeur à Munster, à Alkmaer et à Deventer, né à Ruremonde, mort en 1517.

MUROVALLIUM (Joannes de). Voy. *Minius* (J.).

MURRHO et **DE MURRHONE** (Petrus). Voy. *Angelerius* (P.).

MUS (Philippus). Voy. *Meuzius* (P.).

MUSFOLIIS (Raimundus de). Voy. *Mustogiolis* (R. de).

MUSICUS (Odo), EUDES DE MORIMOND, dit aussi E. LE MUSICIEN. Voy. *Morimundensis* (O.).

MUSNERII (Guilelmus), GUILLAUME MUSNIER, médecin français, doyen de la Faculté de Paris, mort après 1462.

MUSSATUS (Albertinus), ALBERTINO MUSSATO, historien, poëte et négociateur italien, né à Padoue, mort en 1530. — On le trouve encore nommé *A. Mixtatus* et *A. Muxatus*.

MUSTEROLO (Petrus de), PIERRE DE MONTEREAU ou DE MONTREUIL, célèbre architecte français, constructeur de la Sainte-Chapelle de Paris, mort en 1266. — On le trouve aussi nommé *P. de Monasteriolo* et *P. de Monsterolio*.

MUSTOGIOLIS (Raimundus de), RAIMOND VEHENS, dit R. DE MONTFALGOUS, théologien français, bénédictin, moine, prieur, puis évêque à Saint-Flour, cardinal, né à Montfalgous (Avéyron), mort en 1336. — On le trouve encore nommé *R. de Moscuerolis*, *R. de Mostuejolis* et *R. de Musfoliis*.

MUSURUS (Marcus), Μάρκος ὁ Μούσουρος, célèbre humaniste grec, professeur à Padoue et à Venise, collaborateur d'Alde Manuce, archevêque de Malvasia, né à Retimo, dans l'île de Candie, mort en 1517.

MUTINENSIS (Bartholomæus), BARTHÉLEMY DE MODÈNE, théologien et sermonnaire italien, dominicain, inquisiteur à Ferrare, mort vers 1450.

MUTINENSIS (Nicolaus), NICOLAS DE MODÈNE, jurisconsulte italien, né à Modène, mort vers 1335.

MUTINENSIS (Thomas), THOMAS DE MODÈNE, philosophe scolastique italien, né et religieux dominicain à Modène, mort vers 1516.

MUXATUS (Albertinus). Voy. *Mussatus* (A.).

MYMO (Guido de), GUI DE MUNOIS, érudit français, abbé de Saint-Germain d'Auxerre (*S. Germani Autissiodorensis*), né à Munois, près de Flavigny, dans la Bourgogne, mort en 1313. — Fabricius le nomme *G. de Villa Mymo*, et Papillon *G. de Myno*.

MYNO (Guido de). Voy. *Mymo*. (G. de).

MYREPSUS (Nicolaus), Νικόλαος ὁ Μυρεψός, en français NICOLAS MYREPSE, célèbre médecin grec, né à Alexandrie, mort vers la fin du XIIIe siècle. — On le trouve nommé aussi *N. Alexandrinus* (ὁ Ἀλεξανδρεύς).

NÆLDUVICENSIS (Joannes). Voy. *Nælduyco* (J. de).

NÆLDUYCO (Joannes de), JEAN DE NAELDWYCK, chroniqueur hollandais, né à Gertruydenberg (Brabant septentrional), mort en 1489. — Oudin le nomme *J. Nælduvicensis*.

NAGOLDUS. Voy. *Nalgodus*.

NALDIUS (Naldus), NALDO NALDI, poëte et biographe italien, né à Florence, mort vers 1470.

NALGENDUS. Voy. *Nalgodus*.

NALGODUS, NALGODE, hagiographe français, religieux de Cluni, mort vers 1100. — On écrit encore *Nagoldus* et même *Nalgendus*.

NANGIACO (Guilelmus de), GUILLAUME DE NANGIS, célèbre chroniqueur français, abbé de Saint-Denis, né à Nangis, dans la Brie, mort vers 1300. — On le trouve nommé aussi *G. Nangius*, et parfois *G. Sancti Dionysii*.

NANGIUS (Guilelmus). Voy. *Nangiaco* (G. de).

NANNETENSIS (Robertus), ROBERT DE GUIBÉ, dit aussi R. DE NANTES, théologien français, évêque de Tréguier, de Rennes, puis de Nantes, cardinal, légat d'Avignon, né à Vitré (Ille-et-Vilaine), mort en 1513.

NANNETENSIS (Stephanus), ÉTIENNE DE LA BRUÈRE, dit aussi E. DE NANTES, théologien français, évêque de Nantes, mort en 1227.

NANNIUS (Joannes), ANNIUS DE VITERBE, dit aussi GIOVANNI NANNI. Voy. *Viterbiensis* (J. A.).

NANQUERIUS (Simon), SIMON LE COQ, dit aussi S. NANQUIER. Voy. *Gallo* (S. de).

NANTOLIO (Philippus de), PHILIPPE DE NANTEUIL, poëte et chroniqueur français, né à Nanteuil-le-Haudouin (Oise), mort vers la fin du XIIIe siècle.

NANTVILLENSIS (Joannes). Voy. *Annævillanus* (J.).

NAPOLITANUS. Voy. *Neapolitanus*.

NARBONENSIS (Albertus), ALBERT DE NARBONNE, théologien français, carme, mort vers 1500.

NARBONENSIS (Arnaldus ou Arnoldus), ARNALD ou ARNOLD DE NARBONNE, dit aussi A. DE VERDALA, historien français, inquisiteur à Narbonne, évêque de Maguelonne, mort en 1351.

NARBONENSIS (Nicolaus), NICOLAS DE NARBONNE, historien et théologien français, général de l'ordre des Carmes, né à Narbonne, mort vers 1270. — On le trouve nommé encore *N. Gallus* et *N. Gallicus*.

NARBONENSIS (Petrus), PIERRE AMEIL, dit P. DE NARBONNE, camérier, chanoine, archidiacre puis archevêque de Narbonne, mort en 1245. — On trouve aussi *P. Amelius*.

NARCISSUS (Joannes-Andreas), GIOVANNI-ANDREA NARCISSO, poëte italien, né sans doute à Venise, mort vers 1530.

NARDIS (Dominicus de), DOMENICO NARDI, sermonnaire italien, dominicain, né à Florence, mort vers 1385.

NARNIENSIS (Galeotus), GALEOTTI MARZIO, dit aussi G. DE NARNI. Voy. *Martius* (G.).

NASIREDDINUS (Mohammed), MOHAMMED AL THOUSI, en français M. DE THOUS, dit aussi M. NASSIR-ED-DIN, savant astronome et mathématicien persan, né à Thous, dans le Khoraçan, mort en 1274.

NASUS (Joannes), GIOVANNI NASO, poëte, philologue et jurisconsulte sicilien, secrétaire du conseil de Palerme, né à Corleone, mort vers 1500.

NATALIBUS (Petrus de), PIETRO NATALI, hagiograghe italien, curé, puis évêque d'Equilium, né à Venise, mort après 1376.

NATALIBUS (Petrus de). Voy. *Vallibus* (P.-A. de).

NATALIS (Hervæus), HERVÉ DE NEDELLEC, théologien français, dominicain à Morlaix, puis prieur de l'Ordre à Paris, né dans le diocèse de Tréguier, mort en 1323. — On le trouve souvent nommé *H. Brito*.

NATURELLUS (Philibertus), PHILIBERT NATURELLI ou NATUREL, négociateur français, prévôt de l'Église d'Utrecht, abbé d'Ainay près de Lyon, puis de Villiers près de Namur, né dans la Bourgogne, mort en 1529.

NAUCLERUS (Joannes), JEAN DE VERGEN, plus connu sous son nom grécisé, jurisconsulte et chroniqueur allemand, prévôt de l'église de Stuttgard, professeur à Tubingue, né dans la Souabe, mort vers 1510.

NAUGERIUS (Andreas), ANDREA NAVAGERO, poëte, historien et homme d'État italien, bibliothécaire de Saint-Marc, né à Venise, mort à Blois en 1529.

NEÆTIUS (Hermannus). Voy. *Nova Aquila* (H. de).

NEAPOLI (de). Voy. *Neapolitanus*.

NEAPOLITANUS (Alexander). Voy. *Alexandro* (A. ab).

NEAPOLITANUS (cardinalis), LE CARDINAL DE NAPLES, surnom donné au pape BONIFACE IX. Voy. *Thomacellinus* (P.).

NEAPOLITANUS (Gregorius), GRÉGOIRE DE NAPLES, biographe italien, évêque de Bayeux, mort en 1276. — On trouve aussi *G. de Neapoli*.

NEAPOLITANUS (Joannes), JEAN DE NAPLES, philosophe, théologien et sermonnaire italien, professeur à Paris, religieux dominicain, né à Naples, mort en 1330.

NEAPOLITANUS (Joannes), GIOVANNI MOTIS, dit JEAN DE NAPLES, poëte latin, secrétaire apostolique, né à Naples, mort vers 1500.

NEAPOLITANUS (Nicolaus), NICCOLO SPINELLI, dit aussi N. DE NAPLES. Voy. *Spinellus* (N.).

NEBRISSENSIS (Antonius), ANTOINE DE LEBRIJA, historien, philologue et grammairien espagnol, professeur à Alcala-de-Henarès, né à Lebrija, dans l'intendance de Séville, mort en 1522.

NECHAMUS (Alexander), ALEXANDRE NECKAM, surnommé NEQUAM, théologien, poëte et philosophe anglais, augustin, professeur à Paris et à Dunstable, élevé au monastère de Saint-Albans, abbé de Cirencester, né à Hartford (comté de Chester), mort vers 1227. — Tanner le nomme *A. de Sancto Albano*.

NECHODUNUS (Humfredus), HUMFRED DE NECTON, théologien et sermonnaire anglais, carme à Norwich, né à Necton, dans le Norfolk, mort en 1303. — On le nomme encore *H. Nektonus* et *H. Nectonus*.

NECTONUS et NEKTONUS (Humfredus). Voy. *Nechodunus* (H.).

NEMORARIUS (Jordanus), JORDAN ou JOURDAIN LE FORESTIER, mathématicien français, allemand ou italien, mort vers 1235. — On le trouve nommé aussi *J. de Nemore*.

NEMORE (Jordanus de). Voy. *Nemorarius* (J.).

NEMOSIO (Joannes de), JEAN DE NEMOURS, théologien français, chanoine de Laon, mort au commencement du XIIIe siècle.

NEMOSIO (Petrus de), PIERRE CHAM-

BELLAN, dit aussi P. DE NEMOURS. Voy. *Cambellanus* (P.).

NEOBURGENSIS (Guilelmus), GUILLAUME DE NEWBURY, dit aussi WILLIAM LITLE ou LE PETIT, historien anglais, chanoine de Newbury (comté de Berks), né à Bridlington (comté d'York), mort en 1208. — On le trouve nommé encore *G. Neubrigensis*, *G. Neuburgensis*, *G. Novoburgensis*, *G. Parvus* et *G. Petitus*.

NEOCASTRENSIS (Bartholomæus), BARTHÉLEMY DE NICASTRO, chroniqueur et poëte sicilien, né à Messine, mort vers 1300. — Jöcher le nomme *B. de Neocastro*.

NEOMAGUS. Voy. *Noviomago* (de) et *Noviomagus*.

NEOPHYTUS, Νεόφυτος, en français NÉOPHYTE, historien grec, moine dans l'île de Chypre, mort vers 1200.

NEOTI (Hugo a Fano). Voy. *Sancto Neoto* (H. de).

NEPLACO. Voy. *Opatoviensis* (N.).

NEPOMUCENUS (Joannes), saint JEAN DE NÉPOMUCK, dit en français NÉPOMUCÈNE, célèbre prédicateur allemand, docteur et chanoine de Prague, patron de la Bohême, né à Népomuck, noyé en 1383.

NEPOS (Georgius-Anselmus). Voy. *Anselmus* (G.).

NEPOS (Joannes), JOHANN ENENKL, ENENCHEL ou EINENKEL, chroniqueur allemand, chanoine de Saint-Étienne, à Vienne, né dans cette ville, mort en 1291.

NEPOTIS (Richardus), RICHARD LE NEVEU, théologien et jurisconsulte français, chanoine de Lisieux, évêque de Béziers, né sans doute dans la Normandie, mort en 1309.

NEQUAM (Alexander). Voy. *Nechamus* (A.).

NERETONO (Nicolaus de), NICOLAS DE NARDO, théologien italien, dominicain, né à Nardo (royaume de Naples), mort vers 1466.

NESTONUS (Gualterus). Voy. *Hestonus* (G.).

NETENSIS (Reginaldus), RINALDO DE MONTORO, dit R. DE NOTO, philosophe scolastique italien, né et dominicain à Noto, dans la Sicile, mort en 1511.

NETTERUS (Thomas), THOMAS NETTER, dit aussi TH. DE WALDEN (*Th. Waldensis* ou *Wallidenus*), théologien anglais, conseiller du roi Henri V, carme, né à Walden (comté d'Essex), mort en 1430.

NEUBRIGENSIS et NEUBURGENSIS. Voy. *Neoburgensis*.

NEUENARIUS (Hermannus). Voy. *Nova aquila* (H. de).

NICÆANUS, NICÆENSIS et NICÆNUS (Constantinus), Κωνσταντῖνος ὁ Νικαιεύς, en français CONSTANTIN DE NICÉE, jurisconsulte byzantin, né sans doute à Nicée (Asie-Mineure), mort vers le milieu du XIIe siècle.

NICÆANUS, NICÆENSIS et NICÆNUS (Eustratius), Εὐστράτιος ὁ Νικαιεύς, en français EUSTRATE DE NICÉE, philosophe scolastique byzantin, commentateur d'Aristote, archevêque de Nicée (Bithynie), mort au commencement du XIIe siècle.

NICÆANUS, NICÆENSIS et NICÆNUS (Theophanes), Θεοφάνης ὁ Νικαιεύς, en français THÉOPHANE DE NICÉE, théologien byzantin, archevêque de Nicée, mort vers 1370.

NICEPHORUS, Νικηφόρος, en français NICÉPHORE, littérateur et théologien grec, métropolite de Kief, mort en 1121.

NICEPHORUS (Gregoras), Νικηφόρος ὁ Γρηγόρας, en français GRÉGOIRE NICÉPHORE, historien et astronome byzantin, né à Héraclée, dans l'Asie Mineure, mort vers 1360.

NICETAS, Νικήτας, médecin et chirurgien grec, mort au commencement du XIIe siècle.

NICOLAUS, NICOLAS IV et V, papes. Voy. *Asculo* (H. de) et *Sarzanus* (Th.).

NICOLAUS (Henricus), HENRY KLAAS, dit en français H. NICOLAS, théologien et hérésiarque hollandais, fondateur de *la Maison d'amour*, né à Leyde, mort vers 1540.

NICOLIUS (Nicolaus), NICCOLO DE NICCOLI, célèbre philologue et bibliophile italien, né à Florence, mort en 1437. —

On le trouve nommé aussi *N. Florentinus*.

NIDERUS (Joannes), JOHANN NIDER, NIEDER ou NYDER, célèbre théologien allemand, dominicain, professeur à Vienne, prieur de son ordre à Nuremberg et à Bâle, né dans la Souabe, mort vers 1440. — On trouve aussi *J. Nyderus*.

NIDROSIENSIS (Theodericus), THIERRI DE DRONTHEIM, chroniqueur norvégien, moine à Drontheim, au nord de Christiania, mort vers 1160.

NIEMIUS (Theodorus), THIERRY DE NIEM, historien allemand, chanoine à Lucques (*canonic. Lucensis*), protonotaire apostolique, évêque de Verden, puis de Cambrai, né à Niem, dans le diocèse de Paderborn, mort vers 1417.

NIGELLA (Hugo de), HUGUES DE NESLE, théologien français, religieux de Cîteaux, abbé d'Ourscamp, puis de Larrivour (*Ripatorium*) dans l'Aube, né sans doute à Nesle (Aube), mort à la fin du XIIe siècle.

NIGELLUS, NIGEL, chapelain et trésorier de Henri 1er d'Angleterre, évêque d'Ely (comté de Cambridge), né dans la Normandie, mort en 1169.

NIGELLUS (Rogerus). Voy. *Niger* (R.).

NIGER (Andalus), ANDALONE DEL NEGRO ou NERO, astronome italien, professeur à Naples, maître de Boccace, né à Gênes, mort après 1342.

NIGER (Franciscus), FRANCESCO NEGRI, dit aussi FR. FOSCO, grammairien italien, précepteur d'Hippolyte d'Este, professeur à Padoue, né à Venise, mort vers 1510. — Il est très-souvent nommé *Fr. Fuscus*.

NIGER (Guilielmus), GUILLAUME DE BLAKENEY, théologien anglais, carme, né à Blakeney (comté de Norfolk), mort vers 1490. — On trouve aussi *G. Blachenegus*.

NIGER (Palladius), PALLADIO NEGRI, dit aussi P. Fosco, historien, philologue et géographe italien, professeur à Trau, puis à Capo-d'Istria, né à Padoue, mort en 1520. — On le trouve souvent nommé *P. Fuscus* et *P. Patavinus*.

NIGER (Petrus), PETER SCHWARTZ, théologien et hébraïsant allemand, dominicain, mort après 1481. — On le trouve nommé aussi *P. Teuto*.

NIGER (Radulphus), RAOUL DE SUFFOLK, dit aussi R. LE NOIR. Voy. *Suffolcensis* (R.).

NIGER (Rogerus), ROGER BLACK, sermonnaire anglais, docteur d'Oxford, religieux bénédictin à Westminster, évêque de Londres, mort en 1241. — On le trouve encore nommé *R. Nigellus*.

NIGER (Stephanus), STEFANO NEGRI, érudit italien, professeur à Milan, né à Casal-Maggiore, dans le diocèse de Crémone, mort vers 1530.

NIGRIS (Sillanus de), SILLANO NEGRI, médecin italien, établi à Pavie, né à Crémone, mort vers 1500.

NIGRO MONTE (Joannes de), JEAN DE MONTE NEGRO, théologien italien, dominicain, orateur au concile de Bâle, défenseur de l'immaculée conception, né à Monte Negro, près de Pise, mort en 1444. — On trouve aussi *J. de Monte Nigro*.

NINIVENSIS (Balduinus). Voy. *Ninovensis* (B.).

NINOVENSIS (Balduinus), BAUDOUIN DE NINOVE, chroniqueur flamand, prémontré, chanoine de Saint-Cyprien, à Ninove, mort vers 1294. — On trouve aussi *B. Ninivensis*.

NINOVENSIS (Matthæus), MATHIEU DE SCHOORISSE, dit aussi M. DE NINOVE. Voy. *Schornaio* (M. de).

NISAMIUS, (Mohammed), MOHAMMED NIZAMI, célèbre poëte persan, né à Ghendjé, dans la province d'Arran, mort en 1180.

NIVIGELLENSIS (Joannes), JEAN DE NIVELLE, canoniste belge, bénédictin, abbé du monastère de Nivelle (Brabant méridional), mort vers 1460.

NIVIS (Paulus), PAUL SCHNEE-BOGEL, grammairien allemand, professeur à Leipsig, mort après 1494.

NIZARDUS (Adamus), ADAM NIDZARDE, poëte et grammairien anglais, professeur à Paris, mort vers 1340.

NOELLETI (Guilelmus), GUILLAUME DE NOELLET, théologien français, cardinal, né sans doute à Noëllet (Maine-et-Loire), mort en 1394.

NOERIIS (de). Voy. *Nuceriis* (de).

NOGARETO (Guilelmus de). Voy. *Nogaretus* (G.).

NOGARETUS (Guilelmus), GUILLAUME DE NOGARET, jurisconsulte français, professeur à Montpellier, garde des sceaux, puis chancelier de France, né à Saint-Félix de Caraman, dans le Languedoc, mort en 1313. — On le nomme aussi *G. de Nogareto*.

NOGAROLIS (Leonardus de). Voy. *Nogarolus* (L.).

NOGAROLUS (Leonardus), LEONARDO NOGAROLA, théologien italien, protonotaire apostolique, né à Vicence, mort vers 1500. — On le trouve aussi nommé *L. de Nogarolis*.

NOLANUS (Ambrosius), AMBROISE DE NOLA, médecin et historien italien, né à Nola, mort vers 1525.

NONANTULANUS (Joannes), JEAN DE NONANDOLA, chroniqueur et hagiographe italien, bénédictin, moine de Nonandola (duché de Modène), mort vers 1200.

NONANTUS (Hugo), HUGUES DE NONANT, chroniqueur français, archidiacre de Lisieux, puis évêque de Coventry, né à Nonant, dans la Normandie, mort en 1198.

NORBERTUS. Voy. *Clivensis*.

NORDOFOLCENSIS (Benedictus), BENOIT DE NORFOLK, théologien et sermonnaire anglais, augustin, suffragant de l'évêque de Norwich, né sans doute dans le comté de Norfolk, mort en 1340. — On le trouve encore nommé *B. Anglus*, *B. Icenus* et *B. Nordofolgius*.

NORDOFOLGIUS. Voy. *Nordofolcensis*.

NORDOVICENSIS. Voy. *Norvicensis*.

NORICUS (Bernardus), BERNARD DE KREMSMUNSTER, dit aussi B. DE NORIQUE. Voy. *Cremisianensis* (B.).

NORMA LEGUM, surnom donné à GIOVANNI ANDREA. Voy. *Andreas* (J.).

NORMANNUS (Ranulfus), RENOUL DE HUMBLIÈRES, dit aussi R. LE NORMAND. Voy. *Humbloneria* (R. de).

NORTHALIS (Richardus), RICHARD NORTHALL, sermonnaire anglais, carme à Londres, évêque d'Ossery, chancelier d'Irlande, né dans le comté de Middlesex, mort en 1397.

NORTHAMPTONA (de). Voy. *Northamptonensis*.

NORTHAMPTONENSIS (Guilelmus), WILLIAM BEWFU, dit aussi GUILLAUME DE NORTHAMPTON, théologien et traducteur anglais, étudiant à Cologne, carme à Northampton, mort après 1390.

NORTHAMPTONENSIS (Joannes), JEAN DE NORTHAMPTON, mathématicien et théologien anglais, carme à Northampton, mort en 1350. — On le trouve aussi nommé *J. Avonius* et *J. de Northamptona*.

NORTHAYMENSIS et NORTHEIMENSIS (Henricus), HENRI DE NORTHEIM. Voy. *Aquilonipolensis* (H.).

NORTHONUS. Voy. *Nortonus*.

NORTHUMBRIUS (Richardus), RICHARD D'HEXHAM, dit aussi R. DE NORTHUMBERLAND. Voy. *Hagustaldensis* (R.).

NORTONUS (Guilelmus), WILLIAM NORTON ou DE NORTON, théologien anglais, franciscain au couvent de Coventry, mort après 1403. — On trouve aussi *G. Northonus*.

NORTONUS (Thomas), THOMAS NORTON ou DE NORTON, alchimiste anglais, né à Bristol, mort vers 1477. — On écrit aussi *T. Northonus*.

NORVICENSIS (Gilbertus), GILBERT DE NORWICH, théologien anglais, carme, évêque d'Hamar, en Norwége, mort vers 1270.

NORVICENSIS (Herbertus), HERBERT DE NORWICH, théologien et sermonnaire, évêque de Thetford (*episcop. Thetfordiensis*), puis de Norwich, né à Hiesmes (*in pago Oximiensi*), dans la Normandie, mort en 1119. — On l'appelle aussi *H. Nordovicensis*, et il fut surnommé *Losinga* (synonyme d'*Adulator*), mot que l'on écrit parfois *Lozynga*, et que Fabricius a transformé en *Consinga*.

NORVICENSIS (Joannes), JEAN D'OXFORD, dit aussi J. DE NORWICH. Voy. *Oxfordius* (J.).

NORVODUS (Thomas), THOMAS DE NORWOOD, théologien anglais, dominicain, né à Norwood (Middlesex), mort vers 1320.

NOTABILIS, (doctor). Voy. *Insulensis* (P.).

NOTENSIS (Rainaldus), RINALDO DE NOTO, théologien et jurisconsulte italien, dominicain, né à Noto dans la Sicile, mort en 1511. — On le trouve aussi nommé *R. de Montauro* (nom de son père) et *R. de Landolina* (nom de sa mère).

NOTTINGHAMUS (Guilelmus), GUILLAUME DE NOTTINGHAM, théologien et sermonnaire anglais, frère mineur, chanoine d'York, mort en 1336. — On trouve aussi *Snotingamus*.

NOTTINGHAMUS (Richardus), RICHARD DE NOTTINGHAM, théologien anglais, chancelier de l'Université d'Oxford, mort après 1320.

NOVA AQUILA (Hermannus de), HERMANN DE NEWENAAR (Paquot), dit aussi H. DE NEUADLER, et en français H. DE NEUÉNAR, érudit allemand, chancelier de l'université de Cologne, né dans le duché de Juliers, mort en 1530. — On le trouve nommé encore *H. Neætius, H. Neuenarius* et *H. Nuenarius*.

NOVARIA (de). Voy. *Novariensis*.

NOVARIENSIS (Joannes), GIOVANNI CAMPANI, dit aussi G. DE NOVARE. Voy. *Campanus*,(J.).

NOVARIENSIS (Nestor-Dionysius), NESTORE-DIONIGI AVOGADRO, dit N.-D. DE NOVARE. Voy. *Advocatus* (N.-D.).

NOVARIENSIS (Pacificus), PACIFICO DE NOVARE, théologien et sermonnaire italien, frère mineur, auteur d'une Somme dite *Summa Pacifica*, né à Novare, mort vers 1470.

NOVARIENSIS (Petrus), PIERRE LOMBARD, dit aussi P. DE NOVARE. Voy. *Lombardus* (P.).

NOVELLIS (Jacobus de), en français JACQUES DE NOVELLES, surnommé FOURNIER (*Fornerius* et *de Furno*) et LE CARDINAL BLANC (*cardinalis albus*), par allusion à l'habit de son ordre, prédicateur et théologien français, religieux de Cîteaux, évêque de Pamiers, pape sous le nom de BENOIT XII, né à Saverdun (Ariège), mort en 1342.

NOVIGENTINUS (Guibertus), GUIBERT DE NOGENT, chroniqueur, philosophe et biographe français, bénédictin, abbé de Notre-Dame de Nogent, au diocèse de Laon, né à Clermont en Beauvoisis, mort en 1124. — On écrit aussi *G. de Novigento*.

NOVIGENTO (de). Voy. *Novigentinus*.

NOVIOMAGO (Joannes de), JEAN DE NIMÈGUE, théologien hollandais, professeur à Rostock, mort vers 1530. — On le nomme aussi *J. Neomagus* et *J. Noviomagus*.

NOVIOMAGO (Petrus de), PIERRE DE NIMÈGUE, philosophe scolastique belge, religieux dominicain, né à Nimègue, mort en 1525. — On le trouve aussi nommé *P. Fabri*.

NOVIOMAGO (Radulphus ou Rodolphus de), RAOUL ou RODOLPHE DE NIMÈGUE, poëte et biographe hollandais, religieux dominicain, né à Nimègue, mort en 1489.

NOVIOMAGUS. Voy. *Noviomago* (de).

NOVIOMENSIS (Stephanus), ÉTIENNE DE VILLEBÉON, dit aussi ÉT. DE NOYON, chambellan de France, évêque de Noyon, mort en 1222.

NOVOBURGENSIS. Voy. *Neoburgensis*.

NOVO BURGO (Joannes de), JEAN DE NEWBURY, historien anglais, chanoine, puis prieur de Newbury, évêque nommé de Carlisle, (*episcop. Carleolensis*), mort en 1257.

NOVOCASTRENSIS. Voy. *Novocastro* (de).

NOVOCASTRO (Andreas de), ANDRÉ DE NEUFCHATEAU, philosophe scolastique français, frère mineur, né à Neufchâteau, dans la Lorraine, mort vers 1300. — On l'appelle aussi *J. Novocastrensis*, et il était surnommé, dit Wadding, *Doctor ingeniosissimus*.

NOVOCASTRO (Carolus de), CHARLES DE NEUFCHATEL, célèbre prélat français, fils de Jean, grand-chantre puis archevêque de Besançon, et en même temps évêque de Bayeux, mort en 1498.

NOVOCASTRO (Hugo de), HUGUES DE NEWCASTLE, théologien anglais, frère mineur, disciple de Duns Scot, né sans doute à Newcastle, près de Durham, mort après 1322. — On trouve aussi *H. de Castro novo*, et il fut surnommé *Doctor scolasticus*.

NOVOCASTRO (Joannes de), JEAN DE

NEUFCHATEL, évêque de Nevers, de Toul, d'Ostie et de Velletri, cardinal, né à Neufchâtel en Suisse, mort en 1398.

NOVOCOMENSIS (Raphael), RAPHAEL RAIMOND, dit aussi R. DE COMO. Voy. *Raimundis* (R. de).

NOVO FORO (Georgius de), GEORGE DE NEUMARKT, théologien allemand, carme, prieur à Worms, né à Cologne, mort vers 1400.

NOVO FORO (Thomas de), THOMAS DE NEWMARKET, humaniste et mathématicien anglais, professeur à Cambridge, né à Newmarket, mort vers 1410. — Nous l'avons trouvé aussi nommé *Th. de Novo Mercatu*.

NOVO MERCATU (Thomas de). Voy. *Novo Foro* (Th. de).

NOYENTELLO (Joannes de), JEAN COLET, dit aussi J. DE NOINTEL. Voy. *Choletus* (J.).

NUCERIIS (Guido de), GUI DES NOYERS, prévôt, archidiacre, puis archevêque de Sens, auteur de nombreuses chartes, mort en 1193.

NUCERIIS (Hugo de), HUGUES DES NOYERS, trésorier, puis évêque de l'Église d'Auxerre, à qui Lebeuf attribué par erreur un traité *de clarorum militum gestis*, mort en 1206. — On le nomme aussi *H. de Noeriis*.

NUENARIUS (Hermannus). Voy. *Nova Aquila* (H. de).

NUREMBERGIUS (Everhardus), EVERHARD DE NUREMBERG, littérateur allemand, né et dominicain à Nuremberg, mort en 1430.

NURSIA (Benedictus de), BENEDETTO REGARDATO, plus connu sous son nom latin, médecin italien, professeur à Pérouse, né à Núrsia, dans le duché de Spolète, mort vers 1450.

NUSCANUS (Joannes). Voy. *Nuscensis* (J.).

NUSCENSIS (Joannes), JEAN DE NUSCO, biographe italien, bénédictin, né à Nusco, dans le royaume de Naples, mort vers 1200. — On le nomme aussi *J. Nuscanus* et *J. a Nusco*.

NYDERUS (Joannes). Voy. *Niderus* (J.).

14.

OBERTUS. Voy. *Cancellarius*.

OBIZO, OBIZON, médecin du roi de France Louis le Gros, puis chanoine régulier de Saint-Victor à Paris, mort au milieu du XIIe siècle.

OBLATO (Guilelmus de), GUILLAUME D'OUBLÉ ou DOUBLÉ, théologien français, évêque de Chalon-sur-Saône, né dans la Bourgogne, mort en 1294.

OCCAMUS. Voy. *Ochamus*.

OCELLUS (Joannes), JOHANN OCZKO, théologien allemand, évêque d'Olmutz (*episcop. Olomucensis*), archevêque de Prague, cardinal, né dans la Bohême, mort en 1381.

OCHAMUS (Guilelmus), GUILLAUME D'OCKAM, célèbre philosophe scolastique anglais, religieux franciscain, né à Ockam, dans le comté de Surrey, mort en 1347. — On écrit aussi *G. Occamus*, et on le trouve surnommé *Doctor invincibilis*, *Doctor singularis*, *Doctor venerabilis*, *Venerabilis incœptor* et *Ingeniorum lima*.

OCHAMUS (Nicolaus), NICOLAS D'OCKAM, mathématicien et astronome anglais, frère mineur, mort après 1320. — On trouve aussi *N. Occamus*.

OCHUS (Hieronymus), JÉROME D'OCHON, théologien français, carme, né et évêque à Perpignan, mort en 1425. — On le trouve aussi nommé *H. Otho*.

OCRICULARIUS (Bernardus). Voy. *Oricellarius* (B.).

OCTAVIUS (Franciscus, dit aussi Cleophilus), FRANCESCO, dit aussi CLEOFILO OTTAVIO, littérateur italien, professeur à Viterbe, né à Fano (États de l'Église), mort en 1490.

ODAXIUS (Ludovicus), LUIGI ODASSI, littérateur italien, conseiller du duc d'Urbin, mort en 1510.

ODAXIUS (Typhus), TIFI ODASSI, poëte macaronique italien, frère du précédent, né à Padoue, mort vers 1500.

ODENDUNUS et ODINGTONUS (Gualterus). Voy. *Eveshamensis* (G.).

ODO (Guilelmus). Voy. *Hodonus* (G.).

ODO (Magister), MAITRE ODON, surnom donné à O. DE SHERSTON. Voy. *Schirodunensis* (O.).

ODOFFREDUS. Voy. *Odofredus*.

ODOFREDUS, DENARA, dit ODOFREDO, nom que sa famille conserva après sa mort, célèbre jurisconsulte italien, avocat en France, puis professeur à Bénévent et à Bologne, né à Bénévent, mort en 1265. — On le trouve nommé aussi *Odoffredus*, *Roffredus*, *O.* ou *R. Beneventanus*, *R. de Denariis* et *O.* ou *R. Bononiensis*.

ODOHAMUS (Adamus). Voy. *Wodheamensis* (A.).

ODONE (Guilelmus de). Voy. *Hodonus* (G.).

ODONIS (Gerardus). Voy. *Castro Radulphi* (G. O. de).

OECOLAMPADIUS (Joannes), JOHANN HAUSSCHEIN, connu sous le nom de J. OECOLAMPADE, célèbre réformateur religieux, né à Weinsberg, dans le Wurtemberg, mort en 1531.

OECUMENIUS, Οἰκουμένιος, écrivain ecclésiastique byzantin, mort sans doute vers 1100.

OITHA (Henricus de). Voy. *Oyta* (H. de).

OLDEGARIUS, OLDEGAIRE ou OLLEGAIRE (dit l'*Histoire littéraire de la France*), théologien espagnol, évêque de Barcelone, puis évêque de Tarragone, né dans la Catalogne, mort en 1137. — On le trouve aussi nommé *Ollegarius*.

OLDENBURGENSIS (Willebrandus), WILBRAND OLDENBURG, géographe allemand, chanoine de Hildesheim, mort après 1211. — On écrit aussi *W. ab Oldenburgo*.

OLDONIUS. Voy. *Ordonius*.

OLEARIUS (Paulus), pseudonyme de J. WIMPFELING. Voy. *Wimpfelingius* (J.).

OLERIUS (Bernardus). Voy. *Ollerius* (B.).

OLIPHANTUS (Richardus), RICHARD OLIPHANT, médecin et théologien écossais, carme, mort après 1363. — Jöcher le nomme R. OLIPHAM.

OLIVETO (Lupus de). Voy. *Ulmeto* (L. de).

OLIVUS (Petrus-Joannes), PIERRE-JEAN OLIVE, théologien et philosophe français, frère mineur à Béziers, chef de l'hérésie des Fraticelles, né à Sérignan (Hérault), mort en 1298. — On trouve souvent *P.-J. Olivi*, et l'abbé Fleury le nomme P.-J. D'OLIVE.

OLLEGARIUS. Voy. *Oldegarius*.

OLLENSIS (Bernardus). Voy. *Ollerius* (B.).

OLLERIUS (Bernardus), BERNARD OLLER, théologien espagnol, prieur général des carmes, professeur à Paris et à Manresa, né dans la Catalogne, mort vers 1390. — On trouve aussi *B. Olerius* et *B. Ollensis*.

OLMETO (Lupus de). Voy *Ulmeto* (L. de).

OLNÆUS et OLNEIUS (Joannes), JEAN D'OLNEY, théologien anglais, chartreux, né à Olney, mort vers 1350. — On trouve aussi *J. Olveius:*

OLVEIUS (Joannes). Voy. *Olnæus* (J.).

OMNIBONUS. Voy. *Leonicenus* (O.).

OMNISCIUS (Doctor). Voy. *Ubaldis* (P. B. de).

OONA (Guilelmus de). Voy. *Wara* (G. de).

OPATOVIENSIS (Neplaco), NEPLACH D'OPATOWIE, historien bohémien, abbé du couvent des bénédictins à Opatowie, mort en 1370.

OPERMANNUS (Thomas). Voy. *Spermannus* (Th.).

OPHIHILLA (Mauricius). Voy. *Portu* (M. de).

OPILIO (Petrus), PETER SCHŒFFER, imprimeur allemand, établi à Mayence, associé de Gutenberg, né à Gernsheim, près de Darmstadt, mort vers 1505.

OPITER (Christianus), CHRISTIAN DE OPLINTER, théologien flamand, dominicain à Maëstricht, né soit à Utrecht (Fabricius), soit à Op-Linter (Paquot), près de Tirlemont, mort vers 1460. — On trouve aussi *C. Oputer*.

OPUTER (Christianus). Voy. *Opiter* (C.).

ORATORIO (Galfredus de), GEOFFROI DU LOROUX, théologien et sermonnaire français, archevêque de Bordeaux, né au Loroux, bourg situé sur les confins de la Touraine et du Poitou, mort en 1158. — On le trouve nommé encore *G. Burdigalensis, G. de Laureolo, G. Loratoriensis, G. de Loratorio* et *G. de Loroutia*.

ORBACENSIS (Guilelmus), GUILLAUME D'ORBAIS, écrivain ecclésiastique français, abbé d'Orbais (Marne), mort après 1192.

ORBELLUS (Nicolaus), NICOLAS DE ORBELLIS (disent E. du Pin et Moréri), théologien et sermonnaire français, frère mineur, professeur à Poitiers, né à Angers, mort en 1455. — On trouve aussi *N. Dorbellus*.

ORDEOMONTE (Petrus de), PIERRE D'ORGEMONT, seigneur de Méry-sur-Oise et de Chantilly, historien français, conseiller au Parlement de Paris, chancelier de France, mort en 1389.

ORDERICUS. Voy. *Vitalis.*

ORDINATISSIMUS (Doctor). Voy. *Bassolius* (J.).

ORDONIUS, ORDOGNO, poëte et hagiographe espagnol, moine de Cluni, prieur en Galice, mort vers 1230. — On écrit parfois *Oldonius.*

OREMIUS (Nicolaus). Voy. *Oresmius* (N.).

ORESMIUS (Nicolaus), NICOLAS ORESME, théologien, sermonnaire et traducteur français, archidiacre de Bayeux, trésorier de la Sainte-Chapelle, précepteur du dauphin (Charles VI), évêque de Lisieux (*episcop. Lexoviensis*), né à Caen, mort en 1382. — On trouve aussi *N. Oremius.*

ORGANUM VERITATIS, surnom donné au pape INNOCENT IV. Voy. *Flisco* (S. de).

ORICELLARIUS (Bernardus), BERNARDO RUCELLAI, historien, érudit et négociateur italien, protecteur de l'Académie platonicienne, créateur des *Horti Oricellarii*, né à Florence, mort en 1514. — On le nomme aussi *B. Ocricularius* et *B. Rucellarius.*

ORICELLARIUS (Joannes), GIOVANNI RUCELLAI, poëte et négociateur italien, fils du précédent, né à Florence, mort en 1525.

ORIDRYUS (Arnoldus), ARNOLD VAN BERGHEYCK, helléniste belge, professeur à Anguien, près de Bruxelles, né à Bergheyck, dans le Brabant, mort vers 1530.

ORPHORDIUS (Robertus). Voy. *Oxfordius* (R.).

ORPIO (Ægidius de), GILLES D'ORP, sermonnaire belge, dominicain à Paris, né à Orp (diocèse de Namur, sur la frontière du diocèse de Liége), mort après 1273. — On le trouve aussi nommé *Æ. de Legio*, et Échard a, par erreur, attribué ces noms à deux personnages différents.

ORTO (Galienus de). Voy. *Horto* (G. de).

OS AUREUM, BOUCHE D'OR, surnom donné à BULGARI. Voy. *Bulgarus.*

OSIIS (Guilelmus de), GUGLIELMO OSIO, jurisconsulte italien, né et consul à Milan, mort après 1170. — On le nomme aussi *G. Hosius.*

OSIIS (Orosius de), OROSIO OSIO, théologien italien, chanoine régulier de Latran, né à Milan, mort vers 1456. — On le trouve aussi nommé *O. Hosius.*

OSMO (Petrus de). Voy. *Oxomensis* (P.).

OSNABRUGA (Theodoricus de), THIERRI DE OSNABRUCK, théologien allemand, frère mineur, né à Osnabruck (Hanovre), mort vers 1500.

OSSANUS (Bartholomæus), BARTHÉLEMY D'OSA, historien italien, né à Osa, près de Bergame, mort vers 1340.

OSTIENSIS (Antonius), ANTONIO CORRARO, dit A. D'OSTIE. Voy. *Corarius* (A.).

OSTIENSIS (Bernardinus), BERNARDINO DE CARVAJAL, dit aussi BERNARDIN D'OSTIE, théologien espagnol, évêque de Badajoz et de Palencia, cardinal, évêque d'Ostie, né à Palencia mort en 1523. — On le trouve nommé aussi *B. Placentinus.*

OSTIENSIS (cardinalis ou Henricus), HENRI DE SUZE, dit aussi LE CARDINAL D'OSTIE. Voy. *Segusia* (H. de).

OSTIENSIS (Hugo), HUGUES D'OSTIE, théologien français, abbé de Trois-Fontaines, au diocèse de Châlons, évêque d'Ostie et de Velletri, cardinal, né dans le diocèse de Beauvais, mort vers 1158. — Cave le nomme *Hugolinus.*

OSTIENSIS (Latinus), LATINO MALABRANCA, dit L. D'OSTIE, de la famille des FRANGIPANI, poëte et théologien italien, dominicain, évêque d'Ostie et de Velletri, cardinal, né à Rome, mort en 1294. — On le trouve nommé encore *L. de Frangipanis, L. Frangipanus* et *L. Ursinius.*

OSTIENSIS (Leo), LEO DE MARSICO, dit aussi L. D'OSTIE. Voy. *Marsicanus* (L.).

OSTIENSIS (Odo ou Otho), EUDES ou OTHON D'OSTIE, poëte et hagiographe français, cardinal, évêque d'Ostie, mort en 1101.

OSTIENSIS (Theobaldus), THIBAUD D'OSTIE, prieur de Saint-Arnoul, à Crépi en Valois, abbé de Cluni, puis cardinal, évêque d'Ostie, mort vers 1188.

OSTILLEIO (Guilelmus de), GUILLAUME BURELL, dit aussi G. D'OSTILLY. Voy. *Burellus* (G.).

OSTREVANDIÆ (Robertus, archidiaconus), ROBERT D'OSTREVAND, hagiographe flamand, archidiacre de l'Église d'Arras, dans le canton d'Ostrevand, mort vers 1150. — On écrit aussi *R. archid. Austrevandix.*

OSTROVODUS (Joannes)? Voy. *Æschendus* (J.).

OTHA (Henricus de). Voy. *Oyla* (H. de).

OTHO (Hieronymus). Voy. *Ochus* (H.).

OTTERBURGENSIS (Philippus), PHILIPPE DE OTTOBEUERN, théologien et sermonnaire allemand, moine de Cîteaux, abbé d'Ottobeuern, en Bavière, mort vers 1400.

OTTERBURNUS (Thomas), THOMAS OTTERBURN (dit Nicolson), chroniqueur anglais, franciscain, mort vers 1420.

OTTOCARUS, OTTOCAR, poëte et historien allemand, né en Styrie, mort après 1309.

OUCIU (Guido de), nom sous lequel Échard désigne GUI DE DOUCIÉ, poëte français, dominicain, né dans la Franche-Comté, mort après 1336.

OVETENSIS (Pelagius), PÉLAGE D'OVIEDO, historien espagnol, évêque d'Oviedo, mort après 1124.

OVIS (Gilbertus ou Gilibertus), GILBERT VAN EYEN, théologien belge, dominicain, professeur à Paris, né à Gand, mort en 1285.

OXAMENSIS. Voy. *Oxomensis.*

OXFORDIUS (Joannes), JEAN D'OXFORD, historien anglais, chapelain de Henri II, évêque de Cirencester, puis de Norwich (*episcop. Cicestriensis, dein Norvicensis*), né sans doute à Oxford, mort en 1200. — On l'appelle encore *J. Oxoniensis, J. de Oxonio, J. Norvicensis*, et Boethius le nomme *J. a Vado Boum*, sans doute parce que Oxford en saxon signifie *gué des Bœufs.*

OXFORDIUS (Robertus), ROBERT D'OXFORD, théologien anglais, dominicain, mort vers 1292. — L. Alberti le nomme *R. Orphordius.*

OXOMENSIS (Petrus), PIERRE DE OSMA, théologien espagnol, professeur et chanoine à Salamanque, né à Osma (Vieille-Castille), mort vers 1480. — On le trouve encore nommé *P. de Osmo, P. Oxamensis* et *P. Uxamensis.*

OXONIENSIS (Henricus), HENRI D'OXFORD, sermonnaire anglais, frère mineur, *incerto sæculo.*

OXONIENSIS et OXONIO (DE). Voy. *Oxfordius.*

OXRACCUS (Joannes), JOHN OXRACK, philosophe scolastique anglais, docteur d'Oxford, mort...?

OYTA (Henricus de), HEINRICH EUTA ou HOYTA (dit Moréri), théologien, sermonnaire et jurisconsulte allemand, professeur à Vienne, carme, mort après 1400. — On le trouve encore nommé *H. de Euta, H. de Hoita, H. de Huecta, H. de Oilha* et *H. de Otha.*

PACCIO (Thomas de). Voy. *Pactius*(Th.).

PACE (Mathias a), MATHIAS DE PAZ (dit Échard), théologien espagnol, dominicain, professeur à Salamanque, mort en 1517.

PACENSIS (Adto ou Hatto), ADTO OU HATTO DE BEJA, théologien portugais, bénédictin, abbé de Vall'ombrosa, puis évêque de Pistoïa *(episcop. Pistoriensis)*, né à Beja (Alentejo), mort vers 1200. — On le trouve aussi nommé A. ou H. *Vallumbrosanus*.

PACHENDUNUS (Guilelmus). Voy. *Pachentonus* (G.).

PACHENTONUS (Guilelmus), WILLIAM PACKINGTON, chroniqueur anglais, secrétaire du Prince Noir (Édouard), mort vers 1400. — On le nomme aussi *G. Pachendunus*.

PACHYMERA (Georgius). Voy. *Pachymeres* (G.).

PACHYMERES (Georgius), Γεώργιος ὁ Παχυμερής, en français GEORGES PACHYMÈRE, historien et théologien byzantin, procureur général (πρωτέκτινος) de l'Église de Constantinople, né à Nicée, mort vers 1315. — On trouve aussi *G. Pachymera* et *G. Pachymerius*.

PACHYMERIUS (Georgius). Voy. *Pachymeres* (G.).

PACIFICUS (Maximus). Voy. *Asculanus* (M.).

PACIOLUS (Lucas), LUCA PACCIOLI, plus connu sous le nom de LUCA DI BORGO, célèbre mathématicien italien, frère mineur, professeur à Pérouse, à Rome, à Naples, à Pise et à Venise, né à Borgo-San-Sepolcro, en Toscane, mort après 1509. — On le trouve aussi nommé *L. de Borgo*.

PACTIO (Thomas de). Voy. *Pactius* (Th.).

PACTIUS (Alexander), ALESSANDRO PAZZI, frère du suivant, poëte dramatique et traducteur italien, né à Florence, mort après 1530.

PACTIUS (Cosmus), COSIMO PAZZI, traducteur et négociateur italien, chanoine d'Oléron, puis évêque d'Arezzo, archevêque de Florence, né à Florence, mort en 1515.

PACTIUS (Thomas), THOMAS DE PARCÉ, chroniqueur français, chanoine, puis doyen de Notre-Dame de Loches (*decanus Lochensis*), né sans doute à Parcé (*Paccium* ou *Parceium*), dans le Maine-et-Loire, mort en 1168. — On le trouve aussi nommé *Th. de Pactio* et *Th. de Paccio*.

PADERBORNENSIS (Balduinus), BAUDOUIN DE PADERBORN, historien allemand, curé de Paderborn (Westphalie), mort après 1420. — Il est souvent nommé *B. Parochus*.

PADUA (Damianus de), DAMIANO DE CARRARA, dit aussi D. DE PADOUE. Voy. *Carrariensis* (D.).

PADUA (Petrus de), PIERRE D'ABANO, dit aussi P. DE PADOUE. Voy. *Aponensis* (P.).

PADUA (de). Voy. *Paduanus* et *Patavinus*.

PADUANUS (Franciscus), FRANÇOIS DE FLORENCE, dit aussi F. DE PADOUE. Voy. *Florentinus* (F.).

PADUANUS (Jacobus), JACQUES DE FERRARE, dit aussi J. DE PADOUE. Voy. *Ferraria* (J. de).

PADUANUS (Petrus). Voy. *Aponensis* (P.).

PADUANUS. Voy. *Padua* (de) et *Patavinus*.

PADUBANENSIS (Pétrus). Voy. *Aponensis* (P.).

PAGANERUS (Guilelmus). Voy. *Paghamus*. (G.).

PAGANICO (Nicolaus de), NICOLAS DE PAGANICO, astrologue et médecin italien, établi en France, religieux dominicain, né à Paganico, dans la Toscane, mort vers 1380.

PAGANIS (Hugo de), HUGUES DE PAINS, connu sous le nom de H. DES PAYENS, fondateur et grand-maître de l'ordre des Templiers, né dans le domaine de Pains, en Champagne, mort en 1136. — On le nomme encore *H. Payenius*.

PAGGIUS (Matthæus), MATTEO PAGGI, prédicateur italien, ermite de Saint-Augustin, né à Milan, mort en 1454.

PAGHAMUS (Guilelmus), GUILLAUME DE PAGHAM, théologien et philosophe scolastique anglais, religieux carmé, né sans doute à Pagham, dans le comté de Sussex, mort après 1280. — On le trouve encore nommé *G. Paganerus, G. de Paguia, G. de Pagula, G. de Paola* et *G. de Paulo*.

PAGUIA et PAGULA (Guilelmus de). Voy. *Paghamus* (G.).

PAIARINUS (Joannes-Baptista), GIAMBATTISTA PAGLIARINI, chroniqueur italien, né à Vicence (Lombard-Vénitien), mort après 1435.

PAIISIO (Guido de). Voy. *Baisius* (G.).

PALÆDORPIUS (Joannes). Voy. *Palæonydorus* (J.).

PALÆMO (Remnius-Fannius), plus connu sous le nom de REMUS FAVINUS, littérateur et poëte italien, mort au XVᵉ siècle.

PALÆOLOGUS (Andronicus), Ἀνδρόνικος ὁ Παλαιόλογος, en français ANDRONIC PALÉOLOGUE, théologien grec, empereur de Constantinople, puis moine en Thessalie, mort en 1332.

PALÆOLOGUS (Manuel), Μανουὴλ ὁ Παλαιόλογος, en français MANUEL PALÉOLOGUE, théologien et philosophe grec, empereur de Constantinople, mort en 1425.

PALÆONYDORUS (Joannes), nom grécisé de JEAN DE OUDEWATER, historien et théologien hollandais, carme au couvent de Malines, né à Oudewater, près d'Utrecht, mort en 1507. — On le trouve nommé encore *J. de Aqua veteri, J. Mechliniensis, J. Veteraquinas*, et par erreur *J. Palædorpius*, nom qui a été donné encore à un autre personnage.

PALÆOTUS (Vincentius), VINCENZO PALEOTTI, jurisconsulte italien, professeur à Bologne et à Ferrare, né à Bologne, mort vers 1450. — Son fils GABRIEL, évêque de Bologne et cardinal, mourut en 1597.

PALAMAS (Gregorius), Γρηγόριος ὁ Παλαμᾶς, théologien byzantin, chef de la secte dite des *Palamites*, né en Asie, mort au XIVᵉ siècle.

PALANUS (Robertus). Voy. *Pullus* (R.).

PALATINUS (Peripateticus), LE PÉRIPATÉTICIEN DE PALET, surnom donné à P. ABÉLARD. Voy. *Abælardus* (P.).

PALATINUS (Petrus). Voy. *Abælardus* (P.).

PALENTINUS (Alphonsus), ALPHONSE DE PALENCIA, historien et lexicographe espagnol, né à Palencia, mort vers 1495.

PALINGENIUS (Marcellus), MARCELLO PALINGENIO, anagramme et pseudonyme de PIER-ANGELO MANZOLI. Voy. *Manzolus* (P.-A.).

PALLAVICINUS (Baptista), BATTISTA PALLAVICINO ou PALLAVICINI, poëte et théologien italien, archidiacre à Turin, évêque de Reggio, né à Venise, mort en 1466.

PALMA (de). Voy. *Balma* (de).

PALMERANUS (Thomas). Voy. *Palmerstonensis* (Th.).

PALMERIUS (Matthæus), MATTEO PALMIERI, chroniqueur et poëte italien, né à Florence, mort en 1475.

PALMERIUS (Matthias), MATTIA PALMIERI, chroniqueur et philologue italien, secrétaire apostolique, né à Pise, mort en 1483.

PALMERSTONENSIS (Thomas), THOMAS DE PALMERSTON, théologien irlandais, docteur de Sorbonne, né à Palmerston (Kildare), mort à Naples en 1269. — On le trouve aussi nommé *Th. Palmeranus* et *Th. Hibernicus*.

PALMERUS (Joannes), JOHN PALMER, théologien et jurisconsulte anglais, orateur au concile de Bâle, mort vers 1433.

PALMERUS (Robertus), ROBERT PALMER, historien anglais, père de la Rédemption des captifs, mort vers 1404.

PALMERUS (Thomas), THOMAS PALMER, théologien anglais, religieux dominicain, prieur du couvent de Londres, mort vers 1410.

PALONIUS (Marcellus), MARCELLO PALONIO (dit Tiraboschi), poëte italien, né à Rome, mort après 1512.

PALOSIUS (Stephanus), STEFANO PALOSIO (dit Aubery), théologien italien, évêque de Todi, cardinal, né à Rome, mort en 1398.

PALUDANUS (Petrus), PIERRE DE LA PALU, théologien et sermonnaire français, dominicain, définiteur de la province de France, patriarche de Jérusalem, né à Varambon, dans la Bresse, mort en 1342. — On le nomme aussi *P. de Palude*.

PALUDE (Joannes de), JEAN BEER, philologue belge, professeur à Maëstricht, puis à Diest, chanoine régulier, puis prieur à Corsendonck, né à Diest, mort en 1418.

PALUDE (Petrus de). Voy. *Paludanus* (P.).

PAMPOLITANUS (Richardus). Voy. *Hampolensis* (R.).

PANÆTIUS (Baptista), BATTISTA PANZIO, historien et théologien italien, moine du Mont-Carmel, né à Ferrare, mort vers 1500. — On écrit aussi *Panecius*, mais on le trouve nommé plus souvent *B. Ferrariensis*.

PANAGATHUS (Arnulfus), ARNOUL GOETHALS, chroniqueur belge, moine à l'abbaye de Saint-André-les-Bruges, mort en 1515.

PANDULPHINIS (Angelus-Philippus de), ANGELO-FILIPPO PANDOLFINI, économiste italien, né et gonfalonier à Florence, mort en 1446.

PANECIUS (Baptista). Voy. *Panætius* (B.).

PANNONIUS (Janus), JEAN DE CISINGE, poëte latin, évêque de Cinq-Églises (*episcop. Quinque Ecclesiensis*), aujourd'hui Fünfkirchen, né dans la Hongrie, mort en 1472.

PANORMITANUS (Antonius), ANTONIO BECCADELLI, dit aussi A. PANORMITA et ANTOINE DE PALERME, célèbre littérateur sicilien, né à Palerme, d'une famille originaire de Bologne, mort en 1471. — On le trouve nommé encore *A. Beccadellus*, *A. Beccatellus*, *A. de Bononia*, et en italien A. BENACCELLI.

PANORMITANUS (Nicolaus), NICCOLO TEDESCHI, dit NICOLAS DE PALERME ou LE PANORMITAIN, célèbre théologien et canoniste italien, archevêque de Palerme, cardinal, né soit à Palerme, soit à Catane, mort en 1445. — Nous l'avons trouvé nommé encore *N.* ou *abbas Siculus*, *N. de Tudeschis*, *N. Tudeschius*, *N. de Tudescis*, *N. de Tudesco*, et il fut surnommé *Lucerna juris*.

PANORMITANUS (Salvus), SALVO CASSETTA, dit S. DE PALERME et S. DE SICILE (*Salvus Siculus*), théologien et hagiographe italien, religieux dominicain, inquisiteur en Sicile, né à Palerme, mort en 1483.

PANTALEO, PANTALEONE, médecin italien, professeur à Verceil, né à Confienza, en Piémont, mort vers 1500. — On écrit aussi *Panthaleo*.

PANTALEO (Dominicus), DOMENICO PANTALEONE, théologien italien, religieux dominicain, né à Florence, mort en 1376. — On le trouve nommé aussi *D. de Pantaleonibus*, et Échard écrit *D. de Panthaleonibus*.

PANTALEO (Jacobus), JACQUES DE TROYES, dit aussi J. PANTALÉON. Voy. *Trecis* (J. de).

PANTALEONIBUS (DE), PANTHALEO et DE PANTHALEONIBUS. Voy. *Pantaleo*.

PAOLA (Guilelmus de). Voy. *Paghamus* (G.).

PAPA (Guido), GUI DE LA PAPE, dit aussi GUI PAPE, jurisconsulte français, avocat à Lyon, puis à Grenoble, né à Lyon, mort après 1475. — On trouve souvent ce nom au génitif.

PAPIAS. Voy. *Grammaticus* (P.).

PAPICUS (Guilelmus). Voy. *Pepinus* (G.).

PAPIENSIS (Augustinus), AUGUSTIN DE NOVIS, dit aussi A. DE PAVIE. Voy. *Ticinensis* (A.).

PAPIENSIS (Bernardus), BERNARD DE PAVIE, théologien et jurisconsulte italien, évêque de Faënza, puis de Pavie, né à Pavie, mort en 1213. — Fabricius le nomme *B. Circa*.

PAPIENSIS (Fulco ou Fulcus), FOULQUES DE PAVIE, sermonnaire italien, évêque de Pavie, né à Plaisance, mort vers 1230.

PARACLITO (Wilhelmus de), GUILLAUME DU PARACLET, théologien français, chanoine de Sainte-Geneviève à Paris, abbé de Roeskild. en Danemark, puis du Paraclet, né à Saint-Germain, près de Crépi, en Valois, mort en 1203. — On le trouve nommé aussi *W. de Sancto Germano* et *W. Roschildensis*.

PARADISO (Jacobus de), JACQUES LE CHARTREUX, dit aussi J. DE PARADIS. Voy. *Carthusianus* (J.).

PARALDUS (Guilelmus). Voy. *Petra alta* (G. de).

PARAVICINUS (Augustinus), AGOSTINO PARAVICINO, chroniqueur et hagiographe italien, né à Milan, mort vers 1530.

PARAYATE (Bertrandus de), BERTRAND PARAYRE (dit Nic. Bertrand), théologien français, augustin, né à Toulouse, mort vers 1420.

PARCHERIUS (Gualterus), WALTER PARKER, théologien et sermonnaire anglais, né dans le comté de Cornouailles, mort...? — On écrit aussi *G. Parcherus* et *G. Parkerus*.

PARCHERIUS (Henricus), HENRY PARKER, théologien anglais, carme, docteur de Cambridge, mort en 1470. — On écrit aussi *H. Parcherus* et *H. Parkerus*.

PARDUS (Gregorius ou Georgius). Voy. *Corinthius* (G.).

PAREMBOLITES (E.), Ε. ὁ Παρεμβολίτης, en français E. DE PAREMBOLE. Voy. *Macrembolites* (E.).

PARENTUCELLUS (Thomas). Voy. *Sarzanus* (Th.).

PARETO (Guido de), GUI PARÉ (dit le *Gallia christiana*), théologien français, moine de Cîteaux, cardinal, évêque de Palestrina (anc. Præneste), archevêque de Reims, mort en 1220. — On le trouve aussi nommé *G. Cisterciensis* et *G. Prænestinus*.

PARISIENSIS (Ægidius), GILLES DE PARIS, que l'on a souvent confondu avec Gilles de Delphes (*Ægidius Delphensis*), poète latin, chanoine régulier de Saint-Marcel, né sans doute à Paris, mort vers 1220.

PARISIENSIS (Albericus), ALBÉRIC DE REIMS, dit aussi A. DE PARIS. Voy. *Remensis* (A.).

PARISIENSIS (Gilo), GILON DE PARIS, poète, chroniqueur et biographe français, évêque de Tusculum, cardinal, né à Couci, dans l'Auxerrois, mais établi à Paris, mort vers 1140.

PARISIENSIS (Guido). Voy. *Perpiniano* (G. de).

PARISIENSIS (Guilelmus), GUILLAUME DE PARIS, théologien et jurisconsulte français, religieux dominicain, inquisiteur général de France, né à Paris, mort en 1312.

PARISIENSIS (Guilelmus), GUILLAUME DE PARIS, théologien français, religieux dominicain, professeur à Paris, mort vers 1500.

PARISIENSIS (Guilelmus), GUILLAUME D'AUVERGNE, dit aussi G. DE PARIS. Voy. *Arvernia* (G. de).

PARISIENSIS (Guilelmus), GUILLAUME DE BAUFET, dit aussi G. de PARIS. Voy. *Baufeti* (G.).

PARISIENSIS (Guilelmus), GUILLAUME DE PEYRAUD, dit aussi G. DE PARIS. Voy. *Petra alta* (G. de).

PARISIENSIS (Guilelmus), GUILLAUME DE SAINT-AMOUR, dit aussi G. DE PARIS. Voy. *Sancto Amore* (G. de).

PARISIENSIS (G.). Voy. *Carnotensis* (G.).

PARISIENSIS (Hugo), HUGUES DE SAINT-VICTOR, dit aussi H. DE PARIS. Voy. *Sancto Victore* (H. de).

PARISIENSIS (Joannes), JEAN DE PARIS, surnommé JEAN LE SOURD (*J. Surdus* ou *J. de Soardis*) et JEAN QUI DORT (*J. Dormiens*), théologien français, religieux dominicain, né à Paris, mort vers 1306.

PARISIENSIS (Joannes), JEAN DE PARIS, historien anglais, chanoine régulier de Saint-Victor à Paris, mort après 1322. — On le trouve encore nommé *J. Victorinus* et *J. Parisius*.

PARISIENSIS (Joannes). Voy. *Pungensasinum* (J.).

PARISIENSIS. Voy. *Parisiis* (de) et *Parisinus*.

PARISIIS (Adamus de), ADAM DE PARIS, sermonnaire français, maître en théologie à Paris, mort après 1273. — On le trouve nommé aussi *A. de Parisius*.

PARISIIS (Daniel de), DANIEL DE PARIS, sermonnaire français, né et dominicain à Paris, mort après 1273. — On le nomme aussi *D. de Parisius*.

PARISIIS (DE). Voy. *Parisiensis* et *Parisinus*.

PARISINUS (Adamus), ADAM DE PARIS, célèbre professeur français, qui tenait une école à Paris, près du Grand-Pont (aujourd'hui le Pont-au-Change), mort vers la fin du XIIe siècle. — On le trouve nommé encore *A. Majoris pontis*. — Voy. *Parvipontanus* (A.).

PARISINUS (Matthæus), MATTHIEU DE PARIS, plus souvent appelé MATTHIEU PARIS, célèbre chroniqueur anglais ou français, élevé à Paris, religieux bénédictin, chroniqueur du monastère de Saint-Albans en Angleterre, mort en 1259. — On le trouve aussi nommé *M. de Sancto Albano*.

PARISINUS (Stephanus), ÉTIENNE TEMPIER, dit ÉT. DE PARIS et ÉT. D'ORLÉANS (*St. Aurelianensis*), théologien français, évêque de Paris et chancelier de l'université, né à Orléans, mort en 1279.

PARISINUS. Voy. *Parisiensis* et *Parisiis* (de).

PARISIUS. Voy. *Parisiensis*, *Parisinus* et *Parisiis* (de).

PARKERUS. Voy. *Parcherius*.

PARLIACO (Bernardus de), BERNARD DE PARLY, docteur de Sorbonne, curé de Saint-Eustache à Paris, mort au XIIe siècle.

PARMA (de). Voy. *Parmensis*.

PARMENSIS (Antonius), ANTOINE DE PARME, théologien et sermonnaire italien, général des Camaldules, évêque de Ferrare, mort vers le milieu du XVe siècle. — On le trouve nommé souvent *A. de Parma*.

PARMENSIS (Bernardus). Voy. *Bottonus* (B.).

PARMENSIS (Franciscus), FRANÇOIS DE PARME, jurisconsulte italien, établi à Ferrare, né à Parme, mort vers 1225.

PARMENSIS (Hugolinus ou Ugolinus), HUGOLIN DE PARME, célèbre jurisconsulte italien, né sans doute à Parme, mort vers 1450.

PARMENSIS (Joannes), GIOVANNI BURALLI, dit JEAN DE PARME. Voy. *Burallus* (J.).

PARMENSIS (Rogerus), ROGER FRUGARD, dit aussi ROGER DE PARME. Voy. *Frugardus* (R.).

PAROCHUS (Balduinus), BAUDOUIN DE PADERBORN, dit aussi B. LE CURÉ. Voy. *Paderbornensis* (B.).

PARTIBUS (Jacobus de), JACQUES DESPARS, médecin de Charles VII, doyen de la faculté de médecine de Paris et chanoine de Notre-Dame, trésorier de l'Église de Tournai, né sans doute dans cette ville, mort en 1458.

PARTINIACO (Aimericus-Picaudus de), AIMERIC PICAUDI DE PARTHENAI, poète et chroniqueur français, né à Parthenai-le-Vieux, près de Poitiers, mort vers 1300. — On le trouve nommé encore *A. Picardus*, *A. Picaudus*, *A. P. de Partuniaco* et *A. P. de Partiniaco veteri*.

PARTUNIACO (de). Voy. *Partiniaco* (de).

PARVIPONTANUS (Adamus), ADAM DU PETIT-PONT, (ainsi nommé pour le distinguer d'un autre Adam (*Ad. Majoris Pontis* et *A. Parisinus*), qui tenait une école près du Grand-Pont), célèbre professeur anglais, établi à Paris auprès du Petit-

Pont, chanoine de Notre-Dame de Paris, puis évêque de Saint-Asaph, né dans le pays de Galles, mort vers 1180. — On le trouve nommé encore *A. Parvus*, *A. Peripateticus*, *A. Pontuaius* et *A. Scolasticus*.

PARVULUS (Bernardinus). Voy. *Feltrensis* (B.).

PARVUS (Adamus), ADAM LE PETIT, contraction de *Parvipontanus* (A.).

PARVUS (Antonius). Voy. *Bononiensis* (A.).

PARVUS (Bartholomæus), BARTHÉLEMY LE PETIT, théologien, sermonnaire et liturgiste italien, dominicain, né à Bologne, mort vers 1333.

PARVUS (Bernardinus). Voy. *Feltrensis* (B.).

PARVUS (Guilelmus), GUILLAUME LE PETIT, théologien français, abbé du Bec (*abbas Beccensis*), mort en 1211.

PARVUS (Guilelmus), GUILLAUME DE NEWBURY, dit W. LITLE OU LE PETIT. Voy. *Neoburgensis* (G.).

PARVUS (Joannes), JEAN PETIT, théologien, orateur et publiciste français, conseiller intime et apologiste du duc de Bourgogne, né dans le pays de Caux, mort en 1411. — On le nomme aussi *J. Petitus*.

PARVUS (Joannes). Voy. *Sarisberiensis* (J.).

PARVUS (Lambertus), LAMBERT LE PETIT, chroniqueur belge, bénédictin, moine de Saint-Jacques de Liége, mort en 1194.

PASCALLUS (Joannes). Voy. *Paschallus* (J.).

PASCATIUS (Bernardus). Voy. *Rascacius* (B.).

PASCHA et PASCHASIUS (Joannes), JEAN VAN PAESSCHEN, théologien et sermonnaire belge, docteur de Louvain, religieux carme à Malines, prédicateur à Anvers, inquisiteur de la foi, né à Bruxelles, mort vers 1530. — On le trouve aussi nommé *J. de Malinis* et *J. Pasqua*.

PASCHALIS (Joannes). Voy. *Paschallus* (J.).

PASCHALLUS (Joannes), JOHN PASCHALL, théologien anglais, religieux carme, né dans le comté de Suffolk, mort en 1361. — On écrit aussi *Pascallus*. et *Paschalis*.

PASCHASIUS (Joannes). Voy. *Pascha* (de).

PASQUA (Joannes). Voy. *Pascha* (J.).

PASQUALIBUS (Georgius de), GIORGIO PASQUALI, traducteur italien, frère mineur, né à Milan, mort vers 1400.

PASQUILLUS MARRANUS, pseudonyme de ULRIC DE HUTTEN. Voy. *Huttenus* (U.).

PASSAGERIIS (Rodulphinus ou Rolandinus de), ROLANDINO PASSAGERIO, jurisconsulte italien, professeur à Bologne, auteur d'une Somme dite *Summa Rolandina*, né à Bologne, mort vers 1300. — On écrit aussi *R. Passagerius*.

PASSAVANTIUS (Jacobus), GIACOMO PASSAVANTI, théologien ascétique italien, dominicain, né à Florence, mort en 1357.

PASSAVANTO (Guilelmus de), GUILLAUME DE PASSAVANT, archidiacre de Reims, évêque du Mans, né dans la Saintonge, mort en 1187.

PASSAVANTO (Joannes de), JEAN DE PASSAVANT, médecin français, mort à Paris vers 1300.

PASTOR. Voy. *Albernaco* (de).

PASTREGICUS (Guilelmus). Voy. *Pastrengicus* (G.).

PASTRENGICUS (Guilelmus), GUILLAUME DE PASTRENGO, jurisconsulte et biographe italien, ami de Pétrarque, notaire et juge à Vérone, né à Pastrengo, dans le Véronais, mort avant 1370. — On le trouve nommé encore *G. Pastregicus* et *G. Pastrengus*.

PASTRENGUS (Guilelmus). Voy. *Pastrengicus* (G.).

PATAVINUS (Albertus), ALBERT DE PADOUE, hagiographe italien, moine de Cluni, prieur à Padoue (Lombard-Vénitien), mort après 1230.

PATAVINUS (Albertus), ALBERT DE PADOUE, théologien et sermonnaire italien, augustin, professeur à Paris et à Padoue, mort en 1323.

PATAVINUS (Antonius), ANTOINE DE PA-

DOUE, dit aussi A. DE PORTUGAL (*A. Lusitanus*) et A. DE LISBONNE (*A. Ulyssiponensis*), prédicateur et théologien portugais, franciscain, professeur à Montpellier, à Toulouse et à Padoue, né à Lisbonne, mort en 1231. — On écrit aussi *A. de Padua*.

PATAVINUS (Antonius), ANTONIO GAZI, dit aussi A. DE PADOUE. Voy. *Gazius* (A.).

PATAVINUS (Bonaventura), BONAVENTURE DE PERAGA, dit B. DE PADOUE. Voy. *Peraginus* (B.).

PATAVINUS (Hieronymus), GEROLAMO VALLE, dit aussi G. DE PADOUE. Voy. *Vallibus* (H. de).

PATAVINUS (Joannes), JEAN D'AQUILA, dit aussi J. DE PADOUE. Voy. *Aquilanus* (J.).

PATAVINUS (Joannes-Michael), GIOVANNI-MICHELE SAVONAROLA, dit en français JEAN-MICHEL DE PADOUE et J.-M. SAVONAROLE, médecin et érudit italien, professeur à Ferrare, né à Padoue, mort en 1461.

PATAVINUS (Lucas), LUC DE PADOUE, sermonnaire italien, frère mineur, mort en 1245.

PATAVINUS (Ludovicus), LUIGI DELL' ARENA, dit aussi L. DE PADOUE. Voy. *Mediarota* (L.).

PATAVINUS (Marsilius), MARSILE DE PADOUE, célèbre jurisconsulte et publiciste italien, recteur de l'université de Vienne, né à Padoue, mort en 1328. — On le trouve nommé aussi *M. Mainardinus*, *M. Menandrinus* et *M. de Padua*.

PATAVINUS (Matthæus), MATTHIEU DE PADOUE, sermonnaire italien, moine de Saint-Augustin, mort vers 1352.

PATAVINUS (Monachus), LE MOINE DE PADOUE, seul nom sous lequel soit connu un chroniqueur italien, moine de Sainte-Justine à Padoue, mort après 1270.

PATAVINUS (Palladius), PALLADIO NEGRI, dit aussi P. DE PADOUE. Voy. *Niger* (P.).

PATAVINUS. Voy. *Padua* (de) et *Paduanus*.

PATER JURIS, LE PÈRE DU DROIT, surnom donné au pape INNOCENT IV. Voy. *Flisco* (S. de).

PATER PATRIÆ, LE PÈRE DE LA PATRIE, surnom donné à COSME Ier DE MÉDICIS. Voy. *Mediceus* (C.).

PATER PRACTICÆ, LE PÈRE DE LA PRATIQUE, surnom donné à GUILLAUME DURANTI. Voy. *Durandus* (G.).

PATRIARCHA (Matthæus), Ματθαῖος ὁ Πατριάρχης, en français MATTHIEU LE PATRIARCHE, théologien grec, archevêque de Cyzique (*archiep. Cyzicenus*), dans l'Asie Mineure, patriarche de Constantinople, mort en 1408.

PATRICIUS (Eustathius), Εὐστάθιος ὁ Πατρίκιος, en français EUSTATHE LE PATRICE, jurisconsulte byzantin, juge criminel, puis questeur, mort vers 1100. — On le trouve encore nommé *E. Magister* (E. ὁ Μάγιστρος) et *E. Romanus* (E. ὁ Ῥωμαῖος).

PATRICIUS. Voy. *Patritius*.

PATRINGTONUS (Stephanus), ÉTIENNE PATRINGTON, théologien anglais, carme, docteur d'Oxford, évêque de Chichester, né à York, mort en 1417.

PATRITIUS (Augustinus), AGOSTINO PICCOLOMINI, connu sous le nom de A. PATRIZZI, historien italien, secrétaire du pape Pie II, puis de l'archevêque de Sienne, né à Sienne, mort en 1496. — On le trouve aussi nommé *A. de Piccolominibus*.

PATRITIUS (Franciscus), FRANCESCO PATRIZZI ou PATRIZIO, écrivain politique italien, évêque de Gaëte, né à Sienne, mort en 1494.

PATRITIUS (Ludovicus), LUIGI BARTHEMA, dit aussi L. LE PATRICE. Voy. *Vartomanus* (L.).

PAULA (Franciscus de), FRANCESCO MARTORELLO, dit en français saint FRANÇOIS DE PAULE, fondateur de l'ordre des Minimes, né à Paule, dans la Calabre, mort en 1507.

PAULI (Theodoricus). Voy. *Gorcomiensis* (Th.).

PAULINUS (Petrus), PIERRE WELLENS, théologien belge, dominicain à Louvain, prieur à Anvers, provincial des Pays-Bas, mort en 1469.

PAULINUS Petrus), PIERRE WELLENS, théologien belge, docteur de Louvain, dominicain à Anvers, prieur à Bois-le-Duc, mort en 1502.

PAULO (Guilelmus de). Voy. *Paghamus* (G.).

PAULULUS (Robertus), seul nom sous lequel soit connu un théologien et liturgiste français, archidiacre d'Amiens, mort après 1184.

PAULUS, Paul II, pape. Voy. *Barbus* (P.).

PAULUS (Marcus), Marco Polo, dit en français Marc Pol, célèbre voyageur italien, né à Venise, mort en 1323.

PAUPER (Henricus), Henri le Pauvre, surnom donné à Enrico Arrigo. Voy. *Septimellensis* (H.).

PAUPER (Richardus), Richard Poor, théologien et jurisconsulte anglais, évêque de Sarisbury, puis de Durham, mort en 1237.

PAVERUS (Gabriel), Gabriele Fontana, littérateur italien, élève de Philelphe, né à Plaisance, mort vers 1500.

PAVILLIACO (Eustachius de), Eustache de Pavilly, théologien et orateur français, religieux carme, né sans doute à Pavilly, dans la Seine-Inférieure, mort après 1415.

PAVILLIACO (Joannes de), Jean de Pavilly, médecin de Louis X et de Philippe V, chanoine de Noyon, de Sens et de la Sainte-Chapelle de Paris, mort en 1327.

PAVINIS (Joannes-Franciscus de). Voy. *Pavinius* (J.-F.).

PAVINIUS (Joannes-Franciscus), Gianfrancesco Pavini, jurisconsulte et biographe italien, né à Padoue, mort en 1486. — On le trouve nommé aussi *J.-F. de Pavinis*.

PAVO (Reginaldus), Reynold Peacock, théologien anglais, docteur d'Oxford, évêque de Saint-Asaph, puis de Chichester (*episcop. Asaphensis, dein Cicestriensis*), né dans le pays de Galles, mort vers 1460.

PAYENIUS (Hugo). Voy. *Paganis* (H. de).

PEACHAMUS (Joannes). Voy. *Peccamus* (J.).

PECCAMUS (Joannes), Jean de Peckam, théologien anglais, frère mineur, professeur à Paris, à Oxford et à Rome, chanoine de Lyon, archevêque de Canterbury, né à Peckam, dans le comté de Sussex, mort en 1292. — On le trouve encore nommé *J. Peachamus*, *J. de Pechamo* et *J. Pechamus*.

PECHAMO (de) et PECHAMUS (Joannes). Voy. *Peccamus* (J.).

PEDIASIMUS (Joannes), Ἰωάννης ὁ Πεδιάσιμος, grammairien et mathématicien byzantin, diacre à Constantinople, mort vers 1400. — On le trouve encore nommé *J. Galenus* (Ι. Γαληνός), *J. Pothus* (Ι. Πόθος) et *Philosophorum princeps* (Ὕπατος τῶν Φιλοσόφων).

PEIRACO (Aymericus de), Aymeri de Peirac (dit le *Gallia christiana*), biographe français, bénédictin, abbé de Moissac, mort après 1400. — On écrit aussi *A. de Peyraco*.

PELAGIUS (Alvarus), Alvar Paez, plus connu sous son nom latin, théologien et jurisconsulte espagnol, évêque de Sylves, dans les Algarves (*episc. Silvensis in Algarbia*), nonce en Portugal, mort en 1352.

PELARGUS (Nicolaus), nom grécisé de Nicolas Storch, anabaptiste allemand, né à Stolberg, dans la Saxe, mort en 1530.

PELEGRINUS (Joannes). Voy. *Peregrinus* (J.).

PELHISSO (Guilelmus), Guillaume Pelhisson, chroniqueur français, religieux dominicain, né à Toulouse, mort en 1268.

PELLICERIUS (Guilelmus), Guillaume Pellicier, premier abbé de Grandmont au diocèse de Cahors, et législateur de l'ordre, mort en 1337.

PELLICIARIUS. Voy. *Rhedonensis* (M.).

PELOPONESIUS (Manuel), Μανουὴλ ὁ Πελοποννήσιος, théologien byzantin, disciple de Matthieu Camariota, attaché à l'Église de Constantinople, né dans le Péloponèse, mort vers 1500.

PELOTENSIS (Margareta). Voy. *Lugdunensis* (M.).

PEMCHETTUS (Thomas). Voy. *Pencoidus* (Th.).

PENCOIDUS (Thomas), Thomas Penketh, théologien et sermonnaire anglais, religieux augustin, disciple de Jean Scot, professeur à Padoue, mort à Londres en

1487. — J. Bale le nomme *Th. Pcmchettus*.

PENNAFORTI (Raimundus de), RAYMOND DE PENAFORT ou, suivant la prononciation espagnole, DE PEGNAFORT, théologien et casuiste espagnol, dominicain, auteur d'une Somme, dite *Summa Raimundina*, né au château de Penafort, dans la Catalogne, mort en 1275. — On le trouve aussi nommé *R. de Petraforti*.

PENNIS (Petrus de), PIERRE DE PENNA, théologien italien, dominicain, né à Penna, dans l'Abbruzze citérieure, mort vers 1330.

PENULO (Stephanus de), ÉTIENNE BÉCARD, dit aussi E. DE PENOUL. Voy. *Becardi* (St.).

PEPAGOMENUS (Demetrius), Δημήτριος ὁ Πεπαγόμενος, en français DEMÉTRIUS PÉPAGOMÈNE, écrivain médical byzantin, établi à la cour de Michel Paléologue, mort vers la fin du XIIIe siècle. — On lui a attribué un traité *de cura canum*, qui a été publié sous le nom de *Phæmo philosophus*.

PEPERELLUS (Thomas). Voy. *Peverellus* (Th.).

PEPINUS (Guilelmus), GUILLAUME PÉPIN, théologien français, dominicain, né à Évreux, mort vers 1530. — On le trouve aussi nommé *C. Papicus*, mais vicíose, dit Échard.

d'ERAGINUS (Bonaventura), BONAVENTURA BADUARIO (*Buduarius*) DE PERAGA, dit aussi B. DE PADOUE (*B. Patavinus* ou *de Padua*), théologien italien, professeur à Paris, général des augustins, cardinal, né à Padoue, mort vers 1390.

PERAGINUS (Bonsemblans ou Bonsemblantes), BONSEMBIANTE BADUARIO DE PERAGA, frère utérin du cardinal, théologien et sermonnaire italien, religieux augustin; né à Padoue, mort en 1369. — On le trouve nommé aussi *B. Patavinus*.

PERALDO (DE) et PERALDUS (Guilelmus). Voy. *Petra alta* (G. de).

PERALDUS (Raimundus), RAIMOND PÉRAULT, théologien français, évêque de Gurck, en Carinthie, puis de Saintes, cardinal, né à Surgères, dans la Saintonge, mort en 1505. — On le trouve nommé encore *R. Gurcensis* et *R. Peraudi*.

PERAUDI (Raimundus). Voy. *Peraldus* (R.).

PERAUDUS (Guilelmus). Voy. *Petra alta* (G. de).

PEREGRINUS, PÉRÉGRIN, historien français, moine de Cîteaux, septième abbé des Fontaines, au diocèse de Toul, mort vers 1227.

PEREGRINUS (Joannes), JEAN PELERIN, dit LE VIATEUR, écrivain et dessinateur français, chanoine de Toul, né au Bois-Jouan, au diocèse de Maillezais (Anjou), mort vers 1525. — On le trouve encore nommé, en latin, *J. Pelegrinus* et *J. Viator*, et en français J. PELLEGRIN.

PEREGRINUS (Guilelmus), nom sous lequel on désigne un poëte anglais mort vers 1200, qui suivit le roi Richard en Palestine et célébra l'expédition. — On le trouve nommé encore *G. de Canno*.

PEREGRINUS. Voy. *Bononiensis* (P.).

PERGAMENSIS (Gasparinus), GASPARIÑO DE BARZIZZA, dit aussi G. DE BERGAME. Voy. *Barzizius* (G.).

PERGAMENSIS (Jacobus-Philippus), J.-P. FORESTI, dit J.-P. DE BERGAME. Voy. *Forestus* (J.-B.).

PERGAMO (Philippus de). Voy. *Bergamo* (P. de).

PERGAMO (de). Voy *Pergamensis*.

PERIPATETICUS (Adamus), ADAM LE PÉRIPATÉTICIEN. Voy. *Parvipontanus* (A.).

PERIPATETICUS (Anselmus), ANSELME LE PÉRIPATÉTICIEN, surnom donné à A. DE BESATE. Voy. *Bisatis* (A. de).

PERIPATETICUS (Petrus), PIERRE LE PÉRIPATÉTICIEN, surnom donné à PIERRE ABÉLARD. Voy. *Abælardus* (P.).

PERLEONIBUS (Julianus de), GIULIANO PERLEONIO, poëte et négociateur italien, né à Naples, mort vers 1500. — On le trouve plus souvent nommé *Rusticus Romanus*.

PEROTTUS (Nicolaus), NICCOLO PEROTTI, philologue et grammairien italien, professeur à Bologne, archevêque de Manfédonia, vicaire apostolique, né à Sasso-ferrato (*Saxoferratensis*), dans l'Ombrie, mort en 1480.

PERPINIANO (Guido de), GUI DE TERRENA, dit G. DE PERPIGNAN, théologien français, carme, professeur à Paris, évêque d'Elne, près de Perpignan, né à Perpignan, mort en 1342. — On le trouve nommé encore *G. Parisiensis* et *G. de Terrenis*.

PERPINIANO (Petrus de), PIERRE DE RIU, dit aussi P. DE PERPIGNAN. Voy. *Rivo* (P. de).

PERSCRUTATOR (Robertus), ROBERT LE CHERCHEUR, surnom donné à R. D'YORK. Voy. *Eboracensis* (R.).

PERSENIA (Adamus de), ADAM DE PERSEIGNE, théologien et sermonnaire français, moine de Cîteaux à Pontigny, puis abbé de Perseigne, au diocèse du Mans, mort après 1204. — On le trouve nommé aussi *A. Pontiniacensis*.

PERSENIA (Thomas de), THOMAS DE PERSEIGNE, théologien français, moine de Cîteaux, successivement religieux à Vaucelles et à Perseigne, mort vers 1200. — On en a fait trois personnages différents : *Th. Cisterciensis*; *Th. de Persenia*; et *Th. de Valcellis*, *Valliscellensis* ou *de Vaucellis*.

PERSICHELLUS (Rainaldus), RINALDO PERSICHELLO, humaniste italien, né à Crémone, mort après 1364.

PERSICUS (Rainaldus), RINALDO PERSICO, jurisconsulte italien, né à Crémone, mort en 1505.

PERSPICACISSIMUS (Doctor). Voy. *Faber* (J.).

PERSPICUUS (Doctor). Voy. *Burlæus* (G.).

PERUSINUS (Angelus), ANGELO PORTASOLE, dit A. DE PÉROUSE, théologien italien, né et dominicain à Pérouse, mort en 1334.

PERUSINUS (Anonymus), L'ANONYME DE PÉROUSE, seul nom sous lequel soit connu un hagiographe italien, moine bénédictin, mort vers 1115.

PERUSINUS (Benedictus), BENEDETTO CAPRA, dit BENOÎT DE PÉROUSE, jurisconsulte italien, né à Pérouse, mort après 1400. — Il fut surnommé *Amator veritatis*.

PERUSINUS (Gaspar), GASPARD DE PÉROUSE, théologien et sermonnaire italien, religieux dominicain, né à Pérouse, mort en 1511.

PERUSINUS (Joannes), JEAN DE PÉROUSE, géographe italien, bénédictin, mort vers 1520.

PERUSINUS (Nicolaus-Ubaldus), NICCOLO-UBALDO DE PÉROUSE, jurisconsulte italien, général des frères servites, mort en 1460.

PERUSINUS (Philippus), PHILIPPE DE PÉROUSE, théologien italien, frère mineur, mort vers 1300.

PERUSINUS (Sebastianus), SÉBASTIEN DE PÉROUSE, hagiographe italien, dominicain, né et professeur à Pérouse, mort en 1525. — On le trouve nommé aussi *S. de Angelis*.

PERUSINUS (Valentinus), VALENTIN DE PÉROUSE, théologien italien, dominicain, né à Camerino (États de l'Église), mort vers 1500.

PERUSINUS. Voy. *Perusio* (de).

PERUSIO (Gaspar de), GASPARE DE ROSSI, dit aussi GASPARD DE PÉROUSE, jurisconsulte italien, évêque de Frigento (royaume de Naples), né à Pérouse, mort après 1414.

PERUSIO (Jacobus do), JACQUES DE PÉROUSE, chroniqueur et sermonnaire italien, dominicain, évêque de Narni, dans les États de l'Église, né à Pérouse, mort vers 1408.

PERUSIO (Paulus de), PAUL DE PÉROUSE, théologien et jurisconsulte italien, carme, docteur de Paris, bibliothécaire de Robert le Bon, roi de Sicile, mort vers 1350. — On le trouve nommé souvent *P. Saluccius*.

PERUSIO (Thomasellus de), TOMACELLI DE PÉROUSE, théologien italien, religieux dominicain, né à Pérouse, mort vers 1285.

PETITUS (Guilelmus), GUILLAUME DE NEWBURY, dit W. LITTLE ou LE PETIT. Voy. *Neoburgensis* (G.).

PETITUS (Joannes), JEAN PETIT. Voy. *Parvus* (J.).

PETITUS (Joannes). Voy. *Sarisberiensis* (J.).

PETRA (Hermannus de), HERMANN VAN

15

DEN STEEN, théologien et sermonnaire flamand, chartreux, directeur des religieuses de Sainte-Anne, près de Bruges, né à Santdorp, mort en 1428. — On le trouve encore appelé *H. de Santdorpe*, et A. Lemire le nomme *H. Stutdorpæus*.

PETRA ALTA (Guilelmus de), GUILLAUME DE PEYRAUD, théologien et moraliste français, dominicain, docteur de Paris, évêque suffragant de Lyon, né à Peyraud (Ardèche), mort en 1255. — On le trouve encore nommé *G. Lugdunensis, G. Paraldus, G. de Peraldo, G. Peraldus, G. de Peyrauta, G. Peraudus* et *G. Parisiensis*.

PETRA FONTE (Hugo de), HUGUES DE PIERREFONDS, théologien français, évêque de Soissons, né sans doute à Pierrefonds (Oise), mort en 1103.

PETRAFORTI (Raimundus de). Voy. *Pennaforti* (R. de).

PETRAGORICENSIS (Elias Bruneti). Voy. *Petrocoriensis* (E. B.).

PETRAMALA (Recuperatus de), R. DE PIETRAMALA, hagiographe italien, dominicain à Sienne, né à Pietramala (Toscane), mort vers 1300. — On le trouve nommé aussi *R. de Senis*.

PETRARCHA (Franciscus), FRANCESCO PETRACCO, dit F. PÉTRARCA, et en français FRANÇOIS PÉTRARQUE, célèbre poète et érudit italien, né à Arezzo, mort en 1374.

PETRI (Gerlacus), GERLAC PETERSSEN, théologien mystique hollandais, chanoine régulier de Windesheim, né à Deventer, mort en 1411.

PETRI (Guilelmus). Voy. *Godino* (G. de).

PETRI (Julianus). Voy. *Toletanus* (J.).

PETRI MONTE (Radulfus de), RAOUL DE PIERREMONT, abbé et législateur du couvent de Pierremont, au diocèse de Metz, mort en 1140.

PETROBURGENSIS (Benedictus), BENOÎT L'ANGLAIS, dit aussi B. DE PÉTERBOROUGH. Voy. *Anglicus* (B.).

PETROBURGENSIS (Guilelmus), GUILLAUME DE PETERBOROUGH, théologien anglais, bénédictin, moine à Ramsey, dans le comté d'Huntingdon, né à Peterborough (Northampton), mort vers 1200. — On le nomme aussi *G. Burgensis*.

PETROBURGENSIS (Hugo), HUGH WYTHE, dit aussi H. DE PETERBOROUGH. Voy. *Albus* (H.).

PETROBURGENSIS. Voy. *Burgensis*.

PETROCORIENSIS (Elias Bruneti de Brageriaco), ÉLIE BRUNET DE BERGERAC EN PÉRIGORD, théologien français, dominicain, professeur à Paris, né sans doute à Bergerac (Dordogne), mort vers 1260. — Échard le nomme *E. B. Petragoricensis*.

PETROCORII (Joannes, comes), JEAN, COMTE DE PÉRIGORD. Voy. *Engolismæ* (J.).

PETRONUS (Richardus), RICARDO PETRONI, théologien et jurisconsulte italien, vice-chancelier de l'Église romaine, cardinal, né à Sienne (Toscane), mort en 1313. — On le trouve aussi nommé *R. Senensis*.

PETRUCCIUS (Octavius), OTTAVIO PETRUCCI, imprimeur italien, inventeur des caractères pour l'impression de la musique, né à Fossombrone, dans les États de l'Église, mort après 1520.

PEURBACHIUS (Georgius). Voy. *Purbachius* (G.).

PEVERELLUS (Thomas), THOMAS PEVERELL, théologien anglais, docteur d'Oxford, religieux carme, évêque d'Ossery (Irlande), de Landaff (pays de Galles), puis de Worcester (*episcop. Ossoriensis, Landavensis, dein Wigorniensis*), né dans le comté de Suffolk, mort en 1417. — On le trouve aussi nommé *Th. Peperellus*.

PEYRACO (Aymericus de). Voy. *Peiraco* (A. de).

PEYRAUTA (Guilelmus de). Voy. *Petra alta* (G. de).

PHÆDRUS (Thomas), TOMMASO FEDRA, surnom donné à T. INGHIRAMI. Voy. *Ingheramius* (T.).

PHÆMO PHILOSOPHUS. Voy. *Pepagomenus* (D.).

PHANENSIS (Octavius). Voy. *Fanensis* (O.).

PHAVORINUS (Varinus). Voy. *Veronensis* (J.-B. G.).

PHERNANDUS. Voy. *Fernandus*.

PHICHETUS (Guilelmus). Voy. *Fichetus* (G.).

PHILALETHES, pseudonyme de ULRIC DE HUTTEN. Voy. *Huttenus* (U.).

PHILARETUS (Petrus). Voy. *Philargus* (P.).

PHILARGUS (Petrus), PIETRO FILARGO, théologien italien, franciscain, archevêque de Milan, pape sous le nom d'ALEXANDRE V, né dans l'île de Candie mort en 1410. — On le nomme encore *P. Philaretus, P. de Candia, P. Cretensis*, et il fut surnommé *Doctor refulgens*.

PHILELPHUS (Franciscus), FRANCESCO FILELFO, en français FRANÇOIS PHILELPHE, célèbre philologue italien, professeur à Venise, à Bologne, à Florence et à Sienne, né à Tolentino, dans les États de l'Église, mort en 1481.

PHILE et PHILES (Manuel), Μανουὴλ ὁ Φιλῆς, poète byzantin, né à Éphèse, élevé à Constantinople, mort vers 1340.

PHILOLOGUS (Benedictus), BENEDETTO RICCARDINI, érudit et philologue italien, né à Rome, mort en 1506.

PHILOMUSUS (Jacobus), JACQUES L'AMI DES MUSES, surnom donné à JACQUES LOCHER, poète latin, professeur à Fribourg, né à Echingen, dans la Souabe, mort en 1528.

PHILOSOPHIÆ PARENS, LE PÈRE DE LA PHILOSOPHIE, surnom donné à URBAIN DE BOLOGNE. Voy. *Bononia* (U. de).

PHILOSOPHORUM PRINCEPS. Voy. *Italus* (Joannes), *Pediasimus* (Joannes) et *Psellus* (Michael-Constantinus).

PHILOSOPHUS (Alfredus), ALFRED L'ANGLAIS, dit aussi A. LE PHILOSOPHE. Voy. *Anglicus* (A.).

PHILOSOPHUS (Conradus), CONRAD DE SCHEUREN, dit aussi C. LE PHILOSOPHE. Voy. *Schirensis* (C.).

PHILOSOPHUS (Georgius), Γεώργιος ὁ Φιλόσοφος. Voy. *Amyrutza* (G.).

PHILOSOPHUS (Manuel), Μανουὴλ ὁ Φιλόσοφος. Voy. *Charitopulus* (M.).

PHILOSOPHUS (Theophilus), Θεόφιλος ὁ Φιλόσοφος. Voy. *Protospatharius* (Th.).

PHILOSOPHUS ADMIRABILIS, LE PHILOSOPHE ADMIRABLE, nom sous lequel est parfois désigné RICHARD ROWSE. Voy. *Rufus* (R.).

PHILOSOPHUS ANGLORUM, LE PHILOSOPHE DES ANGLAIS, surnom donné à ADÉLARD DE BATH. Voy. *Bathoniensis* (A.).

PHOCAS (Joannes), Ἰωάννης ὁ Φωκᾶς, voyageur et géographe byzantin, moine dans l'île de Patmos, né en Crète, mort vers 1200.

PHOEBUS (Gasto). Voy. *Fuxius* (G.).

PHOENIX, surnom donné à GIOVANNI PICO DELLA MIRANDOLA. Voy. *Mirandulanus*.

PHORBENUS (Georgius), Γεώργιος ὁ Φορβηνός, savant jurisconsulte grec, jugé à Thessalonique, mort entre le Xe et le XIIe siècle.

PHRANZA et PHRANZES (Georgius), Γεώργιος ὁ Φραντζῆ ou Φραντζῆς, célèbre chroniqueur byzantin, chambellan de Manuel II Paléologue, protovestiaire, mort vers 1478.

PHREAS (Joannes), JOHN FREE, érudit et médecin anglais, évêque de Bath, né à Londres, mort en 1465. — On trouve aussi *J. Freas*.

PHYSICUS (Bartholomæus). Voy. *Pisanus* (B.).

PICARDI (Joannes), JEAN PICARD, dit aussi J. DE LUXEMBOURG, que l'on trouve encore nommé en français J. DE LUCEMBERG, J. DE LEICHTEMBERG, J. DE LETTEMBERG, J. DE LINCTINIBER, et J. DE LITTIMBER, théologien et sermonnaire allemand, religieux dominicain, professeur à Paris, né dans le Luxembourg, mort vers 1314. — On le trouve nommé souvent *J. de Luxemburgo*, et Échard écrit *J. Lucemburgensis* et *J. de Lucemburgo*.

PICARDUS (Aimericus). Voy. *Partiniaco* (A. P. de).

PICARDUS (Michael), MICHEL DU FOUR, dit aussi M. LE PICARD. Voy. *Furno* (M. de).

PICAUDUS (Aimericus). Voy. *Partiniaco* (A. P. de).

PICCININUS (Jacobus), GIACOMO PICCININO, chroniqueur et général italien, exécuté en 1465.

15.

PICCOLOMINÆUS (Æneas - Sylvius), ÆNEA-SILVIO PICCOLOMINI, souvent désigné par ses deux prénoms seulement, fécond écrivain italien, secrétaire apostolique, évêque de Trieste, puis de Sienne, cardinal, pape sous le nom de PIE II, né à Corsignano, aujourd'hui Pienza, dans la Toscane, mort en 1464. — On le trouve aussi nommé *Æ.-S. de Piccolominibus*. — Un de ses ouvrages a été publié sous le pseudonyme de *J. Gobelinus Persona*.

PICCOLOMINÆUS (Jacobus), GIACOMO AMMANATI, dit aussi J. PICCOLOMINI. Voy. *Ammanatus* (J.).

PICCOLOMINIBUS (Æ.-S. de). Voy. *Piccolominæus* (Æ.-S.).

PICCOLOMINIBUS (Augustinus de). Voy. *Patritius* (A.).

PICENUS (Jacobus). Voy. *Marchia* (J. de).

PICTAVIENSIS (Bertrandus), BERTRAND DE POITIERS, chroniqueur ecclésiastique français, attaché sans doute au diocèse de Limoges, mort à la fin du XIIe siècle.

PICTAVIENSIS (cardinalis), LE CARDINAL DE POITIERS, nom sous lequel est souvent désigné SIMON DE CRAMAUD. Voy. *Cramado* (S. de).

PICTAVIENSIS (Gilbertus), GILBERT DE LA PORRÉE, dit aussi G. de POITIERS. Voy. *Porretanus* (G.).

PICTAVIENSIS (Gualterus), GAUTHIER DE BRUGES, dit aussi G. DE POITIERS. Voy. *Brugensis* (G.).

PICTAVIENSIS (Hugo), HUGUES DE POITIERS, chroniqueur ecclésiastique français, moine de Vézelai, né sans doute à Poitiers, mort après 1167.

PICTAVIENSIS (Petrus). Voy. *Berchorius* (P.).

PICTAVIENSIS (Petrus), PIERRE DE POITIERS, théologien, sermonnaire, poëte et biographe français, religieux de Cluni, né à Poitiers, mort vers 1150. — On le trouve nommé aussi *P. de Sancto Joanne*.

PICTAVIENSIS (Petrus), PIERRE DE POITIERS, célèbre théologien français, professeur à Paris, puis chancelier de l'université, né à Poitiers, mort en 1205.

— On le trouve nommé aussi *P. Pictavinus*.

PICTAVIENSIS (Petrus), PIERRE DE POITIERS, théologien français, chantre et chanoine de l'abbaye de Saint-Victor de Paris, mort au début du XIIIe siècle. — On le trouve nommé aussi *P. de Sancto Victore*.

PICTAVIENSIS (Richardus), RICHARD DE POITIERS, chroniqueur, poëte et théologien français, moine de Cluni, né à Poitiers, mort en 1156. — On le nomme aussi *R. Cluniacensis*.

PICTAVINUS. Voy. *Pictaviensis*.

PICTOR (Petrus), PIERRE LE PEINTRE, théologien et poëte latin, chanoine de Saint-Omer (*canon. Sancti Audomari*), mort vers 1170.

PICTORIUS (Ludovicus), LODOVICO BIGI, plus connu sous le nom de L. PITTORI, poëte latin moderne, né à Ferrare, mort en 1520. — On le trouve nommé aussi *L. Bigus*.

PICUS (Joannes), JOHN PYKE, historien anglais, mort vers 1115.

PICUS (Joannes). Voy. *Mirandulanus* (J. P.).

PILASTRIS (Paulus de). Voy. *Gualduccius* (P.).

PILICHDORFIUS (Petrus), PETER DE PILICHDORF, théologien allemand, professeur à Cologne, mort vers 1450.

PILLARDUS (Matthæus), MATHIEU PILLARD, théologien français, abbé de Mortemer, puis de Clairvaux, né à Warneton (Nord), mort vers 1428.

PINCIACO (Simo de). Voy. *Pisciaco* (S. de).

PINELLA (Ludovicus), LOUIS PINELLE, théologien français, proviseur du collége de Navarre et chancelier de l'université de Paris, évêque de Meaux, mort en 1516.

PINGUIA (Hildegardis de). Voy. *Alemania* (H. de).

PINIBUS (Joannes de), JEAN DE PINS, théologien français, évêque de Rieux (*episcop. Rivensis*), en Languedoc, né à Toulouse ou dans les environs, mort vers 1537. — On trouve aussi *J. Pinus*.

PINU (Guigo ou Wigo de), GUIGUES DU PIN, dit aussi G. DU CHATEL (*G. de Cas-*

tro), théologien et hagiographe français, cinquième prieur de la grande Chartreuse, né à Saint-Romain, dans le Dauphiné, mort en 1137.

PINU (Joannes de), JEAN DU PIN, théologien français, prieur de Saint-Martin des Champs à Paris, puis abbé de Cluni, mort en 1374.

PINUS (Joannes). Voy. *Pinibus* (J. de).

PIPERACENSIS (Stephanus), ÉTIENNE DE PÉBRAC, hagiographe français, chanoine de l'abbaye de Pébrac, au diocèse de Saint-Flour, puis de l'abbaye de Saint-Victor à Paris (ce dernier fait est contesté), mort vers 1130. — Fabricius le nomme *St. de Sancto Victore*.

PIPINUS (Franciscus), FRANCESCO PIPINO (Tiraboschi), chroniqueur et géographe italien, dominicain, né à Bologne, mort vers 1320.

PIRCEYMERUS (Bilibaldus). Voy. *Pirckheimerus* (B.).

PIRCKHEIMERUS (Bilibaldus ou Wilibaldus), WILIBALD PIRCKHEIMER, célèbre érudit, historien et philologue allemand, né à Eichstædt (Bavière), mort en 1530. — On le trouve aussi nommé *Pirceymerus*, et il a publié un volume sous le pseudonyme de *J.-Fr. Cottalambergius*.

PIRIS (Radulfus de), RAOUL DE GROSPARMI, théologien français, trésorier de Saint-Frambourg de Senlis, évêque d'Évreux, cardinal, garde des sceaux, né près de Saint-Lô, mort en 1270.

PIRO (Henricus). Voy. *Colonia* (H. de).

PIROVANUS (Gabriel), GABRIELE PIROVANO, médecin et astronome italien, professeur à Pavie, né à Milan, mort vers 1515.

PISANUS (Albertus), ALBERT DE PISE, historien italien, général des Franciscains, né à Pise, mort en 1239.

PISANUS (Bartholomæus), BARTHÉLEMY DE PISE, théologien italien, dominicain, auteur d'une Somme dite *Summa Bartholina* et *Summa Pisanella*, né à Pise, mort vers 1347. — Échard et Fabricius le nomment encore *B. de Sancto Concordio*, Moréri écrit *B. de Sancta Concordia*, mais aucun des trois ne donne l'explication de ce surnom.

PISANUS (Bartholomæus), BARTHÉLEMY DE PISE, médecin italien, professeur à Sienne et à Rome, né à Pise, mort vers 1500. — On le nomme aussi *B. de Pisis* et *B. Physicus*.

PISANUS (Bartholomæus), BARTOLOMMEO ALBIZZI, dit aussi B. DE PISE. Voy. *Albicius* (B.).

PISANUS (Franciscus), FRANÇOIS DE PISE, jurisconsulte italien, professeur à Pise et à Pérouse, né à Pise, mort vers 1340.

PISANUS (Hugo), HUGUES DE PISE, docteur de Sorbonne, doyen du chapitre de Rouen, archevêque de Nicosie, mort vers 1260.

PISANUS (Joannes). Voy. *Burgundius* (J.).

PISANUS (Leonardus), LEONARDO BONACCI, dit L. DE PISE et L. FIBONACCI (*L. Fibonaccius*), contraction de *Filius Bonacci*, savant mathématicien italien, né à Pise, mort vers le milieu du XIIIe siècle.

PISANUS (Matthæus), MATTEO PISANO, historien militaire italien, peut-être fils de la célèbre Christine de Pisan, précepteur d'Alphonse de Portugal, mort vers 1500.

PISANUS (Pandulphus), PANDOLFO DE PISE, biographe italien, nonce apostolique, cardinal, né à Pise, mort vers 1212. — On le trouve encore nommé *P. Aletrinus* et *P. Masca*.

PISANUS (Petrus), PIERRE DE PISE, théologien italien, légat d'Alexandre III en France, né à Pise, mort en 1180.

PISANUS (Rainerius), RAINIER DE PISE, dit aussi R. DE RIVALTO, théologien italien, dominicain, né au château de Rivalto, près de Pise, mort en 1351. — On écrit aussi *R. de Pisis*.

PISANUS. Voy. *Pisis* (de).

PISAURENSIS (Aaron), AARON DE PESARO, théologien italien, né à Pesaro (États de l'Église), mort à la fin du XVIe siècle.

PISCIACO (Simo de), SIMON DE POISSY, théologien français, professeur à Paris, né sans doute à Poissy (Seine-et-Oise), mort vers 1170. — On trouve aussi *S. de Pinciaco*.

PISCINAS (Paulus), PAOLO MARSO, dit aussi P. DE PISCINA. Voy. *Marsus* (P.).

PISIS (Andreas de), ANDRÉ DE PISE, hagiographe italien, né et dominicain à Pise, mort en 1508.

PISIS (Antonius de), ANTOINE DE PISE, théologien italien, carme, professeur à Pise, né à Sienne, mort après 1455. — On le trouve nommé aussi *Matthæus Antonii*.

PISIS (Jordanus de), JORDANO DE PISE, théologien italien, dominicain, né à Pise, mort vers 1311.

PISIS (de). Voy. *Pisanus*.

PISO (Jacobus), JACQUES PISON, poëte latin, historien et négociateur, précepteur de Louis II, roi de Hongrie, ami intime d'Érasme, né dans la Transylvanie, mort en 1527.

PISTORIENSIS (Cinus ou Cynus), GUITTONE et par abréviation GUITTONCINO, connu sous le nom de CINO DE PISTOIE, poëte et jurisconsulte italien, né à Pistoie, dans la Toscane, mort en 1337. — On le nomme aussi *C. de Pistorio*.

PISTORIENSIS (Leonardus), LÉONARD DE PISTOIE, mathématicien italien, dominicain, né sans doute à Pistoie (Toscane), mort vers 1300.

PISTORIO (de). Voy. *Pistoriensis*.

PISTORIS (Petrus), PIERRE DE BACKER, théologien belge, chanoine régulier au monastère de Grœnendael ou Val-Vert, près de Bruxelles, mort en 1440.

PIUS, PIE II, pape. Voy. *Piccolominæus* (Æ.-S.).

PLACENTIA (Joan.-Anton. de), JEAN-ANTOINE DE SAN-GIORGIO, dit aussi J.-A. DE PLAISANCE. Voy. *Sancto Georgio* (J.-A. de).

PLACENTINUS, PLACENTIN (dit l'*Histoire littéraire de la France*), seul nom sous lequel soit connu un savant jurisconsulte italien, professeur à Mantoue et à Bologne, fondateur de l'école de droit de Montpellier, né, comme son nom l'indique, à Plaisance, mort en 1192.

PLACENTINUS (Aimericus ou Hemericus), AIMERICO GILIANI, dit aussi A. DE PLAISANCE, théologien italien, religieux dominicain, né à Plaisance, mort vers 1304.

PLACENTINUS (Albertus), ALBERT DE PLAISANCE, dit aussi A. DE RIPALTA; fils du suivant, chroniqueur italien, né à Plaisance, mort en 1484.

PLACENTINUS (Antonius), ANTOINE DE PLAISANCE, dit aussi A. DE RIPALTA, chroniqueur italien, né à Plaisance, mort en 1463.

PLACENTINUS (Bernardinus). Voy. *Ostiensis* (B.).

PLACENTINUS (Guilelmus), GUGLIELMO SALICETI, dit G. DE PLAISANCE. Voy. *Saliceto* (G. de).

PLACENTINUS (Joannes), JEAN DE PLAISANCE, dit aussi J. DE MUSSIS, chroniqueur italien, né à Plaisance, mort après 1402.

PLACENTINUS (Joannes), GIOVANNI CRASTONI, dit aussi J. DE PLAISANCE. Voy. *Crastonius* (J.).

PLACENTINUS (Petrus), PIERRE DE PLAISANCE, dit aussi P. DE RIPALTA, chroniqueur italien, né à Plaisance, mort en 1374.

PLACENTINUS (Petrus), PIERRE DE PLAISANCE, dit aussi P. DE BRACO, théologien et jurisconsulte italien, auditeur du sacré Palais, chapelain du pape Innocent VI, né à Plaisance, mort vers la fin du XIVe siècle.

PLACENTINUS (Raphael), RAPHAEL DE PLAISANCE, poëte latin, bénédictin à Mantoue, né sans doute à Plaisance, mort après 1478.

PLACENTINUS (Vincentius). Voy. *Baraterius* (V.).

PLANCA (Nicasius de), NICAISE DE LA PLANCHE, théologien français, docteur de Sorbonne, né en Flandre, mort vers 1260.

PLANO CARPINI (Joannes), JEAN DU PLAN CARPIN ou CARPINI (disent les biographies françaises), voyageur italien, franciscain, mort à la fin du XIIIe siècle.

PLANUDES (Maximus), Μάξιμος ὁ Πλανούδης, en français MAXIME PLANUDE, savant philologue grec, établi à Constantinople, éditeur de l'*Anthologie*, mort vers 1350.

PLANUS (Doctor). Voy. *Burlæus* (G.) et *Lyranus* (N.).

PLATEA (Franciscus de), FRANCESCO PIAZZA, théologien, sermonnaire et jurisconsulte italien, dominicain, né à Bologne, mort en 1460.

PLATEA (Michael de), MICHEL DE PIAZZA, historien sicilien, frère mineur, né à Piazza, mort vers 1380. — On trouve aussi *M. Platiensis*.

PLATEARIUS. Voy. *Sancto Paulo* (J. de).

PLATESIUS (Eustachius), EUSTACHIO PLATESI, théologien et littérateur italien, religieux dominicain, né à Bologne, mort en 1519.

PLATIENSIS. Voy. *Platea* (de).

PLATINA (Baptista, Radulphus, ou mieux Bartholomæus de), BARTOLOMEO DE SACCHI, dit B. DE PIADENA, plus connu sous son nom latin, célèbre historien italien, bibliothécaire du Vatican, né à Piadena, dans le Crémonais, mort en 1481. — On le trouve aussi nommé *B. Sachus*.

PLATUS (Anastasius), ANASTASIO PIATTI, jurisconsulte et philologue italien, né à Milan, mort en 1506.

PLATUS (Georgius), GEORGIO PIATTI, poëte et jurisconsulte italien, né à Milan, mort en 1464.

PLATUS (Petrus-Antonius), PIETRO-ANTONIO PIATTI, poëte italien, né à Milan, mort vers 1500.

PLATUS (Platinus), PIATTINO DE' PIATTI, érudit et poëte italien, professeur à Garlasco, près de Pavie, né à Milan, mort après 1508.

PLATUS (Theodorus), TEODORO PIATTI, jurisconsulte et poëte italien, né à Milan, mort en 1496.

PLETHO (Georgius). Voy. *Gemistius* (G.).

PLINIUS (Theodericus), DIETRICH VON PLENNINGEN, philologue allemand, professeur à Heidelberg, mort à la fin du XVe siècle.

PLOCENSIS (Erasmus), ÉRASME DE PLOCZKO, voyageur, bibliophile et diplomate polonais, évêque de Ploczko, né à Cracovie, mort vers 1530.

PLOVIUS (Nicolaus). Voy. *Polonus* (N.).

PLUMBINO (Benedictus de), BENOÎT DE PIOMBINO, jurisconsulte italien, professeur à Bologne, né sans doute à Piombino (Toscane), mort après 1386.

PLUSIADENUS (Joannes), Ἰωάννης ὁ Πλουσιάδηνος, théologien byzantin, archiprêtre de l'Église de Constantinople, mort vers 1500.

PLUSQUAM COMMENTATOR, PLUSQUE COMMENTATEUR, surnom donné au médecin TORRIGIANO. Voy. *Turigianus*.

PLUVEUS (Nicolaus). Voy. *Polonus* (N.).

PODIEBRACIUS (Georgius). Voy. *Podiebradius* (G.).

PODIEBRADIUS (Georgius), GEORG PODIEBRAD, roi de Bohême, protecteur des lettres, né au château de Podiebrad, mort en 1471. — On le trouve encore nommé *G. Podiebracius* et *G. Pogiebracius*.

PODIO (Raimundus de), RAIMOND D'AGILES, dit aussi R. DU PUY. Voy. *Agilæus* (R.).

PODIO (Raimundus de), RAIMOND DU PUY, grand maître de Saint-Jean de Jérusalem, et rédacteur des statuts de l'ordre, né sans doute dans le Dauphiné, mort avant 1160.

PODIO LAURENTII (Guilelmus de), GUILLAUME DE PUYLAURENS, chroniqueur français, chapelain de Raimond VII, comte de Toulouse, né à Puylaurens (Tarn), mort vers 1272.

PODIONUCIS (Joannes de), JEAN DE PUINOIX, sermonnaire français, dominicain, prieur à Toulouse, né à Puinoix, au diocèse de Limoges (dit Échard), mort en 1399.

POETA, LE POËTE, surnom donné à PIERRE, abbé du couvent de Blanchelande, au diocèse de Coutances, prémontré, mort en 1217. — Aucune de ses poésies ne subsiste.

POETA. Voy. *Weinsbergensis*.

POETICUS (Joannes). Voy. *Leo* (J.).

POGARELLA (Precislaus). Voy. *Pogorelecius* (P.).

POGGIUS (Jacobus), GIACOMO POGGIO BRACCIOLINI, historien et traducteur italien, secrétaire du cardinal Riario, pendu en 1478.

POGGIUS BRACCIOLINUS (Joannes-

Franciscus), GIOVANNI-FRANCESCO POGGIO BRACCIOLINI, en français JEAN-FRANÇOIS LE POGGE, célèbre humaniste italien, secrétaire apostolique, chancelier de la république de Florence, né à Terranuova, près de Florence, mort en 1459. — On le nomme souvent *Poggius Florentinus*.

POGIEBRACIUS (Georgius). Voy. *Podiebradius* (G.).

POGORELECIUS (Precislaus), PRECISLAUS VON POGRELLA ou POGABELL (Jöcher), littérateur allemand, chanoine puis évêque de Breslau, né à Habersdorff, dans la Bavière, mort en 1376. — On le trouve encore nommé *P. Pohorzelecius* et *P. Pogarella*.

POHORZELECIUS (Precislaus). Voy. *Pogorelecius* (P.).

POILLIACO (Joannes de). Voy. *Polliaco* (J. de).

POLEMARIUS (Joannes), JEAN DE POLEMAR (dit É. du Pin), théologien et sermonnaire allemand, docteur de Vienne, adversaire des Hussites, archidiacre de Barcelone, mort vers 1450.

POLENIUS (Robertus). Voy. *Pullus* (R.).

POLENTONUS (Modestus), MODESTO POLENTONE, jurisconsulte italien, né et professeur à Padoue, mort vers 1500.

POLENTONUS (Xiccus), SECCO POLENTONE, érudit et philologue italien, né à Padoue, mort vers 1463.

POLENUS (Robertus), ROBERT POULAIN. Voy. *Pullus* (R.).

POLENUS (Robertus), ROBERT PULLEN. Voy. *Pullus* (R.).

POLESTADIUS (Joannes). Voy. *Polestedus* (J.).

POLESTEDUS (Joannes), JOHN POLESTEDE, théologien et sermonnaire anglais, carme, né dans le comté de Suffolk, mort en 1341. — On trouve aussi *Polestadius*.

POLETI (Joannes), JEAN POLET, théologien français, dominicain à Metz, mort en 1414.

POLIACO (de). Voy. *Polliaco* (de).

POLICASTRUS (Sigismundus), SIGISMOND DE POLICASTRO, médecin italien, professeur à Padoue, né sans doute à Policastro (royaume de Naples), mort vers 1500.

POLINUS (Joannes), JEAN POLIN, sermonnaire français, chanoine d'Essomes, au diocèse de Soissons, puis religieux dominicain, mort sans doute à la fin du XIII° siècle.

POLIPHILUS, QUI AIME POLIE, nom sous lequel FRANCESCO COLONNA (*Fr. de Columna*) a publié son *Hypnerotomachia*.

POLITIANUS (Angelus), ANGELO DE AMBROGINIS, dit aussi A. POLIZIANO, et en français ANGE POLITIEN ou A. DE PULCIANO, célèbre littérateur italien, professeur et chanoine à Florence, né à Monte-Pulciano, dans la Toscane, mort en 1494. — On le trouve encore nommé *A. Ambroginus, A. Cinus* (abréviation de *Ambroginus*) et *A. de Monte Politiano*.

POLITIANUS (Joannes-Maria). Voy. *Polluciis* (J.-M. de).

POLLENGIO (Laurentius de), LAURENT DE POULENGI, sermonnaire français, chanoine de l'ordre du Val des Écoliers, à Paris, mort vers 1307.

POLLIACO (Joannes de), JEAN DE POUILLY, théologien français, docteur de Sorbonne, né sans doute à Pouilly (Nièvre), mort vers 1350. — On écrit aussi *J. de Poliaco* et *J. de Poilliaco*.

POLLICHIUS (Martinus), MARTIN POLLICH, médecin et théologien allemand, professeur à Leipzig, fondateur de l'université de Wittenberg, né à Mellerstadt, dans la Bavière, mort en 1513. — L'étendue de ses connaissances le fit surnommer *Lux mundi*.

POLLUCIIS (Joannes-Maria de), GIOVANNI-MARIA POLUZIANO ou POLIZIANO, théologien, sermonnaire et biographe italien, carme, né à Bologne, mort vers 1500. — On le trouve aussi nommé *J.-M. Politianus*.

POLONIA (Jacobus de), JACQUES LE CHARTREUX, dit aussi J. DE POLOGNE. Voy. *Carthusianus* (J.).

POLONUS (Martinus), MARTIN LE POLONAIS ou M. DE BOHÊME (*M. Bohemus*), célèbre chroniqueur, archevêque de Gnesne, chapelain de Clément IV, né à Troppau, mort en 1278. — On l'appelle aussi *M. Consentinus*, parce qu'on a cru longtemps qu'il avait été archevêque de Cosenza.

POLONUS (Matthæus), MATTHIEU LE POLONAIS, théologien polonais, évêque de Worms, cardinal, né à Cracovie, mort en 1410.

POLONUS (Nicolaus), NICOLAS LE POLONAIS, sermonnaire polonais, chapelain de l'évêque de Posen, né à Posen, mort vers 1450. — On le trouve nommé aussi *N. Plovius* et *N. Pluveus*, noms que Jocher traduit par N. PLOVE.

POLONUS (Stanislaus), STANISLAS DE POLOGNE, hagiographe polonais, frère mineur, mort vers 1485.

POMERIO (Henricus'a), HENRI VAN DEN BOGAERDE, historien, hagiographe et théologien belge, mort en 1469.

POMPONATIUS (Petrus), PIETRO POMPONAZZI, dit en français PIERRE POMPONACE, philosophe italien, professeur à Padoue, à Ferrare et à Bologne, né à Mantoue, mort en 1526.

POMPONIUS LÆTUS (Julius). Voy. *Sanseverinus* (J.).

PONTANUS (Dionysius), DENIS DU PONT, savant jurisconsulte français, né et avocat à Blois, mort au milieu du XVIe siècle.

PONTANUS (Joannes-Jovianus), GIOVANNI-GIOVANNO PONTANO, célèbre homme d'État et littérateur italien, plus connu sous son nom latin, précepteur d'Alfonse, duc de Calabre, né près de Cerreto, dans l'Ombrie, mort en 1503.

PONTANUS (Ludovicus). Voy. *Romanus* (L.).

PONTANUS (Petrus), PIERRE DE PONTE, poëte et grammairien flamand, aveugle dès l'âge de trois ans, né à Bruges, mort après 1529. — On le nomme aussi *Cæcus Brugensis*.

PONTE (Oldradus de). Voy. *Laudensis* (O.).

PONTE (Raimundus de), RAIMONDO DE LA PUENTE, théologien et jurisconsulte espagnol, dominicain, auditeur de rote, chancelier du roi d'Aragon, évêque de Valence, né à Fraga (Aragon), mort après 1313.

PONTE CRUCIS (Joannes de), JEAN DE PONT-CROIX, théologien français, chanoine de N.-D. de Paris, docteur de Sorbonne, né sans doute à Pont-Croix (Finistère), mort après 1422.

PONTICUS (Ludovicus). Voy. *Virunius* (P.).

PONTIGNIACENSIS. Voy. *Pontiniacensis*.

PONTINIACENSIS (Adamus). Voy. *Persenia* (A. de).

PONTINIACENSIS (Bertrandus), BERTRAND DE PONTIGNY, liturgiste et hagiographe français, moine de Cîteaux à Pontigny (Yonne), mort en 1241. — On trouve aussi *B. Pontigniacensis*.

PONTINIACENSIS (Mainardus), MAINARD DE PONTIGNY, moine de Cîteaux, abbé de Pontigny (Yonne), puis cardinal, mort en 1188.

PONTINUS (Thomas). Voy. *Pontius* (Th.).

PONTIUS, PONS, théologien français, abbé de Saint-Ruf (Vaucluse), mort avant 1127.

PONTIUS (Nicolaus), NICHOLAS PUNT ou PONTER (dit A. Wood), théologien anglais, professeur à Oxford, adversaire de Wiclef, mort après 1410.

PONTIUS (Thomas), THOMAS PONCY, historien anglais, religieux augustin, abbé à Canterbury, mort en 1343. — On le nomme aussi *Th. Pontinus*.

PONTIUS. Voy. *Merguliensis* (P.).

PONTUAIUS (Adamus). Voy. *Parvipontanus* (A.).

PORCELIUS (Petrus). Voy. *Porcellius* (P.).

PORCELLIUS (Petrus), PIETRO PANDONI, dit P. PORCELLIO, parce que, prétend-on, il avait gardé les pourceaux dans sa jeunesse, historien, négociateur et littérateur italien, né à Naples, mort après 1452. — On écrit aussi *P. Porcelius* et *P. Porcellus*.

PORCELLUS (Petrus). Voy. *Porcellius* (P.).

PORCHETUS SALVATICENSIS (Victor), VITTORE PORCHETTO DE' SALVATICI, hébraïsant italien, moine chartreux, né à Gênes, mort en 1315. — Nous l'avons trouvé nommé encore *V. P. Salvagus, V. P. de Salvaticis, V. P. Salvaticus,*

V. P. de Silvaticis et *V. P. de Sylvaticis.*

PORLONDUS (Richardus), RICHARD PORLOND (dit Tanner), théologien et sermonnaire anglais, franciscain à Norwich, né à Norfolk, mort en...?

PORNAXIO (Raphael de), RAPHAEL DE PORNASIO, théologien et sermonnaire italien, religieux dominicain, inquisiteur à Gênes, né à Pornasio, dans la Ligurie, mort en 1465.

PORRETA (Gilbertus). Voy. *Porretanus* (G.).

PORRETANUS (Alanus). Voy. *Porreus* (A.).

PORRETANUS (Gilbertus), GILBERT DE LA PORRÉE, célèbre théologien français, chef de l'école dite Réaliste, adversaire d'Abélard, chancelier de l'Église de Chartres, évêque de Poitiers, où il est né, mort en 1154. — On le trouve nommé encore *G. Porreta* et *G. Pictaviensis.*

PORREUS (Alanus), ALAIN PORRÉE, théologien mystique français, souvent confondu avec Alain de Lille, mort vers 1300. — On le nomme aussi *A. Porretanus.*

PORSENA (Christophorus). Voy. *Romanus* (C.).

PORTA (Robertus a), ROBERT DE LA PORTE, théologien français, évêque d'Avranches, mort en 1379. — On trouve aussi *R. Portæ.*

PORTA CŒLI (Theodericus de), THIERRI D'HIMMELS-PFORT, théologien allemand, augustin, moine à Himmels-Pfort, dans le diocèse d'Halberstadt (Saxe), mort vers 1500.

PORTA RAVENNATE (Albericus de), ALBÉRIC DE LA PORTE DE RAVENNE, ainsi nommé par allusion au quartier qu'il habitait à Bologne, jurisconsulte italien, commentateur du Digeste, élève de Bulgaro (*Bulgarus*), né à Bologne, mort vers la fin du XIIe siècle.

PORTA RAVENNATE (Hugo, Hugolinus, Ugo ou Ugolinus de), UGO DE PRETI (dit Taisand), surnommé HUGUES DE LA PORTE DE RAVENNE, « perchè vicin de essa abitava », célèbre jurisconsulte italien, élève de Warner (*Irnerius*), né à Bologne, mort en 1168. — On le trouve encore surnommé *Anima legis, Mens legum* et, sans doute par erreur, *Mons legum.*

PORTA RAVENNATE (Jacobus de), JACQUES DE LA PORTE DE RAVENNE, ainsi nommé parce qu'il habitait à Bologne le quartier qui touchait à la porte de Ravenne, jurisconsulte italien, élève de Warner (*Irnerius*), né et professeur à Bologne, mort en 1178. — Il fut surnommé *Legislator.*

PORTIS (Bernardus de), BERNARD DES PORTES, théologien français, évêque de Belley (*episcop. Bellicii*), deuxième prieur de la Chartreuse des Portes, au diocèse de Lyon, mort en 1152.

PORTU (Mauritius de), MAURICE O'FIHELY, théologien et philosophe irlandais, religieux franciscain, archevêque de Tuam (près de Galway), né dans un port de l'Irlande (Down ou Galway), mort en 1513. — On l'appelle encore M. *Hibernicus, M. Portu Fildæus,* et il avait été surnommé *Flos mundi.* — Cave le nomme M. OPHIHILLA.

PORTUENSIS (Conradus), CONRAD DE ZARENGEN, dit C. DE PORTO, moine de Cîteaux, chanoine de Saint-Lambert à Leyde, abbé de Villiers, en Belgique, cardinal, évêque de Porto, mort en 1227.

PORTU FILDÆUS (Mauritius). Voy. *Portu* (M. de).

PORTUGALLA (de). Voy. *Lusitanus.*

PORTU NAONIS (Odericus, Odoricus ou Ordericus), ODÉRIC DE PORDENONE, voyageur et chroniqueur italien, religieux franciscain, né à Cividale, près de Pordenone, dans le Frioul, mort en 1331. — On le trouve nommé aussi *O. Forojuliensis.*

PORTUNENSIS (Petrus), PIETRO CAVRETTO, dit P. DE PORDENONE. Voy. *Hædus* (P.).

POTENTINUS (Manfredus), MANFREDO DE POTENZA, biographe italien, évêque de Potenza, dans la Basilicate, mort après 1120.

POTHO, dit en français POTHON, théologien allemand, bénédictin au couvent de Prum, près de Trèves, mort vers 1160.

POTHUS (Joannes). Voy. *Pediasimus* (J.).

PRÆCURSOR (Joannes), JEAN LE PRÉCURSEUR, surnom donné à J. DE LOUVAIN. Voy. *Lovanio* (J. de).

PRÆDAPALIA ou PREDAPALIA (Leonardus de), médecin et chirurgien italien, inscrit en général dans les recueils biographiques français sous le nom de LÉONARD BERTAPAGLIA, professeur à Padoue, mort vers le milieu du XVe siècle. — On le trouve nommé encore *L. de Bertapalia*, *L. de Bertepaglia*, *L. de Bertopalea* et *L. de Berutapalea*.

PRÆDICATOR (Oliverius), OLIVIER LE PRÊCHEUR OU LE DOMINICAIN, surnom donné à O. DE TRÉGUIER. Voy. *Trecorensis* (O.).

PRÆLIS (Radulphus de). Voy. *Preslæus* (R.).

PRÆMONSTRATENSIS (Adamus), ADAM L'ÉCOSSAIS, dit aussi A. LE PRÉMONTRÉ. Voy. *Scotus* (A.).

PRÆMONSTRATENSIS (Hermannus), HERMANN LE JUIF, dit aussi H. LE PRÉMONTRÉ. Voy. *Judæus* (H.).

PRÆMONSTRATENSIS (Joannes), JEAN DE ROCQUIGNY, dit aussi J. LE PRÉMONTRÉ, théologien français, fondateur du collège des Prémontrés à Paris, né à Rocquigny, mort en 1269.

PRÆMONSTRATENSIS (Petrus), PIERRE DE KAISERSLAUTERN, dit aussi P. LE PRÉMONTRÉ. Voy. *Lutrensis* (P.).

PRÆMONSTRATENSIS (Richardus), RICHARD LE PRÉMONTRÉ, théologien anglais, abbé d'un couvent de Prémontrés dont on n'a pas retrouvé le nom, mort vers 1200.

PRÆMONSTRATENSIS (Vivianus), VIVIEN DE PRÉMONTRÉ, théologien français, un des premiers disciples de saint Norbert, mort avant 1138.

PRÆNESTINUS (Cono), CONON DE PALESTRINA, chapelain de Guillaume le Conquérant, évêque de Palestrina (ancienne Præneste), cardinal, mort en 1122.

PRÆNESTINUS (Guido), GUI PARÉ, dit aussi G. DE PALESTRINA. Voy. *Pareto* (G. de).

PRÆNESTINUS (Raimundus), RAIMOND DE PALESTRINA, théologien et jurisconsulte français, religieux augustin, archevêque de Toulouse, évêque de Palestrina, cardinal, né à Canillac, dans le Gévaudan, mort en 1373.

PRÆPOSITIVUS (Petrus), seul nom sous lequel soit connu un théologien italien, professeur à Paris et chancelier de l'Université, né à Crémone, mort à Paris vers 1215.

PRAGA (Stephanus de), STEPHAN PALICZ, dit ÉT. DE PRAGUE, théologien et sermonnaire bohème, né à Prague, mort après 1416.

PRAGA (de). Voy. *Pragensis*.

PRAGENSIS (Cosmas), COSME DE PRAGUE, chroniqueur bohémien, doyen de Saint-Vit à Prague, mort en 1125.

PRAGENSIS (Hieronymus), JÉRÔME DE PRAGUE, théologien allemand, réformateur religieux, étudiant à Prague, à Paris, à Heidelberg, à Cologne et à Oxford, disciple de Jean Huss, né à Prague, brûlé vif en 1416.

PRAGENSIS (Hieronymus), JÉRÔME DE PRAGUE, sermonnaire et hagiographe allemand, camaldule, né à Prague, mort en 1440.

PRAGENSIS (Joannes), JEAN DE PRAGUE, théologien et sermonnaire allemand, évêque d'Olmütz, cardinal, né à Prague, mort en 1430. — On le trouve aussi nommé *J. de Praga*.

PRAGENSIS (Maurlclus), MAURICE DE PRAGUE, théologien allemand, orateur au concile de Constance, mort après 1417.

PRAGENSIS (Michael), MICHEL DE PRAGUE, théologien allemand, chartreux, prieur du couvent d'Agsbach (Bavière), né à Prague, mort en 1401.

PRAGENSIS (Sigismondus), SIGISMOND DE PRAGUE, médecin et théologien allemand, archevêque de Prague, né à Neustadt, dans la Moravie, mort en 1427. — On l'appelle encore *S. Albicius* et *S. Albicus*, noms dont nous n'avons pas trouvé la traduction.

PRAGENSIS. Voy. *Praga* (de).

PRATA (Pileus de), PILEO, COMTE DE PRATE (dit Aubery), théologien italien, évêque de Padoue, archevêque de Ravenne, cardinal, né à Concordia, dans la Dalmatie, mort en 1401.

PRATELLIS (Richardus de), RICHARD

DES FOURNEAUX, dit aussi R. DE PRÉAUX. Voy. *Furnellis* (R. de).

PRATENSIS (Hugo), HUGUES DE PRATO, théologien italien, minime, né à Prato, dans la Toscane, mort après 1312. — On le nomme aussi *H. de Prato*.

PRATIS (Joannes de), JEAN DES PRÉS, biographe et homme d'État français, conseiller de Philippe de Valois, évêque de Langres, puis de Tournai, né à Beauvois près de Saint-Pol, dans l'Artois, mort en 1349.

PRATO (A. de). Voy. *Arlotus de Prato*.

PRATO (Arnaldus de), ARNAULD DU PRÉ, théologien, sermonnaire et poète français, religieux dominicain, inquisiteur à Toulouse, né à Condom, dans le Gers, mort en 1306.

PRATO (G. de). Voy. *Francia* (G. de).

PRATO (Hugo de). Voy. *Pratensis* (H.).

PRATO (Nicolaus de). Voy. *Albertinis* (N. de).

PRATO (Wibaldus, Guibaldus, Guicholdus ou Wiboldus de), WIBAUD DU PRÉ, théologien français, abbé de Stavelo, puis de Corbie, né dans les Ardennes, mort en 1158. — On le trouve nommé encore *W. Corbeiensis*, W. *Stabulensis* et *W. Stabulanus*.

PRATO VETERI (Antonius de), ANTONIO MINCUCCI, dit A. DE PRATO-VECCHIO. Voy. *Mincuccius* (A.).

PRESBYTER (Eberhardus), EBERHARD DE GANDERSHEIM, dit aussi E. LE PRÊTRE. Voy. *Gandersheimensis* (E.).

PRESBYTER (Joannes), JEAN DE HEES, dit aussi J. LE PRÊTRE. Voy. *Hesius* (J.).

PRESLÆUS (Radulphus), RAOUL DE PRESLES, historien et traducteur français, né, avocat, puis maître des requêtes à Paris, mort en 1383. — On le nomme aussi *R. de Prælis*.

PRESSORIO (Nicolaus de), NICOLAS DU PRESSOIR, sermonnaire français, chanoine de Paris, né sans doute au Pressoir (Seine-et-Oise), mort en 1302.

PRICHESIUS (Joannes), JEAN DE PRISCHES (dit P. de Waghenare), appelé aussi J. DE TONGRES, théologien belge, prémontré, professeur à Paris, né à Tou-

gres, près de Liége, mort après 1320. — On le trouve nommé encore *J. Tongrensis, J. de Tongris, J. Tungrensis* et *J. de Tungris*.

PRIERIA (Silvester de). Voy. *Prierias* (S.).

PRIERIAS (Silvester), SILVESTRO MAZOLINI, dit S. DE PRIERIO, théologien italien, dominicain, auteur d'une Somme dite *Summa Silvestrina*, né à Prierio, dans le Montferrat, mort en 1523. — On le nomme encore *S. Mazolinus* et *S. de Frieria*.

PRIMATICUS (Raphael), RAFAELE PRIMATICCIO, chroniqueur italien, né et chanoine à Bologne, mort après 1440.

PRINCEPS JURISCONSULTORUM, LE PRINCE DES JURISCONSULTES, surnom donné à ALESSANDRO TARTAGNI. Voy. *Tartaginus* (A.).

PRINCEPS PHILOSOPHORUM. Voy. *Philosophorum princeps*.

PRINCEPS SUBTILITATUM, LE PRINCE DES SUBTILITÉS, surnom donné à FRANCESCO ACCOLTI. Voy. *Accoltis* (F. de).

PRINCEPS THOMISTARUM. Voy. *Thomistarum princeps*.

PRISCIANUS (Peregrinus), PEREGRINO PRISCIANO, historien, jurisconsulte et philosophe italien, né et professeur à Ferrare, mort vers 1500.

PRIVERNO (Reginaldus de), REGINALD DE PIPERNO, théologien et philosophe scolastique italien, dominicain, né à Piperno (anc. *Privernum*), dans les États de l'Église, mort vers 1300.

PROCURATOR (Guilelmus), GUILLAUME D'EGMOND, dit aussi G. LE PROCUREUR. Voy. *Egmundanus* (G.).

PRODROMUS (Theodorus), Θεόδωρος ὁ Πρόδρομος, en français THÉODORE PRODROME, poète, philosophe, historien et romancier byzantin, mort vers 1125. — On l'appelle aussi *Th. Ptochoprodromus*, et sa célébrité lui avait fait donner le surnom de χυρός, *maître*, d'où le nom latin *Cyrus*, par lequel il est parfois désigné.

PROFICUUS (Doctor). Voy. *Bonetus* (N.).

PROFUNDUS (Doctor). Voy. *Bradwardinus* (Th.).

PROGO, PROGON humaniste français, né à Troyes, mort vers 1120.

PROLIANUS (Christianus), CRISTIANO PROLIANO, astronome italien, né à Balbano, mort à la fin du XV° siècle.

PROTOSPATHARIUS (Lupus), LUPO PROTOSPATA, chroniqueur italien, né à Bari, dans la Pouille, mort après 1102.

PROTOSPATHARIUS (Theophilus), Θεόφιλος ὁ Πρωτοσπαθάριος, en français THÉOPHILE LE PROTOSPATHAIRE, médecin byzantin, protospathaire à Constantinople, mort entre le VII° et le XII° siècle. — On le trouve encore nommé *Th. Monachus* (Θ. ὁ Μόναχος), *Th. Philosophus* (Θ. ὁ Φιλόσοφος), *Th. Iatrosophista* (Θ. ὁ Ἰατροσοφιστής) et *Th. Archiatrus* (Θ. ὁ Ἀρχίατρος).

PROTOSYNCELLUS (Gregorius), Γρηγόριος ὁ Πρωτοσύγκελλος, en français GRÉGOIRE LE PROTOSYNCELLE, théologien grec, protosyncelle (vicaire du patriarche), puis patriarche de Constantinople, mort au XIII° siècle.

PROVINCIALIS (Arnaldus), ARNAUD DE VILLENEUVE, dit aussi A. DE PROVENCE. Voy. *Villanovanus* (A.).

PROVINIS (de). Voy. *Pruvinis* (de).

PRUDENS (Henricus). Voy. *Vrœdius* (H.).

PRULLIACENSIS et DE PRULLIACO (Himbertus), IMBERT DE GENDRY, dit aussi I. DE PRULLI. Voy. *Gendreyo* (H. de).

PRUSSIA (Petrus de), PIERRE DE PRUSSE, théologien et hagiographe allemand, dominicain à Cologne, né en Prusse, mort en 1433.

PRUVINIS (Ægidius de), GILLES DE PROVINS, sermonnaire français, frère mineur, mort vers 1280. — On trouve aussi *Æ. de Provinis*.

PRUVINIS (Drogo de), DREUX DE PROVINS, sermonnaire français, frère mineur à Paris, mort après 1283.

PRUVINIS (Henricus de), HENRI DE PROVINS, sermonnaire français, dominicain à Paris, mort après 1272.

PRUVINIS (Jacobus de), JACQUES DE PROVINS, sermonnaire français, frère mineur à Paris, mort à la fin du XIII° siècle. — On le nomme aussi *G. de Provinis*.

PSELLUS (Michael-Constantinus), Μιχαὴλ Κωνσταντῖνος ὁ Ψελλός, dit *le Jeune*, encyclopédiste grec, né à Constantinople, mort vers 1100. — Il fut surnommé Φιλοσόφων ὕπατος (*Philosophorum princeps*). — MICHEL PSELLUS, l'*Ancien*, mourut au IV° siècle.

PTOCHOPRODROMUS (Theodorus). Voy. *Prodromus* (Th.).

PUBLICIUS (Jacobus), seul nom sous lequel soit connu un littérateur italien, né à Florence, mort vers 1500.

PUELLA (Girardus), en français GIRARD LA PUCELLE, célèbre professeur anglais, établi à Paris, devenu évêque de Coventry, mort en 1182.

PULANUS (Robertus). Voy. *Pullus* (R.).

PULCHRIPATRIS (Joannes), JEAN BEAUPÈRE, théologien français, recteur de l'Université de Paris, chanoine et chancelier de Notre-Dame, l'un des juges de Jeanne d'Arc, né à Nevers, mort après 1450. — Launoy le nomme *J. Pulchripater*.

PULCHRO LOCO (Gaufridus de). Voy. *Bello loco* (G. de).

PULCIS (Aloysius de), LUIGI PULCI, célèbre poëte italien, né à Florence, mort en 1487.

PULLANUS et PULLEINUS (Robertus). Voy. *Pullus* (R.).

PULLUS (Robertus), ROBERT PALLEYN, dit encore R. PULLEN, théologien anglais, professeur à Paris, archidiacre de Rochester (*archidiac. Roffensis*), né dans le comté d'Oxford, mort en 1150. — On le trouve nommé encore *R. Polenus, R. Pulleinus, R. Bullenus* et *R. Amictus*.

PULLUS (Robertus), ROBERT POULAIN ou LE POULE (du français *le Poussin*), théologien français, archevêque de Rouen (*archiep. Rotomagensis*), mort en 1221. — On l'appelle encore *R. Palanus, R. Polenius, R. Polenus, R. Pulanus, R. Pullanus*; et il fut surnommé *Robertus Balbus* (le bègue), nom que les vieux auteurs traduisent par ROBERT LE BAUBE.

PULTERIÆ (Lambertus, abbas), LAMBERT DE POUTIÈRES, théologien français, abbé de Poutières, au diocèse de Langres, disciple de saint Bruno, mort après 1118.

PUNGENSASINUM (Joannes), JEAN POIN-LANE (dit Échard), théologien français, dominicain, né sans doute à Paris, mort vers 1250. — C'est à lui que saint Louis acheta la maison où fut fondée la Sorbonne. — On le trouve aussi nommé *J. Parisiensis.*

PUPPERUS (Joannes), JOHANN PUPPER, théologien allemand, augustin, né dans le duché de Clèves, mort en 1475.

PURBACHIUS (Georgius), GEORGES DE PEURBACH, célèbre astronome allemand, né à Peurbach, près de Linz, mort en 1461. — On trouve aussi *G. Beurbachius.*

PUTEO (Joachimus a), JOACHIM VAN DEN PUTTE, théologien mystique belge, religieux franciscain à Middelburg, directeur des religieuses (béguines) de Gertruidenberg, près de Breda, né à Anvers, mort après 1530.

PUTEO (Simon de), SIMON DE POZZO, (dit Échard) historien sicilien, dominicain, docteur de Paris, inquisiteur en Sicile, évêque de Catane, né à Messine, mort vers 1400.

PUTEOLANUS (Paulinus), PAULIN DE POZZUOLO, historien italien, frère mineur, évêque de Pozzuolo (Pouzzoles), mort après 1324.

PYLADA et PYLADES (Buccardus.) Voy. *Buccardus* (J.-F.)

QUADRIGARIUS (Alanus), ALAIN CHARTIER. Voy. *Auriga* (A.).

QUADRIGARIUS (Guilelmus), GUILLAUME CHARTIER, professeur de droit canon à Poitiers, curé de Saint-Lambert, près Saumur, chanoine de Tournai, conseiller au parlement de Paris, chanoine puis chancelier de Notre-Dame, évêque de Paris, né à Bayeux (Calvados), mort à Paris en 1472.

QUADRIGARIUS (Joannes), JEAN CHARTIER, frère du précédent, chroniqueur français, chantre de l'abbaye de Saint-Denis, près Paris, né à Bayeux, mort vers 1462.

QUAJA (DE), DE QUALEA et QUALEUS (Joannes). Voy. *Burallus* (J.).

QUAPLODUS (Guilelmus), WILLIAM QUAPLOD, philosophe scolastique irlandais, carme, évêque de Dery, mort après 1420.

QUEDLIMBURGENSIS (Jordanus), JORDAN DE QUEDLINBURG, théologien et sermonnaire allemand, religieux augustin, professeur à Magdeburg, mort vers 1350. — On le trouve nommé aussi *J. Saxo*.

QUENTINUS (Joannes), JEAN QUENTIN, théologien français, chanoine de Notre-Dame à Paris, docteur de Sorbonne, mort vers 1480.

QUERCETANUS (Walterus ou Galterus), GAUTIER DU QUESNOY, douzième abbé du couvent de Vicoigne, né au Quesnoy (Nord), mort en 1229.

QUERCU (Simon a) SIMON VAN DER EYCKEN, musicographe belge, directeur de la musique des ducs de Milan, né dans le Brabant, mort vers 1520. — Gazet le nomme S. DU QUESNE.

QUERNUS (Camillus), CAMILLO QUERNO, poëte latin, né à Monopoli (*Monopolitanus*), dans le royaume de Naples, mort vers 1528. — On le trouve parfois désigné sous le nom de *Archipoeta*, titre qui lui fut donné par dérision.

QUESTENBERGIUS (Jacobus-Aurelius), JACQUES-AURÈLE DE QUESTENBERG, helléniste allemand, né à Freiberg, en Saxe, mort vers 1527.

QUINTIANUS (Joannes Franciscus), GIOVANNI-FRANCESCO QUINZIANO, biographe italien, né à Milan, mort en... ?

RABBI DOCTORUM, LE MAÎTRE DES DOCTEURS, surnom donné à GIOVANNI ANDREA. Voy. *Andreas* (J.).

RACCOLIUS (Bartholomæus), BARTHÉLEMY DE ROCAGLIA, théologien et sermonnaire italien, carme à Toulouse, évêque de Marseille, né sans doute à Rocaglia, mort en 1445. — On le trouve encore nommé *B. Roquacallius*.

RADBODUS (Guilelmus), GUILLAUME RADBOD, dit G. BONNE AME (*G. Bona anima*), théologien français, chanoine, archidiacre, puis archevêque de Rouen, mort en 1110.

RADBURNUS. Voy. *Rodoburnus*.

RADCLIFFUS (Nicolaus), NICOLAS DE RADCLIFFE, théologien anglais, religieux bénédictin, moine et archidiacre de Saint-Albans (comté d'Hertfort), mort vers 1400. — On le trouve aussi nommé *N. Radclifus* et *N. Radoclivus*.

RADCLIFFUS (Thomas), THOMAS DE RADCLIFFE, philosophe scolastique anglais, augustin, mort vers 1360. — On trouve aussi *N. Radclifus*.

RADCLIFUS. Voy. *Radcliffus*.

RADEVINIUS (Florentius), FLORENT RADEWIN, théologien ascétique hollandais, chanoine d'Utrecht, né à Leerdam, mort en 1400.

RADICIS (Guilelmus), GUILLAUME RACINE, médecin du roi Philippe VI, chanoine de Beauvais et de Senlis, mort à la fin du XIVe siècle.

RADINGENSIS (Hugo), HUGUES DE BOVES, dit aussi H. DE READING. Voy. *Ambianensis* (H.).

RADINGENSIS. Voy. *Radingius, Readingensis* et *Rheadingenensis*.

RADINGIUS. Voy. *Radingensis, Readingensis* et *Rheadingenensis*.

RADINGIUS (Guilelmus), GUILLAUME DE READING, théologien et sermonnaire anglais, carme, né à Bath (Somerset), mort vers 1315. — On trouve aussi les formes *G. Radingensis* et *G. Rheadingenensis*.

RADOCLIVUS. Voy. *Radcliffus*.

RAGUSINUS (Joannes), JEAN DE RAGUSE, orateur, théologien et sermonnaire italien, dominicain, président du concile de Bâle, né à Raguse, dans la Dalmatie, mort vers 1445. — On écrit aussi *J. de Ragusio*.

RAGUSINUS (Leonardus), LÉONARD DE RAGUSE, philosophe scolastique italien, dominicain, né à Raguse, en Dalmatie, mort vers 1500.

RAGUSIO (de). Voy. *Ragusinus*.

RAIMBALDUS, RAIMBAUD, théologien belge, chanoine, puis doyen de la cathédrale de Liége, né dans cette ville, mort vers 1160. — Fabricius écrit *Reimbaldus*.

RAMBERTUS. Voy. *Bononia* (A. de).

RAIMUNDI (Hugo), HUGUES RAIMOND, abbé de Lerins, puis évêque de Riez

(*Regensis episcop.*), né à Moustiers, dans la Provence, mort en 1223. — On le nomme aussi *H. de Mosteriis*.

RAIMUNDI (Martinus). Voy. *Martini* (R.).

RAIMUNDI (Joannes). Voy. *Canilhacus* (J.).

RAIMUNDI (Petrus), PIERRE RAIMOND, chroniqueur français, abbé de Saint-Maixent, auteur de la chronique dite de Saint-Maixent ou de Maillezais (*chronicon Sancti Maxentii, quod vulgo dicitur Malleacense*), mort entre 1163 et 1170.

RAIMUNDIS (Raphael de), RAFAELE RAIMONDO, jurisconsulte italien, professeur à Padoue, né à Côme, mort après 1424. — On le trouve nommé aussi *R. Novocomensis*.

RAIOTHO (Guilelmus de). Voy. *Kaioco* (G. de).

RAMESEGANUS (Guilelmus). Voy. *Ramesiensis* (G.).

RAMESIENSIS (Guilelmus), GUILLAUME DE RAMSEY, hagiographe anglais, abbé de Crowland, dans le comté de Lincoln, né sans doute à Ramsey, mort vers 1180. — On le trouve aussi nommé *G. Rameseganus* et *G. Croylandensis*.

RAMPEGOLIS (Antonius de). Voy. *Rampelogis* (A. de).

RAMPELOGIS (Antonius de), ANTONIO RAMPELOGO, théologien italien, religieux augustin, auteur du *Biblia aurea*, né à Gênes, mort vers 1500. — On le trouve nommé aussi *A. de Rampegolis*, et même *A. Ampigolius*.

RAMPERTUS. Voy. *Bononia* (A. de).

RAMPONIBUS (Lambertinus de), LAMBERTINO RAMPONI, jurisconsulte italien, mort vers 1310.

RAMUSIUS (Hieronymus), GERONIMO RAMUSIO, orientaliste et médecin italien, établi à Damas, né à Venise, mort vers 1500. — On le trouve encore nommé *H. Rhamnusius*.

RANCIA (Petrus de), PIERRE DE RANCÉ, théologien et sermonnaire français, confesseur du roi Jean I, évêque de Séez (*episcop. Sagiensis*), né à Rancé (Moselle), mort vers 1380.

RANCKWILLENSIS (Thomas), THOMAS LIBER, dit TH. DE RANKWEIL, chroniqueur allemand, né à Rankweil, dans la Souabe, mort après 1133.

RANGIERUS, RANGIER, bénédictin français, moine de Marmoutiers, archevêque de Reggio, cardinal, né à Reims, mort vers 1110.

RANSANUS (Petrus), PIETRO RAZZANO, historien, hagiographe, poète et théologien sicilien, dominicain, évêque de Lucera (royaume de Naples), né à Palerme, mort en 1491. — On écrit aussi *P. Ranzanus*.

RANUCCIUS (Robertus), ROBERTO RINUCCI, philosophe scolastique italien, dominicain, né sans doute à Florence, mort en 1514. — On écrit aussi *R. Ranuzzius*.

RANUZZIUS (Robertus). Voy. *Ranuccius* (R.).

RANZANUS (Petrus). Voy. *Ransanus* (P.).

RAPHAELLIUS (Hieronymus), GERONIMO RAFAELLI, chroniqueur italien, né à Milan, mort après 1329.

RAPONDIS (Dinus de), DINO ou JODINO RAPONDI, en français DIGNE RESPONDE, célèbre négociant et bibliophile italien, né à Lucques, mort vers 1415.

RASCACIUS (Bernardus), BERNARD RASCAS, poète limousin ou avignonnais, mort en 1353. — On le trouve aussi nommé *B. Pascatius*, et souvent en français B. BASCAT.

RATISBONENSIS (Albertus), ALBERT DE BOLLSTADT, dit aussi A. DE RATISBONNE. Voy. *Bolstadius* (A.).

RATISBONENSIS (Andreas), ANDRÉ DE RATISBONNE, chroniqueur allemand, chanoine régulier de Saint-Augustin, moine de Saint-Magnus, à Ratisbonne, mort avant 1450. — On le trouve nommé encore *A. Reginoburgensis* et *Magister Andreas*.

RATISBONENSIS (Bertholdus), BERTHOLD DE RATISBONNE, célèbre théologien et prédicateur allemand, frère mineur à Ratisbonne, mort en 1272. — On le trouve nommé aussi *B. Reginoburgensis*.

RATISBONENSIS (Eberhardus), EBERHARD D'ALTHAEN, dit aussi E. DE RATISBONNE. Voy. *Altahensis* (E.).

16

RATISBONENSIS (Thaddæus), THADDÉE DE RATISBONNE, chroniqueur écossais, établi à Ratisbonne, mort vers 1460.

RAUDE (DE), RAUDENSIS et RAUDINUS (Joannes). Voy. *Rhaudensis* (J.).

RAULINUS (Joannes), JEAN RAULIN, théologien et prédicateur français, bénédictin, proviseur du collége de Navarre à Paris, né à Toul, mort en 1514.

RAVANIS (Jacobus de). Voy. *Ravano* (J. de).

RAVANO (Jacobus de), JACQUES DE REVIGNY, jurisconsulte lorrain, évêque de Verdun (*episcop. Virdunensis*), né à Revigny, dans la Meuse, mort en 1296. — On l'appelle encore *J. de Ravanis*, *J. de Ravenna*, *J. Ravennas*, *J. Ravennius* et même *J. de Arena* et *de Harena*, nom qui a été porté par un jurisconsulte italien du XIVe siècle, avec lequel on l'a souvent confondu.

RAVELLENSIS (Franciscus). Voy. *Lavellus* (F.).

RAVENNA (DE) et RAVENNAS (Jacobus). Voy. *Ravano* (J. de).

RAVENNAS. Voy. *Ravennatensis*.

RAVENNATENSIS (Georgius), GEORGE DE RAVENNE, philologue et biographe italien, dominicain à Milan, né à Ravenne, mort en 1520. — On le trouve aussi nommé *G. Ravennatinus*.

RAVENNATENSIS (Joannes), GIOVANNI MALPAGHINO, dit JEAN DE RAVENNE, humaniste italien, ami de Pétrarque, professeur à Padoue et à Florence, né à Ravenne, mort vers 1420.

RAVENNATENSIS (Joannes), JEAN DE RAVENNE, historien et philologue italien, chancelier de François de Carrare, né à Ravenne, mort après 1400.

RAVENNATENSIS (Petrus), PIERRE DE RAVENNE, jurisconsulte italien, professeur à Ferrare, Padoue, etc., né près de Ravenne, mort vers 1500. — On le trouve aussi nommé *P. Ravennas*.

RAVENNATINUS. Voy. *Ravennatensis*.

RAVENNIUS (Jacobus). Voy. *Ravano* (J. de).

RAVIGNANIS (Benintendus de), BENINTENDI RAVAGNANI, littérateur italien, grand chancelier de la république de Venise, ami de Pétrarque, mort après 1352.

RAVISIUS TEXTOR (Joannes), JEAN TEISSIER ou TIXIER, seigneur de RAVISI, humaniste français, professeur au collége de Navarre à Paris, recteur de l'université, né à Saint-Sauge, dans le Nivernais, mort en 1524.

RAYMOLANUS (Jacobus). Voy. *Reimolanus* (J.).

RAYMONDUS (Benedictus), BENEDETTO RAIMONDO, fils de *Raph. de Raimundis*, jurisconsulte italien, professeur à Padoue, mort après 1440. — Il fut surnommé *Doctor subtilis*.

READINGENSIS. Voy. *Radingensis*, *Radingius* et *Rheadingenensis*.

READINGENSIS (Hugo). Voy. *Ambianensis* (H.).

REALIUM PRINCEPS, surnom donné à JEAN DE DUNS, dit J. SCOT. Voy. *Dunstonensis* (J.).

REBDORFENSIS (Henricus), HENRY DE REBDORF, chroniqueur allemand, augustin, moine à Rebdorf (diocèse d'Aichstädt), mort après 1372.

REBICOVIUS (Eccardus, Ecco, Eckhardus ou Epho), EYKE VON REPCHOW, dit aussi ECCO DE REPGOW, jurisconsulte allemand, né dans la Saxe, mort après 1231.

REBUFFUS (Jacobus), JACQUES REBUFFI, jurisconsulte français, avocat à Beaucaire, puis professeur à Montpellier, né dans cette ville, mort en 1428.

RECHINUS (Fulco). Voy. *Richinus* (F.).

REDÆUS (Guilelmus), WILLIAM REID (Fabricius) ou READE (Tanner), astronome anglais, fondateur de la bibliothèque de Carmarthen, mort après 1367. — On le trouve aussi nommé *G. Reidanus*.

REDONENSIS. Voy. *Rhedonensis*.

REDUSIIS (Andreas de). Voy. *Redusius* (A.).

REDUSIUS (Andreas), ANDREA REDUSIO, chroniqueur italien, né à Quero, près de Trévise, mort après 1428. — On le nomme aussi *A. de Redusiis*.

REFULGENS (doctor). Voy. *Philargus* (P.).

REGIENSIS (Jacobus), GIACOMO FERRARI, dit aussi J. DE REGGIO. Voy. *Ferrarius* (J.).

REGIENSIS (Joanna), EMILIA SCOPELLI, dite JEANNE DE REGGIO, théologienne ascétique, carmélite, née à Reggio, morte en 1491.

REGIENSIS (Michael-Fabricius), MICHELE-FABRICE FERRARINI, dit M.-F. DE REGGIO, archéologue italien, carme, né à Reggio, mort en 1490.

REGIENSIS (Nicolaus), NICOLAS DE REGGIO, médecin et traducteur italien, établi à Salerne, né à Reggio; mort vers la fin du XIVe siècle. — On trouve aussi *N. Rheginus*.

REGIENSIS (Prosper), PROSPER DE REGGIO, théologien italien, docteur de Paris, moine augustin à Reggio (duché de Modène), puis vicaire-général de l'ordre, mort vers 1500.

REGINALDUS. Voy. *Rigaldus*.

REGINOBURGENSIS. Voy. *Ratisbonensis*.

REGIOMONTANUS (Joannes), JOHANN MULLER, dit J. DE KOENIGSBERG, plus connu sous son nom latin, célèbre astronome allemand, né à Unfind, près de Kœnigsbërg, mort en 1476. — On le trouve nommé encore *J. de Regiomonte, J. de Monteregio, J. Monteregius*, et Montucla le cite sous le nom de J. DE MONTROYAL.

REGIOMONTE (Joannes de). Voy. *Regiomontanus* (J.).

REGIOVILLANUS (Jacobus), JACQUES DE KOENIGSHOVEN, dit aussi J. TWINGER (*Twingerus*), chroniqueur allemand, chancelier de l'évêque de Strasbourg, né dans cette ville, mort en 1420. — On le nomme encore *J. Congelshovius, J. Kœnigshofenius* et *J. Kongelshovius*.

REGIS (Guilelmus), GUILLAUME LE ROY, imprimeur français, établi à Lyon, mort après 1483.

REGIUS (Raphael), RAFAELE REGIO, philologue et érudit italien, professeur à Padoue et à Venise, né à Bergame, mort en 1520.

REICHERSBERGENSIS (Arno), ARNO DE REICHERSBERG, théologien allemand, augustin, doyen et prieur de l'abbaye de Reichersberg, dans la Bavière, mort en 1175. — Fabricius écrit *A. Reicherspergensis*.

REICHERSBERGENSIS (Magnus), MAGNUS DE REICHERSBERG, chroniqueur allemand, chanoine régulier de Saint-Augustin à Reichersberg (Bavière), mort vers 1194. — Fabricius le nomme *M. Richobergensis*.

REIDANUS (Guilelmus). Voy. *Redæus* (G.).

REIMBALDUS. Voy. *Raimbaldus*.

REIMOLANUS (Jacobus), JACQUES RAEYMOLEN (dit Paquot), mathématicien, poëte et théologien flamand, religieux carme, né à Gand, mort en 1508. — Villiers le nomme *J. Kermolaus, J. Kimolanus* et *J. Kymolanus*. — On trouve aussi *J. Raymolanus*, et Moréri l'appelle *J. RAIMOLAND*.

REINERIUS (Helias), ÉLIE RÉGNIER, jurisconsulte français, né à Poitiers, mort vers 1500.

REINERUS, REINIER, chroniqueur belge, prieur du couvent de Saint-Jacques à Liége, mort vers 1230.

REISCHIUS (Georgius), GEORG REISCH, philosophe allemand, prieur de la Chartreuse de Fribourg, confesseur de l'empereur Maximilien Ier, mort à la fin du XVe siècle.

RELICUS (Joannes), JEAN DE RELY, jurisconsulte, orateur et homme d'État français, chanoine, puis chancelier de Notre-Dame de Paris, recteur de l'Université, confesseur du roi Charles VIII, chanoine de Saint-Martin de Tours, évêque d'Angers, né à Arras, mort en 1499.

REMENSIS (Albericus), ALBÉRIC DE REIMS, théologien français, archidiacre de Reims, puis archevêque de Bourges, né à Reims, mort en 1141. — Il est nommé *Almericus* dans un diplôme de de Louis VII.

REMENSIS (Albericus), ALBÉRIC DE REIMS, sermonnaire français, archidiacre de Paris, puis archevêque de Reims, né sans doute à Laon, mort en 1218. — On le trouve encore nommé *A. de Lauduno* et *A. Parisiensis*.

REMENSIS (Bruno), saint BRUNO, dit DE REIMS, fondateur de l'ordre des Chartreux (*auctor ordinis Carthusianorum*), chanoine et chancelier de l'Église de Reims, né à Cologne, mort en 1101. — On le trouve nommé aussi *P. Gallicus*.

REMENSIS (Guilelmus), GUILLAUME DE SIGNI, dit aussi G. de REIMS. Voy. *Signiacensis* (G.).

REMENSIS (Henricus), HENRI DE DREUX, dit aussi H. DE REIMS. Voy. *Drocensis* (H.).

REMENSIS (Joannes), JEAN DE REIMS, poëte et biographe français, moine de Saint-Evroul, né à Reims, mort en 1125.

REMENSIS (Manasses), MANASSÉ DE REIMS, écrivain ecclésiastique français, trésorier, prévôt, puis archevêque de Reims, mort en 1106.

REMENSIS (Odo), ODON DE REIMS, fondateur de la Chartreuse du Mont-Dieu, abbé de Saint-Remi de Reims, mort en 1151.

REMENSIS (Petrus), PIERRE DE REIMS, théologien et sermonnaire français, évêque d'Agen (*Aginnensis episcopus*), religieux dominicain, né à Reims, mort en 1245.

REMENSIS (Radulfus), RAOUL DE SERRES, dit aussi R. DE REIMS, chroniqueur anglais, doyen de l'Église de Reims, mort vers 1196.

REMENSIS (Robertus), ROBERT DE REIMS, historien français, abbé de Saint-Remi de Reims, né sans doute à Reims, mort en 1122.

REMENSIS (Robertus), ROBERT DU MONT, dit aussi R. DE REIMS. Voy. *Monte* (R. de).

REMENSIS. Voy. *Remis* (de).

REMERICO MONTE (Petrus de), PIERRE DE REMIREMONT, sermonnaire français, mort sans doute à la fin du XIII° siècle.

REMINGTONUS (Guilelmus), WILLIAM REMINGTON (dit Jöcher), théologien anglais, docteur d'Oxford, moine de Cîteaux, mort vers 1390. — On le trouve aussi nommé *G. Rimstonus*.

REMIS (Gerardus de), GÉRARD DE REIMS, sermonnaire français, que l'on croit dominicain, et qui prêchait vers 1250. — Son nom est toujours précédé du mot *Frater*.

REMIS (Gerardus de), GÉRARD DE REIMS, dit aussi G. BRUINE et mieux G. DE BRUGNI, théologien et sermonnaire français, religieux dominicain, né à Brugni, près de Reims, mort vers 1300. — Son nom est toujours précédé du mot *Magister*.

REMIS (Petrus de), PIERRE DE VAUX, dit aussi P. de REIMS. Voy. *Vallibus* (P. de).

REMIS (Punces de), PONCE DE REIMS, sermonnaire français, religieux dominicain à Paris, mort vers la fin du XIII° siècle.

REMIS (Reginaldus de), REGNAUD DE REIMS, sermonnaire français, clerc à Paris, mort après 1273.

REMIS (Stephanus de), ÉTIENNE DE REIMS, rédacteur des statuts de l'Hôtel-Dieu, chanoine, puis doyen de la cathédrale de Paris, mort en 1221.

REMIS (de). Voy. *Remensis*.

RENONIACO (Odo de), EUDES DE ROSNI, sermonnaire français, frère mineur, mort sans doute vers la fin du XIII° siècle. — On le trouve aussi nommé parfois *O. de Roini*.

REPINDONUS et REPINGTONUS (Philippus), PHILIP REPINGTON ou REPINDON (dit Aubery), théologien et sermonnaire anglais, docteur et chancelier de l'université d'Oxford, chanoine régulier de Saint-Augustin, abbé du couvent de Leicester, évêque de Lincoln, cardinal, mort après 1420. — On le trouve nommé encore *J. Rhependunus* et *J. Repindonus*.

REPINGALUS (Joannes), JOHN REPINGDALE, théologien et sermonnaire anglais, carme, né dans le comté de Lincoln, mort en 1350.

RESOLUTISSIMUS (doctor). Voy. *Alliacensis* (P.) et *Sancto Porciano* (G. de).

RESOLUTUS (doctor). Voy. *Baconthorpius* (J.).

RETENENSIS (Robertus), ROBERT DE RETINES, orientaliste et voyageur anglais, archidiacre de Pampelune (*archidiac. Pampelonæ*), mort en 1143. — On le trouve nommé souvent *R. Anglicus* et *R. Ketenensis*.

REUCHLINUS (Joannes), JOHANN REUCHLIN, dit aussi JEAN CAPNION (*J. Capnio* et *'I. Καπνίων*), même nom grécisé, célèbre humaniste allemand, professeur à Ingolstadt et à Tubingue, né à Pforzheim, dans le grand-duché de Bade, mort en 1522.

REYNARDI (Joannes), JEAN REYNARD, théologien français, dominicain à Narbonne, vers 1510.

RHAGIUS (Joannes), JOHANN RAK, poète, érudit et philologue allemand, né à Sommerfeldt (Autriche), mort en 1520. — On le trouve aussi nommé souvent *J. Æsticampianus* et *J. Sommerfeldanus*.

RHAMNUSIUS (Hieronymus). Voy. *Ramusius* (H.).

RHAUDE (de). Voy. *Rhaudensis*.

RHAUDENSIS (Anselmus), ANSELME DE RHO, théologien italien, archevêque de Milan, mort au commencement du XIIe siècle.

RHAUDENSIS (Antonius), ANTOINE DE RHO, théologien italien, frère mineur, né près de Milan, mort vers 1420. — Wadding le nomme *A. Raudinus*.

RHAUDENSIS (Joannes), JEAN DE RHO, théologien et jurisconsulte italien, carme, mort à Milan en 1404. — On le trouve aussi nommé *J. de Raude* et *J. Raudensis*.

RHEADINGENENSIS (Hugo). Voy. *Ambianensis* (H.).

RHEADINGENENSIS. Voy. *Radingensis, Radingius* et *Readingensis*.

RHEDONENSIS (Guilelmus), GUILLAUME DE RENNES, théologien français, dominicain, né à Rennes, mais que l'on a cru originaire de Creil (*Credonium*), de Judoigne (*Geldenacum*) en Brabant, et d'Orléans (*Aurelianum*), mort vers 1250. — On le trouve aussi nommé *G. Aurelianensis, G. Celdonensis, G. Cerdonensis, G. Credonensis, G. Geldenensis* et *G. Redonensis*.

RHEDONENSIS (Herbertus), HERBERT DE RENNES, abbé de Clermont, puis évêque de Rennes, né à Vouvray, dans le Maine, mort en 1198.

RHEDONENSIS (Marbodus, Merboldus, Marbottus, Marbaldus, Mardebanus, Merobaudus ou Merbodæus), MARBODE DE RENNES, théologien, hagiographe, poëte, écolâtre d'Angers, puis évêque de Rennes, né dans l'Anjou, mort en 1123. — Il fut surnommé *Pelliciarius*, et l'on croit que son père exerçait la profession de pelissier.

RHEGINUS. Voy. *Regiensis*.

RHEPENDUNUS (Philippus). Voy. *Repingtonus* (Ph.).

RHINFELDENSIS (Gertrudis), GERTRUDE DE RHEINFELDEN, théologienne ascétique suisse, née et dominicaine à Rheinfelden près de Bâle, morte vers 1266.

RHODANUS (Godefridus), GODEFROI DE RHODE, hagiographe belge, prêtre à Rhode, près Bruxelles, mort vers 1500.

RHODIGINUS (Ludovicus-Cælius), LUIGI RICCHIERI, dit LOUIS DE ROVIGO, plus connu sous son nom latin, célèbre philologue italien, professeur à Vicence, à Padoue et à Milan, né à Rovigo, mort en 1525. — On le trouve aussi nommé *L. Richerius*.

RIBBETIUS (Philippus). Voy. *Gerundensis* (Ph.).

RIBODIMONTENSIS (Hugo), HUGUES DE RIBEMONT, théologien français, auteur d'une lettre sur la nature de l'âme, mort vers 1130. — On écrit aussi *H. Ribodimontis*.

RIBODIMONTIS (Hugo). Voy. *Ribodimontensis* (H.).

RIBOTUS (Philippus). Voy. *Gerundensis* (Ph.).

RICCIUS (Paulus), PAOLO RICCI, médecin de l'empereur Maximilien Ier, professeur à Pavie, ami d'Érasme, né en Allemagne, mort vers 1530.

RICCIUS (Petrus), PIETRO RICCIO ou LE CHEVELU, surnom donné à P. CRINITO. Voy. *Crinitus* (P.).

RICCUS (Albertus), ALBERTO RICCI, théologien italien, frère mineur, évêque de Trévise, mort vers 1260.

RICHELIUS (Dionysius). Voy. *Ryckelius* (D.).

RICHERIUS. Voy. *Senonensis* (R.).

RICHERIUS (Ludovicus). Voy. *Rhodiginus* (L. C.).

RICHINUS (Fulco), FOULQUES RICHIN ou RÉCHIN (*Rechinus*), comte d'Anjou, chroniqueur français, né à Château-Landon, mort en 1109.

RICHIUS (Robertus), ROBERT RICH, hagiographe anglais, docteur d'Oxford, moine de Cîteaux, né à Abingdon (Berks), mort vers 1350. — On le trouve nommé aussi R. *Divitius* et R. *Abindonensis*.

RICHIUS. Voy. *Divitis*.

RICHOBERGENSIS (Magnus). Voy. *Reichersbergensis* (M.).

RICOBALDUS (Gervasius), GERVASIO RICOBALDI, chroniqueur italien, chanoine de Ravenne, né à Ferrare, mort vers 1313.

RICOLDUS. Voy. *Montecrucis* (R. de).

RIEVALLENSIS (Ælredus ou Ailredus, etc.), ÆLRED DE RIEVAUX. Voy. *Ailredus*.

RIEVALLENSIS (Guilelmus), GUILLAUME DE RIEVAUX, chroniqueur anglais, moine de Rievaux, mort vers 1160.

RIFERIUS. Voy. *Rifferius*.

RIFFERIUS, RIFFER, prieur de la Grande Chartreuse, puis général de l'ordre des Chartreux, mort en 1267. — On écrit aussi *Riferius*.

RIGALDUS (Odo), EUDES RIGAUD, théologien et prédicateur français, archevêque de Rouen, franciscain, mort en 1275. — On écrit aussi *Rigaudus* et *Reginaldus*.

RIGAUDUS, RIGAUD, théologien français, dominicain, auteur présumé d'un commentaire sur les *Sentences*, mort au XIIIe siècle.

RIGAUDUS. Voy. *Rigaldus*.

RIGOLDUS et RIGOLTUS. Voy. *Rigordus*.

RIGORDUS, RIGORD, chroniqueur français, médecin de Philippe-Auguste, moine de Saint-Denis, né dans le Languedoc, mort après 1207. — On le trouve encore nommé *Rigoldus*, *Rigoltus*, *Rigottus* et *Rigotus*.

RIGOTTUS et RIGOTUS. Voy. *Rigordus*.

RIMINENSIS. Voy. *Ariminensis*.

RIMSTONUS (Guilelmus). Voy. *Remingtonus* (G.).

RINAUGIENSIS (Conradus), CONRAD DE RONDENBERG, dit aussi C. DE RHINGAU, théologien allemand, abbé de Saint-Jean-Baptiste de Rhingau, au diocèse de Mayence, mort en 1486.

RINGESHAMENSIS et RINGISCHINENSIS (Guilelmus). Voy. *Kingsamensis* (G.).

RINGMANNUS (Matthias), MATTHIAS RINGMANN, humaniste allemand, professeur à Saint-Dié et à Schlestadt, dans les Vosges, né dans cette ville, mort en 1511. — Il a signé un de ses ouvrages *Philesius Vosgesigena*.

RINGOSTADIUS. Voy. *Ringstedus*.

RINGSTEDUS (Thomas), THOMAS DE RINGSTEAD, dit *senior*, théologien anglais, professeur à Cambridge, religieux dominicain, évêque de Bangor, né à Ringstead (comté de Norfolk), mort en 1365. — On le trouve nommé aussi *Th. Ringostadius*.

RINGSTEDUS (Thomas), THOMAS DE RINGSTEAD, dit *junior*, théologien anglais, vicaire à Mildenhall, dans le Suffolk, né à Ringstead (Norfolk), mort vers 1440.

RINUCCINUS (Alemannus), ALAMANNO RINUCCINI, helléniste et traducteur italien, né à Florence, mort en 1504.

RIPA (Joannes de), JEAN DE LA RIVE, théologien français, docteur de Paris, frère mineur, mort après 1330.

RIPA ALTA (Jordanus de), JORDANO DE RIVOLTA, sermonnaire italien, religieux dominicain, né à Rivolta, sur l'Adda, mort en 1311. — Échard le nomme *J. de Rivalto*.

RIPALTA (DE). Voy. *Placentinus* (Albertus, Antonius et Petrus).

RIPARIA (Bartholomæus de), BARTHÉLEMY DE LA RIVIÈRE, dit aussi B. D'ARRIBAIRE (*Gallia christiana*), théologien français, dominicain, professeur à Toulouse, mort vers 1392.

RIPA TRANSONA (Petrus de), PIERRE DE RIPA-TRANSONE, théologien et sermonnaire italien, dominicain, archevêque de Corinthe, né à Ripa-Transone, dans les États de l'Église, mort vers 1422.

RIPHÆUS (G.). Voy. *Riplæus* (G.).

RIPIS (A. ou H. de). Voy. *Lugdunensis* (A.).

RIPLÆUS (Georgius ou Gregorius), GEORGE ou GRÉGOIRE DE RIPLEY, théologien, philosophe, alchimiste et biographe anglais, carme, né à Bridlington, mort en 1490. — On le trouve encore nommé *G. Riphæus*, *G. Riplaius* et *G. Ripolegus*.

RIPLAIUS et RIPOLEGUS (G.). Voy. *Riplæus* (G.).

RISCODUNUS (Nicolaus). Voy. *Ristonus* (N.).

RISHANGERUS (Guilelmus), WILLIAM RISHANGER (dit Jöcher), historien anglais, bénédictin, moine à Saint-Albans, continuateur de Matthieu Paris, mort en 1312.

RISINGIUS (Joannes), JEAN DE REYSEN, jurisconsulte belge, docteur de Louvain, puis recteur de l'Université, mort vers 1450.

RISTONUS (Nicolaus), NICHOLAS RISTON (Jöcher), théologien et sermonaire anglais, mort après 1410. — On trouve aussi *N. Riscodunus*.

RITIUS (Michael), MICHELE RICCIO, historien et jurisconsulte italien, conseiller de Louis XII, roi de France, né à Naples, mort vers 1530. — La Croix du Maine le nomme MICHEL RIS.

RITZONIS (Nicolaus), NICCOLO DE RIZZO (?), sermonnaire italien, religieux, carme, prieur dans un couvent de la Sicile, né à Catane, mort vers 1380.

RIVALLIUS (Aymarus), AIMAR DU RIVAIL, dit aussi A. DU RIVAL ou RIVAULT, jurisconsulte et historien français, conseiller au parlement de Grenoble, né à Saint-Marcellin, dans le Dauphiné, mort avant 1560.

RIVALLO, RIVALLON, poëte latin, archidiacre de Rennes, disciple de Marbode, mort vers 1123.

RIVALLO (Guilelmus), GUILLAUME RIVALLON, plus connu sous le nom de G. DE SAINT-FLORENT, abbé de Saint-Florent (Maine-et-Loire), mort en 1118. — On le trouve nommé souvent *G. de Sancto Florentio*.

RIVALTO (Jordanus de). Voy. *Ripa alta* (J. de).

RIVO (Petrus de), PIERRE DE RIU, théologien espagnol, carme à Perpignan, né dans la Catalogne, mort en 1360. — On le trouve nommé aussi *P. de Perpiniano*.

RIVO (Petrus a), PIERRE VAN RIVIEREN (?), théologien et littérateur belge, professeur à Louvain, né sans doute à Alost, mort en 1499. — On trouve aussi *P. Rivius*.

RIVO (Radulphus a), RAOUL VAN RIVIEREN (?), théologien et jurisconsulte hollandais, doyen de Tongres, né à Breda, mort en 1403. — On trouve aussi *R. Rivius*.

RIVO (Richardus de), RICHARD VAN RIVIEREN (?), théologien belge, dominicain, professeur à Cologne, né dans le Brabant, mort vers 1490.

ROBASIO (Michael de), MICHEL DE ROUBAIX ou DE BRABANT, grammairien flamand, né sans doute à Roubaix, mort vers 1300. — On le trouve nommé aussi *M. de Brabantia*, et Du Cange l'appelle par erreur *M. de Hombasio* et *M. de Morbosio*.

ROBINUS (Joannes), JOHN ROBYNS, astronome et astrologue anglais, docteur et chanoine d'Oxford, né à Stafford, mort en 1558.

ROCCA (Andoinus ou Andruinus de), ANDRUIN DE LA ROCHE, sermonnaire français, bénédictin, abbé de Cluni, cardinal, né à la Roche (Saône-et-Loire), mort en 1369.

ROCCIUS (Zanettinus), ZANETTINO ROCCI, poëte latin, né à Crémone, mort après 1424.

ROCHEFORDUS (Joannes), JOHN ROCHFORD, chroniqueur anglais, mort vers 1406.

RODHAMSUSANUS (Philippus). Voy. *Aischstadianus* (P.).

RODERII (Petrus), PIERRE RODIER, jurisconsulte français, secrétaire de Philippe le Long, chanoine de Limoges, évêque de Carcassonne, chancelier de France, mort après 1334.

RODINGTONUS (Joannes), JOHN RODINGTON (dit Moréri), théologien anglais, franciscain ou bénédictin, né à Lincoln, mort en 1348.

RODOBURNUS (Thomas), THOMAS DE

RODBORNE, dit *senior*, théologien et chroniqueur anglais, docteur d'Oxford, archidiacre de Sudbury, puis évêque de Saint-David, né à Rodborne (comté de Wilts), mort vers 1425. — On le trouve aussi nommé *Th. Radburnus* et *Th. Rudburnus*.

RODOBURNUS (Thomas), THOMAS DE RODBORNE, dit *junior*, chroniqueur anglais, bénédictin à Wilton (Wilts), né à Rodborne (Wilts), mort vers 1480. — On le nomme aussi *Th. Radburnus* et *Th. Rudburnus*..

RODULPHIS (Laurentius de), LORENZO RIDOLFI, jurisconsulte italien, né, avocat et professeur à Florence, mort vers 1440.

ROERIUS (Joannes), JEAN ROER, et mieux J. ROYER, docteur, prieur et bibliothécaire de la Sorbonne à Paris, chancelier de l'Église d'Amiens, né à Besançon, mort en 1480.

ROFFENSIS (Arnulfus ou Ernulfus), ARNOUL ou ERNULFE DE ROCHESTER, fécond théologien français, prieur de Cantorbéry, puis évêque de Rochester, né à Beauvais, mort en 1123.

ROFFENSIS (Edmundus), EDMOND DE HADENHAM, dit E. DE ROCHESTER, historien anglais, moine de Rochester, mort à la fin du XIVe siècle.

ROFFENSIS (Radulfus), RAOUL DE CANTERBURY, dit aussi R. DE ROCHESTER. Voy. *Cantuariensis* (R.).

ROFFREDUS. Voy. *Odofredus*.

ROFIACO (Helias de). Voy. *Rufiaco* (H. de).

ROGERIUS (Petrus), PIERRE ROGER, sermonnaire français, bénédictin, archevêque de Rouen, pape sous le nom DE CLÉMENT VI, né dans le Limousin, mort en 1352.

ROIA (Petrus de), PIERRE DE ROYE, théologien français, moine de Clairvaux, chanoine de Noyon, mort vers 1350.

ROIA (DE). Voy. *Roya* (de).

ROINI (Odo de). Voy. *Renoniaco* (O. de).

ROLANDINUS, ROLANDINO, chroniqueur italien, docteur de Bologne, né, notaire et professeur de rhétorique à Padoue, mort en 1276.

ROLANDUS (Gerardus), GÉRARD ROELANTS, historien et poëte belge, chanoine régulier à Saint-Martin de Louvain, né à Malines, mort en 1491.

ROLINUS (Joannes), JEAN ROLIN, chanoine, archidiacre, puis évêque d'Autun, abbé de Saint-Martin d'Autun, confesseur du Dauphin (Louis XI), cardinal, mort en 1483. — On le trouve très-souvent nommé *cardinalis Æduensis*.

ROLLUS (Richardus). Voy. *Hampolensis* (R.).

ROMA (Bernardinus ou Bernardus de), BERNARDIN ou BERNARD DE ROME, théologien italien, religieux carme, professeur à Paris, évêque de Sutri (*Sutrium*), dans les États de l'Église, cardinal, mort en 1406.

ROMA (Paulus de), PAUL DE ROME, théologien italien, augustin, né à Rome, mort vers 1480.

ROMA (Romanus de), ROMANO URSINI, dit R. DE ROME, théologien et sermonnaire italien, religieux dominicain, professeur à Paris, né à Rome, mort vers 1273.

ROMA (de). Voy. *Romanus*.

ROMANAVILLA (Arnulfus de), ARNOUL DE ROMAINVILLE, théologien français, abbé de Sainte-Geneviève à Paris, mort en 1286.

ROMANCIIS (Rolandinus de), ROLANDINO ROMANZO, jurisconsulte italien, né et professeur à Bologne, mort en 1284.

ROMANIS (Humbertus, Hubertus, Imbertus ou Umbertus de), HUMBERT DE ROMANS, théologien français, dominicain, né à Romans, dans la Drôme, mort en 1277.

ROMANUS (Ægidius), GILLE COLONNA, dit G. de ROME. Voy. *Columna* (Æ. de).

ROMANUS (Aldus). Voy. *Manutius* (A.).

ROMANUS (Augustinus), AUGUSTIN DE ROME, théologien italien, général des Augustins, évêque de Cesena, puis archevêque de Barletta (royaume de Naples), né à Rome, mort en 1443. — On le trouve aussi nommé *A. de Favaronibus*.

ROMANUS (Bernardinus). Voy. *Feltrensis* (B.).

ROMANUS (Cristophorus), CRISTOFORO PERSONA, dit CHRISTOPHE DE ROME, helléniste et traducteur italien, guillelmite, né à Rome, mort en 1485. — On trouve aussi *C. Porsena.*

ROMANUS (Eustathius). Voy. *Patricius* (E.).

ROMANUS (Guilelmus), GUILLAUME ROMAIN, sermonnaire français, célestin, prédicateur du roi, né à Paris, mort en 1475.

ROMANUS (Jacobus), JACQUES DE ROME, historien et sermonnaire italien, dominicain, mort vers 1406.

ROMANUS (Ludovicus), LOUIS DE ROME, jurisconsulte italien, protonotaire apostolique, né à Spolète, élevé à Rome, et établi à Sienne, mort en 1439. — On le trouve encore nommé *L. Pontanus* et *L. de Roma.*

ROMANUS (Rusticus), RUSTICO ROMANO, pseudonyme de GIULIANO PERLEONIO. Voy. *Perleonibus* (J. de).

ROMANUS (Simon), SIMON DE ROME, biographe italien, ermite de Saint-Augustin, professeur à Padoue, né à Rome, mort vers 1460.

ROMANUS (Thaddæus), THADDÉE DE ROME, poëte et historien italien, mort vers 1460.

ROMANUS. Voy. *Roma* (de).

ROMUALDUS, ROMUALDI, chroniqueur italien, archevêque de Salerne, mort en 1181.

RONCADELLUS (Zuinus), ZUINO RONCADELLI, astronome italien, né à Crémone, mort après 1384.

ROQUACALLIUS (Bartholomæus). Voy. *Raccolius* (B.).

ROSANUS (Valerius), VALERIO ROSANO, chroniqueur italien, né à Crémone, mort après 1468.

ROSARIIS (Monaldus ou Menaldus de), MÉNAUD DES ROSIERS, théologien et sermonnaire français, religieux carme, né à Bordeaux, mort entre 1508 et 1511.

ROSATE (Albericus de), ALBERICO ROXIATI, jurisconsulte italien, ami de Barthole, né à Bergame, mort au XIVe siècle. — On le trouve nommé aussi *A. Bergomensis.*

ROSCELINUS, ROSCELIN, philosophe scolastique français que l'on a longtemps cru anglais, chef de la secte des *Nominaux*, chanoine de Besançon, puis de Saint-Martin de Tours, né à Compiègne, mort après 1121. — On le trouve encore nommé *R. Britannicus, R. Compendiensis, R. de Compendio, R. de Compendis, R. Rucelinus, R. Ruscellinus* et *R. Ruzelius.*

ROSCHILDENSIS (Wilhelmus), GUILLAUME DU PARACLET, dit aussi G. DE ROSCHILD. Voy. *Paraclito* (W. de).

ROSCIDA VALLE (Petrus de), PIERRE DE RONCEVAUX, chapelain d'Urbain IV, puis archevêque de Bordeaux, mort en 1269.

ROSELLIS (Antonius de), ANTONIO ROSELLI, jurisconsulte et homme d'État italien, professeur à Padoue, né à Arezzo, dans la Toscane, mort en 1466. — Il fut surnommé *Monarcha sapientiæ.*

ROSELLIS (Baptista de), BAPTISTE DE SAULIS (dit la *Nouvelle Biographie générale*), théologien français, cordelier, auteur d'une Somme dite *Summa Rosella*, mort au XVe siècle.

ROSEMUNDUS (Godescalcus), GODESCALC ROSEMONDT (dit Paquot), théologien belge, professeur à Louvain, né à Eyndhove (*Eindhovianus*), près de Bois-le-Duc, mort en 1526. — Jöcher le nomme G. ROSEMUND.

ROSENDALIUS (Laurentius), LAURENT DE ROSENDAEL, théologien flamand, chartreux à Liége, né à Rosendael (Nord), mort vers 1470.

ROSERGIO (Bernardinus de), BERNARDIN DU ROSIER (dit Fabricius), sermonnaire et jurisconsulte français, chanoine régulier, puis archevêque de Toulouse, mort en 1464.

ROSSELLETTUS (Joannes), JEAN RUCCELLI, plus connu sous le nom de J. ROUSSELET, seigneur de la Part-Dieu près de Lyon, littérateur français, d'une famille originaire de Lombardie, né à Lyon, mort en 1520.

ROSSELLI (Nicolaus), NICOLAS ROSELL, historien et théologien espagnol, religieux dominicain, inquisiteur général de la province d'Aragon, cardinal, né dans l'île de Majorque, d'une famille originaire de la Grande-Bretagne, mort en 1362. —

On le trouve aussi nommé *N. Aragoniensis*.

ROSSILIONE (Aimardus, Aimarus ou Ademarus de), AIMAR DE ROUSSILLON, archevêque de Lyon, né à Vienne dans le Dauphiné, mort en 1281.

ROSSUS (Joannes). Voy. *Rufus* (J.).

ROSSUS (Robertus), ROBERT ROSE, théologien anglais, docteur d'Oxford, carme, prieur à Norwich, mort en 1420. — On trouve aussi *R. Rosus*.

ROSTANGIUS, ROSTANG, chroniqueur français, moine de Cluni, mort après 1206.

ROSUS. Voy. *Rossus*.

ROTERODAMENSIS. Voy. *Roterodamis* (de).

ROTERODAMIS (Arnoldus de), ARNOLD DE GEILHOVEN, dit aussi A. DE ROTTERDAM. Voy. *Hollandia* (A. de).

ROTHOMAGENSIS (Galfredus), GEOFFROI DE ROUEN, théologien français, doyen du Mans, archevêque de Rouen, né dans la Bretagne, mort en 1128. — On le trouve nommé aussi *G. Brito*.

ROTHOMAGENSIS (Guilelmus), GUILLAUME DE ROUEN, théologien français, chanoine, puis archevêque de Rouen, né dans la Normandie, mort en 1110.

ROTHOMAGENSIS (Hugo). Voy. *Ambianensis* (H.).

ROTHOMAGENSIS (Mauricius), MAURICE DE ROUEN, théologien français, archidiacre de Troyes, évêque du Mans, puis archevêque de Rouen, mort en 1235.

ROTHOMAGENSIS (Rogerus), ROGER DE ROUEN, théologien et sermonnaire anglais, doyen de l'Église de Rouen, mort vers 1200.

ROTHOMAGENSIS (Stephanus), ÉTIENNE DE ROUEN, poëte et rhéteur français, moine du Bec, né à Rouen, mort après 1167.

ROTHWELLUS (Guilelmus), WILLIAM ROTHWELL, théologien et sermonnaire anglais, dominicain à Londres, mort vers 1360.

ROTOMAGENSIS. Voy. *Rothomagensis*.

ROTONENSIS (Hervæus), HERVÉ DE REDON, abbé de Redon, au diocèse de Vannes, mort après 1133.

ROTRODUS, ROTROU, fils de Henri, comte de Warwick, théologien français, archidiacre, puis archevêque de Rouen, mort en 1183.

ROVERE (Franciscus de), FRANCESCO D'ALBESCOLA DE LA ROVERE, théologien italien, frère mineur, pape sous le nom de SIXTE IV, né près de Savone, mort en 1484.

ROYA (Ægidius de), GILLES DE ROYE, chroniqueur et théologien français, abbé de Royaumont, né à Roye, dans la Picardie, mort en 1478. — On écrit aussi *Æ. de Roia*.

ROYA (Guido de), GUI DE ROYE, moraliste français, chanoine de Noyon, doyen de Saint-Quentin, évêque de Verdun, de Castres et de Dol, archevêque de Tours, de Sens, puis de Reims, fondateur du collége dit de Reims (*collegium Remense*), à Paris, né à Muret, près de Soissons, mort en 1409. — On écrit aussi *de Roia*.

ROYSSIACO (Petrus de), PIERRE DE ROISSY, liturgiste français, chancelier de l'Église de Chartres, né à Roissy, près de Gonesse (Seine-et-Oise), mort vers 1230.

RUBEAQUENSIS (Jodocus), JOSSE DE RUFFAC, philosophe allemand, professeur à Spire, né à Ruffac (Alsace), mort en 1516. — Nous l'avons trouvé aussi nommé *J. Gallus*.

RUBEIS (Jacobus de), JACQUES DE ROUGES, dit aussi J. ROSSI, imprimeur français, établi à Venise, mort vers la fin du XVe siècle.

RUBEIS (Leonardus de). Voy. *Jovis fano* (L. de).

RUBEIS (Matthæus de), MATTHIEU DES URSINS, dit M. LE ROUGE. Voy. *Ursinus* (M.).

RUBEOMONTE (Theobaldus de), THIBAUD DE ROUGEMONT, évêque de Mâcon, archevêque de Vienne, puis de Besançon, mort en 1429.

RUBEUS (Baldericus), BALDERIC LE ROUGE, fils d'Albert, seigneur de Sachonville, en Artois, chroniqueur flamand, évêque de Noyon et de Tournay, mort vers 1100.

RUBROCUS (Guilelmus). Voy. *Ruysbrockius* (G.).

RUCELINUS. Voy. *Roscelinus.*

RUCELLARIUS (Bernardus). Voy. *Oricellarius* (B.).

RUDBURNUS. Voy. *Rodoburnus.*

RUDELIUS (Gaufridus ou Gottofredus), GEOFFROI RUDEL, troubadour français, né à Blaye, près de Bordeaux, mort à la fin du XIIe siècle. — On écrit aussi G. *Rudellus.*

RUDELLUS (Gaufridus). Voy. *Rudelius* (G.).

RUDOLPHIS (Laurentius de). Voy. *Rodulphis* (L. de).

RUFIACO (Helias de), HÉLIE DE RUFFEC, historien anglais, religieux de Saint-Martial de Limoges, chapelain de Henri II roi d'Angleterre, mort vers 1175. — On trouve aussi *H. de Rofiaco.*

RUFINIS (Philippus de), FILIPPO RUFINI, théologien et prédicateur italien, religieux dominicain, évêque d'Isernia (royaume de Naples, puis de Tivoli, cardinal, mort en 1380.

RUFUS (Joannes), JOHN RED, chroniqueur anglais, religieux dominicain, né dans le comté de Cornouailles, mort en 1284.

RUFUS (Joannes), JOHN ROWSE, fécond historien anglais, docteur d'Oxford, né à Warwick, mort en 1491. — On le trouve aussi nommé *J. Rossus.*

RUFUS (Richardus), RICHARD ROWSE, théologien anglais, frère mineur, professeur à Paris, né dans le comté de Cornouailles, mort après 1270. — Il fut surnommé *Philosophus admirabilis.*

RUFUS. Voy. *Joscelinus.*

RUGOSUS (Rogerus), ROGER ROYSETH, philosophe scolastique anglais, religieux franciscain, mort sans doute au XIIe siècle.

RUNCINUS (Joannes), JEAN FABRE, dit aussi J. DE RESSONS. Voy. *Faber* (J.).

RUPE (Alanus de), ALAIN DE LA ROCHE, théologien et prédicateur français, dominicain, né dans la Bretagne, mort à Zwoll en 1475. — On le trouve aussi nommé *A. Rupensis.*

RUPE (Nicolaus de), NICOLAS DE FLUELI, plus connu sous le nom de N. KLAUS, anachorète suisse, né à Flueli, près de Saxeln, dans le canton d'Untervald, mort en 1487.

RUPEFORTI (Guarnerus ou Warnerius de), GARNIER DE ROCHEFORT, théologien et sermonnaire français, moine de Longué (*Longi vadi monachus*), puis d'Auberive, abbé de Clairvaux, évêque de Langres, mort vers 1202.

RUPELLA (Joannes de), JEAN DE LA ROCHELLE, théologien et prédicateur français, religieux franciscain, professeur à Paris, né sans doute à la Rochelle, mort en 1271.

RUPENSIS. Voy. *Rupe* (de).

RUPESCISSA (Joannes de), JEAN DE LA ROCHETAILLÉE, théologien français, archevêque de Besançon, cardinal, né à la Rochetaillée près de Lyon, mort en 1437.

RUREMONDENSIS (Bartholomæus), BARTHÉLEMY DE MAESTRICHT, dit aussi B. DE RUREMONDE. Voy. *Mosæ Trajecto* (B. de).

RUREMONDENSIS (Joannes), JEAN MURMELLIUS, dit J. DE RUREMONDE, poëte et philologue flamand, né à Ruremonde, mort en 1517.

RUSBACHIUS, RUSBERUS, RUSBROCHIUS, RUSBROKIUS et RUSBROQUIUS (Joannes). Voy. *Ruysbrockius* (J.).

RUSCELLINUS. Voy. *Roscelinus.*

RUSSELLUS (Petrus), PETER RUSSELL, théologien anglais, docteur d'Oxford, frère mineur, mort vers 1420.

RUSSIA (Robertus de), ROBERT DE RUSSIE, théologien et sermonnaire, frère mineur, originaire sans doute de la Russie, mort en 1280.

RUSSUS (Petrus), PIETRO ROSSI (Tiraboschi), historien et philosophe italien, né à Sienne, mort vers 1430.

RUTHENUS (Isidorus), Ἰσίδωρος ὁ Ῥουτηνός, en français ISIDORE DE RUSSIE, dit aussi I. DE MOSCOU et I. DE KIEW, historien byzantin, moine de Saint-Basile, archevêque de Kiew (*archiepiscop. Kiovensis*), patriarche de Russie, puis de Constantinople, né à Thessalonique, mort en 1463. — Fabricius le nomme *J. Kiovensis.*

RUYSBROCKIUS (Guilelmus), GUILLAUME DE RUYSBROEK, dit en français G. RUBRUQUIS, voyageur belge, religieux franciscain, né à Ruysbroek, près de Bruxelles, mort vers 1269. — On le trouve appelé encore *G. Rubrocus* et *G. Ruysbrokus*.

RUYSBROCKIUS (Joannes), JEAN DE RUYSBROEK, célèbre théologien mystique belge, vicaire de Sainte-Gudule, prieur du couvent de Vauvert (*prior monasterii Vallis viridis*), né à Ruysbroek, près de Bruxelles, mort en 1381. — On l'avait surnommé *Doctor divinus* et *Doctor extaticus*. — Son nom a été écrit encore *J. Rusbachius*, *J. Rusberus*, *J. Rusbrochius*, *J. Rusbrokius*, *J. Rusbroquius* et *J. Ruysbrokius*.

RUYSBROKIUS et RUYSBROKUS (Joannes). Voy. *Ruysbrockius (J.)*.

RUZELIUS. Voy. *Roscelinus*.

RYCKELIUS (Dionysius), DENIS DE RYCKEL, plus connu sous le nom de DENIS LE CHARTREUX, théologien belge, chartreux au couvent de Remiremonde, né à Ryckel, dans le pays de Liége, mort en 1471. — On le nomme encore *D. Carthusianus*, *D. Carthusiensis* et *D. Richelius*, et il fut surnommé *Doctor extaticus*.

RYCKIUS (Joannes), JEAN DE RYCKE, théologien belge, chartreux à Gand, né à Gouda, mort vers 1470. — On le trouve nommé aussi *J. Divitis*.

RYCQUIUS. Voy. *Dives*.

SAANA (Guilelmus de), GUILLAUME DE SAANE, trésorier de l'Église de Rouen, fondateur du collège du Trésorier (*collegium thesaurarii Rothomagensis*) à Paris, né à Saane, dans le pays de Caux, mort vers la fin du XIIIe siècle. — On le trouve nommé aussi *G. de Sedana*.

SABADINUS DE ARIENTIS (Joannes), GIOVNANI SABADINO ARIENTO, romancier italien, né à Bologne, mort après 1506.

SABELLICUS (M. A.). Voy. *Coccius* (M. A.).

SABELLIS (Centius de). Voy. *Sabellus* (C.).

SABELLUS (Centius), CENCIO SAVELLI, théologien italien, pape sous le nom d'HONORIUS III, né à Rome, mort en 1227. — On trouve aussi *C. de Sabellis*.

SABELLUS (Jacobus), GIACOMO SAVELLI, pape sous le nom d'HONORIUS IV, protecteur des lettres, né à Rome, mort en 1287.

SABINUS (Angelus), pseudonyme de MARCANTONIO COCCIO. Voy. *Coccius* (M. A.).

SABLONETA (Gerardus de). Voy. *Sabulonetanus* (G.).

SABOLETANUS (Gerardus). Voy. *Cremonensis* (G.).

SABULENSIS (Petrus), PIERRE DE BOUHÈRE, dit aussi P. DE SABLÉ. Voy. *Bouherius* (P.).

SABULONETANUS (Gerardus), GÉRARD DE SABIONETTA, médecin, astronome et philologue italien, souvent confondu avec Gérard de Crémone, né à Sabionetta, près de Crémone, mort vers la fin du XIIIe siècle. — On le trouve nommé encore *G. de Sabloneta* et *G. Cremonensis*.

SABULONETANUS (Gerardus). Voy. *Cremonensis* (G.).

SACABERIIS (Joannes de). Voy. *Sarisberiensis* (J.).

SACCONUS (Rainerius). Voy. *Sachonius* (R.).

SACCOVILLA (Guilelmus de). Voy. *Sequavilla* (G. de).

SACHONIUS (Rainerius), RAINERIO SACCONI (?), théologien et philosophe scolastique italien, dominicain, inquisiteur en Lombardie, né à Plaisance, mort en 1258. — On le trouve aussi nommé *R. Sacconus*.

SACHUS (Bartholomæus). Voy. *Platina* (B. de).

SACRISTA (Richardus), RICHARD LE SACRISTAIN, théologien anglais ou écossais, moine de Cîteaux, sacristain au couvent d'Aldwerd, près de Groningue, mort en 1266. — On le trouve nommé aussi *R. Anglicus*.

SACROBOSCO (Joannes de), JEAN DE HOLYWOOD, célèbre philosophe et mathématicien anglais, docteur d'Oxford, professeur à Paris, né à Holywood, dans le comté d'York, mort en 1256. — On trouve encore J. *Sacroboscus* et J. *de Sacrobusto*.

SACROBOSCUS et DE SACROBUSTO (Joannes). Voy. *Sacrobosco* (J. de).

SACRO FONTE (Joannes de), JEAN DE HOLYBROOK, mathématicien anglais, mort vers 1450.

SACUMÆUS (Simon). Voy. *Constantinopolitanus* (S.).

SÆWLFUS, SÆWULF (*loup de mer*), nom sous lequel est connu un voyageur anglais qui visita la terre sainte au XIIe siècle.

SAGARELLUS (Gerardus), nom sous lequel Eg. Duboulay a désigné GÉRARD D'ABBEVILLE. Voy. *Abbatisvilla* (G. de).

SAGAX (Landulfus). Voy. *Columna* (L. de).

SAGINETUS (Guilelmus), GUILLAUME SAIGNET, théologien et capitaine français, mort après 1420.

SAGUNDINUS et SAGUNTINUS (Joannes-Nicolaus), J.-N. BUBOICI, dit J.-N. DE SAGONE. Voy. *Buboicus*

SALAGNACO et SALANACHO (Stephanus de). Voy. *Salanhaco* (S. de).

SALANHACO (Stephanus de), ÉTIENNE DE SALANHAC ou DE SALAGNAC, théologien français, dominicain, né dans le Poitou, mort en 1290. — On le nomme encore *St. de Salagnaco* et *St. de Salanacho*.

SALANIACUS (Goffredus), GEOFFROI DE SALAGNY ou DE SALIGNY, jurisconsulte français, évêque de Châlons-sur-Marne, né dans la Bourgogne, mort en 1374. — On le trouve aussi nommé *G. Salignacus*.

SALENTINUS (Joannes), JEAN DE SOLETO, théologien italien, général des Augustins, né à Soleto (ancienne Salente), mort vers 1430.

SALERNITANUS (Andreas), ANDREA GUARNA, dit A. DE SALERNE, littérateur italien, né à Salerne, mort vers 1515.

SALERNITANUS (Rogerus), ROGER FRUGARD, dit aussi R. DE SALERNE. Voy. *Frugardus* (R.).

SALICÆUS (Baptista), BAPTISTE DE SALIS, théologien suisse, auteur d'une Somme dite *Summa Baptistiniana*, né dans le pays des Grisons, mort vers 1500.

SALICETO (Bartholomæus de), BARTOLOMMEO SALICETI, célèbre jurisconsulte italien, professeur à Padoue et à Ferrare, né à Bologne, mort en 1412. — Il fut surnommé *Monarcha juris*.

SALICETO (Guilelmus de), GUGLIELMO SALICETI, en français GUILLAUME DE SALICET, médecin et chirurgien italien, professeur à Vérone, auteur d'une Pratique dite *Practica Guilelmica*, né à Plaisance, mort en 1280. — On le trouve aussi nommé *G. Salicetus* et *G. Placentinus*.

SALICETO (Richardus de), RICARDO SALICETI, oncle de Barthélemy, jurisconsulte italien, professeur à Bologne et à Padoue, né à Bologne, mort vers 1370. — On trouve aussi *R. Salicetus*.

SALICETUS. Voy. *Saliceto* (de).

SALIGNACUS (Goffredus). Voy. *Salaniacus* (G.).

SALIMBENIS (Salimbenus de), SALIMBENO SALIMBENI, théologien italien, frère mineur, né à Parme, mort vers 1300.

SALIS (Giraudus de), GIRAUD DE SALES, fondateur de l'abbaye de Notre-Dame des Châtelliers (*Beatæ Mariæ de Castellariis*), né dans le Périgord, mort en 1120.

SALISBURGENSIS (Eberhardus), EBERHARD DE SALZBURG, hagiographe allemand, chanoine de Bamberg, abbé de Biburg, évêque de Saltzburg (Haute-Autriche), mort en 1164.

SALISBURGENSIS (Diemo, Thiemo, Diethmarus ou Theodamarus), D. ou T. DE SALZBURG, théologien allemand, archevêque de Salzburg (Haute-Autriche), tué dans la Palestine en 1101. — On trouve souvent *Saltzburgensis*.

SALISBURGENSIS (Henricus), HENRY DE BERCHTESGADEN, dit aussi H. DE SALZBURG. Voy. *Bercholtsgadensis* (H.).

SALOPIENSIS (Robertus), ROBERT DE SHREWSBURY, hagiographe anglais, bénédictin, abbé de Shrewsbury (Schrops), mort vers 1140.

SALPINUS (Petrus), PIERRE SAUPIN, théologien français, frère mineur, évêque de Bazas (*episcop. Vasatensis*), né à Toulouse, mort en 1417. — On trouve aussi *P. Sulpinus.*

SALTARELLUS (Simon), SIMONE SALTARELLI, historien italien, dominicain, évêque de Parme, archevêque de Pise, né à Florence, mort en 1342.

SALTZBURGENSIS. Voy. *Salisburgensis.*

SALUCCIUS (Paulus). Voy. *Perusio* (P. de).

SALUTATUS (Linus-Coluccius), LINO-COLUCCIO SALUTATO, célèbre littérateur italien, chancelier de Florence, secrétaire des papes Urbain V et Grégoire XI, protecteur des lettres, ami de Pétrarque, né à Stignano (royaume de Naples), mort en 1406.

SALVAGUS et DE SALVALICIS (Porchetus). Voy. *Porchetus* (V.).

SALVANIENSIS (Henricus ou Hugo), HENRI ou HUGUES DE SALVANEZ, chroniqueur français, moine de Salvanez, au diocèse de Vabres, mort vers 1170. — On le trouve encore nommé *H. Francigena.*

SALVATICUS (V. P.). Voy. *Porchetus.*

SALVETTUS (Angelus), ANGELO SALVETTI, théologien italien, général des frères mineurs, né à Sienne, mort en 1423.

SALVIATUS (Jacobus), GIACOMO SALVIATI, chroniqueur et guerrier italien, mort après 1404.

SAMARIENSIS (Henricus). Voy. *Septimellensis* (H.).

SAMBLASIUS (Joannes-Baptista). Voy. *Sancto Blasio* (J.-B. de).

SAMNAIO (Guido de). Voy. *Vallium Sarnaii* (G.).

SAMPSONA (Petrus de). Voy. *Sampsone* (P. de).

SAMPSONE (Petrus de), PIERRE DE SAMPSON, jurisconsulte, théologien et canoniste français, professeur à Bologne, chanoine de Narbonne, né au château de Sampson, près de Joyeuse, dans le Vivarais, mort vers 1300. — On le trouve nommé encore *P. de Sampsona,* *P. Sampsonis, P. de Sansona, P. de Sansone, P. Saxo* et *P. de Saxonia.*

SAMPSONIS (Petrus). Voy. *Sampsone* (P. de).

SAMUCO (Guilelmus de). Voy. *Sanvico* (G. de).

SANCEIO (Theobaldus de), THIBAUD DE SANCI, théologien, abbé de Cîteaux, né en France dans l'une des villes qui portent le nom de Sanci, mort en 1293. — On le trouve nommé aussi *Th. de Sansiaco.*

SANCIUS (Rodericus), RODRIGUEZ SANCHEZ DE AREVALO, théologien, sermonnaire et historien espagnol, professeur à Salamanque, doyen de Léon et de Séville, évêque de Zamora, d'Oviedo, de Calahorra et de Palencia (*episcop. Zamorensis, Ovetensis, Calagurritanus et Palentinus*), né dans le diocèse de Ségovie, mort en 1470. — On le nomme souvent *R. Zamorensis.*

SANCTA AGATHA (Donatus e), DONATO DE SAINTE-AGATHE, théologien italien, frère mineur, inquisiteur de la foi, né à Sainte-Agathe, dans la Lombardie, mort en...?

SANCTA CONCORDIA (Bartholomæus de). Voy. *Pisanus* (B.).

SANCTA FIDE (Hieronymus a), JOSUA LURKI, après sa conversion JÉROME DE SANTA FE, théologien et médecin espagnol, juif converti, secrétaire du pape Benoît XIII, mort en 1412.

SANCTA FIDE (Petrus de), PIERRE DE SAINT-FAITH, théologien et sermonnaire anglais, carme, professeur à Paris et à Oxford, né dans le comté de Norwich, mort en 1452. — On trouve aussi *P. Sancto Fidensis.*

SANCTA FIDE (de). Voy. *Sancto Fidensis.*

SANCTA GENOVEFA (Odo de), EUDES DE SAINTE-GENEVIÈVE, théologien et sermonnaire français, chanoine de Saint-Victor, puis abbé de Sainte-Geneviève à Paris, mort vers 1170.

SANCTA GENOVEFA (Stephanus de), ÉTIENNE DE SAINTE-GENEVIÈVE, dit aussi ÉT. DE TOURNAI (*St. Tornacensis*), théologien français, abbé de Saint-Euverte à Orléans, puis de Sainte-Geneviève à Paris, évêque de Tournai, né à Orléans, mort en 1203.

SANCTA MARIA (Alphonsus de), ALPHONSE DE CARTHAGÈNE, dit aussi A. DE SAINTE-MARIE. Voy. *Carthagena* (A. de).

SANCTA MARIA (Hugo de), HUGUES DE SAINTE-MARIE, célèbre théologien et chroniqueur français, bénédictin, moine à Fleury-sur-Loire, mort après 1120. — On le trouve nommé aussi *H. Floriacensis*.

SANCTA MARIA (Paulus de), PAUL DE BURGOS, dit aussi P. DE SAINTE-MARIE. Voy. *Burgensis* (P.).

SANCTA MAURA (Guilelmus de), GUILLAUME DE SAINTE-MAURE, trésorier de l'Église de Laon, doyen de Saint-Martin de Tours, chanoine de Saint-Quentin, chancelier de France, né dans la Touraine, mort en 1334.

SANCTI AUTBERTI (Petrus), PIERRE DE SAINT-AUTBERT, hagiographe français, chanoine régulier de Saint-Autbert de Cambrai, mort vers 1310.

SANCTI BAVONI (Joannes, abbas), JEAN, ABBÉ DE SAINT-BAVON à Gand, théologien flamand, bénédictin, mort vers 1390.

SANCTI CHRYSOGONI (Petrus) PIERRE DE SAINT CHRYSOGONE, théologien, évêque de Meaux, puis de Tusculum, archevêque de Bourges, légat du Saint-Siége, cardinal du titre de Saint-Chrysogone, mort en 1181.

SANCTI DIONYSII (Guilelmus, monachus), GUILLAUME DE SAINT-DENIS, chroniqueur et biographe français, moine de Saint-Denis, près Paris, secrétaire de Suger, mort vers 1150.

SANCTI DIONYSII (Guilelmus), GUILLAUME DE NANGIS, dit aussi G. DE SAINT-DENIS. Voy. *Nangiaco* (G. de).

SANCTI ELIGII (Rainaldus, prior), RAINAUD DE SAINT-ÉLOI, théologien français, premier prieur de Saint-Éloi, à Paris, mort avant 1140.

SANCTI GILDASII (Herværus, abbas), HERVÉ DE SAINT-GILDAS, abbé de Saint-Gildas de Rhuis en Bretagne, mort après 1220.

SANCTI JACOBI DE MONTE INFIRMORUM (Nicolaus, prior), NICOLAS, prieur du MON DE SAINT-JACQUES, devenu le MONT UX MALADES, près de Rouen, théologien anglais ou français, mort après 1168.

SANCTI MARIANI (anonymus cœnobii). Voy. *Autissiodorensis* (R.).

SANCTI MARTINI TORNACENSIS (Guilelmus, monachus), GUILLAUME, moine de SAINT-MARTIN DE TOURNAI, ordre de Cîteaux, théologien belge, mort vers 1250.

SANCTI MICHAELIS (Andreas), ANDRÉ DE BAMBERG, dit aussi A. DE SAINT-MICHEL. Voy. *Bambergensis* (A.).

SANCTI PETRI VIVI (Ernaldus, abbas), ARNAUD, abbé DE SAINT-PIERRE LE VIF à Sens, restaurateur de la bibliothèque de cette maison religieuse, mort après 1123.

SANCTI THEODORICI (Guilelmus), GUILLAUME DE SIGNI, dit aussi G. DE SAINT-THIERRI. Voy. *Signiacensis* (G.).

SANCTI TRUDONIS (Theodoricus, abbas), THIERRI, abbé DE SAINT-TRON, au diocèse de Liége, hagiographe belge, mort en 1107.

SANCTI VEDASTI (Lambertus, prior), LAMBERT, prieur DE SAINT-WAAST d'Arras, poète latin, mort au commencement du XIIIe siècle.

SANCTI VEDASTI (Wimannus, monachus), GUIMANN, moine DE SAINT-WAAST d'Arras, chroniqueur français, mort en 1192.

SAINCTI VICTORIS (Achardus), ACHARD DE BRIDLINGTON, dit aussi A. DE SAINT-VICTOR. Voy. *Bridlingtonensis* (A.).

SANCTI. Voy. *Sancto* (de).

SANCTO ÆGIDIO (Joannes de). Voy. *Corboliensis* (Ægidius).

SANCTO ÆGIDIO (Joannes de). Voy. *Sancto Albano* (J. de).

SANCTO ÆGIDIO (Reginaldus de). Voy. *Sancto Aniano* (R. de).

SANCTO ALBANO (Alexander de), ALEXANDER NECKAM, dit aussi A. DE SAINT-ALBANS. Voy. *Nechamus* (A.).

SANCTO ALBANO (Guilelmus de), GUILLAUME DE SAINT-ALBANS, théologien et biographe anglais, bénédictin au couvent de Saint-Albans, dans le comté d'Hertford, mort vers 1170. — On le trouve parfois nommé *G. Martellus*.

SANCTO ALBANO (Joannes de), JEAN DE SAINT-ALBANS, théologien anglais, médecin de Philippe-Auguste, doyen de Saint-Quentin, dominicain, né à Saint-Albans, dans le comté d'Hertford, mort après 1253. — On le trouve nommé encore *J. Ægidius, J. Anglicus* et *J. de Sancto Ægidio*.

SANCTO ALBANO (Joannes de), JEAN DE MANDEVILLE, dit aussi J. DE SAINT-ALBANS. Voy. *Magnovillanus* (J.).

SANCTO ALBANO (Matthæus de), MATTHIEU DE PARIS, dit aussi M. DE SAINT-ALBANS. Voy. *Parisinus* (M.).

SANCTO ALBANO (Nicolaus de), NICOLAS DE SAINT-ALBANS, théologien anglais, moine de Saint-Albans (Hertford), abbé de Cluni, mort vers 1150. — On le trouve encore nommé *N. Albanus* et *N. Anglicus*.

SANCTO ALBANO (de). Voy. *Albanus*.

SANCTO AMANDO (Galterus de), GAUTIER DE SAINT-AMAND, théologien, abbé de Saint-Amand, au diocèse de Tournai, mort après 1123.

SANCTO AMANDO (Guntherus de), GONTHIER DE SAINT-AMAND, poëte latin, hagiographe et sermonnaire, bénédictin, moine de Saint-Amand, au diocèse de Tournai, mort vers 1107.

SANCTO AMANDO (Joannes de), JEAN DE SAINT-AMAND, médecin belge, chanoine de Tournai, prévôt de Mons, professeur à Paris, né à Saint-Amand en Puelle (*de Sancto Amando in Pabula*), mort vers 1300. — Il fut surnommé *Doctor suavissimus*.

SANCTO AMORE (Guilelmus de), GUILLAUME DE SAINT-AMOUR, célèbre théologien français, docteur de Sorbonne, chanoine de Beauvais, recteur de l'Université de Paris, né à Saint-Amour, dans la Franche-Comté, mort en 1272. — On le trouve encore appelé *G. Bellovacensis, G. Parisiensis,* et il fut surnommé *Doctor integerrimus*.

SANCTO ANDREA (Jacobus de). Voy. *Cinus* (J.).

SANCTO ANIANO (Reginaldus de), REGNAUD DE SAINT-AIGNAN, sermonnaire français, dominicain, doyen de l'église Saint-Aignan à Orléans, né à Saint-Gilles, dans le Languedoc, mort en 1220. — On le trouve aussi nommé *R. de Sancto Ægidio*.

SANCTO AUDOENO (Joannes de), JEAN DE SAINT-OUEN, théologien, poëte et sermonnaire français, diacre et moine de l'abbaye de Saint-Ouen à Rouen, mort vers 1120.

SANCTO AUDOMARO (Christianus de), CHRÉTIEN DE SAINT-OMER, mathématicien français, né à Saint-Omer, mort en...?

SANCTO BENEDICTO (Joannes a), JEAN DE SAINT-BENOÎT, sermonnaire français, dominicain, né à Saint-Benoît-le-Fleuri, près d'Orléans, mort vers 1286.

SANCTO BLASIO (Joannes-Baptista a), GIOVANNI-BATTISTA SANBIASI (Jöcher), jurisconsulte italien, né et professeur à Padoue, mort en 1492. — On le trouve encore nommé *J.-B. Blasius* et *J.-B. Samblasius*.

SANCTO BLASIO (Otto de), OTHON DE SAINT-BLAISE, chroniqueur allemand, bénédictin au monastère de Saint-Blaise, dans le diocèse de Constance, mort après 1209.

SANCTO BLASIO (Wernerus de), WERNER DE SAINT-BLAISE, théologien et sermonnaire allemand, bénédictin, abbé de Saint-Blaise, dans la forêt Noire, mort vers 1210.

SANCTO CARO (Hugo de), HUGUES DE SAINT-CHER, célèbre théologien scolastique et sermonnaire français, religieux dominicain, prieur de la maison de St-Jacques et professeur à Paris, cardinal, né à Saint-Cher, près de Vienne, dans le Dauphiné, mort en 1263. — L'incertitude qui a longtemps entouré le lieu de sa naissance l'a fait nommer : *H. de Celidonio, H. de Chelidonio, H. de Sancto Charo, H. de Sancto Theodorico, H. de Sancto Theudario, H. de Sancto Jacobo* et *H. de Vienna*.

SANCTO CHARO (Hugo de). Voy. *Sancto Caro* (H. de).

SANCTO CHRISTOPHORO (Lambertus de), LAMBERT DE LIÉGE, dit aussi L. DE SAINT-CHRISTOPHE. Voy. *Leodiensis* (L.).

SANCTO CONCORDIO (Bartholomæus de). Voy. *Pisanus* (B.).

SANCTO CORNELIO (Lucas de), LUC DE SAINT-CORNILLON, théologien et sermonnaire belge, prémontré, abbé du Mont-Cornillon, près de Liége, puis de Beaurepart (*Belli reditus*), mort en 1178.

SANCTO DIONYSIO (Bertaudus de), BERTHAULD DE SAINT-DENIS, théologien et sermonnaire français, chanoine puis chancelier de l'Église de Paris, évêque d'Orléans, mort en 1307.

SANCTO DIONYSIO (Odo de), EUDE DE SAINT-DENIS, théologien et philologue français, chanoine de Paris, mort en 1284.

SANCTO EBRULFO (Joannes de), JEAN DE SAINT-ÉVROUL, sermonnaire français, chancelier de l'Église de Paris, doyen du Chapitre de Lisieux, mort en 1255.

SANCTO EDMUNDO (Joannes de), JEAN SAINT-EDMOND, théologien anglais, carme, né à Bury-Saint-Edmond (comté de Suffolk), mort vers 1350.

SANCTO ELPIDIO (Alexander de), ALEXANDRE DE SANTO-ELPIDIO, théologien et jurisconsulte italien, général des Augustins, archevêque de Ravenne, né à Santo-Elpidio, dans l'Ombrie, mort vers 1340. — Gesner le nomme *A. de Clipido*.

SANCTO EVURTIO (Rogerus de), ROGER DE SAINT-EUVERTE, théologien français, chanoine de Saint-Victor à Paris, puis abbé de Saint-Euverte à Orléans, mort après 1182.

SANCTO FIDENSIS (Guilelmus), GUILLAUME DE SAINT-FAITH, théologien et sermonnaire anglais, carme à Norwich, mort en 1372. — On le nomme aussi *G. de Sancta Fide*.

SANCTO FIDENSIS (Joannes), JEAN DE SAINT-FAITH, théologien et jurisconsulte anglais, carme, professeur à Oxford, prieur à Burnham, né dans le comté de Norfolk, mort en 1359.

SANCTO FIDENSIS (Robertus), ROBERT DE SAINT-FAITH, théologien anglais, carme à Norwich, mort en Espagne vers 1386.

SANCTO FIDENSIS. Voy. *Sancta Fide* (de).

SANCTO FLORENTIO (Guilelmus de), GUILLAUME RIVALLON, dit G. DE SAINT-FLORENT. Voy. *Rivallo* (G.).

SANCTO FLORO (Petrus de), PIERRE DE SAINT-FLOUR, médecin français, établi à Paris, né sans doute à Saint-Flour, mort vers 1350.

SANCTO GELASIO (Carolus de), CHARLES DE SAINT-GELAIS, frère d'Octavien, littérateur français, archidiacre de Lyon, protonotaire apostolique, mort vers 1530.

SANCTO GELASIO (Joannes de), JEAN DE SAINT-GELAIS, oncle d'Octavien, chroniqueur français, mort après 1510.

SANCTO GELASIO (Octavianus de), OCTAVIEN DE SAINT-GELAIS, poëte français, évêque d'Angoulême, né à Cognac, mort en 1502.

SANCTO GEMINIANO (Dominicus de), DOMINIQUE DE SAN-GEMINIANO, théologien et jurisconsulte italien, professeur à Bologne, grand-vicaire de l'évêque de Modène, né à San-Geminiano, dans la Toscane, mort vers la fin du XVe siècle. — On le trouve aussi nommé *D. Sangeminianensis*.

SANCTO GEMINIANO (Joannes de), JEAN DE SAN-GEMINIANO, théologien et hagiographe italien, dominicain, né à San-Geminiano, mort en 1314. — On le trouve nommé encore *J. Gorus, J. Gorinus* et *J. Gorrinus*.

SANCTO GEMINIANO (Nellus de), NELLO DE SAN-GEMINIANO, jurisconsulte et avocat italien, né à Florence, mort vers 1450.

SANCTO GEMINIANO (Vincentius de). Voy. *Mainardus* (V.).

SANCTO GEORGIO, comes BLANDRATÆ (Benevenutus de), BENVENUTO DE SAN-GIORGIO, comte de BLANDRATA, historien italien, religieux de Saint-Jean de Jérusalem, né dans le Montferrat, mort en 1527.

SANCTO GEORGIO (Conradus de), CONRAD DE SAINT-GEORGES, théologien allemand, religieux carme, légat du pape Boniface II en Angleterre, mort après 1302.

SANCTO GEORGIO (Joannes-Antonius de), JEAN-ANTOINE DE SAN-GIORGIO, descendant d'une famille originaire de Plaisance, jurisconsulte et théologien italien, professeur à Pavie et à Milan, référendaire apostolique, évêque d'Alexandrie, d'Albano, de Parme, de Frascati, etc., auditeur de rote, cardinal, né à Milan, mort en 1509. — On le trouve nommé aussi *J. A. de Placentia.*

SANCTO GERMANO (Richardus), RICHARD DE SAN-GERMANO, chroniqueur sicilien, notaire à San-Germano, mort après 1243.

SANCTO GERMANO (Wilhelmus de), GUILLAUME DU PARACLET, dit aussi G. DE SAINT-GERMAIN. Voy. *Paraclito* (W. de).

SANCTO HEREDIO (Elias de). Voy. *Sancto Iredio* (E. de).

SANCTO IREDIO (Elias de), ÉLIE DE SAINT-YRIEX, théologien français, bénédictin à Saint-Évroul (Orne), cardinal, né à Saint-Yriex, dans le Limousin, mort vers 1360. — Du Cange le nomme *E. de Sancto Heredio.*

SANCTO IVONE (de). Voy. *Sancto Yvone* (de).

SANCTO JACOBO (Hugo de), HUGUES DE SAINT-CHER, dit aussi H. DE SAINT-JACQUES. Voy. *Sancto Caro* (H. de).

SANCTO JOANNE (Petrus de). Voy. *Pictaviensis* (P.).

SANCTO JUNIANO (Stephanus de), ÉTIENNE MALEU, dit aussi E. DE SAINT-JUNIEN. Voy. *Comodaliacensis* (St.).

SANCTO LAUDO (Guilelmus de), GUILLAUME DE SAINT-LÔ, sermonnaire français, augustin, abbé de Saint-Victor à Paris, né à Saint-Lô (Manche), mort vers 1350.

SANCTO LAURENTIO (Hugo de), HUGUES DE FOUILLOI, dit aussi H. de SAINT-LAURENT. Voy. *Folieto* (H. de).

SANCTO LAURENTIO (Richardus de), RICHARD DE SAINT-LAURENT, théologien et moraliste français, chanoine, archidiacre et pénitencier de l'Église de Rouen, né sans doute à Saint-Laurent, dans le pays de Caux, mort vers 1260. — On le trouve nommé souvent *R. de Laurentio.*

SANCTO LUCIANO (Joannes de), JEAN DE SAINT-LUCIEN, théologien français, docteur de Sorbonne, chanoine de Bayeux, né à Saint-Lucien (Seine-Inférieure), mort vers 1372.

SANCTO MARTINO (Nicolaus a), NICOLAS DE SANTO MARTINO, sermonnaire italien, dominicain, né à Santo Martino, près de Pise, mort vers 1315.

SANCTO MARTINO (Simo de), SIMON DE SAINT-MARTIN, théologien belge, sans doute moine du couvent de Saint-Martin à Tournai, mort vers 1285.

SANCTO MICHAELO (Lanzo de), LANZO DE SAINT-MICHEL, théologien flamand, abbé de Saint-Michel sur la Meuse, mort vers 1130.

SANCTO MORE (Petrus de), PIERRE DE SAINTE-MORE, ou DE SAINT-MORÉ, philosophe scolastique français, né à Saint-More en Touraine, ou à Saint-Moré près d'Auxerre, mort vers 1300.

SANCTO NEOTO (Hugo de), HUGUES DE SAINT NEOT'S (comté d'Hundington), théologien et prédicateur anglais, religieux carme, professeur à Cambridge, mort en 1341. — Tanner le nomme *H. a Fano Neoti.*

SANCTO NICOLAO (Simo de), SIMON DE SAINT-NICOLAS, théologien belge, sans doute moine du couvent de Saint-Nicolas à Tournai, mort vers 1285.

SANCTO PATERNO (Robertus de), ROBERT DE SAINT-PAIR ou DE SAINT-PAËR, théologien français, archidiacre de Rouen, mort après 1201.

SANCTO PAULO (Joannes de), JEAN DE SAINT-PAUL, médecin et écrivain, né à Salerne ou ayant étudié dans cette ville, mort après 1250. — Fabricius le croit Français et le nomme *J. a S. Paulo Platearius.*

SANCTO PAULO (Landulphus de), LANDULPHE LE JEUNE, dit aussi L. DE SAINT-PAUL. Voy. *Junior* (L.).

SANCTO PETRO (Florianus de), FLORIANO DE SAN-PIETRO, jurisconsulte italien, professeur à Bologne, né à San-Pietro, près de Bologne, mort vers 1440.

SANCTO PORCIANO (Guilelmus de), GUILLAUME DURAND, dit G. DE SAINT-POURÇAIN, célèbre théologien français, dominicain, évêque du Puy-en-Velay (*episcop. Aniciensis*), né à Saint-Pourçain, dans l'Auvergne, mort en 1332. — Il fut surnommé *Doctor resolutissimus.* — On écrit aussi *G. de Sancto Portiano, D. de Arvernia,* et *D. Senior,* pour le distinguer de deux autres *D. de Arvernia*, ses contemporains.

SANCTO PORTIANO (de). Voy. *Sancio Porciano* (de).

SANCTO QUINTINO (Amandus de), AMAND DE SAINT-QUENTIN, sermonnaire français, né et religieux dominicain à Saint-Quentin, mort vers 1300. — On le trouve aussi nommé *A. Gallicus* et *A. Gallus*.

SANCTO QUINTINO (Eberhardus de), EBERHARD DE SAINT-QUENTIN, sermonnaire français, dominicain, né à Saint-Quentin, mort vers 1280.

SANCTO QUINTINO (Gerardus de), GÉRARD DE SAINT-QUENTIN, théologien et hagiographe français, moine à Saint-Quentin, mort après 1270.

SANCTO QUINTINO (Guarricus, Guericus, Guernerus, Guerricus, ou même Græcus de), GUERRIC DE SAINT-QUENTIN, théologien français, dominicain, professeur à Bologne et à Paris, né à Saint-Quentin, mort en 1245. — On le trouve nommé aussi *G. Picardus*, mais la plupart des manuscrits le désignent par son prénom seulement.

SANCTO QUINTINO (Simon de), SIMON DE SAINT-QUENTIN, théologien et missionnaire français, dominicain, né à Saint-Quentin, mort vers 1250.

SANCTO SALVATORE (Odo de). Voy. *Senonensis* (O.).

SANCTO SALVIO (Bernardus de), BERNARD DE SAINT-SAULGE, diplomate français, évêque de Nevers, né à Saint-Saulge, dans le Nivernais, mort en 1177.

SANCTO SAVINO (Guilelmus de), GUILLAUME DANDINA ou DE DANDINA, dit aussi G. DE SAINT-SAVIN, biographe français, religieux de l'ordre de Grandmont, né à Saint-Savin, dans le Poitou, mort vers 1190.

SANCTO SEBASTIANO (Michael de), MIGUEL DE OLOSABAL, dit MICHEL DE SAINT-SÉBASTIEN, théologien espagnol, dominicain à Paris, né à Saint-Sébastien (Guipuscoa), mort vers 1515.

SANCTO THEODORICO et SANCTO THEUDARIO (Hugo de). Voy. *Sancto Caro* (H. de).

SANCTO VALENTINO (Robertus de), ROBERT DE SAN-VALENTINO, théologien italien, dominicain, inquisiteur général du royaume de Naples, né à San-Valentino (royaume de Naples), mort vers 1320.

SANCTO VICTORE (Adamus de), ADAM DE SAINT-VICTOR, théologien français, chanoine régulier de l'abbaye de Saint-Victor à Paris, mort vers 1190. — On le nomme aussi *A. Victorinus*.

SANCTO VICTORE (Andreas a), ANDRÉ DE SAINT-VICTOR, théologien anglais, chanoine régulier de Saint-Victor à Paris, mort vers 1150.

SANCTO VICTORE (Eccardus de), ECCARD DE SAINT-VICTOR, théologien français, chanoine régulier de Saint-Victor, à Paris, mort au XIIe siècle.

SANCTO VICTORE (Galterus, Gualterus ou Walterus de), GAUTIER DE SAINT-VICTOR, théologien français, prieur de l'abbaye de Saint-Victor à Paris, mort après 1180.

SANCTO VICTORE (Godfridus de), GODEFROI DE SAINT-VICTOR, moraliste et sermonnaire français, chanoine et sous-prieur de l'abbaye de Saint-Victor à Paris, mort vers 1170.

SANCTO VICTORE (Guarnerus a), GARNIER DE SAINT-VICTOR, théologien français, sous-prieur de l'abbaye de Saint-Victor à Paris, mort après 1140.

SANCTO VICTORE (Joannes de), JEAN LE TEUTONIQUE, dit aussi J. DE SAINT-VICTOR. Voy. *Teutonicus* (J.).

SANCTO VICTORE (Hugo de), HUGUES DE SAINT-VICTOR, célèbre théologien français, chanoine régulier à l'abbaye de Saint-Victor de Paris, né dans la Lorraine, mort en 1140. — On le trouve nommé encore *H. Lothariensis*, *H. Parisiensis* et *H. Didascalicus*.

SANCTO VICTORE (Leonius), LEONIUS DE SAINT-VICTOR, poète latin, chanoine de Saint-Benoît, de Notre-Dame et peut-être de Saint-Victor, à Paris, mort vers 1160.

SANCTO VICTORE (Petrus de), PIERRE DE POITIERS, dit aussi P. DE SAINT-VICTOR. Voy. *Pictaviensis* (P.).

SANCTO VICTORE (Richardus de), RICHARD DE SAINT-VICTOR, célèbre théologien écossais, chanoine puis prieur de l'abbaye de Saint-Victor de Paris, né en

Écosse, mort vers 1173. — On le trouve parfois nommé *R. Theologus*.

SANCTO VICTORE (Robertus de), ROBERT DE SAINT-VICTOR, théologien anglais ou français, chanoine régulier et pénitencier au couvent de Saint-Victor à Paris, mort vers 1200. — On le trouve souvent nommé *R. de Flamesburia*.

SANCTO VICTORE (Stephanus de), ÉTIENNE DE PÉBRAC, dit aussi É. DE SAINT-VICTOR. Voy. *Piperacensis* (St.).

SANCTO VINCENTIO (Joannes de), JEAN DE SAINT-VINCENT, chroniqueur italien, moine puis abbé du couvent de Saint-Vincent, près des sources du Volturno (royaume de Naples), mort vers 1470.

SANCTO YVONE (Rogerus de), ROGER DE SAINT-YVES. Voy. *Ivonius* (R.).

SANCTO (de). Voy. *Sancti*.

SANDÆUS, SANDEUS et SANDERUS (Maria), MARIA SANDES, dit M. DE FELINA. Voy. *Felinus* (M.).

SANDWICO (Guilelmus de). Voy. *Sanvico* (G. de).

SANGÉLSINUS (Henricus). Voy. *Septimellensis* (H.).

SANGEMINIANENSIS. Voy. *Sancto Geminiano* (de).

SANGINATICUS (Georgius), Γεώργιός ὁ Σαγγινατικός, en français GEORGES SANGINATIC, connu sous le nom de *Georgius Hypatus* (Γεώργιος ὁ Ὕπατος), poète grec et médecin du pape Nicolas V, comte de Latran et consul, mort à la fin du XIVᵉ siècle.

SANGRO (Oderisius de), ODERISE DE SANGRE (dit Aubery), sermonnaire et poète italien, bénédictin, abbé du Mont-Cassin, mort vers 1125.

SANICO (Guilelmus de). Voy. *Sanvico* (G. de).

SANINUS (Josephus), JOSEPH SANIN, historien ecclésiastique russe, fondateur et premier abbé du monastère de Volokolamsk, dans le gouvernement de Moscou, mort en 1516.

SANNAZARDUS (Jacobus). Voy. *Sannazarius* (J.).

SANNAZARIUS (Jacobus), JACQUES DE SAN-NAZARO, dit GIACOMO SANNAZARO et en français JACQUES SANNAZAR, célèbre poète latin et italien, descendant d'une famille originaire d'Espagne, qui vint se fixer à San-Nazzaro, sur le Pô, né à Naples, mort en 1530. — On le trouve nommé encore *J. Sannazardus*, *J. Sannazarus*, et en entrant à l'*Academia Pontana* il prit le nom d'*Actius Sincerus* ou *Syncerus*.

SANNAZARUS (Jacobus). Voy. *Sannazarius* (J.).

SANNUCO (Gualterus de). Voy. *Sanvico* (Guilelmus de).

SANSEVERINUS (Julius), GIULIO SANSEVERINO, connu sous le nom de JULIUS POMPONIUS LÆTUS, célèbre érudit italien, professeur à Rome, né à Amendolara, dans la Calabre, mort en 1497.

SANSIACO (Theobaldus de). Voy. *Sanceio* (Th. de).

SANSONA et SANSONE (Petrus de). Voy. *Sampsone* (P. de).

SANTDORPE (Hermannus de). Voy. *Petra* (H. de).

SANTONENSIS (Bernardus), BERNARD DE SAINTES, théologien français, bénédictin, prieur de Sablonceaux (Charente-Inférieure), évêque de Saintes, mort en 1167.

SANUTUS (Marinus), MARINO SÁNUTO, dit M. TORSELLO (*Torsellus*) et *M. Senior*, voyageur et chroniqueur italien, né à Venise, mort après 1330.

SANUTUS (Marinus), MARINO SANUTO, dit *Junior*, historien et biographe italien, né à Venise, mort après 1530.

SANVICO (Guilelmus de), GUILLAUME DE SANDWICH, théologien et chroniqueur anglais, religieux carme, né sans doute à Sandwich, dans le comté de Kent, mort vers 1300. — On écrit encore *G. de Samuco*, *G. de Sanvilliaco*, *G. de Sanico*, *G. de Sandwico*, et Tanner le nomme par erreur *Gualterus de Sannuco*.

SANVILLIACO (Guilelmus de). Voy. *Sanvico* (G. de).

SAPIENS, surnom donné à BOSON, abbé du Bec. Voy. *Beccensis* (B.).

SAPIENS (Alphonsus), ALPHONSUS X, dit LE SAVANT, roi de Castille et de Léon, astronome, jurisconsulte et historien espagnol, auteur des *Tabulæ Alphonsinæ*, mort en 1284.

SAPIENS (Carolus), CHARLES V, dit LE SAGE OU LE SAVANT, roi de France, protecteur des lettres et bibliophile, né à Vincennes, mort en 1380.

SAPIENS (Joannes). Voy. *Cypariossita* (J.).

SAPIENS IDIOTA, LE SAVANT IDIOT. Voy. *Jordanus* (R.).

SAPIENTIS (Hugo), HUGUES LE SAGE OU LE SAVANT, médecin français, premier doyen élu de la Faculté de Paris, mort vers 1350.

SAPPO (Rogerius de), ROGER DU SAP, théologien français, bénédictin, abbé de Saint-Évroul (*abbas sancti Ebrulfi*), mort en 1126.

SARACENUS (Joannes), JEAN SARAZIN, helléniste et traducteur français, abbé de Verceil, mort vers 1180. — On le trouve aussi nommé *J. Sarracenus* et *J. Sarrazinus*.

SARANTENUS (Manuel). Voy. *Charitopulus* (M.).

SARAPONTE (Henricus de), HENRI DE SAARBRÜCK, théologien allemand, évêque de Worms, mort en 1234.

SARBONA et SARBONIA (Robertus de). Voy. *Sorbona* (R. de).

SAREPTANUS (Thomas), THOMAS DE SAREPTA, médecin allemand, prémontré, évêque de Sarepta, né à Breslau, mort vers 1360.

SARISBERIENSIS (Joannes), JEAN DE SALISBURY, poëte et philosophe scolastique anglais, professeur à Paris, évêque de Chartres, né à Salisbury, près de Londres, mort en 1180. — Il signait parfois *J. Parvus*, et ce mot paraît être la traduction latine de son nom de famille, qui n'a pas été retrouvé. — On le trouve appelé encore *J. Petitus*, *J. de Sacaberiis*, *J. Severianus* et *J. Carnotensis*.

SARISBERIENSIS (Robertus), ROBERT DE SALISBURY, théologien anglais, évêque de Salisbury, cardinal, mort vers 1410.

SARISBERIENSIS (Thomas), THOMAS DE SALISBURY, théologien et prédicateur anglais, né à Salisbury, mort en...?

SARNAIO (Guido de). Voy. *Vallium Sarnaii* (Guido).

SARNENSIS (Petrus). Voy. *Vallis Sarnensis* (P.).

SARRACENUS et SARRAZINUS (Joannes). Voy. *Saracenus* (J.).

SARTHIANENSIS (Albertus), ALBERT DE SARZIANO, théologien et prédicateur italien, frère mineur, né à Sarziano, dans le diocèse de Chiusi (Toscane), mort en 1450. — On le nomme aussi *A. de Sartiana*.

SARTIANA (de). Voy. *Sarthianensis*.

SARTIS (Guarinus de), GUARIN DES ESSARTS, théologien français, bénédictin, abbé de Saint-Évroul, né au bourg des Essarts, dans le diocèse de Lisieux, mort en 1137.

SARTOR (Guilelmus), WILLIAM TAYLOR, théologien et sermonnaire anglais, professeur à Oxford, mort en 1422.

SARTORIUS (Joannes). Voy. *Lindnerus* (J.).

SARZANUS (Thomas), TOMASO PARENTUCELLI (*Th. Parentucellus*), dit aussi THOMAS DE SARZANE, ville où il avait été élevé, bibliothécaire de Saint-Marc, protecteur des lettres, pape sous le nom de NICOLAS V, né à Pise, mort en 1455.

SASSUS (Pamphilus). Voy. *Saxus* (P.).

SAULIS (Terricus de), THIERRI DE SAULES, théologien et sermonnaire français, frère mineur à Paris, né à Saules (Doubs ou Saône-et-Loire), mort à la fin du XIIIe siècle.

SAVILIANUS (Angelus), ANGELO DE SAVIGLIANO, philosophe scolastique italien, né, religieux dominicain et professeur à Savigliano (États Sardes), mort vers 1521.

SAVINEIUS (Vitalis), VITAL DE SAVIGNI, fondateur du couvent de Savigni, près d'Avranches, né à Tierceville, près de Mortain, mort en 1122.

SAVINIACENSIS (Pontius), PONCE DE LAY, dit P. DE SAVIGNY, chroniqueur français, abbé de Saviguy (Rhône), mort après 1135. — Fabricius le nomme *P. Savintavensis*.

SAVINTAVENSIS (Pontius). Voy. *Saviniacensis* (P.).

SAVONAROLA (Hieronymus). Voy. *Ferrariis* (H. de).

SAVONAROLA (Joannes-Michael). Voy. *Patavinus* (J.-M.).

SAXLINGHAMUS (Adamus), ADAM DE SAXLINGHAM, théologien anglais, religieux carme à Norwich, né à Saxlingham, dans le comté de Norfolk, mort après 1350.

SAXO (Angelus). Voy. *Engelus*.

SAXO (Bernardus), BERNARD LE SAXON, bénédictin, mort vers 1110.

SAXO (Eckardus), ECKARD LE SAXON, dit l'ancien (*senior*), théologien allemand, dominicain, professeur à Paris, puis provincial de Saxe, mort en 1327. — On le trouve aussi nommé *E. Teutonicus*.

SAXO (Eckardus), ECKARD LE SAXON, dit le jeune (*junior*), théologien allemand, religieux dominicain, mort en 1339. — On le trouve aussi nommé *E. Teutonicus*.

SAXO (Jordanus), JORDAN DE QUEDLIMBURG, dit aussi J. DE SAXE. Voy. *Quedlimburgensis* (J.).

SAXO (Ludolphus), LUDOLPHE DE SAXE, théologien allemand, dominicain, puis prieur de la Chartreuse de Strasbourg, né dans la Saxe, mort vers 1370. — On le trouve nommé aussi *L. Germanus* et *L. Teutonicus*.

SAXO (Oliverius), OLIVIER DE WESTPHALIE, dit aussi O. DE SAXE. Voy. *Westphalus* (O.).

SAXO (Petrus). Voy. *Sampsone* (P. de).

SAXO. Voy. *Saxonia* (de) et *Saxonius*.

SAXOFERRATO (B. de). Voy. *Bartholus*.

SAXONIA (Albertus de), ALBERT DE SAXE, philosophe, mathématicien et physicien allemand, dominicain, mort vers 1340.

SAXONIA (Conradus de), CONRAD DE SAXE, chroniqueur et sermonnaire allemand, religieux dominicain, mort après 1360.

SAXONIA (Conradus de), CONRAD DE LAUTERBERG, dit aussi C. DE SAXE. Voy. *Monte Sereno* (C. de).

SAXONIA (Hermannus de), HERMANN DE SAXE, casuiste allemand, frère mineur, curé de Saint-Laurent à Wisby, mort en 1409.

SAXONIA (Joannes de), JOHANN DANCK, dit aussi J. DE SAXE. Voy. *Danckonis* (J. de).

SAXONIA (Jordanus de), JORDAN DE SAXE, historien allemand, général des dominicains, né dans le diocèse de Paderborn, mort en 1236. — Échard écrit *J. Saxo*.

SAXONIA (Petrus de). Voy. *Sampsone* (P. de).

SAXONIA (Theodericus de), THÉODÉRIC DE SAXE, théologien allemand, religieux dominicain, professeur à Paris, mort vers 1310. — On le trouve nommé aussi *Th. Saxo*.

SAXONIUS (Joannes), JEAN DE SAXE, théologien et chroniqueur allemand, frère servite, né en Saxe, mort vers 1412.

SAXONIUS. Voy. *Saxo* et *Saxonia* (de).

SAXUS (Pamphilus), PANFILIO SASSI, poëte italien, né à Modène, mort en 1527. — On trouve aussi *P. Sassus*.

SCACABAROSIUS (Henricus), ENRICO SCACABAROZZI, hagiographe italien, dominicain, mort en 1252.

SCALIGER (Petrus), PIETRO DELLA SCALA, théologien italien, dominicain, évêque de Vérone, mort en 1295.

SCALZA (Jacobus). Voy. *Urbevetanus* (J.).

SCANDEBERUS (Joannes). Voy. *Stanberius* (J.).

SCARAMPO (Ludovicus de). Voy. *Mediarota* (L.).

SCARAVELLUS (Thomas), TOMMASO SCARAVELLI, sermonnaire italien, religieux dominicain, né à Verceil, mort vers 1440.

SCHÆNAUGIENSIS. Voy. *Schœnaugiensis*.

SCHEDELIUS (Hartmannus), HARTMANN SCHEDEL, médecin et chroniqueur allemand, établi à Nuremberg, mort en 1514.

SCHEURNENSIS (Conradus). Voy. *Schirensis* (C.).

SCHIDAMUS (Gerardus), GÉRARD DE SCHIEDAM, théologien et sermonnaire hollandais, chartreux, prieur près de Liège, né à Schiedam, près de Rotterdam, mort en 1443. — On le trouve aussi nommé *G. Schiedamensis* et *G. Schidanus*.

SCHIDAMUS (Martinus), MARTIN DE SCHIEDAM, théologien ascétique hollandais, chartreux à Utrecht, né sans doute à Schiedam, mort vers 1400.

SCHIDANUS et SCHIEDAMENSIS (Gerardus). Voy. *Schidamus* (G.).

SCHIFALDUS (Thomas), TOMMASO SCHIFALDO, poëte, biographe et théologien sicilien, dominicain, né à Marsala, mort vers 1495.

SCHILDIS (Hermannus de), HERMANN DE SCHILDICZ ou SCILDIS (dit Jöcher), théologien et sermonnaire allemand, augustin, né dans la Westphalie, mort en 1357.

SCHIPPHOVERUS (Joannes), JOHANN SCHIPHOVER. Voy. *Meppis* (J. de).

SCHIRENSIS (Conradus), CONRAD DE SCHEUERN, chroniqueur allemand, religieux bénédictin, prieur du couvent de Schéuern, en Bavière, mort vers le milieu du XIII° siècle. — On le trouve aussi appelé *C. Scheurnensis*, et il fut surnommé *C. Philosophus*.

SCHIRODUNENSIS (Odo), ODON DE SHERSTON, théologien et sermonnaire anglais, étudiant à Paris, moine de Cîteaux, né sans doute à Sherston (Wilts), mort vers 1180. — On le trouve encore nommé *O. de Ceritona*, *O. Ceritonensis*, *O. de Sheritona*, et très-fréquemment *Magister Odo*.

SCHNACKENBURGIUS (Antonius), ANTOINE DE SCHNACKENBURG, chroniqueur allemand, docteur de Munster, moine de Corbie, né à Schnackenburg (Hanovre), mort après 1471.

SCHODEOVENENSIS et SCHODEOVEUS (Joannes). Voy. *Schonovius* (J.).

SCHOENAUGIENSIS (Ekbertus), ECKBERT DE SCHONAU, théologien ascétique allemand, bénédictin, abbé de Saint-Florin de Schonau, au diocèse de Trèves, mort après 1170. — On le trouve aussi nommé *E. Sconaugiensis*.

SCHOENAUGIENSIS (Elisabetha), SAINTE ÉLISABETH DE SCHONAU, hagiographe allemande, bénédictine à Saint-Florin de Schonau, morte en 1165.

SCHOENHAVIA (de). Voy. *Schonovius*.

SCHOLARIS (Paulus), PAUL ou PAULIN SCOLARI, théologien italien, évêque de Préneste, cardinal, pape sous le nom de CLÉMENT III, né à Rome, mort en 1191.

SCHOLARIUS (Georgius), GEORGES LE SCOLAIRE. Voy. *Gennadius*.

SCHOLASTICUS. Voy. *Scolasticus*.

SCHONAVIA (Anianus de). Voy. *Schonovius* (A.).

SCHONHOVIA (de) et SCHONHOVIUS. Voy. *Schonovius*.

SCHONOVIUS (Anianus), ANIEN DE SCHOONHOVEN, théologien hollandais, dominicain, évêque de Saint-Asaph, dans le pays de Galles, né à Schoonhoven (Hollande-Méridionale), mort vers 1293. — On le trouve aussi nommé *A. de Schonavia*.

SCHONOVIUS (Joannes), JEAN DE SCHOONHOVEN, moraliste et sermonnaire hollandais, prieur des Carmes de Malines, né sans doute à Schoonhoven (Hollande-Méridionale), mort vers 1390. — On le trouve encore nommé *J. Schodeoveus*, *J. Schodeovenensis*, *J. Schonhovius*, *J. Schoonhonius*, et *J. Mechliniensis*.

SCHONOVIUS (Joannes), JEAN DE SCHOONHOVEN, théologien et sermonnaire hollandais, chanoine régulier de Saint-Augustin au Val-Vert ou Grœnendæl, près de Bruxelles, né à Schoonhoven (Hollande-Méridionale), mort en 1431. — On écrit aussi *J. de Schoonovia* et *J. de Schœnhavia*. — On le trouve nommé *J. de Schonhovia*.

SCHOONHONIUS et DE SCHOONOVIA (Joannes). Voy. *Schonovius* (J.).

SCHORNAIO (Matthæus de), MATHIEU DE SCHOORISSE, théologien et sermonnaire flamand, prémontré, abbé de Ninove, puis de Malines, né à Schoorisse, dans le comté d'Alost (Flandre-Orientale), mort en 1195. — On le trouve encore nommé *M. Ninovensis*, *M. Scornaius* et *M. Scornus*.

SCHURENIUS (Gerardus), GÉRARD VON DER SCHEUEREN. Voy. *Horreo* (G. de).

SCINTILLA (Engelhardus), ENGELHARD FUNCK ou FUNKE, poëte latin, né dans la Souabe, mort vers 1500.

SCLENGIA (Nicolaus), Νικόλαος ὁ Σκλεν-γιᾶς, théologien byzantin, né sans doute dans l'île de Chypre, mort vers 1450.

SCOLASTICUS (Adamus), ADAM DU PETIT-PONT, dit aussi A. LE SCOLASTIQUE. Voy. *Parvipontanus* (A.).

SCOLASTICUS (Anselmus), ANSELME DE LAON, dit aussi A. LE SCOLASTIQUE ou L'ÉCOLATRE. Voy. *Laudunensis* (A.).

SCOLASTICUS (doctor). Voy. *Novo Castro* (H. de).

SCOLASTICUS (Herbordus), HERBORD LE SCOLASTIQUE, hagiographe allemand, établi sans doute à Bamberg, mort après 1139.

SCOLASTICUS (Honorius), HONORÉ D'AUTUN, dit aussi H. LE SCOLASTIQUE. Voy. *Augustodunensis* (H.).

SCOLASTICUS (Oliverius). Voy. *Westphalus* (O.).

SCONAUGIENSIS. Voy. *Schœnaugiensis*.

SCORNAIUS et SCORNUS (Matthæus). Voy. *Schornaio* (M. de).

SCOTELLUS, LE PETIT SCOT, surnom donné à PIETRO AQUILANO. Voy. *Aquilanus* (P.).

SCOTINUS, LE PETIT SCOT, surnom donné à DOMENICO BENIVIENI. Voy. *Benivenius* (D.).

SCOTTUS. Voy. *Scotus*.

SCOTUS (Adamus), ADAM L'ÉCOSSAIS, dit aussi A. LE PRÉMONTRÉ (*A. Præmonstratensis*), théologien écossais, évêque de Withern, puis de Galloway (*episcop. Candidæ casæ*), religieux prémontré, mort en 1180.

SCOTUS (Clemens), CLÉMENT L'ÉCOSSAIS ou SCOT, théologien et hagiographe écossais, dominicain, évêque de Dunblane, dans le comté de Perth, mort en 1256.

SCOTUS (David), DAVID L'ÉCOSSAIS, historien écossais, évêque de Bangor, dans le pays de Galles, mort vers 1115.

SCOTUS (Guilelmus), GUILLAUME SCOT (dit l'*Histoire littéraire de la France*), sermonnaire écossais ou irlandais, religieux dominicain à Paris, mort après 1283.

SCOTUS (Henricus), HENRI L'ÉCOSSAIS, dit aussi H. LE MÉNESTREL (*H. Bardus*) et H. L'AVEUGLE (*H. Cæcus*), poëte épique et chroniqueur écossais, mort vers 1500.

SCOTUS (Hugo), HUGUES L'ÉCOSSAIS, astronome et mathématicien écossais, carme, mort vers 1340. — Dempster le nomme *Hugo Carmelita*.

SCOTUS (Joannes). Voy. *Dunstonensis* (J.).

SCOTUS (Michael), MICHEL L'ÉCOSSAIS ou M. SCOT, célèbre médecin et mathématicien écossais, né à Balwearie, dans le comté de Fife, mort en 1291. — On trouve souvent *Scottus*.

SCOTUS (Rolandus), ROLAND L'ÉCOSSAIS, théologien écossais, sous-doyen de l'église de Glasgow, dominicain, mort vers 1500.

SCRIBA (Robertus), ROBERT LE SCRIBE, seul nom sous lequel soit connu en français un théologien et sermonnaire anglais, chanoine régulier de Saint-Augustin au couvent de Bridlington, mort vers 1180. — On l'a souvent confondu avec *Rob. Bridlingtonus*.

SCRIPTOR (Henricus), HENRI LE SCRIBE, poëte allemand, chancelier de l'évêque de Magdebourg, mort après 1228.

SCROBESBURIENSIS (Fulcheredus), FOURCROI DE SCROBESBURY, sermonnaire anglais, moine de Saint-Martin de Séez, puis abbé de Scrobesbury, mort vers 1120.

SCROPUS (Richardus), RICHARD SCROOPE, jurisconsulte et littérateur anglais, docteur de Cambridge, archevêque d'York, mort en 1405.

SCROPUS (Thomas), THOMAS SCROOPE, historien ecclésiastique anglais, bénédictin, puis carme à Norwich, évêque de Dromore en Irlande, né à Bradley, mort en 1494.

SCULTETUS (Ulricus), ULRIC SCHULTHEIFF, hagiographe allemand, évêque de Coire (*episcop. Curiensis*), né à Lintz (Autriche), mort en 1355.

SCULTHORPIUS (Martinus), MARTIN SCULTHORP (dit Jöcher), théologien anglais, carme, professeur à Cambridge, né à Norfolk, mort après 1430.

SEALANICUS (Saxo), SAXO LE GRAMMAIRIEN, dit aussi S. DE SEELAND. Voy. *Grammaticus* (S.).

SEBUNDA (Raimundus de), RAIMOND DE SEBUNDE, DE SABUNDE, DE SEBON ou DE SEBONDE, théologien, philosophe et médecin espagnol, professeur à Toulouse, né à Barcelone, mort vers 1435.

SECUNDINUS (Joannes-Nicolaus), J.-N. BUBOICI, dit J.-N. de SAGONE. Voy. *Buboicus*.

SECUNDUS (Hermannus). Voy. *Dalmaticus* (H.).

SECUSIA (Henricus de). Voy. *Segusia* (H. de).

SEDANA (Guilelmus de). Voy *Saana* (G. de).

SEGERUS. Voy. *Brabantia* (S. de).

SEGESTRICENSIS (Laurentius), L. BUBEAU, dit L. DE SISTÉRON. Voy. *Burellus*.

SEGNINUS (Hugolinus), UGOLINO DE SEGNI, jurisconsulte italien, évêque d'Ostie, pape sous le nom de GRÉGOIRE IX, né à Anagni (États de l'Église), mort en 1241. — On le nomme aussi *H. Anagninus*.

SEGNINUS (Rainaldus), RINALDO DE SEGNI, évêque d'Ostie, pape sous le nom D'ALEXANDRE IV, né à Anagni, mort en 1261.

SEGOBIENSIS (Joannes), JUAN CERVANTÈS, dit JEAN DE SÉGOVIE, théologien et orateur espagnol, cardinal, évêque d'Ostie, puis de Ségovie, archevêque de Séville, né soit dans la Galice, soit dans l'Andalousie, mort en 1453. — On écrit aussi *J. de Segovio*, et on le confond souvent avec le cardinal J.-A. DE SÉGOVIE, qui mourut en 1594.

SEGOVIO (de). Voy. *Segobiensis*.

SEGRAVIUS Gilbertus), GILBERT DE SEAGRAVE, philosophe scolastique anglais, docteur d'Oxford, évêque de Londres, né à Leicester, mort en 1316. — On le trouve encore nommé *G. Segravus* et *G. Segrevus*.

SEGRAVUS et SEGREVUS (Gilbertus). Voy. *Segravius* (G.).

SEGUARDUS (Joannes), JOHN SEGUARD (dit Jöcher), philologue et poëte anglais, mort vers 1420.

SEGUDINEUS (Joannes-Nicolaus). Voy. *Buboicus*.

SEGUINUS (Hugo), HUGUES AICELIN, dit aussi H. SÉGUIN. Voy. *Bilhomensis* (H.).

SEGUNDINUS (Joannes-Nicolaus. Voy. *Buboicus*.

SEGUSIA (Henricus de), HENRI DE SUZE, célèbre jurisconsulte italien, professeur à Paris, auteur d'une *Somme* intitulée *Summa aurea Hostiensis* ou *Ostiensis*, évêque de Sistéron (*episcop. Sistaricensis*), archevêque d'Embrun, cardinal-évêque d'Ostie, né à Suse (États-Sardes), mort en 1271. — On le trouve très-fréquemment désigné sous les noms suivants : *H. de Bartholomæis* ou *de Bartholomeis*, cardinal ou *H. Hostiensis* ou *Ostiensis*, *H. de Secusia*, *H. Ebredunensis*.

SEHERUS, SEHÈRE, chroniqueur ecclésiastique, premier abbé de Chaumousey (*primus abbas Calmosiacensis*), dans les Vosges, né à Épinal, mort en 1128.

SEILLINIACO (Guilelmus de), GUILLAUME DE SEIGNELAY, plus connu sous le nom de G. D'AUXERRE, théologien français, évêque d'Auxerre, puis de Paris, mort en 1223. — On le nomme encore *G. Autissiodorensis* et même *G. de Speliniaco*.

SEISSELLO (Claudius de). Voy. *Seyssselius* (C.).

SEITONUS (Guilelmus), WILLIAM SEITON, médecin et chirurgien anglais, docteur d'Oxford, mort en...? — Il fut surnommé *Doctor eximius*.

SELESTADIENSIS (Hugo), HUGUES DE SCHLESTADT, théologien allemand, frère mineur, né à Schlestadt (Alsace), mort vers 1390. — On trouve aussi *H. Slestadinus*.

SEMENUS (Rodericus). Voy. *Ximenius* (R.).

SEMPRINGAMUS (Gilbertus), GILBERT DE SEMPRINGHAM, curé de Sempringham, fondateur et législateur de l'ordre des Gilbertins, né dans le comté de Lincoln, mort en 1189.

SENECENSIS (Robertus), ROBERT GERVAIS, dit aussi R. DE SÉNEZ. Voy. *Gervasii* (R.).

SENEMURIO (Rainaldus); RAINALD DE SEMUR, poëte et biographe français, moine de Cluni, abbé de Vézelai (*abbas Vezeliacensis*), archevêque de Lyon, né sans doute à Semur (Côte-d'Or), mort en 1129. — On le trouve nommé aussi *R. Cluniacensis*.

SENENSIS (Bernardinus), BERNARDIN DE SIENNE, théologien et hagiographe italien, frère mineur, mort vers 1450.

SENENSIS (Catharina), CATTARINA BENINCASE, dite sainte CATHERINE DE SIENNE, théologienne mystique italienne, religieuse dominicaine, née à Sienne, morte en 1380.

SENENSIS (Gérardus), GÉRARD DE SIENNE, jurisconsulte et philosophe italien, augustin, mort vers 1336. — On écrit aussi *G. de Senis*.

SENENSIS (Hugo), UGO BENCI, dit aussi H. DE SIENNE. Voy. *Bentius* (H.).

SENENSIS (Jacobus), GIACOMO CINO, dit aussi J. DE SIENNE. Voy. *Cinus* (J.).

SENENSIS (Odericus), ODÉRIC DE SIENNE, théologien italien, chanoine de l'église de Sienne, mort en 1225.

SENENSIS (Richardus), RICARDO PETRONI, dit aussi R. DE SIENNE. Voy. *Petronus* (R.).

SENENSIS. Voy. *Senis* (de).

SENGHAMUS (Guilelmus), WILLIAM SENGHAM (Jöcher), théologien anglais, chanoine régulier de Saint-Augustin, mort vers 1260.

SENIOR (Adamus), ADAM L'ANCIEN. Voy. *Killosensis* (A.).

SENIOR (Durandus), DURAND LE VIEUX. Voy. *Sancto Porciano* (G. de).

SENIS (Bulgarinus de). Voy. *Bulgarinis* (B. de).

SENIS (Fredericus de), FRÉDÉRIC DE SIENNE, jurisconsulte italien, professeur à Pérouse, né à Sienne, mort après 1340.

SENIS (Recuperatus de). Voy. *Petramala* (R. de).

SENIS (Richardus de), RICHARD DE SIENNE, hagiographe italien, religieux chartreux, prieur du couvent de Notre-Dame de Grâce, près de Pavie, mort vers 1420.

SENIS (Simon-Angelus de), SIMONE-ANGELO ROCCI, dit aussi S.-A. DE SIENNE, théologien italien, religieux dominicain à Florence, né à Sienne (Toscane), mort en 1508.

SENIS (Thomas-Antonii de), THOMAS-ANTOINE DE SIENNE, hagiographe et théologien italien, dominicain, né à Sienne, mort en 1430.

SENIS (de). Voy. *Senensis*.

SENONENSIS (Odo), EUDES DE SENS, dit aussi E. DE SAINT-SAUVEUR, jurisconsulte français, né sans doute à Sens, mort après 1301. — Lui-même se nomme *Odo Senonensis, dictus de Sancto Salvatore*. — On trouve encore *O. de Senis* et *O. de Senonis*, et le titre d'une édition de son livre porte *Otho Senonensis*.

SENONENSIS (Richerius), RICHER DE SÉNONÈS, chroniqueur et hagiographe français, moine bénédictin à l'abbaye de Sénones, dans les Vosges, mort en 1267. — On l'a longtemps confondu avec un autre *Richerius*, chroniqueur du Xe siècle.

SENONIS (de). Voy. *Senonensis*.

SEPTIMELLENSIS (Henricus), ENRICO ARRIGO ou ARRIGHETTO, dit HENRI DE SENTIMELLO, poëte latin, curé de Calanzano, né à Sentimello, près de Florence, mort à la fin du XIIe siècle. — Sa misère le fit surnommer *H. Pauper*. — On le trouve encore nommé *H. Samariensis, H. Sangelsinus* et *H. Florentinus*.

SEQUAVILLA (Guilelmus de), GUILLAUME DE SAUQUEVILLE, sermonnaire français, dominicain, professeur à Paris, né à Sauqueville (Seine-Inférieure), mort vers 1330. — On trouve aussi *G. de Saccovilla*.

SERAPHICUS (doctor). Voy. *Assisio* (F. de) et *Bonaventura*.

SERBONIO (Robertus de). Voy. *Sorbona* (R. de).

SERICUS (Lombardus). Voy. *Sirichius* (L.).

SERLO, SERLON, poëte latin, chanoine de Bayeux, né sans doute à Paris, mort après 1106.

SERLO, SERLON, théologien et sermonnaire français, quatrième abbé de Savigny (*abbas Savigniacensis*), dans la Manche, né à Valbadon, près de Bayeux, mort en 1158.

SERNOGACII (Joannes), JEAN DE SPERNEGASSE ou DE STERNGASSEN (Échard), théologien et sermonnaire, dominicain, mort vers 1390. — On le nomme aussi J. *Sterlingatius*.

SERRANUS (Joannes), JEAN DE SERRE, nom que prit FRANÇOIS LAMBERT en quittant les ordres. Voy. *Lambertus* (F.).

SERRATA (Bartholomæus de), BARTHÉLEMY DE FOIGNY, dit aussi B. DU JURA. Voy. *Fusniacensis* (B.).

SERUBERTIS (Leonardus de), LEONARDO SER-UBERTI, théologien et sermonnaire italien, dominicain, né à Florence, mort vers 1480.

SERVITA (Urbanus), URBAIN DE BOLOGNE, dit aussi U. LE SERVITE. Voy. *Bononia* (U. de).

SERWALUS. Voy. *Sevalus*.

SESSELIS (Jacobus de). Voy. *Cessolis* (J. de).

SETONIUS (Thomas). Voy. *Sudodunus* (Th.).

SEURBONA (Robertus de). Voy. *Sorbona* (R. de).

SEVALUS, SEVALE ou SERWALE (disent Moréri et Jöcher), théologien et sermonnaire anglais, docteur d'Oxford, doyen, puis archevêque d'York, mort vers 1258. —On écrit aussi *Serwalus*.

SEVERIANUS (Joannes). Voy. *Sarisberiensis* (J.).

SEVERLÆUS (Joannes), JOHN SEVERLE, théologien anglais, professeur à Oxford, mort en ...?

SEVINUS (Hugo), HUGUES AICELIN, dit H. SÉVIN. Voy. *Bilhomensis* (H.).

SEYSSELIUS (Claudius), CLAUDE DE SEISSEL, historien, théologien et négociateur français, évêque de Marseille, archevêque de Turin (*archiepisc. Taurinensis*), né à Aix en Savoie, mort en 1520. — On le trouve encore rommé C. *de Aquis*, C. *de Aquis Sabaudiensis*, C. *de Seissello* et C. *de Seyssello*.

SEYSSELLO (Claudius de). Voy. *Seysselius* (C.).

SEZANA (Petrus de), PIERRE DE SÉZANNE, théologien français, religieux dominicain, né à Sézanne, dans la Brie, mort vers 1234. — Fabricius le nomme P. *de Sezaria*.

SEZARIA (Petrus de). Voy. *Sezana* (P. de).

SFONDRATUS (Stephanus), STEFANO SFONDRATI, jurisconsulte italien, né et avocat à Crémone, mort vers 1500.

SFORTIA (Ascanius-Maria), ASCANIO-MARIA SFORZA, en français A.-M. SFORCE, littérateur italien, légat, cardinal, né à Crémone, mort en 1505.

SFORTIA (Franciscus-Alexander), FRANCESCO-ALESSANDRO SFORZA, en français F.-A. SFORCE, duc de Milan, protecteur des lettres et des arts, mort en 1466.

SFORTIA (Ludovicus-Maria), LUDOVICO-MARIA SFORZA, dit LUDOVICO IL MORO (L. *Maurus*), en français L.-M. SFORCE et LUDOVIC LE MORE, littérateur italien, duc de Milan, protecteur des lettres et des arts, mort en 1508. — Il avait été surnommé *il Moro*, soit à cause de son teint basané, soit parce qu'il avait un mûrier dans ses armoiries.

SGUROPULUS (Silvester), Σίλβεστρος ὁ Σγουρόπουλος, théologien et historien byzantin, diacre à Constantinople, mort vers 1450. — On écrit aussi S. *Syropulus*.

SHARPÆUS (Joannes), JOHN SCHARP, théologien et philosophe anglais, docteur d'Oxford, mort vers 1400. — On écrit aussi J. *Sharpus*, et il fut surnommé *Doctor famosus*.

SHARPUS (Joannes). Voy. *Sharpæus* (J.).

SHAVESTENUS (Thomas). Voy. *Straveshamus* (Th.).

SHERBURNENSIS (Adamus), ADAM DE BARKING, dit aussi A. DE SHERBURN. Voy. *Barchingensis* (A.).

SHERITONA (Odo de). Voy. *Schirodunensis* (O.).

SHIROVODUS (Guilelmus). Voy. *Shirwoodus* (G.).

SHIRWOODUS (Guilelmus), GUILLAUME DE SHERWOOD, théologien anglais, archidiacre de Durham, chancelier de l'église de Lincoln, né dans le voisinage de la forêt de Sherwood (comté de Nottingham), mort en 1249. — On le nomme encore *G. Dunelmensis, G. de Dunelmo* et *G. Shirvodus.*

SIALANDICUS (Saxo). Voy. *Grammaticus* (S.).

SIBRANDUS, SIBRAND, hagiographe belge, prémontré, abbé de B.-M. Garden (*abbas Horti Sanctæ Mariæ*), près de Leuwarde, au diocèse d'Utrecht, mort en 1238.

SIBYLLA (Bartholomæus), BARTOLOMMEO SIBILLA (dit N. Toppi), théologien italien, dominicain, né à Monopoli, dans la Pouille, mort en 1490.

SICCA VILLA (Joannes de), JEAN DRITON, dit aussi J. DE SÈCHEVILLE. Voy. *Dritonus* (J.).

SICULUS (Andreas), ANDREA BARBAZZI, dit aussi A. DE SICILE. Voy. *Barbatius* (A.).

SICULUS (Matthæus), MATHIEU DE SICILE, philosophe scolastique sicilien, dominicain, mort vers 1509.

SICULUS (Nicolaus ou abbas), NICCOLO TEDESCHI, dit aussi N. DE SICILE. Voy. *Panormitanus* (N.).

SICULUS (Salvus), SALVO CASSETTA, dit aussi S. DE SICILE. Voy. *Panormitanus* (S.).

SIGEBERGENSIS (Albertus), ALBERT DE SIGEBERG, historien et biographe allemand, bénédictin au couvent de Sigeberg, près de Cologne, mort à la fin du XVe siècle.

SIGERUS. Voy. *Brabantia* (S. de) et *Insulensis* (S.).

SIGNIACENSIS (Guilelmus), GUILLAUME DE SIGNI, fécond théologien belge, abbé de Saint-Thierri près de Reims, puis de Signi au même diocèse, mort vers 1150. — On le trouve aussi nommé *G. Sancti Theodorici* et *G. Remensis.*

SIGNIACENSIS (Henricus), HENRI DE SIGNI, sermonnaire français, moine de Citeaux, abbé de Signi, au diocèse de Reims, mort après 1279.

SILLEBERTUS. Voy. *Autissiodorensis* (Gilbertus).

SILVANECTENSIS (Garinus ou Guarinus), GUÉRIN DE SENLIS, chanoine de Saint-Quentin, hospitalier de Saint-Jean de Jérusalem, évêque de Senlis, fondateur du Trésor des Chartes, mort vers 1230.

SILVANECTENSIS (Stephanus), ÉTIENNE DE SENLIS, théologien français, archidiacre, puis évêque de Senlis, mort en 1142.

SILVATICIS (V. P. de). Voy. *Porchetus.*

SILVENSIS (monachus), LE MOINE DE SELAU, nom sous lequel est connu JOHANN GERLACH (*J. Gerlachus*), chroniqueur allemand, prémontré, moine à Selau, puis abbé à Mulhausen, né en Bohême, mort en 1228.

SILVESTER (Franciscus), FRANCESCO SILVESTRO, théologien et hagiographe italien, dominicain, né à Ferrare, mort vers 1500. — Échard écrit *F. de Sylvestris*, et on le trouve souvent nommé *F. Ferrariensis.*

SIMONETA et SIMONETTA (Joannes), GIOVANNI SIMONETTA, chroniqueur italien, chancelier de Francesco Sforza, duc de Milan, né dans la Calabre, mort après 1491.

SIMONIS (Folkerus), FOLKER SIMON, chroniqueur hollandais, né à Sueeck, dans la Frise, mort vers 1500.

SIMONIS (Joannes), JEAN SIMON, théologien et sermonnaire hollandais, carme, mort après 1475.

SIMONIS (Nicolaus), NICOLAS SIMON, jurisconsulte, historien et théologien hollandais, carme, né à Harlem, mort en 1511.

SIMONIS (Rodericus), RODERIC SIMON. Voy. *Ximenius* (R.).

SINCERUS (Actius). Voy. *Sannazarius* (J.).

SINGULARIS (doctor). Voy. *Ochamus* (G.).

SINTHEMIUS (Joannes). Voy. *Sintinensis* (J.).

SINTINENSIS (Joannes), JEAN VAN SINTHEN ou SYNTHEN, grammairien hollandais, clerc de la vie commune, professeur à Deventer près de Zwoll, né dans l'Over-Yssel, mort après 1480. — On le trouve encore nommé *J. Sinthemius* et *J. de Synthis.*

SIRICHIUS (Lombardus), LOMBARDO SIRICHI (dit Moréri) ou DA SERICO (dit Fabricius), biographe italien, ami de Pétrarque, né à Padoue, mort vers 1380. — On écrit aussi *L. Sericus.*

SISENSIS (Gregorius), GRÉGOIRE D'ARMÉNIE, dit aussi G. DE SISIDES. Voy. *Armenius* (G.).

SISTARICENSIS (Laurentius), L. BUREAU, dit aussi L. DE SISTERON. Voy. *Burellus* (L.).

SITHIVENSIS (Joannes), JEAN DE SITHIEU, hagiographe français, moine à l'abbaye de Sithieu ou Saint-Bertin, près de Saint-Omer, mort à la fin du XII° siècle.

SITTAVIA (Petrus de), PIERRE DE ZITTAU, chroniqueur allemand, bénédictin, abbé de Königssaal (*Aula regia*) près de Prague, né à Zittau, dans la Saxe, mort après 1330.

SIXTUS, SIXTE IV, pape. Voy. *Rovere* (F. de).

SKELTONUS (Joannes), JOHN SKELTON, poëte satirique anglais, précepteur du roi Henri VIII, né dans le Cumberland, mort en 1529.

SLADÆUS et SLADIUS (Guilelmus), WILLIAM SLADE, philosophe scolastique anglais, religieux bernardin, né dans le comté de Devon, mort vers 1380.

SLESTADINUS. Voy. *Selestadiensis.*

SMETIUS (Wilhelmus), GUILLAUME SMET, théologien belge, bénédictin, moine de Cîteaux, abbé du monastère de Thosan, près de Bruges, né à Bassevelde, près de Gand, mort vers la fin du XV° siècle.

SNEKIS (Cornelius de), CORNEILLE DE SNEECK, théologien hollandais, religieux dominicain à Leuwarde, professeur à Rostock, vicaire général de l'ordre, né à Indick, près de Sneeck, dans la Frise, mort en 1531.

SNORRIUS et SNORRO. Voy. *Sturlonides* (S.).

SNOTINGAMUS. Voy. *Nottinghamus.*

SOARDIS (Joannes de). Voy. *Parisiensis* (J.).

SOBRINUS (Joannes). Voy. *Consobrinus* (J.).

SOLDIUS (Jacobus), GIACOMO SOLDO ou SOLDI, théologien et médecin italien, né à Florence, mort en 1440. — Brunet écrit *J. Soldus.*

SOLDO (Christophorus a), CHRISTOPHE DE SOLDI (Moréri) ou DE SOLDO (Biographie universelle), chroniqueur italien, né à Brescia, mort après 1468.

SOLEMNIS (doctor). Voy. *Goethalis* (H.).

SOLIACO (DE) et SOLIACUS. Voy. *Solliaco* (de).

SOLIDÆ VERITATIS (doctor). Voy. *Aretinus* (F.).

SOLIDUS (doctor). Voy. *Mediavilla* (R. de).

SOLITARIUS (Honorius), HONORÉ D'AUTUN, dit aussi H. LE SOLITAIRE. Voy. *Augustodunensis* (H.).

SOLITARIUS (Philippus), Φίλιππος ὁ Μονωτικός, en français PHILIPPE LE SOLITAIRE, théologien grec, mort vers 1110.

SOLLIACO (Bernardus de), BERNARD DE SULLY, chanoine puis évêque d'Auxerre, évêque élu de Nazareth, mort en 1245.

SOLLIACO (Guido de), GUI DE SULLY, dominicain, archevêque de Bourges (*archiepisc. Bituricensis*), mort en 1281.

SOLLIACO (Henricus de), HENRI DE SULLY, plus connu sous le nom de H. DE BLOIS, théologien, anglais ou français, bénédictin, abbé de Glastonbury (*abbas Glastoniensis*), dans le comté de Somerset, puis évêque de Winchester (*episcop. Wintoniensis*), mort en 1171. — On le nomme aussi *H. Blesensis, H. Solliacus* et *H. Wintoniensis.*

SOLLIACO (Mauricius de), MAURICE DE SULLY, chanoine de Bourges, puis chanoine, archidiacre et peut-être évêque de Paris, né à Sully-sur-Loire (Loiret), mort en 1196.

SOLLIACO (Odo de), EUDES DE SULLY, chantre de Notre-Dame, puis évêque de Paris, né à la Chapelle d'Angillon, dans le Berri, mort en 1208.

SOLLIACUS. Voy. *Solliaco* (de).

SOLO (Geraudus de). Voy. *Bituricensis* (G.).

SOMARIUS (Joannes). Voy. *Somerarius* (J.).

SOMENTIIS (Somentius de), SOMENZO DE SOMENZI, philosophe et astronome italien, né à Crémone, mort après 1458.

SOMERARIUS (Joannes), JOHN SOMERS (dit Tanner), mathématicien et astronome anglais, franciscain, mort vers 1390. — Leland le nomme *J. Somarius* et Wadding *J. Somerius*.

SOMERCATUS (Laurentius), LAURENT SOMERCOTE (Tanner), dit aussi L. SOMERTON, théologien et jurisconsulte anglais, diacre à Rome, chanoine de Cirencester, mort vers 1250.

SOMERIUS (Joannes). Voy. *Somerarius* (J.).

SOMERSETENSIS (Guibertus ou Wibertus), GUIBERT DE SOMERSET, historien et sermonnaire anglais, bénédictin, abbé du couvent de Bristol né à Somerset, mort vers 1260. — On le trouve aussi nommé *G. Bristollensis*.

SOMMERFELDANUS (Joannes), JOHANN RAK, dit aussi J. DE SOMMERFELD. Voy. *Rhagius* (J.).

SOMMERTONUS (Joannes), JEAN DE SOMERTON, sermonnaire anglais, dominicain, moine à Norwich, né à Somerton, dans le comté de Somerset, mort après 1439.

SONCINAS (Ambrosius), AMBROISE DE SONCINO, hagiographe italien, dominicain, né à Soncino (Lombard-Vénitien), mort en 1517.

SONCINAS (Gerson), BEN MOSE GERSON, dit G. DE SONCINO, imprimeur italien, établi à Constantinople, puis à Brescia, né à Soncino, dans le Milanais, mort vers 1500.

SONCINAS (Paulus), PAOLO BARBO, dit aussi P. DE SONCINO. Voy. *Barbus* (P.).

SONCINAS (Raphael), RAPHAEL DE SONCINO, théologien italien, dominicain, né à Soncino, dans le Lombard-Vénitien, mort vers 1470.

SONCINAS (Valerianus), VALERIANO DE SONCINO, sermonnaire italien, dominicain, né à Soncino, mort vers 1516.

SONCINATES. Voy. *Soncinas*.

SOPHIANUS (Michael ou Nicolaus), Μιχαὴλ ou Νικόλαος ὁ Σοφιανος, mathématicien et géographe byzantin, né à Corcyre, mort vers 1500.

SOPHISTA (Joannes), JEAN LE SOPHISTE, surnom donné à J. HINTON. Voy. *Hintonus* (J.)

SORBONA (Robertus de), ROBERT DE SORBON ou DE SORBONNE, chanoine de Cambrai, chapelain de saint Louis, fondateur de la Sorbonne, né à Sorbon ou Sorbonne au diocèse de Reims, mort en 1274. — On le nomme encore : *R. de Sarbona*, *R. de Seurbona*. *R. Sorbonensis*, *R. de Sorbonia*, *R. de Sorbonio*, *R. de Sorbonia*, *R. de Serbonio* et *R. de Surbonio*.

SORBONENSIS, DE SORBONIA et DE SORBONIO (Robertus). Voy. *Sorbona* (R. de).

SORCEIO (Odo de), EUDES DE SORCY ou DE SORCEY, savant prélat français, évêque de Toul, mort en 1228.

SORETHIUS (Joannes). Voy. *Sorethus* (J.).

SORETHUS (Joannes), JOHN SORETH, philosophe français, prieur général et réformateur des Carmes, né à Caen, mort en 1471. — Villiers écrit *J. Sorethius*.

SOSATO (Jacobus de). Voy. *Susato* (J. de).

SOULÆUS (Joannes), JOHN SOWLE, théologien et sermonnaire anglais, docteur d'Oxford, carme à Londres, mort en 1508.

SOUTHAMPTONIA (Guilelmus de), GUILLAUME DE SOUTHAMPTON, théologien et sermonnaire anglais, dominicain, né à Southampton, mort vers 1340. — On l'a parfois confondu avec *G. de Antona*.

SOZOMENUS, SOZZOMENO, philologue et chroniqueur italien, né et chanoine à Pistoie (*canonicus Pistoriensis*), dans la Toscane, mort en 1458.

SPAGNOLUS (Joan.-Bapt.), J.-B.-SPAGNUOLI, dit LE MANTOUAN. Voy. *Mantuanus* (J.-B.).

SPALATENSIS (Thomas), THOMAS DE SPALATRO, chroniqueur dalmate, né, chanoine et archidiacre à Spalatro, mort en 1268.

SPALDINGUS (Radulphus), RAOUL SPALDING (dit Jöcher), philosophe scolastique et sermonnaire anglais, carme à Stanford, professeur à Cambridge, mort en 1390. — On trouve aussi *R. Spauldingus*.

SPANHEMIENSIS (Joannes), JOHANN HEIDENBERG, dit J. DE SPANHEIM. Voy. *Trithemius* (J.).

SPAULDINGUS (Radulphus). Voy. *Spaldingus* (R.).

SPECIALIS (Nicolaus), NICCOLO SPECIALE (disent les biographies françaises), littérateur et négociateur italien, vice-roi de Sicile, né à Noto, mort en 1444. — On l'a souvent confondu avec *N. Minorita*.

SPECIALIS (Nicolaus). Voy. *Minorita* (N.).

SPECULATIVUS (Doctor). Voy. *Viterbio* (J. de).

SPECULATOR, LE SPÉCULATEUR, surnom donné à GUILLAUME DURANTI. Voy. *Durandus* (G.).

SPECULATOR, LE SPÉCULATEUR, surnom donné à GENTILE GENTILI. Voy. *Gentilibus* (G. de).

SPECULUM JURIS, LE MIROIR DU DROIT, surnom donné au célèbre BARTOLE. Voy. *Bartholus*.

SPECULUM JURIS, LE MIROIR DU DROIT, surnom donné à PIETRO FARNETO, dit P. D'ANCHARANO. Voy. *Ancharanus* (P.).

SPECULUM MUNDI, LE MIROIR DU MONDE, surnom à GIOVANNI BOSSIANI. Voy. *Bossianus* (J.).

SPELINIACO (Guillelmus de). Voy. *Seilliniaco* (G. de).

SPEDIA (DE) et SPEDIENSIS (Bartholomæus), BARTH. FAZIO, dit B. DE LA SPEZZIA. Voy. *Facius* (B.).

SPERMANNUS (Thomas), THOMAS SPERMANN (dit Echard), théologien anglais, dominicain, mort vers 1310. — On trouve aussi *Th. Opermannus*.

SPINCHIRBACENSIS (Absalon). Voy. *Springkirsbacensis* (A.).

SPINELLUS (Matthæus), MATTEO SPINELLI, chroniqueur italien, né à Giovinazzo (province de Bari), mort après 1285. — On le trouve aussi nommé *M. de Juvenatio*.

SPINELLUS (Nicolaus), NICCOLO SPINELLI, jurisconsulte et homme d'État italien, professeur à Naples, à Padoue et à Bologne, né à Naples, mort après 1394.

On le trouve nommé souvent *N. Neapolitanus*.

SPIRA (Joannes de), JOHANN WISCHLER, dit JEAN DE SPIRE, théologien allemand, bénédictin, né dans le Palatinat, mort en 1456.

SPIRA (Joannes de), JEAN DE SPIRE, imprimeur allemand, établi à Venise, né à Spire, mort vers 1470. — On écrit aussi *J. Spirensis*.

SPIRA (Petrus de), PIERRE DE SPIRE, théologien et sermonnaire allemand, ermite de Saint-Augustin, né sans doute à Spire, mort vers 1425.

SPIRA (Vindelinus de), VINDELIN DE SPIRE, imprimeur allemand, établi à Venise, né sans doute à Spire, mort vers 1500.

SPIRENSIS (Simo), SIMON DE ARNWYLEN (suivant Villiers), dit S. DE SPIRE, théologien allemand, professeur à Paris, carme, né à Spire, mort en 1403. — On écrit aussi *S. de Spira*.

SPIRENSIS. Voy. *Spira* (de).

SPIRITUS (Laurentius), LORENZO GUALTIERI, dit L. SPIRITO, à cause de la vivacité de son esprit, poëte italien, né à Pérouse, mort vers 1500. — On le trouve nommé en français L. LESPERIT, L. L'ESPRIT, etc.

SPOLETO (Cherubinus de), CHERUBINO DE SPOLÈTE, théologien et sermonnaire italien, frère mineur, mort en 1484.

SPOLETO (Gabriel de), GABRIELE GAROFALO, dit G. DE SPOLÈTE. Voy. *Garofalus* (G.).

SPRETUS (Desiderius), DESIDERIO SPRETI, historien et philologue italien, né et notaire à Ravenne, mort vers 1474.

SPRINGKIRCHBACENSIS (Absalon). Voy. *Springkirsbacensis* (A.).

SPRINGKIRSBACENSIS (Absalon), ABSALON DE SPRINGKIRSBACH, sermonnaire français, abbé de Springkirsbach, au diocèse de Trèves, puis de Saint-Victor de Paris, mort en 1203. — Son nom a été très-diversement orthographié : *Spinchirbacensis*, *Springkirchbacensis*, etc.

SPROTTUS (Thomas), THOMAS SPROTT (dit Jöcher), historien ecclésiastique anglais, bénédictin, moine à Saint-Augustin de Canterbury, né à Norwich, mort vers 1340.

SPROTUS (Isaacus), ISAAC SPROT (disent les biographies françaises), théologien et médecin juif, né à Tudela (Navarre), mort vers 1374.

SQUARCIALUPUS (Antonius), ANTONIO SQUARCIALUPI, célèbre musicographe italien, attaché à la cour de Laurent de Médicis, mort à la fin du XVe siècle.

SQUARCIALUPUS (Ignatius), IGNAZIO SQUARCIALUPI, théologien et historien italien, abbé du Mont-Cassin, né à Florence, mort en 1526.

STABULANUS (Cornelius), CORNEILLE DE STAVELOT, dit aussi C. DE SANTFLIET ou DE ZANTFLIET, chroniqueur belge, bénédictin à Saint-Jacques de Liége, puis doyen de Stavelot (province de Liége), né à Santfliet ou Zantfliet, près d'Anvers, mort après 1461.

STABULANUS (Joannes), JEAN DE STAVELOT, chroniqueur belge, religieux bénédictin, moine de Saint-Laurent de Liége, né à Stavelot, mort en 1449. — Fabricius écrit *J. de Stabulaus* et *J. Stabulensis.*

STABULANUS. Voy. *Stabulensis.*

STABULAUS (Joannes de). Voy. *Stabulanus* (J.).

STABULENSIS (Wibaldus), WIBAUD DU PRÉ, dit aussi W. DE STAVELOT. Voy. *Prato* (W. de).

STABULENSIS. Voy. *Stabulanus.*

STACIUS (Thomas), THOMAS STACY (dit Tanner), mathématicien et astrologue anglais, professeur à Cambridge, mort vers 1440.

STADIENSIS (Albertus), ALBERT DE STADE, chroniqueur allemand, bénédictin, puis franciscain, abbé de Sainte-Marie à Stade (Hanovre), mort après 1260.

STAFFORDIENSIS (Alexander), ALEXANDRE D'ASHBY, dit aussi A. DE STAFFORD. Voy. *Essebiensis* (A.).

STAFFORTUS (Joannes), JOHN STAFFORD, historien anglais, frère mineur, mort vers 1380.

STAGNO (Franciscus de), FRANÇOIS D'ESTAING, évêque de Rodez, protecteur des arts et des lettres, mort en 1529. — On écrit aussi *F. de Stanno.*

STAMPENSIS (Guido ou Guinmarus de), GUI D'ÉTAMPES, théologien et sermonnaire anglais ou français, disciple de saint Thomas de Canterbury, évêque du Mans, mort en 1135.

STAMPENSIS (Petrus), PIERRE D'ÉTAMPES, garde du trésor des Chartes à Paris, et rédacteur du premier inventaire, mort après 1320.

STAMPENSIS (Theobaldus), THIBAUD D'ÉTAMPES, théologien français, que l'on a fait à tort anglais et cardinal, né à Étampes, mort vers 1440. — Fabricius écrit par erreur 1240. — On le trouve aussi nommé *Th. de Stampis*

STAMPIS (de). Voy. *Stampensis.*

STANBERIUS (Joannes), JOHN STANBERY (dit Bâle) ou JOHN STANBRIDGE (dit Tanner), théologien et grammairien anglais, carme, né dans le Northampton, mort vers 1500. — On le trouve encore nommé *J. Stanbrigius, J. Stenobrigus, J. Scandeberus* et *J. Stenoburgus.* — Fabricius en fait, peut-être avec raison, deux personnages, l'un théologien, mort en 1474, l'autre grammairien, mort après 1510.

STANBRIGIUS (Joannes). Voy. *Stanberius* (I.).

STANDUCHIUS (Joannes), JEAN STANDONCK, recteur de l'université de Paris, principal du collége de Montaigu, docteur de Sorbonne, né à Malines, mort en 1504.

STANNIFEX (Joannes), JEAN L'ESTAINIER (dit Paquot), théologien belge, professeur à Louvain, né à Gosselies, près de Charleroi, mort après 1530.

STANNO (Franciscus de). Voy. *Stagno* (F. de).

STARNEFELDIUS (Guilelmus), WILLIAM STARNFELD (dit Jöcher), historien et théologien anglais, carme, professeur à Oxford, né dans le comté de Kent, mort vers 1390.

STATELLENSIS (Georgius), GIORGIO MERLANI, dit aussi G. D'ACQUI. Voy. *Merula* (G.).

STATIUS (Leonardus). Voy. *Dtus* (L.).

18

STAUPITIUS (Joannes), JEAN DE STAUPITZ, théologien allemand, augustin, adversaire de Luther, né dans la Saxe, mort en 1524.

STEDELLIUS et STEDELLUS (Berengarius). Voy. *Fredoli* (B.).

STEINFELDENSIS (Everwinus, Ebroinus, Everbinus ou Evrinus), EVERWIN DE STEINFELD, théologien allemand, religieux prémontré, prévôt du couvent de Steinfeld, au diocèse de Cologne, mort vers 1150.

STELLA (Isaacus de), ISAAC DE L'ÉTOILE, théologien anglais, moine de Citeaux, abbé de l'Étoile, au diocèse de Poitiers, mort après 1155.

STENIENSIS (Henricus), HENRI DE STAIN, historien et jurisconsulte allemand, prévôt à Stain, près de Reicherspergs, en Bavière, né à Udine, dans le Frioul, mort vers 1300.

STENOBRIGUS et STENOBURGUS (Joannes). Voy. *Stanberius* (J.).

STEPHANESCIS (Jacobus de), GIACOMO STEFANESI, dit aussi JACQUES DE GAETE (J. *Cajetanus*), théologien italien, cardinal, né à Rome, mort en 1343.

STEPHANIDES (Guilelmus). Voy. *Stephanus* (G.).

STEPHANUS (Guilelmus), WILLIAM FITZ-STEPHEN, hagiographe anglais, ami de Thomas Becket, né à Londres, mort au XII° siècle. — On le trouve encore nommé *G. Stephanides* et *G. filius Stephani*.

STEPHANUS (Henricus), HENRI ESTIENNE, célèbre imprimeur, établi à Paris, associé de Wolffgang Hospil, mort en 1520.

STERLINGATIUS (Joannes). Voy. *Sernogacii* (J.).

STIPITE (Lambertus de), LAMBERT DE STOK, jurisconsulte belge, bénédictin, moine à Saint-Laurent de Liége, né à Liége, mort vers 1420. — On le trouve aussi nommé *L. de Stockis*.

STOBÆUS (Thomas), THOMAS STUBBS ou STUBS (on le trouve aussi nommé STOLBEZ), théologien et chroniqueur anglais, religieux dominicain, né à York, mort après 1373.

STOCCUS (Joannes). Voy. *Stochus* (J.).

STOCCUS (Petrus), PETER STOCKES, fécond théologien anglais, docteur d'Oxford, religieux carme à Norfolk, mort en 1399.

STOCHÆUS et STOCHIUS (Simon). Voy. *Stockius* (S.).

STOCHUS (Joannes), JOHN STOKES (dit Échard), théologien anglais, dominicain, né dans le Suffolk, mort vers 1374. — On trouve aussi *J. Stoccus* et *J. Stockesius*.

STOCHUS (Simon). Voy. *Stockius* (S.).

STOCKESIUS (Joannes). Voy. *Stochus* (J.).

STOCKIS (Lambertus de). Voy. *Stipite* (L. de).

STOCKIUS (Æmilius), ÉMILE dit MELIS STOKE, chroniqueur et poëte hollandais, établi à Utrecht, mort après 1305. — On trouve aussi *Æ. Stokius*.

STOCKIUS (Simon), SIMON STOCK, littérateur et théologien anglais, qui passa, dit-on, vingt ans dans le creux d'un arbre, général des carmes, né dans le pays de Kent, mort en 1265. — Tanner le nomme *S. Stochæus*, et l'on trouve encore *S. Stochius*, *S. Anglicus*, *S. Stochus*, *S. Stokius*.

STOEFFLERINUS (Joannes), JOHANN STŒFFLER, astronome, mathématicien et géographe allemand, professeur à Tubingue, né à Justingen (*Justingensis*), dans la Souabe, mort en 1531. — On le trouve aussi nommé *J. Stoeflerus* et *J. Stofflerinus*.

STOEFLERUS et STOFFLERINUS (Joannes). Voy. *Stoefflerinus* (J.).

STOKIUS. Voy. *Stockius*.

STONÆUS (Joannes), JEAN DE STONE, théologien et historien anglais, bénédictin à Canterbury, mort vers 1467. — On écrit aussi *J. Stonus*.

STOVUS (Joannes), JOHN STOW, théologien anglais, docteur d'Oxford, orateur au concile de Bâle, bénédictin à Norwich, mort vers 1440.

STRADIVERTUS (Valerius), VALERIO STRADIVERTO, philosophe, orateur et philologue italien, né à Crémone, mort vers 1360.

STRADLEIUS (Richardus), RICHARD

STRADLEY, théologien anglais, moine de Citeaux à Hereford, né sur la frontière du pays de Galles, mort après 1336.

STRAMENSIS (Andreas), ANDRÉ DE STRAMI, hagiographe italien, moine de Vallombrosa, abbé de San-Fedele-de-Strami, au diocèse d'Arezzo, mort en 1106. — Fabricius le nomme *A. Strumensis*.

STRATFORDUS (Joannes), JEAN DE STRATFORD, théologien anglais, évêque de Winchester (*episcop. Wintoniensis*), archevêque de Canturbery, né à Stratfort sur l'Avon (comté de Warwick), mort en 1348.

STRAVANELLIUS et STRAVANELLUS (Richardus), RICHARD DE STAVENESBY, théologien anglais, dominicain, mort après 1295. — Altamura le nomme *R. Estravaneli*.

STRAVESHANUS (Thomas), THOMAS DE STRAVESHAW, théologien anglais, religieux franciscain à Bristol, né dans l'Angleterre occidentale, mort en 1346. — On le trouve nommé encore *Th. Shavestenus*.

STROCCIUS. Voy. *Strozius*.

STRODÆUS (Radulphus), RAOUL STRODE, poëte, voyageur et géographe écossais, religieux dominicain à Tedburg, mort en 1370. — On le trouve nommé aussi *R. Strodus*.

STRODUS (Radulphus). Voy. *Strodæus* (R.).

STROZIUS (Hercules), ERCOLE STROZZI, frère de Tito-Vespasiano, poëte latin moderne, président du conseil des Douze, né à Ferrare, assassiné en 1508.

STROZIUS (Pallans), PALLA STROZZI, helléniste et philologue italien, recteur de l'université de Florence, protecteur des lettres, né à Florence, mort en 1462. — Poccianti le nomme *P. Strozza*.

STROZIUS (Titus-Vespasianus), TITO-VESPASIANO STROZZI, poëte latin moderne, gouverneur de la Polésine, né à Ferrare, mort en 1505. — On trouve aussi *Strozzius* et *Stroccius*.

STROZZA et STROZZIUS. Voy. *Strozius*.

STRUMENSIS (Andreas). Voy. *Stramensis* (A.).

STUARTUS (Jacobus), JAMES STUART, roi d'Écosse, musicien et poète, assassiné en 1437.

STUBES (Guilelmus), WILLIAM STUBBE, philosophe scolastique anglais, recteur du collége de Jésus à Cambridge, mort vers 1500.

STUCCHEIUS (Joannes), JOHN STUKEY, théologien et sermonnaire anglais, docteur d'Oxford, bénédictin à Norwich, mort vers 1500.

STUDEBODUS (Petrus). Voy. *Tudebodus* (P.).

STUNIGA (Didacus-Lupus), DIEGO-LOPEZ DE ZUNIGA, théologien et philosophe espagnol, né à Salamanque, mort vers 1530.

STUPOR MUNDI, L'ÉTONNEMENT DU MONDE, surnom donné à ALONSO TOSTADO. Voy. *Tostatus* (A.).

STURLÆ (Snorro, filius). Voy. *Sturlonides* (S.).

STURLONIDES (Snorrius ou Snorro), SNORRI STURLUSON, historien et poëte islandais, assassiné en 1241. — On trouve aussi *S. filius Sturlæ*.

STUTDORPÆUS (Hermannus). Voy. *Petra* (H.).

SUÆ ÆTATIS CICERO, LE CICÉRON DE SON TEMPS, surnom donné à TOMMASO INGHIRAMI. Voy. *Ingheramius* (Th.).

SUAVISSIMUS (doctor). Voy. *Sancto Amando* (J. de).

SUBDIACONUS (Petrus), PIERRE DE BÉNÉVENT, dit aussi P. LE SOUS-DIACRE. Voy. *Beneventanus* (P.).

SUBERTUS (Petrus), PIERRE SOYBERT, jurisconsulte et théologien français, évêque de Saint-Papoul, né à Uzès (Gard), mort en 1454.

SUB FURNO (Dionysius de), DENIS DE SOULFOUR, dit aussi D. DE SOUS-LE-FOUR, médecin français, doyen de la faculté de Paris, mort en 1480.

SUBLIMIS (doctor). Voy. *Gerundensis* (Fr.).

SUBTILIS (doctor). Voy. *Corneus* (P.-P.), *Dunstonensis* (J.), *Faber* (J.) et *Raymundus* (B.).

SUBTILITATIS PRINCEPS, LE PRINCE DE LA SUBTILITÉ, surnom donné à CRIS-

TOFORO CASTELLIONE. Voy. *Castillioneus* (C.).

SUCCINCTUS (doctor). Voy. *Asculanus* (F.).

SUCHENSIS (Ludolphus), LUDOLPHE DE SUCHEN, voyageur allemand, curé de Suchen, dans la Westphalie, mort vers 1350.

SUDBERIUS (Guilelmus), GUILLAUME DE SUDBURY, théologien anglais, bénédictin, moine de Westminster, né sans doute à Sudbury, dans le comté de Suffolk, mort *incerto sæculo*. — On le trouve aussi nommé *G. Sudbervis*.

SUDBERIUS (Simon), SIMON DE SUDBURY, théologien et jurisconsulte anglais, évêque de Londres, archevêque de Canterbury, né à Sudbury dans le Suffolk, assassiné en 1381.

SUDBERVIS (Guilelmus). Voy. *Sudberius* (G.).

SUDODUNUS (Thomas), THOMAS DE SUTTON, théologien anglais, religieux dominicain, docteur de la Sorbonne et professeur à Paris, né à Sutton, dans le comté de Lincoln, mort vers 1300. — On le trouve encore nommé *Th. de Suetonia*, *Th. Suetonius*, *Th. Setonius* et *Th. de Vintonia*.

SUESSIONENSIS (Hugo), HUGUES FARSIT, dit aussi H. DE SOISSONS. Voy. *Farsitus* (H.).

SUESSIONENSIS (Nicolaus), NICOLAS DE SOISSONS, hagiographe français, moine de Saint-Crespin de Soissons, mort vers 1140. — On le trouve nommé aussi *N. Gallus*.

SUESSIONENSIS (Odo), EUDES DE SOISSONS, théologien français, abbé d'Ourcamp (*abbas Ursicampi*) au diocèse de Noyon, né à Soissons, mort à la fin du XIIe siècle. — On le trouve aussi désigné sous les noms de *O. de Castro Radulphi*, avec qui il a été souvent confondu, et de *O. Castillioneus*.

SUETONIUS (Thomas). Voy. *Sudodunus* (Th.).

SUEVIUS (Henricus). Voy. *Suso* (H.).

SUFFICIENS (doctor). Voy. *Aquilanus* (P.).

SUFFOLCENSIS (Radulphus), RAOUL DE SUFFOLK, dit R. LE NOIR (*R. Niger*), chroniqueur et théologien anglais, archidiacre de Glocester, né à Suffolk, mort après 1213.

SUGERIUS, SUGER, homme d'État et historien français, régent de France, abbé de Saint-Denis, né soit à Saint-Denis, soit à Touri, dans la Beauce, soit à Saint-Omer, mort en 1152. — On écrit aussi *Sugerus*.

SUGERUS. Voy. *Sugerius*.

SUIDAS, Σουϊδας, lexicographe grec, dont la vie est inconnue, et qui mourut vers 1100.

SUINSETUS (Rogerius), ROGER DE SWINSHED, mathématicien, astronome et théologien anglais, moine de Cîteaux à Swinshed, professeur à Oxford, mort vers 1350. — On rencontre aussi *R. Suisetus*, mais on le trouve plus souvent désigné par ses surnoms *R. Calculator* et *R. Computista*.

SUISETUS (Rogerius). Voy. *Suinsetus* (R.).

SUISIACO (Stephanus de). Voy. *Susiaco* (S. de).

SULMONENSIS (Joannes), JEAN DE SULMONE, théologien italien, religieux augustin, mort en...?

SULMONENSIS (Marcus Barbatus), MARCO BARBATO DE SULMONE, orateur et poëte italien, ami de Pétrarque, né sans doute à Sulmone (royaume de Naples), mort au milieu du XIVe siècle.

SULPINUS (Petrus). Voy. *Salpinus* (P.).

SULPITIUS (Joannes), GIOVANNI SULPIZIO, dit S. DE VEROLI. Voy. *Verulanus* (S.).

SUMMARIPA (Georgius de), GEORGE DE SOMMARIVA, plus connu sous son nom latin, poëte et chroniqueur italien, gouverneur de Gradisca, né à Vérone, mort vers 1500.

SUMMARIPA (Marcus de), MARC DE SOMMARIVA, sermonnaire italien, frère mineur, professeur à Turin, né à Sommariva, dans les États Sardes, mort vers 1420.

SUPERANTIUS (Raimundus), RAIMONDO SORANZO, jurisconsulte italien, établi auprès des papes d'Avignon, mort vers 1350.

SURBONIO (Robertus de). Voy. *Sorbona* (R. de).

SURDUS (Joannes), JEAN LE SOURD, surnom donné à JEAN DE PARIS. Voy. *Parisiensis* (J.).

SURFLETUS (Guilelmus). Voy. *Surfluctus* (G.).

SURFLUCTUS (Guilelmus), GUILLAUME DE SURFLEET, théologien anglais, religieux carme, professeur à Cambridge, né sans doute à Surfleet, dans le comté de Lincoln, mort en 1466. — On écrit souvent aussi *G. Surfletus.*

SURRONEUS (Lucidus-Anitophilus), pseudonyme de LORENZO VALLA. Voy. *Vallensis* (L.).

SUSARIA (Guido de). Voy. *Suzarius* (G.).

SUSATO (Jacobus de), JACQUES DE SOEST, chroniqueur et théologien allemand, dominicain, professeur à Cologne, né à Soest, dans la Westphalie, mort en 1423. — On le trouve encore nommé *J. de Suzato* et *J. de Sosato.*

SUSATO (Nicolaus de), NICOLAS DE SOEST, théologien allemand, professeur à Heidelberg, né à Soest (Westphalie), mort après 1417.

SUSIACO (Stephanus de), ÉTIENNE DE SUIZY, archidiacre de Bruges, chancelier de France, cardinal, né à Suizy (Marne), mort en 1311. — On trouve aussi *St. de Suisiaco.*

SUSO (Henricus), HENRY DE BERG, plus connu sous son nom latin, qui était celui de sa mère, auteur ascétique allemand, religieux dominicain, prieur à Cologne, né à Constance, mort en 1366. — On le trouve encore nommé en latin *Frater Amandus, A. Teutonicus, H. Constantiensis, A. de Swebia, H. de Swevia, H. Swevius* et *H. Suevius*; en français H. DE SOUABE, H. DE SOUBSHAUBE, H. DE SOUSAUBE, H. DE SEWS, et en allemand H. DER SEUSE.

SUTFANIO (Gerardus de). Voy. *Zutphaniensis* (G.).

SUTHODUNUS (Joannes). Voy. *Suttonus* (J.).

SUTOR (Petrus), PIERRE COUTURIER, théologien français, chartreux, docteur de Sorbonne, professeur à Paris, né à Chemeré-le-Roi (Mayenne), mort vers 1530.

SUTPHANIENSIS (Gerardus). Voy. *Zutphaniensis* (G.).

SUTRI (Guilelmus), GUILLAUME SUDRE, théologien et philosophe scolastique français, religieux dominicain, évêque de Marseille, cardinal, né à Laguenne (*Aquina*), dans le diocèse de Tulle, mort en 1373.

SUTTONUS (Guilelmus), GUILLAUME DE SUTTON, mathématicien et astrologue anglais, né sans doute à Sutton, dans le comté d'York, mort vers 1450.

SUTTONUS (Joannes), JEAN DE SUTTON, théologien anglais, carme, né à Sutton, dans le comté d'York, mort en 1473. — On le trouve nommé aussi *J. Suthodunus.*

SUZARIUS (Guido), GUI DE SUZARIA, jurisconsulte italien, professeur à Modène, à Reggio et à Crémoné, né, dit Pancirole, au château de Suzaria, dans le Mantouan, mort après 1270. — On écrit aussi *G. de Susaria.*

SUZATO (Jacobus de). Voy. *Susato* (J. de).

SVANENDUNUS (Petrus). Voy. *Swaningtonus* (P.).

SVASHAMUS (Nicolaus), NICHOLAS SWAPHAM (?), théologien anglais, religieux carme, docteur de Cambridge, mort en 1449.

SWAFFAMUS (Joannes). Voy. *Swafhamus* (J.).

SWAFHAMUS (Joannes), JEAN DE SWAFFHAM, théologien anglais, carme, évêque de Bangor, né à Swaffham, dans le comté de Norfolk, mort vers 1397. — On trouve aussi *J. Swaffamus.*

SWANINGTONUS (Petrus), PETER SWANINGTON (dit Jöcher), théologien anglais, docteur d'Oxford, carme, mort après 1270. — On le trouve aussi nommé *P. Svanendunus.*

SWEBIA (Henricus de). Voy. *Suso* (H.).

SWERRERUS, SWERRE ou SVERRIR, roi de Norvége, jurisconsulte et historien, mort en 1202.

SWEVIA (DE) et SWEVIUS (Henricus). Voy. *Suso* (H.).

SYGERUS et SYGUERIUS. Voy. *Brabantia* (S. de).

SYLVA (Odo), ODON WOOD, théologien anglais, bénédictin, abbé de Battle-Abbey, né dans le comté de Kent, mort en 1200. — On le trouve nommé aussi *O. Cantianus*.

SYLVÆ MAJORIS (Christianus, monachus), CHRÉTIEN, moine DE LA SAUVE-MAJEURE, au diocèse de Bordeaux, hagiographe français, mort à la fin du XIIe siècle.

SYLVAGIUS (Joannes), JEAN SAUVAGE, jurisconsulte français, professeur à Louvain, chancelier du Conseil de Brabant, ami d'Érasme, né dans la Bourgogne, mort en 1518.

SYLVATICIS (V..P. de). Voy. *Porchetus*.

SYLVATICUS (Matthæus), MATTEO SILVATICO (dit N. Toppi), médecin italien, établi à Salerne, né à Mantoue, mort vers 1340.

SYLVESTER (Bernardus), BERNARD SYLVESTRE, philosophe scolastique belge, professeur à Utrecht, mort vers le milieu du XIIe siècle. — L'*Histoire littéraire de la France* le confond avec *B. Carnotensis*.

SYLVESTRIS (Franciscus de). Voy. *Silvester* (F.).

SYLVIOLUS (Antonius), ANTOINE FORESTIER, poëte latin moderne, né à Paris, mort vers 1530.

SYLVIUS (Æneas). Voy. *Picolominæus* (Æ. S.).

SYLVIUS (Andreas), ANDRÉ DU BOIS, chroniqueur français, prieur de Marchiennes, dans le diocèse d'Arras, mort vers 1205. — On le trouve nommé aussi *A. Atrebatensis*, *A. Marcianensis*, *A. Martianensis*, et par erreur *A. Arelatensis*.

SYNTHIS (Joannes de). Voy. *Sintinensis* (J.).

SYRACUSANUS (Richardus), RICHARD DE SYRACUSE, théologien anglais, évêque de Syracuse en Sicile, mort vers 1190.

SYROPULUS (Silvester). Voy. *Sguropulus* (S.).

TABIENSIS (Joannes), Giovanni Cagnazzo, dit Jean de Taggia. Voy. *Cagnatius* (J.).

TACESPHALUS (Joannes). Voy. *Titleshalus* (J.).

TACUMÆUS (Simon). Voy. *Constantinopolitanus* (S.).

TAFTASANUS (Saadeddinus), Saad-Eddyn Mas'-oud-al Taftazani, théologien et jurisconsulte arabe, né à Marasch, mort en 1389.

TAGLIACOTIUS (Joannes), Giovanni Tagliacozzi, théologien italien, archevêque de Tarente, cardinal, évêque de Palestrina, grand pénitencier, mort en 1449. — On le trouve encore nommé *J. de Tagliacotio* et *J. Tarentinus.*

TAILLERUS (Simon), Simon Taylor, musicographe écossais, religieux dominicain, mort en 1240.

TALABRICUS (Ferdinandus), Ferdinand de Talavera, théologien espagnol, évêque d'Avila, puis de Grenade (*episcop. Abulensis, dein Granatensis*), né à Talavera-la-Reyna (Nouvelle-Castille), mort en 1507.

TALIFORDUS (Guilelmus). Voy. *Colkisfordius* (G.).

TAMBACHO (Joannes de), Jean de Tambach ou de Dambach, théologien et sermonnaire allemand, dominicain, professeur à Prague, né à Tambach (Saxe-Cobourg) ou à Dambach (Bas-Rhin), mort en 1372. — On écrit aussi *J. de Tambacho*, *J. de Cambico*, et *J. de Zambaco.*

TAMBACO (Joannes de). Voy. *Tambacho* (J. de).

TANCREDIS (Tancredus de). Voy. *Bononiensis* (T.).

TANLAIO et TANLAYO (Joannes de). Voy. *Chanlaio* (J. de).

TAONENSIS (Philippus), Philippe de Than, souvent nommé par erreur *Ph. Toarcensis* (Ph. de Thouars), poëte anglo-normand, né à Than, près de Caen, mort après 1125.

TARANTA (Valescus de), Balescon de Tarente (dit Dezeimeris), médecin français ou portugais, attaché à la personne du roi Charles VI, professeur à Montpellier, mort vers 1420.

TARCANIOTA (Michael). Voy. *Marullus* (M.).

TARDIVUS (Guilelmus), Guillaume Tardif, littérateur français, professeur au collége de Navarre, lecteur du roi Charles VIII, né au Puy (*Aniciensis*), mort vers 1500.

TARENTASIA (Petrus de), Pierre de Champagni, dit aussi P. de Tarentaise. Voy. *Champagniaco* (P. de).

TARENTASIENSIS. Voy. *Tarentasia* (de).

TARENTINUS (Joannes). Voy. *Tagliacotius* (J.).

TARENTINUS (Philippus), Philippe de

L'AUMÔNE, dit aussi P. DE TARENTE. Voy. *Eleemosyna* (Ph. de).

TARRAGA (Raimondus de), RAIMOND DE TARREGA, théologien espagnol, juif converti, dominicain, né à Tarrega (anc. Tarraga), en Catalogne, mort après 1370.

TARSIANUS (Galeas), GALEAS DE TARSIA, poëte italien, né à Cosenza (royaume de Naples), mort en 1530.

TARTAGINIS (Alexander de). Voy. *Tartaginus* (A.).

TARTAGINUS (Alexander), ALESSANDRO TARTAGNI, jurisconsulte italien, professeur à Bologne et à Ferrare, né à Imola (États de l'Église), mort en 1477. — On l'appelle encore *A. Forocorneliensis* (de *Forum Cornelium*, ancien nom d'Imola), *A. Imolensis*, *A. de Imola*, *A. de Tartaginis*, et il fut surnommé: *Doctor aureus*, *Doctor veritatis*, *Monarcha legum*, *Princeps jurisconsultorum*.

TARTAIUS (Joannes), JOHN TARTAYS, mathématicien et philosophe anglais, professeur à Oxford, mort vers 1410.

TARVANENSIS (Gualterus). Voy. *Tervanensis* (G.).

TARVISINUS (Bononius). Voy. *Bononius* (H.).

TASCHIFELLIONE (Caffarus de), CAFFARO DE TASCHENFELD, plus connu sous son prénom seulement, chroniqueur génois, mort en 1164.

TATHEVATIUS (Gregorius), GRÉGOIRE TATHEVATZI, théologien et sermonnaire arménien, mort en 1410.

TAULERIUS (Joannes). Voy. *Taulerus* (J.).

TAULERUS (Joannes), JOHANN TAULER, théologien et prédicateur mystique allemand, dominicain, né à Strasbourg, mort en 1361. — On trouve aussi *Taulerius* et *Thoulerus*, et il a été surnommé *Doctor illuminatus*.

TAURELLA (Hyppolita). Voy. *Castilionus* (Balthasar).

TAURISANUS. Voy. *Turigianus*.

TAVENSIS (David), DAVID DE MORGAN, dit aussi D. DE LANDAFF. Voy. *Morganius* (D.).

TEGERNSEENSIS (Metellus), METELLUS DE TEGERNSÉE, poëte et hagiographe allemand, bénédictin, moine à Tegernsée (Bavière), mort vers 1160.

TEGRINIUS (Nicolaus), NICCOLO TEGRINI, jurisconsulte, biographe et négociateur italien, archidiacre de Lucques, né dans cette ville, mort en 1527.

TEGULARIUS (Johannes), JEAN THUILLIER, théologien français, docteur et procureur de la Sorbonne à Paris, mort vers 1435.

TELESINUS (Alexander). Voy. *Celesinus* (A.).

TEMPORALIS (Joannes), JEAN LE RÉVOCABLE, L'AMOVIBLE. Voy. *Mauburnus* (J.).

TEMPSECA (Georgius a). Voy. *Tensera* (G. a).

TENERAMUNDA (DE) et TENERAMUNDANUS (Joannes). Voy. *Teneremundanus* (J.).

TENEREMUNDANUS (Joannes), JEAN DE TENREMONDE, théologien belge, chartreux, prieur du couvent de Saligny, en Savoie, né à Tenremonde, mort après 1430. — On trouve aussi *J. de Teneramunda* et *J. Teneramundanus*

TENSERA (Georgius a), nom sous lequel est parfois désigné GEORGIUS A TEMPSECA, historien belge, né à Bruges, mort après 1252.

TERDONENSIS (Manfredus), MANFRED DE TORTONE, philologue italien, frère mineur, né à Tortone (Lombard-Vénitien), mort après 1360.

TERIACE (Jacobus de), JACQUES DE CESSOLES, dit aussi J. DE THIÉRACHE. Voy. *Cessolis* (J. de).

TERNIS (Rogerius de), ROGER LE FORT, dit aussi R. DE TERNES. Voy. *Fortis* (R.).

TERRA RUBEA (Joannes de), JEAN DE TERREVERMEILLE, écrivain politique français, avocat à Beaucaire, né à Nîmes, mort en 1430.

TERRENIS (Arnoldus de), ARNOLD DE TERRENA, jurisconsulte français, professeur à Avignon, sacristain de l'église d'Elne, près de Perpignan, né dans le Roussillon, mort après 1373.

TERRENIS (Guido de). Voy. *Perpiniano* (G. de).

TERVANENSIS (Gualterus), GAUTIER DE TÉROUANE, biographe français, chanoine et archidiacre de Térouane, mort vers 1130. — On écrit aussi *Gualt. Tarvanensis*, mais on le nomme plus souvent *Gualterus* ou *Galbertus Archidiaconus*.

TESSALIS et TESSELIS (Jacobus de). Voy. *Cessolis* (J. de).

TETFORDIENSIS (Richardus), RICHARD DE THETFORD, théologien et prédicateur anglais, bénédictin, né à Thetford (Norfolk), *incerto sæculo*.

TETZELIUS (Joannes), JOHANN TETZEL, théologien allemand, dominicain, adversaire de Luther, né à Pirna, dans la Misnie, mort en 1519. — On trouve aussi *Tezelius*.

TEUKESBURIENSIS (Alanus), ALAIN DE TEWKESBURY, biographe anglais, bénédictin, prieur du couvent de Tewkesbury, dans le Glocester, né dans ce comté, mort vers 1200. — On le trouve nommé encore *A. Deoberberiensis*, *A. Theocicuriæ* (anciens noms de Tewkesbury), et *A. Albertus* ou *Albretus*.

TEUKESBURIENSIS (Joannes), JEAN DE TEWKESBURY, philosophe et physicien anglais, né à Tewkesbury, mort vers 1350. — Tanner le nomme *J. Teuxburiensis*.

TEUKESBURIENSIS (Thomas), THOMAS DE TEWKESBURY, musicographe anglais, religieux franciscain à Bristol, mort vers 1350.

TEULFUS. Voy. *Theulfus*.

TEUREDUS, TEURÈDE (dit l'*Histoire littéraire de la France*), grammairien, professeur à Paris, mais né en Angleterre, mort au milieu du XIIe siècle.

TEUTO (Petrus). Voy. *Niger* (P.).

TEUTONICUS (Albertus), ALBERT DE BOLLSTADT, dit aussi A. LE TEUTONIQUE. Voy. *Bolstadius* (A.).

TEUTONICUS (Bertholdus), BERTHOLD LE TEUTONIQUE, célèbre prédicateur allemand, frère mineur à Ratisbonne, mort en 1272.

TEUTONICUS (David), DAVID D'AUGSBOURG, dit aussi D. LE TEUTONIQUE. Voy. *Augusta* (D. de).

TEUTONICUS (Henricus), HENRY DE BERG, dit aussi H. LE TEUTONIQUE. Voy. *Suso* (H.).

TEUTONICUS (Joannes), JEAN LE TEUTONIQUE, dit aussi J. DE SAINT-VICTOR (*Joannes de Sancto Victore*), sermonnaire allemand, chanoine régulier puis abbé de Saint-Victor à Paris, né sans doute dans le diocèse de Trèves, mort en 1229.

TEUTONICUS (Joannes), JOHANN SEMECA, dit aussi S. LE TEUTONIQUE, plus connu sous son nom latin, jurisconsulte allemand, prévôt de l'église Saint-Étienne d'Halberstadt, en Saxe, mort en 1243. — Il fut surnommé *Dux Doctorum* et *Lux decretorum*.

TEUTONICUS (Joannes), JOHANN GANWER, GATVER, GAUWER, GRAUWER ou GUTWER, dit aussi J. LE TEUTONIQUE, théologien et sermonnaire allemand, carme, né à Mayence, mort vers 1438.

TEUTONICUS (Joannes), JOHANN KLENCKE, dit aussi JEAN LE TEUTONIQUE, jurisconsulte et théologien allemand, général des augustins saxons, mort vers la fin du XIVe siècle.

TEUTONICUS (Joannes). Voy. *Bossinensis* (J.).

TEUTONICUS (Joannes), JOHANN RUNSIC, dit aussi J. LE TEUTONIQUE Voy. *Fribugrensis* (J.).

TEUTONICUS (Joannes), JEAN DE WILDESHUSEN, dit aussi J. LE TEUTONIQUE. Voy. *Wildeshemensis* (J.).

TEUTONICUS (Jordanus), JORDAN LE TEUTONIQUE, chroniqueur allemand, mort vers 1290. — On le nomme souvent *magister Jordanus*.

TEUTONICUS (Ludolphus), LUDOLPHE DE SAXE, dit aussi L. LE TEUTONIQUE. Voy. *Saxo* (L.).

TEUTONICUS (Theodericus). Voy. *Friburgensis* (Th.).

TEUTONICUS (Udalricus), ULRIC DE STRASBOURG, dit aussi U. LE TEUTONIQUE. Voy. *Argentoratensis* (U.).

TEUTONICUS (Warnerius, Wernherus ou Guarnerius), WERNHER, comte DE HOMBURG, dit aussi W. LE TEUTONIQUE, minnesinger et guerrier allemand, né dans l'évêché de Bâle, mort vers 1325.

TEUTONICUS. Voy. *Saxo.*

TEUXBURIENSIS. Voy: *Teukesburiensis.*

TEXTOR (Guillelmus). Voy. *Aquisgranensis* (G.).

TEXTOR (Joannes). Voy. *Ravisius.*

TEZELIUS (Joannes). Voy. *Tetzelius* (J.).

THABORITA (Henricus), HENRI DU THABOR, chroniqueur frison, chanoine régulier du couvent du Thabor, près de Sneek, dans la Frise, mort vers 1530.

THANATENSIS (Joannes), JEAN DE THANET, théologien anglais, bénédictin, chantre à l'église de Canturbery, né dans l'île de Thanet, à l'extrémité du comté de Kent, mort vers 1440.

THARMIS (Jacobus de). Voy. *Thermis* (J. de).

THAULERUS (Joannes). Voy. *Taulerus* (J.).

THEANENSIS (Petrus), PIERRE DE TEANO, historien et sermonnaire italien, bénédictin, moine du Mont-Cassin, né sans doute à Teano, dans le royaume de Naples, mort vers 1100.

THEATE (de). Voy. *Theatinus.*

THEATINUS (Guillelmus), GUILLAUME DE CHIETI, théologien italien, né, dominicain et professeur à Chieti (royaume de Naples), mort vers 1372. — On le nomme aussi *G. de Theate.*

THEATINUS (Joannes-Baptista), JEAN-BAPTISTE DE CHIETI, orientaliste, théologien et sermonnaire italien, dominicain, né à Chieti (royaume de Naples), mort vers 1520.

THENIS (Guilelmus a), GUILLAUME DE TILLEMONT, théologien belge, religieux dominicain, né à Tillemont, mort vers 1400.

THEOCARUS. Voy. *Dietgerus.*

THEOCICURIÆ (Alanus). Voy. *Teukesburiensis* (A.).

THEODERICUS. On trouve ce nom écrit *Diedericus, Dietericus,* etc.

THEODORICI (Vincentius). Voy. *Beverovicensis* (V.).

THEODULUS (Thomas), Θωμᾶς ὁ Θεόδουλος, grammairien byzantin, moine à Constantinople, mort vers 1330. — On le trouve aussi nommé *Th. Magister* (Θ. ὁ Μαγίστορος).

THEOGERUS et THEOKARUS. Voy. *Dietgerus.*

THEOLOGUS (Richardus), RICHARD LE THÉOLOGIEN, nom sous lequel est souvent désigné RICHARD DE SAINT-VICTOR. Voy. *Sancto Victore* (R. de).

THEORIANUS, ὁ Θεωριανός, théologien byzantin, né à Constantinople, mort vers 1200.

THERAMO (Jacobus de), GIACOMO PALLADINO, dit aussi JACQUES DE TERAMO, théologien italien, archevêque de Tarente et de Florence, puis évêque de Spolète, né à Teramo, dans les Abruzzes, mort en 1417. — On le trouve encore nommé *J. de Ancharano* et *J. Tranensis.*

THERMIS (Jacobus de), JACQUES DE THERMES, théologien français, moine de Cîteaux, abbé de Chaalis (*abbas Caroliloci*), au diocèse de Senlis, puis de Pontigny (*abbas Pontiniacensis*), au diocèse d'Auxerre, mort en 1321. — On trouve aussi *J. de Tharmis.*

THESAURARIUS (Alfredus), ALFRED DE BEVERLEY, dit aussi A. LE TRÉSORIER. Voy. *Beverlacensis* (A.).

THESAURARIUS (Bernardus), BERNARD LE TRÉSORIER, nom sous lequel est connu un chroniqueur italien ou français, traducteur et continuateur de Guillaume de Tyr, mort après 1228.

THESAURARIUS (Bernardus), BERNARD LE TRÉSORIER, nom sous lequel est souvent désigné B. DE COMPOSTELLE. Voy. *Compostellanus* (B.).

THESSALIS (DE), DE THESSALONIA et DE THESSALONICA (Jacobus). Voy. *Cessolis* (J. de).

THESSALONICENSIS (Eustathius), Εὐστάθιος ὁ Θεσσαλονικεύς, en français EUSTATHE DE THESSALONIQUE, grammairien et rhéteur grec, commentateur d'Homère, moine de Saint-Florus, évêque de Myra, archevêque de Thessalonique, mort en 1198.

THESSALONICENSIS (Isidorus), Ἰσίδωρος ὁ Θεσσαλονικεύς, en français ISIDORE DE THESSALONIQUE, théologien byzantin, archevêque de Thessalonique, mort vers 1430.

THESSALONICENSIS (Nicetas), Νικήτας ὁ Θεσσαλονικεύς, en français NICÉTAS DE THESSALONIQUE, théologien et jurisconsulte byzantin, chartophylax (χαρτοφύλαξ) de l'Église de Constantinople, archevêque de Thessalonique, né à Mitylène (Lesbos), mort vers 1230. — On le trouve aussi nommé *N. Mitylenæus* (N. ὁ Μιτυληναῖος).

THESSALONICENSIS (Siméon), Συμεὼν ὁ Θεσσαλονικεύς, en français SIMÉON DE THESSALONIQUE, théologien grec, archevêque de Thessalonique, mort vers 1400.

THESSOLONIA (DE) et THESSOLUS (Jacobus). Voy. *Cessolis* (J. de).

THEULFUS, THEULFE ou THÉODULFE, chroniqueur et théologien français, chantre, prieur, puis abbé de Morigni, près d'Étampes, mort en 1138. — On trouve aussi *Teulfus*.

THEUPOLUS (Jacobus), GIACOMO TIEPOLO, jurisconsulte italien, gouverneur de Candie, podestat de Trévise, puis doge de Venise, mort en 1249. — On trouve aussi *Theupulus*.

THEUPULUS (Jacobus). Voy. *Theüpolus* (J.).

THIMO (de). Voy. *Thymo* (de).

THOBIAS (Berengarius), BÉRANGER TOBIAS, théologien espagnol, carme, docteur de Paris, né à Saragosse (*Cæsaraugustanus*), mort en 1290.

THOCO (Guilelmus de), GUILLAUME DE Tocco, hagiographe italien, dominicain, disciple de saint Thomas d'Aquin, né à Tocco, dans la Sicile, mort en 1323. — On le trouve encore nommé *G. de Toco* et *G. de Zocco*.

THOLOSANUS. Voy. *Tolosanus*.

THOMACELLINUS (Petrus), PIETRO THOMACELLI, théologien italien, pape sous le nom de BONIFACE IX, né à Naples, mort en 1404. — On écrit aussi *P. de Thomacellis*, et il est parfois nommé *Cardinalis neapolitanus*.

THOMACELLIS (Petrus de). Voy. *Thomacellinus* (P.).

THOMÆSONUS (Joannes). Voy. *Tomsonus* (J.).

THOMASIS (Simon de), SIMONE TOMMASI, théologien italien, dominicain à Brescia, puis prieur du couvent de Gênes, évêque de Brugnato (*episcop. Bruniacensis*), dans la province de Gênes, né à Brescia, mort en 1418.

THOMASIUS (Franciscus), FRANCESCO TOMMASI, historien italien, né sans doute à Sienne, mort après 1440.

THOMISTARUM PRINCEPS, LE PRINCE DES THOMISTES, surnom donné à JEAN CAPRÉOLE. Voy. *Capreolus* (J.).

THONEIUS (Joannes). Voy. *Tonneius* (J.).

THORESBEIUS (Joannes), JEAN DE THORESBY, théologien anglais, docteur d'Oxford, évêque de Saint-David, archevêque d'York, chancelier d'Angleterre, mort en 1373.

THORNÆUS (Guilelmus), GUILLAUME DE THORNE, chroniqueur anglais, augustin, moine à Canterbury, mort vers 1380.

THORNAYUS (Simon). Voy. *Tornacensis* (S.).

THORPUS (Joannes), JEAN DE THORPE, théologien anglais, carme à Norwich, mort en 1440. — Il fut surnommé *Doctor ingeniosus*.

THOSANUS (Albericus), ALBÉRIC DE THOSAN, chroniqueur belge, religieux de Cîteaux, moine de la Chapelle de Thosan, mort après 1275.

THUCYDIDES ECCLESIASTICUS, LE THUCYDIDE ECCLÉSIASTIQUE, surnom donné à NICÉPHORE CALLISTE. Voy. *Callistus* (N.).

THURINGUS (Helvicus ou Helwicus), HELWICUS DE THURINGE, historien allemand, attaché à la personne d'Ottocar, roi de Bohême, né dans la Thuringe, mort vers 1275.

THURINGUS (Theodoricus), THIERRY DE THURINGE, hagiographe allemand, dominicain à Erfurt, né à Apolda près d'Iéna (Saxe-Weimar), mort vers 1300. — On le trouve aussi nommé *Th. de Apoldia*, et Échard en fait deux personnages : *Th. de Apoldia* et *Th. Thuringus*.

THURVAIUS (Simon). Voy. *Tornacensis* (S.).

THYLESIUS (Antonius). Voy. *Tilesius* (A.).

THYMÆUS. Voy. *Thymo* (de).

THYMO (Jacobus de), JACQUES VAN DER HEYDEN, philosophe scolastique hollandais, professeur à Utrecht, né à Amersford, dans la province d'Utrecht, mort après 1492. — On le trouve encore nommé *J. Amersfordiensis*, *J. Miricæus*, *J. Timæus*, *J. Thymæus* et *J. de Thimo*.

THYMO (Joannes de), JEAN VAN DER MALE, petit-neveu de Pierre van der Heyden (il prit son nom pour pseudonyme), théologien belge, docteur, puis chanoine de Louvain, né à Ghierle, près de Turnhout, mort en 1506. — On écrit aussi *J. de Thimo*.

THYMO (Petrus de), PIERRE VAN DER HEYDEN, historien belge, trésorier et chanoine de l'église Sainte-Gudule à Bruxelles, né à Ghierle, près de Turnhout (province d'Anvers), mort en 1473. — Foppens écrit *P. de Thimo*.

TIBELENSIS (Gervasius). Voy. *Tilberiensis* (G.).

TIBERTUS (Antiochus), ANTIOCHO TIBERTI, célèbre astrologue italien, né à Cesena (États de l'Église), mort vers 1500.

TIBERTUS (Darius), DARIO TIBERTI, littérateur, poëte et traducteur italien, né à Cesena (États de l'Église), mort vers 1500.

TIBURTINUS (Plato), PLATON DE TIVOLI, pseudonyme d'un savant philologue et traducteur italien, né sans doute à Tivoli (États de l'Église), mort vers le milieu du XIIe siècle.

TICINENSIS (Augustinus), AGOSTINO DE NOVIS, dit aussi AUGUSTIN DE PAVIE, théologien italien, chanoine et professeur à Pavie, mort vers 1500. — On trouve aussi *A. Papiensis*.

TIFERNAS (Gregorius). Voy. *Tiphernas* (G.).

TILBERIENSIS (Gervasius), GERVAIS DE TILBURY, célèbre historien et littérateur anglais, maréchal du royaume d'Arles, né sans doute à Tilbury dans le comté d'Essex, mort vers 1215. — On le trouve encore nommé *G. Tibelensis*, *G. Tilburiensis*, *G. Tilgeriensis*, *G. Tilgertensis*, *G. Tillebesius*, *G. Tillebergensis* et *G. Tillebirius*.

TILBERIUS (Joannes), JEAN DE TILBURY, théologien et historien anglais, prêtre à Oxford, mort vers 1200. — On le nomme encore *J. Tilleberiensis*, et Du Cange écrit *J. Tillesberiensis*.

TILBURIENSIS. Voy. *Tilberiensis*.

TILESIUS (Antonius), ANTONIO TELESIO, poëte, philosophe et érudit italien, professeur à Milan, à Rome et à Venise, né à Cosenza (royaume de Naples), mort vers 1530. — On le trouve aussi nommé *A. Thylesius*.

TILGERIENSIS et TILGERTENSIS (Gervasius). Voy. *Tilberiensis* (G.).

TILIANUS (Joannes). Voy. *Lindnerus* (J.).

TILLEBERIENSIS (Joannes). Voy. *Tilberius* (J.).

TILLEBESIUS, TILLEBIRIUS et TILLEMBERGENSIS (Gervasius). Voy. *Tilberiensis* (G.).

TILLESBERIENSIS (Joannes). Voy. *Tilberius* (J.).

TILLIA (Ægidius de). Voy. *Tyllia* (Æ. de).

TILLONEGUS (Joannes). Voy. *Tilnæus* (J.).

TILMANNUS. Voy. *Alto lapide* (de) et *Aquisgrano* (de).

TILNÆUS (Joannes), JEAN DE TILNEY, philosophe scolastique anglais, carme à Norwich, mort vers 1430. — On le trouve aussi nommé *J. Tillonegus*.

TIMÆUS. Voy. *Thymo* (de).

TINCTORIS (Joannes), JEAN VERWERS ou FARBERS (dit Paquot), théologien et philosophe scolastique allemand, professeur à Cologne, chanoine de Tournai, né à Cologne, mort vers 1470.

TINMOUTHENSIS (Joannes), JEAN DE TINMOUTH, historien et hagiographe anglais, bénédictin, moine de Saint-Albans, né à Tinmouth (comté de Northumberland), mort vers 1370. — On écrit aussi *J. Tinnemuthensis*.

TINNEMUTHENSIS. Voy. *Tinmouthensis*.

TIPETOFTUS et TIPETOTUS (Joannes). Voy. *Tiptoftus* (J.).

TIPHERNAS (Gregorius), LILIO GREGORIO DE TIPHERNUM, dit dans les biographies françaises GRÉGOIRE TIFERNAS, helléniste et érudit italien, professeur à Naples, à Milan, à Rome et à Paris, né à Citta di Castello (autrefois *Tifernum* ou *Tiphernum*), dans les États de l'Église, mort en 1466. — On le trouve nommé aussi en latin *G. Tifernas*.

TIPTOFTUS (Joannes), JOHN TYPTOFT (Fabricius) ou TIPETOT (Moréri et Jöcher), comte de Worcester, littérateur anglais, né à Everton (comté de Lancastre), mis à mort en 1471. — On le trouve encore nommé *J. Tipetoftus* et *J. Tipetotus*.

TISSARDUS (Franciscus), FRANÇOIS TISSARD, helléniste et hébraïsant français, né à Amboise, mort après 1508.

TISSENDUNUS (Joannes). Voy. *Tissinghtonus* (J.).

TISSERANDUS (Joannes), JEAN TISSERAN, prédicateur et hagiographe français, cordelier à Paris, instituteur des filles pénitentes de Sainte-Madeleine, mort vers 1530.

TISSINGHTONUS (Joannes), JOHN TISSINGHTON (Jöcher), théologien anglais, docteur d'Oxford, frère mineur, mort vers 1395. — On le trouve aussi nommé *J. Tissendunus*.

TITEBODUS (Petrus). Voy. *Tudebodus* (P.).

TITELESAULUS (Joannes). Voy. *Titleshalus* (J.).

TITIO (Sebastianus), SÉBASTIEN BRANDT, poëte didactique allemand, né à Strasbourg, mort en 1520.

TITLESHALUS (Joannes), JEAN DE TITTLESHALL, théologien et sermonnaire anglais, carme à Norwich, né sans doute à Tittleshall (comté de Norfolk), mort vers 1420. — On le trouve encore nommé *J. Didueshalus*, *J. Tacesphalus* et *J. Titelesaulus*.

TOARCENSIS (Philippus). Voy. *Taonensis* (P.).

TOCIACO (Joannes de), JEAN DE TOUCY, hagiographe français, chanoine de Saint-Victor, puis abbé de Sainte-Geneviève à Paris, né à Toucy, dans l'Auxerrois, mort en 1222.

TOCO (Guilelmus de). Voy. *Thoco* (G. de).

TOLETANUS (Bernardus), BERNARD DE TOLÈDE, théologien et sermonnaire français, archevêque de Tolède (Nouvelle-Castille), né à Sauvetat, dans l'Agenois, mort vers 1125.

TOLETANUS (Julianus), JULIEN DE TOLÈDE, chroniqueur espagnol, archiprêtre de San-Justo à Tolède, mort vers 1160. — On le trouve encore nommé *J. Archipresbyter* et *J. Petri*.

TOLETANUS. Voy. *Toleto* (de).

TOLETO (Franciscus de), FRANÇOIS DE TOLÈDE, théologien et jurisconsulte espagnol, né à Tolède, mort vers 1480.

TOLETO (Rodericus de), RODRIGUEZ DE TOLÈDE, dit aussi R. DE COTA, poëte espagnol, né à Tolède (Nouvelle-Castille), mort en 1470.

TOLETO (de). Voy. *Toletanus*.

TOLOSA (Guilelmus de). Voy. *Cisterciensis* (G.).

TOLOSA (de). Voy. *Tolosanus*.

TOLOSANA (Clementia), CLÉMENCE ISAURE, dite C. DE TOULOUSE, fondatrice des *Jeux floraux*, née à Toulouse, morte après 1478.

TOLOSANUS (Dominicus), DOMINIQUE GRENIER (dit Échard), appelé aussi D. DE TOULOUSE, théologien et liturgiste français, dominicain, évêque de Pamiers (*episc. Appamiensis*), né à Toulouse, mort en 1342. — On le trouve nommé aussi *D. Grinia*, *D. Grima* et *D. de Tolosa*.

TOLOSANUS (Jacobus), JACQUES DE TOULOUSE, théologien français, dominicain, né à Toulouse, mort vers 1250.

TOMASSINUS (Thomas), TOMMASO TOMASINI, théologien italien, dominicain, évêque de Citta Nuova (*episc. Æmoniensis*) en Istrie, de Pola, d'Urbino, de Trau (*Tragurensis*) en Dalmatie, de Feltre et de Bellune, né à Venise, d'une famille originaire de la Toscane, mort en 1447.

TOMITANUS (Bernardinus). Voy. *Feltrensis* (B.).

TOMSONUS (Joannes), JOHN THOMPSON, fécond théologien anglais, carme, né dans le comté de Norfolk, mort après 1380. — On le trouve encore nommé *J. Campscenus*, *J. Campsconensis*, *J. Campsenus* et *J. Thomæsonus*.

TONGRENSIS, DE TONGRIA et DE TONGRIS. Voy. *Tungrensis* et *Tungris* (de).

TONNEIUS (Joannes), JOHN TONNEYS, théologien, sermonnaire et philologue anglais, religieux augustin, docteur de Cambridge, mort vers 1500. — On le trouve aussi nommé *J. Thoneius*.

TONNERRA (Jacobus de), JACQUES DE TONNERRE, théologien et sermonnaire français, dominicain, né à Tonnerre (Yonne), mort en 1350.

TORINNEIO (de) et TORINNEIUS (Robertus), ROBERT DU MONT, dit aussi R. DE THORIGNY. Voy. *Monte* (R. de).

TORINUS (Godofredus), GEOFFROI TORY, philologue, graveur, imprimeur et libraire français, établi à Paris, né à Bourges, mort en 1533.

TORNACÆUS. Voy. *Tornacensis*.

TORNACENSIS (Guibertus, Guilbertus, Gilbertus, Wibertus ou Wilibertus), GUIBERT DE TOURNAI, célèbre théologien flamand, professeur à Paris, franciscain, né sans doute à Tournai, mort en 1270. — On le trouve nommé encore *G. de Tornaco, G. de Torrenno* et *G. de Tornadia*.

TORNACENSIS (Henricus), HENRI DE TOURNAI, hagiographe flamand, chanoine de Tournai, né dans cette ville, mort vers 1145.

TORNACENSIS (Hermannus), HERMANN DE TOURNAI, chroniqueur français, bénédictin, chanoine de Laon, abbé de Saint-Martin de Tournai, mort après 1137. — On le nomme souvent *H. Laudunensis*.

TORNACENSIS (Matthæus), MATTHIAS GRENET, dit aussi M. DE TOURNAI, théologien flamand, religieux bénédictin, prieur de Saint-Martin de Tournai, mort en 1503..

TORNACENSIS (Nicolaus). Voy. *Gorranus* (N.).

TORNACENSIS (Simon), SIMON DE TOURNAI, dit parfois S. DE CHURNAY, théologien anglais ou français, chanoine de Tournai, né peut-être dans le comté de Cornouailles, mort vers 1220. — On le trouve nommé encore *S. de Tornaco, S. Thornayus* et *S. Thurvaius*.

TORNACENSIS (Stephanus), ÉTIENNE DE SAINTE-GENEVIÈVE, dit aussi É. DE TOURNAI. Voy. *Sancta Genovefa* (S. de).

TORNACENSIS. Voy. *Tornaco* (de).

TORNACO (Balduinus de), BAUDOUIN MAFLIX, dit aussi B. DE TOURNAI, savant théologien flamand, docteur de Paris, dominicain, né à Tournai, mort vers 1269.

TORNACO (Guilelmus de), GUILLAUME DE TOURNAI, théologien belge, bénédictin, abbé de Saint-Martin de Tournai, mort vers 1250.

TORNACO (Guilelmus de), GUILLAUME DE TOURNAI, théologien et sermonnaire flamand, religieux dominicain, moine à Tournai, puis à Paris, mort vers 1300.

TORNACO (de). Voy. *Tornacensis*.

TORNADIA (Guibertus de). Voy. *Tornacensis* (G.).

TORNAQUINCIUS (Simon), SIMONE TORNAQUINCI (dit G. Negri), sermonnaire et hagiographe italien, religieux augustin, professeur à Padoue, né à Florence, mort en 1429. — Moréri le nomme *J. Tornaquiti*.

TORNARE (Petrus de), PIERRE DE TONNERRE, sermonnaire français, religieux dominicain à Paris, mort à la fin du XIIIe siècle.

TORNICIUS (Demetrius), Δημήτριος ὁ Τωρνίκιος, théologien byzantin, mort vers 1200.

TOROTA (Radulfus de), RAOUL DE TOUROTE, chanoine de Laon, évêque de Verdun, né à Tourote, dans la Picardie, mort en 1245.

TOROTA (Robertus de), ROBERT DE TOUROTE, chanoine de Beauvais, évêque de Langres, puis de Liége, mort en 1246. — Le *Gallia christiana* écrit *R. de Torotta*.

TOROTTA (Robertus de). Voy. *Torota* (R. de).

TORPHIMUS. Voy. *Hamariensis* (T.).

TORRENNO (Guibertus de). Voy. *Tornacensis* (G.).

TORRENTINUS (Hermannus), HERMANN VAN BEECK, grammairien hollandais, professeur à Groningue, clerc de la vie commune, né à Zwoll dans l'Over-Yssel, mort vers 1520.

TORRETA (Rodulfus de), RAOUL DE LA TORRÈTE (suivant l'*Histoire littéraire de la France*) ou DU TORRET, chanoine de Verdun, puis archevêque de Lyon, né sans doute au Torret, près de Lyon, mort en 1287. — Peut-être le même que *Radulfus de Torota*.

TORSELLUS (Marinus). Voy. *Sanutus* (M.).

TORTARIUS (Radulfus), RAOUL TORTAIRE, théologien, historien et poëte français, moine à Fleury-sur-Loire, né à Gien, mort vers 1115. — On le nomme aussi *R. Floriacensis*.

TORTELLIUS (Joannes), GIOVANNI TORTELLI, grammairien italien, archiprêtre d'Arezzo, secrétaire et bibliothécaire du pape Nicolas V, né à Arezzo (Toscane), mort avant 1466. — On le trouve nommé aussi *J. Aretinus*.

TORTUS (Gauffridus), GEOFFROI LE TORT, jurisconsulte et diplomate, chambellan de Henri Ier, roi de Chypre, né en Syrie, mort après 1247.

TOSCANELLUS (Paulus), PAOLO DEL POZZO, dit aussi P. TOSCANELLI (Corniani), astronome italien, né et bibliothécaire à Florence, mort en 1482. — On le trouve aussi nommé *P. Physicus*.

TOSTATUS (Alphonsus), ALONSO TOSTADO, dit en français ALPHONSE TOSTAT, célèbre théologien espagnol, évêque d'Avila (*episcop. Abulensis*), né à Madrigal (Vieille-Castille), mort en 1455. — Il fut surnommé *Stupor mundi*.

TRAILLA (B. de). Voy. *Trilha* (B. de).

TRAIMUNDUS. Voy. *Trasimundus*.

TRAJECTENSIS (Andreas), ANDRÉ D'UTRECHT, théologien et poëte hollandais, bénédictin au couvent de Spanheim, mort en 1445. — On trouve aussi *A. de Trajecto*.

TRAJECTINUS (Jacobus), JACQUES D'UTRECHT, théologien hollandais, moine olivétain en Italie, né sans doute à Utrecht, mort vers 1500.

TRAJECTO (de). Voy. *Trajectensis* et *Ultrajectensis*.

TRANENSIS (Galfredus), GOFFREDO DI TRANI (dit Nic. Toppi), jurisconsulte et théologien italien, auditeur de rote, mort après 1280.

TRANENSIS (Jacobus). Voy. *Theramo* (J. de).

TRANSMUNDUS. Voy. *Trasimundus*.

TRAPEZUNTIUS et TRAPEZUNTINUS (Georgius), Γεώργιος ὁ Τραπεζούντιος, en français GEORGE DE TRÉBIZONDE, célèbre philologue et traducteur byzantin, professeur à Venise et à Rome, né à Chandace, dans l'île de Crète, d'une famille originaire de Trébizonde, mort en 1486.

TRASIMUNDUS, TRASIMOND, TRAIMOND (dit l'*Histoire littéraire de la France*), ou TRAIMUNDO, littérateur et épistolographe, moine de Clairvaux, né sans doute ou Espagne, mort vers 1185. — On écrit encore *Traimundus*, *Traymundus* et même *Transmundus*.

TRAVERSARIUS (Ambrosius), AMBROGIO TRAVERSARI, connu sous le nom de AMBROISE LE CAMALDULE (*A. Camaldulensis*), théologien italien, général de l'ordre des Camaldules, cardinal, né à Portico, dans la Romagne, mort en 1439.

TRAYMUNDUS. Voy. *Trasimundus*.

TRAYNACO (Guilelmus de). Voy. *Traynhaco* (G. de).

TRAYNHACO (Guilelmus de), GUILLAUME DE TRAHINAC, prieur de l'ordre de Grandmont, né à Aix, dans le Limousin, mort vers 1188. — On écrit aussi *G. de Traynaco*.

TRECENSIS. Voy. *Trecis* (de).

TRECIS (Jacobus de), JACQUES PANTALÉON, dit aussi J. DE TROYES, théologien français, pape sous le nom d'URBAIN IV, né à Troyes, dans la Champagne, mort en 1264. — On le trouve encore désigné sous les noms suivants *J. Pantaleo*, *J. de Curto Palatio* et *Urbanus*.

TRECIS (Joannes de), JEAN DE TROYES, sermonnaire français, vicaire de l'évêque de Paris, mort après 1349.

TRECIS (Petrus de), PIERRE DE TROYES, chanoine de Saint-Martin de Troyes, doyen de Trèves, mort vers 1230. — On lui a attribué l'*Historia scolastica* de *P. Comestor*.

TRECORENSIS (Oliverius), OLIVIER DE

TRÉGUIER, philosophe scolastique et sermonnaire français, religieux dominicain, professeur à Paris, né à Tréguier (Côtes-du-Nord), mort en 1296. — On le trouve nommé encore *O. Armoricus, O. Brito* et *O. Prædicator.*

TRECORENSIS (Yvo), YVES HEELOR, dit aussi Y. DE TRÉGUIER. Voy. *Helorii* (Y.).

TRENTAQUATRIS (Thomas de), TOMMASO TRENTAQUATTRO, théologien et sermonnaire italien, religieux dominicain, né et bibliothécaire à Bologne, mort vers 1444.

TRESSENTIS (Thomas), THOMAS TRESSENT, dit TH. DE MORIGNI. Voy. *Morigniacensis* (T.).

TREVERENSIS. Voy. *Trevirensis.*

TREVIRENSIS (Adalbero ou Alberius), ADALBÉRON DE MONSTEROL, dit aussi A. DE TRÈVES, archidiacre de Metz, de Verdun, de Toul, prévôt de Saint-Gengoul, puis archevêque de Trèves, né dans la Lorraine, mort en 1152.

TREVIRENSIS (Lambertus), LAMBERT DE TRÈVES, hagiographe allemand, moine à Trèves, mort vers 1130.

TREVISANUS (Bernardus), BERNARD LE TRÉVISAN, ainsi appelé parce qu'il se disait comte de la Marche Trévisane, célèbre alchimiste italien, né à Padoue, mort en 1490.

TREVISANUS (Paulus), PAOLO TREVISANO, voyageur et géographe italien, né à Venise, mort après 1505.

TRICKINGHAMUS (Elias), ELIAS TRICKINGHAM (disent Moréri et Jöcher), chroniqueur anglais, bénédictin, moine à Peterborough, mort après 1268.

TRICLINIUS (Demetrius), Δημήτριος ὁ Τρικλίνιος, rhéteur byzantin, commentateur d'Hésiode, mort vers 1400.

TRICLOUS (Joannes), JOHN TRIKELOVE, chroniqueur anglais, mort après 1326.

TRIDENTINUS (Bartholomæus), BARTHÉLEMY DE TRENTE, théologien et hagiographe allemand, dominicain, né à Trente, mort en 1240. — On trouve aussi *B. de Tridento.*

TRIDENTO (de). Voy. *Tridentinus.*

TRIEFENSTEINENSIS (Folmarus). Voy. *Trieffensteniensis* (F.).

TRIEFFENSTENIENSIS (Folmarus), FOLMAR DE TRIFENSTEIN, théologien et littérateur allemand, prévôt du couvent de Trifenstein, dans le diocèse de Würtzburg, mort vers 1160. — On le trouve nommé encore *F. Triefensteinensis* et *F. Trufensteinensis.*

TRILHA (Bernardus ou Bertrandus de), BERNARD ou BERTRAND DE TRILIA, théologien français, religieux dominicain, né à Nîmes, mort en 1292. — On rencontre aussi les formes *B. de Trillia* et *B. de Trailla.*

TRILLIA (B. de). Voy. *Trilha* (B. de).

TRIPOLITANUS (Guilelmus), GUILLAUME DE TRIPOLI, historien latin, religieux dominicain, né à Tripoli en Syrie, mort après 1273.

TRITEMIUS et TRITENHEMIUS (Joannes). Voy. *Trithemius* (J.).

TRITHEMIUS (Joannes), JOHANN HEIDENBERG, dit J. DE TRITTENHEIM et en français JEAN TRITHEIM, historien et théologien allemand, abbé du couvent bénédictin de Spanheim, puis de Saint-Jacques à Wurtzburg, né à Trittenheim, dans l'électorat de Trèves, mort en 1516. — On le trouve nommé encore *J. Spanhemiensis, J. Tritemius, J. Tritenhemius* et *J. Tritthemius.*

TRITTHEMIUS (Joannes). Voy. *Trithemius* (J.).

TRIUM FONTIUM (Albericus, monachus), ALBÉRIC, moine DE TROIS-FONTAINES, abbaye de l'ordre de Cîteaux, au diocèse de Châlons-sur-Marne, chroniqueur français, mort après 1241. — On le trouve aussi nommé *A. Cisterciensis.*

TRIUMPHUS (Augustinus), AGOSTINO TRIONFO, plus souvent appelé AUGUSTIN D'ANCONE (*A. de Ancona* ou *Anconitanus*), théologien italien, général des augustins, docteur de Paris, né à Ancone, mort en 1328.

TRIVETTUS (Nicolaus), NICHOLAS TRIVETH ou TREVETH (Échard), grammairien, poète, historien, philosophe, mathématicien et théologien anglais, dominicain, prieur à Londres, né à Norwich, mort en 1328.

TRIVULTIUS (Antonius), ANTONIO TRIVULZI, en français ANTOINE TRIVULCE, poète et négociateur italien, évêque de

Como, cardinal, né à Milan, mort en 1508.

TROUSSELLUS (Petrus), PIERRE TROUSSEAU, théologien français, évêque de Poitiers, archevêque de Reims, mort en 1413.

TRUDONENSIS (Guilelmus), GUILLAUME SPREEUWEN, dit aussi G. DE SAINT-TROND, théologien mystique belge, chanoine régulier à Tongres (Hainaut), né à Saint-Trond, au diocèse de Liége, mort en 1467.

TRUDONENSIS (Radulphus ou Rodulphus), RAOUL DE SAINT-TROND, chroniqueur et théologien belge, bénédictin, abbé de Saint-Trond, au diocèse de Liége, né à Moutiers (*Monasterium*), sur la Sambre, mort en 1138.

TRUFENSTEINENSIS (Folmarus). Voy. *Trieffensteniensis*.

TRUNCINIENSIS (Guilelmus), GUILLAUME DE DRONGHESSE, poëte latin, prémontré, abbé du monastère de Dronghesse, près de Gand, mort en 1514.

TRUSIANUS. Voy. *Turigianus*.

TRUSTANUS. Voy. *Turstanus*.

TUBA VERITATIS, LE HÉRAUT DE LA VÉRITÉ (dit Taisand), surnom donné à PORTIUS AZON. Voy. *Azo* (P.).

TUCHERIUS (Joannes), JOHANN TUCHER (dit Jöcher), géographe allemand, né à Nuremberg, mort après 1479.

TUCIACO (Hugo de), HUGUES DE TOUCY, théologien français, grand chantre, puis archevêque de Sens, sans doute originaire de Toucy (Yonne), mort en 1169.

TUDABOVIS (Petrus). Voy. *Tudebodus* (P.).

TUDEBODUS (Petrus), PIERRE TUDEBODE (*Histoire littéraire de la France*), TUDEBŒUF, TUTEBŒUF ou TUEBŒUF (*Recueil des historiens des croisades*), chroniqueur français, né et prêtre à Civray (Vienne), mort vers 1100. — On le trouve encore nommé P. *Titebodus*, P. *Studebodus*, P. *Tudebodi*, P. *Tudabovis*, P. *Tudeboius*, P. *Tudebovis* et P. *Tutebovis*.

TUDEBOIUS et TUDEBOVIS (Petrus). Voy. *Tudebodus* (P.).

TUDELENSIS (Benjaminus), BENJAMIN DE TUDELA, en français B. DE TUDÈLE, rabbin et voyageur célèbre, né à Tudela, en Navarre, mort vers le milieu du XIIIe siècle.

TUDENSIS (Lucas), LUC DE LÉON, dit aussi L. DE TUY. Voy. *Legionensis* (L.).

TUDERTINUS (Antonius), ANTONIO PACINI, dit ANTOINE DE TODI, littérateur italien, né à Todi, sur le Tibre, mort vers 1480.

TUDERTINUS (Franciscus), FRANÇOIS DE TODI, théologien italien, évêque de Chiusi, archevêque de Florence, cardinal, mort en 1361. — On le nomme aussi F. *de Aptis*.

TUDERTINUS (Matthæus), MATTHIEU D'ACQUA-SPARTA, dit aussi M. DE TODI. Voy. *Aqua Sparta* (M. de).

TUDERTINUS (Ranerus), RAINERIO DE TODI, mathématicien et astronome italien, dominicain, né à Todi, mort au XIIe siècle. — On le trouve souvent nommé R. *de Tuderto*.

TUDERTO (de). Voy. *Tudertinus*.

TUDESCHIS (DE), TUDESCHIUS, DE TUDESCIS et DE TUDESCO (Nicolaus), NICCOLO TEDESCHI, dit N. DE PALERME. Voy. *Panormitanus* (N.).

TUIFORDUS (Rogerus), ROGER GOODLUCK, dit aussi R. TWIFORT, théologien et sermonnaire anglais, augustin à Norwich, mort vers 1390.

TUITIENSIS (Rupertus ou Robertus), RUPERT ou ROBERT DE TUY ou DE DEUTZ, célèbre théologien allemand, moine de Saint-Laurent de Liége, puis abbé de Deutz (anc. Tuy, *Tuitium*, en Prusse), mort en 1135.

TULLENSIS (Wibertus), GUIBERT DE TOUL, hagiographe français, archidiacre de Toul (Meurthe), mort vers 1100.

TUM (Gerardus), GÉRARD, dit THOM, TOM, TUM, TUNC ou TENQUE, instituteur de l'ordre de Saint-Jean de Jérusalem, né soit à Amalfi, dans le royaume de Naples, soit à Martigues, dans la Provence, soit au château d'Avesnes, dans le Hainaut, mort vers 1121. — Ces surnoms proviennent, dit-on, de l'erreur d'un copiste, qui, lisant dans un manuscrit les mots *Gerardus tum...* ou *Gerardus tunc...*, fit de l'adverbe latin un nom propre.

TUNC (Gerardus). Voy. *Tum* (G.).

TUNGRENSIS (Joannes), JEAN DE TONGRES, philosophe scolastique belge, prémontré, professeur à Paris, abbé de Vicoigne, au diocèse d'Arras, né à Tongres (Hainaut), mort après 1311. — On le trouve aussi nommé *J. de Tongria* et *J. Tungrius*.

TUNGRENSIS (Joannes), JEAN DONCKELS, dit aussi J. DE TONGRES, théologien belge, chanoine régulier de Saint-Augustin, prieur du couvent de Tongres, mort en 1453.

TUNGRENSIS (Joannes). Voy. *Prichesius* (J.).

TUNGRENSIS (Lucius), LUCIUS DE TONGRES, historien belge, né ou moine à Tongres, mort avant 1398.

TUNGRENSIS. Voy. *Tungris* (de).

TUNGRIS (Arnoldus de), ARNOLD DE TONGRES, théologien belge, secrétaire de l'évêque de Liége, puis chanoine de Cologne, mort en 1466. — On l'appelle aussi *A. Tungrensis*, *A. de Lude* et *A. Luydius*; ces deux derniers noms ont été traduits par A. DE LYDE et A. DE LEYDE, mais rien ne justifie cette version.

TUNGRIS (Joannes de). Voy. *Prichesius* (J.).

TUNGRIS (de). Voy. *Tungrensis*.

TUNGRIUS. Voy. *Tungrensis* et *Tungris* (de).

TUNSTEDUS (Simon), SIMON TUNSTÈDE (disent Jöcher et Moréri), philosophe scolastique anglais, franciscain à Norwich, mort en 1369.

TURBALDUS, LE TURBULENT, LE BROUILLON (*Histoire littéraire de la France*), surnom donné par Adrien IV, à THIBAUD DE CANTERBURY. Voy. *Cantuariensis* (T.).

TURCUS (Raimundus), RAIMONDO TURCHI (?), chroniqueur italien, mort vers 1150.

TURGOTUS (Sanctus), en français saint TURGOT (dit la *Biographie universelle*), chroniqueur et biographe écossais, archevêque de Saint-André (*archiepisc. Sanctandreanus*), premier ministre du roi Malcolm III, mort en 1115.

TURIGIANUS, TORRIGIANO, médecin italien, professeur à Bologne, puis à Paris, chartreux, né à San-Sepolcro, près de Florence, mort vers 1350. — Un de ses livres, intitulé *Plusquam commentum in parvam Galeni artem*, le fit surnommer *Plusquam commentator*. — On le trouve encore désigné sous les noms suivants : *Crucianus*, *Cruscianus*, *Crusianus*, *Cursianus*, *Drusianus*, *Taurisanus*, *Trusianus*, *Turrianus de Turrianis*, *Turrisanus de Turrisanis* et *Tursianus*.

TUROCIUS (Joannes), JEAN DE THUROCZ, chroniqueur hongrois, né à Thurocz, mort après 1464. — Cave le nomme J. THWROCZ et Czwittinger J. TUROCZI.

TURONENSIS (Alanus), ALAIN DE TOURS, poëte et historien anglais ou français, bénédictin, mort vers 1350.

TURONENSIS (Bartholomæus), BARTHÉLEMY DE TOURS, sermonnaire français, dominicain, aumônier de saint Louis, mort vers 1280.

TURONENSIS (Hildebertus, Ildebertus, Aldebertus, Hydalbertus, Gildebertus, Idebertus ou Childebertus), HILDEBERT DE TOURS, théologien et poëte français, évêque du Mans, puis archevêque de Tours, né à Lavardin, dans le Vendomois, mort en 1134. — On le trouve nommé aussi *H. Cenomanensis*.

TURRE (Andreas de), ANDREA DELLA TORRE, théologien italien, dominicain, archevêque de Gênes, né à Milan, mort après 1377. — On le nomme aussi *A. Turrianus*.

TURRE (Bertrandus de), BERTRAND DE LA TOUR, célèbre théologien français, religieux franciscain, évêque de Salerne, cardinal, né près de Cahors, mort en 1334. — On le trouve aussi appelé *B. de Turre nobili*, et il fut surnommé *Doctor famosus*.

TURRECREMATA (Joannes de), JEAN DE TORQUEMADA, célèbre théologien espagnol, religieux dominicain, évêque de Palestrine, puis de Sabine, cardinal, né à Valladolid (Vieille Castille), mort en 1468. — On le trouve nommé encore *J. Vallisoletanus*.

TURRECREMATA (Thomas de), THOMAS DE TORQUEMADA, frère germain du précédent, théologien espagnol, dominicain, prieur à Ségovie, inquisiteur général d'Espagne, né à Valladolid, mort en 1498.

TURRE NOBILI (Bertrandus de). Voy. *Turre* (B. de).

TURRE PINU (Guido de), GUI DE LA TOUR DU PIN, sermonnaire français, évêque de Clermont, religieux dominicain, mort en 1286.

TURRIANUS (Andreas). Voy. *Turre* (A. de).

TURRIANUS DE TURRIANIS et **TURRISANUS DE TURRISANIS**. Voy. *Turigianus*.

TURRITANUS (Herbertus), HERBERT DE TORRES, théologien espagnol, abbé de Mores, puis archevêque de Torres, mort vers 1190.

TURSIANUS. Voy. *Turigianus*.

TURSTANUS, TURSTAIN ou TRUSTAIN, historien et théologien français, chapelain d'Henri Ier, roi d'Angleterre, archevêque d'York (*archiepisc. Eboracensis*), moine de Cîteaux, né à Condé-sur-Seule, près de Bayeux, mort en 1141. — On le nomme aussi *T. Bajocensis, T. de Condeto* et son nom s'écrit parfois *Trustanus* et *Turstinus*.

TURSTINUS. Voy. *Turstanus*.

TURTERUS (Hugo), HUGUES TURTAZ, théologien protestant, ami de Farel, ministre à Morat, né à Orbe en Suisse, mort vers le milieu du XVIe siècle.

TUSCUS (Nicolaus), NICCOLO ALBERTINI, dit aussi A. DE TOSCANE. Voy. *Albertinis* (N. de).

TUTEBOVIS (Petrus). Voy. *Tudebodus* (P.).

TWINGERUS (Jacobus), JACQUES de KOENIGSHOVEN, dit aussi J. TWINGER. Voy. *Regiovillanus* (J.).

TYLLIA et TYLLYA (Ægidius de), GILLES DU THEIL, théologien belge, docteur de la Sorbonne à Paris, né à Gand, mort vers le milieu du XIVe siècle. — On écrit encore *Æ. de Tillia, Æ. de Tyllya*, et on le trouve nommé aussi *Æ. de Gandavo*.

TYRENSIS (Guilelmus). Voy. *Tyrius* (G.).

TYRIUS (Guilelmus), GUILLAUME DE TYR, théologien français, archevêque de Tyr, mort vers 1130. — On trouve aussi *G. Tyrensis*.

TYRIUS (Guilelmus), GUILLAUME DE TYR, célèbre chroniqueur, né soit à Tyr, soit en France, soit à Jérusalem, archidiacre, puis archevêque de Tyr, mort vers 1190. — On le trouve aussi nommé *G. Tyrensis*.

TYRONUS (Bernardus), BERNARD DE TIRON, prieur de Saint-Savin, puis abbé de Tiron, dans le Perche, né près d'Abbeville, mort en 1118.

TZETZES (Joannes), Ἰωάννης ὁ Τζέτζης, grammairien et poëte grec, établi à Constantinople, mort vers le milieu du XIIe siècle. — On le trouve souvent nommé *J. Grammaticus* (Ἰωάννης ὁ Γραμματικός).

TZETZES (Isaacus), Ἰσαὰκ ὁ Τζέτζης, frère du précédent, grammairien grec, établi à Constantinople, mort vers la fin du XIIe siècle.

UBALDINUS (Octavianus), OTTAVIANO UBALDINI, poëte italien, évêque de Bologne, cardinal, nonce en France, né à Florence, mort en 1272.

UBALDIS (Angelus Baldus de), ANGELO BALDI DEGLI UBALDI, frère de Pietro Baldi, jurisconsulte italien, professeur à Pise, à Padoue et à Pavie, né à Pérouse, mort entre 1400 et 1423.

UBALDIS (Angelus Baldus de), ANGELO BALDI DEGLI UBALDI, petit-fils de Pietro Baldi, jurisconsulte italien, né et professeur à Padoue, avocat au consistoire du pape, mort vers 1460.

UBALDIS (Petrus Baldus de), PIETRO BALDI DEGLI UBALDI, célèbre jurisconsulte italien, né et professeur à Pérouse, mort entre 1400 et 1423. — On l'appelle encore *P. B. Ubaldus*, et il fut surnommé *Lucerna juris* et *Doctor omniscius*.

UBALDUS. Voy. *Ubaldis* (de).

UBERTIS (Bonifacius, Facius ou Fatius de), FAZIO DEGLI UBERTI, célèbre poëte italien, né à Florence, mort en 1367.

UGO. Voy. *Hugutius*.

UGOLINUS (Thomas), TOMMASO UGOLINI, théologien mystique italien, dominicain, né à Gubbio (Urbin), mort vers 1450.

UGONIUS (Matthias), MATTIA UGONI, théologien italien, orateur au concile de Latran, évêque de Famagouste, dans l'île de Chypre, auteur du *Synodia Ugonia*, mort vers 1530.

ULGERUS. Voy. *Andegavensis* (U).

ULMENIUS (Theodoricus). Voy. *Ulsenius* (Th.).

ULMENSIS (Marcus), MARC D'ULM, théologien allemand, frère mineur, né à Ulm, mort vers 1400.

ULMETO (Lupus de), LOPEZ OLMEDO, théologien espagnol, prieur général des ermites de Saint-Jérôme, mort vers 1425. — On le trouve aussi nommé *L. de Oliveto* et *L. de Olmeto*.

ULMO (Nicasius de), NICAISE DE L'ORME, abbé de Saint-Victor à Paris, bienfaiteur de la bibliothèque du monastère, mort en 1516.

ULMUS (Petrus). Voy. *Lulmius* (P.).

ULRICUS. On trouve ce nom écrit : *Adelgerus, Huldericus, Huldricus, Odalricus, Odelricus, Oldaricus, Olgerus, Olkerus, Othalricus, Udalgerus, Udalricus, Uldaicus, Vodalricus, Vodelricus, Walricus*, etc.

ULSENIUS (Theodoricus), THIERRY ULSEN, médecin hollandais, poëte latin, né dans la Frise, mort vers 1500. — Fabricius le nomme *Th. Ulfenius*.

ULTRAJECTENSIS (Bernardus), BERNARD D'UTRECHT, historien hollandais, prêtre à Utrecht, mort en..?

ULUG BEIGUS, OULOUGH-BEY, roi de la Transoxane, célèbre astronome, né à Sultanieh, tué en 1449.

ULYSSIPONENSIS (Antonius), ANTOINE DE PADOUE, dit aussi A. DE LISBONNE. Voy. *Patavinus* (A.).

ULYSSIPONENSIS (Stephanus), ÉTIENNE DE LISBONNE, hagiographe portugais, préchantre de l'Église de Lisbonne, mort à la fin du XIIe siècle.

UNGARIA (Georgius de), GEORGE DE HONGRIE, liturgiste hongrois, né et religieux dominicain en Hongrie, mort au XVe siècle.

UNGARIA (Michael de), MICHEL DE HONGRIE, sermonnaire hongrois, dominicain ou frère mineur, né en Hongrie, mort au XIVe siècle.

UNIVERSALIS (doctor). Voy. *Insulis* (A. de).

UNIVERSALIS (Gilbertus), GILBERT D'AUXERRE, dit aussi G. L'UNIVERSEL. Voy. *Autissiodorensis* (G.).

UNZOLA (Petrus de), PIERRE DE ANZOLA, jurisconsulte italien, notaire à Bologne, né à Anzola (États Sardes), mort vers 1300.

UPPODUNUS. Voy. *Uptonus*.

UPSALIENSIS (Ericus), ERIC OLAÏ, dit aussi E. D'UPSAL, chroniqueur suédois, doyen du chapitre d'Upsal, mort après 1464.

UPSONUS (Joannes). Voy. *Uptonus* (J.).

UPTONUS (Joannes), JOHN UPTON, théologien et sermonnaire anglais, carme, né dans le comté de Lincoln, mort en 1442. — On le trouve encore nommé *J. Uppodunus* et *J. Upsonus*.

UPTONUS (Nicolaus), NICHOLAS UPTON, jurisconsulte et écrivain militaire anglais, chanoine de Salisbury, né dans le comté de Devon, mort après 1453. — On le nomme aussi *N. Uppodunus*.

URAGENSIS (Eccardus), ECCARD D'AURACH, dit *Senior*, théologien et sermonnaire allemand, religieux bénédictin, abbé de Saint-Laurent d'Aurach, au diocèse de Würtzburg, dans le Würtenberg, mort en 1130.

URAGENSIS (Eccardus), ECCARD D'AURACH, dit *Junior*, chroniqueur allemand, religieux bénédictin, abbé d'Aurach, au diocèse de Würtsburg (Würtenberg), mort après 1280.

URBANUS, URBAIN IV et V papes. Voy. *Trecis* (Jacobus de) et *Grimoardus* (G.).

URBEVETANUS (Benedictus), BENOÎT D'ORVIETO, sermonnaire italien, dominicain, né sans doute à Orvieto (États de l'Église), mort après 1260. — On trouve aussi *L. de Urbeveteri*.

URBEVETANUS (Jacobus), GIACOMO SCALZA, dit JACQUES D'ORVIETO, sermonnaire italien, dominicain, évêque de Sulmone (royaume de Naples); né à Orvieto, dans les États de l'Église, mort vers 1278. — On a souvent fait deux personnages différents de *J. Scalza* et de *J. Urbevetanus*.

URBEVETANUS (Joannes), JEAN D'ORVIETO, hagiographe italien, chanoine d'Orvieto, mort vers 1200.

URBEVETANUS (Leo), LÉON D'ORVIETO, chroniqueur italien, dominicain ou franciscain, né à Orvieto (États de l'Église), mort après 1314. — On trouve aussi *L. de Urbeveteri*.

URBEVETANUS (Thaddæus), THADDÉE D'ORVIETO, théologien italien, religieux dominicain, né à Orvieto, mort vers 1470. — On le trouve nommé aussi *T. Urbevetanus*.

URBEVETERI (DE). Voy. *Urbevetanus*.

URBINENSIS (Bartholomæus), BARTHÉLEMY D'URBIN, théologien italien, évêque d'Urbin (États de l'Église), auteur de deux recueils intitulés *Bartholomæi Milleloquium*, mort vers 1400.

URCEUS (Antonius), ANTONIO URCEO, érudit, helléniste et poëte italien, professeur à Forli et à Bologne, né à Rubiera, entre Modène et Reggio, mort en 1500. — Il fut surnommé *Codrus*, nom que les Romains donnaient jadis aux mauvais poëtes.

URGALIUS (Gilbertus). Voy. *Urgallensis* (G.).

URGALLENSIS (Gilbertus), GILBERT D'URGEL, théologien et jurisconsulte irlandais, religieux carme, professeur à Oxford, né dans la province d'Urgel, mort en 1330. — On le trouve aussi nommé *G. Urgalius*.

URSINIUS (Latinus). Voy. *Ostiensis* (L.).

URSINUS (Matthæus), MATTHIEU DES URSINS, dit M. LE ROUGE (*de Rubeis*), à cause de son teint couperosé, théologien italien, frère mineur, cardinal, mort en 1306.

URSINUS. Voy. *Juvenalis.*

URSONUS. Voy. *Ursus.*

URSPERGENSIS (Burchardus), BURCHARD D'URSPERG, chroniqueur allemand, prémontré, abbé d'Ursperg (Bavière), né à Biberach (Souabe), mort en 1226.

URSPERGENSIS (Conradus), CONRAD DE LICHTENAU, abbé d'Ursperg ou Auersperg, en Bavière, chanoine de Constance, prémontré, chroniqueur allemand, mort en 1240. — On le nomme aussi *C. Averspergensis, C. Uspergensis* et *C. Historicus.*

URSUS, ORSO (?), poëte et fabuliste italien, notaire à Gênes, mort vers 1250. — Nous l'avons trouvé aussi nommé *Ursonus.*

USETIA (Robertus de), ROBERT D'UZÈS, théologien et sermonnaire français, religieux dominicain à Avignon, né à Uzès (Gard), mort en 1296. — On le trouve nommé aussi *R. de Utica* et *R. Avenionensis.*

USINGENSIS (Bartholomæus) BARTHÉLEMY D'USINGEN, théologien allemand, religieux augustin, docteur d'Erfurt, précepteur de Luther, évêque de Spalatro, puis suffragant de Wurtzbourg, né à Usingen (duché de Nassau), mort en 1532. — On le trouve nommé aussi *B. Arnoldi* et *B. Usingus.*

USINGUS. Voy. *Usingensis.*

USPERGENSIS (Conradus). Voy. *Uspergensis* (C.).

UTICA (Robertus de). Voy. *Usetia* (R. de).

UTIDONENSIS (Henricus). Voy. *Huntingtonensis* (H.).

UTILIS (doctor). Voy. *Lyranus* (N.).

UTINO (Leonardus de), LEONARDO MATTHÆI, dit aussi LÉONARD D'UDINE, célèbre prédicateur italien, religieux dominicain, né à Udine, dans le Frioul, mort vers 1470.

UTINO (Thomas de), THOMAS D'UDINE, casuiste italien, dominicain, né à Udine, mort vers 1485.

UXAMENSIS (Petrus). Voy. *Oxomensis* (P.).

V. Voy. *W.*

VADANI MONTIS (Odo), Eudes de Vaudemont, archidiacre, trésorier, puis évêque de Toul, mort entre 1197 et 1198.

VADO BOUM (Joannes a), Jean d'Oxford. Voy. *Oxfordius* (J.).

VADUS (Laurentius), Laurence Vade ou Wade (dit Nicolson), hagiographe anglais, bénédictin, moine à Canterbury, mort vers 1200. — On trouve aussi *L. Wadus.*

VALACRIA (Ægidius de), Gilles de Lèwes, dit aussi G. de Walckeren. Voy. *Lewis* (Æ. de).

VALANO (Guilelmus de), Guillaume de Vallan, théologien français, dominicain, docteur de Paris, évêque d'Évreux, défenseur de l'immaculée conception, mort après 1388. — Fabricius le nomme *G. de Valone.*

VALCELLA (de), Valcellensis et de Valcellis. Voy. *Valliscellensis.*

VALEIS (de) et VALENSII (Joannes). Voy. *Wallia* (J. de).

VALENCIA (Jacobus de), Jacobo Perez, dit aussi Jacques de Valence, théologien espagnol, religieux augustin, archevêque de Nauplie, né à Valence, mort en 1491.

VALENTINUS. Voy. *Cantalicius* (J.-B.).

VALERANUS (Didacus), Mosen-Diego de Valera, négociateur, historien et poëte espagnol, né à Cuença, dans la Castille, mort vers 1500.

VALINGOFORDUS. Voy. *Wallingfordus.*

VALLA (Nicolaus), Niccolo della Valle, philologue et traducteur italien, chanoine de Saint-Pierre de Rome, né à Rome, mort en 1473.

VALLE (Joannes de), Jean van Dael, moraliste belge, recteur de l'église de Hamal, près de Tongres, né à Beringue, dans la principauté de Liége, mort après 1436.

VALLE (Joannes de). Voy. *Wallia* (J. de).

VALLE (Simon de), Simon du Val, sermonnaire français, dominicain, inquisiteur à Caen, à Orléans, à Évreux, à Saint-Quentin, né dans le diocèse de Soissons, mort en 1283.

VALLE AURATA (Petrus de), Pierre de Vaudoré, sermonnaire français, dominicain, mort après 1272.

VALLE BRIXINENSI (Leonardus de), Leonhard de Brixen, théologien allemand, dominicain, professeur à Vienne, né à Brixen, dans le Tyrol, mort vers 1460. — On le trouve nommé aussi *L. Viennensis.*

VALLE COLORUM (Theodoricus de), Thierry de Vaucouleurs, historien et poëte français, né sans doute à Vaucouleurs, mort vers la fin du XIIIe siècle. — On le nomme encore *Th. de Vallis colore.*

VALLENSIS (Georgius), Giorgio Valla, médecin et érudit italien, professeur à Pavie et à Venise, né à Plaisance, mort en 1499. — Un de ses commentaires sur Cicéron a été publié sous le nom de *Hieronymus Capidurus*.

VALLENSIS (Hieronymus). Voy. *Vallibus* (H. de).

VALLENSIS (Joannes-Petrus), GIOVANNI-PIETRO VALLA, fils de Giorgio, médecin et philologue italien, né à Venise, mort après 1511.

VALLENSIS (Laurentius), LORENZO VALLA, célèbre philologue italien, professeur à Pavie, à Milan, à Gênes et à Florence, chanoine de Saint-Jean de Latran à Rome, né à Rome, mort en 1457. — On trouve aussi L. *Vallenus*, et il a publié un ouvrage sous le pseudonyme de *Lucidus Anitophilus Surroneus*.

VALLENUS. Voy. *Vallensis*.

VALLEOLETI (Ludovicus de), LOUIS DE VALLADOLID, biographe, historien et théologien espagnol, dominicain, né à Valladolid, mort en 1436.

VALLIBUS (Hieronymus de), GEROLAMO VALLE, poëte italien, né à Padoue, mort vers 1460. — On le trouve aussi nommé G. PADOVANO, et en latin *H. Patavinus*, *H. Vallensis* et *H. de Vallis*.

VALLIBUS (Joannes de), JEAN DE VAULX (dit La Croix du Maine), théologien français, docteur de Navarre, recteur de l'université de Paris, né dans le diocèse d'Arras, mort à la fin du XVe siècle.

VALLIBUS (Pasquerius de), PASQUIER DE VAUX, chanoine de Rouen, de Paris et d'Amiens, évêque de Meaux, d'Évreux, puis de Lisieux, mort après 1450.

VALLIBUS (Petrus a), PIERRE DE VAUX, dit aussi PIERRE DE REIMS, hagiographe français, confesseur de sainte Colette, mort vers 1450. — On le trouve encore nommé *P. de Remis*, *P. de Annalibus* et *P. de Natalibus*.

VALLIBUS (Petrus a). Voy. *Vallis Sarnensis* (P.).

VALLISCELLA (de). Voy. *Valliscellensis*.

VALLISCELLENSIS (Guilelmus), GUILLAUME DE VAUCELLES, théologien français, moine de Cîteaux à l'abbaye de Vaucelles (Nord), mort vers 1320. — On le trouve souvent nommé *G. de Valcellis*.

VALLISCELLENSIS (Joannes), JEAN DE VAUCELLES, abbé de Vaucelles (Nord), démissionnaire en 1194, mort en 1195. — On le trouve nommé aussi *J. Valcellensis*.

VALLISCELLENSIS (Radulphus), RAOUL DE VAUCELLES, théologien anglais ou français, bénédictin, abbé de Vaucelles, au diocèse de Cambrai, mort en 1152. — On le trouve nommé encore *J. de Valliscella* et *J. de Valcella*.

VALLISCELLENSIS (Thomas), THOMAS DE PERSEIGNE, dit aussi TH. DE VAUCELLES. Voy. *Persenia* (Th. de).

VALLIS CERNAII (Petrus). Voy. *Vallis Sarnensis* (P.).

VALLIS COLORE (Theodoricus de). Voy. *Valle Colorum* (Th. de).

VALLISOLETANUS (Joannes), JEAN DE TORQUEMADA, dit aussi J. DE VALLADOLID. Voy. *Turrecremata* (J. de).

VALLIS SARNAII (Petrus). Voy. *Vallis Sarnensis* (P.).

VALLIS SARNENSIS (Petrus), PIERRE DE VAUX-CERNAY, chroniqueur français, moine de Vaux-Cernay, au diocèse de Chartres, ordre de Cîteaux, mort après 1218. — On le trouve nommé encore *P. Vallis Cernaii*, *P. Vallis Sarnaii*, *P. Vallium Sarnaii*, *P. Sarnensis* et *P. a Vallibus*.

VALLIUM SARNAII (Guido), GUI DE VAUX-CERNAY, chroniqueur français, abbé de Vaux-Cernay, au diocèse de Chartres, évêque de Carcassonne, mort en 1223. — Fabricius le nomme *G. de Sarnajo* et *G. de Samnajo*.

VALLIUM SARNAII (Petrus). Voy. *Vallis Sarnensis* (P.).

VALLUMBROSANUS (A. ou H.), A. ou H. DE BEJA, dit aussi DE VALL' OMBROSA. Voy. *Pacensis* (A.).

VALONE (Guilelmus de). Voy. *Valano* (G. de).

VALTURIUS (Robertus), ROBERTO VALTURIO, écrivain militaire italien, conseiller de Sigismondo Malatesta, né à Rimini, mort après 1482. — On le trouve encore nommé *R. Ariminensis* et *R. Vulturius*.

VAPINCENSIS (Guilelmus), GUILLAUME DE GAP, médecin, helléniste et traducteur français, abbé de Saint-Denis près Paris, né à Gap (Hautes-Alpes), mort après 1186.

VARAGINE (Jacobus de), JACQUES DE VARAGGIO, dit en français J. DE VORAGINE célèbre hagiographe italien, religieux dominicain, provincial de Lombardie, archevêque de Gênes, auteur de l'*Aurea legenda*, né à Varaggio, près de Savone (États-Sardes) mort en 1298. — On le trouve aussi nommé *J. de Voragine, J. de Viragine, J. Januensis* et *J. Genuensis.*

VARIBEMO (Ludovicus de). Voy. *Vartomanus* (L.).

VARIGNANEUS (Bartholomæus), BARTOLOMMEO VARIGNANA, célèbre médecin italien, attaché à la personne de l'empereur Henri VII, né à Bologne, mort vers 1318.

VARIGNANEUS (Guilelmus), GUGLIELMO VARIGNANA, fils du précédent, médecin italien, né et professeur à Bologne, mort au milieu du XIVᵉ siècle.

VARIGNANEUS (Matthæus), MATTEO VARIGNANA, médecin italien, professeur à Bologne, mort vers 1381.

VARIGNANEUS (Petrus), PIETRO VARIGNANA, médecin italien, professeur à Bologne, mort vers 1381.

VARINUS. Voy. *Veronensis* (J.-B.-G.).

VARIUS. Voy. *Guarinus* et *Veronensis* (G.).

VARNERIUS. Voy. *Irnerius.*

VARNESIA (Stephanus de). Voy. *Autissiodorensis* (St.).

VARONE (Rogerus de). Voy. *Barone* (R. de).

VARRILIO, VARRILIONIS et VARRO (Guilelmus). Voy. *Wara* (G. de).

VARSIACO (Joannes de). Voy. *Verdiaço* (J. de).

VARTHEMA (Ludovicus de). Voy. *Vartomanus* (L.).

VARTOMANUS (Ludovicus), LUIGI BARTHEMA, dit en français LOUIS DE BARTHÈME, célèbre voyageur italien, patrice romain, né à Bologne, mort vers 1530. — On le trouve nommé encore *L. Patritius, L. de Varibemo* et *L. de Varthema.*

VASCO, VASCONIENSIS et VASCONIUS (Thomas). Voy. *Gascoinus* (Th.).

VAS ELECTIONIS, LE VASE D'ÉLECTION, surnom donné à P. AZON. Voy. *Azo.*

VASSONGNIA (Joannes de). Voy. *Vassonia* (J. de).

VASSONIA (Joannes de), JEAN DE VASSOIGNE (dit A. du Chesne), archidiacre de Bruges, chanoine, puis évêque de Tournai, chancelier de France, mort en 1300. — On trouve aussi *J. de Vassongnia.*

VATÆUS (Joannes), JOHN WATE, mathématicien anglais, docteur de Cambridge, *inc. sæc.*

VAUCELLIS (de). Voy. *Valliscellensis.*

VAUCHERIUS (Petrus). Voy. *Gaucherius* (P.).

VEERUS (Albericus), ALBERIC VEER (dit Moréri), de la famille des comtes d'Oxford, théologien et historien anglais, chanoine régulier de Saint-Augustin, mort après 1250.

VEGIUS. Voy. *Maffeus.*

VENANTIUS (Gualterus), WALTER HUNT, théologien, jurisconsulte, et grammairien anglais, carme, professeur à Oxford, mort en 1478. — On le trouve aussi nommé *G. Huntus.*

VENANTODUNENSIS (Henricus). Voy. *Huntingtonensis* (H.).

VENERABILIS (Adalbertus), ADALBERT LE VÉNÉRABLE, surnom donné à AD. DE TOURNEL. Voy. *Capione* (A. de).

VENERABILIS (doctor). Voy. *Carlerius* (J.) et *Ochamus* (G.).

VENERABILIS (Petrus), PIERRE DE MONTBOISSIER, dit aussi P. LE VÉNÉRABLE. Voy. *Montebuxero* (P. de).

VENERABILIS INCOEPTOR, LE VÉNÉRABLE INITIATEUR, surnom donné à GUILLAUME D'OCKAM. Voy. *Ochamus* (G.).

VENERANDUS (doctor). Voy. *Condatensis* (G.).

VENETA (Joannes de), JEAN DE VENETTE, chroniqueur, poète, romancier et prédicateur français, continuateur de Guillaume de Nangis, religieux carme, prieur à Paris, né à Venette près de

Compiègne, mort en 1369. — On le trouve aussi nommé J. *de Vineta*.

VENETIIS (Laurentius-Franciscus de), LAURENT-FRANÇOIS DE ALOPA, dit L.-F. DE VENISE, célèbre imprimeur italien, établi à Florence, né à Venise, mort vers 1500. — On le trouve nommé aussi L.-F. *Venetus*.

VENETIIS (Paulus de), PAOLO NICOLETTI, dit PAUL DE VENISE, philologue et philosophe italien, né à Udine (Lombard-Vénitien), élevé à Venise, mort en 1429. — On trouve aussi P. *Venetus*.

VENETUS (Joannes). Voy. *Carthusianus* (J.).

VENETUS. Voy. *Venetiis* (de).

VENRAYUS (Rogerius), ROGER VENRAY, théologien et poëte allemand, chanoine régulier de Saint-Augustin, mort vers 1500.

VENTOFLUCTUS (Joannes). Voy. *Wanifletus* (J.).

VERARDUS (Antonius), ANTOINE VÉRARD, célèbre imprimeur et libraire français, établi à Paris, mort vers 1513.

VERBERIA (Petrus de), PIERRE D'AURIOL, dit aussi P. DE VERBERIE. Voy. *Auriolus* (P.).

VERCELLENSIS (Albertus), ALBERT DE VERCEIL, législateur de l'ordre des Carmes, évêque de Bobio (États-Sardes), puis de Verceil, né près de Parme, mort en 1214.

VERCELLENSIS (Antonius), ANTOINE DE BALOCHO, dit aussi A. DE VERCEIL, théologien et moraliste italien, frère mineur, mort vers 1500.

VERCELLENSIS (Franciscus), FRANÇOIS de VERCEIL, jurisconsulte italien, né et professeur à Verceil (États-Sardes), mort vers 1228.

VERCELLENSIS (Manfredus), MANFREDO DE VERCEIL, théologien et sermonnaire italien, dominicain en Lombardie, mort après 1433.

VERCELLENSIS (Thomas), TOMMASO GALLO, dit aussi TH. de VERCEIL. Voy. *Gallus* (Th.).

VERCELLENSIS. Voy. *Vercellis* (de).

VERCELLIS (Barnabas de), BARNABÉ DE VERCEIL, théologien italien, dominicain, né à Verceil (États-Sardes), mort vers 1324.

VERCELLIS (H. de). Voy. *Hugutius*.

VERCELLIS (Joannes de), JEAN DE VERCEIL, théologien et sermonnaire italien, général des Dominicains, né à Verceil (États-Sardes), mort en 1283.

VERCELLIS (Petrus de), PIERRE DE VERCEIL ou DE VERSAILLES (le *Gallia christiana* donne ces deux noms), théologien français, évêque de Digne, puis de Meaux (*episcop. Diniensis, dein Meldensis*), mort en 1446.

VERCELLIS (Vercellinus de), VERCELLINO DE VERCEIL, théologien italien, dominicain, né à Verceil (États-Sardes), mort vers 1460.

VERCELLIS (de). Voy. *Vercellensis*.

VERDENSIS (Conradus), CONRAD SOLTOW, dit aussi C. DE VERDEN, théologien allemand, évêque de Verden (Hanovre), né à Lüneburg, dans le Hanovre, mort en 1407.

VERDI (Joannes de). Voy. *Veridi* (J. de).

VERDIACO (Joannes de), JEAN DE VARZY, théologien et sermonnaire français, dominicain, né à Varzy (Nièvre), mort en 1278. — Échard le nomme J. *de Varsiaco*, et l'on trouve aussi J. *de Versiaco*.

VERDINIO (de). Voy. *Virduno* (de).

VEREDUCIUS (Theobaldus), TEOBALDO VEREDUCCI (?), historien ecclésiastique italien, frère mineur, évêque de Terracine, puis d'Assise, né à Assise (États de l'Église), mort après 1309.

VERGERIUS (Petrus-Paulus), PIÉTRO-PAOLO VERGERIO, dit l'ancien (*Senior*), pour le distinguer d'un réformateur religieux du même nom qui mourut en 1565, érudit et littérateur italien, né à Capo-d'Istria (*Justinopolitanus*), mort vers 1520.

VERGIACO (Yvo de). Voy. *Vergiacus* (Y.).

VERGIACUS (Yvo), YVES DE VERGY, abbé de Cluni, fondateur du collège de Cluni (*Collegium Cluniacense*) à Paris, mort en 1275. — On trouve souvent Y. *de Vergiaco*.

VERIDI (Joannes de), JEAN DE VERDE,

sermonnaire français, né sans doute à Verde, près de Châteaudun, et mort à la fin du XIIIe siècle. — On le trouve nommé aussi *J. de Verdi*, et il a été parfois confondu avec *J. de Verdiaco*.

VERINUS (Michael), MICHELE VERINO, fils d'Ugolin, poëte et moraliste, né à Minorque, mort vers 1510.

VERINUS (Ugolinus), UGOLINO VERINO, poëte latin, né à Florence, mort en 1505.

VERIS (Joannes de), JEAN DE TER-VEERE, historien hollandais, bénédictin, moine à l'abbaye d'Oudenburg, à Bruges, né à Ter-Veere, dans la Zélande, mort vers 1470.

VERITATIS (doctor). Voy. *Doctius* (T.) et *Tartaginus* (A.).

VERLIS (Henricus de), HENRY VERKLEIR (dit Fabricius), théologien et sermonnaire allemand, frère mineur dans la province de Cologne, mort vers 1440. — Wadding le nomme *H. Ferlius*.

VERLIUS (Henricus). Voy. *Verlis* (H. de).

VERNERIUS et VERNERUS. Voy. *Irnerius*.

VERNONE (Joannes de), JEAN DE VERNON, théologien français, religieux carme, prieur à Paris, né dans la Normandie, mort en 1461.

VERO (Joannes de), JEAN DE VRAY, théologien français, religieux dominicain, professeur à Paris, né à Beauvais, mort en 1530.

VEROLEGUS (Hugo), HUGH VIRLEY, ou plutôt H. DE BIRLEY, théologien anglais, religieux carme à Norwich, mort vers 1350. — On le trouve aussi nommé *H. Birleius*, *H. Virleius*, *H. Virleyus* et *H. Werleius*.

VERONENSIS (Guarinus ou Varius), GUARINI DE VÉRONE, célèbre humaniste italien, professeur à Florence, à Venise, à Vérone et à Ferrare, né à Vérone, mort en 1460.

VERONENSIS (Hilarion ou Hilarius), HILARION DE VÉRONE, théologien grec, religieux bénédictin, moine à Vérone, mort vers 1460.

VERONENSIS (Joannes), JEAN LE DIACRE, dit aussi *J. DE VÉRONE*. Voy. *Diaconus* (J.).

VERONENSIS (Joannes-Baptista Guarinus), GIANBATTISTA GUARINI DE VÉRONE, humaniste et philologue italien, professeur à Ferrare, né à Vérone, mort en 1513. — On le trouve nommé encore *Varinus* et *Varinus Favorinus* ou *Phavorinus*.

VERONENSIS (Laurentius), LAURENZO DE VÉRONE, poëte et historien italien, diacre à Pise, né à Vérone, mort vers 1120.

VERONENSIS (Timotheus), TIMOTEO MAFFEI, dit T. DE VÉRONE. Voy. *Maphæus* (T.).

VERONENSIS (Tobias), TOBIA DAL BORGO, dit aussi TOBIE DE VÉRONE, chroniqueur, poëte et orateur italien, établi à Vérone, mort vers la fin du XVe siècle.

VERSIACO (Joannes de). Voy. *Verdiaco* (J. de).

VERULANUS (Sulpitius), GIOVANNI SULPIZIO, dit SULPICE DE VEROLI, philologue et grammairien italien, professeur à Rome, né à Veroli (États de l'Église), mort à la fin du XVe siècle.

VERUS (doctor). Voy. *Doctius* (T.).

VERUS (Guilelmus). Voy. *Wara* (G. de).

VESPASIANUS, VESPASIANO, savant bibliophile et biographe italien, né et libraire à Florence, bibliothécaire de Cosme de Médicis, mort vers la fin du XVe siècle.

VESPUTIUS (Americus), AMERIGO VESPUCCI, dit en français AMÉRIC VESPUCE, voyageur, géographe et astronome italien, né à Florence, mort en 1512.

VETELEGUS (Guilelmus). Voy. *Wethleius* (G.).

VETERAQUINAS (Joannes). Voy. *Palæonydorus* (J.).

VETERI BUSCO (Adrianus de), ADRIEN VAN OUDENBOSCH, chroniqueur hollandais, bénédictin, moine de Saint-Laurent de Liége, né à Oudenbosch, près de Bréda, mort vers 1483. — On le trouve nommé en français A. DE VIEUX-BOIS.

VETERI CASTRO (Joannes de), JOHN OLDCASTLE, théologien et hérésiarque anglais, disciple de Wiclef, brûlé à Londres en 1417.

VIADONIBUS (Barth. ou Ptolem. de). Voy. *Fiadonibus* (B. de).

VIARDO (Nicolaus de). Voy. *Byarto* (N. de).

VIATOR (Joannes), JEAN LE VIATEUR. Voy. *Peregrinus* (J.).

VICANUS. Voy. *Wichingamus*.

VICARIUS (Joannes), JOHN FELTON, dit J. LE VICAIRE. Voy. *Feltonus* (J.).

VICECOMES (Azo), AZZO VISCONTI, duc de Milan, protecteur des arts, mort en 1339.

VICECOMES (Galeatius), GALEAZZO VISCONTI, duc de Milan, protecteur des lettres et des arts, fondateur de la célèbre école de Pavie, mort en 1378.

VICECOMES (Gaspar), GASPARE VISCONTI, poëte et négociateur italien, né à Milan, mort en 1499.

VICECOMES (Hieronymus), GERONIMO VISCONTI, théologien italien, dominicain, mort en 1512.

VICECOMES (Joannes-Galeatius), GIOVANNI-GALEAZZO VISCONTI, duc de Milan, protecteur des lettres, mort en 1402.

VICECOMES (Luchinus), LUCCHINO VISCONTI, duc de Milan, poëte italien, mort en 1349.

VICEDOMINIS (Vicedominus de), VISDOMINO VISDOMINI (dit Tiraboschi), jurisconsulte italien, frère mineur, prévôt de la cathédrale de Grasse, archevêque d'Aix, cardinal, né à Plaisance, mort en 1276.

VICEDOMINUS (Oldradus ou Olradus), O. VISDOMINI, biographe italien, religieux dominicain, né à Sienne, mort vers 1300. — On écrit souvent *O. Bisdominus*.

VICENTINUS (Bartholomæus), BARTHÉLEMY DE BRAGANZA, dit aussi B. DE VICENCE. Voy. *Bragantiis* (B. de).

VICENTINUS (Cajetanus), CAJETAN DE VICENCE, théologien italien, chanoine de Padoue, né à Vicence, mort vers 1430.

VICENTINUS (Guido), GUI DE PILEO, dit aussi G. DE VICENCE, de la famille des comtes de Montebello, poëte et théologien italien, religieux dominicain, évêque de Ferrare, né à Vicence, mort en 1331. — On le trouve nommé aussi *G. Ferrariensis*.

VICENTINUS (Joannes), JEAN DE VICENCE, homme d'État, théologien et sermonnaire italien, religieux dominicain, né à Vicence, mort après 1260. — On trouve aussi *J. de Vincentia*.

VICENTINUS (Ludovicus), LOUIS DE VICENCE, théologien et hagiographe italien, vicaire général des frères mineurs, né à Vicence, mort après 1461.

VICENTINUS (Maurisius). Voy. *Maurisius* (G.).

VICHARDUS, VICHARD ou WICHARD (*Wichardus*), poëte latin, chanoine de Lyon, mort vers 1150.

VICHETUS (Guilelmus). Voy. *Fichetus* (G.).

VICHIUS (Richardus), RICHARD DE WICH, théologien anglais, étudiant à Bologne et à Paris, professeur à Orléans, moine de Cîteaux, chancelier de l'université d'Oxford, évêque de Chichester (comté de Sussex), puis archevêque de Canterbury, né à Wich, dans le comté de Worcester, mort en 1252.

VICOMERCATO (Stephanardus de), STEPHANARDO FLAMMA, poëte et chroniqueur italien, religieux dominicain, professeur de théologie à Milan, né à Vicomercato, dans la Lombardie, mort en 1298.

VICONIENSIS (Petrus), PIERRE DE VICOIGNE, théologien français, religieux prémontré au couvent de Vicoigne (Nord), mort vers 1330.

VICTORIACO (Daniel de), DANIEL DE VIERING, théologien allemand, religieux carme à Viering, dans la Carinthie, professeur à Cologne, évêque de Verden, mort en 1342.

VICTORIIS (de). Voy. *Victorius*.

VICTORINUS. Voy. *Sancti Victoris* et *Sancto Victore* (de).

VICTORINUS (Joannes). Voy. *Parisiensis* (J.).

VICTORIUS (Franciscus), FRANCESCO VETTORE ou VITTORE, médecin, traducteur et philosophe italien, professeur à Padoue, né à Bergame, mort en 1528. —

Manget dit qu'il fut surnommé *Fr. Memoria.*

VICTORIUS (Leonellus), LEONELLO VETTORE ou VITTORE; médecin italien, professeur à Bologne, né à Faenza, dans la Romagne, mort en 1520. — On le trouve nommé encore *L. de Victoriis* et *L. Faventinus.*

VIENNA (Hugo de), HUGUES DE SAINT-CHER, dit aussi H. DE VIENNE. Voy. *Sancto Caro* (H. de).

VIENNA (Matthias de), MATTHIAS FARINATOR, dit aussi M. DE VIENNE, théologien allemand, né à Vienne en Autriche, mort après 1330.

VIENNA (de). Voy. *Viennensis.*

VIENNENSIS (Guido), GUI DE BOURGOGNE, dit aussi G. DE VIENNE. Voy. *Burgundus* (G.).

VIENNENSIS (Leonardus). Voy. *Valle Brixinensi* (L. de).

VIENNENSIS (Stephanus), ÉTIENNE DE VIENNE, théologien français, chanoine de Saint-Ruf, puis archevêque de Vienne, en Dauphiné, mort vers 1165.

VIENNENSIS. Voy. *Vienna* (de).

VIGERIUS (Marcus), MARCO VIGERIO, théologien italien, frère mineur, évêque de Nola (royaume de Naples), puis de Sinigaglia (États de l'Église), cardinal, mort en 1516.

VIGILANTIUS (Publius), PUBLIUS SCHMEERLIN, dit par les biographies françaises P. VIGILANCE, poëte latin et helléniste allemand, professeur à Francfort sur l'Oder, né à Strasbourg, assassiné en 1512. — On le trouve aussi nommé *P. Arbilla* et *P. Axungia.*

VIGLEBANO (Thomas de), THOMAS DE VIGEVANO, théologien, sermonnaire et jurisconsulte italien, dominicain, né à Vigevano (États-Sardes), mort à la fin du XIVe siècle.

VILELENIS (Everardus de), ÉVERARD DE VILAINES, théologien français, prieur de Sainte-Catherine du Val des Écoliers à Paris, mort après 1267.

VILLA DEI (Alexander de), ALEXANDRE DE VILLEDIEU, grammairien et poëte latin, cordelier ou bénédictin, né soit à Dol en Bretagne, soit à Villedieu en Normandie, mort vers 1240. — On le trouve nommé encore *A. Dolensis* et *A. Villadeus.*

VILLADEUS (Alexander). Voy. *Villa Dei* (A. de).

VILLADIEGO (Gondisalvus de), GONZALÈS DE VILLADIEGO, jurisconsulte espagnol, né à Villadiego, près de Burgos, mort vers 1485.

VILLA HARDUINI (Gaufredus ou Godofredus de), GEOFFROI DE VILLEHARDOUIN, célèbre chroniqueur et guerrier français, né au château de Villehardouin, près de Troyes, mort en Thessalie vers 1213.

VILLAMARIS (Nicolaus de), NICOLAS DE VILLEMER, garde du trésor des chartes à Paris, et rédacteur d'un des inventaires, puis greffier en chef du Parlement, mort après 1370.

VILLA MYMO (Guido de). Voy. *Mymo* (G. de).

VILLANIUS. Voy. *Villanus.*

VILLANOVA (DE). Voy. *Villanovanus.*

VILLANOVANUS (Arnaldus), ARNAUD DE VILLENEUVE, célèbre médecin, professeur à Paris, puis attaché à la personne du pape Clément V, né dans un lieu nommé Villeneuve et que l'on a supposé situé en Catalogne, en Provence, en Languedoc, etc., mort en 1313. — On le trouve nommé encore *A. Catalanus, A. Provincialis, A. de Villanova.*

VILLANOVANUS (Guilelmus), GUILLAUME DE VILLENEUVE, chroniqueur et guerrier français, maître d'hôtel du roi Charles VIII, mort après 1500.

VILLANUS (Joannes), GIOVANNI VILLANI, chroniqueur italien, né à Florence, mort en 1348. — On le trouve aussi nommé *G. Villanius.*

VILLANUS (Mathæus), MATTEO VILLANI, frère du précédent, chroniqueur italien, mort en 1363.

VILLANUS (Philippus), FILIPPO VILLANI, fils du précédent, biographe italien, chancelier de Pérouse, mort après 1404. — On trouve aussi *Villanius.*

VILLAPETROSA (Petrus de), PIERRE DE VILLEPREUX, théologien français, troisième proviseur de la Sorbonne à Paris, mort en 1299.

VILLAPROBATA (Mauritius de), MAURICE DE VILLEPREUX, théologien français, religieux dominicain, professeur à Paris, né à Villepreux (Seine-et-Oise), mort vers 1512.

VILLARIENSIS (Guilelmus), GUILLAUME DE DONGELBERG, dit aussi G. DE VILLIERS. Voy. *Dongelbergius* (G.).

VILLARIENSIS (Radulphus), RAOUL DE VILLIERS, théologien belge, moine de Villiers au diocèse de Namur, mort après 1308.

VILLARIO (Joannes de), JEAN DE VILLIERS, sermonnaire belge, moine de Cîteaux, abbé de Villiers au diocèse de Namur, né sans doute à Bruxelles, mort en 1333. — On le trouve nommé encore J. *de Bruxella*.

VILLARIO (Joannes de), JEAN DE VILLIERS, théologien et sermonnaire français, religieux dominicain, né à Valenciennes, mort vers 1530. — On écrit aussi J. *de Villerio*.

VILLERIO (de). Voy. *Villariensis* et *Villario* (de).

VILLETA (Philippus de), PHILIPPE DE VILLETTE, historien et théologien français, bénédictin, abbé de Saint-Denis près Paris, mort en 1418.

VINARIO (Raymundus de), RAYMOND CHALIN, dit R. DE VINAS, médecin français, auteur d'un traité sur la peste, né à Vinas, dans le Languedoc, mort à la fin du XIVe siècle.

VINCENTIA (de). Voy. *Vicentinus*.

VINCHELEGUS. Voy. *Winchelsea* (de), *Winchelsæus* et *Winchelegus*.

VINCIUS (Leonardus), LÉONARD DE VINCI, célèbre peintre, sculpteur, architecte et écrivain italien, né à Vinci, près de Florence, mort en 1519.

VINDOCINENSIS (Godfridus), GEOFFROI DE VENDÔME, seigneur du Lion d'Angers, théologien français, abbé de Vendôme, cardinal, né à Angers, mort en 1132.

VINDOCINENSIS (Matthæus), MATHIEU DE VENDÔME, bénédictin, abbé de Saint-Denis près Paris, régent de France, confesseur de saint Louis, né sans doute à Vendôme, mort en 1286.

VINDOCINENSIS (Matthæus), MATHIEU DE VENDÔME, poëte latin dont la vie est inconnue, né à Vendôme, mort vers la fin du XIIe siècle. — On l'a souvent confondu avec le précédent.

VINEA (Andreas de), ANDRÉ DE LA VIGNE, poëte français, secrétaire du duc de Savoie, puis de la reine Anne de Bretagne, mort vers 1527.

VINEA (Joannes de), JEAN VAN DEN WYNGAERDE, en français J. DE LA VIGNE, théologien belge, chanoine régulier du couvent du Val-rouge (*Vallis rubea*), près de Bruxelles, puis abbé de Livri, mort en 1503.

VINEIS (Gasto de), GACÉ ou GACES DE LA BIGNE, poëte français, auteur du *Roman des oyseaulx*, chapelain de Philippe de Valois, mort vers 1520.

VINEIS (Joannes de), JEAN DES VIGNES, théologien et sermonnaire français, religieux dominicain, prieur de l'abbaye de Saint-Jean des Vignes, mort après 1220.

VINEIS (Petrus de), dans les recueils biographiques français, PIERRE DES VIGNES, célèbre homme d'État italien, chancelier de l'empereur Frédéric II, né à Capoue, mort en 1249.

VINEIS (Raimundus de). Voy. *Capua* (R. de).

VINETA (Joannes de). Voy. *Veneta* (J. de).

VINOSALVO (Galfridus ou Gualterus de), GEOFFROI ou GAULTIER DE VINESAUF, DE WINESALF ou DE VINSAUF, poëte latin et historien, né en Angleterre, mort vers 1245. — On le trouve aussi nommé G. *Anglicus*.

VINTONIA (Thomas de). Voy. *Sudodunus* (Th.).

VIRAGINE (Jacobus de). Voy. *Varagine* (J. de).

VIRDUNO (Bernardus de), BERNARD DE VERDUN, astronome français, frère mineur, né à Verdun, mort vers 1300. — On trouve aussi *B. de Verdinio*.

VIRDUNO (Petrus de), PIERRE DE VERDUN, sermonnaire français, religieux dominicain, né à Verdun, mort à la fin du XIIIe siècle.

VIRDUNO (Thomas de), THOMAS DE VERDUN, théologien français, religieux dominicain, né à Verdun (Meuse), mort vers 1400.

VIRDUNO (Walterus de), GAUTIER DE VERDUN, théologien français, religieux dominicain, né à Verdun (Meuse), mort vers 1400. — On le trouve aussi nommé *W. de Verdinio* et *W. Virodunensis*.

VIRETUS (Guilelmus). Voy. *Grenæus* (G.).

VIRLEIUS et VIRLEYUS (Hugo). Voy. *Verolegus* (H.).

VIRODUNENSIS. Voy. *Virduno* (de).

VIRULUS (Carolus), CHARLES MANNEKEN, humaniste flamand, professeur à Louvain, né à Cassel (Nord), mort en 1493.

VIRUNIUS (Ponticus), LUIGI DA PONTE, dit aussi PONTICO-VIRUNIO, et en français P. DE BELLUNE, historien et érudit italien, professeur à Rimini (États de l'Église), né à Bellune (Lombard-Vénitien), mort en 1520.

VISDOMINUS. Voy. *Vicedominis* (de) et *Vicedominus*.

VITALIS (Ordericus, Oldericus, Odelricus, Odelerius ou Odericus), ORDERIC VITAL, célèbre chroniqueur anglais, français d'extraction, bénédictin, moine de Saint-Évroul (*Monachus Uticensis*), né à Atcham sur la Saverne, mort après 1143.

VITALIS. Voy. *Blesensis* (V.) et *Furno* (J.-V. a).

VITELLIACENSIS (Joannes), JEAN DE WITLICH, théologien allemand, professeur à Cologne, né à Witlich, près de Trèves, mort vers 1400.

VITELLIO. Voy. *Vitellius*.

VITELLIUS, CIOLEK, savant mathématicien polonais, mort vers la fin du XIII° siècle. — On le trouve aussi nommé *Vitellio*.

VITELLIUS (Erasmius), ERASMÉ CIOLEK; homme d'État polonais, évêque de Plock, né à Cracovie, mort en 1522. — On trouve aussi *E. Vitellio*.

VITERBIENSIS (Ægidius), EGIDIO ANTONINI, dit GILLES DE VITERBE, théologien, prédicateur et poëte italien, général des Augustins, patriarche de Constantinople, évêque de Viterbe, né dans cette ville, mort en 1532. — On trouve aussi *Æ. de Viterbio*.

VITERBIENSIS (Aldobrandinus), ALDOBRANDINO TOSCANELLA, dit A. DE VITERBE, biographe et sermonnaire italien, dominicain, né à Viterbe (États de l'Église), mort vers 1315.

VITERBIENSIS (Godfridus), GOTTFRIED TINEOSUS, dit aussi GODEFROI DE VITERBE, historien et généalogiste allemand, évêque de Viterbe, mort en 1191.

VITERBIENSIS (Jacobus de), JACQUES DE VITERBE, théologien italien, augustin, archevêque de Naples, né à Viterbe, mort en 1308. —, Il fut surnommé *Doctor speculativus*.

VITERBIENSIS (Joannes-Annius), GIOVANNI NANNI, plus connu sous le nom d'ANNIUS DE VITERBE, théologien, philosophe et érudit italien, religieux dominicain, né à Viterbe, mort en 1502. — On le trouve souvent nommé aussi *J. Nannius* et *J. Annius*.

VITERBIENSIS (Marcus), MARC DE VITERBE, casuiste et sermonnaire italien, nonce du pape, général des frères mineurs, cardinal, né à Viterbe, mort en 1369.

VITERBIO (DE). Voy. *Viterbiensis*.

VITODURANUS (Joannes), JEAN DE WINTERTHUR, chroniqueur allemand, moine franciscain, né à Winterthur, près de Zurich, mort après 1348.

VITONIUS (Hugo). Voy. *Bilhomensis* (H.).

VITRAIO, VITREIO, VITREYO (DE) et VITRIACENSIS (Jacobus). Voy. *Vitriaco* (J. de).

VITRIACO (Albericus de), ALBÉRIC DE VITRY, mathématicien et théologien français, sans doute moine à l'abbaye de Lyre, mort à la fin du XII° siècle.

VITRIACO (Jacobus de), JACQUES DE VITRY, théologien et historien français, curé d'Oignies, évêque de Tusculum et de Saint-Jean d'Acre, patriarche de Jérusalem, adversaire des Albigeois, cardinal, né à Vitry-sur-Seine ou à Vitry sur-Marne, mort en 1240. — On le trouve encore nommé, *J. de Vitreio*, *J. de Vitreyo*, *J. Vitriacensis*, *J. Vitriacus*, *J. de Vitraio*, *J. de Vitryaco*, *J. Acconensis* et *J. Achonensis*.

VITRIACUS et DE VITRYACO (Jacobus). Voy. *Vitriaco* (J. de).

VIVARIENSIS (Petrus), PIERRE FLANDRIN, dit aussi P. DE VIVIERS. Voy. *Flandrinus* (P.).

VIVARIENSIS (Thomas), THOMAS DE VIVIERS, théologien français, évêque de Viviers, mort en 1152.

VIZIACO (DE) et VIZICUS (Bernardus). Voy. *Juzico* (B. de).

VOERDA (Nicasius a), NICAISE VAN VOERDEN, jurisconsulte, théologien et sermonnaire belge, professeur à Louvain, né près de Malines, mort en 1492.

VOLADEMIRUS (Paulus), PAUL VLADIMIR, théologien polonais, né, chanoine et professeur à Cracovie, mort après 1415.

VOLATERRANUS (Jacobus), GIACOMO MAFFEI, dit JACQUES DE VOLTERRA, historien italien, secrétaire apostolique, né sans doute à Volterra (Toscane), mort vers 1485. — On le trouve nommé aussi *J. Maffeus*.

VOLATERRANUS' (Raphael), RAFAELE MAFFEI, connu sous le nom de RAPHAEL de VOLTERRA, érudit et traducteur italien, né à Volterra, mort en 1522. — On le trouve nommé aussi *R. Maffeus* et *R. Mapheus*.

VOLCARDUS (Jacobus), JACQUES VOLCAERD, poëte latin, professeur à La Haye et à Louvain, né à Gertruydenberg, mort vers 1530.

VORAGINE (Jacobus de). Voy. *Varagine* (J. de).

VORDANUS (Nicasius), NICAISE DE VOERD, savant jurisconsulte belge, professeur à Louvain, né à Malines, mort en 1492. — On trouve aussi *N. a Woerda*.

VOSGESIGENA (Philesius). Voy. *Ringmannus* (M.).

VOSIENSIS (Galfredus), GEOFFROI DU VIGEOIS, chroniqueur français, moine de Saint-Martial de Limoges, prieur de Saint-Pierre du Vigeois près de Nîmes, mort après 1184.

VRIMARIA (Henricus de), HENRY DE VRIMACH, fécond théologien et sermonnaire allemand, augustin, provincial de Saxe, puis professeur à Prague, né à Vrimach, bourg situé près de Gotha, dans la Thuringe, mort en 1340. — On le trouve encore nommé *H. de Ferraria*, *H. de Firmaria*, *H. de Frimaria*, *H. de Frimelia*, etc.

VROEDIUS (Henricus), HENRY DE VROEDE, théologien mystique belge, chartreux, prieur du Val-de-Grâce, près de Bruges, puis de Sainte-Sophie près de Bois-le-Duc, mort après 1484. — On le trouve nommé aussi *H. Prudens*.

VULTURIUS (Robertus). Voy. *Valturius* (R.).

W. Voy. *V.*

WACIUS (Robertus), Robert Wace, poëte anglo-normand, étudiant à Paris, chanoine de Bayeux, né dans l'île de Jersey, mort vers 1180. — Nous l'avons trouvé nommé encore : R. Eustace, Gaice, Gasse, Gazoe, Guace, Guasco, Guaze, Huace, Huistace, Vace, Wacce, Waicce, Wage, Waice, Waze et Wistace.

WADERFORDENSIS. Voy. *Waterfordensis.*

WADUS (Laurentius). Voy. *Vadus* (L.).

WALCIODORENSIS (Robertus), Robert de Wasor, historien et biographe belge, doyen de Stavelo (*decanus Stabulensis*), puis abbé de Wasor, au diocèse de Namur, mort vers 1180.

WALDEBIUS (Robertus), Robert Valdeby, théologien et sermonnaire anglais, religieux augustin, évêque de Chichester, archevêque de Dublin, puis d'York, né à York, mort en 1399.

WALDENSIS (Simon), Simon de Walden, jurisconsulte anglais, professeur à Cambridge, moine à Walden (comté d'Essex), mort vers 1300.

WALDENSIS (Thomas), Thomas Netter, dit aussi Th. de Walden. Voy. *Netterus* (T.).

WALENSIS et de WALLEIS (Joannes). Voy. *Wallia* (J. de).

WALERANUS. Voy. *Walramus.*

WALKINGTONUS (Nicolaus), Nicholas Walkington (dit Jöcher), théologien et biographe anglais, chanoine régulier à Kirkesham, mort vers 1200.

WALLEIS (Thomas). Voy. *Jorsius* (T.).

WALLIA (Joannes de), Jean de Galles, fécond théologien et moraliste anglais, religieux franciscain, né dans le pays de Galles, mort vers 1303. — On le trouve encore nommé *J. Galensis, J. Guallensis, J. de Valle, J. Valensii, J. de Valeis, J. Valensis, J. de Walleis, J. Wallius, J. Gaula, J. Gaulensis,* et son érudition le fit surnommer *Arbor vitæ.*

WALLIDENUS. Voy. *Waldensis.*

WALLINGFORDUS (Joannes), Jean de Wallingford, chroniqueur anglais, docteur de Paris, prieur de Wallingford (comté de Berks), puis abbé de Saint-Albans, mort en 1214. — Il est parfois nommé *Magister de Cella.*

WALLINGFORDUS (Richardus), Richard de Wallingford, mathématicien et astronome anglais, bénédictin, moine de Saint-Albans, né à Wallingford, sur les bords de la Tamise, mort en 1326. — On le trouve nommé aussi *R. Valingofordus.*

WALLIS (Hieronymus de). Voy. *Vallibus* (H. de).

WALLIUS (Joannes). Voy. *Wallia* (J. de).

WALLO. Voy. *J.-G. de Bichieris* et *G. Carnotensis.*

WALRABONUS. Voy. *Walramus.*

WALRAMUS, WALRAM, WALERAN, WALTHRAM ou WILLIRAM (dit Jöcher), en français GALERAN, de la famille des comtes DE SCHWARZENBERG, historien et théologien allemand, moine à Herefeld (Hesse-Cassel), évêque de Naumburg (Saxe), mort en 1110. — On le trouve aussi nommé *Gualeranus, Waleranus, Walrabonus.*

WALSCHÆUS (Petrus), PIERRE WAELSCHEN, théologien et sermonnaire belge, chanoine régulier du Val-Vert ou Grœnendael, près de Bruxelles, mort vers la fin du XVe siècle.

WALSINGHAMUS (Joannes), JEAN DE WALSINGHAM, théologien anglais, docteur de Paris et d'Oxford, religieux carme, né sans doute à Walsingham (Norfolk), mort vers 1350.

WALSINGHAMUS (Robertus), ROBERT DE WALSINGHAM, théologien anglais, carme à Norwich, professeur à Oxford, né sans doute à Walsingham, dans le comté de Norfolk, mort en 1310.

WALSINGHAMUS (Thomas), THOMAS DE WALSINGHAM, chroniqueur anglais, religieux bénédictin, né sans doute à Walsingham dans le comté de Norfolk, mort après 1422.

WALTERIUS, WAUTIER, moine français, auteur d'un poëme sur Mahomet, mort vers la fin du XIIe siècle.

WALTERUS. Voy. *Gualterius.*

WANIFLETUS (Guilelmus), WILLIAM PATTEN, dit aussi W. BARBOR, et plus souvent nommé GUILLAUME DE WAYNFLETE, chancelier d'Angleterre, protecteur des lettres, fondateur de nombreuses écoles, né à Waynflete (comté de Lincoln), mort en 1486.

WANIFLETUS (Joannes), JEAN DE WAYNFLETE, théologien anglais, religieux carme, né à Waynflete, dans le comté de Lincoln, mort vers 1420. — Tanner le nomme *J. Ventofluctus.*

WARA (Guilelmus de), GUILLAUME DE WARE, dit G. VARRON, théologien et philosophe scolastique anglais, religieux franciscain, né à Ware, près de Londres, mort vers 1300. — Peu de noms ont été aussi défigurés; voici les formes que nous avons rencontrées : *G. Anglicus, G. Guaro et Guaronis, G. Guarro et Guarronis, G. de Oona, G. Varrilio et Varrilionis, G. Varro, G. Verus, G. de Waria, G. Warrilio, G. Warro.* — Enfin, on le désigne souvent par son surnom de *Doctor fundatus.*

WARDENSIS (Edilredus ou Ethelredus), E. DE WARDEN, théologien et sermonnaire anglais, moine de Cîteaux, abbé de Warden, mort vers 1220.

WARDO (Joannes de), JEAN DE WARDE, théologien français, moine de Cîteaux, prieur de l'abbaye de Sainte-Marie des Dunes, mort en 1293. — On le trouve nommé aussi *J. de Dunis.*

WARHAMUS (Guilelmus), WILLIAM WARHAM, grand chancelier d'Angleterre, archevêque de Canterbury, bibliophile, protecteur des lettres, des savants et des écoles, né dans le comté de Hamp, mort en 1532.

WARIA (Guilelmus de). Voy. *Wara* (G. de).

WARNERIUS. Voy. *Irnerius* et *Teutonicus.*

WARNERUS. Voy. *Irnerius.*

WARRILIO et WARRO (Guilelmus). Voy. *Wara* (G. de).

WASELINUS. Voy. *Wazelinus.*

WASSELI (Fortanerius), FORTANIER WASSEL (dit Auberi), théologien français, général des Franciscains, patriarche de Grado, archevêque de Ravenne, cardinal, né à Cahors, mort en 1361.

WATENSTEDIUS (Busso), BUSSO DE WATENSTAEDT, chroniqueur allemand, chanoine d'Hameln (*canon. Hamelensis*) en Hanovre, né à Minden, mort vers 1460.

WATERFORDENSIS (Gotofridus), GEOFFROI DE WATERFORD, fécond traducteur irlandais, religieux dominicain, né à Waterford, dans le comté du même nom, mort vers 1300.

WATERFORDENSIS (Guilelmus), GUILLAUME DE WATERFORD, théologien et sermonnaire anglais, docteur d'Oxford, frère mineur, né à Waterford, dans le comté de ce nom (Irlande), mort soit en 1397, soit après 1433. — Nous adoptons ici l'opinion de Wadding. Jöcher la conteste, et appelle ce théologien WILLIAM WODFORD ou WILFORD. — On le trouve encore nommé en latin : *G. Wo-*

defordus, G. Wodfordus, G. Widofordus et *G. Waderfordensis.*

WATERTONUS (Galfredus), GODFROY WATERTON (Jöcher), théologien et sermonnaire anglais, religieux bénédictin, moine à Bury, mort vers 1350. — On le trouve aussi nommé *G. de Waterfordia*.

WATINENSIS (Ebrardus), ÉBRARD ou ÉVÉRARD DE WAETÈNE, chroniqueur français, moine au couvent de Waetène, près de Saint-Omer, né dans le diocèse de Reims, mort vers 1125.

WAZELINUS, WAZELIN DE MOUMALE, théologien belge, bénédictin, prieur de Saint-Jacques, puis abbé de Saint-Laurent de Liége, né à Fiesch, soit à Hasbaye, près de Liége, mort vers 1158.* — On écrit aussi *Waselinus*.

WEBERUS (Vitus ou Guido), VEIT ou GUI WEBER, poëte et chroniqueur suisse, greffier du tribunal de Berne, né à Soleure, mort vers la fin du XVe siècle.

WEENTIUS (Joannes), JEAN WEENT, historien hollandais, abbé d'Egmond, mort vers 1410.

WEINGARTENSIS (monachus), LE MOINE DE WEINGARTEN, seul nom sous lequel soit connu un chroniqueur allemand, religieux bénédictin au couvent de Weingarten en Souabe, mort après 1191.

WEINSBERGENSIS (Poeta), LE POËTE DE WEINSBERG, nom sous lequel est ordinairement désigné MICHEL BEHAÏM, troubadour allemand, né à Sulzbach, dans la seigneurie de Weinsberg (Würtemberg), mort vers 1490.

WELINGIUS (Conradus), CONRAD WELLING, chroniqueur allemand, religieux bénédictin, mort après 1334.

WENDOCUS (Alexander), ALEXANDRE WENDOC (dit Jöcher), théologien et sermonnaire anglais, né dans le pays de Galles, mort en 1238. — On le trouve aussi nommé *A. Wenedotius.*

WENEDOTIUS (Alexander). Voy. *Wendocus* (A.).

WENGERUS (Conradus), CONRAD WENGER (dit Jöcher), chroniqueur allemand, chanoine à Brixen, mort vers 1500.

WERDENA (Joannes de), JEAN DE WERDEN, sermonnaire allemand, frère mineur, mort vers 1330.

WERLEIUS (Hugo). Voy. *Verolegus* (H.).

WERNERIUS, WERNERUS et WERNHERUS. Voy. *Irnerius*.

WERNHERUS (Georgius), GEORGE WERNHER, écrivain hongrois, conseiller royal et gouverneur du comté de Scharosch, mort vers 1525.

WESALIA (Joannes de), JEAN WESSEL, médecin de Marie de Bourgogne, professeur à Louvain, né à Bruxelles, mort vers 1480.

WESALIA (Joannes de). Voy. *Wesselus* (J.).

WESSELUS (Joannes), JEAN WESSEL, savant théologien et philosophe scolastique hollandais, professeur à Cologne, à Louvain et à Paris, regardé par les protestants comme un des précurseurs de Luther, né à Groningue, mort en 1489. — On l'appelle encore *J. Basilius, J. Gansfortius, J. Groninganus, J. de Wesalia*, et il a été surnommé : *Lutheri antesignanus, Lux mundi, Magister contradictionum.*

WESTMONASTERIENSIS (Matthæus), MATTHIEU DE WESTMINSTER, chroniqueur anglais, moine bénédictin de Westminster, mort vers le milieu du XIVe siècle. — Il fut surnommé *M. Florigerus*, du titre de sa chronique : *Flores historiarum*, etc.

WESTMONASTERIENSIS (Monachus), LE MOINE DE WESTMINSTER, surnom donné à RICHARD DE CIRENCESTER. Voy. *Cicestriensis* (R.).

WESTPHALUS (Gobelinus), GOBELIN PERSONA, dit G. DE WESTPHALIE, poëte et chroniqueur allemand, doyen de Bielefeld, né dans la Westphalie, mort après 1418.

WESTPHALUS (Olivarius ou Oliverius), OLIVIER DE WESTPHALIE, chroniqueur allemand, chanoine de Paderborn, écolâtre de Cologne, cardinal-évêque de Sabine, né dans la Westphalie, mort en 1227. — On le trouve nommé encore *O. Coloniensis, O. Saxo* et *O. Scolasticus.*

WESTPHALUS (Wernerus), WERNER ROLEWINCK, dit aussi W. DE WESTPHALIE. Voy. *Laerius* (W.).

WETHLEIUS (Guilelmus), WILLIAM WHEATLEY, philosophe scolastique anglais, commentateur de Boèce, docteur de Paris, recteur de Yatesbury, mort vers 1320. — On écrit aussi *G. Vetelegus*, et il fut surnommé *G. Boetianus*.

WHERNERUS. Voy. *Irnerius*.

WHETAMSTEDUS (Joannes), JOHN BOSTOCK, dit aussi JEAN DE WHETAMSTED, théologien, biographe et chroniqueur anglais, bénédictin à Glocester, abbé de Saint-Albans, né à Whetamsted (comté de Herford), mort en 1464. — On le trouve nommé souvent *J. Frumentarius*.

WIARDUS, WIARD ou VIARD, chartreux, regardé comme le fondateur de l'ordre du Val-des-Choux (*Vallis caulium*) près de Lugny, mort vers la fin du XIIIe siècle.

WIBALDUS, WIBALD, WIBAULD, WIBOLD ou GUIBALD, célèbre négociateur belge, abbé de Stavelo, puis du Mont-Cassin, né près de Stavelo, mort en 1158. — On le trouve encore nommé *Wiboldus* et *Guibaldus*.

WIBOLDUS. Voy. *Wibaldus*.

WICAMUS (Guilelmus), GUILLAUME DE WYKEHAM, homme d'État anglais, évêque de Winchester, grand chancelier, fondateur de deux collèges, né à Wykeham (comté de Hamps), mort en 1404.

WICCAMUS (Guilelmus), WILLIAM WICKHAM (dit Fabricius), littérateur anglais, évêque d'York, mort en 1285. — On le trouve encore nommé *G. Wickeranus*, *G. Wickevanus* et *G. de Wykewone*.

WICCAMUS (Joannes), JOHN WICKHAM, théologien anglais, élève de Merton-College, puis docteur d'Oxford, mort en...?

WICCENSIS (Florentius). Voy. *Wigorniensis* (F.).

WICCIUS (Thomas), THOMAS DE WICKAM, dit TH. VIKES, VUYCKE et WILKES, chroniqueur anglais, chanoine régulier de Saint-Augustin à Osney, près d'Oxford, né à Wickam, près de Binsey, mort après 1304.

WICHARDUS. Voy. *Vichardus*.

WICHINGAMUS (Henricus), HENRY WIKINGHAM ou WICHINGHAM, théologien et sermonnaire anglais, docteur d'Oxford, carme à Norwich, mort en 1447. — On le trouve encore nommé *H. Wichinghamus*, *H. Wichynghamus* et *H. Vicanus*.

WICHINGAMUS (Joannes), JOHN WIKINGHAM ou WICHINGHAM, sermonnaire anglais, frère mineur à Norwich, mort vers 1365.

WICHINGAMUS (Richardus), RICHARD WIKINGHAM ou WICHINGHAM, sermonnaire et philosophe scolastique anglais, carme à Norwich, né à Norfolk, mort vers 1382. — On écrit aussi *R. Wichinghamus* et *R. Vicanus*.

WICHINGAMUS (Simon), SIMON WIKINGHAM ou WICHINGHAM, théologien et sermonnaire anglais, docteur de Paris, carme à Norwich, mort vers 1360. — On trouve aussi *S. Wichinghamus* et *S. Vicanus*.

WICHINGAMUS (Thomas), THOMAS WIKINGHAM ou WICHINGHAM, théologien et sermonnaire anglais, docteur de Cologne, carme à Norwich, mort après 1372. — On trouve aussi *Th. Vicanus* et *Th. Wichinghamus*.

WICHINGHAMUS et WICHYNGHAMUS. Voy. *Wichingamus*.

WICKERANUS et WICKEVANUS (Guilelmus). Voy. *Wiccamus* (G.).

WICLEFFUS (Joannes). Voy. *Wiclefus* (J.).

WICLEFUS (Joannes), JEAN DE WYCLIFFE, dit en français JEAN WICLEF, célèbre hérésiarque anglais, précurseur de la Réforme, né à Hipswelle, dans le comté d'York, mais originaire de Wycliffe, mort en 1387. — On le trouve encore nommé *J. Wicleffus*, *J. Wiclifus*, *J. Wyclevus*, et dans Leland *J. Wicoclifus*.

WICLIFUS et WICOCLIFUS (Joannes). Voy. *Wiclefus* (J.).

WIDOFORDUS (Guilelmus). Voy. *Waderfordensis* (G.).

VIELANDUS (Philippus), PHILIPPE WIELANDT, jurisconsulte belge, conseiller au parlement de Malines, né à Gand, mort en 1519.

WIGENHALUS (Thomas), THOMAS DE WIGGENHALL, historien et théologien anglais, prémontré, né à Wiggenhall (comté de Norfolk), mort vers 1470. — On écrit aussi *Vigenhalus*.

WIGO. Voy. *Guigo*.

WIGORNIENSIS (Florentius), FLORENT DE WORCESTER, chroniqueur anglais, moine à l'abbaye de Worcester, mort après 1118. — On l'appelle encore *Fl. Bravonius* (de *Bravonium* ou *Branovium*, ancien nom latin de Worcester) et *F. Wiccensis*.

WIGORNIENSIS (Joannes), JEAN, comte DE WORCESTER, traducteur anglais, protecteur des lettres, lord-député d'Irlande, né à Cambridge, exécuté en 1470.

WILACHIUS (Joachimus), JOACHIM VAN WILACHEN, helléniste hollandais, né à Steenwyck, dans l'Over-Yssel, mort après 1530.

WILDESHEMENSIS (Joannes), JEAN DE WILDESHUSEN, dit aussi J. LE TEUTONIQUE (*J. Teutonicus*), théologien allemand, général des dominicains, évêque de Bosnie, né à Wildeshusen, dans la Saxe, mort en 1252.

WILTONUS (Joannes), JEAN DE WILTON, dit *senior*, philosophe scolastique anglais, religieux augustin, professeur à Paris, puis à Oxford, né à Wilton (comté de Wilts), mort en 1310.

WILTONUS (Joannes), JEAN DE WILTON, dit *junior*, théologien, poète et sermonnaire anglais, bénédictin, moine à Westminster, mort vers 1360.

WILTONUS (Richardus), RICHARD DE WILTON, théologien anglais, religieux trinitaire, archevêque d'Armagh, cardinal, né à Wilton (comté de Wilts), mort en 1339.

WIMIACO (Robertus de), ROBERT DE WIMI, théologien et sermonnaire français, prémontré, chanoine de Notre-Dame de Cuissi (*Beatæ Mariæ Cuissiacensis*), né à Wimi en Thiérache (Aisne), mort vers 1300.

WIMPFELINGIUS (Jacobus), JACQUES WIMPFELING, célèbre théologien, érudit et poëte allemand, professeur à Heidelberg, né à Schlestadt (Alsace), mort en 1528. — On écrit aussi *J. Wimphelingius*, et il a signé un de ses ouvrages *P. Olearius*.

WIMPHELINGIUS (Jacobus). Voy. *Wimpfelingius* (J.).

WIMPINA (Conradus Coci de Fagis), CONRAD DE WIMPFEN, dit aussi et par lui-même CONRAD FILS DE KOCH, NÉ DANS LES HÊTRES (Buchheim) DE WIMPFEN, célèbre théologien allemand, professeur à Leipsick, né à Buchheim, dans la Franconie, mort en 1530. — Les biographies françaises le nomment CONRAD WIMPINA ou WYMPNA.

WIMPINENSIS (Georgius), GEORGE DE WIMPFFEN, historien ecclésiastique allemand, religieux dominicain, né à Wimpffen dans la Souabe, mort au XVe siècle. — On le trouve nommé aussi *G. Eppius*.

WINCHECUMBUS (Thomas), THOMAS DE WINCHCOMB, dit aussi TH. WINCHESCOMB ou WINSHECOMB, chroniqueur anglais, religieux bénédictin à Evesham, né peut-être à Winchcomb, dans le comté de Glocester, mort vers 1450.

WINCHELEGUS (Richardus), RICHARD DE WINCHELSEY, théologien anglais, religieux dominicain, évêque en Irlande, né à Winchelsey (comté de Sussex), mort vers 1490. — On le trouve aussi nommé *R. de Winchelsea*.

WINCHELSÆUS (Joannes), JEAN DE WINCHELSEY, philosophe scolastique anglais, docteur d'Oxford, frère mineur, né à Winchelsey (comté de Sussex), mort en 1326. — On trouve aussi *J. de Winchelsea*.

WINCHELSEA (de). Voy. *Winchelegus*.

WINCHELSEANUS (Robertus), ROBERT DE WINCHELSEY, théologien et jurisconsulte anglais, professeur à Paris, archevêque de Canterbury, né à Winchelsey, dans le comté de Sussex, mort en 1313. — On le trouve nommé aussi *R. de Winchelseia*.

WINCHELSEIA (de). Voy. *Winchelseianus*, *Winchelsæus* et *Winchelegus*.

WINDECKIUS (Eberhardus), EBERHARD WINDECK, négociateur, biographe et historien allemand, né à Mayence, mort vers 1450.

WINDESEMENSIS (Guilelmus), GUILLAUME VORNTKEN, dit G. DE WINDESHEIM, historien et biographe hollandais, prieur du couvent de Windesheim, près de Deventer, né à Utrecht, mort en 1455.

WINDESORA (Rogerus de), ROGER DE

WINDSOR, chroniqueur anglais, moine de Saint-Albans (comté d'Hertfort), mort en 1237. — On le trouve aussi nommé R. *Windoverus*.

WINDOVERUS (Rogerus). Voy. *Windesora* (R. de).

WINTERBORNUS (Gualterus), GAUTIER DE WINTERBORNE, théologien et sermonnaire anglais, religieux dominicain, confesseur du roi Édouard 1er, cardinal, né à Sarisbury, mort en 1305. — On le trouve nommé encore G. *Anglicus* et G. *Cardinalis*.

WINTERBURGENSIS (Joannes), JEAN DE WINTERBURG, dit dans les biographies françaises J. WINTERBURGER, imprimeur allemand, ouvrier à Mayence, puis établi à Vienne en Autriche, né à Winterburg, dans le Bas-Palatinat, mort en 1519.

WINTONIA (Gregorius de), GRÉGOIRE DE WINCHESTER, dit aussi G. DE CAIRGWENT (ancien nom de Winchester), historien anglais, religieux bénédictin à Glocester, né à Winchester, mort après 1291.

WINTONIA (de). Voy. *Wintoniensis* et *Wintonius*.

WINTONIENSIS (Godfridus), GEOFFROI DE WINCHESTER, poëte flamand, religieux bénédictin, prieur du couvent de Winchester, né à Cambrai, mort en 1107.

WINTONIENSIS (Henricus), HENRI DE SULLY, dit aussi H. DE WINCHESTER. Voy. *Solliaco* (H. de).

WINTONIUS (Simon), SIMON DE WINCHESTER, théologien anglais, religieux dominicain, né près de Winchester, mort vers 1360.— On trouve aussi S. *de Wintonia*.

WINTONUS (Andreas), ANDREW WINTON, WYNTON ou WYNTON, chroniqueur écossais, chanoine régulier à Saint-André, puis prieur à Saint-Serf, mort vers 1420.

WINVILLA (Beuvius ou Buevinus de), BEUVE ou BEUVIN DE WINVILLE, prêtre de Verdun, second fondateur du collége de la Marche (*collegium Marchianum*), à Paris, né à Winville, dans la Lorraine, mort en 1432.

WIREKERUS (Nigellus), NIGEL WIREKER, théologien et moraliste anglais, chantre à l'abbaye de Canterbury, mort vers 1200.

WIRTZBURGENSIS (Joannes), JEAN DE WURTZBOURG, géographe allemand, prêtre à Wurtzbourg (Bavière), mort vers 1100.

WITERIUS (Guido), GUI WITIER, théologien, second abbé de Molêmes, au diocèse de Langres, mort en 1132. — On le trouve nommé souvent G. *Molismensis*.

WITTEBIENSIS (Stephanus), ÉTIENNE DE WITHBY, chroniqueur anglais ou français, religieux bénédictin, abbé de Withby, puis de Notre-Dame d'York, mort en 1112. — On le trouve aussi nommé St. *Eboracensis*.

WITTELESEIUS (Guilelmus), WILLIAM WITTLESEY (dit Fabricius), théologien anglais, évêque de Rochester, puis de Worcester, archevêque de Canterbury, mort en 1375.

WITTINGTONUS (Richardus), RICHARD DE WHITTINGTON, riche commerçant anglais, maire de Londres, fondateur de plusieurs établissements scientifiques, collége, bibliothèque, etc., mort vers 1425.

WITTINGTONUS (Robertus), ROBERT DE WHITTINGTON, grammairien, érudit et théologien anglais, docteur d'Oxford, né à Lichtfield, mort après 1530. — Il a signé un de ses ouvrages R. *Bossus*, et il se donnait le titre de *Protovates Angliæ*.

WODEFORDUS et WODFORDUS (Guilelmus). Voy. *Waderfordensis* (G.).

WODHEAMENSIS (Adamus), ADAM WODDHEAM, dit aussi A. GODDAM, théologien anglais, disciple de G. Occam, frère mineur, docteur d'Oxford, mort en 1358. — On le trouve encore nommé A. *Anglicus*, A. *Goddamus*, et A. *Odohamus* (Leland).

WOERDA (Nicasius a). Voy. *Fordanus* (N.).

WOLCMARUS, WOLCMAR, chroniqueur allemand, moine de Cîteaux, abbé du couvent de Furstenfeld, dans la Bavière, mort en 1318.

WOLPHIUS (Thomas), THOMAS WOLF ou WOLPH (Jöcher), historien, théologien et jurisconsulte allemand, professeur à Strasbourg, mort en 1509.

WOLTERUS (Henricus), HEINRICH WOLTERS, chroniqueur allemand, chanoine régulier de Saint-Augustin à Brême, mort après 1463.

WORCESTRIUS (Guillelmus), GUILLAUME DE WORCESTER, astronome, médecin et historien anglais, né dans le comté de Bristol, mort après 1491.

WURTEMBERGENSIS (Eberhardus), ÉBERHARD 1ᵉʳ, DUC DE WURTEMBERG, protecteur des sciences et des lettres, fondateur de l'université de Tubingue, né à Stuttgard, mort en 1497.

WYCLEVUS (Joannes). Voy. *Wiclefus* (J.).

WYCUMBA (Guilelmus de), GUILLAUME DE WYCOMBE, biographe anglais, chanoine régulier de Saint-Augustin, prieur dans le pays de Galles, né sans doute à Wycombe (comté de Bucks), mort vers 1140.

WYKEWONE (Guilelmus de). Voy. *Wiccamus* (G.).

XANTHOPULUS (Nicephorus). Voy. *Callistus* (N.).

XIMENIUS (Franciscus), FRANCISCO EXIMENO ou D'EXINIMES, théologien ascétique espagnol, cordelier, mort après 1387.

XIMENIUS (Franciscus), FRANCISCO XIMENES, théologien, homme d'État, régent d'Espagne, archevêque de Tolède, cardinal, né à Torrelaguna, dans la Castille, mort en 1517.

XIMENIUS (Rodericus), RODERIC XIMENES, historien et théologien espagnol, religieux franciscain, archevêque de Tolède, cardinal, né dans le royaume de Navarre, mort en 1247. — On le trouve encore nommé *R. Semenus* et *R. Simonis*.

XIPHILINUS (Georgius), Γεώργιος ὁ Ξιφιλῖνος, en français GEORGE XIPHILIN, jurisconsulte byzantin, patriarche de Constantinople, mort vers 1200.

XIPHILINUS (Joannes), Ἰωάννης ὁ Ξιφιλῖνος, en français JEAN XIPHILIN, historien grec, moine à Constantinople, mort vers 1100.

XYLOTECTUS (Joannes), JEAN ZIMMERMANN, théologien suisse, chanoine de Munster, né à Lucerne, mort en 1526.

YMARUS, YMAR, théologien français, moine de Cluni à l'abbaye de Saint-Martin des Champs (à Paris), cardinal, évêque de Tusculum, mort en 1164. — On le trouve encore nommé *Igmarus, Imarus* et même *Maurus.*

YORCHUS (Joannes). Voy. *Eboraco* (J. de).

YRNERIUS. Voy. *Irnerius.*

YTHERIUS (Bernardus). Voy. *Iterius* (B.).

YVO. Voy. *Carnotensis, Helorii*, etc.

ZABARELLIS (Bartholomæus de), BARTOLOMMEO ZABARELLA, neveu de Francesco, jurisconsulte italien, professeur à Padoue, référendaire apostolique, évêque de Spalatro, archevêque de Florence, légat en France et en Espagne, mort en 1445.

ZABARELLIS (Franciscus de), FRANCESCO ZABARELLA, célèbre théologien italien, évêque de Nicosie, puis archevêque de Florence, cardinal, né et professeur à Padoue, mort en 1417. — Il est souvent désigné sous le nom de *Cardinalis Florentinus*.

ZABARELLIS (Paulus-Bonus de), PAOLO-BUONO ZABARELLA, théologien et sermonnaire italien, ermite de Saint-Augustin, évêque de Romanie, dans la Morée, archevêque de Parium, né et professeur à Padoue, mort en 1525.

ZACCARIIS (Lelius de), LELIO ZACCARIA, dit en français L. ZACHARIE, théologien et géographe italien, chanoine de Latran, évêque de Sébaste, en Arménie, né à Vicence, mort en 1522.

ZACCARIIS (Raphainus de), RAFAINO ZACCARIA, jurisconsulte italien, né à Crémone, mort après 1379.

ZACCARIIS (Thomas de), TOMMASO ZACCARIA, philosophe et médecin italien, né et professeur à Crémone, mort en 1368. — On le trouve nommé aussi *Th. de Zacchariis*.

ZACCHARIIS (de). Voy. *Zaccariis* (de).

ZACUTUS (Abrahamus), ABRAHAM ZACUTO, dit aussi A. BEN SAMUEL ZACUTH, érudit, chroniqueur et astronome espagnol, professeur à Saragosse, né à Salamanque, mort vers 1520. — On l'a parfois confondu avec un médecin espagnol qui portait le même nom et le même prénom, et qui mourut au siècle suivant à Amsterdam.

ZAFFUS (Andreas), ANDREA CIAFFI, jurisconsulte italien, professeur à Pise, mort vers 1450 (Fabricius) ou vers 1320 (Pancirole).

ZAINERUS (Guntherus), GUNTHER ZAYNER ou ZAINER, célèbre imprimeur allemand, établi d'abord à Cracovie, puis à Augsbourg, né à Reutlingen, dans le Wurtemberg, mort en 1478.

ZAINERUS (Joannes), JOHANN ZAYNER ou ZAINER, sans doute frère du précédent, imprimeur allemand, établi à Ulm, né à Reutlingen, mort en 1500. — On le trouve encore nommé en allemand J. CZEYNER, TZAINER, ZEINER et ZEYNER.

ZAMBACO (Joannes de). Voy. *Tambacho* (J. de).

ZAMBECCARIUS (Franciscus), FRANCESCO ZAMBECCARI, helléniste et archéologue italien, professeur à Capod'Istria, puis à Pérouse, né à Venise, mort vers 1500.

ZAMOREIS (Gabrius de), GABRIO ZAMORI ou ZAMOREO, jurisconsulte et poëte latin, né et professeur à Parme, mort vers 1400.

ZAMORENSIS (Joannes-Ægidius), JEAN-GILLES DE ZAMORA, canoniste et historien espagnol, frère mineur, né sans doute à Zamora, dans le royaume de Léon, mort vers 1300.

ZAMORENSIS (Munio), MUNIO DE ZAMORA, théologien espagnol, général des dominicains, évêque de Palencia, né à Zamora (royaume de Léon), mort en 1300.

ZAMORENSIS (Rodericus). Voy. *Sancius* (R.).

ZANELLIS (Franciscus de), FRANCESCO ZANELLI, médecin italien, professeur à Pérouse (États de l'Église), né à Bologne, mort vers 1350.

ZANETTINUS (Hieronymus), GERONIMO ZANETTINI, jurisconsulte italien, professeur à Pise et à Bologne, né à Bologne, mort en 1493.

ZANOBIUS. Voy. *Florentinus* (Z.).

ZAROTHUS (Antonius). Voy. *Zarotis* (A. de).

ZAROTIS (Antonius de), ANTONIO ZAROTTO, dit en français ANTOINE ZAROT, imprimeur italien, établi à Milan, né à Parme, mort avant 1487. — On le trouve aussi nommé *Ant. Zarotus* et *Ant. Zarothus*.

ZAROTUS (Antonius). Voy. *Zarotis* (A. de).

ZELLIUS (Ulricus), ULRIC ZELL, imprimeur allemand, établi à Mayence, puis à Cologne, né à Hanau, mort vers 1500.

ZENOCARUS (Guilelmus), GUILLAUME SNOECKAERT, plus connu sous son nom latin, historien belge, bibliothécaire de Charles-Quint, né à Bruges, mort en 1560.

ZENUS (Antonius), ANTONIO ZENO, frère de Niccolo, célèbre voyageur italien, né à Venise, mort en 1406.

ZENUS (Caterinus), CATERINO ZENO, écrivain et voyageur italien, né à Venise, mort vers 1500.

ZENUS (Jacobus), JACOPO ZENO, biographe italien, évêque de Feltro, de Bellune et de Padoue, mort en 1481.

ZENUS (Nicolaus), NICCOLO ZENO, célèbre voyageur italien, né à Venise, mort vers 1395.

ZERBIS (Gabriel de), GABRIELE ZERBI, médecin et philosophe italien, professeur à Padoue, à Bologne et à Rome, né à Vérone, assassiné en 1505. — On le trouve nommé aussi *G. de Zerbo* et *G. Zerbus*.

ZERBO (DE) et ZERBUS (Gabriel). Voy. *Zerbis* (G. de).

ZIERICHZEA (DE). Voy. *Ziericzea* (de).

ZIERICZEA (Cornelius a), CORNEILLE DE ZIERICKZÉE, théologien et sermonnaire hollandais, né à Zierickzée (Zélande), mort à Anvers en 1447. — On trouve aussi *T. de Zierichsea.*

ZIERICZEA (Henricus-Balduinus de), BAUDOIN HENDRICX, dit aussi HENRI-BAUDOUIN DE ZIERICKZÉE, jurisconsulte hollandais, professeur à Louvain, né à Zierickzée (Zélande), mort vers 1420. — On le désigne souvent par ses deux prénoms seulement.

ZIGABENUS (Euthymius), 'Ευθύμιος ὁ Ζιγαδηνός, en français EUTHYME ZIGABÈNE, historien byzantin, moine à Constantinople, mort vers le milieu du XIIe siècle. — On le trouve aussi nommé *E. Zigadenus.*

ZIGADENUS (Euthymius). Voy. *Zigabenus* (E.).

ZINEDOLUS (Jacobus), GIACOMO ZINEDOLO, théologien et sermonnaire italien, religieux dominicain, né à Plaisance, mort vers 1420.

ZINIZANENSIS (Marianus). Voy. *Genezzanensis* (M.).

ZITTARDUS (Hermannus), HERMANN DE ZITTARD, théologien allemand, religieux dominicain, établi à Cologne, né à Zittard (*Zitardia*), dans le duché de Juliers, mort vers 1408.

ZITTAVIENSIS (Joannes), JEAN VON GUBEN, auteur d'une chronique de la ville de Zittau (*chronica actuum Zittaviensium*) en Bohême, mort après 1485.

ZNOYMA (Stanislaus de), STANISLAS DE ZNAIM, théologien allemand, professeur à Vienne en Autriche, né à Znaim (Moravie), mort vers la fin du XVe siècle.

ZOCCO. (Guilelmus de). Voy. *Thoco* (G. de).

ZONARAS (Joannes), Ἰωάννης ὁ Ζωναρᾶς, en français JEAN ZONARE, théologien et compilateur byzantin, moine du mont Athos, né à Constantinople, mort vers 1130.

ZUCCUS (Accius), ACCIO ZUCCO, poëte et fabuliste italien, né à Summacampagna, dans le Véronais, mort vers 1500.

ZUCCUS (Zanettinus), ZANETTINO ZUCCHI, poëte et biographe italien, né à Crémone, mort vers 1450.

ZUINGLIUS (Huldricus ou Uldricus), ULDRICH ZWINGLI, célèbre réformateur religieux, né à Wildenhaus, dans le canton de Saint-Gall, tué en 1531. — On trouve aussi *H. Zwinglius*.

ZUTPHANIENSIS (Gerardus), GÉRARD DE ZUTPHEN, théologien belge, disciple de Gérard Groot, né sans doute à Zutphen, dans la Gueldre, mort en 1398. — On écrit encore *G. Sutphaniensis* et *G. de Sutfanio*.

ZUTPHANIENSIS (Henricus de), HENRI DE ZUTPHEN, théologien hollandais, prêtre à Brême, brûlé comme hérétique en 1525.

ZWINGLIUS (Huldricus). Voy. *Zuinglius* (H.).

ZWOLIS (Henricus-Arnoldus de), HENRY-ARNOLD DE ZWOLL, médecin et astronome hollandais, établi à Dijon, né à Zwoll, dans l'Over-Yssel, mort en 1460.

ADDENDA ET EMENDANDA

ADDENDA ET EMENDANDA

A

ÆGIDII (Jacobus), JACQUES GILLIS, philologue belge, moine de Cîteaux à l'abbaye de Doest, près de Bruges, mort vers 1500.

AGILÆUS (Raimundus). Nous l'avons encore trouvé nommé en français RAIMOND D'AGUILERS, R. D'ARGUILLIERS et R. DE GUILERS.

ALDENARIA (Guilelmus de), GILLES D'OUDENARDE, théologien belge, docteur de Sorbonne, mort au milieu du XIVe siècle.

AMERSFORDIENSIS (Jacobus). Voy. *Thymo* (J. de).

AMICTUS (Robertus), ROBERT PALLEYN. Voy. *Pullus* (R.).

AMMONIUS (Gaspar), GASPARD VAN DER MAUDE, hébraïsant belge, ermite de Saint-Augustin, prieur à Lawingen en Souabe, né à Hasselt, dans la principauté de Liége, mort vers 1525.

ANGELIS (Simon de), SIMONE ANGELI, biographe italien, dominicain à Sienne, mort vers 1500.

ANTILLA (Alexander de), ALESSANDRO DELL' ANTELLA OU DELL' ANCILLA, « che trovasi con l'uno e l'altro cognome », dit Giulio Negri, théologien italien, né à Florence, mort vers 1360.

AQUILA MAGNA, surnom donné à MOSES BEN MAÏMOUN. Voy. *Maimonides* (M.).

ARCHIATRUS (Theophilus). Voy. *Protospatharius* (Th.).

ARIBERTUS (Thomas ou Thomasinus), TOMMASO ou TOMMASINO ARIBERTO, rhéteur et philosophe italien, né à Crémone, mort en 1320.

ARNOLDI (Adrianus), ADRIEN ARNOUTS, théologien et sermonnaire belge, docteur de Paris, carme à Bruges, évêque de Ross, mort après 1530. — On trouve aussi *A. de Arnoldis*.

ASTENSIS (Guilelmus), GUGLIELMO VENTURA, dit GUILLAUME D'ASTI, chroniqueur italien, né à Asti (États sardes) mort après 1325.

B

BACULETO (Michael de), MICHEL DE STOCKHEM (dit Paquot), sermonnaire belge, bénédictin à Gand, professeur à Cologne, né à Stockhem, dans la province de Liége, mort après 1372.

BAISIUS (Guido). Tiraboschi le nomme GUIDO DA BAISO.

BARIANUS (Nicolaus), NICCOLO BARIANI (Tiraboschi), théologien italien, religieux augustin, professeur à Milan, né à Plaisance, mort vers 1500. — On le trouve encore nommé *N. Barinus*.

BARINUS (Nicolaus). Voy. *Barianus* (N.).

BASSIANAS (Aldus). Voy. *Manutius* (A.).

BERNERI (Lubertus). Voy. *Busco* (L.-B. de).

BIRIDANUS (Simon). Voy. *Breodunus* (S.).

BLITHODUNUS et BLITODUNUS (Richardus). Voy. *Blitonius* (R.).

BLITONIUS (Richardus), RICHARD BLYTON, théologien anglais, docteur d'Oxford, provincial des Carmes, né à Lincoln, mort en 1334. — On le trouve encore nommé *R. Blithodunus* et *R. Blitodunus*.

BODERISHAMENSIS (Guilelmus), WILLIAM BODERISHAM (dit Tanner), théologien anglais, religieux dominicain, mort vers 1270. — On le trouve encore nommé G. *Boderishinensis* et G. *Bonderinensis*.

BODERISHINENSIS (Guilelmus). Voy. *Boderishamensis* (G.).

BONACTUS (Guido). Voy. *Bonatus* (G.).

BONADIES. Voy. *Gafurius* (F.).

BONATUS (Guido), GUIDO BONATI ou BONATO, astrologue italien, frère mineur, né ou établi à Forli, mort vers 1285. — On le trouve encore nommé G. *Bonactus*.

BONDERINENSIS (Guilelmus). Voy. *Boderishamensis* (G.).

BOZONIS (Zacharias de), ZACCARIA BOSONI, théologien italien, ermite de Saint-Augustin, né à Savone, mort en 1502.

BROLIO (Helias de), HÉLIE DU BREUIL, historien français, continuateur de la chronique de Bernard Itier, chantre et bibliothécaire (*armarius*) de Saint-Martial de Limoges, mort vers 1297.

C

CARBONIS (Julianus), JULIEN COOLS, poëte et mathématicien belge, chanoine régulier au prieuré dit le Trône-Notre-Dame, près d'Herenthals (province d'Anvers), puis directeur des religieuses du couvent de Jéricho, à Bruxelles, né à Malines, mort en 1522.

CICERO. Voy. *Suæ ætatis Cicero*.

CISTERCIENSIS (Albericus), ALBÉRIC DE CITEAUX. Voy. *Trium Fontium* (A.).

D

DENARIIS (R. de). Voy. *Odofredus*.

DOCTOR FIDELIS, LE DOCTEUR FIDÈLE, surnom donné à MOSES BEN MAÏMOUN. Voy. *Maimonides* (M.).

G

GLORIA ORIENTIS, LA GLOIRE DE L'ORIENT, surnom donné à MOSES BEN MAÏMOUN. Voy. *Maimonides* (M.).

GUIDONIS (Bernardus). Il doit évidemment être appelé BERNARD GUI; c'est le nom *Guido* au génitif. Voy. la préface, p. VII.

H

HONORIUS IV, pape. Voy. *Sabellus* (Jacobus).

L

LUPULUS (Henricus), HEINREICH WOELFLEIN, hagiographe suisse, recteur du gymnase et secrétaire du consistoire de Berne, né dans cette ville, mort vers 1530.

M

MANDAGOTO (Guilelmus de). Peut-être vaudrait-il mieux l'appeler GUILLAUME DE MANDAGOUT; c'est le nom d'une petite ville du département du Gard.

MONARCHA SAPIENTIÆ, LE MONARQUE DE LA SAGESSE, surnom donné à ANTONIO ROSELLI. Voy. *Rosellis* (A. de).

P

PHYSICUS (Paulus). Voy. *Toscanellus* (P.).

PROTOVATES ANGLIÆ. Voy. *Wittingtonus* (R.).

W

WATERFORDIA (de) Voy. *Waterfordensis*.

FIN.

INDEX ALPHABETICUS

PER NOMINA

SCRIPTORUM IN HOC VOLUMINE

CONTENTORUM

INDEX ALPHABETICUS

PER NOMINA

SCRIPTORUM IN HOC VOLUMINE

CONTENTORUM

N. B. Les noms suivis d'un (*) doivent être cherchés parmi les *Addenda* placés à la fin du Dictionnaire.

A

Aaron Pisaurensis.
Abdalla Beidawæus.
Abrahamus de Balmis.
— Zacutus.
Absalo Lundensis.
— Spinchirbacensis.
— Springkirchbacensis.
— Springkirsbacensis.
Acardus. Voy. *Achardus.*
Accius Zuccus.
Accoldus Florentinus.
— de Montecrucis.
Accursius Florentinus.
Achardus Abrincensis.
— Bridlingtonensis.
— Clarævallensis.
— Sancti Victoris.
Actius Sincerus.
Adalbero Trevirensis.
Adalbertus de Capione.
— Heidenheimensis.
— Venerabilis.
Adalhais. Voy. *Adelais.*
Adamus Alderspacensis.
— de Anglia.
— Anglicus.
— Anglus.
— Atrebas.
— Atrebatensis.
— Barchingensis.
— de Basseia.
— de Basseya.
— Bavarus.

Adamus Bocfeldius.
— Bodmaticus.
— de Bodromo.
— Bogardus.
— Bremensis.
— Buccenfeldus.
— Bucfeldus.
— Carnifex.
— de Caroliloco.
— Carthusianus.
— Cathenesius.
— Cisterciensis.
— Clarofontanus.
— Clericus Claromontani episcopi.
— Corlandonensis.
— Domerhamus.
— Domershamus.
— Dorensis.
— Eliensis.
— Eoveshamensis.
— Esthonus.
— Estonus.
— Eveshamensis.
— Ferrarius.
— de Francovilla.
— Glastoniensis.
— Goddamus.
— Hemelendunus.
— Hemlingtonus.
— Hibernicus.
— Limburgensis.
— Limpurgensis.
— Majoris Pontis.
— de Marisco.
— Mariscus.
— Montaldus.
— Montaltus.
— Morinensis.
— Muremuthensis.

Adamus Nizardus.
— Odohamus.
— de Parisiis.
— Parisinus.
— Parvipontanus.
— Parvus.
— Peripateticus.
— de Persenia.
— Pontiniacensis.
— Pontuaius.
— Præmonstratensis.
— de Sancto Victore.
— Saxlinghamus.
— Sherburnensis.
— Scolasticus.
— Scotus.
— Senior.
— Victorinus.
— Wodheamensis.
Adelardus Badunicus.
— Baduniensis.
— Bathoniensis.
— Cataneus.
Adelgerus Leodiensis.
Adelhais. Voy. *Adelais.*
Adelherus Leodiensis.
Ademarus de Rossilione.
Adenulfus. Voy. *Adenulphus.*
Adenulphus de Agnania.
— Anagninus.
— de Anania.
Adifonsus. Voy. *Alphonsus.*
Adolphus de Essendia.
Adrianus Arnoldi *.
— Butius.
— Butsius.
— Carthusianus.
— Castellensis.
— Castellus.
— Finus.

ADRIANUS Florentii.
— Malbodiensis.
— de Veteri busco.
ADRIENSIS Finus.
ADTO. Voy. *Hatto.*
ÆCIDIOLUS de Cantellis.
ÆGIDIUS Albornotius.
— Atheniensis.
— de Augustinis.
— Aureæ vallis.
— Aurifaber.
— Aycelinus de Monteacuto.
— de Bellamera.
— Bononiensis.
— Breedyckius.
— Burgundius.
— de Campis.
— Canisius.
— Carlerius.
— de Columna.
— Corbeiensis.
— Corbijencis.
— Corboilencis.
— Corboliensis.
— de Dammis.
— Deftensis.
— Delphensis.
— Delphus.
— Ebroicensis.
— Faber.
— Foscherarius.
— Fuscararius.
— de Fuscariis.
— de Gandavo.
— Gourmontius.
— de Lasciniis.
— de Lascinis.
— de Legio.
— Leodiensis.
— de Lescinia.
— de Lessinia.
— de Lessinis.
— de Lewis.
— de Liscinis.
— de Lisciviis.
— de Lovanio.
— Luscinus.
— Lusitanus.
— de Merica.
— Middelburgensis.
— de Montacuto.
— Movisius.
— Mucidus.
— Muisius.
— de Orpio.
— Parisiensis.
— de Portugalia.
— de Provinis.
— de Pruvinis.
— de Roia.
— Romanus.
— de Roya.
— de Tillia.
— de Tyllia.
— de Valacria.
— Viterbiensis.
— de Viterbio.
ÆLREDUS. Voy. *Ailredus.*

ÆMILIUS Stockius.
— Stokius.
ÆNEAS Piccolominæus.
— de Piccolominibus.
— Sylvius.
AGNES Assisias.
— Assisiates.
— de Assisio.
— de Harcuria.
AHMEDUS Arabschia.
— Arabsiada.
— Makrisius.
AICARDUS Alvarotus.
— Voy. *Eccardus.*
AILREDUS Rievallensis.
AIMARDUS de Rossilione.
AIMARUS. Voy. *Aymarus.*
AIMERICUS. Voy. *Aymericus.*
AIMO. Voy. *Aymo* et *Haimo.*
AKETUS Brugensis.
— de Brugis.
ALANUS Albertus.
— de Albreto.
— Albretus.
— Altissiodorensis.
— Auriga.
— Aurigarius.
— Autissiodorensis.
— de Autissiodoro.
— Belloclivus.
— Beucliffus.
— Bouchardus.
— Deoberberiensis.
— Flandrensis.
— de Insula.
— Insulensis.
— de Insulis.
— Linensis.
— Lynensis.
— de Lynna.
— Porretanus.
— Porreus.
— Quadrigarius.
— de Rupe.
— Rupensis.
— Teukesburiensis.
— Theocicuriæ.
— Turonensis.
ALBERICUS Aquensis.
— Aquisgranensis.
— de Aquisgrano.
— Bergomensis.
— Cisterciensis*.
— de Lauduno.
— Parisiensis.
— de Porta Ravennate.
— Remensis.
— de Rosate.
— Thosanus.
— Trium Fontium.
— Vcerus.
— de Vitriaco.
ALBERIUS Trevirensis.
ALBERTANUS Brixiensis.
ALBERTINUS de Mantua.
— Mixtatus.
— Mussatus.
— Muxatus.
ALBERTUCCIUS Bononiensis.

ALBERTUCCIUS Bursellus.
ALBERTUS Aquensis.
— Aquisgranensis.
— de Aquisgrano.
— de Argentina.
— Argentinensis.
— Argentoratensis.
— Arnhemius.
— Autissiodorensis.
— Bolstadius.
— de Bononia.
— Brixiensis.
— Carthusianus.
— de Colonia.
— Crantzius.
— Drepanitanus.
— de Drepano.
— Eystetensis.
— Frisingensis.
— Galeotus.
— Gandinus.
— Grotus.
— Halberstadiensis.
— Harlemius.
— Holsatus.
— Joannis.
— Krantzius.
— Krummendikkius.
— Lavingensis.
— Lubecensis.
— Magnus.
— Marchesius.
— Narbonensis.
— Patavinus.
— Pisanus.
— Placentinus.
— Ratisbonensis.
— Riccus.
— de Ripalta.
— Sarthianensis.
— de Sartiana.
— de Saxonia.
— Sigebergensis.
— Stadiensis.
— Teutonicus.
— Vercellensis.
— Voy. *Aubertus.*
ALDEBERTUS Turonensis.
ALDOBRANDINUS Ferrariensis.
— Florentinus.
— Viterbiensis.
ALDOBRANDUS Cavalcantes.
ALDRICUS de Anglia.
— Anglicus.
— Anglus.
ALDUS Bassianas*.
— Latinus.
— Manucius.
— Manutius.
— Romanus.
ALEMANNUS Rinuccinus.
ALEPERTUS. Voy. *Albertus.*
ALEXANDER Abbas.
— Achillinus.
— Alemanicus.
— Alesius.
— de Alexandria.
— ab Alexandro.
— Altissiodorensis.

ALEXANDER de Anglia.
— Anglicus.
— Anglus.
— de Antilla*.
— Aquicinctensis.
— Ariostus.
— Atrebas.
— Atrebatensis.
— Autissiodorensis.
— de Autissiodoro.
— Bassanus.
— Benedictus.
— Braccius.
— Cæmentarius.
— Campolongus.
— Cantuariensis.
— Carpentarius.
— Carpinetanus.
— de Casa nova.
— Celesinus.
— de Clipido.
— Conventriensis.
— Cortesius.
— Dolensis.
— Essebiensis.
— Fabricius.
— Forocorneliensis.
— Geraldinus.
— Gherardinus.
— Girardinus.
— Halensis.
— Halesius.
— de Halis.
— Hegius.
— Imolensis.
— de Insula.
— Insulanus.
— Magius.
— Minutianus.
— Neapolitanus.
— Nechamus.
— Nequam.
— Pactius.
— de Sancto Albano.
— de Sancto Elpidio.
— Staffordiensis.
— de Tartaginis.
— Tartaginus.
— Telesinus.
— de Villa Dei.
— Villadeus.
— Wendocus.
— Wenedotius.
ALEXIS Bustus.
— Vanegas.
ALEXIUS Aristenus.
ALEYDIS. Voy. *Adelais*.
ALFONSUS. Voy. *Alphonsus*.
ALFREDUS de Anglia.
— Anglicus.
— Anglus.
— Beverlacensis.
— Philosophus.
— Thesaurarius.
— Leodiensis.
ALIBERTUS. Voy. *Albertus*.
ALIFONSUS. Voy. *Alphonsus*.
ALIONUS Astensis.
— Astesanus.

ALIONUS Astexanus.
ALONFUS. Voy. *Alphonsus*.
ALOYSIUS Cadamustus.
— Cynthius.
— Fabritius.
— de Pulcis.
ALPHONSUS de Alfama.
— de Almada.
— Bonihominis.
— Borgianus.
— Burgensis.
— de Burgo.
— de Carthagena.
— Complutensis.
— de Corduba.
— Coreolanus.
— Fernandus.
— Martinus.
— Palentinus.
— de Sancta Maria.
— Sapiens.
— Tostatus.
ALPHREDUS. Voy. *Alfredus*.
ALREDUS Beverlacensis.
ALUISIUS Marsillus.
ALUREDUS Beverlacensis.
ALVARUS Albornotius.
— Pelagius.
ALVINUS Frisius.
ALVREDUS. Voy. *Alfredus*.
AMADEUS. Voy. *Amedæus*.
AMALRICUS Augerius.
— Carnotensis.
AMANDUS de Castello.
— Gallicus.
— de Sancto Quintino.
AMANEVUS de Gresinhaco.
— de Grisinhaco.
AMBROSIUS Calepinus.
— Camaldulensis.
— Carcanus.
— Contarenus.
— Coranus.
— Coriolanus.
— Gryphius.
— de Massaris.
— Nolanus.
— Soncinas.
— Traversarius.
AMEDÆUS de Altacumba.
— de Altatumba.
— Altecumbensis.
— Lausannensis.
— Lusitanus.
— Meigretius.
AMERICUS Vesputius.
AMO Reichersbergensis.
ANASTASIUS Platus.
ANDALUS Niger.
ANDOINUS de Rocca.
ANDRÆAS. Voy. *Andreas*.
ANDREAS Alpagus.
— Ammonius.
— Aquavivius.
— Arelatensis.
— Asulanus.
— Atrebas.
— Atrebatensis.
— Bambergensis.

ANDREAS Barbatia.
— Barbatius.
— de Bartholomæo.
— Bellunensis.
— Bernaldus.
— de Bilis.
— Bilius.
— Bongaius.
— Brentius.
— Cambinus.
— Canterus.
— Capellanus.
— Carnificis.
— de Caroloco.
— de Cassia.
— Cassianus.
— Cataneus.
— de Confluentia.
— Corsinus.
— Corvus.
— Dandulus.
— Dei.
— Dominicus.
— Fenestella.
— Floccus.
— Fontebraldensis.
— Gatarus.
— de Longiumello.
— de Luca.
— de Lucemburgo.
— Lucensis.
— de Lucha.
— Lundensis.
— de Luxemburgo.
— Magister.
— Marcianensis.
— Maro.
— Martianensis.
— Mocenicus.
— de Modoetia.
— Modoetiensis.
— Monachus.
— Mongaius.
— Naugerius.
— Novocastrensis.
— de Novocastro.
— de Pisis.
— Ratisbonensis.
— de Redusiis.
— Redusius.
— Salernitanus.
— Sancti Michaelis.
— a Sancto Victore.
— Siculus.
— Stramensis.
— Strumensis.
— Sylvius.
— Trajectensis.
— de Trajecto.
— de Turre.
— Turrianus.
— de Vinea.
— Wintonus.
— Zaffus.
ANDREAS-AMMONIUS Lucensis.
ANDREAS-DOMINICUS Fenestella.
— Floccus.
ANDRONICUS Camaterus.
— Comnenus.

ANDRONICUS Constantinopolitanus.
— Palæologus.
ANDRUINUS de Rocca.
ANGELA de Fulgineo.
ANGELUS Acciajolus.
— de Ambroginis.
— Ambroginus.
— Aretinus.
— de Aretio.
— Baldus.
— Bologninus.
— de Brunsvico.
— Callimachus.
— Camers.
— Camertinus.
— Candianus.
— Carletus.
— Cato.
— de Cingulo.
— Cinus.
— de Clavasio.
— de Cremona.
— December.
— Decembrius.
— Forlius.
— de Gambellionibus.
— de Gambellona.
— de Gambiglionibus.
— Gambilio.
— Gambilionus.
— Hierosolymitanus.
— de Monte Politiano.
— de Pandulphinis.
— Perusinus.
— Philippus.
— Politianus.
— Sabinus.
— Salvettus.
— Savilianus.
— Saxo.
— de Ubaldis.
ANGELUS-BALDUS de Ubaldis.
ANGELUS-PHILIPPUS de Pandulphinis.
ANGLICUS Grimoardus.
— de Grisaco.
ANIANUS de Schonavia.
— Schonovius.
ANNA Comnena.
ANSCHERUS Centulensis.
ANSELMUS Aurelius.
— Avelburgensis.
— Avus.
— de Bisatis.
— de Buchiaco.
— Cantuariensis.
— Franciscanus.
— Gemblacencis.
— Havelbergensis.
— de Janua.
— Januensis.
— Leodicensis.
— Marsicanus.
— Peripateticus.
— Rhaudensis.
— Scolasticus.
ANSERICUS de Janua.
— Januensis.

ANTIOCHUS Tibertus.
ANTONIUS Ampigolius.
— Andreas.
— Arcimboldus.
— Assisias.
— Assisiates.
— de Assisio.
— Astensis.
— Astesanus.
— Astexanus.
— de Averaria.
— Averarius.
— Beccadellus.
— Beccatellus.
— Benivenius.
— Benivienius.
— de Bergis.
— Bettinus.
— Bitontinus.
— Bonfinius.
— de Bononia.
— Bononiensis.
— Burgensis.
— Canobius.
— de Carthagena.
— Carthagenensis.
— Cermisonus.
— Cernesonus.
— de Claris.
— Codrus.
— Confalonerius.
— Confanonerius.
— Constantius.
— Corarius.
— Cornazanus.
— Corrarius.
— Dandulus.
— a Doctoribus.
— ab Ecclesia.
— de Essartis.
— Etruscus.
— de Fide.
— Fidei.
— Flaminius.
— Flamminius.
— Florentinus.
— Franciscus.
— Fregosus.
— de Furno.
— Gainerius.
— Galateus.
— Gallus.
— Gaynerius.
— Gaynerus.
— Gazius.
— Geraldinus.
— Gerundensis.
— de Gradibus.
— a Janua.
— Januensis.
— a Judicibus.
— de Lauregio.
— Leccensis.
— Lucensis.
— Luschus.
— Luscus.
— Lusitanus.
— Maius.
— Mancinellus.

ANTONIUS Massanus.
— Mericutius.
— Mincuccius.
— Monelianus.
— Nebrissensis.
— Ostiensis.
— Panormitanus.
— de Parma.
— Parmensis.
— Parvus.
— Patavinus.
— de Pisis.
— Placentinus.
— de Prato veteri.
— de Rampegolis.
— de Rampelogis.
— Rhaudensis.
— de Ripalta.
— de Rosellis.
— Schnackenburgius.
— Squarcialupus.
— Sylviolus.
— Thylesius.
— Tilesius.
— Trivultius.
— Tudertinus.
— Ulyssiponensis.
— Urceus.
— Verardus.
— Vercellensis.
— de Zarotis.
— Zarotus.
— Zenus.
ANTONIUS-FRANCISCUS a Doctoribus.
ARCHANGELUS Gallaratus.
— Madrignanus.
ARCHARDUS. Voy. *Achardus*.
ARIALDUS Alciatus.
ARISTOTELES Bononiensis.
ARLOTUS de Prato.
ARMANDUS de Bellovisu.
ARMEGANDUS Blasius.
ARMINGANDUS Blasius.
ARNALDUS Badetus.
— Bernardi.
— de Brixia.
— Brixianus.
— Brixiensis.
— Cadurcensis.
— Catalanus.
— Narbonensis.
— de Prato.
— Provincialis.
— de Villanova.
— Villanovanus.
— Voy. *Arnoldus*.
ARNOLDUS de Austria.
— Bonavillarensis.
— a Bosco.
— Budericus.
— Buschius.
— Cæsaris.
— Carnotensis.
— Corbeiensis.
— de Hollandia.
— Lalaini.
— Leodiensis.
— de Lovanio.

ARNOLDUS Lubecensis.
— Luydius.
— de Meldorpe.
— Narbonensis.
— Oridryus.
— de Roterodamis.
— de Terrenis.
— Tungrensis.
— de Tungris.
— Voy. *Arnaldus*.
ARNULFUS Corniboutius.
— de Crispeio.
— Goethalis.
— Latiniacensis.
— Lexoviensis.
— de Lovanio.
— Panagathus.
— de Romanavilla.
— Roffensis.
ARNULPHUS. Voy. *Arnulfus*.
ARSENIUS Autorianus.
— Leodiensis.
ASCANIUS-MARIA Sfortia.
ASTULPHUS Lampugnanus.
ATHELARDUS. Voy. *Adelardus*.
ATTO. Voy. *Hatto*.
AUBERTUS. Voy. *Albertus*.
AUGUSTINUS de Ancona.
— Anconitanus.
— Asculanus.
— de Asculo.
— Balbus.
— Besignanus.
— Carnerius.
— Carnerus.
— Dathus.
— Datius.
— Datus.
— Dodo.
— de Favaronibus.
— Interamnensis.
— Justinianus.
— Papiensis.
— Paravicinus.
— Patritius.
— de Piccolominibus.
— Romanus.
— Ticinensis.
— Triumphus.
AURELIUS Brandolinus.
— Lippus.
AYCARDINUS Alvarotus.
AYCELINUS de Monteacuto.
AYMARUS Rivallius.
— de Rossilione.
AYMERICUS Cathi.
— Lugdunensis.
— de Partiniaco.
— de Partuniaco.
— de Peiraco.
— de Peyraco.
— Picardus.
— Picaudus.
— Placentinus.
— de Ripis.
— Voy. *Hemericus*.
AYMO de Basochiis.
AZO Vicecomes.

B

BALDERICUS de Altaribus.
— Aurelianensis.
— de Aurelianis.
— de Avenis.
— de Avennis.
— Avesnensis.
— Dolensis.
— Rubeus.
BALDUINUS Bononiensis.
— Ninivensis.
— Ninovensis.
— Paderbornensis.
— Parochus.
— de Tornaco.
BALTHASAR Castilio.
— Castilionus.
— de Fidelibus.
BAPTISTA de Albertis.
— Ferrariensis.
— de Finario.
— de Judicibus.
— Pallavicinus.
— Panætius.
— Panecius.
— de Platina.
— de Rosellis.
— Salicæus.
— Spagnolus.
BARNABAS Bustus.
— de Vercellis.
BARTHOLOMÆUS Albicius.
— Albisius.
— de Albizis.
— de Anglia.
— Anglicus.
— Anglus.
— Arnoldi.
— de Barateriis.
— Baraterius.
— Barensis.
— Bellencinus.
— de Bononia.
— Bononiensis.
— de Bragantiis.
— Brixiensis.
— Campegius.
— Capivaceus.
— de Capua.
— Carthusianus.
— Chalcus.
— Cluniacensis.
— Coclès.
— Cœpolla.
— Coloniensis.
— Exoniensis.
— Facius.
— Fatius.
— Ferrariensis.
— de Fiadonibus.
— Flexerii.
— Florarius.
— Florentinus.
— Fontius.
— Fusniacensis.
— de Fusniaco.
— Glannovillanus.

BARTHOLOMÆUS de Glanvilla.
— Glaunvillus.
— Herculanus.
— Lapaccius.
— Lucensis.
— Montagnanensis
— Montagnanus.
— de Mosæ Trajecto.
— Mutinensis.
— Neocastrensis.
— Ossanus.
— Parvus.
— Physicus.
— Pisanus.
— de Pisis.
— de Platina.
— Raccolius.
— de Riparia.
— Roquacallius.
— Ruremondensis.
— Sachus.
— de Saliceto.
— Salicetus.
— de Sancta Concordia.
— de Sancto Concordio.
— de Serrata.
— Sibylla.
— de Spedia.
— Spediensis.
— Tridentinus.
— de Tridento.
— Turonensis.
— Urbinensis.
— Usingensis.
— Usingus.
— Varignaneus.
— de Viadonibus.
— Vicentinus.
— de Zabarellis.
BARTHOLUS Bonnacursi.
— de Saxoferrato.
BARTOLINUS Goldanus.
BARTOLUS. Voy. *Bartholus*.
BASILIUS Achridenus.
— Valentinus.
BENEDICTUS Abbas.
— de Accoltis.
— Accoltus.
— de Anglia.
— Anglicus.
— Anglus.
— Cajetanus.
— Capra.
— de Falcone.
— Florentinus.
— Icenus.
— Massiliensis.
— de Monte Faliscorum.
— Nordofolcensis.
— Nordofolgius.
— de Nursia.
— Perusinus.
— Petroburgensis.
— Philologus.
— de Plumbino.

BENEDICTUS Raymondus.
— Urbevetanus.
BENEVENUTUS de Blandrata.
— de Sancto Georgio.
BENINTENDUS de Ravignanis.
BENJAMINUS Tudelensis.
BERENGARIUS Forojuliensis.
— de Fredola.
— Fredoli.
— Stedellius.
— Thobias.
BERNALDUS Constantiensis.
BERNOLDUS. Voy. *Bernaldus*.
BERNARDINUS de Aquila.
— Aquilanus.
— Aquileiensis.
— de Bessa.
— de Bustis.
— Bustius.
— Corius.
— Curius.
— Feltrensis.
— Giambullarius.
— Hostiensis.
— Landrianus.
— Moronus.
— Ostiensis.
— Parvulus.
— Parvus.
— Placentinus.
— de Roma.
— Romanus.
— de Rosergio.
— Senensis.
— Tomitanus.
BERNARDUS Aiglerius.
— de Alvernia.
— de Ambacia.
— Ambacianus.
— de Ambasia.
— Ambasianus.
— Ambosius.
— Angrianus.
— Arnoldi.
— Arvernensis.
— de Arvernia.
— Arvernus.
— Aureoli.
— Ayglerius.
— de Ayguanis.
— Ayguanus.
— Balbus.
— Basinus.
— Bembus.
— de Bessa.
— Bigorræ comes.
— Bilbilitanus.
— Bituricensis.
— de Bononia.
— Bonoñiensis.
— Bottonus.
— Bredenbachius.
— Breitenbachius.
— Breydenbachius.
— de Cane suspenso.
— Carnotensis.
— de Casa Dei.
— Cassinensis.
— de Castaneto.

BERNARDUS Cenninus.
— Cennius.
— Circa.
— Clarævallensis.
— Cluniacensis.
— Comensis.
— Compostellanus.
— de Corilo.
— Corius.
— Cremifanensis.
— Cremisianensis.
— Curius.
— Divitius.
— Donatus.
— Fontis calidi.
— de Gaillaco.
— Gammarus.
— de Gannato.
— Giambullarius.
— Glicinus.
— de Gordonio.
— Gordonius.
— Gordonus.
— Guidonis*.
— Hildesheimensis.
— Hubertus.
— Illicinus.
— Iterius.
— Justinianus.
— de Juzico.
— Lavinheta.
— Lombardi.
— Lombardus.
— de Montesa.
— Morlacensis.
— Morlanensis.
— Morvalensis.
— Noricus.
— Ocricularius.
— Olerius.
— Ollensis.
— Ollerius.
— Oricellarius.
— Papiensis.
— de Parliaco.
— Parmensis.
— de Portis.
— Rascacius.
— de Roma.
— Romanus.
— Rucellarius.
— de Sancto Salvio.
— Santonensis.
— Saxo.
— de Solliaco.
— Sylvester.
— Thesaurarius.
— Toletanus.
— de Trailla.
— Trevisanus.
— de Trilha.
— de Trillia.
— Tyronus.
— Ultrajectensis.
— de Verdinio.
— de Virduno.
— de Viziaco.
— Vizicus.
— Ytherius.

BERNARDUS-GLARICINUS Gammarus.
BERTAUDUS de Sancto Dionysio.
BERTHOLDUS Constantiensis.
— Ratisbonensis.
— Reginoburgensis.
— Teutonicus.
— Voy. *Bernaldus*.
BERTOLDUS. Voy. *Bertholdus*.
BERTRAMUS de Alemania.
— Fizalanus.
BERTRANDUS Agerius.
— de Baiona.
— de Barnona.
— Bartremius.
— de Casa Dei.
— de Deucio.
— de Figiaco.
— Fizalanus.
— Gothus.
— Gotto.
— Gottus.
— Lagerius.
— de Monteacuto.
— de Monte Faventino.
— de Parayate.
— Pictaviensis.
— Pontigniacensis.
— Pontiniacensis.
— de Trailla.
— de Trilha.
— de Turre.
— de Turre nobili.
BERTUCCIUS Bagarotus.
BETRICUS Aretinus.
— de Aretio.
BEUVIUS de Winvilla.
BILIBALDUS. Voy. *Wilibaldus*.
BINDUS Donatus.
BLANCUS Cerutus.
BOCISLAS Hasistenius.
— Hassensteinus.
BONUSAUS Hasistenius.
BONAGUIDA Aretinus.
— de Aretio.
BONAMENS Aliprandus.
BONAVENTURA Baduarius.
— Fabrianensis.
— de Fessis.
— Patavinus.
— Peraginus.
BONETUS Latensis.
— de Latis.
BONIFACIUS Bembus.
— Ferrarius.
— Ferrerius.
— Moranus.
— de Ubertis.
BONINCONTRIUS Modoetiensis.
BONINUS Mombritius.
BONONIUS Tarvisinus.
BONSEMBLANS ou BONSEMBLANTES Patavinus et Peraginus.
BONUS Accursius.
BORROMÆUS Basacomatrius.
BORSUS Estensis.
Boso Beccensis.
BOVERUS Bernensis.
BRANDA Castillionæus.

BROCARDUS de Monte Sion.
BRUNECTUS. Voy. *Brunetus.*
BRUNETUS de Latinis.
— Latinus.
BRUNO Argentinensis.
— Argentoratensis.
— Astensis.
— Astesanus.
— Astexanus.
— Cassinensis.
— Gallus.
— Remensis.
BUCCARDUS Pylada.
— Pylades.
BUEVINUS de Winvilla.
BULCARINUS de Bulgarinis.
— de Senis.
BULGARUS de Bulgariis.
BURCHARDUS Balernensis.
— Bellæ Vallis.
— Urspergensis.
BUSSO Watenstedius.

C

CADUCANUS Bangorensis.
— Banochorensis.
CÆSARIUS Heisterbacensis.
CAFFARUS de Taschifellione.
CAJETANUS Vicentinus.
CALLIMACHUS Experiens.
— de Monteviridi.
CALIXTUS papa II, III.
CALLIXTUS. Voy. *Calixtus.*
CAMILLUS Archipoeta.
—. Quernus.
CARADOCUS Lancarovanensis.
— Lancarvanensis.
CAROLUS Aretinus.
— de Aretio.
— de Bononia.
— Capellus.
— Cappellus.
— Fernandus.
— Magwirius.
— de Malatestis.
— Marsuppinus.
— Miltitius.
— de Novocastro.
—. de Sancto Gelasio.
— Sapiens.
— Virulus.
CASTELLANUS Bassanensis.
CASTELLUS de Castello.
CATALDINUS Boncompagnius.
— de Bonis compagnis.
CATANEUS de Adelardis.
— Adelardus.
— de Lendenaria.
CATERINUS Zenus.
CATHALDUS Magwirius.
CATHARINA Bononiensis.
— Senensis.
CECCHUS Æsculanus.
— Asculanus.
— de Asculo.
—. Esculanus.
CECILIA Gonzaga.

CELESTINUS papa V.
CELSUS Armachanus.
— de Falcibus.
— de Maffeis.
— Maphæus.
— de Maphæis.
CELTES Protucius.
CENTIUS de Sabellis.
— Sabellus.
CERVETUS Accursius.
CERVOTTUS Accursius.
CHICUS Æsculanus.
— Asculanus.
— de Asculo.
CHERUBINUS de Spoleto.
CHILDEBERTUS Turonensis.
CHRISTIANUS Cisterciensis.
— de Moguntia.
— Moguntinus.
— Opiter.
— Oputer.
— Prolianus.
— de Sancto Audomaro.
— Sylvæ Majoris monachus.
CHRISTOPHORUS Ballista.
— de Bondelmontibus.
— de Castilliano.
— Castillioneus.
— Columbus.
— Faber.
— Genuensis.
— Landinus.
— Libertinus.
— de Longolio.
— Longolius.
— Marcellus.
— de Mediolano.
— Molhuslensis.
— Porsena.
— Romanus.
— a Soldo.
CICCHUS. Voy. *Cecchus.*
CICHUS. Voy. *Cecchus.*
CINUS Pistoriensis.
— de Pistorio.
CLARA Assisias.
— Assisiates.
— de Assisio.
CLARIUS Floriacensis.
CLAUDIUS de Aquis.
— Bigotherius.
— de Grandivico.
— de Seissello.
— Seysselius.
— de Seyssello.
CLEMENS Claudiocestriensis.
— de Falcaberga.
— Florentinus.
— Glocestriensis.
— Lanhondenensis.
— Lanthoniensis.
— Scotus.
CLEMENTIA Tolosana.
CLEOPHILUS Octavius.
CLIMITONUS Langloius.
CONO Prænestinus.

CONRADINUS Bornátus.
CONRADUS Aldendorpius.
— de Alemania.
— Alemannus.
— Alpendorpius.
— Ansbergius.
— Asculanus.
— de Asculo.
— Astensis.
— Astesanus.
— Astexanus.
— Averspergensis.
— Celtes Protucius.
— Concoregius.
— Episcopus.
— Everbacensis.
— de Fabaria.
— Halberstadiensis.
— Hildesheimensis.
— Hildesiensis.
— Hirsaugiensis.
— Historicus.
— Justingerus.
— Lauterbergensis.
— Leontorius.
— Marpurgensis.
— Marpurgicus.
— Moguntinus.
— de Monte Puellarum.
— de Monte Sereno.
— de Mure.
— Philosophus.
— Portuensis.
— Rinaugiensis.
— de Sancto Georgio.
— de Saxonia.
— Scheurnensis.
— Schirensis.
— Urspergensis.
— Uspergensis.
— Verdensis.
— Welingius.
— Wengerus.
— de Wimpina.
CONSTANTINUS Acropolita.
— Harmenopulus.
— Lascarius.
— Manasses.
— Mediceus.
— Meliteniota.
— Melileriota.
— Nicæanus.
— Nicæensis.
— Nicænus.
CORIOLANUS Cepio.
CORNELIUS Aurelius.
— Gaudanus.
— Loplenius.
— de Snekis.
— Stabulanus.
— a Zierichzea.
COSMAS Guymia.
— Laurus.
— Melioratus.
— Pragensis.
COSMUS Mediceus.
— Pactius.
CYNUS. Voy. *Cinus.*
CYPRIANUS Benedictus.

CYPRIANUS Benetus.
CYRIACUS Anconitanus.

D

DAMIANUS Carrariensis.
— Crassus.
— de Finario.
— de Padua.
DANIEL Ceretus.
— Chinasius.
— Ecclesiensis.
— Marleius.
— Morilegus.
— Morleius.
— de Parisiis.
— Parisius.
— de Victoriaco.
DANTES Aliger.
— Aligerius.
— Aligherius.
— Florentinus.
DARIUS Tibertus.
DAVID de Augusta.
— Boethius.
— Boschus.
— Boscus.
— Boysius.
— Cambellanus.
— Chirburius.
— Chiroburgus.
— de Dinanto.
— Kirburrius.
—. Landavensis.
— Monachus.
— Morganius.
— Scotus.
— Tavensis.
— Teutonicus.
DEMETRIUS Chalcocondyles.
— Chalcondyles.
— Chomatenus.
— Chomatianus.
— Chrysoloras.
— Cydonius.
— Pepagomenus.
— Tornicius.
— Triclinius.
DESIDERIUS Longobardus.
— Spretus.
DIDACUS Hispalensis.
— Stuniga.
— Valeranus.
DIEMO Salisburgensis.
— Saltzburgensis.
DIETHERUS de Moguntia.
DIETHMARUS Salisburgensis.
DINOZO Canusinus.
DINUS Compagnus.
— Florentinus.
— de Garbo.
— Mugellanus.
— de Rapondis.
DIONYSIUS de Advocatis.
— Advocatus.
— Avogadrus.
— de Burgo Sancti Sepulchri.

DIONYSIUS de Caroliloco.
— Carthusianus.
— Cassinensis.
— de Cauda.
— Collensis.
— Courtillerius.
— Holeanus.
— de Molendino.
— Pontanus.
— Richelius.
— Ryckelius.
— de Sub Furno.
DOMINICUS Bagarotus.
— Bandinus.
— Benivenius.
— Benivienius.
— Bonaventura.
— Bucius.
— Buccius.
— Callimachus.
— Capranicensis.
— Carthusianus.
— Chavalcha de Vico.
— Cremonensis.
— de Dominicis.
— Fabrianensis.
— de Fessis.
— de Flandria.
— de Gravina.
— de Grima.
— de Grinia.
— de Jacobatiis.
— Jacobatius.
— Macaneus.
— Maccanæus.
— de Monteluporum.
— de Mortario.
— de Nardis.
— Pantaleo.
— de Pantaleonibus.
— Panthaleo.
— de Panthaleonibus.
— de Sancto Geminiano.
— Sangeminianensis.
— Tolosanus.
DOMINICUS-BONAVENTURA Fabrianensis.
— de Fessis.
DOMITIUS de Calderiis.
— Calderinus.
DOMNISO Canusinus.
DONATUS Acciajolus.
— Accievolus.
— Astruvaldinus.
— Bossius.
— Bossus.
— e Sancta Agatha.
DONIZO Canusinus.
DROGO Ghistellens's.
— de Pruvinis.
DURANDUS de Alvergnia.
— de Alvernia.
— Arvernensis.
— de Arvernia.
— Arvernus.
— de Aureliaco.
— Campanus.
— Durandellus.

DURANDUS Mimatensis.
— Senior.
DYNUS. Voy. *Dinus*.

E

EADMUNDUS. Voy. *Edmundus*.
EADVEARDUS. Voy. *Eduardus*.
EADWARDUS. Voy. *Eduardus*.
EALFRIDUS Voy. *Alfredus*.
EBERARDUS. Voy. *Eberhardus*.
EBERHARDUS Altahensis.
— Barbatus.
— Gandersheimensis.
— Mainardus.
— Maynardus.
— Presbyter.
— Ratisbonensis.
— Salisburgensis.
— deSanctoQuintino.
— Windesemensis.
— Wurtembergensis.
— Voy. *Ebrardus*.
EBRARDUS de Bethunia.
— Bethuniensis.
— de Betunia.
— Betuniensis.
— de Bithunia.
— Bithuniensis.
— de Bitunia.
— Bituniensis.
— Græcismus.
— Græcista.
— Watinensis.
— Voy. *Eberhardus*.
EBROINUS Steinfeldensis.
ECCARDUS Minimus.
— Rebicovius.
— de Sancto Victore.
— Saxo.
— Uragensis.
Ecco Rebicovius.
ECKARDUS. Voy. *Eccardus*.
ECKEHARDUS. Voy. *Eccardus*.
ECKHARDUS. Voy. *Eccardus*.
ECKERHARDUS. Voy. *Eccardus*.
EDELBERTUS. Voy. *Albertus*.
EDELFONSUS. Voy. *Alphonsus*.
EDILREDUS Wardensis.
EDMUNDUS Dynterus.
— Dinterus.
— Divitis.
— Divitius.
— Grimæus.
— Richius.
— Roffensis.
EDUARDUS de Anglia.
— Anglicus.
— Anglus.
— Cantuariensis.
— Dinlaius.
— Dinleius.
— Donleius.
EDZARDUS Gravius.
EGBERTUS Leodiensis.
— Voy. *Ekbertus*.
EGEHARDUS. Voy. *Eccardus*.

PER NOMINA.

EGGERARDUS. Voy. *Eccardus.*
EIMERICUS. Voy. *Aymericus.*
EKBERTUS Schœnaugiensis.
— Sconaugiensis.
— ! Voy. *Egbertus.*
EKKARDUS. Voy. *Eccardus.*
EKKERARDUS. Voy. *Eccardus.*
ELIAS de Bordeilla.
— de Brageriaco.
— de Brolio *.
— Bruneti.
— Bruneti Petragoricensis.
— Bruneti de Brageriaco Petrocoriensis.
— Capreolus.
— Cortonensis.
— Coxidius.
— Cretensis.
— de Eveshamo.
— Reinerius.
— de Rofiaco.
— de Rufiaco.
— de Sancto Heredio.
— de Sancto Iredio.
— Trickinghamus.
ELIGIUS Aræmontanus.
— Eucharius.
— Houcarius.
— Houchardus.
ELISABETHA Schœnaugiensis.
ELMERICUS Carnotensis.
ELYSIUS Calentius.
EMERICUS. Voy. *Aymericus.*
EMMANUEL Georgillas.
— Moschopulus.
ENGELBERTUS Admontensis.
— Cisterciensis.
— Coloniensis.
— Cultificis.
— Cultrificis.
ENGELHARDUS Scintilla.
ENGUERANTUS. Voy. *Enguerranus.*
ENGUERRANUS de Marigniaco.
— Marinius.
— Monstreletus.
EPHO Rebicovius.
EPIPHANIUS Hagiopolita.
— Hierosolymitanus.
ERASMUS Plocensis.
— Vitellius.
ERICUS Mendvidius.
— Upsaliensis.
ERMENGARDUS Blasius.
ERNALDUS Sancti Petri Vivi abbas.
ERNULFUS Roffensis.
ESAIAS Cyprius.
— Cyprus.
— Hierosolymitanus.
ETHELREDUS Wardensis.
EUMATHIUS Macrembolites.
— Parembolites.
EUSTACHIUS Lensæus.
— Lensius.
— Leusius.
— de Mesnillo.
— de Pavilliaco.
— Platesius.

EUSTATHIUS Macrembolites.
— Magister.
— Parembolites.
— Patricius.
— Romanus.
— Thessalonicensis.
EUSTRATIUS Nicæanus.
— Nicæensis.
— Nicænus.
EUTHYMIUS Zigabenus.
— Zigadenus.
EVERARDUS de Vilelenis.
EVERBINUS Steinfeldensis.
EVERHARDUS Nurembergius.
EVERWINUS Steinfeldensis.
EVRARDUS Græcismus.
— Græcista.
EVRINUS Steinfeldensis.
EYMERICUS. Voy. *Aymericus.*

F

FABIANUS de Giocchis.
— de Monte Sancti Savini.
FACIUS Cardanus.
— de Ubertis.
FABRICIUS Marlianus.
FALCO Beneventanus.
FASTRADUS. Voy. *Fastredus.*
FASTREDUS Clarævallensis.
FAUSTINUS Dandulus.
FAUSTUS Andrelinus.
FEBUS Belchamus.
— Belcharius.
FEDERICUS. Voy. *Fridericus.*
FELIX Antiquarius.
— Faber.
— Felicianus.
— Malleolus.
FERDINANDUS Bonjornus
— Cordubiensis.
— Talabricus.
— Cordubiensis.
FERNANDUS. Voy. *Ferdinandus.*
FERRICUS Cluniacensis.
— de Lunarivilla.
— Metensis.
FEUS Belchamus.
— Belcharius.
FINUS Hadriensis.
FIRNANDUS Leodiensis.
FLAVIUS Blondus.
— Blundius.
FLORENTIUS Bravonius.
— Gallicus.
— de Hesdinio.
— de Hidinio.
— Radevinius.
— Wiccensis.
— Wigorniensis.
FLORIANUS de Sancto Petro.
FOLCARDUS Beneventanus.
FOLKERUS Simonis.
FOLMARUS Triefensteinensis.
— Trieffensteniensis.
— Trufensteinensis.
FORESIUS Donatus.

FORTANERIUS Wasseli.
FRANCHINUS Gaforius.
— Gafurius.
FRANCISCA de Ambacia.
— de Ambasia.
FRANCISCUS de Abbatibus.
— de Accoltis.
— Accoltus.
— Accursius.
— de Aptis.
— Arcilius.
— Aretinus.
— de Aretio.
— Ariostus.
— Arsillus.
— Asculanus.
— Assisias.
— Assisiates.
— de Assisio.
— Azonius.
— Bacho.
— de Bachone.
— de Bachono.
— de Bacone.
— Barbarus.
— Barberinus.
— Barocius.
— de Belluno.
— Benzonius.
— Bergamas.
— Bergamensis.
— de Bergamo.
— Bergomensis.
— Berlinghierius.
— Cæsar.
— de Candia.
— Carpesanus.
— Catanæus.
— Cataneus.
— Ceius.
— Cigalinus.
— Cleophilus.
— de Columna.
— Contarenus.
— de Corduba.
— Diedus.
— Dietus.
— Fabrianensis.
— Ferrariensis.
— Florentinus.
— Florius.
— Fuscus.
— Gaudanus.
— Georgius.
— Gerundensis.
— Goudanus.
— Grapaldus.
— Gratianus.
— Gravanus.
— Lambertus.
— Lavellus.
— de Maironis.
— de Marchia.
— Martini.
— Mataratius.
— Maturantius.
— de Mayronis.
— Memoria.
— Miro.

FRANCISCUS Niger.
— Octavius.
— Paduanus.
— Parmensis.
— Patritius.
— de Paula.
— Petrarcha.
— Philelphus.
— Pipinus.
— Pisanus.
— de Platea.
— Ravellensis.
— de Rovere.
— Silvester.
— de Stagno.
— de Stanno.
— de Sylvestris.
— Thomasius.
— Tissardus.
— de Toleto.
— Tudertinus.
— Vercellensis.
— Victorius.
— Ximenius.
— de Zabarellis.
— Zambeccarius.
— de Zanellis.
FRANCISCUS-MARIUS Grapaldus.
— OCTAVIUS Cleophilus.
FRANCO Affligemensis.
— Affligemiensis.
— Afflighemensis.
FREDERICUS. Voy. Fridericus.
FRETELLUS Antiochenus.
FRIDERICUS Ænobarbus.
— Ahenobarbus.
— Barbarossa.
— Closnerus.
— Cluniacensis.
— Erlenbacensis.
— Frezzius.
— de Senis.
FULCHERENUS Scrobesburiensis.
FULCHERIUS Carnotensis.
FULCO Papiensis.
— Rechinus.
— Richinus.
FULCUS Voy. Fulco.

G

GABRIEL Altilius.
— de Barolo.
— de Barulo.
— Bielus.
— Collector.
— Condolmerius.
— Garofalus.
— Miro.
— Mironius.
— Paverus.
— Pirovanus.
— de Spoleto.
— de Zerbis.
— de Zerbo.
— Zerbus.
GABRIUS de Zamoreis.

GALBERTUS Archidiaconus.
GALCHERUS. Voy. Gualterus.
GALDFRIDUS. Voy. Galfredus.
GALEAS-Tarsianus.
GALEATIUS Gatarus.
— Vicecomes.
GALEOTUS Martius.
— Narniensis.
GALFREDUS de Anglia.
— Anglicus.
— Anglus.
— Arthurus.
— Arturus.
— Babio.
— Babuinus.
— Brito.
— Burdigalensis.
— Burtonensis.
— Cardinalis.
— Chaucerus.
— Dunelmensis.
— Grandfeldus.
— Grossus.
— Hardibius.
— Hemlingtonus.
— Landavensis.
— de Laurcolo.
— Loratoriensis.
— de Loroulia.
— Marshallus.
— de Monemuta.
— Monemutensis.
— de Monumeta.
— de Oratorio.
— Rothomagensis.
— Tranensis.
— de Vinosalvo.
— Vosiensis.
— de Waterfordia*.
— Watertonus.
— Voy. Gaufridus.
GALFRIDUS. Voy. Galfredus.
GALIENUS de Horto.
— de Orto.
GALLOFRIDUS Chaucerus.
— Voy. Galfredus.
GALLUS de Aula regia.
GALTERIUS Compendiensis.
— Voy. Gualterus.
GALTERUS de Constantia.
— Constantiensis.
— de Constantiis.
— Insulanus.
— de Sancto Amando.
— Voy. Gualterus.
GALTHERIUS. Voy. Gualterus.
GALVANEUS Fiamma.
— Flamma.
GALVANUS Januensis.
— de Levanto.
GALVINUS Douglassius.
GANFREDUS. Voy. Galfredus.
GARINUS de Giaco.
— Silvanectensis.
— Voy. Guarinus et Varinus.
GARNERIUS Homiliarius.
— Voy. Guarnerius et Warnerius.

GARSIAS Hispalensis.
GASPAR Ammonius*.
— Calderinus.
— Perusinus.
— de Perusio.
— Vicecomes.
GASPARINUS Barzizius.
— Barzizus.
— Bergamas.
— Bergamensis.
— de Bergamo.
— Bergomensis.
— Borrus.
— Pergamensis.
GASPARUS Churrerus.
GASTO Fuxius.
— Phœbus.
— de Vineis.
GAUCELINUS de Cassanhis.
— de Montepetroso.
GAUDEFRIDUS. Voy. Galfredus.
GAUFREDUS. Voy. Galfredus et Gaufridus.
GAUFRIDUS de Ablusiis.
— de Abluviis.
— de Altacumba.
— de Altatumba.
— Altecumbensis.
— Altissiodorensis.
— Ambianensis.
— de Augo.
— Autissiodorensis.
— de Autissiodoro.
— Beaglerius.
— de Bello loco.
— de Blavello.
— de Blavemo.
— de Blevello.
— Boussardus.
— de Bravello.
— Carnotensis.
— Claraevallensis.
— de Collone.
— Collum cervi.
— de Corlone.
— de Floriaco.
— de Leugis.
— de Pulchro loco.
— Rudelius.
— Rudellus.
— Tortus.
— de Villa Harduini.
— Voy. Galfredus.
GAULTERIUS. Voy. Gualterus.
GAUTERIUS. Voy. Gualterus.
GAVINUS Douglassius.
GELLIOLUS de Cantellis.
GENSELINUS de Cassanhis.
GENTILIS Fulgineus.
— de Gentilibus.
— de Monte Floris.
GEOFFRIDUS. Voy. Galfredus et Gaufridus.
GEORGIUS Acropolita.
— Alexandrinus.
— de Ambacia.
— Ambacianus.
— de Ambasia.

PER NOMINA. 653

GEORGIUS Ambasianus.
— Ambosius.
— Amyrutza.
— Amyrutzes.
— Amyrutzius.
— Anselmus.
— Astensis.
— Astesanus.
— Astexanus.
— Avus.
— de Bretolio.
— Brituliensis.
— de Britulio.
— Bruxellensis.
— Castellanus.
— Cedrenus.
— Charitonymus.
— Chrysocócces.
— Codinus.
— Corcyrensis.
— Córinthius.
— Curopalata.
— Curopalates.
— Cyprius.
— Cyprus.
— Diæreta.
— Dottanius.
— Dottanus.
— Elmacinus.
— Eppius.
— Florus.
— Frickenhausensis.
— Frickenhusius.
— Gelesiota.
— Gemistius.
— Gemnicensis.
— Genuensis.
— Hepburnus.
— Hephurnus.
— Hypatus.
— Lampugnanus.
— Lapitha.
— Laverus.
— Lecapenus.
— Logotheta.
— Mediolanensis.
— Merlanus.
— Merula.
— Metochita.
— Molitoris.
— Moschampar.
— Nepos.
— de Novo foro.
— Pachymera.
— Pachymeres.
— Pachymerius.
— Pardus.
— de Pasqualibus.
— Peurbachius.
— Philosophus.
— Phorbenus.
— Phranza.
— Phranzes.
— Platus.
— Pletho.
— Podiebracius.
— Podiebradius.
— Pogiebracius.
— Purbachius.

GEORGIUS Ravennatensis.
— Ravennatinus.
— Reschius.
— Riphæus.
— Riplæus.
— Riplaius.
— Ripolegus.
— Sanginaticus.
— Scholarius.
— Statellensis.
— de Summaripa.
— a Tempseca.
— a Tensera.
— Trapezuntius.
— Trapezuntinus.
— de Ungaria.
— Vallensis.
— Xiphilinus.
— Wernherus.
— Wimpinensis.
GEORGIUS-ANSELMUS Nepos.
GERALDUS Bututus.
— Grammaticus.
— Iterius.
— Voy. Gerardus.
GERARDUS de Abbatisvilla.
— Affligemensis.
— Affligemiensis.
— Afflighemensis.
— Albiensis.
— de Alvernia.
— de Ancinis.
— de Antverpia.
— Arderwicensis.
— Arvernensis.
— de Arvernia.
— Arvernus.
— Bientius.
— Biterrensis.
— Bituricensis.
— Blancus.
— de Blavia.
— de Bononia.
— Bredanus.
— de Brigantio.
— de Brolio.
— Bucoldianus.
— Cacapistus.
— Cadurcensis.
— Cannyfius.
— Carmonensis.
— Carthusianus.
— Casalensis.
— Clarævallensis.
— Coloniensis.
— Cremonensis.
— e Cussaco.
— Damarus.
— de Daumaro.
— Daventriensis.
— Domarus.
— de Flandria.
— de Fracheto.
— Fulginas.
— de Gerria.
— de Guardia.
— de Hanchiis.
— de Hancinis.
— Hancinus.

GEORGIUS Harderwicensis.
— de Hoio.
— ab Horreo.
— de Jacea.
— Landrianus.
— Laodicensis.
— Leodiensis.
— Leonis.
— de Lysa.
— Machetus.
— Magnus.
— de Malamorte.
— Maurisius.
— Mauritius.
— Mindensis.
— de Monteacuto.
— Odonis.
— Odonis de Castro Radulphi.
— de Remis.
— Rolandus.
— de Saboneta.
— Saboletanus.
— Sabulonetanus.
— Sagarellus.
— de Sancto Quintino.
— Schidamus.
— Schiedamensis.
— Schurenius.
— Senensis.
— de Senis.
— de Sutfanio.
— Sutphaniensis.
— Tum.
— Tunc.
— Zutphaniensis.
— Voy. Girardus.
GERAUDUS de Abbatisvilla.
— de Solo.
GERHARDUS, Voy. Gerardus.
GERLACUS Petri.
GERONDUS de Abbatisvilla.
GERSO Soncinas.
GERTRUDIS Rhinfeldensis.
GERVASIUS Cantuariensis.
— Cicestriensis.
— Dorobernensis.
— Durovernensis.
— Laurentius.
— Melkelius.
— Ricobaldus.
— Tibelensis.
— Tilberiensis.
— Tilburiensis.
— Tilgeriensis.
— Tilgertensis.
— Tillebesius.
— Tillebirius.
— Tillembergensis.
GICONUS de Francia.
— de Prato.
GICUS. Voy. Gigonus.
GILBERTUS Alexandrinus.
— Altissiodorensis.
— de Anglia.
— Anglicus.
— Anglus.
— de Aquila.

GILBERTUS Aquilanus.
— Aquileiensis.
— Aureæ vallis.
— Autissiodorensis.
— de Autissiodoro.
— Cisterciensis.
— Crispinus.
— Deidonatus.
— Foliothus.
— Foliotus.
— de Hoylandia.
— Leglæus.
— Limericensis.
— Londinensis.
— Lumnicencis.
— Lunicenus.
— Magnus.
— Medicus.
— Montensis.
— Norvicensis.
— Ovis.
— Pictaviensis.
— Porreta.
— Porretanus.
— Segravius.
— Segravus.
— Segrevus.
— Sempringamus.
— Tornacæus.
— Tornacensis.
— de Tornaco.
— de Tornadia.
— de Torrenno.
— Universalis.
— Urgalius.
— Urgallensis.
GILDEBERTUS Turonensis.
GILO de Laudunó.
— Parisiensis.
GINUS Capponius.
GIRALDUS Barrius.
— Cambrensis.
— Compostellanus.
— Voy. *Giraudus*.
GIRARDUS Compostellanus.
— Eboracensis.
— Engolismensis.
— Puella.
— Voy. *Gerardus*.
GIRAUDUS de Salis.
— Voy. *Giraldus*.
GISLEBERTUS Montensis.
GOBELINUS Westphalus.
GODEFRIDUS Coloniensis.
— Condatensis.
— Cornubiensis.
— de Fontanis.
— Fontanus.
— de Fontano.
— de Fontibus.
— Greverarius.
— de Lauduno.
— Leodiensis.
— Lingonensis.
— Rhodanus.
— de Sancto Victore.
— Torinus.
— de Villa Harduini.
— Vindocinensis.

GODEFRIDUS Viterbiensis.
— Wintoniensis.
— Voy. *Galfredus*.
GODESCALCUS Coloniensis.
— Rosemundus.
GODFREDUS et GODFRIDUS. Voy. *Godefridus*.
GODFRIDUS. Voy. *Galfredus*.
GODOFREDUS. Voy. *Godefridus*.
GOFFREDUS ab Ecclesia.
— Salaniacus.
— Salignacus.
GOFFRIDUS. Voy. *Galfredus* et *Gaufridus*.
GOIFFREDUS. Voy. *Galfredus*.
GONDISALVUS de Villadiego.
GORELLUS Aretinus.
— de Aretio.
GOSWINUS Becanus.
— Bossutus.
— Hexius.
GOTHOFREDUS. Voy. *Galfredus*.
GOTOFRIDUS Waterfordensis.
GOTTOFREDUS Rudelius.
— Rudellus.
GOVERUS. Voy. *Galfredus*.
GRÆCUS de Sancto Quintino.
GRATIANUS de Cluso.
— Florentinus.
GRECORAS Nicephorus.
GRECORIUS Abulfaragius.
— Abulfarajius.
— Abulpharagius.
— Abulpharaus.
— Acindynus.
— de Anglia.
— Anglicus.
— Anglus.
— Aretinus.
— de Aretio.
— Ariminensis.
— de Arimino.
— Armenius.
— Barhebræus.
— Bridlingtonensis.
— de Casali.
— Cassinensis.
— Corarius.
— Corinthius.
— Cyprius.
— Cyprus.
— Dathius.
— Florentinus.
— Haymburgensis.
— Heimburgius.
— Huntingtonus.
— Lovaniensis.
— Malatiensis.
— Mammas.
— Melissenus.
— Neapolitanus.
— Palamas.
— Pardus.
— Protosyncellus.
— Riphæus.
— Riplæus.
— Riplaius.
— Ripolegus.
— Sisensis.

GREGORIUS Tathevatius.
— Tifernas.
— Tiphernas.
— de Wintonia.
GUALA Carnotensis.
— Parisiensis.
GUALBERTUS Marchianensis.
GUALFREDUS Voy. *Galfredus*.
GUALLO Carnotensis.
GUALTERUS de Afguillo.
— de Agilis.
— Agilus.
— Agulum.
— de Anglia.
— Anglicus.
— Anglus.
— Archidiaconus.
— Aroasiensis.
— Bederichwortus.
— Brinkelius.
— Brinklæus.
— Brithus.
— Brugensis.
— de Brugis.
— Burlæus.
— Cabilonensis.
— Cancellarius.
— Cardinalis.
— Catchepollus.
— Cathonus.
— Cattonus.
— Chattodunus.
— Chellavus.
— Cluniacensis.
— de Constantia.
— Constantiensis.
— de Constantiis.
— Conventriensis.
— Conventuensis.
— Cornutus.
— Dissæus.
— Dissus.
— Distius.
— Elvedenus.
— Eoveshamensis.
— Eveshamensis.
— Gisburnensis.
— Hemengoburghus.
— Hemmingsfordius.
— Hessodunus.
— Hestonius.
— Hestonus.
— Hiltonus.
— Huntus.
— de Insulis.
— Jorgius.
— Jorsius.
— Jorzius.
— Kellanus.
— Kellavus.
— Keso.
— Lothardus.
— Lollardus.
— Magalonensis.
— Malus Clericus.
— Mapæus.
— Mapes.
— Mapezius.
— Mapus.

PER NOMINA.

GUALTERUS Marvisius.
— Melodunensis.
— Morganensis.
— Morganius.
— Nestorius.
— Odendunus.
— Odingtonus.
— Parcherius.
— Pictaviensis.
— Quercetanus.
— de Sancto Victore.
— de Sannuco.
— Tarvanensis.
— Tervanensis.
— Venantius.
— de Vinosalvo.
— Winterbornus.
— Voy. Walterus.
GUALTHERUS. Voy. Gualterus.
GUARINUS Capellus.
— de Sartis.
— Veronensis.
— Voy. Garinus et Varinus.
GUARNERIUS, de Rupeforti.
— de Sancto Victore.
— Teutonicus.
— Voy. Varnerius.
GUARRICUS de Sancto Quintino.
GUERICUS de Sancto Quintino.
GUERNERIUS Bernius.
GUERNERUS de Sancto Quintino.
GUERONDUS de Abbatisvilla.
GUIARDINUS de Lauduno.
GUIARDUS de Lauduno.
— Molinæus.
GUIBALDUS de Prato.
GUIBERTUS Fusniacensis.
— Gemblacensis.
— Martini.
— Novigentinus.
— de Novigento.
— Tornacæus.
— Tornacensis.
— de Tornaco.
— de Tornadia.
— de Torrenno.
GUICHARDUS Lugdunensis.
GUICHOLDUS de Prato.
GUIDO Abaitius.
— Archidiaconus.
— Arcimboldus.
— Aretinus.
— de Aretio.
— de Argentina.
— Argentinensis.
— Argentoratensis.
— de Baifo.
— Baisius*.
— de Baiso.
— de Basainvilla.
— de Basochiis.
— de Basochis.
— Baudetus.
— de Bayfo.
— Bergamas.
— Bergamensis.
— de Bergamo.
— Bergomensis.

GUIDO Bonactus*.
— Bonatus*.
— de Brigantio.
— Burgundus.
— de Calliaco.
— Cantor.
— Castri Lucii.
— de Castris.
— de Cauliaco.
— Cavalcantes.
— de Cavalcantibus.
— Cisterciensis.
— Claræ vallensis.
— de Collemedio.
— de Columna.
— Concordiensis.
— Ebroicensis.
— Ferrariensis.
— Flammochetus.
— Flandrini.
— Flandrinus.
— Flonochetus.
— Flonoherus.
— Fulcodius.
— Fulginas.
— Fulgineus.
— Gallus.
— Grossus.
— de Harcuria.
— Juvenalis.
— de Lauduno.
— de Malessico.
— de Menilo.
— de Mesnillio.
— Molismensis.
— de Monte Rocherii.
— de Monte Rotherii.
— de Mymo.
— de Myno.
— de Nuceriis.
— de Onciu.
— de Paiisio.
— Papa.
— de Pareto.
— Parisiensis.
— de Perpiniano.
— Prænestinus.
— de Roia.
— de Roya.
— de Samnaio.
— de Sarnaio.
— de Solliaco.
— Stampensis.
— de Susaria.
— Suzarius.
— de Terrenis.
— de Turre pinu.
— Vallium Sarnaii.
— Vicentinus.
— Viennensis.
— de Villa Mymo.
— Weberus.
— Witerius.
GUIGO de Castro.
— de pinu.
GUILBERTUS. Voy. Gilbertus.
GUILELMUS. Abselius.
— Affligemensis.
— Affligemiensis.

GUILELMUS Afflighemensis.
— de Agrifolio.
— de Alba ripa.
— Albus.
— Alchoniensis.
— de Aldenaria*.
— Alenconiensis.
— Alentionensis.
— Alfenus.
— Altissiodorensis.
— de Altono.
— de Alvernia.
— Amici dulcis.
— Andegavensis.
— Andegavinus.
— Andrensis.
— de Anglia.
— Anglicus.
— Anglus.
— de Antona.
— Apuliensis.
— Apulus.
— Aquensis.
— Aquisgranensis.
— de Aquisgrano.
— Aquitanus.
— Arengrinus.
— Armoricanus.
— Armoricus.
— Arvernensis.
— de Arvernia.
— Arvernus.
— Astensis*.
— Aureliacensis.
— Aurelianensis.
— de Aurelianis.
— Autissiodorensis.
— de Autissiodoro.
— Badbius.
— Badecomius.
— Badeconius.
— Batecombus.
— Batecumbus.
— de Baudribosco.
— Baufeti.
— Becchius.
— Beckleius.
— Becolegus.
— Becoleius.
— Bellimontensis.
— Bellovacensis.
— Berchemius.
— Bertonus.
— Bethus.
— Bibliothecarius.
— Binhamus.
— Bintræus.
— Bituricensis.
— Blachenegus.
— Boderishamensis*.
— Boderishinensis*.
— Boetianus.
— Boldensleve.
— Bona anima.
— Bonderinensis*.
— Bonetus.
— Borrescarius.
— de Bosco.
— de Bosco Landonis.

INDEX ALPHABETICUS.

Guilelmus Boteleshamus.
— Botleshamensis.
— Botonerus.
— Boucherii.
— Brabantinus.
— de Bressia.
— de Briansone.
— Briansonius.
— de Brigantio.
— Briocensis.
— Bristolius.
— Bristollensis.
— Brito.
— Brixiensis.
— de Broa.
— de Broglio.
— de Brolio.
— Brunyardus.
— Brussius.
— Burellus.
— Burgensis.
— de Bussiis.
— Buttonerus.
— de Caioco.
— Calculus.
— Califordius.
— Calisfordiensis.
— Campellensis.
— de Campellis.
— Candidus.
— de Canitia.
— de Cannaco.
— de Canno.
— Canoersinus.
— Caorsinus.
— Carnifex.
— Carnificis.
— Carnotensis.
— de Caroliloco.
— Castellanus.
— Castrensis.
— Caxtonus.
— Celdonensis.
— Cerdonensis.
— Cestriensis.
— de Chalanconio.
— de Chanaco.
— Cisterciensis.
— Clarævallensis.
— Coanersinus.
— Coasinus.
— Coccofordus.
— Cockisfordus.
— Colkisfordius.
— de Conchis.
— de Conneo.
— Conneus.
— Conventriensis.
— Conventuensis.
— Conversinus.
— Copus.
— Corboliensis.
— de Corbuilo.
— Cordubiensis.
— Corinthiensis.
— de Corneliis.
— Cortusius.
— de Corvis.
— Coursinus.

Guilelmus Covrinus.
— Conventriensis.
— Credonensis.
— de Cremona.
— Cremonensis.
— de Crispeio.
— Croylandensis.
— de Cumo.
— Cuneas.
— de Cuneo.
— Custodis.
— Dandus.
— de Deguilla villa.
— Dempsterus.
— Diaconus.
— Dives.
— Dongelbergius.
— Dorochevedus.
— Dorochius.
— Dunelmensis.
— de Dunelmo.
— Durandus.
— Durantés.
— Eddius.
— Edenburgensis.
— Egmundanus.
— Egmundus.
— Eliensis.
— Elphinstonus.
— Encurtus.
— Episcopi.
— Erardus.
— Everardus.
— Evrardus.
— de Excestria.
— Exoniensis.
— de Falgario.
— Farinerius.
— de Feucheriis.
— de Feugeriis.
— de Feukeriis.
— de Feuqueriis.
— Fichetus.
— Filliatrius.
— Fischetus.
— Flæteus.
— Flamingus.
— Flandrensis.
— Flatæus.
— Fletæus.
— Fliscus.
— Fontanus.
— de Gaillaco.
— Gainesburgus.
— Gainoburgus.
— Gannacus.
— Gannæus.
— Gannatensis.
— de Gannato.
— de Garchiis.
— Gascoinus.
— Gaudanus.
— Geldenensis.
— Gemeticensis.
— Gillinghamius.
— Godellus.
— de Godino.
— de Godivo.
— a Gouda.

Guilelmus Goudanus.
— Graius.
— Gratianopolitanus.
— Gregorius.
— Grenæus.
— Grimoardus.
— de Grisaco.
— Grisauntus.
— Grocinus.
— Grocynus.
— Guaro.
— Guaronis.
— de Guivilla.
— Harsiccus.
— Harsicus.
— Heda.
— Heliensis.
— Hentisbarus.
— Hentisberius.
— Herbertus.
— Herebertus.
— Hermannus.
— Heutisberus.
— Hildenissenus.
— Hildernissenus.
— Hodonus.
— Holnus.
— Hosius.
— Hothunus.
— Houpelandus.
— Houvetus.
— de Janicea.
— de Janicia.
— Jordanus.
— ex Judæis.
— de Kaioco.
— de Kaitho.
— de Kayoco.
— de Kayotho.
— Kethus.
— Kingesamensis.
— Kingeshamensis.
— Kingsamensis.
— de Lamara.
— Lamarensis.
— de Lancea.
— de Laneca.
— de Lanicia.
— Lapidanus.
— de Lauduno.
— de Lavicea.
— Lemesterus.
— Letardus.
— de Lexi.
— Leycestrius.
— Lichfeldius.
— Lidlingtonus.
— Lilius.
— de Lincolnia.
— Lincolnius.
— de Lindewoode.
— Lindwoodus.
— Lisseius.
— de Lisso.
— Lissovius.
— Lobbenhamus.
— Lombardus.
— de Lorriaco.
— Lorriacus.

PER NOMINA. 657

Guilelmus Lubbenhamus.
— Lugdunensis.
— de Lugduno.
— Lullendunus.
— de Lusci.
— Machelesfeldus.
— Maclefeldius.
— de Maclefeldo.
— Maclefeldus.
— Maclesfeldus.
— Magalonensis.
— Major.
— Majoris monasterii.
— de Makelesfelde.
— de Malliaco.
— Malmesburiensis.
— de Mandagoto*.
— Mandagotus.
— Manusfeldus.
— de Mara.
— Maræus.
— de Marbeco.
— Maresfeldius.
— Marlesfeldius.
— Martellus.
— de Mascaudio.
— Massetus.
— Matisconensis.
— de Mechlinia.
— Mechliniensis.
— de Melitona.
— Melrosensis.
— Messelechus.
— de Militona.
— Mimatensis.
— Moerbecanus.
— de Moerbeka.
— Mommorancius.
— de Monciaco.
— Montanus.
— de Monte.
— de Monteacuto.
— de Montegaudio.
— de Monte Laudinio.
— de Monte Lauduno.
— de Montemorenciaco.
— de Monte Virginis.
— de Montibus.
— de Morbacha.
— de Morbecca.
— de Morbecha.
— de Morbecta.
— de Morbeka.
— de Morbeto.
— Musnerii.
— de Nangiaco.
— Nangius.
— Neoburgensis.
— Neubrigensis.
— Neuburgensis.
— Niger.
— Noelleti.
— de Nogareto.
— Nogaretus.
— Northamptonensis.
— Northonus.
— Nortonus.
— Nottinghamus.

Guilelmus Novoburgensis.
— de Oblato.
— Occamus.
— Ochamus.
— Odo.
— de Odone.
— de Oona.
— Orbacensis.
— de Osiis.
— de Ostilleio.
— Pachendunus.
— Pachentonus.
— Paganerus.
— Paghamus.
— de Paguia.
— de Pagula.
— de Paola.
— Papicus.
— de Paraclito.
— Paraldus.
— Parisiensis.
— Parvus.
— de Passavanto.
— Pastregicus.
— Pastrengus.
— de Paulo.
— Pelhisso.
— Pellicerius.
— Pepinus.
— de Peraldo.
— Peraldus.
— Peraudus.
— Peregrinus.
— Petitus.
— de Petra alta.
— Petri.
— Petroburgensis.
— de Peyrauta.
— Phichetus.
— Placentinus.
— de Podio Laurentii.
— Procurator.
— Quadrigarius.
— Quaplodus.
— Radbodus.
— Radicis.
— Radingensis.
— Radingius.
— de Raiotho.
— Rameseganus.
— Ramesiensis.
— Redæus.
— Redonensis.
— Regis.
— Reidanus.
— Remensis.
— Remingtonus.
— Rheadingenensis.
— Rhedonensis.
— Rievallensis.
— Rimstonus.
— Ringeshamensis.
— Ringischinensis.
— Rishangerus.
— Rivallo.
— Romanus.
— Roschildensis.
— Rothomagensis.
— Rothwellus.

Guilelmus Rubrocus.
— Ruysbrockius.
— Rycquius.
— de Saana.
— de Saccovilla.
— Saginetus.
— de Saliceto.
— Salicetus.
— de Samuco.
— de Sancta Ifide.
— de Sancta Maura.
— Sancti Dionysii monachus.
— Sancti Martini Tornacensis.
— Sancti Theodorici.
— de Sancto Albano.
— de Sancto Amore.
— Sancto fidensis.
— de Sancto Florentio.
— de Sancto Germano.
— de Sancto Laudo.
— de Sancto Porciano.
— de Sancto Savino.
— de Sandwico.
— de Sanico.
— de Sanvico.
— de Sanvilliaco.
— Sartor.
— Scotus.
— de Sedana.
— de Seilliniaco.
— Seitonus.
— Senghamus.
— de Sequavilla.
— Schirovodus.
— Schirwoodus.
— Signiacensis.
— Sladæus.
— Sladius.
— Smetius.
— Snotingamus.
— de Southamptonia.
— de Speliniaco.
— Starnefeldius.
— Stephanides.
— Stephanus.
— Stubes.
— Sudberius.
— Sudbervis.
— Surfletus.
— Surfluctus.
— Sutri.
— Suttonus.
— Talifordus.
— Tardivus.
— Textor.
— de Theate.
— Theatinus.
— a Thenis.
— de Thoco.
— Thornæus.
— de Toco.
— de Tolosa.
— de Tornaco.
— de Traynaco.
— de Traynhaco.
— Tripolitanus.
— Trudonensis.

22

GUILELMUS Trunciniensis.
— Tyrensis.
— Tyrius.
— de Valano.
— de Valcellis.
— Valliscellensis.
— de Valone.
— Vapincensis.
— Varignaneus.
— Varrilio.
— Varrilionis.
— Varro.
— Verus.
— Vetelegus.
— Vichetus.
— Villanovanus.
— Villariensis.
— Viretus.
— Waderfordensis.
— Wanifletus.
— de Wara.
— Warbamus.
— de Waria.
— Warrilio.
— Warro.
— Waterfordensis.
— Wethleius.
— Wicamus.
— Wiccamus.
— Wickeranus.
— Wickevanus.
— Widofordus.
— Windesemensis.
— Wittelescius.
— Wodefordus.
— Wodfordus.
— Worcestrius.
— de Wycumba.
— de Wykewone.
— Zenocarus.
— de Zocco.
GUILELMUS-BERNARDUS de Gaillaco.
GUINIFORTUS Barzizius.
— Barzizus.
GUINMARUS Stampensis.
GUNDOR de Duaco.
°GUNTHERUS de Sancto Amando.
— Zainerus.

H

HACKETUS Brugensis.
— de Brugis.
HADRIANUS. Voy. *Adrianus*.
HAIMERICUS. Voy. *Aymericus*.
HAIMO Cantuariensis.
— de Fevereshamo.
— Hirsaugiensis.
— Matiscensis.
— Matisconensis.
— Voy. *Aymo*.
HAMBALDUS. Voy. *Hannibaldus*.
HAMRALDUS. Voy. *Hannibaldus*.
HANNIBALDUS-GAYTANI de Ceccano.

HANNIBALDUS de Hannibaldensibus.
— Hannibaldensis.
— de Hannibaldis.
HARBALDUS. Voy. *Hannibaldus*.
HARIULFUS Aldemburgensis.
— de Aldemburgo.
— Ardemburgensis.
— de Ardemburgo.
— Centulensis.
HARTMANNUS Schedelius.
HATTO Pacensis.
— Vallumbrosanus.
HAYCARDUS. Voy. *Eccardus*.
HAYMERICUS. Voy. *Aymericus*.
HAYMO. Voy. *Aymo et Haimo*.
HEBERTUS Altissiodorensis.
— Antissiodorensis.
— Voy. *Herbertus*.
HECCARDUS. Voy. *Eccardus*.
HECTOR de Boeis.
— Boetius.
— Boschus.
— de Bosco.
HEGECARTUS. Voy. *Eccardus*.
HEIDENRICUS Hallensis.
HEIMERICUS. Voy. *Aymericus*.
HEIMO. Voy. *Aimo*.
HELIAS. Voy. *Elias*.
HELVICUS. Voy. *Helwicus*.
HELWICUS Thuringus.
HEMERICUS de Campo.
— Lugdunensis.
— Voy. *Aymericus*.
HEMMO. Voy. *Aimo*.
HENRICUS Abrincensis.
— Affligemensis.
— Affligemiensis.
— Afflighemensis.
— Albanensis.
— Albanus.
— de Altacumba.
— de Altatumba.
— Altecumbensis.
— de Amandavilla.
— de Amandi villa.
— de Amondavilla.
— Aquila.
— Aquilonipolensis.
— Archidiaconus.
— Ariminensis.
— de Arimino.
— Arnoldi.
— Balduinus.
— de Balma.
— Bardus.
— de Bartholomæis.
— Batenus.
— Bebelius.
— Bedericus.
— Bello clericus.
— Bercholtsgadensis.
— Bergamensis.
— de Bergamo.
— Bergamensis.
— Blancfordus.
— Blanfordus.
— Blesensis.
— Bohicus.

HENRICUS Bonicollius.
— de Bosco ducis.
— de Bouenco.
— Brabantinus.
— Brachedunus.
— Brennensis.
— Briennensis.
— Brunonis.
— de Bruxellis.
— de Bryctona.
— Cæcus.
— Caiadus.
— Calcariensis.
— de Caleto.
— de Calstris.
— Caltœsemius.
— Calteisenius.
— Calteizenius.
— Caltysenius.
— Cantuariensis.
— de Careto.
— de Carreto.
— de Castro Marsiaco.
— Cataneus.
— Castaneus.
— Cestricysis.
— Citharædus.
— Clarævallensis.
— Cnitiodunus.
— Coesfeldius.
— de Coesveldia.
— de Colonia.
— Constantiensis.
— de Consveldia.
— Cosseius.
— Costesaius.
— Costeseius.
— de Cosweldia.
— Daniel.
— Dilighemiensis.
— de Dolendorpio.
— Dolendorpius.
— Drocensis.
— Ebredunensis.
— de Erfordia.
— de Euta.
— Euticus.
— de Ferraria.
— de Firmaria.
— Florentinus.
— Francigena.
— de Frigido ferro.
— de Frimaria.
— de Frimelia.
— Friso.
— de Ganda.
— Gandavensis.
— Gandensis.
— a Gauda.
— Geislerus.
— Goethalis.
— Gorcomius.
— Grevius.
— de Hachenburgo.
— de Hallis.
— Harcheleius.
— Harcleius.
— Harkelæus.
— Harphius.

PER NOMINA. 659

HENRICUS de Hassia.
— Herpius.
— de Hervordia.
— de Hoila.
— de Huecta.
— de Humis.
— de Hunnis.
— Huntenduniensis.
— Huntindonensis.
— Huntingtonensis.
— Isnensis.
— Kalkariensis.
— Kalthuserus.
— Knightodunus.
— Lathberius.
— Lathbirius.
— Leodiensis.
— Livonicus.
— Lovaniensis.
— Lubecencis.
— Lugdunensis.
— Lupulus *.
— Marienrodensis.
— Maudæus.
— Mechliniensis.
— de Merica.
— Michaelis.
— de Mondavilla.
— de Muda.
— Mudanus.
— Nicolaus.
— Northaymensis.
— Northeimensis.
— de Oilha.
— Ostiensis.
— de Otha.
— Oxoniensis.
— de Oyta.
— de Palma.
— Parcherius.
— Pauper.
— Piro.
— a Pomerio.
— de Provinis.
— Prudens.
— de Pruvinis.
— Rebdorfensis.
— Remensis.
— Riminensis.
— de Ripis.
— Salisburgensis.
— Salvaniensis.
— Samariensis.
— de Sancto Albano.
— Sangelsinus.
— de Saraponte.
— Scacabarosius.
— Scotus.
— Scriptor.
— de Secusia.
— de Segusia.
— Septimellensis.
— Signiacensis.
— de Solliaco.
— Solliacus.
— Steniensis.
— Stephanus.
— Suevius.
— Suso.

HENRICUS de Swebia.
— de Swevia.
— Swevius.
— Teutonicus.
— Thaborita.
— Tornacensis.
— Utidonensis.
— Venantodunensis.
— de Verlis.
— Verlius.
— de Vrimaria.
— Vroedius.
— Wichingamus.
— Wichynghamus.
— Wintoniensis.
— Wolterus.
— Zutphaniensis.
HENRICUS-ARNOLDUS de Zwolis.
HENRICUS-BALDUINUS de Zie-
riczea.
HERBERTUS Altissiodorensis.
— Autissiodorensis.
— Bosianensis.
— Bossanhamensis.
— Consinga.
— Durus sensus.
— Losinga.
— Lozynga.
— Nordovicensis.
— Norvicensis.
— Rhedonensis.
— Turritanus.
HERBORDUS Scolasticus.
HERCULES Estensis.
— Strozius.
HERMANNUS Altahensis.
— Augustanus.
— de Campo veteri.
— Cisterciensis.
— Coloniensis.
— Cornerus.
— Cygnæus.
— Dalmaticus.
— Doccomiensis.
— Doceomiensis.
— de Hallis.
— Judæus.
— Kappembergensis.
— Kornerus.
— Lerbeccensis.
— Lerbecius.
— Lucemburgensis.
— de Lucemburgo.
— de Luxemburgo.
— Mindensis.
— Minorita.
— Neœtius.
— Neuenarius.
— de Nova aquila.
— Nuenarius.
— de Petra.
— Præmonstraten-
sis.
— de Santdorpe.
— de Saxonia.
— de Schildis.
— Secundus.
— Stutdorpæus.
— Tornacensis.

HENRICUS Torrentinus.
— Zittardus.
HERMOLAUS Barbarus.
HEROLDUS Hirsaugiensis.
HERRADES Hohenburgensis.
— Landsbergensis.
HERVÆUS Bohicus.
— de Bouenco.
— Brito.
— Burgidolensis.
— de Cauda.
— Cenomanensis.
— Dolensis.
— Natalis.
— Rotonensis.
— Sancti Gildasii prior.
HERVARDUS Leodiensis.
HIERONYMUS de Advocatis.
— Advocatus.
— Armellinus.
— Armeninus.
— Asculanus.
— de Asculo.
— Avogadrus.
— Balbus.
— Baldungius.
— Bononius.
— de Borsellis.
— Buslidius.
— Capidurus.
— Carbonus.
— Cittadinus.
— Donatus.
— Emserus.
— Faventinus.
— de Ferraria.
— de Ferrariis.
— Foroliviensis.
— Fortius.
— de Hippolyto.
— Manfredus.
— de Monopolo.
— de Moravia.
— Moravus.
— Moronus.
— Ochus.
— Otho.
— Patavinus.
— Pragensis.
— Ramusius.
— Raphaellius.
— Rhamnusius.
— a Sancta fide.
— Savonarola.
— Vallensis.
— de Vallibus.
— Vicecomes.
— de Wallis.
— Zanettinus.
HIERONYMUS-ALBERTUCCIUS de
Borsellis.
HILARION Lanterius.
— Veronensis.
HILARIUS Bertulphus.
— Veronensis.
HILDEBERTUS Cenomanensis.
— Turonensis.
— Voy. *Alphonsus.*
HILDEGARDIS de Alemania

22.

HILDEGARDIS de Binga.
— de Pinguia.
HIMBERTUS Prulliacensis.
— de Prulliaco.
HIPPOLYTA Taurella.
HIPPOLYTUS Florentinus.
HIRNANDUS Leodiensis.
HOMOBONUS Cremonensis.
— de Madalbertis.
HONORATUS Bonetus.
HONORIUS Augustodunensis.
— Scolasticus.
— Solitarius.
HUBERTINUS de Casali.
— Voy. *Ubertinus*.
HUBERTUS de Bobio.
— Bonacursius.
— de Bovio.
— de Brabantia.
— Leonardus.
— de Romanis.
— Voy. *Ubertus*.
HULDRICUS. Voy. *Uldricus*.
HUMBERTUS de Gendreyo.
— Monsmoretanus.
— de Romanis.
HUMFREDUS Bonus.
— Claudiocestriensis.
— Nechodunus.
— Nectonus.
— Nektonus.
HUMFRIDUS. Voy. *Humfredus*.
HUGO Ætherianus.
— Albus.
— Altissiodorensis.
— Ambianensis.
— de Anglia.
— Anglicus.
— Anglus.
— de Argentina.
— Argentinensis.
— Argentoratensis.
— Atratus.
— Autissiodorensis.
— de Autissiodoro.
— Aycelinus.
— Baldochius.
— Baldochus.
— de Benciis.
— Bencius.
— Bentius.
— Bilhomensis.
— de Bilhonio.
— Biliomensis.
— de Billiomo.
— de Billomo.
— de Billonio.
— Billonius.
— Birleius.
— Blancus.
— Bulliomius.
— Burgundus.
— de Campo florido.
— Candidus.
— Carmelita.
— de Castello.
— de Castro novo.
— de Celidonio.
— de Chelidonio.

HUGO de Cleeriis.
— de Cleriis.
— de Cleris.
— Cluniacensis.
— Compostellanus.
— Constantiensis.
— Corbeensis.
— Corbeiensis.
— Corbiensis.
— Dalmatius.
— Didascalicus.
— Diensis.
— Divionensis.
— Eretrianus.
— Eterianus.
— Etherianus.
— Eveshamensis.
— Falcandus.
— a Fano Neoti.
— Farsitus.
— Ferrariensis.
— Floreffiensis.
— Floriacensis.
— de Folieto.
— Folleius.
— de Folliaco.
— Francigena.
— Fulcaudus.
— Gratianopolitanus.
— Heterianus.
— Hibernicus.
— Humolariensis.
— Kircostallensis.
— Kirkostallensis.
— Lemovicensis.
— de Lincolnia.
— Lincolniensis.
— Lothariensis.
— Lugdunensis.
— de Mancestria.
— Manchestrensis.
— Matisconensis.
— Metellus.
— Metensis.
— de Miromari.
— de Moncellis.
— de Mosteriis.
— de Nigella.
— de Noeriis.
— Nonantus.
— de Novocastro.
— de Nuceriis.
— Ostiensis.
— de Paganis.
— Parisiensis.
— Payenius.
— de Petra fonte.
— Petroburgensis.
— Pictaviensis.
— Pisanus.
— de Porta Ravennate.
— Pratensis.
— de Prato.
— Radingensis.
— Radingius.
— Raimundi.
— Readingensis.
— Rheadingenensis.
— Ribodimontis.

HUGO Ribodimontis.
— Rothomagensis.
— Salvaniensis.
— de Sancta Maria.
— de Sancto Caro.
— de Sancto Charo.
— de Sancto Jacobo.
— de Sancto Laurentio.
— de Sancto Neoto.
— de Sancto Theoderico.
— de Sancto Theudario.
— de Sancto Victore.
— Sapientis.
— Scotus.
— Seguinus.
— Selestadiensis.
— Senensis.
— Sevinus.
— Slestadinus.
— Suessionensis.
— de Tuciaco.
— Turterus.
— Verolegus.
— de Vienna.
— Virleius.
— Vitonius.
— Werleius.
HUGOLINUS de Anagnia.
— Anagninus.
— de Anania.
— Ariminensis.
— de Arimino.
— de Malabranca.
— Malabranchius.
— de Monte Catino.
— Ostiensis.
— Parmensis.
— de Porta Ravennate.
— Seginus.
— Verinus.
HUGUTIUS Ferrariensis.
— de Vercellis.
HYDALBERTUS. Voy. *Hildebertus*.
HYMBERTUS de Gendreyo.
— Voy. *Imbertus*.

I

IDA Lovaniensis.
IDEBERTUS Turonensis.
IOZARDUS Gravius.
IGNATIUS Squarcialupus.
ILDEBERTUS. Voy. *Hildebertus*.
ILEFONSUS. Voy. *Alphonsus*.
IMBERTUS de Gendreyo.
— de Romanis.
— Voy. *Hymbertus*.
INNOCENTIUS Cæsarius.
IRIMBERTUS Admontensis.
ISAACUS Argyrus.
— Barbanella.
— Sprotus.
— de Stella.
— Tzetzes.
ISAIAS Hierosolymitanus.
ISIDORUS de Isolanis.
— Isolanus.
— Kiovensis.

PER NOMINA. 661

Isidorus Ruthenus.
— Thessalonicensis.
Ismael Abulfeda.
Ivo. Voy. *Yvo.*

J

Jacobus Acconensis.
— Achonensis.
— de Acquino.
— Adriensis.
— Ægidii.*
— Æsculanus.
— Aggregator.
— de Albis.
— Alexandrinus.
— Almainus.
— de Altavilla.
— de Alvarotis.
— Alvarotus.
— Amersfordiensis*.
— Ammanatus.
— de Ancharano.
— Angelus.
— de Anglia.
— Anglicus.
— Anglus.
— Antiquarius.
— Aquensis.
— Aquinas.
— de Aquino.
— de Aquis.
— Aquisgranensis.
— de Aquisgrano.
— de Ardizone.
— de Arena.
— Arigonius.
— Armannius.
— Asculanus.
— de Asculo.
— Astensis.
— Astesanus.
— Astexanus.
— Atrebas.
— Atrebatensis.
— de Balardis.
— Balduinus.
— de Beccaria.
— de Bello visu.
— de Belvisio.*
— Belvisius.
— de Benedictis.
— de Benevento.
— Berengarius.
— Bergamensis.
— Bertaldus.
— de Bicheriis.
— de Bichieris.
— de Blanchis.
— de Blanconibus.
— Bogardus.
— Bracellius.
— Bracellus.
— Brigantinus.
— Brixianus.
— de Brugis.
— Brunerii.
— Butrigarius.

Jacobus de Buttrigariis.
— Cadurcensis.
— de Cæsolis.
— Cajetanus.
— Campora.
— Carpensis.
— Carpus.
— Carthusianus.
— Carthusiensis.
— de Carzolis.
— de Casalis.
— de Casolis.
— de Cassalis.
— de Cassolis.
— de Castulis.
— de Casulis.
— Cataneus.
— Caviceus.
— Ceporinus.
— Ceratinus.
— Cesol.
— de Cesolis.
— Cesolus.
— de Cessolis.
— de Cessulis.
— de Cesulis.
— de Cezolis.
— de Ciesole.
— Cinus.
— Cisterciensis.
— de Clavaro.
— de Claverio.
— Clericus.
— de Clusa.
— de Columna.
— Congelshovius.
— Constantius.
— de Cossolis.
— Cremonensis.
— de Curto palatio.
— de Delayto.
— de Deleyto.
— Deusa.
— de Dinanto.
— Dominici.
— de Dondis.
— Dondus.
— Drieschus.
— Drischus.
— Drusius.
— Erfordiensis.
— Exfordiensis.
— de Ferraria.
— Ferrariensis.
— Ferrarius.
— Ferrerius.
— Folquerius.
— de Foresta.
— Fornerius.
— Foroliviensis.
— de Furno.
— Gaudanus.
— Gaudensis.
— Genuensis.
— Goudanus.
— Gruitrædius.
— Gruytrodius.
— Guidottus.
— Guisianus.

Jacobus Guisius.
— de Harena.
— Hoghestratus.
— de Hogostrato.
— Hogostratus.
— Hoochstratanus.
— Hoogstratanus.
— Hornanus.
— Hornensis.
— de Isolanis.
— Isolanus.
— Izelgrinus.
— Januensis.
— Juvenalis.
— Kennedus.
— Kermolaus.
— Kimolanus.
— Kœnighshofenius.
— Kongelshovius.
— Kymolanus.
— Lalainius.
— Laudensis.
— Magdalius.
— Magnus.
— Malvetius.
— Manlius.
— de Marchia.
— Masius.
— Maynerius.
— Mellandus.
— de Mevania.
— Miricæus.
— de Mota.
— Mucidus.
— de Novellis.
— Paduanus.
— Pantaleo.
— de Paradiso.
— de Partibus.
— Passavantius.
— de Perusio.
— Philomusus.
— Piccininus.
— Piccolominæus.
— Picenus.
— Piso.
— Poggius.
— de Polonia.
— de Porta Ravennate.
— de Provinis.
— de Pruvinis.
— Publicius.
— Questembergius.
— de Ravanis.
— de Ravano.
— de Ravenna.
— Ravennas.
— Ravennius.
— Ravmolanus.
— Rebuffus.
— Regiensis.
— Regiovillanus.
— Reimolanus.
— Romanus.
— de Rubeis.
— Sabellus.
— Salviatus.
— de Sancto Andrea.
— Sannazardus.

JACOBUS Sannazarius.
— Sannazarus.
— Scalza.
— Senensis.
— de Sesselis.
— Soldius.
— de Sosato.
— de Stephanescis.
— Stuartus.
— de Susato.
— de Suzato.
— de Teriace.
— de Tessalis.
— de Tesselis.
— de Tharmis.
— de Theramo.
— de Thermis.
— de Thessalis.
— de Thessalonica.
— de Thessolonia.
— Thessolus.
— Theupolus.
— Theupulus.
— de Thimo.
— Thymæus.
— de Thymo.
— Timæus.
— Tolosanus.
— de Tonnerra.
— Trajectinus.
— Tranensis.
— de Trecis.
— Twingerus.
— Urbevetanus.
— de Valencia.
— de Varagine.
— de Viragine.
— Viterbiensis.
— de Vitraio.
— de Vitreio.
— Vitriacensis.
— de Vitriaco.
— Vitriacus.
— Volaterranus.
— Volcardus.
— de Voragine.
— Wallo de Bichieris.
— Wimpfelingius.
— Wimphelingius.
— Zenus.
— Zinedolus.
JACOBUS-AURELIUS Questenbergius.
JACOBUS-GUALA de Bicheriis.
— — de Bichieris.
JACOBUS-MARIA Cataneus.
JACOBUS-PHILIPPUS Bergamensis.
— — de Foresta.
— — Forestus.
— — Pergamensis.
JACOBUS-WALLO de Bicheriis.
— — de Bichieris.
JACOPONUS de Benedictis.
JACQUEMARTIUS Grelæus.
JANETUS Manettus.
JANNOTIUS Manettus.
JANUS Pannonius.

JASON Mainus.
— de Mayno.
— Maynus.
JOACHIMUS de Curatio.
— a Puteo.
— Wilachius.
JOANNA de Arcu.
— Aurelianensis.
— de Aurelianis.
— Darcia.
— Lotharinga.
— Regiensis.
JOANNES Abbævillanus.
— de Abbatisvilla.
— de Abbevilla.
— Abiosus.
— Achedunus.
— de Actona.
— Actonus.
— Actuarius.
— Adelphus.
— Ad'ensem.
— Ægidius.
— Æschendenus.
— Æschendus.
— Æsticampianus.
— de Agnania.
— Agnellus.
— Agnus.
— Ailinus.
— Aithonus.
— ad Albas manus.
— de Albiniaco.
— Alcoccus.
— Aldemburgensis.
— de Aldemburgo.
— Alegrinus.
— de Alerio.
— Alerius.
— Algrinus.
— de Allodiis.
— de Allodio.
— de Alneto.
— de Altavilla.
— de Alvilla.
— Amerbachius.
— Amerpachius.
— Amundishamus.
— de Anagnia.
— Anagnosta.
— Anagnostes.
— de Anania.
— de Ancona.
— Anconitanus.
— Andegavensis.
— Andegavinus.
— de Andernaco.
— Andeverus.
— Andoverus.
— Andreas.
— de Aneto.
— Angelus.
— Anglebermeus.
— de Anglia.
— Anglicus.
— Anglus.
— Annævillanus.
— Annævillensis.
— de Annavilla.

JOANNES Annius.
— Ansicaro.
— Antiochenus.
— Aquædunus.
— de Aqua veteri.
— Aquensis.
— de Aquila.
— Aquilanus.
— Aquileiensis.
— Aquisgranensis.
— de Aquisgrano.
— Aragoniensis.
— Aragonus.
— Archidiaconus.
— Archithrenius.
— Arcimboldus.
— Arculanus.
— Ardemburgensis.
— de Ardemburgo.
— Aretinus.
— de Aretio.
— Argyropilus.
— Argyropylus.
— Argyropulus.
— de Arida villa.
— de Arientis.
— ab Arundine.
— Asbwarbius.
— Aschendunus.
— Asculanus.
— de Asculo.
— Ashwarbius.
— Astonus.
— Athensis.
— Aurelianensis.
— de Aurelianis.
— Aurelius.
— Aurispa.
— Avis.
— Avonius.
— Aylinus.
— de Babenberga.
— Bacanellus.
— Baccanelcius.
— Baccanellus.
— Bacchanellus.
— Baco.
— Bacondorpius.
— de Bacone.
— de Baconthorpa.
— Baconthorpius.
— Baconthorpus.
— de Balbis.
— Balbus.
— Balistarius.
— Ballistarius.
— de Balma.
— de Bamberga.
— Bambergensis.
— Bamptonius.
— Bamptonus.
— Barninghamus.
— Barwicanus.
— Basileensis.
— Basilius.
— Basingtochius.
— Basingus.
— Bassetus.
— Bassianus.

PER NOMINA. 663

JOANNES de Bassolis.
— Bassolius.
— Bastonus.
— Batilardi.
— Batus.
— Baucianus.
— de Baucio.
— Baverius.
— Bavierus.
— Becanus.
— Beetzius.
— Belesmeius.
— Belethus.
— Belius.
— Bellemanus.
— de Bellis manibus.
— Bellus.
— de Belna.
— Belo.
— Bembus.
— Benedictus.
— Bentivolus.
— Berardus.
— Bergamensis.
— de Bernegamo.
— Bernegamus.
— Berolis.
— Bertachinus.
— Bertinianus.
— Bertramus.
— Bervicanus.
— de Besianis.
— Besodunus.
— Bessario.
— Bestonus.
— Besuensis.
— Bethuniensis.
— Beverlacensis.
— Beverlacius.
— Beverlaius.
— Beverleius.
— Biffus.
— Bilethus.
— Blachenegus.
— Blærus.
— Blæsus.
— de Blanasco.
— Blancus.
— de Blanesco.
— de Blano.
— de Blanosco.
— de Blanvasco.
— Blondus.
— Bloxamus.
— Bloxhamus.
— Blundus.
— Boccaccius.
— Bockinghamus.
— de Bomalia.
— de Bomelia.
— de Bommalia.
— Bonaventura.
— Bonimontis.
— de Bononia.
— Borellus.
— Borsalus.
— Bortellus.
— Borubius.
— a Bosco.

JOANNES Bosianus.
— Bosnenus.
— Bossianus.
— Bussinensis.
— Boteleshamus.
— Botleshamensis.
— Botrellus.
— Bozianus.
— Brammartius.
— Brammartus.
— Brando.
— Brederodius.
— Brehalli.
— Brenlanlius.
— Breulanlius.
— de Brevicoxa.
— Breviscoxæ.
— Briardus.
— Bricius.
— Bridlingtonensis.
— de Bridlingtona.
— Bridlingtonus.
— Briselotus.
— Brisselottus.
— Brissus.
— Britannicus.
— Brixiensis.
— Brixilitus.
— Brixillotus.
— Brizius.
— Bromeardus.
— Bromiardus.
— Bromptonus.
— Brugmannus.
— Brunius.
— de Bruxella.
— de Bruxellis.
— Bucchardus.
— Burallus.
— Burchardus.
— Burgensis.
— de Burgo.
— Burgundius.
— Buridanus.
— Buriensis.
— Burlæus.
— Buschius.
— Buscus.
— Busschius.
— Bustamantinus.
— Cachengda.
— de Cagnatiis.
— Cagnatius.
— Cajetanus.
— Calceatus.
— Calderinus.
— Caldrinus.
— Caligator.
— Calvisanus.
— Camærensis.
— Camaterus.
— Cambellus.
— a Cambia.
— de Cambico.
— Campanus.
— Campegius.
— Campensis.
— Campezius.
— de Campo.

JOANNES Campscenus.
— Campsconensis.
— Campsenus.
— Campus bellus.
— Cananus.
— Candelarius.
— de Candelis.
— de Candelo.
— Canonicus.
— Cantacuzenus.
— Cantianus.
— Cantor.
— de Capestrano.
— Capgravius.
— Capistranus.
— de Capistro.
— de Capitaneis.
— Capnio.
— Capogrevus.
— Capreolus.
— de Capriaco.
— de Capua.
— e Carcassona.
— de Cardailhaco.
— de Cardalhaco.
— Carlerius.
— Carnificis.
— Carnotensis.
— Carolus.
— Carthusianus.
— de Carvinio.
— de Casa nova.
— de Castellione.
— de Castello.
— de Castillione.
— Castor.
— Castorius.
— de Catena.
— de Cauda.
— Cavalcantius.
— Caxtontus.
— Caxtonus.
— de Caylegio.
— Cellensis.
— de Cenomanis.
— de Cermenate.
— de Challeio.
— de Chanlaio.
— de Chanliaco.
— Charlerius.
— Chelmestonus.
— Chenningaulus.
— Cherchemondus.
— Chiemensis.
— Chillingworthus.
— Choletus.
— Chrestonus.
— Christophorus.
— Chrysolithus.
— Chrysoloras.
— Cinnamus.
— de Cireya.
— de Cireyo.
— de Claromonte.
— Clarus.
— Clereus.
— Clericus.
— Clopinellus.
— Cochingerus.

JOANNES Cognatius.
— Coledunus.
— Coletus.
— Collæus.
— Colleius.
— de Collemedio.
— Colletus.
— Colombinus.
— Coltonus.
— Columbariensis.
— de Columna.
— Cominus.
— Concionator.
— Concoregius.
— a Condato.
— Conon.
— Consobrinus.
— Constablius.
— Constantiensis.
— Cor.
— Corbeiensis.
— Cordis.
— Cornelius.
— Cornubiensis.
— de Cortahosa.
— de Cova.
— de Cowa.
— Crastonius.
— Crastonus.
— Crato.
— Crescius.
— Creseius.
— Cressæus.
— Cressius.
— Crestonus.
— Cromiardus.
— de Crutzenaco.
— de Cubito.
— Cuminus.
— de Curia.
— Currificis.
— de Curtacoxa.
— Cuspinianus.
— Cyparissiota.
— Dalburgins.
— de Danckonis.
— Darchius.
— Darcius.
— Dastinus.
— Dauffaius.
— Daustenius.
— Daventriensis.
— Demophylax.
— de Deo.
— de Derlingtonia.
— Derlingtonus.
— Despauterius.
— Diaconus.
— Didueshalus.
— Diestensis.
— Diesthemius.
— Divitis.
— Divitius.
— Dlugossus.
— Docæus.
— Docræus.
— Docreus.
— de Dolendorpio.
— Dolendorpius.

JOANNES Domesticus.
— Dominici.
— Dominicus.
— de Dondis.
— Dondus.
— de Dormano.
— Dormiens.
— Dorpius.
— Doxipater.
— Doxipatrius.
— Doxopatrius.
— Dritonus.
— Duacensis.
— de Duaco.
— Dulcis.
— Dullardus.
— Dumbletonus.
— de Dunis.
— Dunostenus.
— Dunscottus.
— de Dunstablia.
— de Dunstaplia.
— Dunstonensis.
— Durandus.
— Durenius.
— Durolendunus.
— de Eboraco.
— Ecdebergensis.
— Ecdenbergius.
— Eckendenbergius.
— Eechoutius.
— Eichstetensis.
— Elephantutius.
— Eliensis.
— Eligerus.
— Elinus.
— comes Engolismæ et Petrocorii.
— Ephesinus.
— Ephesius.
— Ephesus.
— Episcopus.
— de Erdemburgo.
— Eremita.
— Erfordiensis.
— de Erfordia.
— Esculanus.
— Esins.
— de Essendia
— Eugenicus.
— Everisdenus.
— Everistinus.
— Eystetensis.
— Faber.
— Fabri.
— Fabrianensis.
— Faita.
— de Falkaberga.
— de Falkabergio.
— Falkabergius.
— Falkenbergius
— Faustus.
— Felis.
— Feltonus.
— Feraldus.
— Fernandus.
— Ferrariensis.
— Fiber.
— Fiberius.

JOANNES Fletus.
— de Flissicuria.
— de Florentia.
— Florentinus.
— Floridus.
— Folshamus.
— Forbiteus.
— Forbitoris.
— Fordensis.
— Forojuliensis.
— de Francfordia.
— Freas.
— Fribitoris.
— Friburgensis.
— de Friburgo.
— Frihitoris.
— Fritagus.
— Frobenius.
— Froissardus.
— Frossardus.
— Frumentarius.
— Fustiginus.
— Gadesdenus.
— de Galendia.
— Galensis.
— Galenus.
— de Gallandia.
— Gandavensis.
— de Gandavo.
— a Gandia.
— de Ganduno.
— Gansfortius.
— de Garlandia.
— Garlandinus.
— Garlandius.
— de Garlandria.
— Garso.
— Garzo.
— Garzonius.
— Gascoinus.
— Gastidenus.
— Gatisdenus.
— Gaula.
— Gaulensis.
— Gazoldus.
— de Geduno.
— Geilerus.
— de Gendino.
— de Gendonis.
— de Genduno.
— Genesius.
— Genuensis.
— Georgides.
— Georgidius.
— Gerbrandus.
— Gerlachus.
— Gerlandus.
— Gerso.
— de Gersonio.
— Gersonius.
— de Gersono.
— Gerundensis.
— de Gessate.
— Gillemannus.
— Glasconiensis.
— Glascuensis.
— Glastoniensis.
— Glodestonus.
— Glycas.

PER NOMINA. 665

JOANNES Glycis.
— Gobelinus Persona.
— Goccius.
— Gochius.
— Godardus.
— Godfridus.
— Godwicus.
— Goldestenus.
— Goldestonus.
— Goriaus.
— Gorinus.
— Gorus.
— Gotwicus.
— Gowerus.
— de Gradibus.
— Graius.
— Grammaticus.
— de Grandiprato.
— Grandisonus.
— Grayus.
— Groninganus.
— Groslotius.
— Grossus.
— Guallensis.
— Gualterius.
— Guidonis.
— de Guignecurte.
— Guignecurtius.
— de Guldenerio.
— Gutenbergius.
— Guttembergensis.
— Guttembergius.
— Hadunus.
— Hagulstadensis.
— Hagustaldensis.
— Hainctonus.
— Haintonus.
— Halgrinus.
— Hantvillensis.
— Hardingus.
— Hasalanus.
— de Hasela.
— Hautivillensis.
— Haytonus.
— Heidelbergensis.
— Heinodunus.
— Heinsbergius.
— Helenensis.
— Heliensis.
— Helinius.
— Heliotus.
— Herculanus.
— Heroldus.
— de Hesdinio.
— Hesius.
— Hickeleius.
— Hildesheimensis.
— Hiltonus.
— Hintonus.
— Hiperius.
— de Hisdinio.
— Hispalensis.
— Hispaniensis.
— Hispanus.
— Hoccalus.
— Hocsemius.
— Hocxsemius.
— Hofmannus.
— Holtigena.

JOANNES Homiliarius.
— Homodeus.
— Honsemius.
— Horingerus.
— Hormingerus.
— de Horologio.
— Horologius.
— Hottus.
— Hovedenus.
— Hoxemius.
— Hulhethus.
— Hussius.
— Hussus.
— Imenhusanus.
— Imolensis.
— de Indagine.
— Iperius.
— Iprensis.
— de Isdinio.
— Isenacensis.
— de Isenaco.
— Istrensis.
— Italus.
— Itrensis.
— Jandunensis.
— de Janduno.
— Januensis.
— Jocundus.
— Joffredus.
— de Joinvilla.
— Joinvillius.
— Jolihamus.
— Jucundus.
— Junchærus.
— Junius.
— Justitiæ.
— Juvenalis.
— Kaisersbergensis.
— Kaisersbergius.
— Kallensis.
— a Kempia.
— Keningalus.
— Keningulus.
— Kentius.
— Kesselerus.
— Keyserspergius.
— de Kikuleo.
— Kininghamus.
— Kinschotus.
— de Kowa.
— Lampugnanus.
— de Lana.
— Lancelli.
— Landsbergensis.
— Langdenus.
— Langhamus.
— Langtonus.
— Lapidanus.
— Lapidarius.
— a Lapide.
— Lapideus.
— Latteburius.
— de Lausanna.
— Laziardeus.
— Lector.
— de Legio.
— Legnanus.
— Leidanus.
— Lelandus.

JOANNES a Lemmigo.
— Lemovicensis.
— de Lemovicis.
— Leo.
— Leodicensis.
— Leodiensis.
— Leonius.
— Leporis.
— Lidgatus.
— Lignanus.
— de Ligneriis.
— Lilleshallensis.
— Limburgensis.
— Limpurgensis.
— Lindnerus.
— de Linieris.
— de Linneriis.
— Lomberiensis.
— Londinensis.
— de Londino.
— Loneius.
— Longinus.
— Longodunus.
— Longus.
— Lossensis.
— Lovæus.
— de Lovanio.
— Loveius.
— Lovus.
— Luccus.
— Lugdunensis.
— de Lugduno.
— Lunensis.
— Lupus.
— Lutterellus.
— de Luxemburgo.
— Magdovillanus.
— Magdunensis.
— de Magduno.
— Magistri.
— Magnovillanus.
— Major.
— Majoris monasterii.
— Malgrinus.
— de Malinis.
— de Malliaco.
— Malvernæus.
— Mamburnus.
— Mammothreptus.
— Manardus.
— de Mandevilla.
— Mandwithus.
— de Maniaco.
— Maniacus.
— Marchelegus.
— Marchesinus.
— Marckelegus.
— Mardelegus.
— Maregus.
— Margarinus.
— de Margaritis.
— Margaritus.
— de Marigniaco.
— Marius.
— Marlianus.
— de Marolio.
— Maronis.
— Marreius.
— Marro.

JOANNES Marsicanus.
— Martinus.
— Masselinus.
— Maubernus.
— Mauburnus.
— de Mechlinia.
— Mechliniensis.
— Medices.
— Mediceus.
— Mediolanensis.
— de Mediolano.
— Menesius.
— Mentelinus.
— Mentelius.
— de Meppis.
— Mercator.
— Mercianus.
— Mercius.
— Meunius.
— Michaelensis.
— de Michaelis.
— Miletus.
— Milicius.
— Militius.
— Milvernæus.
— Milverodunus.
— Milvertunus.
— Minius.
— Miræus.
— Moguntinus.
— de Moguntio.
— de Molendinis.
— de Molendino.
— Molinetus.
— de Molinis.
— Molinius.
— de Molino.
— Momburnus.
— Monachus.
— Monoculus.
— Monsterbergius.
— de Monsterolio.
— de Monte.
— de Monteacuto.
— de Montelauro.
— de Monteletherico.
— de Montemedio.
— de Monte nigro.
— de Monte pesso.
— de Montepessulano.
— de Monteregio.
— Monteregius.
— Montesonius.
— de Montesono.
— Montholonius.
— de Montibus.
— Montius.
— Morellus.
— Morinensis.
— Morlandinus.
— Mortonus.
— Munsingerus.
— Muntzingerus.
— de Muris.
— Murmellius.
— de Muro Vallium.
— Nælduvicensis.
— de Nælduyco.
— Nannius.

JOANNES Nantvillensis.
— Napolitanus.
— Nasus.
— Nauclerus.
— Neapolitanus.
— de Nemosio.
— Neomagus.
— Nepomucenus.
— Nepos.
— Niderus.
— de Nigro monte.
— Nivigellensis.
— Nonantulanus.
— de Northamptona.
— Northamptonensis.
— Norvicensis.
— de Novaria.
— Novariensis.
— de Noviomago.
— Noviomagus.
— de Novo burgo.
— de Novo castro.
— de Noyentello.
— Nuscanus.
— Nuscensis.
— Nyderus.
— Ocellus.
— Œcolampadius.
— Olnæus.
— Olneius.
— Olveius.
— Oricellarius.
— Ostrovodus.
— Oxfordius.
— Oxoniensis.
— de Oxonio.
— Oxraccus.
— Palæodorpius.
— Palæonydorus.
— de Palma.
— Palmerus.
— de Palude.
— Parisiensis.
— Parisius.
— Parmensis.
— Parvus.
— Pascallus.
— Pascalius.
— Pachas.
— Paschasius.
— Paschalis.
— Paschallus.
— Paschasius.
— Pasqua.
— de Passavanto.
— Patavinus.
— de Pavilliaco.
— Peachamus.
— Peccamus.
— de Pechamo.
— Pechamus.
— Pediasimus.
— Pelegrinus.
— Peregrinus.
— Perusinus.
— de Perusio.
— Petitus.
— Petrocorii comes.
— Phocas.

JOANNES Phreas.
— Picardi.
— Picus.
— de Pinibus.
— de Pinu.
— Pinus.
— Pisanus.
— Placentinus.
— de Plano Carpini.
— Platearius.
— Plusiadenus.
— de Podionucis.
— Poeticus.
— de Poilliaco.
— Polemarius.
— Polestadius.
— Polestedus.
— Poleti.
— de Poliaco.
— Polinus.
— de Polliaco.
— de Ponte Crucis.
— Pothus.
— Præcursor.
— Præmonstratensis.
— de Praga.
— Pragensis.
— de Pratis.
— Presbyter.
— Prichesius.
— Pulchripatris.
— Pungensasinum.
— Pupperus.
— Quadrigarius.
— de Quaja.
— de Qualea.
— Qualeus.
— Quentinus.
— Ragusinus.
— de Ragusio.
— Raimundi.
— Raudensis.
— Raudinus.
— Raulinus.
— Ravennatensis.
— Ravisius Textor.
— Regiomontanus.
— de Regiomonte.
— Relicus.
— Remensis.
— Repingalus.
— Reuchlinus.
— Reynardi.
— Rhagius.
— Rhaudensis.
— de Ripa.
— Risingius.
— Robinus.
— Rochefordus.
— Rodingtonus.
— Roerius.
— Rolinus.
— Rossellettus.
— Rossus.
— Rufus.
— Runcinus.
— de Rupella.
— de Rupescissa.
— Ruremondensis.

Joannes Rusbachius...	Joannes Soréthius.	Joannes Tillesberiensis.
— Rusberus.	— Sorethius.	— Tillonegus.
— Rusbrochius.	— Soulæus.	— Tilnæus.
— Rusbrokius.	— Spanhemiensis.	— Tinctoris.
— Ruysbrockius.	— de Spira.	— Tinmouthensis.
— Ruysbrokus.	— Spirensis.	— Tinnemuthensis.
— Ryckius.	— Stabulanus.	— Tipetoftus.
— Sabadinus de Arientis.	— de Stabulaus.	— Tipetotus.
— de Sacaberiis.	— Staffortus.	— Tiptoftus.
— de Sacrobosco.	— Stanberius.	— Tissendunus.
— de Sacrobusto.	— Stanbrigius.	— Tisserandus.
— de Sacrofonte.	— Standuchius.	— Tissinghtonus.
— Salentinus.	— Stannifex.	— Titelesaulus.
— Sancti Bavoni abbas.	— Staupitius.	— Titleshalus.
— de Sancto Ægidio.	— Stenobrigus.	— de Tociaco.
— de Sancto Albano.	— Stenoburgus.	— Tomsonus.
— de Sancto Amando.	— Sterlingatius.	— Tongrensis.
— de Sancto Audoeno.	— Stoccus.	— de Tongria.
— a Sancto Benedicto.	— Stochus.	— de Tongris.
— de Sancto Ebrulfo.	— Stockesius.	— Tonneius.
— de Sancto Edmundo.	— Stœfflerinus.	— Tortellius.
— Sancto Fidensis.	— Stœflerus.	— de Trecis.
— de Sancto Gelasio.	— Stofflerinus.	— Triclous.
— de Sancto Geminiano.	— Stonæus.	— Tritemius.
— de Sancto Luciano.	— Stovus.	— Tritenhemius.
— de Sancto Paulo.	— Stratfordus.	— Trithemius.
— de Sancto Victore.	— Stuccheius.	— Tucherius.
— de Sancto Vincentio.	— Sulmonensis.	— Tungrensis.
— Sapiens.	— Sulpitius.	— de Tungria.
— Saracenus.	— Surdus.	— de Tungris.
— Sarisberiensis.	— Suthodunus.	— Tungrius.
— Sarrazinus.	— Suttonus.	— Turocius.
— Sartorius.	— Swaffamus.	— de Turre cremata.
— de Saxonia.	— Swafhamus.	— Tzetzes.
— Saxonius.	— Sylvagius.	— Uppodunus.
— Scandeberus.	— de Synthis.	— Upsonus.
— Schipphoverus.	— Tabiensis.	— Uptonus.
— Schodeovenensis.	— Tacesphalus.	— Urbevetanus.
— Schodeoveus.	— Tagliacotius.	— a Vado boum.
— de Schœnhavia.	— de Tambacho.	— Valcellensis.
— Schonhovius.	— de Tambaco.	— de Valeis.
— Schonovius.	— de Tanlaio.	— Valensii.
— Schoonhonius.	— Tarentinus.	— de Valle.
— de Schoonovia.	— Tartaius.	— de Vallibus.
— Scotus.	— Taulerius.	— Valliscellensis.
— Segobiensis.	— Taulerus.	— Vallisoletanus.
— de Segovio.	— Tegularius.	— de Varsiaco.
— Seguardus.	— Temporalis.	— de Vassongnia.
— Sernogacii.	— de Teneramunda.	— de Vassonia.
— Serranus.	— Teneramundanus.	— Vatæus.
— Severianus.	— Teneremundanus.	— de Veneta.
— Severlæus.	— de Terra rubea.	— Venetus.
— Sharpæus.	— Tetzelius.	— Ventofluctus.
— Sharpus.	— Teukesburiensis.	— de Vercellis.
— de Sicca villa.	— Teutonicus.	— de Verdi.
— Simonetta.	— Teuxburiensis.	— de Verdiaco.
— Simonis.	— Textor.	— de Veridi.
— Sinthemius.	— Tezelius.	— de Veris.
— Sintinensis.	— Thanatensis.	— de Vernone.
— Sithivensis.	— Thaulerus.	— de Vero.
— Skeltonus.	— de Thimo.	— Veronensis.
— de Soardis.	— Thomæsonus.	— de Versico.
— Sobrinus.	— Thoneius.	— Veteraquinas.
— Somarius.	— Thoresbeius.	— de Veteri castro.
— Somerarius.	— Thorpus.	— Viator.
— Somerius.	— de Thymo.	— Vicarius.
— Sommerfeldanus.	— Tilberius.	— Vicentinus.
— Sommertonus.	— Tilianus.	— Victorinus.
— Sophista.	— Tilleberiensis.	— Villanius.

JOANNES Villanus.
— de Villario.
— de Villerio.
— de Vincentia.
— de Vinea.
— de Vineis.
— de Vineta.
— Vitelliacensis.
— Vitoduranus.
— Walensis.
— de Walleis.
— de Wallia.
— Wallingfordus.
— Wallius.
— Walsinghamus.
— Wanifletus.
— de Wardo.
— Weentius.
— de Werdena.
— de Wesalia.
— Wesselus.
— Whetamstedus.
— Wiccamus.
— Wichingamus.
— Wiclefus.
— Wiclifus.
— Wicoclifus.
— Wigorniensis.
— Wildeshemensis.
— Wiltonus.
— Winchelsæus.
— de Winchelsea.
— Winterburgensis.
— Wirtzburgensis.
— Wyclevus.
— Xiphilinus.
— Xylotectus.
— Yorchus.
— Zainerus.
— de Zambaco.
— Zittaviensis.
— Zonaras.
JOANNES-ÆGIDIUS Zamorensis.
JOANNES-ANDREAS de Buxiis.
— — Gactus.
— — Gattus.
— — Maurus.
— — Narcissus.
JOANNES-ANDRONICUS Callistus.
JOANNES-ANNIUS Viterbiensis.
JOANNES-ANTONIUS Campanus.
— — de Placentia.
— — de Sancto Georgio.
JOANNES-BAPTISTA Blasius.
— — Caccialupus.
— — Campofulgosus.
— — Cananus.
— — Cantalicius.
— — Fregosus.
— — Frigosus.
— — Fulgosus.
— — Guarinus Veronensis.
— — Hispaniolus.
— — Mantuanus.
— — Memus.

JOANNES-BAPTISTA Paiarinus.
— — Samblasius.
— — a Sancto Blasio.
— — Spagnolus.
— — Theatinus.
— — Valentinus.
— — Veronensis.
JOANNES-DATUS Imolanus.
— — Imolensis.
JOANNES-DOMINICUS de Eugubio.
JOANNES-FRANCISCUS Boccardus.
— — Bracciolinus.
— — Broccardus.
— — Buccardus.
— — Cottalambergius.
— — Fortunius.
— — de Pavinis.
— — Pavinius.
— — Picus Mirandulanus.
— — Poggius Bracciolinus.
— — Quintianus.
JOANNES-GALEATIUS Vicecomes.
JOANNES-JACOBUS Ghilinus.
JOANNES-JOVIANUS Pontanus.
JOANNES-LAPUS Biragus.
JOANNES-LUDOVICUS Lambertacius.
JOANNES-MARIA Canigianus.
— — Politianus.
— — de Polluciis.
JOANNES-MATTHÆUS de Ferrariis.
— — de Gradibus.
JOANNES-MICHAEL Bergamensis.
— — Carrariensis.
— — Patavinus.
— — Savonarola.
JOANNES-NICOLAUS Buboicus.
— — Euboicus.
— — Euripontinus.
— — Saguntinus.
— — Secundinus.
— — Segudineus.
— — Segundinus.
JOANNES-PETRUS de Moguntio.
— — Vallensis.
JOANNES-PICUS de Mirandula ou Mirandulanus.
JOANNES-RAIMUNDI Canilhacus.
JOANNES-STEPHANUS Basignanas.
JOANNES-VITALIS a Furno.
JOANNINUS de Mantua.
JOCELINUS Braclandus.
— de Furnesio.
— Rufus.
JODOCUS Beisselus.
— Beysselius.
— de Calve.
— Gallus.
— Ghistellensis.
— Isenacensis.

JODOCUS Rubeaquensis.
JOFFREDUS. Voy. *Galfredus*.
JORDANUS de Argentina.
— Argentoratensis.
— Augustinus.
— Fantasma.
— Nemorarius.
— de Nemore.
— de Pisis.
— Quedlimburgensis.
— de Ripa alta.
— de Rivalto.
— Saxo.
— de Saxonia.
— Teutonicus.
JOSCELINUS. Voy. *Jocelinus*.
JOSCERANUS Lugdunensis.
JOSEPHAS. Voy. *Josephus*.
JOSEPHUS Barbarus.
— Brippius.
— de Brugis.
— Bryennius.
— Constantinopolitanus.
— Devonius.
— Ephesinus.
— Ephesius.
— Ephesus.
— Excestriensis.
— Exoniensis.
— Iscanus.
— Methonensis.
— Methonensis.
— Saninus.
JOSSELINUS. Voy. *Jocelinus*.
JULIANA Leodiensis.
JULIANUS Archipresbyter.
— Cæsarinus.
— Carbonis*.
— Cardinalis.
— Datius.
— Datus.
— Hassartius.
— Hassartus.
— Hursatus.
— Januensis.
— de Perleonibus.
— Petri.
— Toletanus.
JULIUS Doionus.
— Pomponius Lætus.
— Sanseverinus.
JUNCTA Bevagnas.
JUNIANUS Maius.
JUSTINUS Lippiensis.
JUSTUS Archipresbyter.
— Cisterciensis.
— de Comitibus.
JUVENALIS de Acquino.
— Aquensis.
— Aquisgranensis.
— de Aquisgrano.
— Ursinus.

K

KAMBERTUS de Bononia.
KYRIACUS. Voy. *Cyriacus*.

L

LAMBERTINUS de Ramponibus.
LAMBERTUS Altissiodorensis.
— Ardensis.
— Atrebas.
— Atrebatensis.
— Autissiodorensis.
— de Autissiodoro.
— Balbus.
— Beggius.
— Bertinianus.
— Bononiensis.
— de Bononia.
— Canonicus.
— de Castello.
— de Legio.
— Leodiensis.
— Parvus.
— Pulteriæ abbas.
— Sancti Vedasti prior.
— de Sancto Christophoro.
— de Stipite.
— de Stockis.
— Trevirensis.
LANCELOTTUS Decius.
LANCINUS Curtius.
LANDENULPHUS Caraccciolus.
— Caracholus.
LANDOLPHUS Brancatius.
LANDULPHUS Collenucius.
— de Columna.
— Junior.
— Sagax.
— de Sancto Paulo.
LANFRANCUS de Mediolano.
LANZO de Sancto Michaelo.
LAPUS de Castellione.
— Castilonchius.
— Castinionelius.
— Florentinus.
LATINUS de Frangipanis.
— Frangipanus.
— Hostiensis.
— Ostiensis.
— Ursinius.
LAURENTIUS Abstemius.
— de Anglia.
— Anglicus.
— Anglus.
— Bartholinus.
— Bonincontrius.
— Bononiensis.
— Brancfordius.
— Branchofordius.
— Brancofordius.
— Burellus.
— Byzinius.
— Calcaneus.
— Cio Ghibertus.
— de Colonia.
— Costerus.
— Dunelmensis.
— Gallus.
— Gervasii.
— Ghibertus.
— Guathius.

LAURENTIUS Holbeccus.
— Justinianus.
— Lampugnanus.
— Leodicensis.
— Leodiensis.
— Magnificus.
— Maiolus.
— Medicæus.
— Medices.
— Mediceus.
— de Monacis.
— de Pollengio.
— de Rodulphis.
— Rosendalius.
— de Rudolphis.
— Segestricensis.
— Sistaricensis.
— Spiritus.
— Vadus.
— Vallensis.
— Vallenus.
— Venetus.
— Veronensis.
— Wadus.
LAURENTIUS-FRANCISCUS de Venetiis.
— Venetus.
LAZARUS de Grandis.
LELIUS de Zaccariis.
LEO Africanus.
— de Albertis.
— Cardinalis.
— Cassinensis.
— Egmundanus.
— de Fidelibus.
— Granatensis.
— Hæcmundensis.
— Magentenus.
— Marsicanus.
— Ostiensis.
— Urbevetanus.
— de Urbeveteri.
LEODEGARIUS Bituricensis.
LEODRISIUS Cribellus.
LEONARDUS Aretinus.
— de Aretio.
— de Bertapaglia.
— de Bertapalia.
— de Bertepaglia.
— de Bertopalea.
— de Berutapalea.
— Brunus.
— Chiensis.
— de Chifamo.
— de Chifano.
— Dathus.
— de Datis.
— Datus.
— Eibonaccius.
— Fortius.
— Giffonensis.
— de Giffono.
— Gifonensis.
— Giphoniensis.
— Griffus.
— Gryphius.
— Hubertus.
— de Jovis fano.
— Justinianus.

LEONARDUS Mansuetus.
— de Nogarolis.
— Nogarolus.
— Pisanus.
— Pistoriensis.
— de Prædapalia.
— Ragusinus.
— de Rubeis.
— de Serubertis.
— Statius.
— de Utino.
— de Valle Brixinensi.
— Viennensis.
— Vincius.
LEONELLUS Faventinus.
— de Victoriis.
— Victorius.
LEONIUS Lobiensis.
— de Sancto Victore.
LEONOLDUS Marcanus.
LEONYCUS Chalcocondyles.
— Chalcondyles.
LEOPOLDUS Babenbergius.
— Bambergensis.
— Bebenbergius.
— Voy. Leovoldus.
LEOVOLDUS Marcanus.
LEVOLDUS. Voy. Leoveldus.
LINUS Coluccius Salutatus.
LIONELLUS Estensis.
LIPPOLDUS Marcanus.
LOMBARDUS Sericus.
— Sirichius.
LOTHARIUS Comes.
— Cremonensis.
LUBERTUS Berneri*.
— Berneri de Busco.
— Haudschiltus.
— Hautschiltus.
LUCAS Assisias.
— Assisiates.
— de Assisio.
— de Barra.
— de Borgo.
— Bosdenus.
— Chrysoberges.
— Consentinus.
— Cribellus.
— Fernandus.
— Legionensis.
— Manellus.
— Manzolus.
— de Molendinis.
— Paciolus.
— Patavinus.
— de Sancto Cornelio.
— Tudensis.
LUCAS-MATTHÆUS Caracciolus.
LUCHINUS Vicecomes.
LUCIDUS-ANTOPHILUS Surroneus.
LUCIUS Flaminius.
— Tungrensis.
LUDIGERUS Cellensis.
LUDOLPHUS Germanus.
— Groningensis.
— Saxo.
— Suchensis.
— Teutonicus.
LUDOVICUS Alemandus.

Ludovicus Alemannus.
— Barbus.
— de Bellomonte.
— Berquinus.
— Bigus.
— Bivordanus.
— Bologninus.
— Bolognus.
— Bonaciolus.
— de Bononia.
— Brancatius.
— Caerlionensis.
— Carbonus.
— Dominicus.
— Donatus.
— Lazarellus.
— Marchentus.
— Marlianus.
— Marsilius.
— Marsillus.
— Martellius.
— Martellus.
— Maurus.
— Mediarota.
— Merchentus.
— de Michaela.
— Odaxius.
— Patavinus.
— Patritius.
— Pictorius.
— Pinella.
— Pontanus.
— Ponticus.
— Richerius.
— de Roma.
— Romanus.
— de Scarampo.
— de Valleoleti.
— de Varibemo.
— de Varthema.
— Vartomanus.
— Vicentinus.
Ludovicus-Coelius Rhodiginus.
Ludovicus-Maria Sfortia.
Luisius Marsillus.
Lupambulus Ganymedes.
Lurus Barrientus.
— de Oliveto.
— de Olmeto.
— Protospatharius.
— de Ulmeto.
Lydius Cattus.

M

Macarius Ancyranus.
— Chrysocephalus.
— Floriacensis.
— Macra.
— Macres.
— Macrus.
Maffeus Belchamus.
— Belcharius.
— Vegius.
Magninus Mediolanensis.
Magnus Canis.
— Reichersbergensis.
— Richobergensis.

Mainardus Pontiniacensis.
Manasses Remensis.
Manfredus de Cruce.
— Potentinus.
— Terdonensis.
— Vercellensis.
Manuel Bryennius.
— Caleca.
— Chrysoloras.
— Charitopulus.
— Comnenus.
— Holobolus.
— Moschopulus.
— Palæologus.
— Peloponesius.
— Phile.
— Philes.
— Philosophus.
— Sarantenus.
Marbaldus. Voy. Marbodus.
Marbodus Pelliciarius.
— Rhedonensis.
Marbottus. Voy. Marbodus.
Marcellus Palingenius.
— Palonius.
Marcus Barbatus.
— Beneventanus.
— Cadamustus.
— Eugenicus.
— Gattinarius.
— Georgius.
— Marullus.
— Musurus.
— Paulus.
— de Summa ripa.
— Ulmensis.
— Vigerius.
— Viterbiensis.
Marcus-Antonius Cadamustus.
— Coccius.
— Sabellicus.
Marcus-Barbatus Sulmonensis.
Marcus-Fabius Calvus.
Mardebanus Rhedonensis.
Margareta Lugdunensis.
— Pelotensis.
Maria Felinus.
— Sandæus.
— Sandeus.
— Sanderus.
Marianus Florentinus.
— Genestanensis.
— Genezzanensis.
— Zinizanensis.
Marinus Barletius.
— Bechichemius.
— Becichemius.
— Sanutus.
— Torsellus.
Marranus Pasquillus.
Marsilius Ficinus.
— Heidelbergensis.
— Mainardinus.
— Menandrinus.
— Patavinus.
Martinus Alauvicanus.
— Alphonsi.
— Alveicus.

Martinus Bohemus.
— de Bosco Gualteri.
— Carcetus.
— Consentinus.
— Cremonensis.
— Delphus.
— Dorpius.
— Doublus.
— Duplex.
— Duplicis.
— Gallus.
— Garatus.
— Gazatus.
— Gazratus.
— Gosianus.
— Gosius.
— Hilacomilus.
— Hylacomilus.
— Laudensis.
— Laudunensis.
— de Lauduno.
— Magister.
— de Monasterio novo.
— Pollichius.
— Polonus.
— Raimundi.
— Schidamus.
— Sculthorpius.
Martyr ab Angleria.
— Anglerius.
Matthæus Adrianus.
— de Afflictis.
— Afflictus.
— Albanensis.
— Antonii.
— Aquam bibens.
— de Aqua sparta.
— Aquavivius.
— de Aula regia.
— Bapalmensis.
— Blastares.
— Blastarius.
— Bononiensis.
— Bossus.
— Camariota.
— Cantacuzenus.
— de Cracovia.
— Ebroicensis.
— Florigerus.
— Gaius.
— de Griffonibus.
— de Gritis.
— Gritus.
— Herbenus.
— Hieromonachus.
— de Juvenatio.
— Mareschallus.
— Masius.
— de Matasselanis.
— Medices.
— Mediceus.
— Menagius.
— Monachus.
— Ninovensis.
— Paggius.
— Palmerius.
— Parisinus.
— Patavinus.
— Patriarcha.

PER NOMINA. 674

MATTHÆUS Pillardus.
— Pisanus.
— Polonus.
— de Rubeis.
— de Sancto Albano.
— de Schornaio.
— Scornaus.
— Scornûs.
— Siculus.
— Spinellus.
— Sylvaticus.
— Tornacensis.
— Tudertinus.
— Ursinus.
— Varignaneus.
— Villanus.
— Vindocinensis.
— Westmonasteriensis.
MATTHÆUS-MARIA Boiardus.
MATTHIAS de Andernaco.
— Bredenbachius.
— Corvinus.
— Doringius.
— Doringkus.
— Farinator.
— Michiovius.
— de Michovia.
— Michovius.
— Miechowita.
— a Pace.
— Palmerius.
— Ringmannus.
— Ugonius.
— de Vienna.
MATHURINUS Clemens.
MAURICIUS de Anglia.
— Anglicus.
— Anglus.
— Cataneus.
— Calfredus.
— Hibernicus.
— Ophihilla.
— de Portu.
— Portu Fildæus.
— Pragensis.
— Rothomagensis.
— de Solliaco.
— Vicentinus.
— de Villaprobata.
MAXIMUS Æsculanus.
— Asculanus.
— de Asculo.
— Chrysoberges.
— Pacificus.
— Planudes.
MENALDUS de Rosariis.
MERBOLDUS Rhedonensis.
MERCURINUS Arboreus.
MEROBAUDUS Rhedonensis.
METELLUS Tegernseensis.
MICHAEL Acominatus.
— Aignanus.
— Anchialus.
— Ancrianus.
— de Anglia.
— Anglicus.
— Anglus.
— Angrianus.

MICHAEL Apostolius.
— Attaleiates.
— de Aygonnis.
— de Ayguanis.
— de Baculeto *.
— Balsamo.
— de Barbazanis.
— Beccensis.
— Bloemardus.
— de Bononia.
— de Brabantia.
— Burelli.
— Cæsenas.
— Canensis.
— Canensius.
— Carcanus.
— de Charcano.
— Chumnus.
— Corboliensis.
— de Corbolio.
— de Darenciaco.
— Ducas.
— Fernus.
— Francisci.
— Franciscus.
— de Furno.
— Glycas.
— Harnensis.
— de Harnis.
— Herbrandus.
— de Hombasio.
— Insulensis.
— de Insulis.
— Lochmeyerus.
— Madius.
— Madrigalensis.
— Magister.
— Marcoduranus.
— Marullus.
— Massanus.
— Mediolanensis.
— Menotus.
— de Morbosio.
— de Moresio.
— Picardus.
— de Platea.
— Platiensis.
— Pragensis.
— Ritius.
— de Robasio.
— de Sancto Sebastiano.
— Scotus.
— Sophianus.
— Tarcaniota.
— de Ungaria.
— Verinus.
MICHAEL-CONSTANTINUS Psellus.
MICHAEL-FABRICIUS Ferrarinus.
— Regiensis.
MILO Corboliensis.
— Crispinus.
— de Dormano.
MODESTUS Polentonus.
MOHAMMED Meidanius.
— Mirkhondus.
— Nasireddinus.
— Nisamius.
MONACHUS Eveshamensis.
— Patavinus.

MONALDUS de Ancona.
— Anconitanus.
— Justinopolitanus.
— de Rosariis.
MONETUS Cremonensis.
MOSES Maimonides.
MUNDINUS de Lentiis.
MUNIO Zamorensis.
MUTIUS Aurelius.

N

NALDUS Naldius.
NATALIS Galeotus.
NELLUS de Sancto Geminiano.
NEFLACO Opatoviensis.
NEPOS de Montealbano.
NERIUS Capponius.
NERSES Lampronensis.
NESTOR de Advocatis.
— Advocatus.
— Avogadrus.
NESTOR-DIONYSIUS Novariensis.
NEVELO de Cherisiaco.
NICASIUS de Planca.
— de Ulmo.
— a Voerda.
— Vordanus.
— a Woerda.
NICEPHORUS Basilaces.
— Blemmides.
— Blemmyda.
— Bryennius.
— Callistus.
— Chumnus.
— Gregoras.
— Xanthopulus.
NICETAS Acominatus.
— Choniata.
— Choniates.
— Eugenianus.
— Mitylenæus.
— Thessalonicensis.
NICODEMUS Folengius.
NICOLAUS de Albergatis.
— Albergatus.
— de Albertinis.
— de Albertis.
— Alexandrinus.
— Ambianensis.
— de Anapiis.
— de Anapis.
— Anapus.
— de Anesiaco.
— de Anglia.
— Anglicus.
— Anglus.
— Aragoniensis.
— Aragonus.
— de Argentina.
— Argentinensis.
— Argentoratensis.
— Ariminensis.
— de Arimino.
— de Arluno.
— Ascelinus.
— Auceps.
— Aucupis.

INDEX ALPHABETICUS

Nicolaus de Autricuria.
— Auximanus.
— Bagnatorius.
— Baiardus.
— Barianus*.
— Barinus*.
— de Barro Ducis.
— Bertrandus.
— Bertratius.
— Bertruccius.
— Bertrusius.
— Bertuccius.
— de Biardo.
— de Biarto.
— de Bibera.
— Bituntinus.
— Bocasinus.
— Bomdomitinus.
— Bondinensis.
— Bonettus.
— Bonetus.
— Borghesius.
— Botleshamensis.
— Botrontinensis.
— Botudinensis.
— de Braia.
— Braiacensis.
— Brentius.
— de Briacho.
— de Briatho.
— de Broido.
— Brontius.
— Bucasenus.
— Bungeius.
— Burgensius.
— Burtius.
— de Byartho.
— de Byarto.
— Cabasilas.
— Cantilepus.
— Cantilowinus.
— Cantilupus.
— Cantolupus.
— Canusinus.
— Capoccius.
— Capocienus.
— Caracciolus.
— Cassinensis.
— Cenomanensis.
— Chalcocondyles.
— Chalcondyles.
— Cisterciensis.
— de Clamangiis.
— Clamangius.
— de Clamengiis.
— Clamengius.
— Claraevallensis.
— Clemangiæ.
— de Clemangiis.
— Clemangius.
— de Clemengiis.
— Clemengius.
— Clericus.
— Colinius.
— de Comitibus.
— Crutzenacensis.
— Cusanus.
— de Dacia.
— Datus.

Nicolaus Dinckelspuhliensis.
— Dionysii.
— Donis.
— Dorbellus.
— Dunelmensis.
— Duramus.
— Durhamus.
— Egmundanus.
— Eimericus.
— Episcopus.
— Eymericus.
— Fachinhamus.
— Falco.
— Falcuccius.
— de Farinula.
— Ferenhamus.
— Ferretus.
— de Finali.
— de Firmitate.
— Flamellus.
— de Flavigneio.
— Flaviniacensis.
— Florentinus.
— de Fractura.
— de Freavilla.
— Gallus.
— Gelantius.
— Gerundensis.
— Coranus.
— de Gorhamio.
— Gorhanus.
— de Gorrania.
— Gorranus.
— Gorraus.
— de Hanabis.
— de Hanaphis.
— de Hanapiis.
— de Hanapis.
— de Hannapis.
— Hastrifragus.
— Hostreshamus.
— Jacquerius.
— Jaquerius.
— Kentonus.
— Kratzerus.
— Leodiensis.
— Leonicenus.
— Lexoviensis.
— Linensis.
— de Lira.
— Liranus.
— Lolhardus.
— Lollardus.
— de Lyra.
— Lyranus.
— Machiavellus.
— Magwirius.
— Major.
— Malherbius.
— Marschalcus.
— Martini.
— Methonæus.
— Methonensis.
— Minorita.
— Miscinus.
— Misquinus.
— Modrusiensis.
— Montacutius.
— Montignius.

Nicolaus Morosinus.
— Moschinus.
— Mutinensis.
— Myrepsus.
— Narbonensis.
— Neapolitanus.
— de Neretono.
— Nicolius.
— Occamus.
— Ochamus
— Orbellus.
— Oremius.
— Oresmius.
— de Paganico.
— Panormitanus.
— Pelargus.
— Perottus.
— Plovius.
— Pluveus.
— Polonus.
— Pontius.
— de Prato.
— de Pressorio.
— Radcliffus.
— Radoclivus.
— Regiensis.
— Rheginus.
— Riscodunus.
— Ristonus.
— Ritzonis.
— Rosselli.
— de Rupe.
— SanctiJacobidemonte Infirmorum prior.
— de Sancto Albano.
— de Sancto Martino.
— Sclengia.
— Siculus.
— Simonis.
— Sophianus.
— Specialis.
— Spinellus.
— Suessionensis.
— de Susato.
— Svashamus.
— Tegrinius.
— Tornacensis.
— Trivettus.
— de Tudeschis.
— Tudeschius.
— de Tudesco.
— Tuscus.
— Uppodunus.
— Uptonus.
— Valla.
— de Viardo.
— de Villamaris.
— Walkingtonus.
— Zenus.
Nicolaus-Ubaldus Perusinus.
Nicomedus Æthiops.
Nicellus Wirekerus.
Nilus Cabasilas.
— Doxipater.
— Doxopater.
— Doxipatrius.
— Doxopatrius.
— Grammaticus.
Nivelo. Voy. Nevelo.

PER NOMINA.

николаBERTUS Clivensis.
— Iburgensis.

O

OBBERTUS. Voy. *Albertus*.
OBERTUS Cancellarius.
— ab Horto.
OCTAVIANUS de Martinis.
— de Sancto Gelasio.
— Ubaldinus.
OCTAVIUS Arcimboldus.
— Fanensis.
— Petruccius.
— Phanensis.
ODELBERTUS. Voy. *Albertus*.
ODERICUS Forojuliensis.
— de Portu Naonis.
— Senensis.
— Voy. *Ordericus*.
ODERISIUS de Sangro.
ODILBERTUS. Voy. *Albertus*.
ODO de Alerano.
— Astensis.
— Astesanus.
— Astexanus.
— Aurelianensis.
— de Aurelianis.
— Cameracensis.
— Candidus.
— Cantianus.
— Castillioneus.
— de Castro Radulphi.
— de Ceritona.
— Ceritonensis.
— Cisterciensis.
— Clemens.
— de Deogilo.
— de Diogilo.
— de Duaco.
— Gallus.
— Morimundensis.
— Musicus.
— Ostiensis.
— Remensis.
— de Renoniaco.
— Rigaldus.
— de Roini.
— de Sancta Genovefa.
— de Sancto Dionysio.
— de Sancto Salvatore.
— Schirodunensis.
— Senonensis.
— de Senonis.
— de Sheritona.
— de Solliaco.
— de Sorceio.
— Suessionensis.
— Sylva.
— Vadani montis.
ODOARDUS Aurelianensis.
— de Aurelianis.
ODOBERTUS. Voy. *Albertus*.
ODOFREDUS Beneventanus.
— Bononiensis.
ODORICUS. Voy. *Odericus*.
OGERIUS Alferius.
OLBERTUS. Voy. *Albertus*.

OLDERICUS. Voy. *Ordericus*.
OLDIBERTUS. Voy. *Albertus*.
OLDOLBERTUS. Voy. *Albertus*.
OLDRADUS Bisdominus.
— Laudensis.
— de Ponte.
— Vicedominus.
— Visdominus.
OLFUS. Voy. *Alphonsus*.
OLIBERTUS. Voy. *Albertus*.
OLIVERIUS Armoricanus.
— Armoricus.
— Brito.
— Coloniensis.
— Longus.
— Maillardus.
— Marcanus.
— Prædicator.
— Saxo.
— Scholasticus.
— Trecorensis.
— Westphalus.
OLRADUS. Voy. *Oldradus*.
OMNIBONUS Leonicenus.
ORDERICUS de Portu Naonis.
— Vitalis.
OROSIUS Hosius.
— de Osiis.
OSBERNUS Claudianus.
— Claudiocestriensis.
OSBERTUS Claranus.
— Clarentinus.
— Clarentius.
OSBURNUS. Voy. *Osbernus*.
OSWALDUS de Anglia.
— Anglicus.
— Anglus.
OTBERTUS Leodiensis.
OTHO de Alerano.
— Castillioneus.
— de Castro Radulphi.
— Frisingensis.
— ab Horto.
— Ostiensis.
— de Sancto Blasio.
OTHOMARUS Luscinius.
OTTO. Voy. *Otho*.

P

PACIFICUS Novariensis.
PAGANUS de Bergamo.
PALLADIUS Fuscus.
— Niger.
— Patavinus.
PALLANS Strozius.
— Strozza.
PAMPHILUS Sassus.
— Saxus.
PANDULFUS Aletrinus.
— Cassinensis.
— Collenucius.
— Masca.
— Pisanus.
PANDULPHUS. Voy. *Pandulfus*.
PANTALEO de Confluentia.
PAPIAS Grammaticus.
PARIS de Crassis.

PARIS de Grassis.
PASCHALIS de Ampudia.
— de Fontecasto.
— de Fontepudico.
PASCHASIUS de Ampudia.
— Berselius.
PASQUERIUS de Vallibus.
PASTOR de Albernaco.
— Gallus.
PATRICIUS Hamilto.
PAULINUS Puteolanus.
PAULUS de Abaco.
— Æmilius.
— de Anglia.
— Anglicus.
— Anglus.
— Atavantius.
— Attavantius.
— Barbus.
— Bernfriedensis.
— Bernriedensis.
— Bonetus.
— Burgensis.
— de Carthagena.
— Cittadinus.
— Cortesius.
— Florentinus.
— Fossatus.
— Genuensis.
— Geometra.
— Geometres.
— Grammaticus.
— Gualduccius.
— Justinianus.
— Langius.
— de Leazariis.
— Legionensis.
— de Liazariis.
— Lulmæus.
— Lulmas.
— Lulmius.
— de Maffeis.
— Maphæus.
— de Maphæis.
— Marsius.
— Middelburgensis.
— Monelianus.
— Morosinus.
— Nivis.
— Olearius.
— de Pernsio.
— Physicus*.
— de Pilastris.
— Piscinas.
— Riccius.
— de Roma.
— Saluccius.
— de Sancta Maria.
— Scholaris.
— Soncinas.
— Toscanellus.
— Trevisanus.
— de Venetiis.
— Venetus.
— Volademirus.
PAULUS-BONUS de Zabarellis.
PELAGIUS Eremita.
— Ovetensis.
PEREGRINUS Bononiensis.

PEREGRINUS Priscianus.
PERIPATETICUS Palatinus.
PETRUS Abælardus.
— Abailardus.
— Abaillardus.
— Abalardus.
— Abeillardus.
— Abelardus.
— de Abono.
— Achirensis.
— Ad boves.
— Æmilianus.
— Ailliacus.
— de Albenatio.
— de Albingano.
— Albinus.
— de Albucio.
— Alectensis.
— Alliacensis.
— de Alliaco.
— de Allyaco.
— Alphonsus.
— Altissiodorensis.
— de Alvergnia.
— de Alvernia.
— Ambianensis.
— de Ameliano.
— Amelii.
— Amelius.
— de Amiliano.
— Amilianus.
— de Ancharano.
— Ancharanus.
— de Andlo.
— de Andria.
— Angelerius.
— ab Angleria.
— Anglerius.
— de Anglia.
— Anglicus.
— Anglus.
— de Angulo.
— de Annalibus.
— Antonii.
— Aponensis.
— de Aquila.
— Aquilanus.
— Aquileiensis.
— de Argelata.
— de Argellata.
— de Argentino.
— Argentinensis.
— Argentoratensis.
— de Argillata.
— Arvernensis.
— de Arvernia.
— Arvernus.
— Augiensis.
— Aureolus.
— Auriolus.
— Autissiodorensis.
— de Autissiodoro.
— Azarius.
— Bagarotus.
— Bailardus.
— Bajocensis.
— Balbus.
— Baliardus.
— de Balma.

PETRUS Barbus.
— de Barreria.
— de Barro super Albam.
— Bassetus.
— Baucherius.
— Baylardus.
— Bechinus.
— de Bella Pertica.
— Beneventanus.
— Berchorius.
— Bercorius.
— Berctorius.
— Bernardus.
— Bertorius.
— Bertrandus.
— Bibliothecarius.
— de Blarrorivo.
— Blesensis.
— Bolandus.
— Bollandus.
— de Bosco.
— Bouherius.
— de Braco.
— de Brenaco.
— Brissotus.
— Brixiensis.
— de Brocia.
— Brossius.
— Brunichellus.
— Bruniquellus.
— Brusius.
— Brutus.
— de Bruxella.
— Burius.
— Burrus.
— Buryus.
— Cabilonensis.
— Cæsaris.
— de Cæsis.
— Calo.
— Calotius.
— Cambellanus.
— Cambius.
— de Candia.
— Canonicus.
— Cantor.
— de Capella.
— Capuanus.
— de Caritate.
— Carnotensis.
— de Casa.
— de Casis.
— de Cassia.
— Cassinensis.
— de Castellione.
— Castillionæus.
— de Castra.
— Cellensis.
— de Champagniaco.
— de Charniaco.
— Chrysbædus.
— Clarævallensis.
— Claudiensis.
— Clodiensis.
— Cluniacensis.
— de Collemedio.
— Comestor.
— Conciliator.
— de Condeto.

PETRUS Corbelinus.
— de Corbellio.
— Corboliensis.
— de Corduba.
— de Corsinis.
— Corsinus.
— de Cramado.
— Crassus.
— Crescentiensis.
— de Crescentiis.
— Crescentius.
— Cretensis.
— Crinitus.
— Crocartius.
— de Croso.
— Cucullus.
— de Cugneriis.
— Cunerius.
— Cyrnæus.
— de Dacia.
— Dacius.
— Dacus.
— de Dania.
— Delphinus.
— Diaconus.
— Donatus.
— Dorlandus.
— Dresdensis.
— Ducis.
— Duisburgensis.
— de Ebano.
— Ebardus.
— Eberardinus.
— Eberardus.
— Elias.
— Eremita.
— Fabri.
— Feninus.
— Fernandus.
— Ferrandus.
— de Ferrariis.
— Figinus.
— Fiscanensis.
— Flandrinus.
— de Fontanis.
— Fortetus.
— Fregosus.
— Gaucherius.
— Gazadius.
— de Gressibus.
— Hædus.
— Helias.
— Heligerius.
— Henhamus.
— Herentalius.
— Herenthalius.
— Herrenthaensis.
— Hispanus.
— Ickanus.
— Insulensis.
— de Judicibus.
— Julianus.
— de Langatosta.
— Langtoftus.
— de Latilliaco.
— Lavinius.
— Lazaronus.
— Leidiensis.
— Lemovicensis.

PER NOMINA.

PETRUS de Lemovicis.
— Leonis.
— Lesnauderius.
— Levanderius.
— de Leydis.
— Lingonensis.
— Lodovensis.
— Lombardus.
— Londinensis.
— Longobardus.
— Lumbardus.
— Lusitanus.
— a Luthra.
— Lutrensis.
— Mainanus.
— Mainerius.
— Manducator.
— Marcellus.
— Marinus.
— Marsus.
— Martinus.
— Martyr.
— Mauricii.
— Maurocenus.
— Maynerius.
— Metensis.
— de Monasteriolo.
— Monboiserius.
— Monoculus.
— de Monsterolio.
— Montagnanensis.
— Montanus.
— de Monte.
— de Montebuxero.
— Montius.
— de Mornayo.
— Moronæus.
— Moronus.
— Morosinus.
— Mosellanus.
— Murrho.
— de Murrhone.
— de Musterolo.
— Narbonensis.
— de Natalibus.
— de Nemosio.
— Niger.
— Novariensis.
— de Noviomago.
— Opilio.
— de Ordeomonte.
— de Osmo.
— Oxamensis.
— Oxomensis.
— de Padua.
— Paduanus.
— Padubanensis.
— Palatinus.
— de Palma.
— Paludanus.
— de Palude.
— Paulinus.
— de Pennis.
— Peripateticus.
— de Perpiniano.
— Philaretus.
— Philargus.
— Pictaviensis.
— Pictavinus.

PETRUS Pictor.
— Pilichdorfius.
— Pisanus.
— Pistoris.
— Placentinus.
— Pomponatius.
— Pontanus
— Porcellius.
— Porcellus.
— Portunensis.
— Præmonstratensis.
— Præpositivus.
— de Prussia.
— Raimundi.
— de Rancia.
— Ransanus.
— Ranzanus.
— Ravennas.
— Ravennatensis.
— Remensis.
— de Remerico monte.
— de Remis.
— Riccius.
— de Ripalta.
— de Ripa Transona.
— a Rivo.
— Roderii.
— Rogerius.
— de Roia.
— de Roscida Valle.
— de Royssiaco.
— Russellus.
— Russus.
— Sabulensis.
— Salpinus
— de Sampsona.
— Sampsonis.
— de Sancta Fide.
— Sancti Autberti.
— Sancti Chrysogoni.
— Sancto Fidensis.
— de Sancto Floro.
— de Sancto Joanne.
— de Sancto More.
— de Sancto Victore.
— de Sansona.
— Sarnensis.
— Saxo.
— de Saxonia.
— Scaliger.
— de Sezana.
— de Sezaria.
— de Sittavia.
— de Spira.
— Stampensis.
— Stoccus.
— Studebodus.
— Subdiaconus.
— Subertus.
— Sulpinus.
— Sutor.
— Svanendunus.
— Swaningtonus.
— de Tarentasia.
— Tarentasiensis.
— Teuto.
— Theanensis.
— de Thimo.
— Thomacellinus.

PETRUS de Thomacellis.
— de Thymo.
— Titebodus.
— de Tornare.
— de Trecis.
— Troussellus.
— Tudabovis.
— Tudebodus.
— Tudeboius.
— Tudebovis.
— Tutebovis.
— Ulmus.
— de Unzola.
— Uxamensis.
— de Valle aurata.
— a Vallibus.
— Vallis Cernaii.
— Vallis Sarnaii.
— Vallis Sarnensis.
— Vallium Sarnaii.
— Varignaneus.
— Vaucherius.
— Venerabilis.
— de Verberia.
— de Vercellis.
— Viconiensis.
— de Villapetrosa.
— de Vineis.
— de Virduno.
— Vivariensis.
— Walschæus.
PETRUS-ANDREAS Gammarus.
PETRUS-ANGELUS Manzolus.
PETRUS-ANTONIUS Platus.
PETRUS-BALDUS de Ubaldis.
— — Ubaldus.
PETRUS-BERTRANDUS de Columbario.
PETRUS-CANDIDUS December.
— — Decembrius.
PETRUS-JOANNES Olivus.
PETRUS-PAULUS Vergerius.
PETRUS-PHILIPPUS Corneus.
PETRUS-ROGERIUS de Bello forte.
PHEUS Belchamus.
— Belcharius.
PHILESIUS Vosgesigena.
PHILIBERTUS Naturellus.
PHILIPPUS Aischtadianus.
— Aischtadiensis.
— Baldachinus.
— de Barberiis.
— Bastonus.
— de Bellomanerio.
— de Bergamo.
— Beroaldus.
— Bituricensis.
— Bonacursius.
— Bonæ spei.
— Bonus.
— Bostonus.
— Bromeardus.
— Brusserius.
— de Cabassola.
— Cabassolus.
— Callimachus Experiens.
— Cancellarius.
— Clarævallensis.

INDEX ALPHABETICUS

PHILIPPUS Cominæus.
— Eichstetensis.
— de Eleemosyna.
— Eleemosynarius.
— de Eustachiis.
— Eystetensis.
— de Ferraria.
— Ferrariensis.
— de Ferrariis.
— Ferrarius.
— Florentinus.
— a Gandavo.
— Gerundensis.
— de Greva.
— de Grevia.
— Grevius.
— Grivellus.
— Harvengius.
— Junta.
— de Leydis.
— Lombardus.
— de Luxemburgo.
— Macerius.
— de Maieriis.
— de Mantua.
— Mantuanus.
— de Maseriis.
— de Mazeriis.
— Mazerius.
— Meusius.
— Meuzius.
— de Monte Calerio.
— Mus.
— de Nantolio.
— Otterburgensis.
— de Pergamo.
— Perusinus.
— Repindonus.
— Repingtonus.
— Rhependunus.
— Ribbetius.
— Ribotus.
— Rodhamsusanus.
— de Rufinis.
— Solitarius.
— Taonensis.
— Tarentinus.
— Toarcensis.
— Vielandus.
— Villanus.
— de Villeta.
PHILIPPUS-GUALTERUS de Castellione.
— — Castillionius.
— — Insulanus.
— — de Insulis.
PHILOTHEUS Coccinus.
PILEUS Modoetiensis.
— de Prata.
PLATINUS Platus.
PLATO Tiburtinus.
POCCIUS Florentinus.
POMPEIUS de Columna.
POMPONIUS Gauricus.
— Lætus.
PONTICUS Virunius.
PONTIUS de Alvernia.
— Arvernensis.

PONTIUS de Arvernia.
— Arvernus.
— de Balneto.
— Carbonellus.
— Claromontanus.
— Merguliensis.
— Saviniacensis.
— Savintavensis.
PORCHETUS Salvagus.
— de Salvalicis.
— Salvaticus.
— Silvaticus.
— de Sylvaticis.
PORTIUS Azo.
— Azzo.
— Azzolinus.
PRECISLAUS Pogarella.
— Pogorelecius.
— Pohorzelecius.
PRIAMUS Capocius.
PRODOCISMUS de Beldemando.
— de Beldimendo.
— Comes.
— de Comitibus.
PROPERTIUS Maggius.
PROSPER Regiensis.
PTOLEMÆUS de Fiadonibus.
— Lucensis.
— de Viadonibus.
PUBLIUS Andrelinus.
— Arbilla.
— Axungia.
— Modestus.
— Vigilantius.
PUNCES de Remis.
PUPPERUS Belga.
PYRRHUS Anglebermeus.

Q

QUINTINUS Æduensi.
— Æduus.

R

RADEVICUS Frisingensis.
RADULFUS, Voy. Radulphus.
RADULPHUS Achedunus.
— de Actona.
— Actonus.
— Albanus.
— Andegavensis.
— Andegavinus.
— Ardens.
— Baldochinus.
— Baldochus.
— Bristolius.
— Brito.
— Brugensis.
— de Brugis.
— Cadomensis.
— Cantuariensis.
— de Capriaco.
— de Caroli loco.
— de Castro.
— de Castro Radulphi.
— de Chevriaco.

RADULPHUS Cicestrius.
— Cluniacensis.
— Coggeshalensis.
— Coleburgus.
— Collenucius.
— de Columna.
— de Dicelo.
— de Dunstablia.
— de Dunstaplia.
— Eleemosynarius.
— Flaviacensis.
— Flaviensis.
— Floriacensis.
— Freshurnus.
— Frescobunus.
— de Harcuria.
— de Haricuria.
— Higdenus.
— Kellæus.
— Kullæus.
— Laudensis.
— Laudunensis.
— Major.
— Mediolanensis.
— Melrosensis.
— de Maroliis.
— Niger.
— de Noviomago.
— de Petri Monte.
— de Piris.
— de Platina.
— de Prælis.
— Preslæus.
— Remensis.
— a Rivo.
— Roffensis.
— de Sancto Albano.
— Spaldingus.
— Spauldingus.
— Strodæus.
— Strodus.
— Suffolcensis.
— de Torota.
— de Torreta.
— Tortarius.
— Trudonensis.
— de Valcella.
— de Valliscella.
— Valliscellensis.
— Villariensis.
— Voy. Rodulphus.
RAIMUNDUS Agilæus.*
— Agiles.
— Albertus.
— de Altoponte.
— Amalricus.
— Bequinus.
— Bernardi.
— de Capua.
— Cavitellus.
— de Cornelio.
— Eremita.
— Gurcensis.
— Hugonis.
— de Insula.
— Jordanus.
— Lullius.
— Lullus.
— Magalonensis.

RAIMUNDUS Marlianus.
— de Marliano.
— Martini.
— de Medullione.
— Mithridates.
— de Montepessulano.
— de Monte rotundo.
— de Moscuerolis.
— de Mostuejolis.
— de Musfoliis.
— de Mustogiolis.
— de Pennaforti.
— Peraldus.
— Peraudi.
— de Petraforti.
— de Podio.
— de Ponte.
— Prænestinus.
— de Sebunda.
— Superantius.
— de Tarraga.
— Turcus.
— de Vinario.
— de Vineis.
RAINALDUS Calamentanus.
— Calementanus.
— Cisterciensis.
— Cluniacensis.
— Colimentanus.
— de Colimento.
— de Landolina.
— de Montauro.
— Notensis.
— Persichellus.
— Persicus.
— Sancti Eligii prior.
— Segninus.
— de Senemurio.
RAINERIUS Belfordiensis.
— Cisterciensis.
— de Grancis.
— Lombardus.
— Pisanus.
— Sacconus.
— Sachonius.
— Tudertinus.
RAMANTINUS de Florentia.
— Florentinus.
RAMBERTUS de Bononia.
RANERUS Tudertinus.
— de Tuderto.
RANUCIUS Bandinellus.
RANULPHUS Cestriensis.
— de Glanvilla.
— Glanvillus.
— Higdenus.
— Higedenus.
— de Humbletonia.
— de Humbloneria.
— Loccheslegus.
— Lokesleius.
— Normannus.
RAPHAEL Brandolinus.
— Caresinus.
— Fondulus.
— Fregosus.
— de Mediolano.
— Novocomensis.
— Placentinus.

RAPHAEL de Pornaxio.
— Primaticus.
— de Raimundis.
— Regius.
— Soncinas.
— Volaterranus.
RAPHAINUS Caresinus.
— de Zaccariis.
RASO Bonus vicinus.
RAYMUNDUS. Voy. Raimundus.
RECUPERATUS de Petramala.
— de Senis.
REGINALDUS de Alna.
— Alnensis.
— Andegavensis.
— Andegavinus.
— Carnotensis.
— Cisterciensis.
— Corboliensis.
— de Corbolio.
— de Fontanis.
— Langhamus.
— Netensis.
— Pavo.
— de Priverno.
— de Remis.
— de Sancto Ægidio.
— de Sancto Aniano.
REGNALDUS Cisterciensis.
REINERIUS Capoccius.
— Capocius.
REMIGIUS Clarus.
— Florentinus.
REMNIUS-FANNIUS Palæmo.
REMUS Favinus.
RICARDUS. Voy. Richardus.
RICCOLDUS Florentinus.
— de Monte Crucis.
RICHARDUS Albanensis.
— de Anglia.
— Anglicus.
— Anglus.
— de Angravilla.
— Armachanus.
— Aungervillus.
— Bardeneiensis.
— Bartholinus.
— Blithodunus*.
— Blitodunus*.
— Blitonius*.
— Canonicus.
— a Cappella.
— Cicestriensis.
— Cicestrius.
— de Cirencestria.
— Clapolus.
— Clapwellus.
— Cluniacensis.
— Corinensis.
— Cornubiensis.
— Covedunus.
— Crickeladensis.
— Crocus.
— Cunetius.
— Curvus.
— Divisiensis.
— Doveriensis.
— Dunelmensis.
— Eliensis.

RICHARDUS Episcopus.
— Estravaneli.
— Filoradulphus.
— Fizacrius.
— Flemingus.
— de Furnellis.
— de Furnivalle.
— de Gerboredo.
— de Grandi Silva.
— Hagustaldensis.
— Hampolensis.
— Hampolus.
— de Hannibaldis.
— Heliensis.
— Kedermister.
— Kendallus.
— Knapwellus.
— de Laurentio.
— Lavenhamus.
— Lavinghamus.
— Legecestriensis.
— Legocastrensis.
— Leicestriensis.
— Longolius.
— Magnus.
— de Maidstone.
— Maidstonius.
— de Malumbris.
— de Mediavilla.
— Medicus.
— Mediotunensis.
— de Monte Corvini.
— de Monte Crucis.
— Nepotis.
— Northalis.
— Northumbrius.
— Noltinghamus.
— Oliphantus.
— Pampolitanus.
— Pauper.
— Petronus.
— Pictaviensis.
— Pontanus.
— Præmonstratensis.
— de Pratellis.
— de Rivo.
— Rollus.
— Rufus.
— Sacrista.
— de Saliceto.
— Salicetus.
— de Sancto Germano.
— de Sancto Laurentio.
— de Sancto Victore.
— Scropus.
— Senensis.
— de Senis.
— Stradleius.
— Stravanellius.
— Syracusanus.
— Theologus.
— Tetfordiensis.
— Valingofordus.
— Vicanus.
— Vichius.
— Vinchelegus.
— Wallingfordus.
— Wichingamus.
— Wiltonus.

RICHARDUS Winchelegus.
— de Winchelsea.
— Wittingtonus.
RICHARDUS-OLIVERIUS Longolius.
RICHERIUS Senonensis.
RICOBALDUS Ferrariensis.
RICOLDUS. Voy. *Riccoldus.*
RICOLPHUS Coloniensis.
RICORDANUS Florentinus.
RIDULCUS de Montecrucis.
ROBERTUS Abindonensis.
— Alingtonus.
— Altissiodorensis.
— Amictus*.
— de Anglia.
— Anglicus.
— Anglus.
— Arbressellensis.
— de Arbressello.
— Arbrissellensis.
— de Arbrissello.
— de Arbrisselo.
— Ariminensis.
— de Arimino.
— Arundelius.
— Aruntinensis.
— Aruntinus.
— Atrebas.
— Atrebatensis.
— Austrevandiæ.
— Autissiodorensis.
— de Autissiodoro.
— Avenionensis.
— Baco.
— Balæus.
— Balbus.
— Barberii.
— Bastonus.
— de Baudricuria.
— de Bello fago.
— de Bello foco.
— Bethuniensis.
— Bononiensis.
— Bossus.
— Bridlingtonus.
— de Brugis.
— Bullenus.
— Canutus.
— Capito.
— Caracciolus.
— Carewalii.
— Castrensis.
— Castrius.
— Cervinus.
— Cestriensis.
— Chilwardebius.
— de Chorceone.
— Cibolius.
— Cibollius.
— Cisterciensis.
— Claudiocestriensis.
— Colmannus.
— de Corceto.
— Crecoladensis.
— Crickeladensis.
— Crucius.
— Curtonus.
— de Diogilo.
— Duacensis.

ROBERTUS de Duaco.
— de Dunstaplia.
— Eboracensis.
— Elphinstonus.
— de Eudemodio.
— de Evremodio.
— de Evromodio.
— Fabianus.
— Fiscanensis.
— de Flamesburia.
— Flemingus.
— de Gabbiano.
— Gaguinus.
— Gallus.
— Gervasii.
— Glocestriensis.
— Græcoladensis.
— Grimmus.
— Grossa testa.
— Grossum caput.
— Haldecotus.
— Hardebius.
— Herbertus.
— Holkothus.
— Holcotus.
— Holkotus.
— Humbletonus.
— Hundeslaus.
— Hundeslavus.
— de Jussyaco.
— Ketenensis.
— Kilewardebius.
— Kilwarbius.
— Kilwardhius.
— Krikelandensis.
— de Lacu.
— Langelandus.
— Lathomus.
— Legrocastrensis.
— Leicestrius.
— de Leycestria.
— de Licio.
— Lincolniensis.
— Lingonensis.
— de Litio.
— Longobardus.
— de Lorriaco.
— Malchotius.
— Mareschallus.
— Marscallus.
— Melidunensis.
— de Meliduno.
— Melidunus.
— Melodunensis.
— Meludensis.
— de Meludino.
— de Miliduno.
— Molismensis.
— Monachus.
— de Monstriolo.
— de Monstrolio.
— de Monte.
— Nannetensis.
— Orphordius.
— Ostrevandiæ.
— Oxfordius.
— Palanus.
— Palmerus.
— Paululus.

ROBERTUS Perscrutator.
— Polenius.
— Polenus.
— a Portu.
— Pulanus.
— Pullanus.
— Pulleinus.
— Pullus.
— Ranuccius.
— Ranuzzius.
— Remensis.
— Retenensis.
— Richius.
— Rossus.
— Rosus.
— de Russia.
— Salopiensis.
— Sancto Fidensis.
— de Sancto Paterno.
— de Sancto Valentino.
— de Sancto Victore.
— de Sarbona.
— de Sarbonia.
— Sarisberiensis.
— Scriba.
— Senecensis.
— de Serbonio.
— de Seurbona.
— de Sorbona.
— Sorbonensis.
— de Sorbonia.
— de Sorbonio.
— de Surbonio.
— de Torinneio.
— Torinneius.
— de Torota.
— de Torotta.
— Tuitiensis.
— de Usetia.
— de Utica.
— Valturius.
— Vulturius.
— Wacius.
— Walciodorensis.
— Waldebius.
— Walsinghamus.
— de Wimiaco.
— Winchelscanus.
— de Winchelseia.
— Wittingtonus.
ROCHUS Curtius.
RODERICUS Sancius.
— Semenus.
— Simonis.
— de Toleto.
— Ximenius.
— Zamorensis.
RODOLPHUS Agricola.
— Langius.
RODULFUS. Voy. *Radulphus* et *Rodulphus.*
RODULPHINUS de Passageriis.
RODULPHUS Fresburnus.
— Frescoburnus.
— Locheslegus.
— Lokesleius.
— de Noviomago.
— Voy. *Radulphus.*
ROFFREDUS Beneventanus.

ROFFREDUS Bononiensis.
— de Denariis*.
ROGERIUS. Voy. *Rogerus*.
— de Belloforte.
— Bituricensis.
— Calcagninus.
— Calculator.
— Cisterciensis.
— Computista.
— Dechius.
— Dechtus.
— Fortis.
— Frugardus.
— Fuldensis.
— Hovedenus.
— de Monte roseo.
ROGERUS Abellinensis.
— Albanus.
— de Anglia.
— Anglicus.
— Anglus.
— Bacco.
— Bacho.
— Bachonus.
— Baco.
— Baconus.
— de Barone.
— Cicestriensis.
— Conwaius.
— Croylandensis.
— Dimoccus.
— Dymmochus.
— Henofortensis.
— Herefordiensis.
— Infans.
— Ivonius.
— Junius.
— Marshallus.
— de Molendinis.
— Nigellus.
— Niger.
— Parmensis.
— Rothomagensis.
— Rugosus.
— Salernitanus.
— de Sancto Albano.
— de Sancto Evurtio.
— de Sancto Ivone.
— de Sancto Yvone.
— de Sappo.
— Suinsetus.
— Suisetus.
— de Ternis.
— Tuifordus.
— de Varone.
— Venrayus.
— de Windesora.
— Windoverus.
ROLANDINUS de Passageriis.
— de Romanciis.
ROLANDUS Capellutius.
— Cremonensis.
— Scotus.
— Ranucius Bandinellus.
ROMANUS de Roma.
ROSCELINUS Britannicus.
— Compendiensis.
— de Compendio.

ROSCELINUS de Compendis.
RUDMARUS Gotewicensis.
RUPERTUS Gallus.
— Gotewicensis.
— Limburgensis.
— Tuitiensis.
RUSTICUS Romanus.

S

SAADEDDINUS Taftasanus.
SACACINUS Gazadius.
SAGACIUS Gazadius.
SALADINUS Æsculanus.
— Asculanus.
—. de Asculo.
—. de Esculo.
SALIMBENUS de Salimbenis.
SALVATOR Cremonensis.
SALVIANUS Bononiensis.
— Galvanus.
SALVIUS de Barrio.
SALVUS Panormitanus.
— Siculus.
SAMSON de Calvomonte.
— Cantuariensis.
—' Dorobernensis.
— Malus vicinus.
SAMUEL Aniensis.
— de Cassinis.
SANCTES de Ardoynis.
— Ardoynus.
— de Arduinis.
— de Ardynis.
SANCTIUS Mulierii.
SANCTUS Turgotus.
SAULUS de Barrio.
SAXO Danus.
— Grammaticus.
— Sealanicus.
— Sialandicus.
SCIPIO Carteromachus.
— Manfredus.
SEBASTIANUS de Angelis.
— de Aquila.
— Aquilanus.
— Aquileiensis.
— Flaminius.
— Mamertus.
— Perusinus.
— Titio.
SEGERUS. Voy. *Sigerus*.
SERAPHINUS de Aquila.
— Aquilanus.
— Aquileiensis.
— Banchellus.
SERLO Fontanus.
— Grammaticus.
SERLUS de Janua.
SERTORIUS Cambrensis.
— Fortanerius.
— Gualensis.
SERVOLUS de Janua.
SEVERINUS Calchus.
SIBERTUS Becanus.
— Belteus.
SIFFRIDUS Misnensis.
SIGEBERTUS Gemblacensis.

SIGEBERTUS Levita.
SIGERUS de Brabantia.
— de Curtraco.
— de Insula.
— Insulensis.
— de Insulis.
SICHARDUS Casalensis.
— Casellanus.
SIGISMUNDUS Albicius.
— Albicus.
— Amidanus.
— Burgus.
— Meisterlikus.
— Meisterlinus.
— Policastrus.
— Pragensis.
SIGNOROLLUS Homodeus.
SILLANUS de Nigris.
SILVESTER de Balneo regio.
— Mazolinus.
— de Prieria.
— Prierias.
— Sguropulus.
— Syropulus.
SIMEON Dunelmensis.
— Thessalonicensis.
SIMON Affligemensis.
— Affligemiensis.
— Afflighemensis.
— Alcoccus.
— Alcoxius.
— Aldocoxius.
— de Alteia.
— de Angelis*.
— de Anglia.
— Anglicus.
— Anglus.
— Aurea capra.
— de Bellojoco.
— de Belloloco.
— de Bertis.
— Bertius.
— Biridanus. *
— Bononiensis.
— de Borastona.
— Borsanus.
— Bredonus.
— Breodunus.
— de Bria.
— de Buciaco.
— de Burnestona.
— Camers.
— Cantuariensis.
— Cassianus.
— Colinœus.
— Constantinopolitanus.
— Corbeiensis.
— de Corbila.
— a Cordo.
— de Covino.
— de Cramado.
— de Crammaudo.
— Cremonensis.
— Cretensis.
— Feversharnensis.
— Fraxinus.
— de Gallo.
— Gandavensis.
— Gandavus.

Simon Gandensis.
— Geniastes.
— Genevensis.
— Genuensis.
— de Gonessia.
— Gramaudus.
— Haffliginensis.
— Hermannus.
— Islepius.
— Jacumæus.
— de Janua.
— Januensis.
— de Joinvilla.
— Langhamus.
— Langtonus.
— de Leontino.
— Leontinus.
— Lingonensis.
— Nanquerius.
— de Pinciaco.
— de Pisciaco.
— de Puteo.
— de Quercu.
— Romanus.
— Sacumæus.
— Saltarellus.
— de Sancto Martino.
— de Sancto Nicolao.
— de Sancto Quintino.
— de Spira.
— Spirensis.
— Stochæus.
— Stochius.
— Stochus.
— Stockius.
— Stokius.
— Sudberius.
— Tacumæus.
— Taillerus.
— de Thomasis.
— Thornayus.
— Thurvaius.
— Tornacensis.
— de Tornaco.
— Tornaquincius.
— Tunstedus.
— de Valle.
— Vicanus.
— Waldensis.
— Wallidenus.
— Wichingamus.
— de Wintonia.
— Wintonius.
Simon-Angelus de Senis.
Simonetus Camers.
Sinibaldus Burgus.
— de Flisco.
— Fliscus.
Sixtus Illuminatus.
Snorrius ou Snorro Sturlæ filius.
— Sturlonides.
Somentius de Somentiis.
Spagnolus-Baptista Mantuanus.
Stanislaus de Cracovia.
— Cracoviensis.
— Polonus.
— de Znoyma.

Stephanardus Flamma.
— de Vicomercato.
Stephanus de Abbatisvilla.
— Æduensis.
— Æduus.
— Altissiodorensis.
— de Anglia.
— Anglicus.
— Anglus.
— Aquædunus.
— Arduinus.
— Augustodunensis.
— Aurelianensis.
— de Aurelianis.
— Autissiodorensis.
— de Autissiodoro.
— de Balgiaco.
— Basignanas.
— Becardi.
— de Bellavilla.
— de Berseio.
— de Berziaco.
— Bibens aquam.
— Berkingtonus.
— Bisuntinus.
— de Bisuntio.
— Bituricensis.
— de Bona fonte.
— de Borbonio.
— Brikingtonus.
— Bruliferus.
— Bruneus.
— de Burgolio.
— de Byssuntio.
— Cajetanus.
— de Calvomonte.
— Cautuariensis.
— de Castello.
— de Castro.
— de Chalmeto.
— Cisterciensis.
— Comodaliacensis.
— Corallus.
— Dulcinus.
— Eboracensis.
— Ecclesiæ.
— Eitonus.
— de Federicis.
— de Filgeriis.
— de Fulcheriis.
— de Fulgeriis.
— Galdeti.
— de Garetio.
— de Gebennis.
— Gilletus.
— Gomesius.
— Grandimontensis.
— Hardingus.
— Hispanus.
— Juliacus.
— Landavensis.
— de Langeduna.
— Langtonus.
— de Lantzkrana.
— Leodiensis.
— de Lexintona.
— de Liciaco.
— de Linguatona.
— de Longatona.

Stephanus Longodunus.
— Longtonus.
— Macloviensis.
— Muretensis.
— de Mureto.
— Nannetensis.
— Niger.
— Noviomensis.
— Palosius.
— Parisinus.
— Patringtonus.
— de Penulo.
— Piperacensis.
— de Praga.
— de Remis.
— Rothomagensis.
— de Salagnaco.
— de Salanaco.
— de Salanhaco.
— de Sancta Genovefa.
— de Sancto Juniano.
— de Sancto Victore.
— Sfondratus.
— Silvanectensis.
— de Suisiaco.
— de Susiaco.
— Tornacensis.
— Ulyssiponensis.
— de Varnesia.
— Viennensis.
— Wittebiensis.
Sueno Agonis.
Sulpitius Verulanus.
Sygerus de Brabantia.
Symeo et Symeones Logotheta.

T

Tancredus Bononiensis.
— Cornetanus.
— de Tancredis.
Telesphorus Eremita.
Terricus de Saulis.
Thaddæus Dini.
— Florentinus.
— Ratisbonensis.
— Romanus.
— Urbevetanus.
Theobaldus de Anglia.
— Anglicus.
— Anglus.
— Auguilbertus.
— Besuensis.
— Bezensis.
— de Blazonio.
— Cabilonensis.
— Campanus.
— Cantuariensis.
— Corboliensis.
— Dietpoldus.
— Eugubinus.
— Ostiensis.
— de Rubeomonte.
— de Sanceio.
— de Sansiaco.
— Stampensis.
— de Stampis.
— Vereducius.

PER NOMINA.

THEODAMARUS Salisburgensis.
THEODERICUS Andaginensis.
— de Apoldia.
— Catalanus.
— Delphius.
— Delphus.
— Friburgensis.
— de Friburgo.
— de Leydis.
— Nidrosiensis.
— Plinius.
— de Porta Cœli.
— Saxo.
— de Saxonia.
— Teutonicus.
— Voy. *Theodoricus.*
THEODORICUS Bernensis.
— Burgsdorfius.
— Engelhusius.
— Franconis.
— Gerardus.
— Gorcomiensis.
— Martinus.
— de Monasterio.
— de Osnabruga.
— Pauli.
— Sancti Trudonis abbas.
— Thuringus.
— Ulmenius.
— Ulsenius.
— de Valle Colorum.
— de Vallis colore.
— Voy. *Theodericus.*
THEODORUS Balsamo.
— Blanchettus.
— Cyrus.
— Gazæus.
— Harlemius.
— Hyrtacenus.
— Lælius.
— de Lellis.
— Meliteniota.
— Meliteriota.
— Memus.
— Metochita.
— Niemius.
— Platus.
— Prodromus.
— Ptochoprodromus.
THEODOSIUS Blanchettus.
THEOFRIDUS Epternacensis.
— Voy. *Galfredus.*
THEOGERUS Metensis.
THEOKARUS Metensis.
THEOPHANES Cerameus.
— Nicæanus.
— Nicæensis.
— Nicænus.
THEOPHILUS Archiatrus*.
— Brixiensis.
— Cremonensis.
— de Ferrariis.
— Iatrosophista.
— Monachus.
— Philosophus.
— Protospatharius.
THIEMO Salisburgensis.

THIUREDUS Doveriensis.
— Doverius.
THOMAS de Albiziis.
— de Anglia.
— Anglicus.
— Anglus.
— Antonii.
— Apiarius.
— de Aquæ puteo.
— Aquinas.
— de Aquino.
— de Argentina.
— Argentinensis.
— Argentoratensis.
— Aribertus.*
— Arientus.
— Arundelius.
— Aruntinensis.
— Aruntinus.
— Asheburnus.
— Avis.
— Aymo.
— de Azzoguidis.
— Baccillerius.
— Bacilierus.
— Bacillerius
— Badensis.
— Bajocensis.
— Basinus.
— Becketus.
— de Bellomanere.
— de Bello manso.
— de Bello meso.
— Beverlacensis.
— Bonjoannes.
— Borstallus.
— de Bozolastro.
— de Bradwardina.
— Bradwardinus.
— Bredowardinus.
— Brixianus.
— Bromius.
— Bruneus.
— Bungeius.
— Cabhamus.
— Calvisanus.
— Candelarius.
— Cantimpratanus.
— Cantimpratensis.
— de Cantimprato.
— Cantipratanus.
— Cantipratensis.
— Cantuariensis.
— de Capua.
— Capuanus.
— Carnotensis.
— de Carnoto.
— Cassanensis.
— de Cassato.
— Castelfordus.
— Ceparanus.
— Chebhamus.
— Cisterciensis.
— de Clarasco.
— de Cociaco.
— Colbius.
— Connecta.
— de Corcellis.
— Craulæus.

THOMAS Diaconus.
— Dochingus.
— Dockingus.
— Doctius.
— Donatus.
— Dornibergius.
— Dundramensis.
— Eboracensis.
— Ecklestonus.
— Eclestonus.
— Eliensis.
— Elmhamus.
— Eporediensis.
— Felix.
— Ferrandus.
— Firmanus.
— Florentinus.
— de Fonte.
— Formaglinus.
— Franciscanus.
— de Frigido monte.
— Gallu.
— Gascoignus.
— Gascoinus.
— Graius.
— Guallensis.
— Halensis.
— Heliensis.
— Hibernicus.
— Hipporegiensis.
— Hispellas.
— Ingheramius.
— Jorgius.
— Jorsius.
— Jorzius.
— Junior.
— Kempensis.
— a Kempis.
— Langfordius.
— Lemburgius.
— de Lentino.
— de Leontino.
— Leontinus.
— de Leontio.
— Lexoviensis.
— Limburgensis.
— Linacer.
— Linacrus.
— de Lintonia.
— Lombæus.
— Luceriensis.
— Lumbæus.
— Lupsetus.
— Lynacer.
— Lynacrus.
— Magister.
— Maldonensis.
— Maldonus.
— Malleolus.
— de Malumbris.
— de Manfredis.
— de Marla.
— de Mediolano.
— Mocenicus.
— Monumethensis.
— Morigniacensis.
— Morus.
— Mutinensis.
— Netterus.

Thomas Northonus.
— Nortonus.
— Norvodus.
— de Novo foro.
— de Novo mercatu.
— Opermanus.
— Otterburnuus.
— de Paccio.
— de Pactio.
— Pactius.
— Palmeranus.
— Palmerstonensis.
— Palmerus.
— Parentucellus.
— Pemchettus.
— Pencoidus.
— Pepérellus.
— de Persenia.
— Peverellus.
— Phædrus.
— Pontinus.
— Pontius.
— Radburnus.
— Radcliffus.
— Ranckwillensis.
— Ringostadius.
— Ringstedus.
— Rodoburnus.
— Rudburnus.
— Sareptanus.
— Sarisberiensis.
— Sarzanus.
— Scaravellus.
— Schifaldus.
— Scropus.
— Setonius.
— Shavestenus.
— Spalatensis.
— Spermannus.
— Sprottus.
— Stacius.
— Stobæus.
— Straveshanus.
— Sudodunus.
— Suetonius.
— Teukesburensis.
— Theodulus.
— Tomassinus.
— Trentaquatris.
— Tressentis.
— de Turre cremata.
— Ugolinus.
— de Utino.
— Valliscellensis.
— Vasco.
— Vasconiensis.
— Vasconius.
— Vercellensis.
— Vicanus.
— de Viglebano.
— de Vintonia.
— de Virduno.
— Vivariensis.
— Waldensis.
— Walleis.
— Walsinghamus.
— Wiccius.
— Wichingamus.
— Wichynghamus.

Thomas Wigenhalus.
— Winchecumbus.
— Wolphius.
— de Zaccariis.
— de Zacchariis.
Thomas-Antonii de Senis.
Thomas-Balduinus Cantuariensis.
— — Devonius.
— — de Forda.
— — Fordensis.
Thomas-Paccius Lochiensis.
Thomasellus de Perusio.
Thomasinus Aribertus*.
— de Ferraria.
Tiberius Baccillerius.
— Bacilierius.
— Bacillerius.
Tilmannus de Alto lapide.
— Aquensis.
— Aquisgranensis.
— de Aquisgrano.
— Dilmaniensis.
Timo Kaminatensis.
Timotheus de Maffeis.
— Maphæus.
— de Maphæis.
— Veronensis.
Tiphius Odaxius.
Titus-Vespasianus Stroccius.
— Strozius.
— Strozzius.
Tobias Veronensis.
Torphimus Hamariensis.
Tristanus Calchus.
— Caracciolus.
— Chalcus.
Troilus Malvetius.
Turstanus Bajocensis.
— de Condeto.

U

Ubaldus Lucensis.
Ubertinus Clericus.
— Crescentinas.
— de Marinis.
Ubertus December.
— Decembrius.
— Foliata.
— Voy. Hubertus.
Udalricus Binderus.
— Gallus.
— Guarinus.
— Voy. Ulricus.
Uco. Voy. Hugo.
Ugolinus. Voy. Hugolinus.
Uldricus Zuinglius.
— Zwinglius.
Ulgerus Andegavensis.
— Andegavinus.
Ulricus de Argentina.
— Argentinensis.
— Argentoratensis.
— Bonerius.
— Bonerus.
— Constantiensis.
— Herbipolensis.

Ulricus Huttenus.
— Molitoris.
— Scultetus.
— Zellius.
— Voy. Udalricus.
Uluch Beighus.
Umbertus. Voy. Humbertus.
Urbanus Averrhoista.
— de Bononia.
— Hydrontinus.
— Servita.
Utredus Boltonus.

V

Valentinus Basilius.
— Camers.
— Perusinus.
Valerianus de Angussola.
— Cremonensis.
— Soncinas.
Valerius Aragoniensis.
— Aragonus.
— Rosanus.
— Stradivertus.
Valescus de Taranta.
Varinus Favorinus.
— Phavorinus.
— Voy. Garinus et Guarinus.
Varius Veronensis.
Vegius Maffeus.
— Mapheus.
Venturinus de Bergomo.
Vercellinus de Vercellis.
Vicedominus de Vicedominis.
Victor Coloniensis.
— Porchetus Salvaticensis.
Vincentius Axpacensis.
— Bandellus.
— Baraterius.
— Bellovacensis.
— Belvacensis.
— Beverovicensis.
— Burgundus.
— Cadlubkus.
— Cadlucus.
— de Casali.
— de Castro novo.
— Cipellus.
— Conventriensis.
— de Faventia.
— Faventinus.
— Ferrarius.
— Ferrerius.
— Harlemius.
— Lector.
— de Kadlubko.
— Mainardus.
— de Marvegio.
— Merlinus.
— Palæotus.
— Placentinus.
— de Sancto Geminiano.
— Theodorici.
Vindelinus de Spira.

PER NOMINA.

VITALIS Arnpeckius.
— de Auxitana.
— Blesensis.
— Brixiensis.
— a Furno.
— Gallicus.
— Savineius.
VITUS Arnpeckius.
— Cortonensis.
— Eberspergensis.
— Gerochus.
— Weberus.
VIVIANUS Præmonstratensis.

W

WALDUS Lucensis.
WALFRIDUS. Voy. *Galfredus*.
WALLO Carnotensis.
WALTERUS Bowerus.
— Burgensis.
— Burlæus.
— Compendiensis.
— de Constantia.
— Constantiensis.
— de Constantiis.
— Emingforthensis.
— Hemengoburghus.
— de Mauritania.
— Mudanus.
— Quecertanus.
— de Verdinio.
— de Virduno.

WALTERUS Virodunensis.
— Voy. *Galterus* et *Gualterus*.
WALTHERUS. Voy. *Galterus Gualterus* et *Walterus*.
WARNERIUS Homiliarius.
— de Rupeforti.
— Teutonicus.
— Voy. *Guarnerius* et *Wernerus*.
WENCESLAUS de Cubito.
WENDELINUS de Butzbaco.
WERNERUS Laerius.
— Larensis.
— de Sancto Blasio.
— Westphalus.
WERNHERUS. Voy. *Guarnerius*.
WIARDUS de Lauduno.
WIBALDUS Corbeiensis.
— de Prato.
— Stabulensis.
WIBERTUS Tullensis.
— Voy. *Guibertus*.
WIBOLDUS. Voy. *Wibaldus*.
WIGANDUS Caupo.
WIGO de Castro.
— de Pinu.
WILHELMUS. Voy. *Guilelmus*.
WILIBALDUS Pirceymerus.
— Pirckheimerius.
WILIBERTUS. Voy. *Gibertus*.
WILLEBRANDUS Oldenburgensis.
WIMANNUS Sancti Vedasti monachus.
WOLFHELMUS Brunwillarensis.

X

XICCUS Polentonus.

Y

YVO Armoricanus.
— Armoricus.
— Brito.
— Carnotensis.
— Halorii.
— Levis.
— Trecorensis.
— de Vergiaco.
— Vergiacus.

Z

ZACHARIAS Benedictus.
— Bisuntinus.
— de Bozonis.*
— Calliergus.
— Chrysopolitanus.
— Ferrerius.
— Lilius.
— de Lunigiana.
ZANOBIUS Florentinus.
ZENOBIUS Acciajolus.
ZENZELINUS de Cassañhis.
— Cassanus.
ZILIOLUS de Cantellis.
ZUEDERUS de Culemburgo.
ZUINUS Roncadellus.

DU MÊME AUTEUR :

Étude historique et topographique sur le plan de Paris de 1540, dit *Plan de tapisserie*. In-8°.. 7 fr. 50

Les Origines du palais de l'Institut. — Recherches historiques sur le collége des Quatre-Nations, *d'après des documents entièrement inédits*. In-8°... 5 fr.

La Sorbonne, ses origines, les débuts de l'imprimerie à Paris et la succession de Richelieu, *d'après des documents inédits. 2° édition*, corrigée et augmentée. In-8°. 8 fr.

Les Rues et les cris de Paris au treizième siècle, pièces historiques publiées d'après les manuscrits de la Bibliothèque nationale, et précédées d'une *Étude sur les rues de Paris au XIII° siècle*. In-18.. 5 fr.

Estat, noms et nombre de toutes les rues de Paris en 1636, *d'après le manuscrit inédit de la Bibliothèque nationale*. Précédés d'une *Étude sur la voirie et l'hygiène publique à Paris depuis le XII° siècle*......................... (Épuisé.)

Les Ruines de Paris en 1875, documents officiels. 2° *édition*. In-18....... 1 fr. 50

Histoire de la bibliothèque Mazarine, depuis sa fondation jusqu'à nos jours, *d'après des documents inédits*. In-8°....................................... 6 fr.

Préface du catalogue de la bibliothèque Mazarine, rédigée en 1721 par le bibliothécaire P. Desmarais, docteur de Sorbonne, *publiée, traduite en français et annotée*. In-18.. 2 fr.

Précis de l'histoire de la Bibliothèque nationale, aujourd'hui Bibliothèque du Roi. 2° *édition*, corrigée et très-augmentée. In-8°............................ 8 fr.

La Bibliothèque impériale, son organisation, son catalogue. Broch. in-8°... 1 fr.

Les Anciennes Bibliothèques de Paris (églises, monastères, colléges, etc.), *d'après des documents inédits*. (Ouvrage couronné par l'Académie des Inscriptions.) Imprimerie impériale. 3 vol. grand in-4°.. 100 fr.

Recherches sur la bibliothèque publique de l'Église Notre-Dame de Paris au XIII° siècle, *d'après des documents inédits*. In-8°...................... 5 fr.

Histoire de la bibliothèque de l'abbaye de Saint-Victor à Paris, *d'après des documents inédits*. In-8°.. 5 fr.

Recherches sur la bibliothèque de la Faculté de médecine de Paris, *d'après des documents entièrement inédits*. Suivies d'une notice sur les manuscrits qui y sont conservés. In-8°... 5 fr.

Mémoire confidentiel adressé à Mazarin par Gabriel Naudé, après la mort de Richelieu, *publié d'après le manuscrit autographe et inédit*........... (Épuisé.)

Les Funérailles de Charles VIII. In-8°...................................... 6 fr.

Le Règne de Ferdinand II, roi de Naples............................. (Épuisé.)

Ameline du Bourg, chronique parisienne du seizième siècle. In-18........ 3 fr. 50

Vie de Calvin, par Théodore de Bèze. Précédée d'une *Étude sur Calvin et son œuvre*. In-18... 5 fr.

www.ingramcontent.com/pod-product-compliance
Lightning Source LLC
Chambersburg PA
CDIIW050544170426
43201CB00011B/1561